Beschreibende Darstellung

der älteren

Bau- und Kunstdenkmäler

der Stadt Erfurt

und des

Erfurter Landkreises.

Bearbeitet

von

Dr. Wilh. Freih. v. Tettau.

Herausgegeben

von der

Historischen Commission der Provinz Sachsen.

Halle a. d. S.

Druck und Verlag von Otto Hendel.

1890.

Impressum

Umschlaggestaltung: Harald Rockstuhl, Bad Langensalza – frei nach dem Original
Titelbild: Mittelaltrige Form des Erfurter Rathhauses, 1890 (Seite 314)

Autor: **Wilhelm Freiherr von Tettau.** 1872–1929.

Bisherige Auflagen:
1. Auflage 1890 – Druck und Verlag von Otto Hendel in Halle a.d.S.

1. Reprintauflage 2011
ISBN 978-3-86777-395-9

Satz und Repro: Harald Rockstuhl, Bad Langensalza

Markierungen und Einträge aus dem Original wurden im Nachdruck beibehalten

Druck und Bindearbeit: Digital Print Group Oliver Schimek GmbH, Nürnberg/Mittelfranken

Gedruckt auf alterungsbeständigem Papier nach ISO 9706

Die Deutsche Nationalbibliothek verzeichnet diese Publikation in der Deutschen Nationalbibliografie. Detaillierte bibliografische Daten sind im Internet über *http://dnb.d-nb.de* abrufbar.

Verlag Rockstuhl
www.verlag-rockstuhl.de

Inhaber: Harald Rockstuhl
Mitglied des Börsenvereins des Deutschen Buchhandels e.V.
Lange Brüdergasse 12 in D-99947 Bad Langensalza/Thüringen
Telefon: 03603 / 81 22 46 Telefax: 03603 / 81 22 47
www.literaturversand.de

Beschreibende Darstellung
der älteren
Bau- und Kunstdenkmäler
der
Provinz Sachsen
und angrenzender Gebiete.

Herausgegeben

von der

Historischen Commission der Provinz Sachsen.

XIII. Heft.

Die Stadt Erfurt und der Erfurter Landkreis.

Mit über achtzig in den Text gedruckten Abbildungen
und vier Tafeln.

Halle a. d. S.

Druck und Verlag von Otto Hendel.

1890.

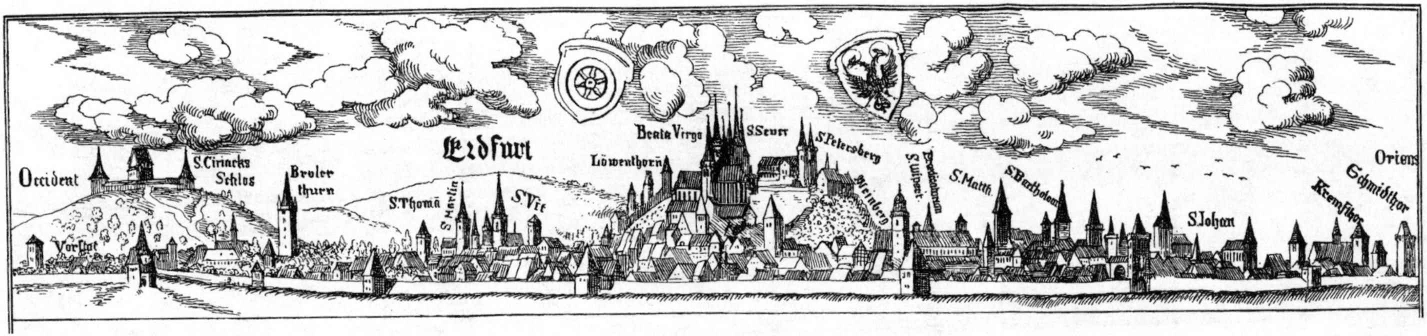

Nr. 1. Prospekt von Erfurt nach Seb. Münster. (S 1).

Vorrede.

Als Schlusspunkt für die nachfolgende Darstellung bot sich von selbst die Mitte des 17. Jahrhunderts dar. Es trat damals ein vollständiger Umschwung in den Verhältnissen von Erfurt ein. Während dieses sich bis dahin einer, wenn auch rechtlich nicht unbestrittenen, so doch faktisch ganz unzweifelhaften staatlichen Selbständigkeit erfreut, und eine sehr wichtige Rolle in der Geschichte Thüringens gespielt, war es, nachdem der westfälische Friede die Rechtsfrage schon zu seinen Ungunsten entschieden, auch thatsächlich seit der Besitzergreifung von Kurmainz, der sog. Reduction von 1664, zur blossen Landstadt hinabgesunken, ja es besass nicht einmal die gewöhnlichen Berechtigungen einer solchen. Zugleich hörte aber auch damals in Erfurt die bauliche sowie die künstlerische Thätigkeit für lange Zeit so gut wie gänzlich auf.

Gegenstand der nachfolgenden Mittheilungen werden daher auch nur die Bauwerke Erfurts bilden, welche der Zeit vor der Mitte des 17. Jahrhunderts ihre Entstehung verdanken und noch gegenwärtig, wenn auch nicht mehr in ihrer ursprünglichen Gestalt vorhanden, doch wenigstens nicht gänzlich zu Grunde gegangen sind. Selbstverständlich kann aber bei den Gebäuden, welche danach hier zu besprechen sind, nicht bei dem Zustande, in welchem sie sich um 1650 befunden, ein Abschluss gemacht und das was seitdem bis zur Gegenwart mit ihnen geschehen, vollständig ignorirt werden, vielmehr ist es nicht nur zweckmässig, die Baugeschichte bis auf die neueste Zeit hinabzuführen und auch bei der Beschreibung den gegenwärtigen Zustand zu Grunde zu legen, sondern es würde auch zu dem entgegengesetzten Verfahren an den nöthigen Unterlagen fehlen. Es ist daher auch nicht zu vermeiden, bei der Aufzählung der im Innern vorhandenen Kunstwerke und Denkmäler, der Glocken u. s. w., das eine oder das andere mit zu erwähnen, was einer späteren Zeit als der Mitte des 17. Jahrh. seine Entstehung verdankt, während solche aus früherer Zeit, wenn sie nicht mehr vorhanden sind, in der Regel ausgeschlossen bleiben werden.

Die Erfurter Geschichtschreibung befindet sich in der günstigen Lage, eine Bibliographie zu besitzen, die an Vollständigkeit und Gründlichkeit kaum etwas zu wünschen lässt. Es ist dies die: Bibliotheca Erfurtina. Erfurt in seinen Geschichts- und Bildwerken von K. Herrmann. Erfurt 1863, in der nicht nur alle bezüglichen Druckwerke, sondern auch alles nur handschriftlich vorhandene aufgeführt ist. Es finden sich daher darin auch die Quellen und Hülfsmittel, welche bei der nachfolgenden Darstellung benutzt sind, angegeben, und es könnte, wenn solche hier einzeln aufgeführt würden, dies nur in einem Auszuge aus dem angegebenen Werke geschehen. Die seit dessen Erscheinen herausgekommenen bezüglichen Schriften sind verzeichnet in der: Landeskundlichen Literatur für Nordthüringen u. s. w., herausgegeben von dem Vereine für Erdkunde zu Halle, Halle 1884, S. 40 bis 45, wobei nur noch der Aufsatz von G. Schöler die mittelaltrigen Baudenkmäler in Erfurt im Deutsch. Kunstblatt für 1852, S. 273 fg. nachzutragen ist. Später erschienen sind von Schriften allgemeineren Inhalts seitdem nur noch: H. Kruspes: Neuester Führer durch die Stadt Erfurt. Erf. s. a.; Röll, L., Erfurt in Thüringen. Mit 16 Illustrat. Zürich. (1888) (Europ. Wanderbilder, Nr. 141. 142); Woerl, Führer durch Erfurt und Umgebung. M. Plan und 2 Kart. 3. Aufl. Würzburg und Wien (1888); Kruspe, H., Beiträge zur Kunstgesch. v. Erf. m. 3 Taf. Erf. 1889 (Jahresbericht des Real-Gymnasiums) und Tettau: Beiträge zu einer vergleichenden Topographie und Statistik von Erfurt. Ibid. 1885. Was an Monographien seitdem herausgekommen, ist an den betreffenden Orten aufgeführt.

Doch bedürfen einige handschriftliche Quellen, die in der nachfolgenden Arbeit benutzt, und von Herrmann nicht erwähnt sind, hier noch der Namhaftmachung. Es sind dies namentlich:

1. Eine von Georg Balthasar von Milwitz um 1680 angelegte, aus dessen Nachlass von G. M. Clemens zusammengefügte Sammlung von auf Stiftungen und sonstige Angelegenheiten von Erfurts Kirchen und Klöstern bezüglichen Notizen. 321 bezifferte und 96 unbezifferte Blätter in Fol., jetzt im städtischen Archive; von Wichtigkeit wegen den darin enthaltenen Abschriften von Grabinschriften und vielen Urkunden.

2. Verschiedene historische Nachrichten von der Stadt Erfurth und zugehörigen Territorio, auch allen Familien, Rechten und Gewohnheiten zusammengetragen von Peter Georg Balthasar von Milwitz. Stückweise gefunden im Milwitzschen Haus zum Steinsee und in diesen Band befördert von G. M. C(lemens). Ao. 1738. Fol. Ebendaselbst.

3. Notizen über einige Kirchen Erfurts. 4°. Der Anfang, S. 1—32, fehlt. Jetzt aus der Herrmannschen Sammlung im Stadtarchive.

4. Clemens, G. M.: Beschreibung des erzstiftes-mainzischen Etats in Thüringen, insonderheit der Stadt Erfurt. (1757) III Theile in 2 starken Foliobänden, früher im Clemens-Milwitzschen Familienarchive, jetzt im städtischen Archive zu Erfurt.

5. Die in Folge des Ablebens des Verfassers leider nicht zum Abschluss gelangten Sammlungen des Majors Böckner: Steinmetzzeichen, Wappen und

sonstige Collectaneen, die eine grosse Anzahl von Facsimiles von Inschriften, Grabdenkmälern und dergl. m. enthalten, und sich jetzt in der Sammlung des Vereins für die Geschichte von Erfurt befinden.

Bei den Allegaten aus der Chronik des Konrad Stolle ist nicht die einen, obenein ziemlich incorrekten, Auszug enthaltende gedruckte Ausgabe von Hesse, Stuttgart 1854, sondern die in der Universitätsblibliothek zu Jena befindliche Originalhandschrift nach einer von dem Prof. Dr. Kirchhoff davon genommenen Abschrift resp. Collation, die sich im Besitz des vorerwähnten Vereins befindet, benutzt. In gleicher Weise beziehen sich die Allegate aus der Chronik des Hartung Kammermeister nicht auf den lückenhaften Abdruck in Menken Scriptt. T. III, p. 1185 ff., sondern auf eine vollständigere im Besitze des Verfassers befindliche Handschrift.

In Betreff der Archive, in denen die in Bezug genommenen Urkunden aufbewahrt werden, sind die theilweise schon von Kirchhoff (Weisthümer S. 307) eingeführten, von mir (Geschichtliche Darstellung des Gebietes d. St. Erf. S. 2) vervollständigten Bezeichnungen beibehalten. Es sollen daher bedeuten:

M. A. Magdeburger Staatsarchiv,
E. A. Erfurter Stadtarchiv,
M. K. A. Archiv der Marienkirche,
S. A. Archiv des Severistiftes,
U. A. Archiv des Ursulinerklosters,
H. A. Archiv des grossen Hospitals,
Cl. M. A. Clemens-Milwitzsches Familienarchiv,

welche beiden letzteren zur Zeit im Erfurter Stadtarchive aufbewahrt werden.

Bei den vielen in der nachstehenden Darstellung mitgetheilten Inschriften sind die Abbreviaturen und Siglen, nur mit Ausnahme der allgemein bekannten, gleich aufgelöst, um die doppelte Wiedergabe, die buchstäbliche, welche obenein besondere Typen erfordert hätte und die verständliche, welche die Rücksicht auf die Leser nöthig gemacht haben würde, zu vermeiden.

Es ist versucht worden, die in dem Nachstehenden geschilderten Gebäude nach Kategorien zu ordnen. Den Anfang machen die kirchlichen, die ihrer Bedeutung nach entschieden den ersten Rang einnehmen, und zwar zunächst die, welche noch jetzt für den Gottesdienst benutzt werden, sodann die, bei denen dies nicht mehr geschieht und die meist nicht mehr vollständig vorhanden sind. Unter jenen sollen zuerst die Stiftskirchen, dann die Klosterkirchen, hierauf die Pfarrkirchen je nachdem sie stets selbständig bestanden haben, oder zeitweise einem Kloster incorporirt gewesen sind, endlich die Kapellen besprochen werden. Den Schluss werden die Profangebäude, zuerst die öffentlichen, sodann die Privathäuser bilden.

Bei jedem Bauwerke werden die dazu gehörigen Kunstgegenstände und Denkmäler, soweit solche auf eine Besprechung Anspruch machen können, gleich mit aufgeführt werden.

Als Anhänge sind eine kunststatistische Uebersicht und eine Glockenschau beigefügt, während eine allgemeine Einleitung der Beschreibung der einzelnen Bauwerke vorausgeschickt ist.

Noch benutze ich diese Gelegenheit, um den Herren Kruspe und Sommer, die nicht nur die Illustrationen geliefert, sondern mich auch bei der Bearbeitung des Textes sehr wesentlich unterstützt haben, dafür hier öffentlich meinen Dank abzustatten.

Der Verfasser.

Inhaltsverzeichniss.

Der Stadtkreis Erfurt.

Der Erfurter Landkreis.

Die Stadt Erfurt.

Einleitung.

Erfurt, Erpesfurt oder Erphesfurt, wie der Name ursprünglich gelautet hat, bis zu seinem Anfall an den preussischen Staat, die Hauptstadt des Gebietes, dann des Fürstenthumes, jetzt die des Regierungsbezirks Erfurt, seiner Einwohnerzahl und gewerblichen Bedeutung, einst auch seiner politischen Stellung nach, die Metropole Thüringes, bildet mit seiner Flur gegenwärtig den 4372 Hektaren oder 0,799 □ Meilen enthaltenden, von 68290 Seelen bewohnten Stadtkreis Erfurt. Es liegt unter 28 Grad 41 Min. $33\frac{1}{2}$ Sec. östlicher Länge und 50 Gr. 58 Min. $38\frac{1}{2}$ Sec. nördlicher Breite in einem weiten Thalkessel, der von dem, vom Thüringer Walde herabkommenden Geraflusse durchströmt wird. Erst unfern der Stelle, wo dieser in das städtische Weichbild übertritt, erweitert sich das bis dahin nur etwa $\frac{1}{4}$ Stunde breite Thal, und zwar in dem Masse, dass es unterhalb der Stadt die Breite von $1\frac{1}{2}$ Stunden erreicht. Südlich wird das Stadtgebiet von dem Steiger begrenzt, einer waldigen Anhöhe, die sich 350 Meter über dem Spiegel des Meeres und mehr als 140 Meter über dem des Flusses erhebt. Ein Ausläuter der auf der linken Seite das Thal begrenzenden Höhe bildet im Stadtgebiete in dem Cyriaxberge und dem Petersberge die Ostwand der Wasserscheide zwischen den Quellengebieten der Elbe und der Weser. Gegen Südosten wird das Thal durch die Melchendorfer Höhe, deren Vorsprung, der Hirnziegenberg, sich bis dicht an die Stadt selbst zieht, gegen Nordosten durch den Ringel-, den Galgen- und den Stollberg abgeschlossen, während gegen Norden das Thal offen ist und nach einer stellenweisen Unterbrechung durch den Rothenberg in das Thüringische Becken übergeht.

Der Umstand: dass der Thalboden im allgemeinen eine nach Norden geneigte Ebene bildet, scheint darauf zu deuten: dass derselbe in der Urzeit von Fluthen bedeckt gewesen, und erst nachdem sich der Fluss eine Abflussöffnung durchgebrochen, allmählich aus sumpfigem Zustande in trockenen übergegangen sei. Die Gera hat ursprünglich innerhalb der Stadt wohl nur ein Bette gehabt, das, welches jetzt den Namen: Breitstrom führt. Die gegenwärtigen Seitenarme, der Bergstrom, die Wilde Gera und die Hirschlache, sind nur, und zwar in geschichtlicher Zeit, künstlich angelegte Wasserläufe.

Von Flötzgebirgen kommen in dem städtischen Weichbilde nur Muschelkalk und Keuper, von aufgeschwemmten Erden nur Lehm, Kies und Sand vor. Von der erstgenannten Formation findet sich blos die obere Gruppe, welche aus abwechselnden Schichten eines festen, dichten Kalksteins, Mergels und Lettens oder schieferartigen Thons besteht. Die Keuper- und Buntmergelformation, die über dem Muschelkalk liegt, zerfällt in eine untere und eine obere Gruppe, in welcher ersteren ein mürber, feinkörniger Sandstein, häufig mit thonigem Bindemittel, vorherrscht, während die obere Keupergruppe hauptsächlich aus buntem Thon oder aus Mergelthon besteht, zwischen denen hier und da, so namentlich am Rothenberge, Gyps eingesprengt ist. Von den angeschwemmten Erdschichten sind die Lehmlager am meisten verbreitet und zumtheil sehr mächtig. Die Kies- und Sandlager bestehen aus grösseren und kleineren Porphyrgeschieben, untermischt mit Kalksteinen, und sind meistens von der Gera, die solche vom Thüringer Walde herführt, ein Process der noch fortdauernd stattfindet, abgesetzt. Auf einigen höheren Punkten, so dem Ringel-, dem Stoll- und dem Rothenberge liegen aber auch mächtige Kiesschichten, welche in den Urgewässern niedergeschlagen sind, bevor noch die Thalsohle so tief als gegenwärtig eingeschnitten war.

Das Erfurter Weichbild bot daher von Produkten des Mineralreichs zur Erbauung von Gebäuden im wesentlichen nur Thon, Lehm, Kies und Sand dar. Die Verwendung des Keupersandsteins, provinziel Katzensandstein genannt, war wegen seiner geringen Widerstandsfähigkeit gegen den Einfluss der Witterung eine beschränkte. Doch wurde er, da er sich im Feuer gut hielt, aber auch fast nur in dieser Weise, zu Feueranlagen verwendet. Der Gyps diente ausser zur Verbesserung des Bodens, auch gebrannt und gemahlen zu bautechnischem Gebrauch. Der Thon ward besonders zum Ziegelbrennen benutzt, wegen seines starken Kalkgehalts eignete er sich wenig zur Anfertigung von Geräthen; dagegen fand der Lehm zu den verschiedensten baulichen Zwecken, insbesondere gleichfalls zum Ziegelbrennen Anwendung. — Steinbrüche hat es in früherer Zeit zwar in der Erfurter Flur gegeben, so namentlich an dem südwestlichen Abhange des Cyriaxberges, wo sich gegenwärtig das städtische Wasserreservoir befindet und in der Nähe von Daberstedt, sie lieferten aber nur ein mittelmässiges Material, waren zeitig erschöpft und wurden daher aufgegeben. Länger in Benutzung waren die Steinbrüche an der Schwedenschanze und am Rothenberge, doch auch sie lieferten nur den erwähnten Katzensandstein. Die Kalksteinbrüche, die namentlich im Steiger unfern der alten Arnstädter Strasse, sowie im Bornthale bei der Ziegelhütte und an der Pfaffenlehne sich fanden, wurden weniger zu Bausteinen, wie zum Strassenpflaster und Wegebau ausgebeutet. Ein wesentlich besseres Material sowohl zum Häuserbau wie zum Kalkbrennen lieferten die Kalksteinbrüche in der Flur des an die städtische Feldmark grenzenden Dorfes Hochheim.

Es leuchtet ein, von welchem wesentlichen Einfluss die geschilderte Bodenbeschaffenheit auf die Bauthätigkeit von Erfurt werden musste.

Die erste Entstehung des Ortes, welcher gegenwärtig den Namen Erfurt führt, ist in Dunkel gehüllt. Dass das Bikurdion, was Ptolemäus als unter 30° 30′ der Länge und 51° 15′ der Breite gelegen aufführt, wirklich Erfurt sei, wie gewöhnlich angenommen worden, ist mindestens sehr zweifelhaft. Noch weniger Glauben verdient aber die Erzählung des Hartung Kammermeister (f. 53 v.), des Conrad Stolle (f. 17. v.) und der übrigen älteren Erfurter Chronisten, nach denen ein fabelhafter König der Thüringer, Merwig, auf dem Hügel, der später das Peterskloster trug, eine Burg erbaut haben soll, als sich dort noch keine Stadt, sondern nur in der Gegend der heutigen Andreasstrasse ein Dorf Schilderode und weiter aufwärts eine Mühle befand, deren Besitzer Erff genannt, eine Furt eingerichtet, die zur Entstehung des Namens Erfurt Anlass gegeben habe.

Als historisch beglaubigt kann man nur ansehen, dass sich im 8. Jahrhundert hier eine schon längst bestehende von Heiden bewohnte Stadt befunden, die der h. Bonifacius, als er behufs Bekehrung der Thüringer in diese Gegend zog, vorfand,[1] und die ihm bedeutend genug und geeignet erschien, um nicht nur 741 eine Kirche daselbst zu gründen,[2] sondern sie sogar zum Sitze eines Bischofs zu machen, wogegen die Angabe: dass bereits 743 auf dem Severiberge das Benediktinernonnenkloster St. Pauli oder Hochmünster (Altomonasterium) gegründet sei, wesentlichem Bedenken unterliegt,[3] und auch die Behauptung: dass die in der nämlichen Gegend noch vorhandene Bonifaciuskapelle von einem um 750 vorgenommenen Bau herrühre, keinen Anspruch auf Glaubwürdigkeit machen kann. Eben so wenig zuverlässig erscheint die Angabe: dass damals von Bonifacius auf dem Domberge ein Benedictinermönchskloster gegründet sei, das später vereint mit einem Marienkloster zum Collegialstift erhoben worden. Noch weitmehr gehört die Behauptung, dass bereits 546 eine Kapelle des h. Blasius auf der Stelle gestanden, welche später die Severikirche einnahm, in das Gebiet der Sage.

Dass aber überhaupt schon in der oben angegebenen Zeit Erfurt zu einer Niederlassung gewählt worden ist, wird durch dessen Lage erklärt.

Die alte Völker- und Handelsstrasse zwischen dem mittleren Odergebiete und dem Mittelrheine, sowie dem unteren Maine führte durch diese Gegend. Hier war die einzige Stelle, wo man ohne Schwierigkeit das Bett des Geraflusses überschreiten konnte; weiter oberhalb hinderten dies die hohen und steilen Thalwände, unterhalb machten die Sümpfe, welche auf beiden Seiten den Fluss bis zu seinem Einflusse in die Unstrut begleiteten, dies unmöglich. Der Umstand, dass sich hier ein bequemer Flussübergang darbot, würde jedoch an sich noch nicht ausreichende Veranlassung zur Gründung eines grösseren Ortes dargeboten haben; dass dies geschehen erklären aber die sonstigen topographischen Verhältnisse ausreichend. „Am Ausgange eines Hauptthales gelegen, das sich von der Centralgruppe des Thüringerwaldes das Gerathal hinabzieht bis in die thüringische Niederung, musste sich der ganze Verkehr eines beträchtlichen Gebietsabschnittes und seiner vielen Seitenthäler nach dem Hauptthalausgange concentriren, nach welchem von allen Richtungen die Strassen convergirend zusammenlaufen, so dass ein reger Verkehr die Folge davon war, welcher Handel und Gewerbe, Industrie, Kunst und Wissenschaft nach sich zog. Alle thüringer Waldstrassen fanden ihren Vereinigungspunkt in Erfurt, von wo aus sich der Verkehr auf grossen Strassen durch ganz

[1] Locus qui dicitur Erphesfurt, qui fuit jam olim urbs paganorum rusticorum. Schreiben des h. Bonifacius an den Papst Zacharias von 742. Jaffé, Biblioth. rer. Germanic. III. Monum. Mogunt. p. 111 sq.

[2] Grössler. Die Einführung des Christenthums in Nordthüringen. Neujahrsblätter der histor. Commiss. VIII, S. 24.

[3] Ausweislich des Briefes, in welchem der Presbyter Liutolt die Ueberführung der Gebeine des h. Severus nach Erfurt beschreibt, ist die zum Hochmünsterkloster gehörende Paulskirche erst 836 geweiht worden. Jaffe, l. c. pag. 517.

Mittelthüringen ausbreitete. Da am Rande des Thüringerwaldes keine Strasse hinzog, musste sich schon aus diesem Grunde der ganze westöstliche Verkehr über Erfurt hinziehen. Die Uebergangsstelle war allein wiederum nur für eine Stadtanlage geeignet. — Die Stadtanlage auf einem Untergrunde von Kies und Sand konnte auch nur hier gerade die nöthige Sicherheit haben, gegen Osten und Süden durch die Gera geschützt gegen feindliche Slaven, gegen Westen durch das sumpfige Brühl, den Domhügel und Petersberg." (Reischel, Beiträge zur Ansiedlungskunde von Mittelthüringen S. 53, 54.)

Spuren von Ansiedlungen in vorgeschichtlicher Zeit sind in Erfurt, wenn auch weniger in der eigentlichen Stadt, wo sie im Laufe der Zeit durch die Bauthätigkeit verwischt wurden, doch unmittelbar vor den Thoren derselben bis in die neueste Zeit hinübergelangt, so vor dem Andreasthore an der Nordhäuser Strasse, auf dem Exerzierplatze am Juliusgraben und vor dem Augustaparke. (Tettau, Uebersichtl. Zusammenstell. der in Erfurt gefundenen vorgeschichtlichen Gegenstände, S. 197, 205, 214.)

In wie weit die Bewohner von Erfurt zu der Zeit, wo es in die Geschichte eintritt, also zu der des h. Bonifacius, dem germanischen, und wie weit sie dem slavischen Volksstamme angehört haben, mag hier dahingestellt bleiben. Lässt sich auch nicht in Abrede stellen, dass Wenden oder Sorben damals und noch später in der hiesigen Gegend gewohnt — dies ergeben nicht nur hie und da gefundene Alterthümer slavischen Ursprungs, so die Funde von Neuschmidstedt und Bischleben (Ibid. S. 210 und 230), sondern es steht auch urkundlich fest — so ist doch eben so gewiss, und dies beweisen namentlich die Ortsnamen, insbesondere der von Erfurt selbst, dass schon damals die Mehrzahl der Bewohner dem germanischen Stamme angehört habe.

Die ersten Ansiedelungen, aus denen im Laufe der Zeit die Stadt Erfurt erwuchs, lagen unzweifelhaft am Fusse des Dom- und des Petersberges auf beiden Seiten der Gera, und zwar des jetzt Breitstrom genannten Armes derselben. Das Dorf Schilderode oder Schilterode, was sich von dem Petersberge und der Gegend der Krämerbrücke bis zum Andreasthore erstreckt haben soll, wurde erst um 1200 der Stadtgemeinde einverleibt. Von dem Südwestabhange des Dombergs bis zum Cyriaxberge erstreckte sich ein zweiter ländlicher Ort, der erst durch Entsumpfung für den Anbau erobert werden musste, der Brühl, der nicht vor dem Anfange des 14. Jahrhunderts seine abgesonderte Gemeindeverfassung verloren hat.

Die Stadtlage selbst nahm in der ältesten Zeit den Raum auf den beiden Seiten der Gera vom Hermannsplatze bis zur Lehmannsbrücke ein. Wenn aber Hogel (Chronika der Stadt Erffurth S. 22) angiebt, dass schon zur Zeit des Frankenkönigs Dagobert I. die Johannisvorstadt bis zum Augustthore mit „Wohnungen angefüllt gewesen" und die starke Bewohnerzahl derselben die Gründung einer eignen Kirche nöthig gemacht habe, so verdient dies keinen Glauben.

Wohl aber muss zur Zeit der Karolinger der Ort von nicht geringer Bedeutung gewesen sein, da Kaiser Karl der Grosse 805 ihn zum Stapelplatz für den Verkehr des Westens und Südens Deutschlands mit den östlichen und nördlichen Ländern auserwählte und einen besonderen Beamten, Madalgaudus, zur Beaufsichtigung des Handels und Aufrechthaltung der öffentlichen Sicherheit eingesetzt, König Ludwig der Deutsche aber 852 hier einen Reichstag abgehalten hat.

Noch mehr kam Erfurt unter den sächsischen Königen in Aufnahme. Heinrich I. soll es zuerst mit einer Umfestigung versehen haben; er liess hier 932 eine Kirchensynode abhalten; hier war es, wo er seine letzte Regententhätigkeit ausübte, als er 936 von den Fürsten des Reiches seinen Sohn Otto zu seinem Nachfolger ernennen liess. Unter diesem letztern, Kaiser Otto dem Grossen, haben aber, wie es scheint, die Erzbischöfe von Mainz zuerst weltliche Hoheitsrechte über Erfurt, das bis dahin unzweifelhaft eine königliche Stadt gewesen ist, erlangt. Wie weit jene damals gegangen sind, lässt sich nicht genau feststellen. Bekanntlich sind sie das ganze Mittelalter hindurch schwankend geblieben und es haben die Streitigkeiten zwischen den Erzbischöfen und der Stadt erst 1664 mit der sog. Reduktion ihren Abschluss erreicht. Bereits Erzbischof Adalbert I. (1109—1137) fand es nothwendig seinen Ansprüchen auf die Herrschaft über die Stadt dadurch einen Stützpunkt zu geben: dass er 1123 auf dem Domberge, da wo später die Curien des Severistiftes standen, eine Burg, das sog. Krummhaus, erbaute.

Erfurt muss im 11. und 12. Jahrhundert bereits eine Stadt von Bedeutung gewesen sein, da es ausser dem Dome oder der Marienkirche, noch eine ganze Reihe von Gotteshäusern besass, so die St. Gregorii- oder Kaufmännerkirche, die 1061 erbaut sein soll, wahrscheinlich aber schon älter ist, die St. Nicolauskirche, die 1013 bereits bestand, die Allerheiligenkirche, die 1125 gegründet ward, die Kirche der Apostel St. Philippi und St. Jacobi, deren Stiftung 1137, die St. Lorenzkirche, bei der solche 1140 erfolgte, die St. Albanskirche, die 1125 bereits existirte, und die St. Annenkapelle auf dem Petersberge, die 1127 eingeweiht wurde, ferner an Klöstern: das Schottenkloster, gegründet 1027 oder 1036, das Benedictinermönchskloster auf dem Petersberge, dessen erste urkundliche Erwähnung zwar erst in das Jahr 1104 fällt, das aber damals sicher schon längere Zeit, wahrscheinlich seit 1060 bestanden hat, das Kloster der Regulirten Chorherrn des h. Augustin (Regler), gegründet 1117, 1131 oder 1135 und das Kloster der Benedictinernonnen St. Pauli, das 1124 von dem Severiberge auf den Cyriaxberg verlegt wurde, damals aber schon lange existirte, da seine Kirche schon 836 die Weihe erhalten hatte. Auch die beiden Collegiatstifte, St. Marien und St. Severi, bestanden in dieser Zeit bereits. Doch ward die Stadt 1142 von einem schweren Unfall betroffen, indem durch eine Feuersbrunst ein grosser Theil derselben mit dem Peterskloster, dem Severistifte und vielen anderen Kirchen zerstört wurde. (Chronic. Sampetrin. edid. Stübel p. 17. — Nic. de Siegen Chronic. eccles. p. 319.) Ein nicht minder bedeutender Brand, der das Krämpferthor (mercatorum porta) und mehrere Kirchen in Asche legte, fand 1175 statt. (Nic. de Siegen l. c. p. 338.) Ein gleiches ereignete sich 1216.

Eine erhebliche Vergrösserung, wenn auch zunächst nur des Weichbildes, von Erfurt trat dagegen ein, als Landgraf Ludwig der Eiserne von Thüringen 1164 zugleich mit den Mauern der Stadt, die an deren Grenzen belegenen Dörfer Berghausen, Russberg und Hornburg zerstörte, solche nicht wieder hergestellt, vielmehr deren bisherige Fluren mit der städtischen vereinigt, und darauf im Laufe der Jahre die Vorstädte, d. h. die zwischen der wilden Gera und dem Wallgraben belegenen Stadttheile, erbaut wurden. Auch eine Vermehrung der Einwohnerzahl hatte jenes Ereigniss zufolge, da vom Erzbischof Christian, als er 1170—1173 die zerstörte Ummauerung wieder herstellte, viele Bewohner der umliegenden ländlichen Ortschaften in die Stadt gezogen und denselben Bauplätze gegeben wurden, zu welchem Behufe der Erzbischof seinen Weinberg am Petersberge hergab und seinen Schultheissen Conrad, Albrecht und Dietrich von Witterode, sowie dem Abte des Petersklosters den Auftrag ertheilte: den so gewonnenen Raum mit Häusern zu besetzen, in denen die hineingezogenen Ritter und Junker als erzbischöfliche Burgmänner wohnen sollten.

Auch die Zahl der Kirchen vermehrte sich entsprechend der Zunahme der Bevölkerung. Denn ausser den bereits oben aufgeführten bestanden 1181 die Servatius- sowie die Paulskirche, 1182 die St. Matthias- und die St. Gotthardskirche, 1184 die St. Georgenkirche, und es wurde 1183 die St. Michaelskirche gegründet, so wie 1185 der erste Altar in der St. Leonhardskirche errichtet, so dass diese wohl kurz vorher erbaut sein wird. Doch lässt sich die Richtigkeit der Angabe Hogels (l. c. S. 74): dass Erfurt zur Zeit des Erzbischofs Siegfried I. (1059—1084) bereits 25 Pfarrkirchen besessen, um so mehr in Zweifel ziehn als es feststeht: dass bis 1182 oder 1183 der Pfarrsprengel der Marienkirche die ganze Stadt umfasst hat, und erst damals anderen städtischen Kirchen Parochialrechte verliehen worden sind.[1] — Zu den bereits erwähnten Klöstern traten in dieser Zeit noch das in der Mitte des 12. Jahrhunderts gegründete der Augustinernonnen zum h. Geist, das nach seiner Verlegung vom August- an das Wasserthor 1198 den Namen des Neumarktklosters erhielt, hinzu. Auch die Erbauung des Valentinerhofes wird in diese Zeit fallen, da auf diese der romanische Styl seiner noch vorhandenen Ueberreste hinweist. Mehrere von jenen Klöstern, insbesondere das auf dem Petersberge, liessen sich die Pflege wissenschaftlicher Bildung angelegen sein. Die Schule desselben war neben denen des Marien- und des Severistiftes berühmt und wurde selbst von weither aufgesucht.

Zur Aufnahme der Stadt trug auch nicht unerheblich bei: dass mehrfach hier Reichstage abgehalten wurden, so 1181 der wo Herzog Heinrich der Löwe sich vor Kaiser Heinrich I. demüthigte.

Es wird uns aus dieser Zeit wenigstens ein Name eines Baumeisters überliefert. Es ist dies der des conversus Ditmarus, welcher nach dem Necrologium des Petersklosters in Schannat Vindem. II. p. 18 und Gallus Stass. Necrolog. p. 26 und 336, die 1117 eingeweihte Kapelle B. Mar. Virg., später Annenkapelle ge-

---

[1] Anno domini 1183 civitas Erfordiensis distributa est in diversas parochias. Nam antea sola ecclesia Sanctae Mariae fuit caput omnium ecclesiarum et parochia generalis totius civitatis, aliae vero capellae Sanctorum aedificatae sunt per intervalla temporum a nobilibus terrae qui de praecepto Moguntinensis archiepiscopi ob tutiorem praedictae civitatis ibi habitabant. Liber chronic. (Erford.) herausgegeben von Wenk. Zeitschr. d. Ver. f. thüring. Gesch. N. F. IV, S. 249. Nic. d. Siegen, l. c. p. 339. Conr. Stolle, l. c. f. 154. v. Erphord. antiquit. variloq. p. 480. Engelhusii Chronic. Erford. b. Menken Scrptt. II. p. 561. Falkenstein Hist. S. 69. Wenn Vollbaum (die Specialgemeinden S. 5.) die Worte Siegens: „Anno 1182 civitas Erfurdiensis distributa sive partitu fuit in plures parrochias“ dahin auslegen will: dass hier nicht von der Thatsache einer Eintheilung der Stadt in Parochien im Jahre 1182 die Rede sei, sondern von einem in dieser Zeit bereits vorhandenen Zustande, so lässt sich dem nicht beipflichten. Siegen hätte in diesem Falle sicher nicht des Ausdrucks: fuit, sondern des: erat, sich bedient, auch keine Veranlassung gehabt, die Sache gerade unterm Jahre 1182 zu berichten.

nannt, auf dem Petersberge gebaut, wahrscheinlich auch den 1103 begonnenen Neubau der Klosterkirche ausgeführt hat.

In das 12. Jahrhundert, wohl in dessen Mitte, fallen auch die ältesten Werke einheimischer Sculptur, die Erfurt besitzt, der im Chore des Domes stehende, von der Bildsäule eines Büssenden, Wolfram Hilderich, getragene eherne Leuchter und die sternförmige Ampel mit Reliefdarstellungen, gleichfalls in Metallguss und im Dome aufbewahrt. Die Mönche des Petersklosters gossen bereits 1131 einen ehernen Löwen, aus dessen Rachen das aus dem Bornthale hergeleitete Quellwasser in ein Becken floss.

Welche Ausdehnung die Stadt im 13. Jahrhundert, namentlich gegen dessen Ausgang, gehabt, ergeben die vom Jahre 1293 ab noch erhaltenen Freizinsregister. Danach nahm sie damals den Raum ein zwischen dem Brühl, dem Graden (Friedrich Wilhelmplatz), Andreasthor, Moritzthor, der Lehmannsbrücke, dem Elende (Kohlgrube) der Johannisstrasse, dem inneren Krämpferthore, Augustthore, inneren Löberthore und der Lohbank (Neuwerkstrasse). Hiernach stimmte ihr Areal ziemlich mit dem überein, was später als die eigentliche oder innere Stadt galt und bei welcher die in der zweiten Hälfte des 12. Jahrhunderts zu einem ununterbrochenen Wasserlaufe umgestaltete Hörlache (wilde Gera) die Grenze gegen Südost, Ost und Nordost bildete. Die Stadtmauer folgte deren Lauf von da ab, wo jene sich vom Breitstrom abzweigte, bis zur Wiedervereinigung beider, also vom Rosswehr bis zum Kronenburger Wehr, ging darauf vom Moritz- nach dem Andreasthore, sodann, jedoch erst seit 1375—1380, den Petersberg in sich schliessend, bei dem Lauen- und dem Krummen- (inneren Brühler-) Thore vorbei, wieder zum Rosswehr. Erfurt besass also zur angegebenen Zeit, abgesehen von dem Brühl, seine nachherigen Vorstädte noch nicht, wenn auch einzelne Anlagen vor den Thoren sich befunden haben mögen. Deren Einverleibung erfolgte erst im Laufe des 15. Jahrhunderts, wo die Zunahme der ausserhalb belegenen bebauten Grundstücke und der Bewohner derselben dies nöthig machte.

Inzwischen hatte die Zahl der Kirchen und Klöster wieder erheblich zugenommen. 1203 ward die Andreaskirche erbaut, 1223 die Kapelle St. Simonis et Judae auf dem Fischmarkte geweiht, 1253 die h. Brunnenkirche gegründet, im gleichen Jahre die Domkirche erweitert. Die Wigbertikirche bestand bereits 1223, die Kirche St. Martini intra 1245 auf ihrer ursprünglichen Stelle neben dem Rathhause, die Vitikirche 1253 schon seit längerer Zeit; ebenso die Kirche St. Martini extra 1265; die Marien-Magdalenenkapelle befand sich schon 1277 wegen ihres hohen Alters in baufälligem Zustande und ist wahrscheinlich schon im 12. Jahrhundert errichtet. — 1208 wurde das Dominikaner- oder Predigerkloster erbaut, 1268 erweitert und umgebaut, 1278 der Chor der Kirche vollendet, 1232 das Franziskaner- oder Barfüsserkloster an seine letzte Stelle an der Gera verlegt, und dessen abgebrannte Kirche 1240 neu gebaut; auch das Weissfrauenkloster existirte damals bereits, da ihm 1235 eine päpstliche Gnadenbulle ertheilt und es nach der durch eine Feuersbrunst 1246 erfolgten Zerstörung, um 1256 wieder hergestellt ist. 1266 wurde das Kloster der Augustiner Eremiten gegründet und 1289—1290 neugebaut. Die Kirche desselben erhielt 1275 ihre spätere Gestalt. 1288—1290 wurde das Cistercienser Nonnenkloster Mariengarten gegründet, das nach seiner

1303 oder 1310 erfolgten Verlegung an die Kirche St. Martini extra im Brühl den Namen Martinskloster erhielt.

Die bedeutendste Bauthätigkeit hat in Erfurt in Bezug auf öffentliche Gebäude wohl am Schlusse des 13. und im 14. Jahrhundert stattgefunden. Es war dies aber allerdings sehr wesentlich eine Folge der grossen Anzahl bedeutender Feuersbrünste, von denen die Stadt betroffen ward. Nachdem unter andern 1246 ein sehr erheblicher Theil derselben und wieder 1291 ein Drittheil, die ganze Strecke vom Neuwerkskloster bis zum Krämpferthore,[1] 1395 ein Viertheil aller Wohnhäuser, die Gegend zwischen der Kaufmannskirche und dem Löberthore niedergebrannt war, zerstörte schon wieder 1413 eine Feuersbrunst die zwischen der Futterstrasse und dem Anger, eine andere 1416 den nördlichen Theil der Stadt von den alten Fleischbänken am Fusse des Domberges bis zur Moritzkirche mit dem Rubenmarkt, der Pergamenter-, Weissen- und Marbachergasse, der Andreas-, Servatii- und Georgenkirche.[2] Alle diese Bauwerke erhoben sich jedoch bald wieder aus der Asche, so wie auch die anderweit in Verfall gerathenen erneuert wurden. So wurden 1275 der Chor der Severikirche erbaut, 1278 die Gebäude des Severistiftes wiederhergestellt, um 1291 die Johanniskirche, gegen den Schluss des 13. Jahrhunderts die Bartholomäuskirche, 1291—1301 das Barfüsserkloster, 1285 das Langhaus, 1316 der Chor der Kirche desselben, gegen 1321 die Egidienkirche wiederhergestellt; 1287 gelangte der Neubau des Neuwerksklosters zum Abschluss. Wenn keine neuen Kirchen und Klöster in dieser Zeit entstanden sind, so kam dies daher, weil man zu reich an älteren kirchlichen Stiftungen war, um neuer zu bedürfen. (Schnaase, Gesch. d. Künste VI. S. 237.) Doch fallen von kirchlichen Bauten in diese Zeit noch der der Katharinenkapelle

[1] In der Regel wird das Jahr 1240 als das genannt, wo diese Feuersbrunst stattgefunden (Erphord. antiquitt. Variloq. in Menken scriptt. II, p. 461. Engelhusii Chronic. in Leibnitz Scrptt. rer. Brunvic. II, p. 1117. Hogel, Chron. S. 141, 142. Falkenstein, Hist. S. 88). Dagegen giebt das Chron. Sampetr. p. 126 an: dass sie 1291 an den Iden (13) des April, dem Vorabend des Festes der hh. Tiburtius und Valerianus zum Ausbruch gekommen sei, womit die Historia de Landgraviis Thuringiae Eccardiana pag. 445 übereinstimmt. Dass es sich sowohl bei jener wie dieser Angabe um ein und denselben Brand handle, kann nicht zweifelhaft sein, da in beiden Berichten der Ort der Entstehung, die Umgrenzung der Brandstätte, die abgebrannten öffentlichen Gebäude völlig die nämlichen sind. Das Chronic. Sampetrin., dessen Verfasser wohl ein Zeitgenosse des Ereignisses war und der so eingehende Angaben bringt, kann sicher in höherem Grade auf Glaubwürdigkeit Anspruch machen, wie die übrigen Gewährsmänner, so dass das Jahr 1291 unzweifelhaft das richtige ist. Falkenstein erzählt in seiner gewöhnlichen Flüchtigkeit, ohne den mindesten Anstand daran zu nehmen, die Sache sowohl beim Jahre 1240 (Hist. S. 88) wie beim Jahre 1291 (ibid. S. 163).

[2] Diese häufigen und ausgedehnten Brände mussten bereits frühzeitig der Stadtbehörde Anlass geben, feuerpolizeiliche Vorschriften zu erlassen. Schon der Zuchtbrief von 1351 enthält einen hierauf bezüglichen Abschnitt (Neue Mittheil. aus dem Gebiete histor. antiquar. Forschung VII, S. 101 ff. Vergl. Herrmann, Biblioth. Erfurt S. 200). In ausgedehnterem Masse geschah dies in der Feuerordnung von 1429 (Allg. Thür. Vaterlandskunde, I, S. 21 ff.). Ein wie dringendes Bedürfniss zu derartigen Bestimmungen vorlag, ergiebt am überzeugendsten eine Denkschrift aus den letzten Jahren des 14. Jahrhunderts, welche Vorschläge zur Verhütung von Feuersbrünsten enthält und sehr grell den feuergefährlichen Bauzustand der Stadt Erfurt schildert. (Abgedruckt in dem Berichte an die Mitglieder der Deutsch. Gesellsch. zur Erforsch. vaterländ. Sprache und Alterthümer für 1838.)

1318, der Antonius- und Ganglofskirche (1351—1353). Bei dem Dom wurde, um das zu dessen nöthig gewordener Vergrösserung erforderliche Terrain zu gewinnen, 1329 die Cavate angelegt, 1349 und 1350 die Krypta erbaut und der Bau des hohen Chors begonnen; um dieselbe Zeit das grosse Domportal, in der ersten Hälfte des 14. Jahrhunderts die Thomaskirche, 1355 die St. Elisabethkapelle, 1360 der Thurm der Nikolauskirche, 1375 der Kreuzgang des Reglerklosters erbaut, 1363 die Blasiuskapelle bei der St. Severikirche gestiftet, 1375 die abgebrannte Benedictskirche wiederhergestellt, 1380 der Bau des Georgenthurmes begonnen, 1385 die Kirche St. Martin intra an den Langen Steg (die Schlösserbrücke) verlegt. Von Klostergründungen fallen in diesen Zeitraum nur die des Karthäuser- oder St. Salvatorsklosters, dessen Bau 1372—1380 erfolgte, und 1308 die des Beguinenhauses, von öffentlichen Profanbauten der des Mainzerhofes (1253), des Comthurhofes des deutschen Ordens (1281), des grossen Rathhausthurmes (begonnen 1350), des inneren Johannisthores (1286), des neuen Kornhofes (1354), der alten Wage (1356), der neuen Synagoge (1357). Das grosse oder Martinshospital, das bereits 1125 gegründet war, wurde 1298 an die Kirche St. Martin intra, sodann 1384 in die Krämpfer Vorstadt verlegt und 1385 seine Kirche erbaut. 1291 ward zuerst eine Rolandssäule auf dem Platze vor dem Rathhause errichtet. 1365 und 1385 ward das letztere weiter ausgebaut und mit aus Quadern errichteten Schwibbögen versehen.

Als Baumeister wird in dieser Zeit Heinze Bruns genannt, der 1385 das Hospital erbaute. Ueberhaupt entfaltete in dieser Periode neben der Baukunst auch die Bildhauerkunst eine rege Thätigkeit, wie eine Anzahl noch vorhandener Werke darthut (Schnaase, l. c. VI. S. 504); so die Denkmäler des Theodoricus von Lichtenhain von 1266 und des Grafen Günther von Schwarzburg von 1345, beide in der Predigerkirche, das des angeblichen Gründers des Schottenklosters, Walthers von Glizberg und seiner Gattin Hedwig in der Schottenkirche (Anfang des 14. Jahrhunderts), die Grabsteine der Gattin des Rudolf Ziegler, Cinna, von 1370 und des Bischofs Albert von Beichlingen von 1371 in der Barfüsserkirche, die Madonnastatuen im Dom, in der Prediger-, Wigberti- und der Neuwerkskirche, erstere wohl noch aus romanischer Zeit, die übrigen aus dem 14. Jahrhundert, dessen zweiter Hälfte wohl auch die Marienstatue in der Severikirche, als deren Verfertiger sich Johann Gerhart nennt, angehört.

Es muss damals auch schon Maler in Erfurt gegeben haben, denn in dem Freizinsregister von 1378 wird ein Albert pictor aufgeführt, während der Guntherus de Mülhusen (1327), der Henricus de Schebelitz (1330 und 1350), welche ebendaselbst unter der Bezeichnung: colorator, erscheinen, wohl nur das Anstreichen der Häuser gewerbsweise betrieben haben werden[1] ohne als Künstler angesehen werden zu können; eher noch kann man zu diesen die Schilderer rechnen, welche durch das ihnen obliegende Bemalen der Schilde oft in das Gebiet der Kunst hinübergriffen und überaus buntfarbige Schildereien anfertigten (Kirchhof, Erfurt im 13. Jahrh. S. 58, 59 vergl. S. 158 Anm. 42), wie die noch jetzt vorhandenen grossen Setzschilde darthun. Nicol. von Siegen erzählt (l. c. p. 387): dass im Jahre 1346 der Kreuzgang des Petersklosters sehr schön (satis gloriose et delectabiliter)

[1] Colorator h. e. pictor parietum. Du Cange Glossar. med. latinit. II, col. 426.

mit Gemälden, welche Scenen aus dem Alten Testamente, insbesondere der Genesis darstellten, von einem ausgezeichneten Meister in dieser Kunst (per magistrum et pictorem in hac arte magistralem), dessen Namen er jedoch nicht nennt, versehen worden sei. Spätestens derselben Zeit müssen die runden Holztafeln mit symbolischen Figuren und Sprüchen aus Freidanks Bescheidenheit, die einst eine Zierde des grossen Rathhaussaales bildeten, ihre Entstehung verdanken. Aus dem Anfange des 14. Jahrhunderts mussten auch die Gemälde stammen, welche sich in der zum Peterskloster gehörenden Kapelle Corporis Christi befanden, da auf ihnen nur Personen, die vor dem Jahre 1300 gelebt hatten, dargestellt waren.

Auch eine mit Beobachtung aller Grundregeln der Hydraulik angelegte und in kunstvoller Weise durch alle Strassen der Stadt sich verzweigende Kanalisation existirte schon damals, denn das städtische Wasseramt, welchem die Aufsicht über dieselbe übertragen war, bestand bereits 1291 als besondere Behörde. (Hogel, l. c. S. 227. Falkenstein, l. c. S. 193). 1258 wurde die Hirschlache mittelst eines Gerinnes in die Stadt geleitet, 1342 der, Bergstrom genannte, Arm oder wahrscheinlicher der am Fallloch ausmündende Wasserlauf von der Gera abgezweigt. Bode (Geschichte d. deutsch. Plastik S. 98, 208) behauptet daher sicher nicht mit Unrecht: dass Erfurt in dieser Zeit den Mittelpunkt der künstlerischen Thätigkeit in Thüringen gebildet habe.

Im Laufe der Zeit hatte die Bebauung und die Zahl der Bewohner der auf der rechten Seite der Wilden Gera belegenen Vorstädte in der Weise zugenommen, und hatten diese selbst eine solche Bedeutung erlangt, dass es nothwendig erschien, sie vor feindlichen Angriffen zu sichern, und zu diesem Zwecke in die Befestigungsanlagen mit hineinzuziehen. Dies geschah, nachdem bereits 1374—1379 die Aussenthore angelegt waren, im 15. Jahrhundert. Zuerst ward 1426 und in den folgenden Jahren die Strecke von dem am Südabhange des Petersberges belegenen Lauenthore bis zu dem Wasserthore am Neuwerkskloster mit Thürmen und Gräben versehen, sodann 1432 unter dem Vorwande des Schutzes gegen einen möglichen Ueberfall durch die Hussiten, in der Wirklichkeit aber weil die Stadt durch ein damals zwischen den Kurfürsten von Mainz und von Sachsen abgeschlossenes Bündniss ihre Selbständigkeit für bedroht hielt, der Zwinger am Brühle, die zwischen dem Krämpfer- und dem Johannisthore belegene Strecke, die Karthäusermühle und das Karthäuserkloster dadurch, dass man sie mit Wall und Graben umgab, der Stadt einverleibt. Mit dieser Arbeit wurde 1433 fortgefahren, indem man auf der anderen Seite der Stadt das Andreasthor mit dem Moritzthore und das letztere mit dem Johannisthore durch eine 1444 begonnene Mauer verband, die demnächst noch weiter bis zum Krämpferthore und 1446 vom Spielberg bis zum Löberthore, sodann 1457 mittelst Errichtung der Aussenmauer, der Thürme vor dem Moritzthore an dem Schwibbogen bis zum Johannisthore, und 1458 mit Erbauung des Thurmes auf der schmalen Gera weitergeführt wurde. Nachdem nun noch 1463 der Bau der Wälle und Thürme zwischen dem Krämpfer- und dem Johannisthore stattgefunden, ward endlich 1470 und 1471 durch die Strecken zwischen dem Karthäuserkloster und dem Löberthore die Befestigung um die gesammten Vorstädte mittelst Wällen, Thürmen und Gräben zum Abschluss gebracht und dadurch der Stadt der Umfang gegeben, welchen sie bis auf die neueste Zeit d. h. bis zu ihrer Entfestigung, im wesentlichen unverändert beibehalten hat.

Die erste Hälfte des 15. Jahrhunderts ist entschieden für Erfurt die Zeit der höchsten Blüthe des Wohlstandes und der Gipfelpunkt seiner politischen Macht gewesen. Der Aufschwung des Handels und der Gewerbsamkeit hatte seinen Eintritt in den Hansabund herbeigeführt. Es bildete den Hauptsitz des Waidhandels, dessen Absatzgebiet, bis zu seiner Verdrängung durch den Indigo, ganz Europa umfasste und war einer der bedeutendsten Stapelplätze auf der grossen Handelsstrasse vom Morgenlande über Venedig in die nördlichen und nordöstlichen Länder Europas.

Die Hoheitsrechte der Erzbischöfe von Mainz waren, selbst innerhalb des städtischen Weichbildes, namentlich seitdem auch die Ausübung des Münzrechtes 1354 auf die Stadt übergegangen war, auf ein Minimum herabgesunken; sie hatte aber auch einen sehr ausgedehnten auswärtigen Grundbesitz, in betreff dessen sie, wenn auch nicht überhaupt vollkommen unabhängig, dies wenigstens von den Erzbischöfen war. Es waren dies insbesondere die sehr erheblichen, den thüringisch-sächsischen Fürsten lehnpflichtigen Besitzungen, die Herrschaften Vieselbach, Schloss Vippach, Vargula, die Grafschaft an der Schmalen Gera u. s. w. Die gräflich Gleichenschen und die Fuldaschen Lehne mit der Stadt Sömmerda u. dergl. m. Durch den Erwerb der Herrschaft Kapellendorf trat die Stadt 1352 in die Reihe der reichsunmittelbaren Stände, war als solcher nur dem Kaiser unterthan und berechtigt in den Conventen der Territorialherren ihren Sitz einzunehmen. Wie bedeutend das Kämmereivermögen damals war, und wie wenig die fortwährenden Kriege die finanzielle Kraft der Gemeinde zu schwächen vermocht hatten, zugleich aber in welchem Wohlstande sich die Bewohner befanden, geht am besten daraus hervor, dass der Rath z. B. 1400 um alle städtischen Ausgaben zu bestreiten an Geschoss nur 6 Pfennige von der Mark löthigen Silbers des Einkommens zu erheben brauchte und der Ertrag von jenem sich doch auf die für jene Zeit gewiss sehr ansehnliche Summe von 34,166 $^1/_2$ Reichsthalern belaufen hat. Aus eignen Mitteln hatte die Stadt 1378—1392 eine Universität zu gründen vermocht, die erste in Europa, welche alle vier Fakultäten in sich vereinigte, die erste und fast einzige Deutschlands, welche von einer Gemeinde dotirt wurde, die fünfte in diesem Lande überhaupt, die in kurzem eine der berühmtesten und besuchtesten Stätten der Wissenschaft ward, deren Zuhörerzahl bald nach Tausenden zählte. Erfurt galt damals für die dem Umfange nach grösste Stadt Deutschlands und wenn seine Einwohnerzahl auch nicht, wie oft behauptet ist, 80,000 erreicht hat, so kann man doch annehmen, dass sie zur Zeit seiner höchsten Blüthe wohl 50,000 betragen haben mag. (Tettau, Beiträge zur vergleich. Topographie und Statistik von Erfurt S. 199.) Ein russischer Patriarch, Grieche von Geburt, der sich 1435—1438 durch Deutschland nach Italien begab, und die Beschreibung dieser Reise hinterlassen hat, erklärt: dass Erfurt sowohl durch die Zahl seiner Bewohner, wie seiner trefflichen steinernen Gebäude und seines Reichthums an Waaren aller Art, insbesondere auch durch seine künstlichen Wasserleitungen unter allen Städten Deutschlands hervorrage. (Karamsin, Gesch. v. Russland Th. V, S. 229.)

Dass die oben geschilderten Verhältnisse von sehr wesentlichem Einfluss auf die Bauthätigkeit gewesen sein müssen, leuchtet ein. „Die Hauptepochen der Stadt,“ sagt Benicke (Erfurt und die Erfurter, Thüring.-Erfurt. Gedenkbuch der

4. Säcular-Jubelfeier der Erfindung der Buchdruckerkunst S. 116), „und die örtlichen Zustände in ihnen spiegeln sich klar nach ihrem Wesen und ihrem Zeichen in der Reihenfolge der Baujahre ab; der Zeitgeist zu Erfurt ist in dem Baustyle deutlich zu erkennen; die Originalität der unverwüstlichen Patrizierwohnungen, der grandiose Baustyl der nicht jüngeren Klöster, Kirchen, Stifter und Curienbauten."

Von kirchlichen Bauten fallen in die ersten drei Viertel des 15. Jahrhunderts: der Umbau der Wigbertikirche (1409—1435), der Bau des Thurms der Bartholomäikirche (angefangen 1411), so wie der der Kirche St. Martin intra (1415), die Wiederherstellung der Georgenkirche (1420), das Schiff der Kirche des Augustinereremitenklosters (1432), des Glockenthurms des Augustinerklosters (begonnen 1435), und der Matthiaskirche (angefangen 1437),[1] in dem gleichen Jahre ward die Marienkapelle im Rathhause, 1440 die gleichnamige im kleinen Hospitale eingeweiht; 1454 erfolgte die Wiederherstellung der Kirche des Barfüsserklosters, 1455 die des 1452 eingestürzten Langhauses des Domes, 1455 die Gründung der sog. Clementerie, 1468 der Neubau der Paulskirche, deren Thurm bereits 1465 gebaut war, 1469 wurde der Neubau der Johanniskirche, 1470 der der Vitikirche[2] begonnen.

Weniger zahlreich sind die in diese Zeit fallenden Klosterbauten: dieselben beschränken sich auf die 1432 stattgefundene theilweise Verlegung des Karthäuserklosters und den 1466—1473 erfolgten Neubau des Neuwerksklosters.

Desto erheblicher war die Zahl der Profanbauten. 1405 ward der Bau des Collegium majus (der Universität) fortgeführt, 1410 das sog. kleine oder Duderstädtische Hospital gegründet, 1412 die Himmelspforte errichtet und 1416 erweitert, 1413 der Glockenthurm im Lauengraben erbaut, 1418—1422 der grosse Rathhaussaal im Bau vollendet, 1427 der grosse Pulverthurm beim Ackerhofe erbaut, 1447 der Bau des äusseren Johannisthores begonnen, 1448 die Schola juris gestiftet und das Auditorium coelicum sowie 1465—1471 der Kornhof erbaut.

Von bedeutenderen Privatbauten fällt in diese Zeit der des Hintergebäudes des Hauses zum Paradiese 1429, des Hauses zum Lilienfass 1445, des zum Rebenstock 1451. Doch war die Zahl der steinernen Privathäuser nur immer noch eine verhältnissmässig geringe; bei weiten der grössere Theil der Wohngebäude war in Fachwerk ausgeführt und so an einander gedrängt, dass bei der Enge der Strassen und der Mangelhaftigkeit der Feuerlöschanstalten zu jener Zeit, so wie der Sorglosigkeit beim Umgehen mit Feuer und Licht, Feuersbrünste zu den fast alltäglichen Erscheinungen gehörten und sehr häufig einen bedeutenden Umfang erlangten.

Unter den damals in Erfurt thätigen Baumeistern treffen wir den Claus Aschermann und Hans Ferwer 1417,[3] den Kurt von Neuhausen und

[1] Die daran befindlich gewesene Inschrift lautete: Anno Domini MCCCCXXXVII feria secunda post (ascensionem) domini incepta est haec structura hujus turris (Gerstenberg, Novantiqua Erford. miscell.).

[2] Die daran befindlich gewesene Inschrift besagte: Anno Domini MCCCCLXX Sanct. Viti incepta est structura (Gerstenberg, l. c.).

[3] Ein früher auf der Schlösserbrücke befindlich gewesener Stein trug die Inschrift: Anno domini MCCCCXVIj ist angehaben dese broke bei er Clawes ascherman vnd er hans ferwer bavmeister gewest sint in der cit.

Kersten Albersleben 1418,[1] den Laurentius Schuler, der 1447 den Thurm der Predigerkirche und gemeinschaftlich mit Johann von Tenstedt den Wallthurm Nr. 8 zwischen dem Löberthore und dem Pförtchen,[2] so wie 1458 in Gemeinschaft mit Heinrich Grusze die Ueberspannung der Schmalen Gera zwischen dem Johannis- und dem Moritzthore erbauten,[3] sowie Thielemann Ziegler, Domherr am Marienstift, der als Baumeister desselben in den Jahren 1464, 1466 und 1467 urkundlich erscheint und in dieser Eigenschaft 1477 dem Meister Konrad Konigerod das zur Anfertigung des silbernen Sarges des heil. Adolar bestimmte Metall überwies. Meister Gregorius vollendete 1486 den 1469 begonnenen Neubau der Johanniskirche. Als ausgezeichneter Baumeister (notabilis structuarius) wird auch der Conventuale im Peterskloster Johann von Babenberg genannt. Städtischer Baumeister war 1473 Hans Pfau aus Strassburg, dem zugleich die Aufsicht über das Bauwesen des Marienstiftes übertragen war.[4]

Die Bildhauerkunst, die Technik des Erzgusses und das Steinmetzgewerbe hatten damals eine sehr hohe Stufe erreicht und Werke geschaffen, die noch jetzt Bewunderung erregen, wie das Denkmal des Johann von Allenblumen von 1429 im Dom, der prächtige Taufstein in der Severikirche von 1465 und das Marmorrelief mit dem heil. Michael ebendaselbst von 1467, endlich der Grabstein des Theodor Brun in der Augustinerkirche von 1462.

Als berühmter Steinhauer (lapicida notabilis et magistralis) wird der Bruder und Converse im Peterskloster Nicolaus namhaft gemacht, der 1467 eines schrecklichen Todes starb, indem er in einen mit siedendem Biere gefüllten Bottich stürzte (Nic. d. Siegen, l. c. p. 448). Johann Wydemann fertigte 1481 den an der Aussenmauer der Predigerkirche aufgestellten Denkstein mit dem Oelberge. Ein Metallgiesser aus Erfurt, Dietrich Mollner, war 1440 der Schöpfer des Tauf-

---

[1] Unter dem Wappen an dem Theile des früheren Rathhauses, in dem sich die Kämmerei befand, lautete die Inschrift: Anno domini m^c cccc^c xviij^o . als . er . curd . von . nyhusen . unde . er . kerstan . von . albersleubin . der . stad . bumeister . waren . da . worden . de . wapen . gehouwen.

[2] Die Inschrift desselben hiess: Año dm̄ M^oCCCC^oxlvij alz er Johans von Tenstet on er laurencius schuler bwmeister waren ist diss torm angehaben.

[3] Laut Inschrift: Año dm̄ m^occcc^cviij^o alz Er lorēsz schuler Er hein. Grusze buwmeist warē ist dz torm vorbracht. Allerdings lässt die Fassung dieser Inschriften die Möglichkeit zu, dass die genannten Personen, nicht sowohl Bautechniker als vielmehr nur die Baurathsherrn gewesen sind, unter deren Verwaltung die Bauten zur Ausführung gelangten. Dasselbe mag auch wohl von dem Heinrich Nisse und Hans Büseleuben, die Milwitz (Nachrichten S. 1060) beim Jahre 1431, dem Heinr. Funcke und Berndt Walther, die derselbe 1432, sowie dem Johann Marggraff und Hans Tupphagen, die er 1468 (ib. S. 1087) als Baumeister aufführt, gelten. Doch hat der auch erwähnte Laurentius Schuler wenigstens das Baugewerbe selbst ausgeübt. Denn er ist unzweifelhaft der auf der Inschrift des Thurmes der Predigerkirche A. D. MCCCCXLVII incepta est structura hujus turris per msrm̄ laurentium genannte Meister Laurentius, namentlich da die oben angegebene Jahreszahl ganz die nämliche ist, wie die wo der gedachte Wallthurm erbaut wurde.

[4] Schreiben des Rathes zu Erfurt von 1473 feria sec. post Alexii (21. Juli) an Joh. Metterberg, Baumeister des Domes zu Passau: dass Meister Hans Phawe von Strassburg seit längerer Zeit Erfurter Bürger und des Raths Werkmeister sei, demselben auch das Kapitel der Stiftskirche U. L. Fr. „der Kirchen gebuwe bevolen" habe. (M. A. — Liber domin. 1473. Nr. 110.)

ständers in der Katharinenkirche zu Braunschweig (Otte, Handbuch, 3. Aufl. S. 202. Schnaase, l. c. VIII, S. 514).

In diese Zeit fällt auch die Blüthe der Holzsculptur in Erfurt; es muss hier sogar eine Anstalt bestanden haben, aus welcher geschnitzte und polychromirte Altarschreine, von denen sich jetzt noch so manche daselbst und in der Umgegend vorfinden, hervorgegangen sind. In erster Reihe ist hier die Grablegung Christi im Querschiffe der Marienkirche zu nennen, die unzweifelhaft der zweiten Hälfte des 15. Jahrhunderts angehört und von der sich gleichzeitige Copien in den Kirchen zu Weissensee und Schloss Vippach befinden. Auch die herrlichen Chorstühle im Dom entstammen dieser Zeit.

Wie Hotho (Gesch. Joh. v. Eycks, S. 478) und gewiss mit Recht behauptet: hat in Erfurt damals eine eigne Malerschule existirt, die weder die Eigenthümlichkeit der kölnischen und der westfälischen, noch der fränkischen angenommen, sondern sich auf der Grenzscheide zwischen beiden in eigenthümlicher Weise entwickelt hat. Ihr gehört namentlich das schöne Altarbild in der Barfüsserkirche an, und ihr sind auch die beiden Tafeln zu verdanken, welche wie Konr. Stolle (l. c. f. 267) berichtet: 1492 in der Kaufmanns- und der Paulskirche „aufgesetzt wurden.“ Auch das schöne Bild des Schnitzaltars in der Kirche zu Wandersleben, die Sippe Christi — Maria mit dem Christuskinde auf dem Schoosse, neben welcher die heil. Anna sitzt — ein Werk, das seit der Reformation eingemauert war, erst neuerdings wieder entdeckt und daher trefflich erhalten ist, stammt unzweifelhaft aus dieser Erfurter Kunststätte.

Besonders in Blüte war damals hier aber die Glasmalerei, wie dies eine Anzahl noch jetzt im Dome und anderweit vorhandener Arbeiten darthut. Conrad von Schmalkalden, Mönch im Peterskloster, galt für den trefflichsten Glasmaler seiner Zeit. Er schmückte 1475—1485 den Kreuzgang seines Klosters mit Glasmalereien, die gleich ausgezeichnet durch ihre Zeichnung wie durch die Kraft und Gluth ihrer Farben waren und allgemein für die schönsten Glasgemälde nicht nur in Erfurt, sondern in ganz Thüringen galten. (Plac. Muth. Ueber den Einfluss des Petersklosters. 1804. S. 47, 48.)

Mit dem Jahre 1472 trat in den Verhältnissen Erfurts ein sehr ungünstiger Umschwung ein. Seine politische Bedeutung und Leistungsfähigkeit sowie der Wohlstand seiner Bewohner hatten ihren Gipfelpunkt überstiegen und sanken nun immer tiefer und tiefer hinab. Am 19. Juni des genannten Jahres, desselben in welchem die Hineinziehung der Vorstädte in die Befestigung zum Abschluss gelangt war, fand die bedeutendste Feuersbrunst statt, von welcher die Stadt je heimgesucht worden ist, die besonders deshalb eine solche Ausdehnung erreichte, weil das Feuer gleichzeitig an mehreren Stellen angelegt war und die mehr als die Hälfte derselben zerstörte, alles was zwischen dem Brühler- und dem Andreasthore, der Krämerbrücke und dem Neuwerkskloster lag, unter andern auch den Dom, die Severi-, die Benedicts- und die heil. Brunnenkirche in Asche legte. Es wurde hierdurch dem Wohlstande der Stadt eine Wunde geschlagen, die Jahrhunderte gebraucht hat um sich zu schliessen, und die dadurch nur wenig gemildert ward, dass der Rath alles was in seinen Kräften stand, that, um den Wiederaufbau zu fördern, so 1473 die Rathsziegelei anlegte und den Bauenden die gebrannten Steine für den halben Selbstkostenpreis überliess, und von den

Klöstern Georgenthal (1472, 1481 und 1486) und Reinhardsbrunn (1472) ausgedehnte Waldgrundstücke erkaufte, um mittelst der daraufstehenden Bäume das zum Wiederaufbau nöthige Holz zu beschaffen.

Zu jenem Unglück trat noch hinzu: dass die Stadt mehrfach von verheerenden Seuchen heimgesucht wurde, wie unter anderen die Pest 1483 10—12000 Menschen hinraffte, insbesondere aber, dass der Rath sich in der leichtfertigsten Weise eine kaum glaubliche Verschleuderung der öffentlichen Gelder zuschulden kommen liess, wie unter anderen 1474 die unnöthige Theilnahme an der Belagerung von Neuss, die der Stadt weder Vortheil noch Ruhm eintrug, 400000 fl. die „grösstentheils auf Bankettiren draufgingen" gekostet hat, und bald nachher (1477) ein grosser glänzender Schützenhof abgehalten ward, zu welchem sich viele Fürsten, Grafen und Herren einfanden, die nicht nur von dem Rathe freigehalten, sondern auch noch reich beschenkt wurden, so dass die dadurch der Stadt erwachsenen Kosten ungemein hoch waren. Wenn jener von 1472, wo der grosse Brand stattfand, bis 1477 an Baukosten 19270 Schock verausgabt hat, so mag dies durch die Umstände gerechtfertigt gewesen sein, wenn er es sich aber 1480 7893 Schock kosten liess: die Genehmigung der geistlichen Oberen zur Verlegung des Cyriaxklosters in die Stadt zu erlangen, um auf dessen bisheriger Stelle eine Burg zu bauen, so ist dies kaum zu entschuldigen. Durch alle diese Massregeln gerieth die Stadtgemeinde in eine so tiefe Verschuldung, dass der Rath, statt wie bisher sonst alljährlich neue Güter anzukaufen, sich nunmehr (1507) genöthigt sah, heimlich die Herrschaft Kapellendorf, seine einzige reichsunmittelbare Besitzung, pfandweise an die sächsischen Fürsten abzutreten, was bekanntlich neben der ebenso eigenmächtigen als eigennützigen Weise, wie die Patrizier die Gemeindeangelegenheiten verwalteten, die Veranlassung zu den inneren Unruhen gab, welche in dem sogenannten tollen Jahre 1510 ihren Gipfelpunkt erreichten.

Aber schon vorher hatte Erfurt seine Stellung als Schiedsrichterin Thüringens eingebüsst. Es hatte sich in dieser so lange behaupten können als es ihm möglich gewesen war, seine Politik: die beiden Nachbarn, welche eine Landesherrlichkeit über die Stadt und ihr Gebiet in Anspruch nahmen, die Erzbischöfe von Mainz und die thüringischen Fürsten dadurch gegenseitig in Schach zu halten, dass es sich des einen gegen den andern bediente und sich stets dem anschloss, von welchem augenblicklich die wenigste Gefahr drohte, durchzuführen. Seit aber an Stelle des zuletzt in Verfall gerathenen thüringischen Landgrafenhauses die mächtigen und energischen Markgrafen von Meissen getreten waren, deren Macht sich noch durch die Erwerbung der Kurwürde steigerte, und dann auch noch einer derselben, Herzog Albert, den mainzischen Stuhl bestieg (1482), war Erfurt der vereinigten Macht nicht mehr gewachsen, und es vermochte nur durch schwere Geldopfer und die Abtretung eines Theiles seines Gebietes 1482 den Frieden zu erkaufen.

Fast noch trauriger waren die Folgen der oben angedeuteten erst 1516 zum Abschluss gelangten inneren Unruhen. Eine grosse Anzahl der reichsten Patrizierfamilien hatte während derselben die Stadt verlassen, sich anderswo niedergelassen und die wichtigsten Zweige des Gewerbebetriebes, so den Waidhandel, mit sich geführt, so dass dem Wohlstande der Stadt die empfindlichsten Wunden geschlagen wurden. Erzbischof Albrecht von Mainz hatte seine Vermittelung der städtischen Wirren (1515) dazu benutzt, die Rechte des Erzbisthums wieder herzustellen und möglichst zu erweitern, so dass für Erfurt die Aussicht reichsfrei und von Mainz unabhängig zu werden, unwiederbringlich verloren ging.

Dazu kam: dass dessen volkswirthschaftliche Bedeutung und der Wohlstand der Bürger durch die in dieser Zeit stattgefundenen Entdeckungen, namentlich die des Seeweges nach Ostindien, eine sehr einschneidende Schädigung erlitt. Die grosse Handelsstrasse, die vom Oriente und dem Adriatischen Meere über Erfurt nach dem Norden und Osten Europas geführt, verlor dadurch fast jede Bedeutung und hiermit Erfurt eine Hauptquelle seines Reichthums. Der schon verringerte Waidhandel wurde durch den Indigo lahm gelegt. Auch einen grossen Theil des Binnenhandels riss das von den sächsischen Fürsten und auf deren Betrieb von der kaiserlichen Regierung begünstigte Leipzig an sich.

Hierzu trat: dass noch ein anderer Faktor des Ruhmes und des Wohlstandes Erfurts, die Universität, im Schwinden begriffen war. Zwar hatte dieselbe noch im Ausgange des 15. und dem Beginne des 16. Jahrhunderts, wo sie den Hauptsitz der Humanitätswissenschaften in Deutschland bildete, wo die berühmten Briefe der Dunkelmänner von ihr ausgingen, eine Nachblüte erlebt, doch schon der sog. Studentenlärm von 1510, wo die Bibliothek und das Archiv der Universität zugrunde gingen und viele Studenten flüchtend die Stadt verliessen, auch nach Wiederherstellung der Ruhe nicht zurückkehrten, hatte unersetzlichen Schaden gebracht. Die Reformation, von der man einen neuen Aufschwung der Hochschule hätte erwarten sollen, da sie deren erste Wiege gewesen, war es gerade, die deren gänzlichen Verfall herbeiführte, da sie innere Zwistigkeiten verursachte, die, obwohl zunächst ihre Gegner, die sie veranlasst hatten, in dem sog. Pfaffenstürmen 1521 eine Niederlage erlitten, doch die Folge hatten, dass der grössere Theil der Studenten die Stadt verliess und die Freudigkeit der Lehrenden und Lernenden gebrochen ward. Da nun die benachbarten Hochschulen, Leipzig, das kürzlich gegründete Wittenberg, wo die Reformatoren lehrten, das bald nachher gegründete Jena, Marburg, das nun die Hessen, die bisher fast ausnahmslos ihre Ausbildung in Erfurt gesucht, diesem entzog, alle von Landesherren reich ausgestattet, die lediglich von einer in Verfall gerathenen Gemeinde kärglich unterhaltene hiesige Universität verdunkelten, so konnte diese fortan nur kümmerlich ihr Dasein fristen. Ihre Blüte war auf immer dahin und alle Bemühungen, solche von neuem sich entfalten zu lassen, blieben ohne dauernden Erfolg.

Auch die Zwistigkeiten, in welche die Stadt mit dem Erzbischof von Mainz dadurch gerieth, dass sie im Bauernaufruhr 1525, um das Ihrige zu erhalten, Hab und Gut der Geistlichkeit preisgegeben, schlugen zu ihrem Schaden aus; denn sie sah sich gezwungen in dem Hammelburger Vertrage 1530 vollen Ersatz zu leisten und die landesherrlichen Rechte des Erzstifts von neuem anzuerkennen und musste sich mit dem Zugeständniss der Religionsfreiheit begnügen.

Alle diese Umstände waren natürlich von dem wesentlichsten Einflusse auf Bau- und Kunstthätigkeit in Erfurt im letzten Drittheil des 15. und dem ersten des 16. Jahrhunderts. Nach dem so verhängnissvollen Brandunglücke von 1472 beschränkte man sich zunächst beinahe allein darauf, die durch die Flammen zerstörten Gebäude wiederherzustellen. Schon in dem genannten Jahre ging man an den Neubau des Langhauses und der Thürme des Doms, sowie des Schiffes der Severikirche, kurz nachher an den der Benedictskirche und des Georgenthalerhofes,[1] 1474 an die Wiederherstellung des Auditorium coelicum, 1483 die des Martinsklosters, 1495 der Schola juris, 1499 der Hospitalkirche, 1510 des Schottenklosters. Von sonstigen kirchlichen Bauten fallen in diese Zeit 1484 der Beginn des Baues des Schiffes der Predigerkirche, 1485 bis 1488 der Neubau des Cyriaxklosters auf dem Rubenmarkte, wohin es vom Cyriaxberge verlegt worden, 1494 der Anfang des Baues des Chors der Vitikirche,[2] 1500 die Gründung der Kapelle St. Martini, St. Nicolai u. s. w. auf dem Mainzerhofe, 1505 die der Kapelle St. Mariae et omnium sanctorum bei St. Michael, im gleichen Jahre der Bau des Thurmes der Moritzkirche und die Erweiterung des Karthäuserklosters, 1507 die Vollendung des Neubaues der Vitikirche, 1516 der Bau des Capitelhauses des Augustiner Eremitenklosters.

Noch unerheblicher war die Zahl der öffentlichen Profanbauten in dieser Zeit. Es sind von solchem nur zu erwähnen: der Neubau des Zollhauses auf dem grossen Markte 1515 und die Gründung des Collegium Saxonicum 1520. Von militärischen Bauten fällt in diese Zeit die Anlage einer Citadelle auf dem Cyriaxberge 1478—1480, an der bis 1534 fortgebaut wurde, und die erst 1614 durch die Erbauung des Kehlgebäudes des grossen Hauses, das mit seiner Front gegen die Stadt gerichtet ist, zum vollen Abschluss kam.

Vom Beginne des zweiten Drittheils des 16. Jahrhunderts ab folgte für Erfurt eine Periode ungestörten Friedens gegen aussen, in welcher sich der Wohlstand auch einigermassen wieder hob, die aber durch den Ausbruch des dreissigjährigen Krieges ein jähes Ende erreichte. An inneren Zwistigkeiten, die den Eintritt besserer Zustände immer wieder hemmten, fehlte es freilich auch in dieser Zeit nicht, ebensowenig an Streitigkeiten mit den Erzbischöfen von Mainz, zu denen namentlich der unter dem Namen des Cavatensturms bekannte Pöbelaufstand 1579 und die Einführung des Jesuitenordens 1587 sowie Uebergriffe, deren sich der Rath schuldig machte, Anlass gaben. Doch hatte dies mehr Einfluss auf die Leistungsfähigkeit der Gemeindekasse als auf den Wohlstand der Bürger.

Es fallen daher auch alle bedeutenderen Privatbauten, welche bis auf die jetzige Zeit gelangt sind, in diesen Zeitabschnitt, so 1476 und 1484 das Haus zum bunten und neuen Schiffchen, 1479 das zum rothen Stern, 1486 das zur güldenen Krone, 1533 und 1539 das Haus zum güldenen Sternberg, 1538 der Neubau der Hohen Lilie, um 1540 das Haus zur Windmühle, 1549 das Haus zum Greifenstein, 1551 das zum goldenen Rade, 1553 das zum schwarzen Bären, 1557 das zum goldenen Flügel und das zum goldenen Hechte, 1558 das zum Sonnenborn, 1560 das zum grünen Schilde, 1552—1561 das zum goldenen Krönbacken, 1562 das zum rothen Ochsen, 1565 das zur Arche Noä und Engelsburg, 1569 das 1867 abgebrochene zum Pfluge, 1577 das zum schwarzen Löwen, 1577 und 1578 das zum rothen Hause, 1578 das zum rothen Löwen, um 1580 das zum goldenen Schwan-

[1] Die Inschrift eines Brunnens im Georgenthalerhofe lautete: Haec domus a populis vocitata Georgii Vallis Anno millesimo C quater LX duodecimo Flamma vorabatur mox dono Dei reparatur. (Gerstenberg l. c.)

[2] Es befand sich daran die Inschrift: Anno domini MCCCCXCIV die Panthaleonis incepta est structura hujus chori. (Ibid.)

ringe, 1584 das zum breiten Heerde, das zum Christoph und das zum grossen Pfluge, 1605 das zum grossen Christoph, 1608 das zum Stockfisch, 1612 die Stotternheimschen Häuser, 1616 das Haus zum Junkerhofe.

Weniger erheblich waren schon die öffentlichen Profanbauten in dieser Zeit; denn sie beschränkten sich auf die Wiederherstellung des abgebrannten Grossen Hospitals 1547, den Neu- und Erweiterungsbau des Collegium Saxonicum 1542 und 1582, den Neubau der langen Brücke 1576, sowie der Mühlstege 1585, die Erbauung des Rathskellers auf dem Fischmarkte 1580 und der grossen Rathsstube 1587, die Wiederherstellung des Zollhauses auf dem grossen Markte 1596, die Erbauung des neuen Münzhauses 1599 und des langen Steges (der jetzigen Schlösserbrücke) 1516. Etwas bedeutender war das, was an den Befestigungswerken geschah. 1538 wurde am inneren Moritzthore der Thurm mit zwei Gewölben und dem Wassergebäude, 1540 das Blockhaus zwischen dem Andreas- und dem Johannisthore, 1541 das äussere Moritzthor errichtet, 1547 der Wall bei der Karthause verstärkt, 1552 der vom Krämpferthore bis zum Karthäuserkloster angelegt und so die Enceinte der Vorstädte gänzlich vollendet; 1563 das Andreasthor gebaut, 1583 der Brückenkopf vor dem Krämpferthore angelegt, 1586—1587 das äussere Krämpferthor erbaut, 1587 die neue Bastei am Spielberge, die sog. Hohebastion, begonnen und 1591 mit ihrem Thurme vollendet, 1588 das Schmidsteter Thor erbaut, 1606 der vorgedachte Wall verstärkt und erhöht, sowie die Umfassungsmauer der Stadt, die bis dahin eine ungleiche Höhe gehabt hatte, an den niedrigeren Stellen höher gemacht, so dass sie nunmehr von je einem Thore bis zum nächsten eine gleiche Höhe hatte.

Von erheblich geringerer Bedeutung war die kirchliche Bauthätigkeit. Es sind in dieser Beziehung blos zu nennen: die Erbauung der Martinskapelle auf dem Mainzerhofe um 1580 und der Kapelle Passionis Christi auf dem Rubenmarkt um dieselbe Zeit.

Dass seit Einführung der Reformation keine neuen Kirchen mehr in Erfurt entstanden sind, ist sehr erklärlich. Es war im Mittelalter überreich mit gottesdienstlichen Gebäuden versehen, denn es besass 3 Collegiatstifter, 22 nicht klösterliche Kirchen, 23 Klöster und geistliche Ordenshäuser, 36 vielleicht auch noch mehr Kapellen. So viel bedurfte die gleich nach der Reformation fast ganz zur neuen Lehre übergetretene Bevölkerung für ihre gottesdienstlichen Bedürfnisse nicht. Es erfolgte nicht nur die Aufhebung einer Anzahl von Klöstern — des Prediger-, Barfüsser-, Regler-, Augustiner-, Eremiten- und Servitenklosters — da die Insassen derselben sich der neuen Lehre zuwendeten, sondern es konnte auch eine Anzahl von Pfarrkirchen eingehen und deren Pfarrkinder benachbarten Kirchen einverleibt werden, da die evangelische Kirche, welche das Hauptgewicht nicht auf die Messe, sondern auf die Predigt legte, sich mit einer geringeren Zahl von Kirchen begnügen kann als die katholische, wie denn auch gegenwärtig in Erfurt die Katholiken, obwohl ihre Zahl nur ein Siebentel der Bevölkerung beträgt, doch eben so viel Kirchen haben wie die Evangelischen.

Unter den von diesen nach Einführung der Reformation 1525 in Besitz genommenen Pfarrkirchen haben sich nicht weniger als 16 befunden, welche nicht ferner für den Gottesdienst benutzt, deren Eingepfarrte vielmehr angrenzenden Gemeinden zugeschlagen wurden, so die St. Albans- und die St. Gangolfskirche der des Reglerklosters, die Bartholomäus-, die Viti- und — wenigstens vorübergehend 1525—1606 und 1633—1636 — die Wigbertikirche der des Barfüsserklosters, die Kirchen St. Benedicti, St. Pauli und St. Martini intra der Kirche des Predigerklosters, die Matthias- und die Egidien- der Kaufmannskirche, die St. Georgen- und St. Servatius- der Michaelis-, die St. Johannis- und St. Gotthardsder des Augustiner-Eremitenklosters, die Moritz- der Andreaskirche. Doch ist die formelle Einverleibung theilweise erst viel später, so in betreff der Vitikirche 1575, der Moritzkirche 1604, der Matthiaskirche 1618 erfolgt; man hat daher auch diese, ebenso aber auch die meisten andern erwähnten Kirchen baulich nicht sogleich gänzlich verfallen lassen; wie z. B. die 1582 eingestürzte Egidienkirche im Jahre 1609 wiederhergestellt und die Matthiaskirche, die 1600 in Folge ihres hohen Alters gleichfalls jenes Schicksal erlitten, restaurirt wurde, allerdings nur damit die ihr zustehenden Gefälle nicht verloren gingen. Bei den meisten jener Kirchen wurden auch die Thürme, da man sie für weltliche Zwecke benutzte, einstweilen noch in baulichem Stande erhalten, und viele derselben sind erst in der neusten Zeit verschwunden oder noch gegenwärtig vorhanden, und es bilden diese Thürme ohne Kirchen eine Eigenthümlichkeit der Erfurter Bauverhältnisse.

Als Baumeister werden in dieser Periode genannt: Ludovicus Molitoris, der 1483 das Martinskloster, Magister Johann Gregorius, der 1486 die Johanniskirche, Miken Nun, der 1505 den Thurm der Moritzkirche,[1] Ludwig Kümock und Hans Maler, die 1540 das Blockhaus zwischen dem Andreas- und Johanisthore,[2] Christoph Junghanss, der das Spielberger Thor[3] erbaute. Hugold Strecker, Stiftsherr zu St. Severi, war 1559 urkundlich Baumeister dieses Stifts, Dietrich Friedemann erbaute 1612 den Stotternheimschen Pallast, den grössten Privatbau, den Erfurt je gesehen. Ob der Georg Khlaing von Erfurt, der 1516 beim Bau des Stephansdomes zu Wien thätig gewesen ist (Otte l. c. S. 173), auch in der Heimath seine Kunst ausgeübt hat, ist nicht bekannt.

Auch die Bildhauer- und Steinmetzkunst trieb in der zweiten Hälfte des 16. und der ersten des 17. Jahrhunderts eine Nachblüthe in Erfurt. Es war dies die Zeit, in welcher die Künstlerfamilie Friedemann[4], insbesondere Hans Friedemann der Aeltere und der Jüngere, deren Arbeiten in grosser Anzahl bis auf die Gegenwart gelangt sind, thätig waren. 1547 fertigte der Meister mit dem Monogramme Æ den Eberbachschen Grabstein in der Allerheiligen Kirche, 1576 Enders Guetschell das v. d. Wesersche Epitaphium im Dome

---

[1] Die Inschrift des Thurmes lautete: Anno dei MCCCCCV Per me miken nun incepta est structura hujus turris. (Hartung, Häuserchron. II. S. 157.)

[2] Im Jahre 1540 als Er Christoph Junker Milwitz Rathsmeister und Er Michael Kranichfeld Dockenherr und Er Ludwig Kümock und Hanss Maler Baumeister waren, ist dieses Thor und desselben Gewölbe gebaut (Gerstenberg, Novantiqua).

[3] Anno Christi 1589 als die Ehrenvesten Hochgelahrten und Hochweisen Herren, Herr Herbert Nacken, Herr Ludolf Ziegler Rathmeister und Herr Jeremias Selzer, Herr Doctor Wendelinus Zimmermann und Herr Thomas Ziegler Vierherrn, Obersten und Senioren waren, ist dieser Bau vollbracht. Baumeister Christoph Junghanss (Ibid.).

[4] Tettau, Beiträge zur Kunstgeschichte von Erfurt, I. Die Künstlerfamilie Friedemann. Beilage Nr. 247—252 der Thüringer Zeitung f. 1887 und Mittheil. d. Ver. f. d. Gesch. v. Erf. Heft XIV, wo 27 noch vorhandene Friedemannsche Werke aufgeführt sind.

1591 wurde die von Israel von Myla angefertigte Rolandssäule errichtet. In den Verrechtbüchern für 1587 finden sich ausser Hans Friedemann noch als Bildhauer Jost Fischer und Hironymus Preusser erwähnt.

Dass auch die Kunst der Malerei nicht ganz vernachlässigt worden ist, ergiebt sich unter anderen daraus, dass, wie Falkenstein Hist. S. 669 berichtet, im Jahre 1586 die neue Rathsstube mit schönen Wandmalereien versehen worden ist. (Cassel, Das Erfurter Rathhaus und seine Bilder, S. 17 ff.) — In den Verrechtsbüchern von 1587 sind als damals in Erfurt wohnhafte Maler aufgeführt: Peter Bullwein, Mich. Ludlof, Hans Neumann[1] und Hans Silberschlagk jun., ausserdem als Kartenmaler Nicol. Augsburgk, Hans Ross und Heinr. Hartung. Ein Maler Heinr. Hoffmann findet sich in dem Verrechtsbuche von 1547. — In der ersten Hälfte des 16. Jahrhunderts lebte ferner in Erfurt der berühmte Maler, Kupferstecher und Holzschneider Hans Brosamer. Er ist hier auch der gewöhnlichen Annahme nach 1552 verstorben. Viele der damals in Erfurt erschienenen Bücher sind mit von ihm in Holz geschnittenen Titelblättern versehen, doch kennt man daselbst kein von ihm herrührendes Gemälde, ausser einer Miniatur von 1548 in der Erfurter Universitätsmatrikel (Weissenborn, Akten der Erfurter Universität II. S. 372; Tettau, Beiträge zur Kunstgeschichte von Erfurt, II. ibid.) In derselben Zeit hat auch ein tüchtiger Miniaturmaler in Erfurt gelebt, der sich mit einem aus den verschlungenen Buchstaben **D. H.** gebildeten Monogramm bezeichnete, dessen Namen aber nicht bekannt ist, und von dem eine Anzahl Bilder von 1534—1547 in der vorerwähnten Matrikel herrühren. (Weissenborn, l. c. S. 343, 354, 358, 361.) In dem Ende des 15. und dem Anfange des 16. Jahrhunderts lebte endlich hier der Maler David Friedemann, der schon in dem Verrechtsbuche von 1587 vorkommt.

Die Zeit des dreissigjährigen Krieges, in welchem Erfurt so unsägliche Leiden zu erdulden hatte und dessen Abschluss so unglücklich für dasselbe ausfiel, da es trotz aller seiner Anstrengungen in dem Instrumente des Westfälischen Friedens gar keine Erwähnung fand und damit jede Hoffnung auf Anerkennung seiner Reichsunmittelbarkeit verschwand, sowie die gleich darauf zum Ausbruch gelangten inneren Unruhen und die Streitigkeiten mit Kurmainz waren in keiner Weise geeignet die Bauthätigkeit zu fördern. Dieselbe beschränkte sich fast ganz auf das, wodurch die Vertheidigungsfähigkeit der Stadt erhöht werden sollte. Seit der böhmische Krieg eine so ungünstige Wendung für das protestantische Deutschland genommen, führte die Gefahr eines feindlichen Angriffs dazu, dass man sich nicht mit der Befestigung durch Wälle und Gräben begnügte, sondern diese ihrerseits durch Aussenwerke zu schützen unternahm. So wurde 1630 und 1631 vor dem Lauenthore auf dem Mainzer Gebinde ein Hornwerk, 1623 zwischen dem Petersberge und dem Andreasthore eine Aussenbastion, der Todtenkopf, angelegt, 1630 und 1631 vor dem Walle zwischen dem Brühler- und dem

[1] Es ist dies jedenfalls der Maler, auf den sich das Monogramm H. N. bezieht, welches einige Miniaturgemälde der Universit. Matrikel von 1573 und 1575 tragen. (Weissenborn, Akten der Erfurter Universität II. Th. S. 427 [wo es statt: H. M. heissen muss: H. N.] und 432).

Andreasthore eine neue Katze[1] errichtet und 1631 mit dem Bau der grossen Schanze am Marbacher Wege begonnen.

Nachdem die Schweden Erfurt in Besitz genommen und es zum Stützpunkt ihrer Operationslinie im mittleren Deutschland gemacht, gewann die Festigkeit desselben eine erhöhte Bedeutung, und es geschah daher möglichst viel für die Befestigung der Stadt. König Gustav Adolf umritt gleich am Tage nach seiner Ankunft, am 23. September 1631, in Begleitung eines Kriegsbaumeisters sämmtliche Befestigungsanlagen, und ordnete an Ort und Stelle an, welche neue Werke aufgeführt werden sollten, und was zur Verstärkung der schon vorhandenen zu thun sei. Man schritt denn auch unverzüglich an die Ausführung. Zunächst 1632 und 1633 wurden bei sämmtlichen Thoren die Gräben mit Zugbrücken und die Wälle mit Pallisaden versehen. 1633 begann man mit der Errichtung des Bollwerks vor dem Andreasthore, indem man dazu das Material der abgebrochenen Moritzkirche verwendete, legte auf dem Thurme neben diesem Thore eine Batterie an und verschüttete das Rondel vor dem Spielbergsthore, wodurch dies ungangbar wurde. Der Brühlerwall ward durchschnitten und ein neuer Wall mit einer Escarpe begonnen, 1635 der äussere Schmidsteter Thorthurm abgebrochen und das Zugbrückenthor erbaut, der Eintritt des Bergstromes in die Stadt mit einer Wölbung versehen und schliesslich 1635 und 1636 das Brühlerthor neu gebaut.

Eine verdoppelte Thätigkeit entfalteten die Schweden, als sie nach dem Prager Frieden durch die am 22. December 1636 abgeschlossene Capitulation wieder in den Besitz der Stadt gelangt waren, in der sie auch bis nach dem Frieden, bis zum 25. August 1650, verblieben. Es wurde 1637 der halbe Mond gegen das Rondel auf der Daberstedter Höhe aufgeführt, das Ravelin vor dem Andreasthore angelegt und ein gleiches vor dem Schmidtsteter Thore errichtet; 1640 die Cyriaxburg mit vier Erdfleschen und zwischenbelegenem Glacis versehen, der Stadtwall, der sich bis dahin an die gedachte Burg angeschlossen, zurückgelegt, um diese selbstsändiger und von dem Geschicke der Stadt unabhängig zu machen, auch der hohe neben dem Brühlerthore stehende Thurm abgetragen. 1640 und 1641 wurden die Ravelins am Löberthore und hinter der Karthäuser Mühle erbaut, 1641 und 1642 der Moritzdamm errichtet und das Löberthor verschanzt, 1643 und 1644 am Lauenthore anstelle des dort befindlich gewesenen schönen Thurms ein zweifaches Bollwerk mit einer dazwischen liegenden Courtine errichtet, 1644 am Petersberge ein neues Bollwerk erbaut, 1646 der halbe Mond am Andreasthore ausgemauert, 1647—1649 das Bollwerk am Schmidtsteter Thore, das unter dem Namen der Schwedenbastion bekannte Werk, errichtet. Diese von den Schweden ausgeführten Arbeiten haben, abgesehen von der durch den Kurfürsten Johann Philipp von Mainz bewirkten Umwandlung des Petersberges in eine Citadelle, bis auf die in der neuesten Zeit stattgefundene Entfestigung im wesentlichen die Festungswerke Erfurts gebildet.

Neben diesen Kriegsbauten verschwindet die sonstige Bauthätigkeit fast gänzlich. Während der Dauer des Krieges wurden nicht nur keine neuen öffentlichen, sondern auch keine Privatgebäude von einiger Erheblichkeit errichtet,

[1] Eine erhöhte Schanze, die den Zweck hat: von ihr aus die übrigen Werke zu beherrschen, ein Cavalier. Grimm, Wörterb. Bd. V, Col. 290.

wohl aber ward eine Anzahl der nicht mehr in Gebrauch befindlichen Kirchen abgebrochen und deren Material zum Festungsbau verwendet, so die Albanskirche (1634), die Georgenkirche (1632), die Moritzkirche (1633). Ein gleiches geschah mit dem Barfüsser- (1642—1648) und dem Servitenkloster (1647).

Auch die Zeit zwischen dem Friedensschluss und der sog. Reduction (1648—1664) brachte in dieser Beziehung keine Veränderung; es fallen in dieselbe blos eine 1653 begonnene aber erst 1670 beendete Restauration und Erweiterung der Wigbertikirche und der Neubau des Schützenhauses vor dem Löberthore 1656, sowie des Burgsteges 1658. Wohl aber wurde die Stadt 1660 wieder von einer sehr grossen Feuersbrunst betroffen, welche den ganzen Stadttheil auf beiden Seiten des Angers vom Faustgässchen bis zum Augustthore mit 200 oder 300 Häusern, darunter die Bartholomäuskirche, das Reglerkloster, das Stotternheimsche Palais und die Residenz der Grafen von Gleichen, in Asche legte. Wie tief der Wohlstand der Bewohner gesunken war, ergiebt sich am deutlichsten daraus, dass bis in den Beginn des 19. Jahrhunderts einzelne Brandstätten unbebaut blieben.

Dass auch die übrigen Künste während dieser Zeit jeder Pflege entbehrt haben, ist selbstverständlich. Was die Bildhauerkunst betrifft, so ragen nur noch einige Friedemannsche Arbeiten bis in die zweite Hälfte des 17. Jahrhunderts hinein. Als ein geschickter Maler wird in dieser Zeit Thomas Hildebrandt genannt. Von ihm rühren wahrscheinlich die Bildnisse des schwedischen Obersten und Kommandanten von Erfurt Caspar Ermes und seiner Gemahlin, einer gebornen Gräfin von Löwenstein in der Kaufmannskirche von 1648 her. (Hartung, l. c. II. S. 41 und 120.)

Was nach der Reduction von 1664, durch welche Erfurt seine Selbstständigkeit und sein ganzes Vermögen verlor, in baulicher Beziehung oder zur Pflege der bildenden Künste daselbst geschehen ist, liegt ausserhalb des Rahmens dieser Arbeit.

I. Kirchliche Gebäude.

1. Noch jetzt zum Gottesdienst benutzte.

A. Stiftskirchen.

a. Die Marien- oder Domkirche.

Literatur.

Falkenstein, Thüring. Chron. Buch II. S. 978 – 999. — Meyer, H. J. und Ritschl v. Hartenbach, J. Der Dom zu Erfurt. Eine Skizze mit 1 Abbild. Erfurt 1818. — Erhard, H. A. Der Dom zu Erfurt. Mit 1 Abbild. In Allg. Thüring. Vaterlandskunde f. 1822 Nr. 31. — Beyer, Const. Der Dom oder die Hauptkirche zu U. L. Frauen zu Erfurt. Mit Abbild. in dessen Nachtr. z. Neuen Chron. v. Erf. S. 90 – 113. — Schmerbauch, M. Gesch. u. Beschr. des Doms zu Erfurt. Mit Anführung der in diesem und der Severi-Kirche sich befindenden merkwürdigen Gegenstände. Mit Abbild. Erfurt 1829. — Puttrich, L. und Geyser d. Jüngere, G. O. Erfurt, sein Dom und andere mittelaltrige Bauwerke daselbst. Mit 14 lith. Kk. Leipzig 1846 fol. (Denkmale der Baukunst des Mittelalters in Sachsen, Abth. II, Bd. 2.) — Kugler, Kleine Schriften und Studien zur Kunstgeschichte. Stuttg. 1854. Bd. II, S. 26 ff. — Förster, E. Denkmale deutscher Baukunst. Bd. II. Leipz 1858. Abth. II, S. 35, 37. Plan u. lith. K. — Beyer, H. Der Dom zu Erfurt. Erinnerungsblätter für Einheimische und Fremde. Erfurt 1867. — Beyer, H. Kurze Gesch d. Stiftskirche Beatae Mariae Virginis mit Benutzung bisher zum Theil noch unbenutzter Quellen bearbeitet. Mit Anmerkungen von E Böckner Mit 1 Steindrucktafel. (Mittheil. des Vereins für die Gesch. und Alterthumskunde von Erfurt. Heft VI.) — Arnold, K. Der Dom zu Erfurt. Seine Merkwürdigkeiten nebst Erklärung aller Standbilder und Ornamente. Erfurt 1876. — Blume, Osk. Der Dom zu Erfurt. Ein kleiner Wegweiser für Fremde und Einheimische. Mit 1 lith. Ansicht. Erfurt 1887. — Tettau, W. J. A., Freih. v. Der Meister und die Kosten des Gusses der grossen Domglocke zu Erfurt. Mit 2 lith. Kk Erfurt 1866. — Nachträge dazu mit 1 K. Ibid. 1867. (Mittheil. Heft II und III.) — Gleitz, A. Geschichtliches über die grosse Glocke, die übrigen Glocken des Doms und einige Glocken der Severikirche. Erfurt 1867.

Geschichte.

Als der heilige Bonifacius den Beschluss fasste, Erfurt zum Mittelpunkt seines Bekehrungswerkes in Thüringen zu machen, war es naturgemäss der auf dem linken Geraufer zunächst der von ihm dort vorgefundenen heidnischen Stadt liegende Hügel, der Untersberg, der sich als am geeignetsten zur Erbauung einer Kirche darbot. Die sich zwischen dessen Fusse und dem Flusse erstreckende Ebene gewährte ausreichenden und passenden Raum zur Anlage von Strassen und Plätzen. Die Gründung dieser Kirche, zuerst wohl nur als Taufkirche für die Neubekehrten, fand 741 statt. (Koch, Die Erfurter Weihbischöfe. Zeitschr. d. Ver. f. thüring. Gesch., VI. S. 36.) — Der Hügel, bis dahin Untersberg genannt, erhielt in Folge dessen den Namen Marienberg, später den Domberg. Der Bau soll 752 vollendet worden sein, doch ist es wahrscheinlich dass die Kirche zu denen gehört habe, deren Einäscherung durch die Heiden von Bonifacius 752 beklagt wurde (Ibid. S. 35). Vom Papste Zacharias war zwar 743 Erfurts Erhebung zu einem Bischofssitze genehmigt, zur Ausführung ist dieselbe jedoch nicht gekommen, da der designirte Bischof, der heilige Adolar, der Gefährte des heiligen Bonifacius auf dessen Bekehrungszügen, zusammen mit diesem 755 den Märtyrertod erlitt und keinen Nachfolger erhielt, vielmehr Erfurt mit seiner Umgegend dem Erzstifte Mainz unmittelbar einverleibt wurde.

Dass die gewöhnliche Annahme, die bischöfliche Kirche sei in ein Kloster verwandelt, welches später mit einem daselbst befindlichen Benedictinerkloster vereinigt, zum Collegiatstift erhoben worden, und dass der Hügel, auf dem diese Gebäude standen, den Namen des Marienberges geführt und die Kirche danach genannt sei, grossen Bedenken unterliege, ist von Beyer (Geschichte S. 127) nachgewiesen. Urkundliche Nachrichten fehlen für die Zeit bis in den Anfang des 12. Jahrhunderts gänzlich, mit Sicherheit weiss man nur, dass damals ein umfangreicher stattlicher Bau, den nur ein schmaler Raum, der Kirchhof, von den Gebäuden des Stiftes St. Severi und der erzbischöflichen Residenz, dem Krumhause, trennte, auf dem Scheitel des Hügels gestanden hat.

Diese ältere Kirche, die mit Ausnahme des Altarraumes nur von Holz aufgeführt gewesen sein mag, ward 1142 von der Feuersbrunst, durch die ein grosser Theil der Stadt und die Severikirche, zerstört wurde (Chron. Sampetr p. 37, Nic. de Siegen p. 319), nicht mit betroffen, war aber 1153 durch ihr Alter so baufällig geworden, dass sie einstürzte (Nic. de Siegen p. 335, Engelhusii Chron. Erfurt. bei Menken Script. II. p. 561) und auch das Stehengebliebene abgebrochen werden musste. (Hogel, l. c. S. 32.)

Der schon im nächstfolgenden Jahre begonnene Neubau ward im romanischen Style ausgeführt. Die Substructionen und die Thürme, die nördliche und westliche Umfassungsmauer des Schiffes in Quadern, sowie dessen andere Seite in Bruchsteinen, sind noch jetzt von diesem Bau übrig. Die Kirche bildete im Grundriss ein lateinisches Kreuz, dessen Länge kaum die des gegenwärtigen Langschiffes erreichte, und dessen Längebalken sich an der Ostseite zwei mächtige Thürme vorlegten, zwischen denen sich ein gewölbter, von einem stumpfen Dache bedeckter Zwischenbau befand. Der Querbalken des Grundrisses war breiter als der Längebalken, so dass die Vierung ein Rechteck bildete; der erstere trat an der Nordecke, die infolge dessen gleichfalls die Gestalt eines Rechteckes hatte, weiter hinaus als nach Süden, wo sie quadratisch war. Die Kirche war aller Wahrscheinlichkeit nach eine Pfeilerbasilica mit Seitenschiffen, deren Breite der des Mittelschiffes gleichkam, und mit einer flachen Holzdecke versehen.[1] Sie war 40^{m} lang, 16^{m} breit und ebenso hoch.

Bei Gelegenheit dieses Baues wurden XII. Kld. Maji (20. April) 1154 die Gebeine des heiligen Adolar, des ersten und einzigen Bischofs von Erfurt, und VII. Kld. Augusti (26. Juli) d. J. die seines Gefährten, des heiligen Eoban, Bischofs von Utrecht, die beide nach ihrem Märtyrertode in Friesland ihre Ruhestätte hier gefunden, entdeckt. (Chron. Sampetr. p. 30. Lib. cronic. (Erford) l. c. S. 249.

[1] Vid. Böckner l. c. S. 172, wo aus den noch vorhandenen Resten und neuerdings aufgefundenen Bruchstücken der Nachweis von der ursprünglichen Gestalt der Kirche geliefert ist. Vergl. Kruspe, Beiträge S. 7.

Nic. de Siegen p. 148. 335.) Nach ihrer feierlichen Aufstellung in einem kostbaren Gehäuse zogen diese Reliquien von fern und nah Wallfahrer herbei, die durch ihre Gaben sehr wesentlich zu dem Reichthum des Stiftes beitrugen und diesem neben den beträchtlichen Einkünften, welche ausserdem schon der Baukasse (Fabrica ecclesiae) zuflossen, demselben die Mittel zu seinen kostspieligen Bauten darboten. (Lib. cronicor. (Erford.) S. 249.)

Auch das an die Kirche stossende Stiftsgebäude muss zu jener Zeit schon alt und baufällig gewesen sein; denn nur so erklärt es sich, dass am VII. Kld. Augusti (26. Juli) 1184 das Refectorium (coenaculum) desselben, als darin eine von König Heinrich behufs Aussöhnung des Erzbischofs Konrad von Mainz mit dem Landgrafen Ludwig von Thüringen zusammenberufene Versammlung tagte, einstürzen konnte, wobei viele Theilnehmer ihr Leben einbüssten. (Chron. Sampetr. p. 41. Hist. de Landgrav. Thuring. bei Eccard Hist. genealog. princ. Saxon. p. 389. Hist. Erpesfort. anonymi scriptor. de Landgrav. Thuring. bei Pistorius Script. ed. Struve p. 339). — Damals fand also noch das gemeinsame klösterliche Leben der Stiftsgeistlichen statt. Solches muss auch noch längere Zeit fortgedauert haben, da der zuletzt genannte Chronist erwähnt, dass zu seiner Zeit[1] das Gemach, wo das Unglück sich ereignet als Schlafsaal (dormitorium) gedient habe. Wahrscheinlich war es hierzu eingerichtet, nachdem 1204 auch das bisherige Dormitorium eingestürzt war. (Engelhusius l. c.) In späterer Zeit bewohnten die Stiftsgeistlichen gesondert jeder seine Curie, deren Erbauung im Laufe des 13. Jahrhunderts stattfand. Im Jahre 1306 gab es deren fünfzehn.

Wann der 1154 begonnene Neubau der Kirche zum Abschluss gelangt sei, ist nicht genau bekannt. Doch muss dies jedenfalls noch im ersten Viertel des 13. Jahrhunderts geschehen sein, da 1223 eine Synode in der Kirche hat abgehalten werden können (Chron. Sampetr. p. 69), sie 1225 mit einer Orgel versehen worden (ibid. p. 70), und dem Erzbischof Siegfried II. von Mainz als er an den Iden (9) des September 1230 in Erfurt gestorben war[2] in der Marienkirche ein feierliches Begräbniss zu Theil geworden ist.

Im Jahre 1236 vereinigte die Heiligsprechung der Landgräfin Elisabeth von Thüringen die angesehensten Bewohner dieser und selbst fernerer Gegenden, unter ihnen drei Erzbischöfe und 36 Bischöfe hier zu einer zehn Tage dauernden Feier.

Der südliche Thurm der Kirche soll 1201, der nördliche 1237 vollendet sein (Annal. S. Petri Erphesf. bei Pertz, Monumenta XVI. p. 32), und sollen eine Glocke erhalten haben, die bei einem Gewichte von 300 Centn. alle späteren an Grösse übertraf und von dem Bischof Theodorich mit dem Namen Gloriosa getauft wurde.

Auf das erste Viertel des 13. Jahrhunderts weisst auch die Architektur der romanischen Thurmreste und des östlichen Flügels des Kreuzganges, welche bereits

[1] Der Anonymus scriptor de Landgr. Thuring. kann zwar erst nach 1426 sein Werk angefertigt haben, weil es bis zu diesem Jahre geht, da er aber überhaupt nur Compilator ist, so wird er wohl auch die fragliche Angabe unverändert irgend einer seiner Quellen entnommen haben. Zu seiner Zeit hatte sicher das gemeinsame Leben der Stiftsgeistlichen längst aufgehört.

[2] Dieses Jahr giebt das Chronic. Sampetr. p. 71 an; nach anderen Angaben z. B. der Series episcop. Mogunt. bei Böhmer, Fontes p. 140, hat der Tod bereits 1225 stattgefunden.

den Charakter des Uebergangsstyles anzunehmen beginnen; auch der erste Bogen des westlichen Flügels des Kreuzganges gehört in dieselbe Zeit.

Allmählich muss jedoch die Kirche dem wachsenden Raumbedürfnisse nicht mehr genügt haben, so dass sich eine Erweiterung derselben nöthig machte. Nur so erklärt es sich: dass, wie das Chron. Sampetr. p. 84 berichtet, am III. Non. (5.) Okt. 1253 von dem Bischofe Theodoricus von Naumburg unter Assistenz von drei Gehülfen, deren einer dem Cistercienser-, der zweite dem Minoriten-, der dritte dem Deutschritterorden angehörte, eine Einweihung der Kirche vorgenommen worden ist; denn wenn etwas Aussergewöhnliches sich ereignet hätte, wodurch ein Neubau nöthig gemacht wäre, so würde dieses irgendwo erwähnt sein. Die Vergrösserung bestand darin, dass an der Ostseite ein Chor, vielleicht nur in Form einer Nische, hinzugefügt wurde, der etwa mit dem dritten Theile der Länge des jetzigen Chors den Thürmen vorsprang (Böckner l. c. S. 175) und durch den Zwischenbau mit dem Schiffe der Kirche in Verbindung stand.[1] Damals muss es auch geschehen sein, dass der Hügel auf dem die Kirche stand, und der den zur Fundamentirung des Erweiterungsbaues erforderlichen Raum nicht mehr darbot, in der Weise vergrössert worden ist, dass ihm aus mächtigen Steinen gefügte Gewölbe vorgelegt wurden, die der Kirche eine Substruction zu gewähren vermochten, und die wegen ihres höhlenartigen Ansehens den Namen Cavate erhielten. (Böckner, l. c. S. 175.) Denn wenn die Anlage der letzteren in der Regel erst in die Jahre 1329 oder 1349 auch 1350 gesetzt wird, so trifft dies nur auf dies Bauwerk in seinem letzten Zustande zu, schliesst aber nicht aus, dass diesem ein anderes ähnliches, wenn auch minder grossartiges vorausgegangen sei. Denn dass ein solches schon lange vor der angegebenen Zeit vorhanden gewesen, ergiebt sich unwiderleglich daraus, dass Nicolaus von Bibra, der Occultus Erfordiensis, in der 1283 verfassten dritten Definition seines Carmen satyricum (v. 1506 der Ausgabe von Fischer in Th. I. der Geschichtsquellen der Provinz Sachsen):

Est ibi caffata, praebens spectacula grata,

bei der Aufzählung von Merkwürdigkeiten von Erfurt die Cavate mit aufführt.

In die Zeit des erwähnten Erweiterungsbaues des Doms fällt wahrscheinlich auch die Anlage der auf der Ostseite des Hügels, auf dem derselbe steht, hinaufführenden sog. breiten Stufen (gradus), von welchen der davor belegene Platz den Namen: der Graden oder: vor dem Graden, erhielt. Wenigstens kann man mit ziemlicher Bestimmtheit annehmen, dass solche 1270 bereits vorhanden gewesen sind. (Böckner l. c. S. 170.)

Je mehr aber das Marienstift an Reichthum zunahm, und dem entsprechend die Zahl der an ihm angestellten Geistlichen und Ministranten, welche beim Gottesdienste ihre Stelle im Chore einzunehmen hatten — sie hatte gegen Ende des 13. Jahrhunderts die Zahl von Hundert erreicht, wozu bei besonderen Gelegenheiten noch viele auswärtige Geistliche traten, — um so dringender stellte sich die

[1] Dass bereits vor der Erbauung des jetzigen Chors die Kirche einen solchen besessen, ergiebt namentlich eine Erzählung Hartung Kammermeisters (l. c. f. 69), wonach 1234 ein Schüler „zu U. L. Frauen oben über dem Chore,“ der einen Fehltritt that, auf den Estrich, „der mit den getafelten Steinen gesetzt ist,“ hinabstürzte ohne Schaden zu nehmen, indem er im Hinabfallen die Hilfe Marias angerufen hatte.

Nothwendigkeit einer Vergrösserung des Chors heraus. Man war gezwungen zu einer solchen zu schreiten, doch verfloss noch längere Zeit, bis sie zur Ausführung kam. Denn obwohl bereits am 21. November 1282 der Erzbischof Werner von Mainz nicht nur allen, welche zur Erbauung dieses neuen Chors beisteuerten, auf vier Jahre einen vierzigtägigen Ablass zugesichert, sondern auch alle seine Suffraganbischöfe ermächtigt hatte, ihren Diöcesanen für die Mitwirkung an jenem Werke die gleichen Wohlthaten zu gewähren, obwohl ferner die Stiftsgeistlichen fortwährend an den zum Bau erforderlichen Mitteln sammelten und keine Gelegenheit vorübergehen liessen, welche geeignet schien der Theilnahme und dem Eifer der Gläubigen neuen Anstoss zu verleihen, wie solche unter andern die Anwesenheit des berühmten Augustiners Heinrichs von Friemar in Erfurt 1317 und die Schenkung von Reliquien, insbesondere die einer Rippe des h. Bonifacius seitens der Abtei Fulda 1319, darboten: so traten doch immer die in Thüringen herrschenden Zustände, die nie aufhörenden Fehden und Raubzüge, sowie andere Unfälle, welche die Leistungsfähigkeit der Gläubigen schwächten und ihre verfügbaren Mittel für dringendere Zwecke zu verwenden nöthigten, hemmend dazwischen. Auch dass Erzbischof Matthias von Mainz 1327 acht Tage vor und acht Tage nach dem Kirchweihfeste der Marienkirche, als der vornehmsten aller Kirchen in Thüringen, für alle übrigen der Stadt jede Festlichkeit selbst das Aufziehen von Fahnen, untersagte, um jedes Zerstreuen der Gläubigen zu verhindern, und dass er erlaubte, die Einkünfte der Küsterei der gedachten Kirche deren Baufonds zuzuweisen, sowie dass Erzbischof Balduin von Trier als Verweser des Erzstifts Mainz am 13. November 1329 dem Domkapitel gestattete, behufs Erweiterung seines Chors den Hochaltar und die beiden Altäre St. Crucis und St. Johannis Baptistae, welche sich in demselben befanden, abzubrechen und die damit verbundenen gottesdienstlichen Handlungen an anderen Altären zu begehen (M. K. A.), desgleichen der Beschluss des Kapitels, an die Stelle des Schmauses, den bisher jeder neu eintretende Stiftsherr zu geben gehabt hatte, eine Abgabe von 12 Mk. Silber an die Baukasse treten zu lassen, welche werthvolle Beihilfen in einer an der Cavate angebrachten Inschrift Anerkennung fanden: reichte alles noch nicht hin, um zur Ausführung schreiten zu können. Zwar hatten schon am VII. Kld. Decmb. (27. November) 1337 die geistlichen Commissarien des Erzbischofs Heinrich von Mainz, der Propst von St. Severi, Lippold von Babenburg und der Kanonikus von Aschaffenburg Konrad von Spygelberg, dem Kapitel die Ermächtigung ertheilt, nachdem der grösste Theil des Chors nebst dem Hochaltar behufs Erweiterung des ersteren abgebrochen wurde, bis zur Wiederherstellung das Hochamt an einem tragbaren Altare zu feiern (M. K. A.), aber erst am Tage der Verkündigung Mariä (25. März) 1349, wie die an dem südlichen Eingange zur Krypta eingemauerte Inschrift: Incepta est hec structura hujus Chori anno domini MCCCXlix annunciacionis Mariae darthut, ward der Grund gelegt.[1] (Hogel l. c. S. 366.[2])

---

[1] Hiernach treffen die Angaben des Chron. Sampetr. p. 181 und des Nic de Siegen p. 342, nach denen die Grundsteinlegung erst fer. IV in der Pfingstwoche (19. Mai) 1350, so wie die des Fragmentum ex chronicis civium Erford. in der königl. Bibliothek zu München, nach welcher sie fer. IV in der Osterwoche (15. April) stattgefunden haben soll, nicht zu, eben so wenig aber auch die Schnaases, der sie (Gesch d. Kunst, VI., S. 238) in das Jahr 1345 setzt.

[2] Worauf die Nachricht Const. Beyers (Nachträge zur Neuen Chron. v. Erfurt S. 90);

Nachdem noch Erzbischof Gerlach IV. 4. Mai 1350 unter Verheissung eines vierzehntägigen Ablasses eine Collekte zu diesem Zwecke dringend empfohlen hatte (M. K. A.), war der Bau, obwohl mancherlei ungünstige Umstände ihn wieder verzögerten, in vier Jahren so weit gediehen, dass am Tage der Empfängniss Mariä (8. Dezbr.) 1353 die Krypta durch den Bischof von Hippo und derzeitigen Weihbischof Albert von Beichlingen eingeweiht werden konnte. (Chronic. Sampetrin. p. 183.) — Kurze Zeit darauf wurde die Vicarei St. Sebastiani mit einem noch vorhandenen Altare gegründet. Noch bevor mit dem Bau der Krypta begonnen werden konnte, muss die Erweiterung der Cavate, da sie auf dieser ruht, erfolgt sein. Schnaase bemerkt l. c.: „Der Dom, die ehrwürdige Stiftung des Apostels der Deutschen, obwohl im 12. Jahrhundert erneuert, schien den jetzigen Bedürfnissen, namentlich in seinem Chorraum, der Würde des reichen und mächtigen Kapitels nicht entsprechend. Aber die Anhöhe, welche die Vorsicht der Gründer für die Anlage der Kirche gewählt hatte, fiel gerade auf der Chorseite schroff ab und erschwerte daher die gewünschte Ausdehnung. Man erlaubte sich daher zunächst eine geringe Abweichung von der Achse des alten Gebäudes nach der Richtung hin, wo der Fels sich weiter in die Ebene erstrekte und baute dann noch bedeutend weiter hinaus ins Freie, den ganzen Bau durch gewaltige Mauerpfeiler und Gewölbe, die sogenannte Cavate, stützend. Durch diese grossartige Kühnheit erlangte man einen zwar einschiffigen und nicht sehr breiten, aber lang hingestrekten, mit fünf Seiten des Zehnecks geschlossenen, durch fünfzehn hohe viertheilige Fenster glänzend beleuchteten Chor, der ausser den Sitzen der Domherrn eine würdiige weithin sichtbare Stelle für den Hochaltar gab."

Zu der hier erwähnten Brechung der Achse in einem freilich kaum bemerkbaren stumpfen Winkel nach Norden an der Stelle wo Schiff und Chor aneinanderstossen, wird wohl die Localität, die Richtung des Felsens auf welchem die Kirche stand, Anlass gegeben haben. Denn dass diese Abweichung von der geraden Linie schon bei der Erbauung des Chors eingetreten ist, ergeben dessen Substrucktionen.

Der Bau des Chors soll nach Hogel l. c. drei Jahre gedauert haben und 1351 zum Abschluss gelangt sein, doch hat er in Wirklichkeit sicher längere Zeit

„Ein Schüler Erwins von Steinbach, des Erbauers des Strassburger Münsters, soll zu dem ersten Gebäude, das durch die Ströme der Zeiten zerstört wurde und von welchem nur noch die Façade übrig ist, den Plan entworfen und die Zeichnung gemacht haben," sich gründet, ist mir unbekannt. Der Zeit nach könnte ein Schüler Erwins von Steinbach, der doch im 14. Jahrhundert gelebt haben müsste, nur bei dem Bau des Chors betheiligt gewesen sein; dieser ist aber keineswegs durch die Ungunst der Zeiten zerstört, besteht vielmehr im wesentlichen noch; auch will der Ausdruck „Façade" auf denselben nicht recht passen. — Noch mag bemerkt werden, dass das Schlusswort der angeführten Inschrift in der Regel Th. gelesen wird, was Böckner und Beyer l. c. S. 133 und 177 für eine Abkürzung von Theotici halten und durch Gottesmutter erklären. Es lautet aber offenbar M^e d. i. Mariae. Unter dieser Inschrift findet sich das nebenstehende Baumeister- oder Steinmetzzeichen.

erfordert, da die Einweihung erst in den Jahren 1370 bis 1372 stattgefunden hat. Noch Dienstag nach dem zwölften gen. Epiphan. (9. Januar) 1358 schenkte Gertrud, die Wittwe Konrads von Grafendorf, dem Marienstifte zu dem „neuen Chorbau,“ den das Kapitel „angefangen“, hundert Pfund Denare, welche der Ritter Hermann von Grizheim ihrem Bruder Herrmann von Eichleiben, Pfarrer zu Stadt Remda, schuldete. (M. K. A.) Dass die Einweihung des Chors nicht vor 1370, aber auch nicht nach 1372, erfolgt sein kann, geht daraus hervor, dass der Bischof von Constantia, Graf Rudolf von Stolberg, welcher sie bewirkt hat (Necrologium des Marienstifts. Handschr. der grossherzogl. Bibliothek zu Karlsruhe) — qui chorum istum consecravit —, erst 1370 die weihbischöfliche Würde erlangt hat und bereits am 27. August 1372 gestorben ist. (Koch, l. c. S. 74.)

Aber selbst damals kann der Chor noch nicht in allen seinen Theilen gänzlich vollendet gewesen sein. Es ergiebt sich dies aus einem am 25. August 1403 zwischen dem damaligen Magister Fabricae, Heinrich Döringenhusen, und den Testamentsvollstreckern des Vicars Johann Tiefengruben, wohl dem Amtsvorgänger jenes, getroffenen Abkommen in betreff der Ausschmückung des ersten Fensters, welches im Chor gemacht wurde, durch ein Glasgemälde. (M. K. A.) Im Laufe des 15. Jahrhunderts entstanden denn auch die übrigen Chorfenster, soweit sie nicht der neuesten Zeit angehören.

Die Kosten des Chorbaues sollen 24,000 Mk. Silb. oder 168,000 Gulden, die der Cavate und der Stufen 142,886 Gulden betragen haben. (N. de Siegen l. c. p. 392. Falkenstein Hist. S. 234 cf. S. 138. Gudenus Hist. p. 107.)

Noch vor der Beendigung des Chorbaues, etwa um 1350, muss der am nördlichen Giebel des Querschiffes befindliche dreiseitige Portalbau, der sogen. Triangel, der für das schönste Denkmal der altdeutschen Baukunst in Thüringen gilt, entstanden sein. Denn wenn dies auch weder durch urkundliche noch durch chronikale Zeugnisse bekundet wird, so muss doch nach den Eigentümlichkeiten der Architektur dieser Bau unbedenklich in die Mitte des 14. Jahrhunderts gesetzt werden.

Kaum war der Bau des Chors vollendet, als die Kirche durch eine Feuersbrunst eine sehr erhebliche Beschädigung erlitt, welche die Läuter am Vorabende des Martinsfestes (10. Nov.) 1416 durch Nachlässigkeit veranlasst hatten, indem sie als sie nach gethaner Arbeit von den Thürmen hinabstiegen und eine an einen Balken angeklebte Kerze brennend zurückliessen, so dass die reichlich mit Fett und Thran getränkten Balken vom Feuer ergriffen wurden. Es brannten die Thürme aus, wobei die darin hängenden 16 Glocken schmolzen oder doch verdorben wurden, und auch Chor und Orgel einen erheblichen, auf 3000—4000 fl. geschätzten Schaden erlitten (N. de Siegen, l. c. p. 419. K. Stolle, l. c. f. 109. Joh. Rothe, Thüring. Chronik, herausgeg. v. Liliencron S. 653). — Die Wiederherstellung, abgesehen von der grossen Glocke, die 1423 neu gegossen wurde (Engelhusii Chronic. l. c.), scheint nicht sogleich erfolgt zu sein, denn Hartung Kammermeister und Friese berichten, dass erst 1454 der höchste, also der mittlere, Thurm an der U. L. Frauenkirche, an dem zu bauen man einige Jahre zuvor angefangen hatte, sowie die beiden Seitenthürme vollendet worden wären.

Der ersten Hälfte des 15. Jahrhunderts müssen auch der grosse Altan, die auf den Cavatbögen ruhende, dem Chor vorliegende Plattform, und der neue Graden oder die schmäleren Stufen, welche auf der Südseite des Chors emporführen, angehören, denn die erste Erwähnung derselben findet sich in einer Urkunde von 1440, in welcher der Vicedom. Dr. Johann von Allenblumen, für sich, seine Mutter Wunne und seinen Sohn Wilhelm erklärt, dass er nur auf dieser drei Lebzeiten vom Kapitel das Haus unter den neuen Stufen gekauft habe, das vorher von dem Schulmeister Thilo Hottermann bewohnt gewesen sei (M. K. A.). Dass es sich hier wirklich um die schmalen Stufen handle, kann nicht zweifelhaft sein, da das Haus von Allenblumens Nachbar, Hans Morchin, nach einer Urkunde von 1442 der Metergasse gegenüber stand, die später den Namen Frauen-, dann Halbmondgasse führte und deren allein noch übrige östliche Häuserreihe jetzt eine Seite des Artillerieplatzes bildet (Tettau, Beitr. S. 47).

Bei dem oben erwähnten Brande ist möglicherweise auch das Schiff der Kirche in Mitleidenschaft gezogen, wenn auch nur dadurch, dass Steine der Thürme auf dessen Dach gefallen sind. Denn dadurch erklärt es sich am einfachsten, dass 1452 die Holzdecke des Hauptschiffes, glücklicherweise zu einer Zeit vor Anfang des Gottesdienstes, hinabgestürzt ist (Gudenus Hist. p. 138).[1] Dieser Umstand wird es wohl gewesen sein, der dazu genöthigt hat, das alte Gewölbe der Kirche, d. h. wohl der Seitenschiffe, abzubrechen, wonächst die Kirche erhöht und verbreitert wurde (Hartung Kammermeister, l. c. f. 149 v.). Friese (Chron. I. S. 212[a]) berichtet, dass, nachdem die Kirche 1452 unversehens eingestürzt, die eingefallenen Wände mit neuen Quadersteinen gebaut wären, die mittägige Seite jedoch von der alten Kirche noch übrig und daher der neuen gar nicht gleich sei, die grosse Thüre über den Stufen aber von der alten Pracht Zeugniss ablege. Hogel (l. c. S. 560) gedenkt nicht eines Einsturzes der Kirche, bemerkt vielmehr, dass der hintere Theil derselben 1453 eingesunken und mit dessen Wiederaufbau am Tage des h. Pantaleon (28. Juli) 1455 der Anfang gemacht sei. Dass damals wirklich eine Wiederherstellung begonnen worden, ergiebt allerdings die neben dem nördlichen Eingange befindliche Inschrift: Anno domini MCCCCLV in die Panthaleonis incepta est hec structura, ob aber jener Vorfall der nämliche ist, welchen Gudenus als ein Einstürzen der Decke schildert, oder ob die Kirche zweimal, 1452 und 1453 von ähnlichen Unfällen betroffen ist, wird bei der geringen Zuverlässigkeit, auf welche die genannten Chronisten in der in Rede stehenden Beziehung Anspruch machen können, dahingestellt bleiben müssen.

Die Erweiterung, welche dem Schiff der Kirche bei jenem Wiederherstellungsbau zu Theil wurde, bestand darin, dass man, um auf dem beschränkten Raume möglichst viel Platz zu gewinnen, die ursprüngliche Kreuzesform grossentheils aufgab und die äusseren Fronten der Kreuzesarme vergrösserte, doch so, dass die südliche Wand erhalten blieb. Das bisherige schöne Verhältniss zwischen Langschiff und Querschiff wurde hierdurch aufgehoben; das erstere näherte sich der quadratischen Form. Während nach den Regeln der Kunst das Mittelschiff am breitesten sein soll, dem die Seitenschiffe gewissermassen nur als Umgänge dienen,

---

[1] Böckner, l. c. S. 192, glaubt jedoch, dass der in Rede stehende Brand ohne Einfluss auf den Einsturz der Decke des Schiffes gewesen, dieser vielmehr lediglich dadurch veranlasst sei, dass die nicht auf Mauerlatten, sondern in Mauerlöchern ruhenden Balkenköpfe verfault wären.

wurden nun die letzteren breiter als das erstere, in Folge dessen auch die Höhe geringer erschien als sie in Wirklichkeit war. Der Grundriss des Doms giebt deutlich zu erkennen, wie sehr es dem Bauwerke an Einheit fehle und wie häufig Restaurationen und Neubauten Veränderungen der ursprünglichen Anlage herbeigeführt haben müssen. Ja, es waren nicht einmal mehr die beiden Seitenwände parallel, vielmehr näherten solche sich einander auf ihren westlichen Enden, allerdings nur um 2 Fuss, so dass es nicht in die Augen fällt und nur bei einer Messung wahrgenommen werden kann.

Der Meister, unter dessen Leitung der Bau zur Ausführung kam, war der Stiftskapitular Thielemann Ziegler, der als Baumeister des Doms in Urkunden von 1464, 1466 und 1467 erscheint (E. A.) und auch sicher bei dem Wiederherstellungsbau nach dem Brande von 1472 mitgewirt hat, da er es gewesen ist, der als Baumeister der U. L. Frauenkirche am Mittwoch nach Bartholomäi (27. August) 1477 dem Werkmeister das Silber übergab, aus welchem der Sarkophag des heil. Adolar gefertigt werden sollte (M. K. A.).

Wann jener Herstellungsbau vollendet gewesen und dessen Einweihung erfolgt sei, ist nicht bekannt, da keiner der zeitgenössischen Chronisten — Hartung Kammermeister, Nicol. von Siegen, Konrad Stolle — eine hierauf bezügliche Nachricht enthält, doch muss derselbe mit grossem Eifer und möglichster Schnelle betrieben sein, so dass er mindestens 1465 beendet und das Gebäude dem Gottesdienste zurückgegeben war. Denn eine, wie Hogel l. c. angiebt, in diesem Jahre erlassene Ordnung für die Frohnleichnamsprocession bestimmte, dass diese durch die unterste grosse Thüre, also durch das Westportal, ziehen solle.[1]

Aber auch dieser Bau hatte nur eine kurze Dauer, denn bei dem grossen Brande, der am 19. Juni 1472 zum Ausbruch kam und mehr als die halbe Stadt in Asche legte, ergriffen die Flammen auch die Thürme der beiden Stiftskirchen auf dem Domberge, die nicht nur selbst ausbrannten, sondern auch die an sie stossenden Kirchenschiffe mit allen in diese geflüchteten Gütern in Mitleidenschaft zogen. Die Glocken, unter ihnen die schöne 1423 neugegossene Gloriosa, sowie die Orgeln schmolzen; das Erz soll auf die breiten Stufen hinabgeflossen sein. Auch der Domkreuzgang mit dem Kapitelhause wurde beschädigt (Falkenstein, Hist. S. 338); es gelang nur den Chor und den unteren Theil des Mittelbaues vor dem Untergange zu bewahren (Eoban v. Dolgen, Chronic. Erfurt. Handschr. der Bibliothek zu Gotha.).

Das Unglück, welches die Stadt, namentlich die beiden Stifter betroffen, erregte weit und breit die allgemeine Theilnahme und man beeilte sich von allen Seiten

[1] Dieselbe Jahreszahl trug eine Inschrift auf der Rückseite des gleich links vom Haupteingange aufgestellten Altars: Consecratum est hoc altare in honorem Sanctae Trinitatis, sancte crucis, gloriosissimae virginis Mariae et b. Michaelis Archangeli, omnium aliorum Archangelorum, Anglorum et sanctorum Dei. Et sunt in eo repositae reliquiae Sanctorum Albani, Christophori, Victoris, Henrici Imperatoris et Francisci ão Domini MCCCCLXVI d. 20. Junij per reverendum patrem Dominum Hermannum Episcopum Citrens. qui dedit 40 dies indulgentiarum omnibus hic celebrantibus vel orantibus aut manus adjutrices porrigentibus toties et quoties hoc fecerint. Excommunicavit etiam omnes, qui ipsum Altare laeserint vel ejus res aut bona subtraxerint. Anniversarius aut dedicationis dies celebratur dominica proxima ante festum Johannis Baptistae. (Gerstenberg, Novantiq. Erford.)

solche durch Beihilfe zu den Kosten der Wiederherstellung thatsächlich zu bekunden. Auf die Bitten des Kaisers Friederich, des Erzbischofs Adolf von Mainz, des Herzogs Wilhelm von Sachsen, der Kapitel der betroffenen Stifter selbst, sowie des Raths von Erfurt und vieler andern erliess Papst Sixtus IV. am VII. Kld. Martii (23. Febr.) 1473 eine Gnadenbulle, in welcher er erklärte, dass er, nachdem durch die gedachte Bittschrift zu seiner Kenntniss gelangt sei, wie in Erfurt, der hervorragendsten und volkreichsten Stadt jener Lande, durch niederträchtige, von den Feinden erkaufte Buben ein Feuer angelegt wäre, welches zugleich mit einem grossen Theile des Ortes auch zwei ausgezeichnete Kollegiatkirchen, deren eine die Gebeine der Heiligen Adolar und Eoban, die andere die des heiligen Sever, seiner Gattin Vincentia und ihrer Tochter Innocentia berge, mit zahlreichen darin befindlich gewesenen kostbaren Gegenständen und allen zugehörig gewesenen Gebäuden, insbesondere den Curien der Stiftsgeistlichen zerstört habe, und dass bei dem grossen Umfange des Schadens keine Aussicht vorhanden sei, dass solcher in angemessener Zeit wieder beseitigt werden könne, wenn nicht alle Gläubigen dazu mithülfen, beschlossen habe: damit die Herstellung und Erneuerung um so schneller erfolge und der Gottesdienst zum Heile der Gläubigen um so eher wieder aufgenommen werden könne, allen denen, welche durch Alter, Krankheit oder sonstigen gesetzlich ausreichenden Grund verhindert wären im nächsten Jubeljahre nach Rom zu pilgern, wenn sie einen Arbeiter 20 Tage hindurch beim Wiederherstellungsbau unterhielten oder die entsprechende Summe baar einzahlten, dieselben Gnaden und Ablässe zu gewähren wie denen, welche persönlich Rom besuchten und dort ihre Opfer spendeten. Dies solle bis ein Jahr nach dem Jubiläum Gültigkeit haben. Zugleich bezeichnete der Papst eine Anzahl von kirchlichen Festen, durch deren Begehung in den abgebrannten Kirchen, verbunden mit einer Spende zu deren Wiederherstellung, für alle Zukunft ein fünfundzwanzigjähriger Ablass und ein eben so langer Sündenerlass wie bei vierzigtägigem Fasten verdient werden solle, wenn die Kirchen diese Leistungen bescheinigten (M. K. A.).

In einem zweiten Gnadenbriefe von Prid. Id. (14.) Martii 1478 gestattete der Papst jene Ablässe durch besonders anzustellende Geistliche, deren Wahl und Anzahl den Kapiteln überlassen blieb, bei der Beichte in Anwendung bringen zu lassen, auch Gelübde zu Wallfahrten und anderen Sühnen in eine Geldabgabe zur Baukasse umzuwandeln (M. K. A.). Aehnliche Gnadenbriefe wurden für ihre Diöcesen von einer grossen Zahl von Erzbischöfen und Bischöfen, so unter andern am 14. Novbr. 1472 von dem Bischofe Rudolf von Bresslau, apostolischem Legaten in Böhmen, ausgestellt (M. K. A.).

Infolge dieser kräftigen Fürsorge flossen dem Marienstifte in kurzer Zeit so reichliche Mittel zu, dass dasselbe sich sehr bald in der Lage befand, mit dem Wiederaufbau zu beginnen und diesen auch, wohl unter der Leitung des Meisters Hans Pfau von Strassburg, dem, wie bereits erwähnt, 1473 die Aufsicht über die Marienstiftskirche übertragen war, in der kurzen Zeit von einem Jahre auszuführen. Denn wie der dabei anwesend gewesene Vikar Konr. Stolle (f. 218. v.) berichtet, ist die Kirche nur bis zum Severiabende (21. Okt.) 1476 geschlossen gewesen, die Wiedereinweihung muss also am 22. d. J. stattgefunden haben, und zwar erfolgte dieselbe durch den zu diesem Zweck eigens von Mainz gekommenen

Weihbischof, von welchem einzeln Chor, Kirchenschiff, Kirchhof, Cavate, Krypta, Sakristei, Kreuzgang, Kapellen, Hochaltar u. s. w. geweiht wurden.

An Stelle der geschmolzenen grossen Glocke wurde von Meister Claus aus Mühlhausen am 7. August 1477 eine andere Glocke von 200 Ctn. Gewicht gegossen, die gleichfalls den Namen Gloriosa erhielt und einstweilen auf dem Kirchhofe neben dem Triangel aufgehängt ward. Nachdem diese nach nur zweijährigem Gebrauch gesprungen war, trat an ihre Stelle die noch vorhandene, gleichfalls Gloriosa genannte, von Gerhard von Wou aus Kampen 1497 und 1498 gegossene, die weiter unten ausführlich besprochen werden wird.

1477 ward das silberne Sarggehäuse, in welchem die Gebeine der heiligen Eoban und Adolar aufbewahrt wurden, von Meister Konrad Konigenrod gefertigt oder doch erneuert, der zu dieser Arbeit 112 Mark $3^1/_2$ Loth Silber, sowie an Geld 23 Gulden $168^1/_2$ Schock erhielt. (M. K. A.)

In der Zeit von 1480 – 1484 wurde auch eine neue Orgel angefertigt und zwar von Stephan Caschindorfer aus Schweidnitz, wohnhaft zu Dresden, der sich in dem am Donnerstag vigilia conceptionis Mariae (7. Dezbr.) 1480 abgeschlossenen Vertrage verpflichtete: ein Orgelwerk mit 16 Bälgen, sowie allen nöthigen Pfeifen von reinem Zinn anzufertigen und der dafür ausser freier Wohnung und Beköstigung einen Lohn von 500 fl. Rh. erhielt (M. K. A.). Da er am 29. Mai 1484 über den Empfang der letzten 50 fl. quittirt und dabei seinen Dank für alle ihm und seinen Kindern während der dreijährigen Arbeitszeit von dem Domkapitel zu theil gewordenen Wohlthaten ausgesprochen hat, so kann erst damals das Werk gänzlich vollendet gewesen sein; doch war die Arbeit bereits am Freitage vor Johannis Bapt. (20. Juni) 1483 so weit vorgeschritten, dass die Orgel bei der an diesem Tage zur Abwendung von Pest und Hungersnoth abgehaltenen grossen Procession gespielt werden konnte (K. Stolle f. 188 v.). Etwa gleichzeitig fand die Erbauung der Gallerien mit den beiden auf Kragsteinen ruhenden Altanen statt, deren einer zur Aufstellung der Orgelbank, der andere zum Aufenthalt eines Chorknaben diente, der dem Organisten ein Zeichen geben sollte, wann der Gang des Gottesdienstes das Einfallen der Orgel erforderte. Auch die neue noch vorhandene Sakristei, während eine solche bis dahin in dem nördlichen Thurme sich befunden hatte, sowie der baldachinartige Ueberbau über dem an der Nordwand der Kirche befindlichen Antoniusaltar, auf dessen vorspringenden Ecken sich die Jahrzahl 1483 findet, sind in derselben Zeit entstanden. 1484 wurde dieser Altar mit einer Bildsäule des h. Bonifacius geschmückt, 1486 das Crucifix vor dem Chore errichtet (Stolle, l. c. f. 253. v.), das gegenwärtig seinen Stand vor dem grossen Portale hat. 1493 erhielten die drei Thürme ihre Spitzen, zunächst in der Woche vor Pfingsten 20.—25. Mai) der südliche, sodann auf U. L. Frauen-Abend-Würzweih (14. August) der mittlere, zuletzt am Allerheiligentage (2. November) der nördliche (ibid. S. 267. v.); doch ist deren Bedeckung mit Kupfer erst später erfolgt.

Der zweiten Hälfte des 15. Jahrhunderts verdanken auch die herrlichen Chorstühle ihre Entstehung, wie die auf ihnen befindlichen Jahrzahlen 1469 und 1484 darthun.

Baumeister des Doms war zu dieser Zeit der damalige Kapitular, spätere Weihbischof Johann Bonemilch von Lasphe (Stolle, l. c. S. 273), der auch bei dem Glockenguss durch Gerhard Wou die Oberleitung hatte.

Mit den aufgeführten Arbeiten war die Bauthätigkeit an der Kirche zum Abschluss gelangt. Denn die Heiligenstatuen, welche durchgehends an den Aussenmauern beabsichtigt waren und für die man die Kragsteine bereits im Mauerwerk des Chors, des Schiffes und der Sakristei eingefügt hatte, sowie die Beschaffung der Glasmalereien für die Fenster, wo solche noch fehlten, musste man, wohl weil der Baufonds erschöpft war, einstweilen zurückstellen; nur wurden ausser der erwähnten grossen Orgel noch eine kleinere in der Kapelle der hh. Adolar und Eoban, der heutigen h. Blutkapelle, errichtet und 1514 um Trinitatis (im Juni) die zum Graden hinabführenden breiten Stufen in der Weise erneuert, dass je drei oder vier einen Absatz bildeten (Erphord. Antiquitt. Variloquus bei Menken Scriptt. II. p. 530). Dass bei dem sog. Pfaffensturm 1521 die Wohnhäuser der Stiftsgeistlichen verwüstet wurden, steht ausser Beziehung zur Baugeschichte des Doms, da dieser selbst dabei nicht in Mitleidenschaft kam.

Von grösserer Bedeutung für die Kirche selbst war der Bauernaufstand. Nachdem die Aufrührer am 28. April 1525 sich der Stadt bemächtigt hatten, plünderten dieselben mit dem Proletariat aus der Stadt, das sich ihnen anschloss, nicht nur wiederum die Häuser der Stiftsgeistlichen, sondern erbrachen auch die Kirchen und zerstörten in diesen alles, was zum Gottesdienste in Beziehung stand, zertrümmerten sogar die Altäre und Bildsäulen und bemächtigten sich alles dessen, was ihnen werthvoll schien, darunter unter andern 100 goldener und silberner im Domschatze aufbewahrter Kelche. Auch das Aeussere der Kirche ward nicht verschont und durch Zertrümmerung oder Verstümmelung der Bildsäulen und Steinornamente geschändet. Der Rath sah dies ruhig mit an, obwohl die Stifter durch Verzicht auf ihre bisherige Steuerfreiheit und Zahlung von 10,000 Gulden vorher theuer genug seinen Schutz erkauft hatten, und beschränkte sich darauf, einen Theil der Kostbarkeiten in seinen Gewahrsam zu nehmen. Allein auch nachdem die Ruhe wieder hergestellt war, gab der Rath die Schätze des Stifts nicht wieder heraus, sondern liess dieselben vielmehr, wie unter andern den silbernen Sarkophag mit den Gebeinen der hh. Adolar und Eoban, in die Münze wandern und aus ihnen die sog. Sargpfennige schlagen.

Der Rath nahm damals so sehr Partei gegen die Katholiken, dass er den Gebrauch der Kirchen ihnen entzog. In Folge dessen fand eine zeitlang nur noch in der kleinen Hospitalkirche bei verschlossenen Thüren katholischer Gottesdienst statt, während im Dom allsonntäglich ein evangelischer Geistlicher die sog. Neun(uhr)predigt abhielt. Erst nachdem der Erzbischof von Mainz, Albrecht von Brandenburg, einen Prozess gegen den Rath bei den Reichsständen, dem schwäbischen Bunde und dem Reichskammergericht angestrengt und eine günstige Entscheidung erstritten hatte, fügte sich der Rath, und es wurde in dem unter Vermittelung des genannten Bundes am 5. Februar 1530 zu Hammelburg abgeschlossenen Vertrage bestimmt: dass die erzbischöflichen Rechte wieder hergestellt, den beiden Stiftern die noch vorhandenen Kleinodien zurückgegeben, statt des eingeschmolzenen und vermünzten Gold und Silbers eine Entschädigung von 1200 Mark fein. Silb. Erfurter Gewichts gewährt, in den beiden Stiftskirchen sowie im Peterskloster der Gottesdienst in der früheren Weise wieder hergestellt werden und niemand gestattet sein solle, ohne Erlaubniss der geistlichen Oberen darin zu predigen. Endlich sollte der Rath auch den von den Stiftern 1521 wegen Verzicht auf die Abgabenfreiheit ausgestellten Revers zurückgeben (Gudenus Hist. p. 227 ff. Falkenstein, Hist. S. 592—597).

Zu einer vollständigen Ausführung dieses Vertrages ist es jedoch, wenigstens soweit solcher die Stifter betraf, nicht gekommen, vielmehr erklärten diese in Folge nicht näher bekannter Einflüsse und Umstände am 8. Februar 1539 dem Rathe in Form Rechtens, dass sie, da gegen ihren Willen und ohne ihre Theilnahme der Hammelburger Vertrag abgeschlossen und der vorhergegangene Prozess geführt sei, auch eine nachträgliche Genehmigung verweigern müssten und, soweit sie dabei betheiligt wären, auf die Ausführung der getroffenen Bestimmungen verzichteten (Beyer und Böckner, l. c. S. 158).

Die Baumittel des Marienstiftes waren in Folge der ungünstigen Ereignisse, welche dasselbe seit dem Ausgange des 15. Jahrhunderts betroffen hatten, sowie des Umschwungs, welchem die Gemüther seit Eintritt der Reformation unterlagen, und endlich in Folge des nun fast gänzlichen Aufhören der Spenden der Gläubigen so zurückgegangen, dass man nicht daran denken konnte, das was bei dem letzten Bau noch an äusserem Schmucke in Rückstand geblieben war, nachzuholen; ja, nicht einmal daran, die durch den Bauernaufruhr oder sonst herbeigeführten Schäden zu beseitigen. Dazu kam 1558 eine neue Beschädigung durch einen Blitzstrahl, der den Glockenthurm traf, den Seigerhammer zerschlug und einen dicken Balken zerschmetterte (Thüring. Chronik, Handschr. der grossherzoglichen Bibliothek zu Weimar q. 165. Falkenstein, l. c. S. 638). Auf die Wiederherstellung dieser Schäden wird sich denn auch wohl die Thätigkeit des Nicolaus Kreyger, der in einer Wiederkaufsverschreibung von 1569 (M. K. A.) als Baumeister zu St. Marien genannt wird, beschränkt haben. Die Beschädigungen durch den sog. Cavatensturm am 14. August 1579, der dadurch veranlasst war, dass die Kirchenverwaltung in Folge vorgekommener Ungebührnisse die Cavaten durch Ziehung eines Zauns dem öffentlichen Verkehr entzogen, trafen weniger die Kirche selbst als die Cavate.

Wenn 1587 ein nicht unbedeutendes Werk, der grosse Taufstein zur Aufstellung gelangen konnte, so war dies nur dem Umstande zu danken, dass der Propst des Marienstiftes, Breitenbach, der Kirche zu diesem Zwecke 500 fl. legirte (Friese, l. c. II. S. 629).

In noch grössere Bedrängnisse gerieth das Stift in der nächstfolgenden Zeit, insbesondere erreichten während des 30jährigen Krieges Noth und Elend eine solche Höhe, dass angesehene Geistliche buchstäblich dem Hungertode erlagen, nachdem alle denkbaren Mittel durch Cumulation der Pfründen und anderweit den wenigen noch vorhandenen Klerikern die nothdürftigsten Existenzmittel zu verschaffen erschöpft waren. 1632 nach der schwedischen Besetzung Erfurts wurde nicht nur das Stift eines grosses Schatzes von Gold, Silber und Edelsteinen im Werthe von 4000 Rth. beraubt, musste es nicht nur seine silbernen Monstranzen, Kelche, Becken und Kreuze opfern, um die ihm auferlegte Contribution aufzubringen und für die von den übrigen Klöstern geforderte, aber nicht von ihnen einziehbare, aufkommen, wodurch ihm ein Kostenaufwand von 10,600 Rth. erwuchs (Schauerte, Gustav Adolf und die Katholiken in Erfurt S. 13, 20, 22, 33): sondern auch in Folge angewendeter Gewalt seine Kirche wieder den Evangelischen zum Mitgebrauch einräumen (ibid. S. 40). Ja, es wurde sogar das Stift ganz dem Rathe geschenkt (ibid. S. 51), und erst nachdem Erfurt dem Prager Frieden beigetreten war, gelangte am 14. September 1635 das Kapitel wieder in den Besitz seiner Kirche (Sinnhold, Vermehrt. Encomium Erfurt. Handschr. der Magistr. Bibliothek zu Erfurt II. Anh. S. 120).

Einen gleichen Ausgang hatte ein von der entgegengesetzten Seite her gemachter Versuch, dem Stifte die Kirche zu entziehen. Der Jesuitenorden, der seit 1587 bleibend in Erfurt Aufnahme gefunden, 1618 seine bisherige Residenz in ein Collegium umgewandelt und 1619 das frühere Reglerkloster erhalten hatte, aber einer eignen Kirche entbehrte, da die zu jenem gehörige den Evangelischen verblieben war, wollte sich nicht ferner mit der ihm überwiesenen h. Blutskapelle im Dome begnügen, sondern strebte in dessen vollständigen Besitz zu gelangen. Er wurde dabei von dem Erzbischof Johann Philipp von Mainz unterstützt, der das Kapitel, nachdem er ihm bereits am 16. Oktober 1655 einen harten Verweis wegen seiner Lauigkeit in kirchlichen Dingen ertheilt, am 4 Januar 1656 energisch anwies, seine Kirche den Jesuiten einzuräumen. Das Kapitel erhob hiergegen jedoch einen so entschiedenen Widerspruch, dass von der Ausführung jenes Befehls Abstand genommen und dem Jesuitencollegium die Lorenzkirche einverleibt wurde.

Seitdem in Folge der sog. Reduction von 1664 das Erzstift Mainz die nicht mehr bestrittene Alleinherrschaft über Erfurt und sein Gebiet erlangt hatte, und zwischen den beiden Confessionen feste Schranken gezogen waren, blieb das Stift zwar im ungestörten Besitze seiner Kirche und seines Vermögens, dieses war aber im Laufe der Zeit so zurückgegangen, dass es nicht mehr die Mittel darbot auf bauliche Zwecke erhebliche Beträge zu verwenden. Nur ward 1686 anstelle der alten, unbrauchbar gewordenen eine neue Orgel durch Christoph Junge gefertigt (Friese, l. c. IV, S. 1315) und 1706 ein neuer Hochaltar errichtet (Reichard, Fortsetzung d. Fritzesche Chron. S. 8).

Ein sehr schweres Unglück traf die Kirche, als am 13. September 1717 ein Blitzstrahl in den mittleren Thurm einschlug und zündete. Das nur oberflächlich gelöschte Feuer kam am Abend von neuem zum Ausbruch und trat nun mit solcher Heftigkeit auf, dass nicht nur die Spitzen aller drei Thürme ausbrannten und die sieben in den Seitenthürmen hängenden Glocken sowie die Uhr schmolzen, sondern auch die Kirche durch auf ihr Dach stürzendes Gebälk erheblich beschädigt wurde (Falkenstein, Chron. II, S. 988; Friese, l. c. V, S. 1601, 1602; Reichard, l. c. S. 71). Nur die grosse Glocke blieb unversehrt, indem sie durch das sie umgebende nach dem Brande von 1472 aufgeführte steinerne Gewölbe geschützt wurde. Da dem Stifte die Mittel zur Wiederherstellung dieser Beschädigungen fehlten, so begnügte man sich damit, die Thürme mit einem bretternen Nothdach zu versehen, was um so weniger ausreichen konnte dem weiteren Verfalle vorzubeugen, als auch das Mauerwerk durch die starke Gluth seine Festigkeit eingebüsst hatte. Trotzdem musste es noch mehr als 100 Jahre seinem Zwecke dienen. Seine Mittellosigkeit zwang das Kapitel sogar, die geretteten 103 Centner Kupfer der Thurmbedachung am 16. März 1730 für 2575 Rth. an den Glockengiesser Jonas Surber zu verkaufen (Reichard, l. c. S. 136. Friese, l. c. S. 1937). Aus den etwa 400 Ctr. Metall der geschmolzenen Glocken wurden fünf neue Glocken gegossen, und auch dies ward nur dadurch möglich, dass zwei Mitglieder des Kapitels, der Dekan Christoph Matthias und der Kanonikus Andreas Ewald, die Kosten aus eigenen Mitteln bestritten (A. F. Sinnhold, l. c. V, S. 70. Friese, l. c. V, S. 1628).

Die nachfolgenden Zeiten gestatteten um so weniger einigermassen erhebliche Mittel auf den baulichen Zustand der Kirche zu wenden, als die während des siebenjährigen Krieges sowohl der Stadt überhaupt, als auch insbesondere dem katholischen Klerus auferlegten sehr schweren Kontributionen das Stift immer mehr und mehr in seinen Vermögensverhältnissen zurückbrachten. Nach der Schlacht von Jena 1806 wurde die Kirche sogar, wenn auch nur vorübergehend, zur Unterbringung von Gefangenen benutzt und so dem Gottesdienst entzogen. Während der Belagerung von 1813 gingen die Franzosen sogar damit um, den Domberg mit in die Vertheidigungslinie des Petersberges hineinzuziehen, die Kirche ganz abzubrechen und an deren Stelle eine Lünette zu errichten (Beyer und Brückener S. 206). Wenn es nun auch hierzu nicht kam, wohl weil man sich von der Nutzlosigkeit überzeugte, so wurden doch die auf den Domberg führenden steinernen Stufen aufgehoben, um sie zur Ausbesserung der Festungswerke des Petersberges zu verwenden (Const. Beyer, N. Chron. S. 546), der Domberg mit Pallisaden versehen, die Kirche selbst aber als Pferdestall verwendet, so dass dieselbe, als nach der Kapitulation vom 6. Januar 1814 die französische Besatzung abzog, sich in einem vollständig verwüsteten Zustande befand (Schmerbauch, l. c. S. 25, 26). Bevor dieser nicht beseitigt war, konnte an eine Wiederbenutzung zum Gottesdienste nicht gedacht werden. Allein für die Reinigung waren 600 Rth., für die Wiederherstellung der Schäden an Altären, Stühlen, Treppen und dergl. 5670 Rth. erforderlich; ein vom Professer Dominikus erlassener öffentlicher Aufruf brachte aber nur $60\frac{1}{2}$ Rth. ein. Erst am 10. Nov. 1815 war man soweit gelangt, dass die Wiedereinweihung der Kirche und die Abhaltung regelmässigen Gottesdienstes in ihr erfolgen konnte (Rudolphi, Chron. d. St. Erf. Handschr. der Erf. Magistrats Biblioth.).

Es verging von da ab aber noch längere Zeit, bis man an die Beseitigung der äusseren Beschädigungen zu gehen imstande war. Zunächst wurden 1823 bis 1829 die Trümmer der bei der Belagerung zerstörten Häuser, welche den Domhügel umgeben hatten, entfernt, der Platz geebnet und die Futtermauern neben den sog. kleinen Stufen, die dem Einsturz drohten, wieder instand gesetzt.

In den letztgenannten Jahren beschloss das Kapitel auch zur Wiederherstellung des Innern zuschreiten, machte sich dabei aber des grossen Missgriffes schuldig, dass es diese Arbeiten einem durchaus Unfähigen, dem Dekorateur Stanislaus von Pereira, übertrug (1830), der nicht nur den Anstrich des Holzwerkes, der unteren Mauerflächen und der Säulen, sondern auch die Restaurirung von Gemälden und Glasmalereien übernahm, welche letzteren er mit einer „unvergänglichen“ Oelfarbe überstrich, die aber nur kurze Zeit dem Einfluss der Witterung Widerstand leistete. Nachdem nun noch in den Jahren 1834 und 1835 im Aeusseren die Cavate, im Inneren die Orgel, der Orgelchor, die Kirchstühle und die Kanzel hergestellt waren, wurde nach siebenjähriger Pause am 18. Okt. 1835 die Kirche feierlich dem Gottesdienste zurückgegeben.

In eine durchaus andere Lage kam diese Angelegenheit, nachdem mittelst Kabinetsordre vom 24. Januar 1847 die Aufhebung des Marienstiftes angeordnet und das gesammte noch vorhandene Vermögen desselben dem Ministerium der Geistlichen Angelegenheiten mit der Maassgabe überwiesen war, den nach Abzug einer Dotation der Kirche und der den bisherigen Beamten der Stiftsverwaltung zu gewährenden Pensionen sowie eines Zuschusses von jährlich 3000 Rth. an das Bisthum Paderborn, verbleibenden Betrag für Zwecke des katholischen Kirchen- und Schulwesens zu verwenden. Die Aufhebung des Stiftes selbst kam hierauf am 29. März ej. zur Ausführung, die Vermögensverwaltung ging aber erst zu Anfang des nächstfolgenden Rechnungsjahres, Michaelis 1837, auf den Staat über.

Von der Zeit ab, wo der Marienstiftische Fonds die Eigenschaft eines Staatsfonds angenommen hatte, erkannte man auch seitens der Regierung an, dass es dem Staate obliege, für die Baubedürfnisse der Kirche zu sorgen. Dazu trat, dass König Friedrich Wilhelm IV. sowie der Kunst überhaupt, so insbesondere dem Dome ein inniges und verständnissvolles Interesse zuwendete und ihm daher die Wiederherstellung in früherer Pracht am Herzen lag. Es wurde daher zur Restauration geschritten. Da aber der zu diesem Zwecke beim Marienstiftischen Fonds verbleibende Ueberschuss nur etwa 1200 Rth. jährlich betrug und nicht im entferntesten hinreichte, um auch nur das Nothdürftigste zu bestreiten, so gab der König selbst das Fehlende aus seinen Dispositionsfonds her. Später wurden jedoch noch andere reiche Mittel flüssig. Die Weimarsche Regierung, auf die in Folge der Bestimmungen des Wiener Congresses etwa die Hälfte des Erfurter Gebietes übergegangen war, hatte sich für berechtigt gehalten, nach der Säcularisation des Stiftes die Einkünfte, welche dieses aus Weimarschen Orten bezogen, für sich selbst in Anspruch zu nehmen und als ihrem Domainenfiscus zugefallen zu behandeln. Preussischerseits wurde ihr dies Recht bestritten, da der Marienfonds als besonderes Institut fortbestände, also auch im Genuss aller seiner Einkünfte belassen werden müsse. Diese Meinungsverschiedenheiten führten zu einem Rechtsstreite; damit aber nicht während dessen Dauer die Erhebung der Gefälle ganz ins Stocken gerathe — die Censiten weigerten sich an den Weimarschen Fiscus zu zahlen, da sie dessen Legitimation bestritten, und die Weimarsche Regierung gestattete die Erhebung seitens der Beamten des Marienstiftes nicht —, so wurde zwischen beiden Parteien ein Abkommen dahin getroffen: dass die Preussische Regierung in Vertretung der Stiftsverwaltung die Weimarsche zur einstweiligen Erhebung ermächtigte, diese sich aber verpflichtete, wenn die richterliche Entscheidung zu ihren Ungunsten ausfalle, dem Marienstifte für die inzwischen fällig gewesenen Beträge aufzukommen Dieser Fall ist eingetreten, da die Entscheidung des zur Austrägalinstanz bestimmten Appellationsgerichtes zu Dresden zum Nachtheil Weimars ausgefallen ist. Der Marienstiftische Fonds trat in Folge dessen nicht nur wieder in den Genuss der Hebungen aus den Weimarschen Orten, sondern erhielt auch eine sehr beträchtliche Entschädigung für die ihm so lange entzogenen Gefälle. Da nun auch die Zinspflichtigen im Weimarschen Gebiete es vorzogen, ihre Leistungen durch Kapitalszahlung abzulösen, so waren reichliche Mittel zur Bestreitung der Kosten eines vollständigen Restaurationsbaues vorhanden, und es hat das Gebäude in einer Weise ausgestattet werden können, wie es früher nie der Fall gewesen.

Man begann im Jahre 1845 unter der Leitung des Bauraths Papst mit der Wiederherstellung des westlichen Kreuzganges und des daranstossenden Gebäudes, in welchem die Domknabenschule Unterkunft fand. 1848 folgte der südliche, an den sich 1849 dem Style des Chors entsprechend die Mädchenschule, das frühere Kapitelhaus, anschloss. Noch im nämlichen Jahre ging man an die Restauration der Thürme, die sich nicht auf die Erneuerung der Spitzen beschränken durfte, da auch eine solche des Mauerwerkes nöthig war, indem viele Quadern durch den Brand von 1717 so mürbe geworden waren, dass man es nicht wagen konnte, ihnen die Tragung grösserer Lasten zuzumuthen. 1850 wurde an den Thürmen weiter gebaut; die Spitzen mit den sie umgebenden Gallerien wurden aber erst 1852 vollendet, und zwar keineswegs in einer allgemein befriedigenden Weise, da man von dem ursprünglichen Plane, genau den Zustand vor 1717 wiederherzustellen, in betreff des mittleren Thurmes Abstand genommen hatte.

1856—1860 wurde unter der Oberleitung des Geh. Regierungsraths Drewitz mit dem Restaurationsbau der Kirche selbst vorgegangen, und zwar zunächst am Chore mit den dessen Aussenwände umgebenden Bildsäulen bis einschlieslich des Hauptportals, das anstelle des Ziegeldachs ein Schieferdach erhielt. Sodann wurde 1864 und 1865 zu der Wiederherstellung des Inneren des Schiffes geschritten und bei dieser Gelegenheit der Orgelchor, dem man für musikalische Aufführungen — wozu er aber nur einmal 1835 bei Wiedereröffnung des Gottesdienstes gedient hat — eine ganz unverhältnissmässige und die Schönheit sehr beeinträchtigende Tiefe gegeben hatte, auf das richtige Maass zurückgeführt, sowie bereits 1842 die unschöne nach Pereiras Entwurf angefertigte Kanzel mit einer stylgemässen von Schinkel entworfenen vertauscht und dabei von dem zweiten Pfeiler an der Nordseite an den ersten auf der Südseite verlegt war.

Am Frohnleichnamstage 1865 wurde wieder der erste Gottesdienst im Dome abgehalten. Das Innere des Schiffs erhielt bei dieser Gelegenheit eine vollständige, ihm sehr zum Vortheil gereichende Umgestaltung, indem die Ueberladung mit Schreinen und Einbauten sehr zweifelhaften Zweckes und Geschmackes, welche bis dahin die Wände mehr verunstaltet als geziert hatten, entfernt, sowie die Emporen, beschädigte Bildsäulen und ähnliche Gegenstände, die weder durch Kunstwerth noch durch ihr Alterthum auf fernere Erhaltung Anspruch machen konnten, beseitigt wurden und die Kirche so ein harmonisches, helles und heiteres, zugleich aber auch imposantes Ansehen erhielt.

Eine sehr wesentliche Verschönerung wurde auch dem Aeusseren zutheil, als das steile und unschöne Ziegeldach, welches nicht das ganze Gebäude in einer Flucht bedeckte, sondern aus zwei abgesonderten Walmdächern, eins über dem Chore, das andere über dem Langhause bestand, 1868 entfernt und an dessen Stelle ein mässig hohes Satteldach trat, das bis an den Mittelbau reichte und mit dem des Chors unmittelbar in Verbindung stand, während die Seitenschiffe über die Aussenwände aufsteigende Giebel und niedrige an das Hauptdach sich anschliessende Dächer erhielten.

In demselben Jahre wurde der Chor mit zwei neuen gemalten Fenstern, Darstellungen aus der Legende der h. Elisabeth, versehen.

Auch die Westfront, die, da sich die Schräge des Walmdachs bisher unmittelbar an die Mauer angeschlossen hatte, einen nichts weniger als schönen Anblick dargeboten, erhielt eine vollständige Umgestaltung, indem sie einen reich geschmückten Giebel erhielt, in welchem eine Blendnische mit einem grossartigen, weithin sichtbaren Mosaikbilde, die Gottesmutter mit dem Christkinde auf dem Arme auf Goldgrund, geschmückt ward. Die Aufstellung dieses Bildes erfolgte 1870, nachdem bereits in dem vorhergegangenen Jahre die Restauration des

Schiffes zum Abschluss gelangt war und die Erneuerung der Krypta stattgefunden hatte. Seitdem hat die Kirche nur noch durch die Anschaffung einer neuen Uhr, die Aufstellung einiger noch rückständigen Bildsäulen am Aeusseren, sowie die musivische Verglasung der Fenster des Langhauses und das schöne Fenster der Blutskapelle eine Bereicherung erfahren.

Die Beschwerung der Mauer der Westfront mit einem Giebel hatte es nöthig gemacht, jene mehr als bisher der Fall gewesen, zu sichern; es wurde daher 1874 bis 1876 die Futtermauer verstärkt, das Terrain auf und vor derselben regulirt, in eine parkartige Anlage umgestaltet und mit doppelter auf eine halbrunde Plattform führende Freitreppe versehen. Auch die grosse Treppe, die vom Friedrich Wilhelmsplatze auf den Domhügel führte, wurde neu gelegt, und während sich bisher nur in der Mitte Stufen befanden, die beiden Seiten aber die Böschung beibehalten hatten und mit Steinplatten belegt waren, wurden jetzt die Stufen in voller Breite durchgeführt.

Nachdem die Absicht, den gegenwärtigen aus der Barokzeit herrührenden Hochaltar durch einen stylgemässen zu ersetzen, aufgegeben war, konnte der Restaurationsbau als zum vollen Abschluss gelangt angesehen werden. Neuerdings hat sich jedoch die Nothwendigkeit noch weiterer Restaurationen, namentlich bei der Cavate und dem Dache gezeigt, die jetzt vorgenommen werden und auf 55,000 M. veranschlagt sind.

Die Kosten der Wiederherstellung[1] haben sich auf gegen 700,000 M. belaufen.

Sie haben betragen 1845—1869:

Das Kreuzganggebäude	13,159	Rth.	29	Sgr.	—	Pf.
Die östliche Cavate	5,190	„	27	„	9	„
Die schmale Treppe nebst Futtermauer . .	5,277	„	2	„	7	„
Die Orgel	4,091	„	11	„	1	„
Die Kanzel nebst Baldachin	1,597	„	11	„	11	„
Diäten für die Bauleitung	1,955	„	—	„	—	„
Der Orgelchor	4,033	„	14	„	3	„
Die Thürme	52,115	„	23	„	10	„
Der hohe Chor	24,203	„	26	„	11	„
Das Hauptportal	13,317	„	25	„	2	„
Die nördliche Cavate	6,766	„	20	„	10	„
Die breite Treppe	5,228	„	4	„	11	„
Anstrich der Kirche etc.	5,045	„	—	„	—	„
Die Sakristei	522	„	—	„	—	„
Das Chordach	1,949	„	19	„	7	„
Das Kirchendach	196	„	10	„	10	„
Die Krypta	1,300	„	10	„	4	„
Der Sandsteinplattenbelag	1,301	„	28	„	10	„
zusammen	147,243	Rth.	16	Sgr.	11	Pf.

oder 441,724 M. 69 Pf.

[1] Die von Beyer und Böckner l. c. S. 165 mitgetheilte Spezifikation der Kosten schliesst zwar mit 117.727 Rth. 16 Sgr. 2 Pf. oder 353,182 M. 62 Pf. ab, es sind dies aber nur die von 1856—1870 entstandenen. Es fehlen darin also diejenigen, welche durch die Wiederherstellung des Kreuzganges und des Kreuzganggebäudes, sowie der Thürme 1845—1852 verursacht sind, die des Baus der Freitreppe an der Westseite mit der dadurch bedingten Verstärkung der Futtermauern und Terrainregulirung, sowie die Wiederherstellung eines Theiles der mit Malerei versehenen Fenster (1871—1884).

Transport:	441,724.69 M.
Hierzu treten aber seit 1870 die Kosten für die mussivische Verglasung von 2 Fenstern am Chore und 18 im Schiffe (incl. 14,456 M. für das der Blutkapelle) . .	37,598.85 „
Die Wiederherstellung der Umfassungsmauern des Langhauses, der Strebepfeiler mit den dazu gehören Statuen, sowie des westlichen Portals und des Giebels (incl. 12,841.35 M. für das Mosaikbild), desgl. die Abänderung des Daches des Langhauses	156,466.78 „
Der Bau der massiven Terrasse und der Freitreppe an der Westseite, sowie die Regulirung des vorliegenden Terrains	46,010.96 „
also Gesammtkosten der Restauration	681,801.28 M.

Hierzu kamen noch streng genommen die Kosten der Vorbereitungen zur Herstellung eines neuen Hochaltars, von der wieder Abstand genommen ist, mit 3826 M., sowie einige Beträge, so der für Anschaffung einer Uhr, die nicht aus dem Baufonds, sondern aus der Kasse der Marienkirche entnommen sind, so dass die Gesammtkosten in der That ziemlich 700,000 M. erreichen werden.

Was ausser den vorerwähnten in der Ausführung begriffenen Restaurationen in der neuesten Zeit geschehen, beschränkt sich auf die 1887 bewirkte Ausgleichung der bei der Abänderung des Daches entstandenen Flecken im azurblauen Anstrich des Gewölbes des Langhauses und die Wiederherstellung der Tumba der hh. Adolar und Eoban in der h. Blutskapelle.

Beschreibung.

Die Marienkirche (Beatae Mariae Virginis) (Nr. 2) oder, wie sie in der Regel genannt wird, der Dom, steht auf einem Kalksteinfelsen, der ziemlich steil etwa 30 Meter hoch auf der Westseite des ausgedehnten Friedrich-Wilhelmsplatzes emporsteigt und mit diesem durch zwei Treppen, den zwischen dem Dome und der Severikirche hinaufführenden breiten Stufen und den auf der Südostecke belegenen schmalen Stufen, verbunden ist. Auf der entgegengesetzten, seiner Westseite, fällt der Hügel nicht minder jäh gegen die Petersstrasse hinab; auf der Südseite stösst an die Kirche das Kreuzgangsgebäude, das bis auf das Niveau der Domgasse hinabgeht. Auf der Nordseite setzt sich der Hügel in einem Plateau fort, welches die Severikirche, den Severihof und eine Reihe von Wohnhäusern trägt, deren Abschluss die Bonifaciuskapelle bildet, und welches sich allmählich gegen den Petersberg senkt.

Die Lage des Doms ist eine herrliche. Insbesondere von dem genannten Platze aus bieten die beiden Kirchen einen Anblick, wie er kaum schöner gefunden werden kann, aber auch aus der Ferne ist dieser, besonders wenn die untergehende Sonne den Westgiebel sammt dem Marienbilde mit goldenem Schimmer bestrahlt, ein wahrhaft entzückender.

Dohme (Gesch. d. deutsch. Baukunst S. 239) nennt „den Dom ein wundervolles Architekturbild, das Ganze, namentlich am Aeusseren ein phantastisch malerisches Allerlei von Architekturformen, als tektonische Komposition ohne sonderliches Interesse, als schönheitsreiches und liebenswürdiges Specimen mittelaltriger Stylentwickelung der verschiedenen Zeiten voll unvergleichlichen Reiz und voll glücklicher Ideen. Zu letzteren gehört vor allen die reichgeschmückte dreiseitige Vorhalle des Nordportals: dem von der Stadt her Aufsteigenden, welcher die Längenfront nur in starker Verkürzung sieht und auf dem engen Platze sich nicht gleich orientiert, weist diese Kombination sogleich den Haupteingang zur Kirche.“

Nr. 2. Dom und St. Sever.

Der Dom besteht aus drei Theilen: dem nach Osten gerichteten, auf der Cavate ruhenden Hohenchor, dem Mittelbau mit den Thürmen, die ungewöhnlicher Weise hier gegen Osten liegen, und dem Langhause. (Nr. 3.)

Die Länge des ganzen Gebäudes beträgt 291 Fuss, also fast 100 Meter, der Flächeninhalt 15,636 □Fuss rhl., sie wird hierin in den sächsisch-thüringischen Landen nur von den Domen zu Magdeburg und Halberstadt übertroffen (Otte, l. c. S. 25).

Charakteristisch für dieses Bauwerk ist, dass sich bei ihm ganz ungewöhnlich viel Abweichungen von dem finden, was sonst als Grundregel für die altdeutsche Baukunst angesehen wird. Dahin gehört namentlich, dass die Längenachse eine gebrochene Linie bildet, dass die Umfassungsmauern des Schiffs nicht parallel laufen, dass die Länge des Chors der des Langschiffs beinahe gleich kommt, seine Breite die des Mittelschiffs übertrifft und die Breite des letzteren hinter der der Seitenschiffe zurückbleibt, endlich dass sich zwischen dem Chore und dem Querschiffe ein breiter Mittelbau mit einem sie verbindenden Gange findet, wie er in gleicher Ausdehnung wohl kaum noch bei einer anderen romanischen oder gothischen Kirche getroffen werden möchte. Diese Abweichungen von den Regeln der Kunst werden durch die Beschaffenheit des Platzes, auf dem die Kirche steht und der zu einer künstlichen Vergrösserung nöthigte, und durch das sich mehr und mehr steigernde Raumbedürfniss, welches sich bei den verschiedenen Umbauten geltend machte, mehr erklärt als gerechtfertigt.

Das Material, aus dem die Kirche gebaut worden, ist überwiegend ein vorzügliches, behauener Seeberger Sandstein, der insbesondere die gute Eigenschaft besitzt, dass er je älter um so fester wird.

Die Cavate.

Die vorgedachte künstliche Erweiterung des Platzes, auf dem die Kirche sich befindet, führt den Namen: die Cavate.

Als im Laufe der Zeit die Zahl der Kirchenbesucher so anwuchs, dass jene in ihrer bisherigen Ausdehnung sie nicht mehr alle zu fassen vermochte und sich daher eine Vergrösserung nöthig machte, als namentlich die Erhebung der Kirche zum Collegiatstifte zwang, einen besonderen, grösseren Raum als abgesonderte Abtheilung für die Stiftsgeistlichkeit zu beschaffen, da zeigte sich, dass auf der Stelle, wo die Kirche lag, nicht der erforderliche Platz vorhanden sei. Man musste daher zu dessen Vergrösserung schreiten. Diese erfolgte in der Art, dass man auf der vorliegenden Ebene gewaltige viereckige Pfeiler von Stein errichtete, die vermittelst sie verbindender Gewölbe dem Bau Zusammenhang und Festigkeit verliehen und so geeignet waren als Fundament für den Hohenchor zu dienen. Wie bereits oben bemerkt worden, muss die erste Anlage dieser Substruction, die, da sie höhlenartige Räume enthielt, den Namen Cavate[1] bekam, schon vor 1283 erfolgt sein, die Erweiterung bis zur späteren Ausdehnung hat aber erst 1329—1350 stattgefunden, als die Vergrösserung des Chors und die Anlage der 1353 eingeweihten Krypta, die auf der Cavate ruht, sie nöthig machte.

Dieselbe besteht in ihrem östlichen Theile in einem Kerne, der zwei übereinander liegende, in ihrer Mitte von einem gewaltigen viereckigen Grundpfeiler getragene Gewölbe enthält, dessen Aussenmauer der in einem halben Zehnecke abschliessenden Ostseite des Chors genau entspricht, und an den sich auf der Nord- und der Südseite parallel mit der Choraxe Futtermauern anschliessen. Von

---

[1] Im mittelaltrigen Latein bedeutet das Wort: Cavate, eigentlich eine tiefe Schüssel. Du Cange — Henschel Glossar. med. latinit. II. p. 234: Cavata, a cavando sic dictus catinus profundior, gallice: ecuelle. — Doch wurde es auch von anderen ausgehöhlten Gegenständen und Vertiefungen gebraucht, — concav im Gegensatz zu: convex.

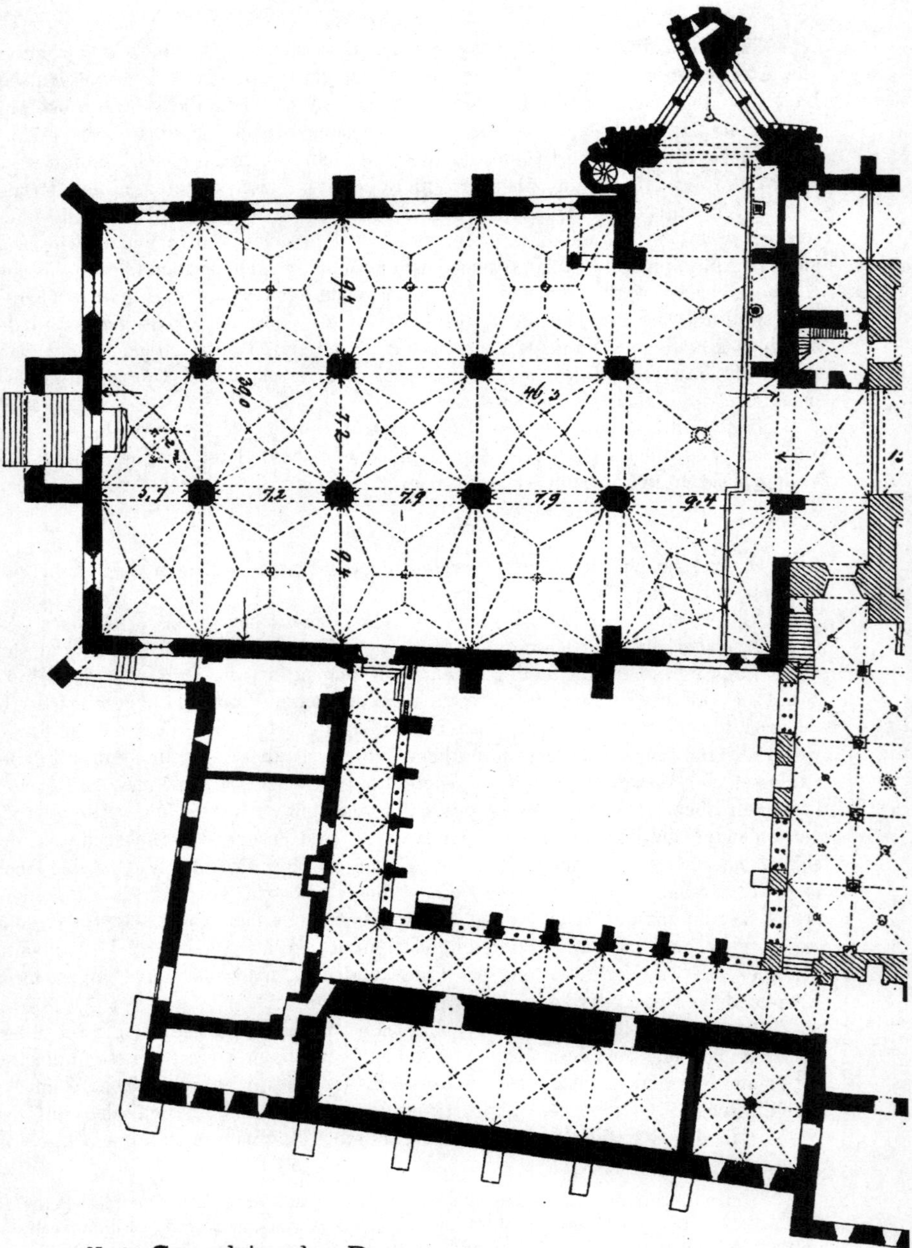

Nr. 3. **Grundriss des Doms.** (S. 42.)

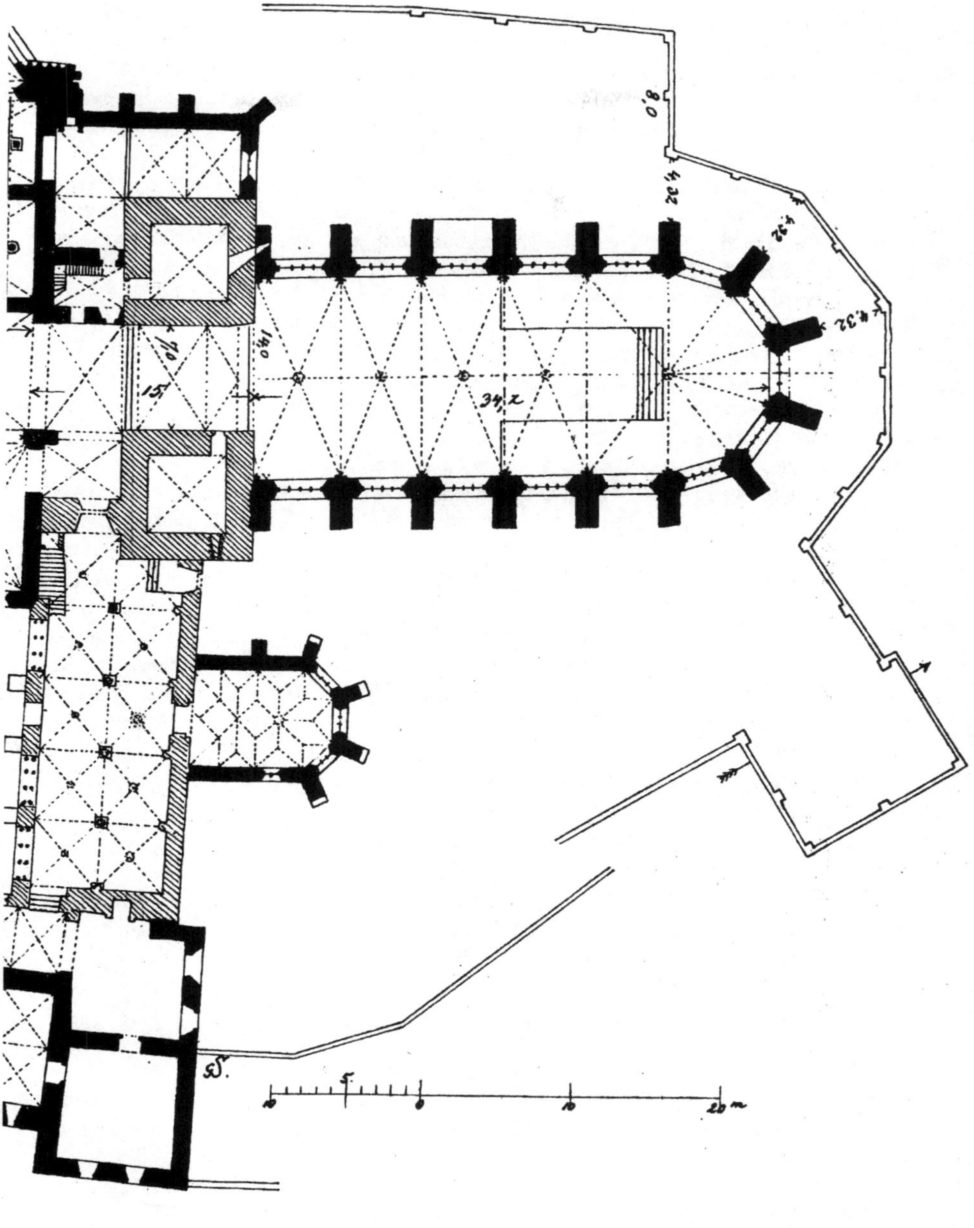
34,2
15
8,0
4,32
5
0
10
20 m

diesen und den Gewölben springen mächtige $5\frac{1}{2}$ m tiefe Strebepfeiler vor, die mit einander durch Tonnengewölbe verbunden sind, tiefe Nischen, die eigentliche Cavate, bilden und ihrerseits wieder mit den Strebepfeilern des Chors correspondiren. Von diesen Nischen sind die östlichen und nördlichen noch vollständig erhalten, nur dass sie bei Erbauung der Sakristei (um 1480) eine Vorlage bekommen haben, da durch jene der über der Cavate um den Chor führende Gang dermassen geschmälert wurde, dass nicht mehr zu den festlichen Umgängen, denen er dienen sollte, erforderlicher Raum blieb. Man sah sich daher genöthigt einen der nordwärts gerichteten Strebepfeiler der Cavate zu verlängern, in westlicher Richtung zwei kleinere Pfeiler hinzuzufügen, die Zwischenräume zu überwölben, darüber eine Plattform zu legen, in welche auch eine bisher freigelegene Kanzelsäule hineingezogen ward. Dagegen wurden die drei südlichen Nischen, die übrigens noch vorhanden sind, als man 1385 nach dem Abbruche der alten Propstei auf deren Areal einen zweiten Begräbnissplatz anlegte, durch Verschüttung den Blicken entzogen. Es sind infolge dessen von den dreizehn Nischen, aus denen die Cavate ursprünglich bestand, nur noch zehn sichtbar. Aus einer derselben führt ein Eingang in das innere Gewölbe. Die Kosten des Baus der Cavate und der Stufen sollen 142,886 fl. betragen haben (Dominicus Erfurt I. S. 90).

Die Seitenwände der Nischen nähern sich, selbstverständlich ihrer Rückseite zu, einander. Die Stirnseiten mit den Plinthen sind von Quadern, das übrige ist von Bruchsteinen aufgeführt. Die Entfernung der ersteren von einander beträgt an der Oeffnung 6 m, am Schlusse 4,4 m. Die Hinterwände stossen in ihrem oberen Theile an die Krypta. Die Höhe der Nischen nimmt ab je mehr sie sich dem Felsen nähern; vorn beträgt sie 26,2 m. Sie reichen bis 13 m tief unter den Chorbau hinein.

In früherer Zeit befanden sich in den grösseren kleine Wohnhäuser; in der von der Mitte aus gegen Osten belegenen ein 1474 erbautes Haus für das erzbischöfliche Gericht; gegenwärtig werden sie zur Aufbewahrung von Marktbuden und Töpferwaaren benutzt.

An dem zweiten Hauptpfeiler befindet sich in Minuskelschrift die Inschrift, auf die bereits oben hingedeutet ist:

In Christi laude felix Thuringia plaude,
Cujus habes donis tantis gaudere patronis.[1]

Die vier Pfeiler des nördlichen Vorbaues der Cavate sind mit den auf Kragsteinen stehenden von Baldachinen überdeckten Sandsteinfiguren der vier Evangelisten, sämmtlich neuere Arbeiten des Bildhauers Kölling, überdeckt. Dass die Cavate vom Jahre 1834 ab mit einem Kostenaufwande von 1937 Rth. 13 Sgr. 7 Pf. wiederhergestellt ist, ward schon oben erwähnt.

Die Domstufen.

Nördlich von der Cavate, sich unmittelbar an diese anschliessend, führt die breite Treppe vom Friedrich-Wilhelmsplatz auf das Plateau, auf welchem sich

[1] Jauchze glückliches Thüringen Christus preisend, durch dessen Wohlthat du dich so vieler Gönner zu erfreuen hast. Nach Gerstenberg, Novantiqua Erford. soll das erste Wort der zweiten Zeile nicht: cujus, sondern: que (quae) lauten; doch ist deutlich die Sigle cvs d. i. cujus zu erkennen.

die beiden Kirchen befinden. Sie hat in ihrer ersten Anlage bereits 1270 bestanden, wurde 1514 erneuert und, nachdem 1814 die zu ihr verwendeten Sandsteinplatten abgehoben waren, um für die Befestigungen des Petersberges verwendet zu werden, nach Aufhören der Belagerung nothdürftig wiederhergestellt, um 1850 aber mit einem Kostenaufwande von 5228 Rth. 4 Sgr. 5 Pf. vollständig erneuert und durch den ganzen Zwischenraum zwischen dem Dome und den Dienstwohnungen der Kirchenbeamten durchgeführt, während sich bisher nur in der Mitte Stufen befunden hatten, auf beiden Seiten aber die Böschung blos mit schrägliegenden Platten gedeckt war.

Die Zahl der Stufen beträgt 70, in fünf Absätzen von je 14. Die Breite der ganzen Anlage, also auch die Länge der einzelnen Stufen ist unten 23,25 ^{m}, oben 7,42 ^{m}; die gesammte Höhe 11,53 ^{m}.

Die sog. schmalen Stufen oder die neuen Graden befinden sich auf der südöstlichen Seite der Kirche und führen gleichfalls vom Friedrich-Wilhelmsplatze aus nach dem Vorplatze vor dem östlichen Kreuzgange und der Clementerie, der an den Chorumgang stösst, unter einem in Verbindung mit letzterem stehenden grossen Altane hindurch. Ihre erste Anlage fällt nach 1385, wohl in die erste Hälfte des 15. Jahrhunderts, da sie urkundlich erst 1440 erwähnt werden. — Ihre Wiederherstellung war eine der ersten Arbeiten bei der neuesten Restauration des Domes und verursachte zusammen mit der der anschliessenden Futtermauer einen Kostenaufwand von 5277 Rth. 2 Sgr. 7 Pf.

Die Treppe enthält zehn Absätze, einen zu 6, die übrigen zu 8, überhaupt also 78 Stufen; ihre Höhe beträgt 15 ^{m} ihre Breite 2,5 ^{m}. —

Die an ihrem oberen Ende liegende Thüre führte nach dem davorliegenden stiftischen Hause, das ebenso genannt ward, den Namen der goldenen Pforte. Es befand sich früher dort ein geschnitztes Marienbild mit der Inschrift: Sub tuum praesidium confugiens, nunquam enim est auditum, a te quenquam esse derelictum, qui te invocavit (Gerstenberg l. c.).

Der hohe Chor.

Ueber der vorgedachten Cavâte, die ihm als Substruktion dient, befindet sich der hohe Chor, der in zwei übereinanderliegenden Geschossen die Krypta und den eigentlichen Chor in sich schliesst.

Der gegenwärtige Bau der an die Stelle eines früheren ähnlichen, aber bedeutend kleineren trat und, wie oben angeführt, der Zeit von 1349 bis 1372 seine Entstehung verdankt, befindet sich inbetreff seines Aeusseren im wesentlichen noch in seinem ursprünglichen Zustande, da er von den Feuersbrünsten und sonstigen Unfällen, welche die übrigen Theile der Kirche getroffen haben, unberührt geblieben ist. Bei der 1856 vorgenommenen Restauration wurde auch das Bestehende möglichst beibehalten und nur das Schadhafte ausgebessert, das Dach mit Schiefer eingedeckt und die dasselbe umgebende Gallerie mit ihren Fialen erneuert.

Der Chor ist ein Prachtbau im ausgebildetesten gothischen Style von ungewöhnlicher, die des Hauptschiffes überragender Höhe und Breite; er trägt daher sehr wesentlich zu dem imposanten Anblicke bei, welchen die Kirche mit ihren Umgebungen vom vorliegenden Platze aus darbietet.

Seine Aussenwände werden von zwei parallel laufenden Mauern gebildet die sich nach Westen zu mit dem Mittelbau berühren und deren jede fünf zwischen Strebepfeilern befindliche, gleich hohe Fenster enthält. Gegen Osten schliesst sich daran der Chorabschluss, der von fünf Seiten eines Zehnecks gebildet wird und ebenfalls fünf gleichhohe durch Strebepfeiler von einander getrennte Fenster hat. Die Strebepfeiler des mittleren treten weit vor die Umfassungsmauern vor, reichen bis an das Dach und sind oben durch eine Wölbung verbunden und viermal abgestuft; die zweite Abstufung wird durch einen Giebel überdeckt, der jedoch nicht zugleich als Baldachin für die darunter stehende Bildsäule dient, deren jede vielmehr einen solchen für sich hat. Die Strebepfeiler, welche die übrigen Fenster des Chors flankiren sind minder hoch und endigen oben in Fialen. Auch sie sind mit Bildsäulen auf reichen symbolisirten Consolen geziert, über denen sich kunstreiche Baldachine und Giebel befinden.

Diese Bildsäulen stellen folgende Heilige vor: 1) an der Nordseite: die h. Kunigunde — Maria Magdalena — die h. Dorothea — die h. Elisabeth (über dem Nordeingange zur Krypta) — die h. Cäcilia — die h. Katharina und die h. Barbara.

2) am Chorschluss: die Gottesmutter mit dem Christkinde auf dem Arme — den h. Petrus und den h. Paulus.

3) an der Südseite: den h. Kilianus — den h. Martin und Kaiser Heinrich II. den Heiligen.

Dass auf der einen Langseite nur weibliche, auf der andern nur männliche Heilige dargestellt sind, beruht auf der Symbolik einer in der ältesten Kirche bestandenen Einrichtung, welche beim Gottesdienste die Frauen streng von den Männern abschied.

Von diesen Bildsäulen sind Maria, Katharina und Barbara alt und nach der gewöhnlichen Annahme aus dem Schlusse des 14. Jahrhunderts, wie die etwas manirirte Körperhaltung und der steife Faltenwurf darthun soll, während die Köpfe grosse Innigkeit und eine scharfe Charakteristik zeigen. Schorn (Ueber altdeutsche Sculptur S. 14.) will jedoch finden, dass das Denkmal des Johann von Allenblumen im Dome von 1429 einen Anhaltspunkt für die Zeitbestimmung der Sculpturen am Aeusseren des Chors darbiete, die ganz in gleichem Style wären, dieselben Gesichtsbildungen, bei sehr schönem Faltenwurf auch dieselbe Schärfe der Ausführung zeigten, so dass man wohl annehmen könne, sie seien gleichzeitig mit jenem Denkmal und ein Jahrhundert später als der 1349 gegründete Chor entstanden. Vielleicht habe Johann von Allenblumen selbst sie errichten lassen.[1] Die übrigen Bildsäulen sind neuere Arbeiten der Bildhauer Kölling und Brandes.

Auch von einer unter dem mittelsten Chorfenster auf der äusseren Mauerfläche angebracht gewesenen Wandmalerei haben sich Spuren erhalten. Wie es scheint stellten sie Scenen aus dem Leben Marias dar, da die in Minuskelschrift stehende Antwort derselben auf die Ansprache des Engels Gabriel: (Ecce) ancilla

---

[1] Dafür, dass die fraglichen Statuen wirklich erst dem Anfange des 15. Jahrhunderts angehören, spricht allerdings auch der Umstand: dass bei zweien derselben auf der Plinthe das Steimetzzeichen Z vorkommt, das sich auch auf dem Legatschen Grabsteine in der Predigerkirche von 1422 findet.

domini michi fiat secundum v(erbum tuum) (Lucas, I. 38) noch lesbar ist. Die Malerei, welche die Jahreszahl a. d. 1436 trägt, ist unmittelbar auf den Stein aufgetragen. An dem Strebepfeiler in der Mitte des Chorschlusses sieht man gleichfalls Malerei. Unter dem Standbilde des h. Paulus steht unter einem Baldachin ein Ritter mit dem Gleichenschen Wappenschilde. Das zweite Bild ist so verblasst, dass sein Gegenstand nicht mehr zu erkennen ist.

Zwischen dem dritten und vierten Strebepfeiler jeder Langseite befinden sich Einbauten mit Eingängen zur Krypta. Der nördliche mit einem Altane auf dessen Brüstung, wie schon angeführt, die h. Elisabeth steht, schliesst mit der Stirnseite der Strebepfeiler ab, während der südliche etwas vor diese vorspringt, was Veranlassung gegeben, dass dort keine Bildsäule aufgestellt ist. Er ist mit einem Fenster versehen.

An dem Fusse der gegen Osten gerichteten Abschrägung des Daches befindet sich ein kleines Thürmchen, das aber das ziemlich hohe und steile Dach nicht überragt, dieses selbst wird von einer durchbrochenen Steingallerie eingefasst, die zahlreiche Fialen trägt.

Die Länge des Chors beträgt vom Mittelbau bis zu den Stirnseiten der diesem gegenüberliegenden Strebepfeiler 35,3 ^{m}, die Breite zwischen den Aussenmauern der beiden Einbauten 16 ^{m}.

Im Innern ist der Chor im edelsten gothischen Style ausgeführt. Er ist einschiffig, 34,2 ^{m} im Lichten lang, 15 ^{m} breit und 27 ^{m} hoch. Sechzehn achteckige mit Laubkapitälen und starken Halbsäulen an ihren Kanten versehene Pfeiler tragen in fünf Jochen ein Kreuzgewölbe, dessen Schlusssteine mannigfache Verzierungen zeigen. Die Dienste ruhen auf kunstvoll verzierten Kragsteinen und werden von vergoldeten Blätterkapitälen gekrönt.

Die 18 ^{m} und da wo sie theilweise verbaut sind 15 ^{m} hohen Fenster, die bei einer auch verhältnissmässig grösseren Breite $5^{1}/_{2}$ ^{m} höher sind als die des Langhauses, enthalten in ihrer Zuspitzung ein mannigfaltiges und reiches Masswerk,[1] dessen Grund~~front~~ form bei den zwei westlich gegenüberstehenden das Kleeblatt, bei den drei folgenden drei Vierecke jedes mit einem Vierblatt bildet. Die beiden nachfolgenden gleichen den ersten, das vierte Fenster auf der Südseite ist wieder in drei Vierecke getheilt, während das auf der Nordseite ein auf die Spitze gestelltes Viereck mit vier Kreisen und einem Vierblatte enthält, die beiden correspondirenden fünften Fenster zeigen durch sechs Linien gebildete, spitzwinklig über einander gebogene, einem länglichen Dreiecke ähnliche Figuren. Das sechste Fenster enthält auf der Südseite oben ein auf die Spitze gestelltes Viereck, worin in drei Winkeln sich je eine Rose mit Dreiblatt befindet. Das demselben gegen-

---

[1] Kallenbach, der l. c. Taf LIV Nr. 1—5 Abbildungen der Chorfenster und Nr. 6 des äusseren Säulensockelprofils bringt, sagt (S. 22 und 58 des Textes): „Die Fenstergitter werden in ihren Hauptformen durch einen kleinen Cylinder bestimmt, in ihren Nebenformen durch ein Plattstäbchen, welches, insoweit es diesen Cylinder begleitet, als dessen Gliederung, wo es dagegen selbständige Formen schafft, als Verzweigung aus dieser Gliederung erscheint. Wieder als Zweige dieses Zweigwerkes wachsen aus diesen die Nasen hervor und die innerste Fase oder Einschrägung, welche die Hauptplättchen und Plättchen der Nasen als gemeinsame letzte Gliederung umzieht, ergiebt zuletzt im Durchbruch die Form der ehemaligen Pässe."

überstehende Fenster auf der Nordseite enthält in der Spitze ein gebogenes Dreieck mit sechs gleichfalls gebogenen Dreiecken. Die beiden folgenden gegenüberstehenden Fenster zeigen in ihren Spitzen einen Kreis mit sieben Rosen. Das alle übrigen an Höhe übertreffende, nischenartige, sechskehlige östliche Fenster enthält in seinem Abschlusse einen Kreis mit sechs Füllungen.

Mit Ausnahme des letzt aufgeführten, das wegen des unmittelbar vor ihm stehenden Hochaltars in seinem unteren Theile vermauert ist, sind sämmtliche Fenster mit Glasgemälden versehen, von denen zwölf alt sind. Wie bereits früher erwähnt, stammt das zuerst gestiftete aus dem Jahre 1403, die übrigen sind ihm in der ersten Hälfte des 15. Jahrhunderts gefolgt. Sie sind, abgesehen von der Ausbesserung schadhafter Stellen, noch in ursprünglichem Zustande und von grosser Schönheit. Nur die beiden dem Mittelbau zunächst befindlichen der Südseite mit Darstellungen aus dem Leben der h. Elisabeth stammen erst aus der neusten Zeit und sind nach dem Entwurf von Eberlein angefertigt Die übrigen Fenster enthalten Darstellungen aus der Geschichte des alten und des neuen Bundes. Das erste vom Altar nach links beginnt mit der Schöpfung und dem Sündenfall, die folgenden führen die Geschichte der Patriarchen, Josephs und verschiedener Heiligen vor; in dem letzten fast zur halben Höhe verbauten Fenster dieser Seite zeigt sich das Wappen und der Name des Domvikars Johannes von Tiefengruben, von dem, wie bereits erwähnt, das erste Glasgemälde im Chore gestiftet ist. Das hinter dem Hochaltar befindliche Fenster enthielt wahrscheinlich Darstellungen aus dem Leben Marias, die Empfängniss, die Geburt Christi, die Anbetung der Könige und die Krönung Marias.[1] Auf dem vom Mittelfenster rechts folgenden findet sich das Leben Jesu vom Einzuge in Jerusalem bis zur Himmelfahrt; die anderen sechs auf der Nordseite belegenen bringen Gruppen verschiedener Heiligen, Darstellungen des Märtyrertodes der Apostel, das Leben der h. Katharina, des h. Eustachius, des h. Bonifacius und, das letzte, die Auffindung des Kreuzes durch die h. Helena.

Um den ganzen Chor zieht sich ein breiter mit Steinplatten belegter, altanähnlicher Gang, der gleichfalls auf der Cavate ruht, ursprünglich zur Abhaltung von Processionen bestimmt war, auch gelegentlich, so 1502 vom Kardinal Raymundus, zum Predigen benutzt wurde (K. Stolle, l. c. f. 305 v) und auf beiden Seiten über den Anbauten der Cavate endigt. Seine Länge beträgt vom Mittelbau bis zum Kreuzgange 102,6 ^{m}, seine Breite vor dem Chorschlusse von den Strebepfeilern bis zur Brüstung 4,3 ^{m}, über den gedachten Anbauten erweitert sich solche bis auf 26,6 ^{m}. Eingefasst ist dieser Gang von einer durchbrochenen und, soweit er die grossen Stufen flankirt, mit Fialen versehenen Balustrade, an die sich auf der Nordseite eine etwas vorspringende Steinkanzel anschliesst (Nr. 4). Dieselbe, gleichzeitig mit dem Chore errichtet, hatte den Zweck, theils von ihr herab den auf den Stufen und vor der Cavate versammelten Gläubigen die Reliquien der Heiligen zu zeigen, theils, wenn man zu erwarten hatte, dass die Kirche deren

[1] Ein kleiner Rest hiervon hat sich anscheinend in einem der südlichen Chorfenster erhalten, welcher als eine Darstellung der Empfängniss gedeutet werden kann, offenbar nicht an diese Stelle gehört und sicher nur bei einer Reparatur dahingebracht ist, um Vorhandenes zu verwenden.

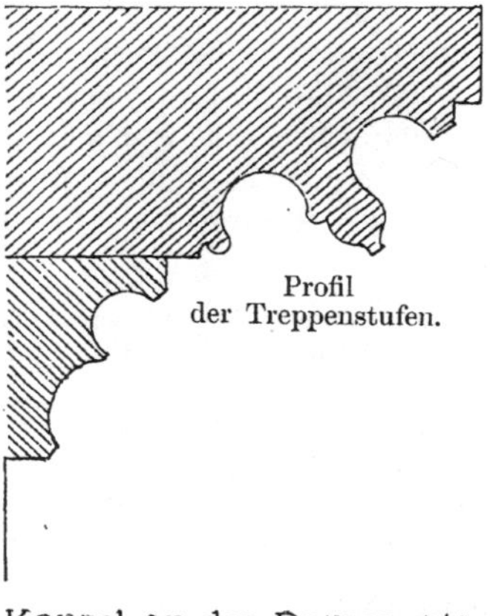

Nr. 4. Die Kanzel an der Domcavate.

Zahl nicht fassen würde, dem Prediger als Standort zu dienen. So soll von dieser Kanzel am 3. Juni 1451 der Cardinal Nicolaus von Cusa eine Busspredigt gehalten haben (Falkenstein, Hist. S. 313).[1] Wenn jedoch behauptet wird, dass auch Tetzel von hier aus seine Ablasspredigten gehalten und der Volksmund deshalb sogar der Kanzel den Namen: Tetzelkanzel beilegt, so beruht dies auf einer durch nichts verbürgten Sage.

Die Kanzel ruht auf einer Säule, die, bevor sie in den Vorbau der Cavate hineingezogen wurde, freistand und um welche sich eine Wendeltreppe schlingt, die jetzt aber in ihrem unteren Theile zerstört ist.

Der Platz, auf welchem der Chorumgang gegen Süden endigt, ruht auf dem südlichen Vorbau der Cavate, durch den drei Wölbungen derselben vollständig verschüttet sind. Er entstand zwischen 1385 und 1390 (Böckner, l. c. S. 186), als auf der Stelle des wegen Baufälligkeit abgebrochenen alten Propsteigebäudes ein zweiter Kirchhof für das Stift angelegt ward, indem man in einem nach Osten vorspringenden rechten Winkel zwei Futtermauern aufführte, von dem Vereinigungspunkt aus eine kürzere in westlicher und eine bedeutend längere in südlicher Richtung, dort an die polygone Abrundung der Cavate, hier an den südlichen Flügel des Kreuzgangsgebäudes sich anschliessend. Wo dieselben aufeinandertreffen bilden sie einen Altan, der auf einer doppelten Bogenstellung ruht und unter dem die schmalen Stufen aufsteigen. Auf der Westseite wird dieser Platz durch den Ostflügel des Kreuzganges und die sog. Clementerie begrenzt. Auf diesem Altane stand bis zu der 1834 vorgenommenen Restauration ein Häuschen, das dem Domläuter zur Wohnung diente.

Unter dem Chore befindet sich die Krypta oder Gruft- oder Kluftkirche (Nr. 5). Sie ist wie die bereits erwähnte über dem südlichen Eingange stehende Inschrift ergiebt, in ihrer gegenwärtigen Gestalt 1349 begonnen und 1353 vollendet, da am Tage Mariä Empfängniss (8. Decbr.) des letztgenannten Jahres ihre Einweihung durch den Weihbischof Grafen Albert von Beichlingen stattgefunden hat. Puttrich bemerkt jedoch (l. c. S. 8), dass, da man zur Zeit des gothischen Styls, also seit dem Anfange des 13. Jahrhunderts, keine Krypten mehr anzulegen pflegte, zu vermuthen sei, dass sich bereits unter dem früheren Chore des Doms eine im Rundbogenstyle erbaute Gruftkirche befunden habe, welche beim Umbau im Style des ganzen Chors neu aufgeführt worden. Ihre Anlage im gothischen Style bildet daher, da beinahe sämmtliche noch vorhandene Krypten aus der romanischen Bauperiode abstammen, eine ziemlich seltene Ausnahme.

Das Gewölbe der Kluftkirche wird von einem achtseitigen Pfeiler getragen,

---

[1] Wenn Böckner l. c. S. 179 sich aber in betreff dieses Ereignisses auf die Chronik des Hartung Kammermeister bezieht, so trifft dies nicht ganz zu. Dieser berichtet vielmehr (f. 144): dass der Rath für Nicol. v. Cusa vor dem mittelsten Schwibbogen der Cavate ein Haus (Gerüst) habe errichten und darin einen Altar von Holz machen lassen, vor welchem dieser drei Wochen lang täglich Messe gelesen, dann vor die Anwesenden getreten sei und gepredigt habe, und dass der Zudrang dabei so gross gewesen, dass am Sonntage nach Egidii (5. Sept.) die Zuhörer den grossen Platz vor dem Graden und U. L. Frauenkirche bis an die Schmiede vollständig bedeckt, am Sonntage vor Matthäi (19 Sept.) sich aber an hunderttausend Menschen anf dem Platze befunden hätten. Hiernach würde sogar der Standort des Nicol. von Cusa bei seinen Predigten gar nicht einmal die Steinkanzel gewesen sein.

aus dem die Gewölberippen und Gurtbögen unmittelbar, also ohne Kapitäl, aufsteigen. Es besteht aus sechs Jochen; die Umfassungsmauer folgt dem Chorschluss mit fünf Seiten eines Zehnecks. Die Krypta hat von der Nordseite ihren Haupteingang. Von der Südseite führt unter der kleinen Sakristei eine zweite Thür hinein, die von dieser ihr Licht erhält. Denn die Krypta liegt mit ihrem Fussboden tiefer wie der Chorumgang und es führen von diesem vierzehn Stufen zu ihr hinab. Ihre mit den Chorfenstern correspondirenden spitzbogigen Lichtöffnungen sind daher nur wenig höher als das Niveau jenes Ganges, mit transparent gemalten Engelbildern versehen und nur klein, so dass das Innere schwach erleuchtet ist. Umgeben sind diese Fenster von einer wulstigen viereckigen Einfassung.

Nr. 5. Krypta am Dom.

An dem Südeingange zur Krypta sichtbare Spuren von Verzahnungen verbunden mit der auf dieser Seite stattfindenden Verkürzung der Chorfenster, der über jenem Eingange befindlichen Chorsakristei und den beiden übereinander stehenden vermauerten Eingängen, sowie den in den beiden letzten Chorfenstern übereinander sichtbaren Kreuzbogenanfängen deuten übrigens darauf hin, dass es ursprünglich in der Absicht gelegen hat, dem Chore in der südlichen Richtung noch einen Anbau zuzufügen, dessen unterer Raum wahrscheinlich zu einer Gruft bestimmt gewesen, der aber nicht zur Ausführung gelangt ist. (Arnold, l. c. S. 8.)

Der Mittelbau.

Der Chor und Schiff der Kirche verbindende Mittelbau ist eine Anlage aus spätromanischer Zeit und bald nach 1154 entstanden. Er ist unter allen Theilen der älteste und im wesentlichen auch noch in ursprünglicher Form erhalten. Er besteht aus den drei Thürmen mit ihrem Unterbau und dem Gange der unter dem Mittelthurm vom Langhause zum Chore führt. Auf der Nordseite stösst an ihn die Sakristei, auf der Südseite der Ostflügel des Kreuzganges. Seine Länge beträgt 15, seine Tiefe 7 und seine Höhe 19 m.

Der südliche Thurm soll 1201, der nördliche 36 Jahre später vollendet sein (Annal. S. Petri Erford. in Pertz, Monumenta XVI, p. 32). Beide zeigen die charakteristischen Merkmale des spätromanischen Styls, und die an ihnen wahrnehmbaren Spuren des Uebergangs in den gothischen sind zum Theile wohl nur spätere Erneuerungen beschädigter Theile. Ueber die Zeit der Vollendung des mittleren Thurms enthalten die Quellen keine Angabe. Ist die Nachricht Hogels (l. c. S. 153), dass 1251 die grosse Glocke Gloriosa für den Dom beschafft sei, richtig, so kann man wohl annehmen, dass damals der Mittelthurm bereits existirt habe. Jedenfalls muss dies 1307 der Fall gewesen sein, da die Angabe, dass in diesem Jahre eine solche Glocke gegossen worden (Chronic. Sampetr. S. 149), von keiner Seite in Zweifel gezogen ist und sich nicht annehmen lässt, dass eine so grosse Glocke auf einem der Seitenthürme, die den dazu erforderlichen Raum keinesfalls darboten, gehangen habe.[1]

Wie bereits oben erwähnt worden, brannten aber bei einer 1416 entstandenen Feuersbrunst alle drei Thürme aus. Es verfloss längere Zeit bis zur Wiederherstellung; denn Hartung Kammermeister, der als Zeitgenosse und wegen seiner amtlichen Stellung auf vollen Glauben Anspruch machen kann, berichtet (fol. 148): „Im Jhahr 1454 wurde der höchste Thorm uff Unser lieben frawen Kirchen zu Erffurt volbracht, da mahn etliche vorgangene Jhare hatte an gebauet, unde auch die anderen zwene niedrige Thörme bei dem hohen, so bald uffgebracht.“[2]

---

[1] Böckner bemerkt jedoch (l. c. S. 191): „Es fehlt allerdings jede Mittheilung, wann die Erhöhung des Mauerwerkes für die mittlere Thurmspitze und diese selbst ins Werk gesetzt wurde, indess wird man diesen Bau mit einiger Wahrscheinlichkeit noch in das 3. Viertel des 14. Jahrhunderts setzen können, wo sich bei dem Chorbau und durch das Unbrauchbarwerden der grossen Glocke (1363) Gelegenheit darbot, das Material ausserhalb wie zwischen den beiden Thürmen bequem in die Höhe zu schaffen.“ Das letztere konnte jedoch auch zu jeder anderen Zeit geschehen, wenn man sich eines Gerüstes dazu bediente.

[2] Nicht unwahrscheinlich ist es, dass der 1201 vollendete südliche Thurm bei dem Brande von 1416 vorzugsweise mit Beschädigungen seines Mauerwerks heimgesucht worden ist, und die an seinem oberen Theile vorhandenen gothischen Formen schon der demnächst folgenden und nicht erst der nach dem Brande von 1472 vorgenommenen Restauration ihre Entstehung verdanken. Ein zuverlässigerer Anhalt als die an der Wendeltreppe (zwischen dem südlichen und dem mittleren Thurme) vorhandenen Steinmetzzeichen, welche mit denen übereinstimmen, die an der Clemenskapelle und an dem Unterbau des Schiffes sich finden, ist allerdings noch nicht aufgefunden worden. Das an der Ostseite des Mittelthurmes vorhandene grosse Fenster, sowie die darüber liegenden angeblendeten Ornamente tragen dagegen augenscheinlich die Formen der Spätgothik und dürften daher wohl erst nach dem Brande von 1472 entstanden sein (Böckner, l. c. S. 191).

Dieser Bau hatte jedoch nur kurzen Bestand, da bei dem grossen Brande von 1472 auch die Domthürme in Mitleidenschaft gezogen wurden. Diesmal erfolgte jedoch die Wiederherstellung etwas rascher, denn schon 1493 ward der Bau vollendet, und zwar der des südlichen Thurmes in der Woche vor Pfingsten, der des mittleren auf U. L. Frauenwürzweih (Mariä Himmelfahrt) Abend (14. August), der des östlichen am Allerheiligentage (1. Novbr.), vorläufig allerdings nur in Sparrenwerk mit Bretterverschalung,[1] auf welche aber wohl bald nachher der Kupferbelag gebracht ward.

Die Thürme brannten jedoch am 23. September 1717 in Folge Entzündung durch einen Blitzstrahl von neuem aus; nur das steinerne Gewölbe des Mittelthurms, in welchem sich die grosse Glocke befand, blieb unversehrt. Da die Mittel zu einer vollständigen Wiederherstellung damals dem Stifte fehlten, musste man sich einstweilen damit begnügen, durch ein Schindeldach — bei dem Brande war der Kupferbelag geschmolzen — das Gemäuer gegen den zerstörenden Einfluss der Witterung einigermassen zu schützen. Erst bei dem neusten Restaurationsbau des Doms ist die Wiederherstellung der Thürme erfolgt.

Das Erdgeschoss ist von würfelförmiger Gestalt und bildet die Basis sowohl der Thürme als des Verbindungsganges zwischen Schiff und Chor. Es ist auf seinen schmäleren freistehenden Flächen mit Lisenen eingefasst, während sich oben der dem romanischen Styl eigenthümliche Fries von kleinen Rundbogen hinzieht, der hier in der früheren Einfachheit ohne Gliederung erscheint.

Der nördliche Thurm (Nr. 6) geht von jenem viereckigen Unterbau, der hier durch die Sakristei halb verdeckt ist, bis zur Unterkante des Dachs des Langhauses reicht und nur mittelst kleiner Löcher ein spärliches Licht erhält, in ein Achteck mit ungleichen Seiten über und hat in diesem noch vier Geschosse, deren zweites auf der Nordseite ein niedriges breites Doppelfenster, das dritte auf den nicht an den Mittelthurm stossenden sieben Seiten, je ein schmales gekuppeltes Fenster, das vierte ebendaselbst je ein einfaches Fenster hat. Alle diese Fenster haben Rundbogen, sind also aus romanischer Zeit. Diese drei Geschosse sind an den Ecken mit senkrechten, mehrfach gegliederten, vorstehenden Lisenen versehen und die letzteren wieder etagenmässig von Querstreifen durchkreuzt. Das oberste Geschoss und die darüber hinlaufende Gallerie sind späteren Ursprungs und scheinen der Zeit, in welcher der Chor umgebaut wurde, anzugehören (Abbild. in Kruspes Beiträgen Taf. I, 10).

Am südlichen Thurm ist der viereckige Unterbau höher als bei dem nördlichen, denn er geht bis an den First des anstossenden Kreuzganges. Ueber ihm befinden sich daher auch nur drei Stockwerke im Achteck, deren zweites auf zwei Seiten viereckige Oeffnungen, das dritte auf allen Seiten gekuppelte Fenster enthält, die aber durch ihre Spitzbogen auf eine spätere Entstehung hinweisen, während der Unterbau mit seinem Rundbogenfries aus älterer Zeit stammt. Derselbe enthält die Silberkammer.

Beide Seitenthürme sind oben mit steinernen durchbrochenen Gallerien und Eckfialen versehen und endigen in achtseitige pyramidale Spitzen mit Krabben.

---

[1] „Also worden sy (die Spitzen) alle dry in einen jar gesatzt, adder nicht gedackt“ (K. Stolle, l. c. f. 268).

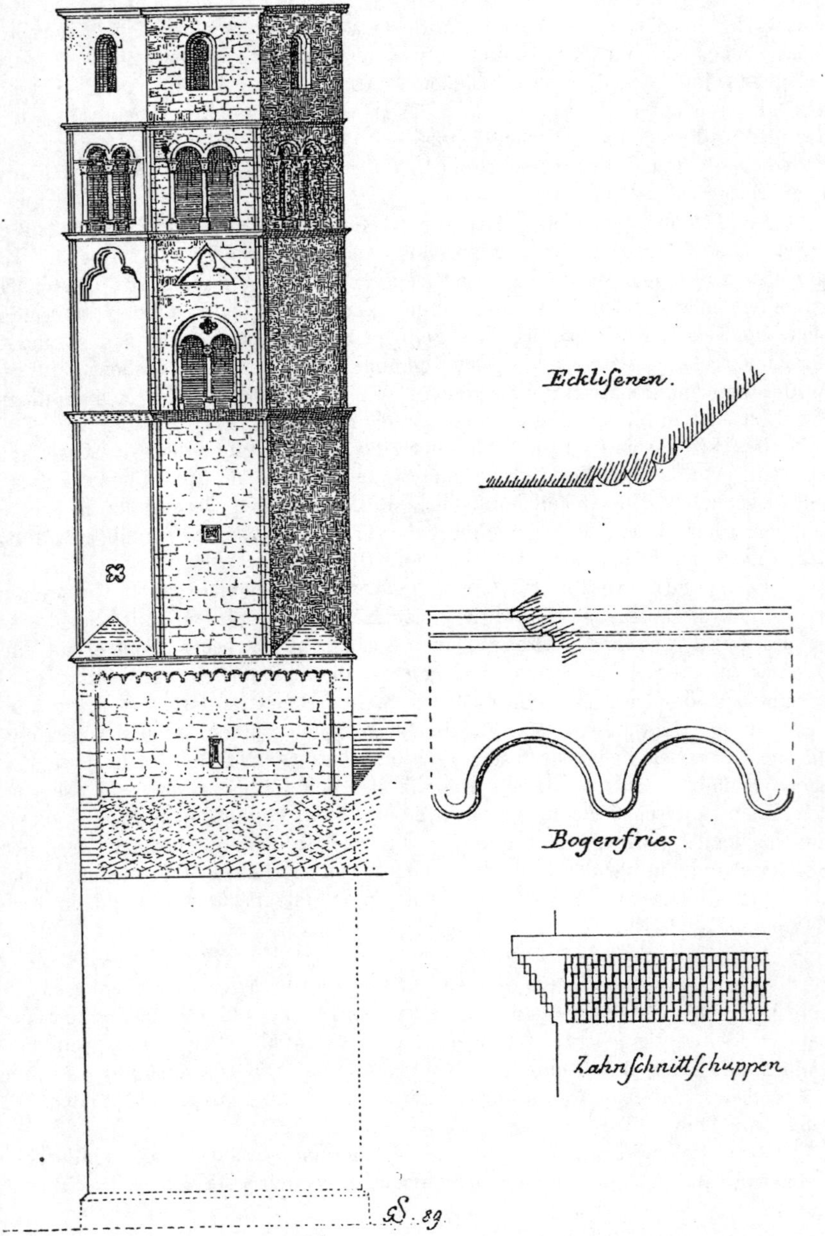

Nr. 6. Nördlicher Thurm des Doms.

Der Mittelthurm geht erst von da ab, wo die Umfassungsmauern der beiden Seitenthürme endigen ins Achteck über und hat in diesem nur ein mit Steingallerie und Eckfialen versehenes Geschoss. In der Mitte desselben, ein wenig gegen die Seitenmauer zurücktretend, befindet sich die achtseitige mit Krabben besetzte Spitze, deren Seitenflächen etwa in der Mitte durch eine offene Laterne unterbrochen werden. Wie bereits früher angeführt worden, sind bei dem neuerdings vorgenommenen Restaurationsbau nur die Seitenthürme wenigstens annähernd in ihrer früheren Form wieder hergestellt, während dies beim Mittelthurm nicht geschah. Vor dem Brande von 1717 war dessen Spitze, abgesehen von der Höhe, denen der Seitenthürme völlig gleich.

Gegenwärtig beträgt die Höhe des Mittelthurms 210 Fuss oder 66 ^{m} über dem Fundamente, so dass, wenn man die Cavate mit 22 ^{m} hinzurechnet, die Spitze sich 88 ^{m} oder etwa 280 Fuss über dem vorliegenden Platze erhebt.

An die Nordwand des Mittelbaus schliesst sich die grosse Sakristei, ursprünglich eine Kapelle. Diese, wie die daran befindliche Jahrzahl zeigt, 1480 erfolgte Umwandlung hat es nöthig gemacht, die muthmasslich an den Mittelbau anstossende Absis abzubrechen, um den vorliegenden Chorumgang zu verbreitern.

Die Sakristei ist auf ihrer Nordseite mit drei, auf der Ostseite mit einem spitzbogigen Fenster, die 4,4 ^{m} breit und in ihrem oberen Theile farbig sind, versehen. Ihre Länge beträgt 20,1 ^{m}, ihre Tiefe 18 ^{m}. Der Sockel ihrer Umfassungsmauer stimmt in der Profilirung mit der des Chors überein. Der Eingang zu ihr führt aus dem Mittelbau neben dem nördlichen Thurme. Sie ist mit vier wenig vorspringenden Strebepfeilern versehen, deren erster sich an den Mittelbau lehnt, während der vierte in schräger Richtung sich der beim Zusammenstossen der nördlichen und der östlichen Wand entstehenden Ecke vorlegt. Sie sind mit den auf Kragsteinen unter Baldachinen stehenden Bildsäulen der hh. Stephanus, Benedict und Joseph, Arbeiten des Bildhauers Kölling, geschmückt und endigen mit einem Wimberg, den eine Blume krönt. Das Dach wird von einer durchbrochenen Steinbalustrade eingefasst.

Das Langhaus.

Das Langhaus besteht in einer dreischiffigen Hallenkirche mit vorliegendem Kreuzschiffe. Seine Länge beträgt 46,3 ^{m}, seine Breite 30 ^{m}, die Höhe des Gewölbes 18 ^{m}; die Stärke der Umfassungsmauern meist 1 ^{m}. Seine Anlage in dem gegenwärtigen Zustande fällt in die Zeit von 1455—1465 und ist dem entsprechend in spätgothischem Style. Von dem Chorbau unterscheidet es sich daher auch durch grössere Schwerfälligkeit und minder sorgfältige Arbeit, sogar im Mauerwerk, obgleich dies auch hier in Sandsteinquadern besteht.

Der Osttheil der südlichen Wand, welche an den Kreuzgang stösst, ist jedoch aus schlechten Bruchsteinen aufgeführt, überall zerrissen und verklammert und zeigt neben einem hohen spitzbogigen Fenster, welches das Querschiff abschliesst, ein kleines mit Rundbogen. Von dem ersten Strebepfeiler nach Westen hin beginnt aber eine ganz andere solidere Bauweise mit dort ebenfalls fehlenden, massiven Gesimsen. Der sehr auffällige Unterschied weisst darauf hin, dass wir hier einen Ueberrest von dem dem 13. Jahrhundert angehörenden Bau vor uns haben, welcher dem in der Mitte des 15. Jahrhunderts vorgenommenen vorherging. Auch die übrigen Mauern des Querschiffs gehören jenem Bau an. Dieser ist wahrscheinlich kürzer und jedenfalls schmaler gewesen als der gegenwärtige; denn der Raum zwischen dem Nord- und dem Südthurme hatte das Mass für seine Breite gegeben, und da Seitenschiffe nach den damals streng beobachteten Grundsätzen in der Breite höchstens dem Mittelschiffe gleichkommen durften, so muss nothwendig das damalige Langhaus viel kleinere Dimensionen gehabt haben als das jetzige (Puttrich, l. c. S. 7). Es scheint fast, als habe man wie bei der Severikirche einen fünfschiffigen Bau beabsichtigt gehabt, dann aber die äusseren Pfeilerreihen weggelassen, oder der ältere Bau sei (mit schmäleren Seitenschiffen) nur dreischiffig gewesen.

Die Decke des Schiffs, ein Sterngewölbe, ruht auf acht achtseitigen Pfeilern mit ebenfalls achteckigen Basen, über 1 m dick, auf den Kanten mit bis an das Gewölbe reichenden Dreiviertelsäulen versehen, die wegen der die letzteren vom Kern der Pfeiler trennenden tiefen Hohlkehlen eine sehr kräftige Modellirung zeigen (Nr. 7). Sie scheiden das Mittelschiff von den Seitenschiffen und tragen Kelchkapitäle.[1]

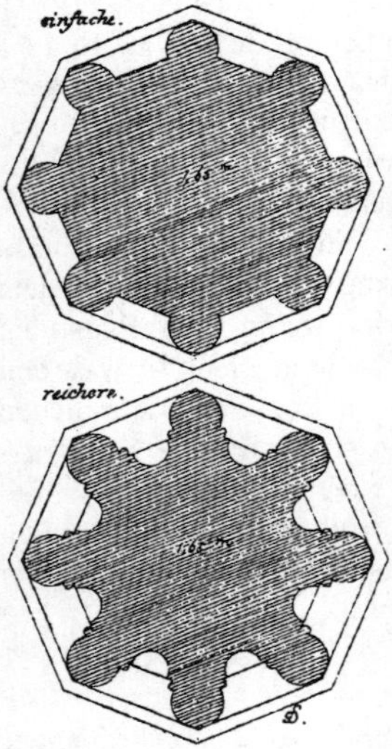

Nr. 7. Pfeilerprofile im Dom.

Die Regellosigkeit des Bauwerkes und die mancherlei Punkte, bei denen dasselbe von den sonst fast durchgängig bei den Kirchen der romanischen und der gothischen Periode beobachteten Grundsätzen abweicht, namentlich dass die Achse des Langhauses mit der des Mittelbaus und des Chors einen stumpfen Winkel bildet, dass die Länge des Chors der des Mittelschiffs ziemlich gleich kommt, das Mittelschiff schmäler ist sowohl wie der Chor als wie die Seitenschiffe, zu denen es sich wie 11 zu 13 verhält, dass die Umfassungsmauern nicht parallel mit einander laufen, ist meist bereits erwähnt worden. Hierzu kommt noch, dass der Pfeilerabstand kein ganz gleichmässiger ist.

Zu den Besonderheiten gehört auch, dass die Länge des gegen Osten den Langschiffen vorliegenden Querschiffes kaum deren Breite erreicht, da es nur an seinem an das Hauptportal stossenden Nordende einige wenige Fuss sich über jene hinaus erstreckt, auf dem gegenüberstehenden Ende aber sogar etwas dahinter zurückbleibt, da es hier an der Vergrösserung des Langhauses nicht theilgenommen. Auch seine Gestalt ist nicht ganz regelmässig, denn es erweitert sich von Süden nach der Mitte zu, während es nach Norden wieder schmaler wird. Ebenso liegen die Scheitelpunkte seines Gewölbes nicht über der Mitte, sondern nach Osten zu. Eigenthümlich ist es auch, dass die Gewölbe der Schiffe zweierlei wesentlich von einander abweichende Profile zeigen, was sich vielleicht dadurch erklärt, dass von

---

[1] Säulenkapitäle und Schlusssteine abgebildet bei Puttrich, l. c. Taf. 3. Innere Ansicht ibid. Taf. 4.

den bei dem Brande von 1472 zusammengebrochenen Dachsparren einige Gewölbe zertrümmert sein mögen (Böckner, l. c. S. 195). Auf seiner an den Mittelbau anstossenden Seite, nördlich von dem durch diesen führenden Gange, enthält das Querschiff vier mit Balustraden abgeschlossene Nischen, die wohl in früherer Zeit als Kapellen gedient haben.

Der südliche Abschluss desselben und das Ende des südlichen Seitenschiffs führt den Namen der h. Blutkapelle. Hier ist seit 1887 die Tumba mit den Gebeinen der h. h. Adolar und Eoban aufgestellt. Die Sculpturen des steinernen Sarcophags haben eine Zeitlang zur Verzierung zweier Seitenaltäre gedient, sind aber gegenwärtig ihrer früheren Bestimmung zurückgegeben. Die Wände sind beinahe mannshoch und zeigen in spätgothischen Bogenreihen zwölf Statuen der heiligen Nothhelfer. Das früher die Kapelle abschliessende eiserne Gitter ist entfernt. Die Aussenwand derselben rührt, wie das kleine rundbogige Fenster erkennen lässt und bereits oben angedeutet ist, noch von dem 1452 eingestürzten Baue her.

Das Langhaus enthält sein Licht durch 14 Fenster, 4 am Hauptportale, 1 auf der Ostseite des Querschiffes, 4 auf der Nordseite, 2 auf der Westseite und 3 auf der Südseite. Ein funfzehntes Fenster, das sich über dem Westportale befindet, wird durch die Orgel vollständig verdeckt und trägt daher nichts zur Erleuchtung der Kirche bei. Einige dieser Fenster haben eine geringere Höhe; die der übrigen beträgt 12^{m}. Sie sind theils drei- theils viertheilig. Ihre Spitzen zeigen zwar mannigfaltige, aber ziemlich einfache Masswerkmuster, Dreipässe, Fischblasen u. dergl. m. Nur das Fenster der Blutkapelle, das noch einmal so breit wie die übrigen und sechstheilig ist, besitzt ein reich ornamentirtes Masswerk.

Schon in früherer Zeit waren diese Fenster mit Glasmalereien versehen, die aber gegen den Schluss des 18. Jahrhunderts farblosen Glastafeln weichen mussten (Arnold, Erfurt S. 61). Erst bei der letzten Restauration haben sie wieder den Schmuck der Farben erhalten.

Die gegenwärtigen Glasmalereien sind in den Werkstätten zu Münster, Ehrenbreitstein, Berlin und Nürnberg meist nach Entwürfen Eberleins angefertigt. Sie stellen, dem Schlusse der lauretanischen Liturgie entsprechend, die Gottesmutter, Patronin der Kirche, in ihren verschiedenen Würden als Königin der Engel (Gabriel), der Patriarchen und Propheten (Jacob und Jesaias), der Apostel (Petrus und Paulus), der Märtyrer (Bonifacius und Adolar), der Bekenner (Ambrosius, Hieronymus, Augustinus und Gregor des Grossen) vor.

Ebenso wie an Grösse werden die anderen Fenster an Pracht von dem der Blutkapelle übertroffen. Es ist ebenfalls nach einem Entwurfe Eberleins angefertigt und enthält die Einsetzung des h. Abendmahls, die Kreuzigung und die Grablegung als Hauptdarstellungen. Eingefasst sind diese von Bildnissen von Propheten, Aposteln, Engeln u. s. w. Die unterste Reihe nehmen die Wappen Kaiser Wilhelms und der Kaiserin Augusta ein.

An der nördlichen Aussenmauer des Langhauses befinden sich die Bildsäulen der schon vorgenannten vier grossen Kirchenlehrer; sie sind neuere Arbeiten Köllings; dagegen sind deren mit Laubwerk verzierte Kragsteine und die über ihnen angebrachten Baldachine alt und dem 15. Jahrhundert angehörig.

Die Strebepfeiler haben vier Absätze, gehen bis an das Dach und endigen in hohen Fialen. Rings um die Mauer und die Pfeiler, den Unterrand der Fenster begleitend und daher theils vertikal theils horizontal, zieht sich ein Kaffgesimse. Der rechts vom nördlichen Eingange befindliche Strebepfeiler enthält die schon früher erwähnte, 1455 als Erbauungsjahr angebende Inschrift.

Der Westgiebel der Kirche war früher sehr unschön, indem er ohne Ornamentirung und Profilirung oben mit einer geraden Linie abschloss, die unmittelbar an die Kante des Dachwalmes stiess. Bei dem letzten Restaurationsbau vollständig und dem Style des übrigen Bauwerkes entsprechend umgestaltet, besteht er nun aus drei Abtheilungen, die durch zwei Strebepfeiler von einander geschieden werden. Der mittleren liegt eine Vorhalle vor,[1] durch welche man zur Eingangsthür gelangt, und auf der ein, durch eine durchbrochene Steinbrüstung abgeschlossener Altan ruht. Ueber demselben befindet sich das, wie schon erwähnt, durch die Orgel verdeckte Fenster und sodann der aus einem Viereck in ein Dreieck übergehende, mit Fialen und Krabben geschmückte Spitzgiebel und in diesem in einer Blendnische von 7 ^{m} Breite und 8 ^{m} Höhe, das 1872 nach Kaselowskys Entwurf in der Anstalt von Salviati zu Venedig ausgeführte 6,5 ^{m} hohe Mosaikbild, die Madonna in lichtblauem Obergewande, rothem Unterkleide und violetter Fussbekleidung, das weissbekleidete Christuskind auf dem Arme, auf Goldgrund, umgeben von einem $^1/_4$ ^{m} breiten regenbogenartigem Nimbus in ovaler Form. Die Nische selbst ist in tiefblauen Farbenton mit regelmässig in Radien gelegten goldenen Sternen, wozu die Marchsche Thonwaarenfabrik zu Charlottenburg das Material geliefert hat. Das Mosaikbild, dessen Herstellungskosten 12,841.35 M. betragen haben, gewährt, insbesondere von der Abendsonne beschienen, weithin einen prachtvollen Anblick. Ueber demselben befindet sich in einem Dreipass das Bruststück Gottes des Vaters, die Rechte segnend erhoben in Hautrelif, eine Arbeit Köllings. Die Gallerie unter dem Mosaikbilde zeigt das Monogramm Christi.

Die beiden seitlichen Abtheilungen haben jede ein Fenster und oben geraden Abschluss mit einfach durchbrochener Steingallerie. An den Strebepfeilern stehen die Bildsäulen des Moses und des Propheten Elias, beide nach Modellen Köllings gefertigt, aber nur die erstere von ihm selbst, und auch nur theilweise, ausgeführt. In der Vorhalle befinden sich auf beiden Seiten der Eingangspforte die Bildsäulen zweier adorirender Engel, an den Seitenmauern die Davids und des Propheten Jesaias.

Das Langhaus trug früher ein in hohem Grade unschönes in Hohlziegeln eingedecktes Walmdach, dessen Form Chor und Schiff in zwei scheinbar gar nicht zusammengehörige Gebäude schied. An dessen Stelle trat 1868 ein Schieferdach

---

[1] Böckner, l. c. S. 195 glaubt, dass diese Vorhalle bei der Ingebrauchnahme der Kirche 1465 noch nicht vorhanden gewesen, daraus schliessen zu können, dass in der nördlichen Ecke des nördlichen Strebepfeilers das Sockelgesims plötzlich in ein anderes Profil umspringe und die kleinen prismatischen Ansätze am Sockel des Stabwerks der Vorderseite, die sich kreuzenden Stäbe, das angeblendete reiche Masswerk an den drei Schildbogen, die geschweiften Seitenflächen der Platten an den neben der Thüre angebrachten Consolen u. a. m. auf eine spätere Entstehung deuten, etwa den nach dem Brande von 1472 vorgenommenen Arbeiten. Es ist zwar nicht zu läugnen, dass diese Schlussfolgerung eine gewisse Berechtigung hat, doch erscheinen die angeführten Umstände nicht ausreichend, jeden Zweifel auszuschliessen. Wahrscheinlicher bleibt es immer, dass die Vorhalle gleichzeitig mit den Umfassungsmauern entstanden sei.

über dem Mittelschiff, an das sich auf jeder Seite fünf niedrigere Querdächer mit Spitzgiebeln anschliessen, welche die Seitenschiffe überdachen. Jeder dieser Giebel enthält ein spitzbogiges Fenster zwischen zwei Blendnischen.

Zu dem Westportal führt die neue 1874 ausgeführte Freitreppe. Die Beseitigung des bisher von Norden her hinaufführenden Zuganges machte sich deshalb nothwendig, weil für die bedeutend vergrösserte Last der Westfront nach deren Umbau die Widerlage nicht mehr hinreichende Sicherheit darbot.

Der neue Aufgang besteht oben in einer nach aussen halbrunden, mit durchbrochener steinerner Brüstung versehenen Plattform, zu der eine Treppe von 55 Stufen in vier Absätzen hinaufführt, welche in dem untersten derselben eine einfache, in den drei anderen eine doppelte ist. Der Kern des ganz aus Sandsteinquadern aufgeführten Baues enthält fünf Nischen, die, freilich in kleinerem Verhältnisse, der auf der entgegengesetzten Seite das Fundament bildenden Cavate ähnlich sind. Noch kleinere gleichartige Nischen befinden sich ausserhalb der Treppe.

Eine schmale von früher beibehaltene, jedoch erneuerte Freitreppe führt von Süden her längs der Westseite des Kreuzganggebäudes auf die erwähnte Plattform.

Das Hauptportal.

An die Nordseite des Langhauses stösst mittelst besonderen Vorbaues das Hauptportal, oder wie es gewöhnlich von seiner Gestalt eines gleichseitigen Dreiecks genannt wird, der Triangel, so dass es dem Querschiff vorliegt und seine Grundlinie der Kirche zugekehrt ist. Man gab dem Portal jene Form, um für die Processionen einen besseren Zugang zu gewinnen, als bei dem schmalen Raume zwischen dem Dome und der Severikirche eine unmittelbar in den ersteren führende Pforte dargeboten haben würde. In seinen Ecken ist das Portal bedeutend verstärkt, um die reichen Spitzbogen-Leibungen gegen Verschiebung zu sichern. Es stösst mit der einen Ecke an das nördliche Seitenschiff, mit der andern an die Sakristei, während die dritte den grossen Stufen gegenüber liegt. In jedem seiner beiden Schenkel enthält es eine Doppelthüre, von denen jedoch die nach Nordwesten gerichtete seit langer Zeit geschlossen ist und auch früher nur bei feierlichen Begräbnissen und ähnlichen Anlässen geöffnet wurde.

Das Hauptportal ist ein eben so eigenthümliches, als durch seine Pracht ausgezeichnetes Bauwerk und vielleicht das Schönste, was die gothische Baukunst in Thüringen geschaffen hat.[1] Ueber die Zeit der Entstehung desselben findet sich weder in Urkunden noch in Chroniken eine Nachricht; aus den Eigenthümlichkeiten seiner Architektur lässt sich aber schliessen, dass es älter ist als der Chor, also etwa dem Anfange des 14. Jahrhunderts angehört (Böckner, l. c. S. 179).

In der der Kirche zugekehrten Seite befindet sich der Eingang zu jener. Die beiden anderen Dreiecksschenkel enthalten die nach dem Vorplatze führenden Pforten. Die Wölbung derselben wird auf jeder Seite von einem durchbrochenen Spitzgiebel überragt, dessen Mitte eine grosse Rose, umgeben von drei kleineren, einnimmt. Diese Füllungen gehören der Zeit der höchsten Blüthe der Gothik an. Die mit Krabben verzierten Spitzgiebel werden auf jeder Seite von einer Fiale

---

[1] Ansichten des Hauptportals bei Puttrich, l. c. Taf. 5 und 6, der Spitzgiebel bei Kruspe, Beiträge Taf. II. 39.

Nr. 8. Nördliches Portal des Doms.

flankirt. Hinter denselben liegt das obere Stockwerk des Portals, ein mit zwei spitzbogigen Fenstern, die reiches Masswerk zeigen, versehener kapellenartiger Bau mit doppelter durchbrochener Steingallerie, deren obere drei hohe Fialen, eine in der Mitte, zwei auf den Seiten, trägt, von denen die eine, die da steht wo die beiden Dreiecksseiten zusammenstossen, gemeinsam ist. Auf diesem zweiten Stockwerke ruht ein pyramidales vierseitiges mit Schiefer gedecktes, etwas unschönes Thürmchen mit einer zierlichen Blume auf der Spitze. Seine Basis stösst an den Giebel des Querschiffs. Eine enge Wendeltreppe in einem stumpfen, polygon abgeschlossenen Thürmchen, welches sich in der Ecke, die die Westseite des Portals mit dem Langhause bildet, befindet und die ihren Eingang vom Querschiffe hat, führt in das obere Geschoss.

Die beiden Aussenseiten des Portals (Nr. 8) enthalten tiefe, oben spitzzulaufende, nach hinten sich verjüngende Nischen, die mit auf kleinen Säulen stehenden Bildsäulen in halbrunden Blenden versehen sind, und doppelte Thorflügel von glatter Holzarbeit, aber mit künstlichen reichen Eisenbeschlägen haben, die bei dem nordöstlichen links in einem Rankenwerk, rechts in einem Teppichmuster bestehen (Nr. 9), die durch eine Säule und eine darauf stehende von einem Baldachin überdeckte Bildsäule geschieden sind. Der linke Flügel enthält eine kleine Pforte, der rechte einen Zuziehring, der von einem Löwenkopfe gehalten wird, aus dessen Rachen ein Teufelchen ragt.

Die Bildsäule auf der Nordostseite stellt eine Madonna mit dem Christkinde auf dem Arme dar, eine treffliche Arbeit, in der namentlich das Antlitz jener sich durch Anmuth und Milde charakterisirt. Der Körper ist ein wenig nach der linken Seite geneigt und das Haupt biegt sich etwas zu dem Kinde nieder. Die mit einer Krone geschmückte Stirn ist von gelocktem Haare umgeben; der Mantel hängt in natürlichem Faltenwurf auf der linken Seite hinab. Weniger befriedigend ist sowohl in betreff der Haltung als des Gesichtsausdrucks das Christkind. Die zierliche Säule, auf der die Statue steht, endigt in einem Kapitäl von Eichen- und Weinlaub. In den vier oberen Ecken der Pforte befinden sich die Figuren eines Hirsches, eines Meerweibes, eines Drachens und eines Hundes.

In der Leibung der Halle stehen auf jeder der beiden Seiten auf kurzer kanellirter Säule und niedrigem Sockel von Baldachinen überdeckt sechs Apostelbildsäulen. Sie entstammen, wenn nicht derselben Zeit wie der Bau, sicher einer nicht viel späteren und gehören jedenfalls noch dem 14. Jahrhunderte an. Sie sind Arbeiten eines nicht ungeschickten Meisters, der aber schwerlich mit dem der Madonnenstatue identisch, wie denn auch das Material beider verschieden ist. Sie waren stark beschädigt, sind aber neuerdings ausgebessert.

Auf der linken Seite von der Thüre aus stehen: Petrus, Andreas, Bartholomäus, Matthäus, Thomas und Philippus, auf der rechten: Paulus, Johannes, Jacobus der ältere und der jüngere, Simon und Thaddäus. Sie sind meistens durch die Werkzeuge ihres Märtyrertodes und durch die auf den Bibeln, die sie im Arm halten, eingemeisselten Embleme charakterisirt. Ueber der spitzbogigen Thürfüllung befindet sich Christus am Kreuz zwischen Maria und Johannes dem Evangelisten, eine Arbeit, die wahrscheinlich von dem Meister der Madonnenstatue herrührt, darunter in lateinischer Sprache der Spruch: Kommt zu mir alle, die ihr mühselig und beladen seid, ich will euch erquicken.

Nr. 9. Eisenbeschlag des Hauptportals.

In der nordwestlichen Vorhalle zeigt die Bogenfüllung Christus als Weltrichter auf dem Regenbogen sitzend und das Kreuz zwischen den Knieen haltend; zu seinen Seiten stehen Maria und Johannes der Täufer in einer Stellung, welche kund giebt, dass sie Fürbitte einlegen. Darunter, gleichfalls in lateinischer Sprache, der Spruch: Durch ihn, mit ihm und in ihm sind alle Dinge. An dem die beiden Thüren trennenden Pfeiler darunter steht die Statue des Erzengels

Michael, der den zu seinen Füssen liegenden Satan mit der Lanze durchbohrt. Sie ist eine neue Arbeit, ein Werk Köllings.

In der Leibung der Nischen stehen, entsprechend den Apostelfiguren, auf jeder Seite sechs Jungfrauen, links die fünf thörichten (Nr. 10), bei denen die Steigerung des Schmerzes von der einfachen Trauer bis zur Verzweifelung trefflich wieder-

Nr. 10. Die Gruppe der thörichten Jungfraun.

Nr. 11. Die Statuen der klugen Jungfraun.

gegeben ist, und ein Weib mit unbedecktem Haupte, die Rechte auf den Kopf eines Böckchens legend, in der Linken eine zerbrochene Stange haltend, deren Fahne am Boden schleift, eine Allegorie des alten Bundes und des jüdischen Opfers. Rechts von der Mittelsäule stehen die fünf klugen Jungfrauen (Nr. 11) mit brennenden Lampen in den Händen, schöne jugendliche Gestalten, denen man es ansieht, dass sie von Freude bewegt sind. Angethan sind dieselben mit lang herabfliessenden stylvoll drappirten Gewändern. Die Reihe schliesst eine gekrönte Frau in lebhafter und begeisterungsvoller Haltung, die in der Rechten einen Kelch, in der Linken eine hochflatternde Fahne hält. Sie symbolisirt den Sieg des Christenthums über das Judenthum, so wie die Figuren dieses Portals überhaupt das Weltgericht, die des andern den neuen Bund darsellen.[1]

Da wo die beiden äusseren Schenkel des Dreiecks zusammentreffen, ist die Ecke abgestumpft. Sie birgt in einer vergitterten Nische eine Statuette der h. Anna mit Maria auf dem Arme, die ihrerseits wieder das Christkind hält, ein Werk, das zwar keinen Kunstwerth hat, aber durch sein hohes Alterthum Interesse darbietet. Denn es ist unzweifelhaft älter als das Bauwerk, in dem es sich befindet, und in dieses bei dessen Erbauung eingefügt. In früherer Zeit war es am Tage der h. Anna — den 26. Juli — das Ziel zahlreicher Wallfahrer. Der darunter sichtbare Schlitz im Steine hatte die Bestimmung, deren Gaben aufzunehmen.

Ueber der erwähnten Sculptur befinden sich im oberen Raume der Eckpfeiler, die Standbilder der Apostel Thüringens, der hh. Bonifacius, Eoban und Adolar. Es sind dies Arbeiten von nicht geringem Kunstwerthe, die in ihren Körperverhältnissen und dem Ausdruck der Köpfe die Apostelfiguren des Portals nicht unbedeutend übertreffen.

Auf dem obersten Theile der abgestumpften Ecke befindet sich eine hohe durchbrochene Spitzsäule, welche den Namen der Laterne desshalb führt, weil in ihr einst zum Andenken der auf dem Vorplatze, dem früheren Kirchhofe, Begrabenen eine ewige Lampe, die Todtenleuchte, brannte, durch Pech in einer Pfanne genährt, deren Licht den von Westen her Erfurt sich Nahenden als Wahrzeichen diente. Dieses Thürmchen war im Laufe der Zeit bis zur Höhe der Balustrade verschwunden, glücklicherweise fand man aber bei der Restauration in einer Rumpelkammer ein altes Baustück, welches dem unteren Theile des Thürmchens angehört haben musste, und daher einen Anhalt für die Wiederherstellung bot.

An dem neben der Sakristei stehenden Strebepfeiler hängt, wie mehrfach bei Kircheneingängen, ein Mammuthsknochen, in welchem der Volksglaube den Arm- oder den Schenkelknochen eines Riesen sehen will, der an dem Kirchenbau mitgearbeitet und ohne sich einer Leiter zu bedienen einen unfern befindlichen grossen Stein aufgebracht habe.

Der Kreuzgang.

Der Kreuzgang des Domes (Nr. 12) ist in mehrfacher Beziehung von hohem Interresse. Er besteht aus drei Flügeln, von denen der östliche an den Mittelbau

---

[1] Schorn (l. c. S. 13), der im übrigen voll des Lobes über diese Arbeiten ist, meint, dass die etwas roheren am vorderen Portale wohl von demselben Meister herrühren, welcher im Jahre 1358 den stehenden Christus an der kleinen Thür der Barfüsserkirche (bei der letzten Restauration derselben beseitigt) gearbeitet habe, woraus wohl Otte (Handbuch S. 192) Veranlassung genommen hat, die Entstehung der klugen und thörichten Jungfraun ohne weiteres in das Jahr 1358 zu setzen. Minder günstig wie Schorne äussern sich Lübke (Gesch. d. Plastik S. 405) und Schnaase, der (Kunstgesch. VI, S. 502) von den vielfachen Darstellungen der klugen und thörichten Jungfraun, die sich bei mittelaltrigen Kirchen in Deutschland als Portalschmuck finden, die Erfurter für die roheste erklärt, obwohl er zugesteht, dass der Schmerz, wenn auch überladen, doch ergreifend und nicht ohne Interesse dargestellt sei. Vergleicht man jedoch dieselbe mit anderen ähnlichen, z. B. denen am Strassburger Münster und dem Magdeburger Dome, so muss man zugeben, dass sie diesen nicht nur nicht nachstehe, sondern sie in dem Gesichtsausdrucke übertreffe.

und das Querschiff, der westliche an das südliche Seitenschiff der Kirche stösst, und ebenso wie der südliche von dem Kapitelhause umschlossen wird.[1] Der Ostseite des Kreuzganges liegt die eine Erweiterung des Chorumganges bildende

Nr. 12. Kreuzgang am Dom.

Plattform vor. Die drei Arme jenes bilden mit der Mauer des südlichen Seitenschiffes ein unregelmässiges Viereck, da seine Süd- und seine Ostseite (11 m und

[4] Ansichten des Kreuzganges bei Puttrich, l. c. Titelvignette, Nr. 7 der Ostflügel, Nr. 8 der Südflügel, Nr. 11 Kapitäle aus dem Kreuzgang.

8 m) länger sind als die beiden gegenüberliegenden (10 m und 7 m). Bei der ansehnlichen Grösse des Platzes, der in früherer Zeit als Begräbnissplatz resp. als Stiftsgarten gedient hat, fällt jedoch diese Unregelmässigkeit wenig ins Auge. Eine andere Eigenthümlichkeit ist es, dass die Fussböden der drei Flügel sich nicht im Niveau befinden, vielmehr der südliche tiefer als der östliche und der westliche liegt, und zwar ganz erheblich wie jener, etwas weniger als dieser, so dass nur vermittelst Stufen aus dem einen in den andern zu gelangen ist. Man hat sich hierbei offenbar den Terrainverschiedenheiten accomodirt.

Der West- und der Südflügel bestehen aus einem einfachen Gewölbe, dagegen bildet der Ostflügel eine Doppelhalle, deren Bogen durch vier achtseitige Pfeiler ohne Kapitäler getragen werden. Alle drei sind von Kreuzgewölben bedeckt.

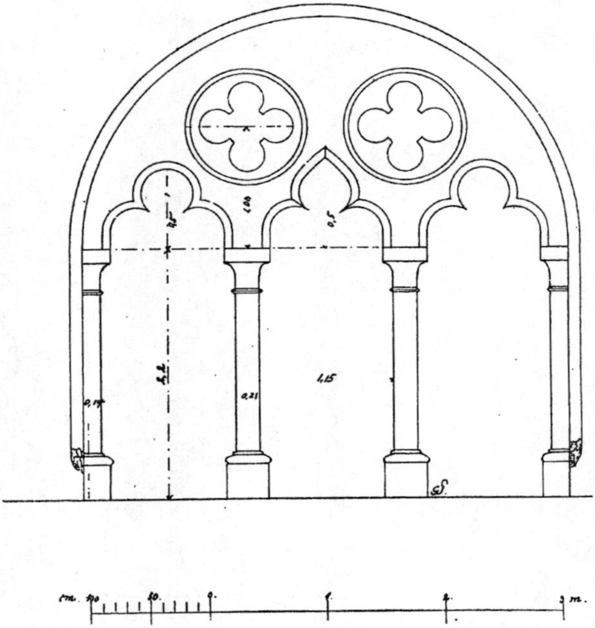

Nr. 13. Aus der Ostseite des Kreuzganges.

Der Ostflügel (Nr. 13.), aus dem Thüren in den Chorumgang, in den Mittelbau und den Hof und von dem aus zwei Steintreppen eine zu dem Obergeschoss von dem Hofe und den Thürmen, die andere zu einer Plattform über der Eckhalle führen, ist der älteste Theil des Kreuzganges und wohl ziemlich gleichzeitig mit dem Mittelbau entstanden und der spätromanischen Zeit angehörig, vielleicht, da sich neben rein romanischen auch Motive aus dem Uebergangsstyl finden, etwa um das Jahr 1200; doch ist es auch möglich, dass die Theile, welche diesem Style angehören, wie das Gewölbe, erst später hinzugekommen sind. Er bietet dadurch noch ein besonderes Interresse, dass er einer Periode angehört, aus welcher derartige Baulichkeiten nur wenig auf uns gelangt sind.

Er empfängt sein Licht vermittelst des nach dem Hofe führenden Ausgangs und dreier nach derselben Seite gerichteter Fenster, von denen die neben dem Ausgange

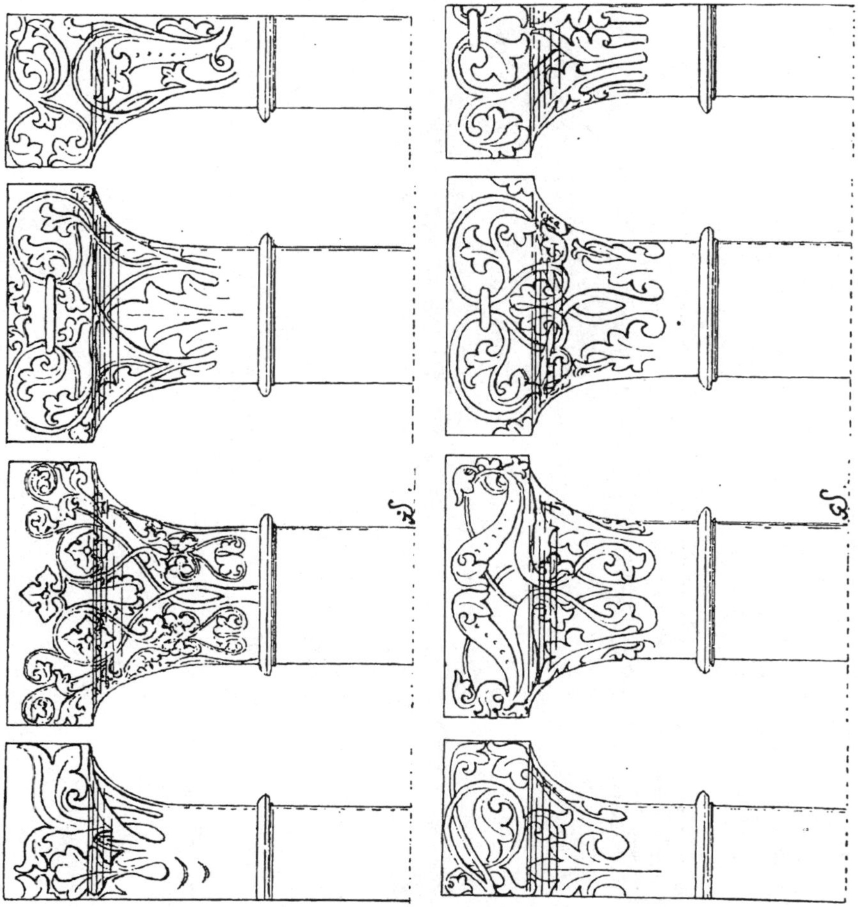

Nr. 14. Aus der Ostseite des Kreuzganges (Kapitäle).

dreitheilig sind, der am südlichen Kreuzgangsflügel viertheilig ist. Die Abtheilungen sind durch gekuppelte Rundsäulen von einander geschieden. Das Eckblatt der Basis und die Kelchkapitäle mit Blättern und Ranken, die mit viereckiger Deckplatte abschliessen (Nr. 14), deuten auf den spätromanischen Ursprung, dagegen der durch offene Kreise durchbrochene Scheidbogen auf die Uebergangsperiode (Abbildung bei Kruspe, Beiträge Taf. 1, 14, 9 u. 7). Der Ausgang (Nr. 15.) zeigt gleichfalls runde gekuppelte Säulen mit ähnlichen Kapitälen und ist in seinem spitzbogigen Giebelfelde mit bildlichen Darstellungen versehen, die, der gewöhnlichen Annahme nach, in je drei Figuren den alten und den neuen Bund versinnbildlichen, richtiger aber wohl Kaiser Heinrich II., vor dem sich die von

Nr. 15. Portal im Kreuzgange.

einem Höflinge verleumdete h. Kunigunde rechtfertigt, gute Steinmetzarbeiten aus dem 13. Jahrhunderte. In der Gartenmauer des Diakonats befindet sich einen halben Fuss über dem Erdboden in halb erhabener Darstellung das Bild eines Fisches, über dessen Deutung die Ansichten auseinander gehen. Dasselbe wird bald als ein Steinmetzzeichen der ausführenden Bauhütte angesehen, wobei man sich darauf beruft, dass ein gleiches Bild, wenn auch mit spitzerem Kopfe sich auf der nordöstlichen Mauer des ehemaligen Refectoriums — jetzt Turnhalle — des Predigerklosters findet, dessen Bau in den Anfang des 13. Jahrhunderts fällt. Bald wird es gedeutet als ein Symbol Christi (Otte, Handbuch S. 811. 870. Klemm, Der Fisch als Sinnbild Christi. Christl. Kunstbl. Jahrg. 1880, S. 99. 189., Jahrg. 1889, S. 75 ff. —. Würtemberg. Vierteljahrsh. für Landesgesch. S. 249, wo auch die hier besprochene Darstellung des Fisches erwähnt wird. — Achelis, das Symbol des Fisches und die Fischdenkmäler der römischen Katakomben. Marburg 1888), der durch das Wasser der Taufe erfolgten Wiedergeburt der Gläubigen, wobei man sich darauf bezieht, dass schon aus der ältesten Zeit sich häufig auf Grabmälern ein Fisch als Zeichen dafür findet, dass der darunter Ruhende ein Christ gewesen. Die Meinung, der Fisch sei eine Marke, wie hoch bei einer Ueberschwemmung das Wasser hier gestanden, beruht ohne Zweifel nur auf einer Volkssage.

Von der Aussenseite des östlichen Kreuzgangsflügels in den an den Chorumgang stossenden Platz hinein erstreckt sich die Kapelle der hh. Justus und Clemens oder die sog. Clementerie (Nr. 16). Sie ist 1451 [1] von dem Dompropste Heinrich von Gerbstedt gestiftet, 1455 im Bau vollendet und diese Stiftung 1461 von dem Erzbischof Diether bestätigt. Doch wurde der damalige Bau durch den grossen Brand von 1472 wenigstens theilweise zerstört. Ihre gegenwärtige Gestalt erhielt die Kapelle in dem letzten Viertel des 15. Jahrhunderts und sie ist daher spätgothisch, wie die Krabben und Giebelblumen an den Strebepfeilern, die Eselsrücken und das Masswerk mit der Fischblase in den Südfenstern erkennen lassen. Von ihren vier Fenstern sind drei dreitheilig mit Masswerk und spitzbogig, mit darunter befindlicher gleichartiger Mauerverzierung (Masswerk), das vierte zweitheilich mit horizontalem Abschluss ohne Masswerk. Sie schliesst in ihrer Aussenseite mit drei Seiten eines Achtecks. [2] Das Kreuz auf der Südecke des Dachs enthält zwar die Jahreszahl 1666, doch hat dies auf den Bau selbst keinen Bezug. In der neuerdings wieder instand gesetzten und bei Prozessionen noch benutzten Kapelle befindet sich das Epitaph des Stifters, eine Holztafel mit Metallrand, auf dem die Schrift steht, und der Metallfigur eines Geistlichen mit Barett, Panele mit stehendem, gestickten Kragen, Manipel, Dalmatica und Kelch. Der ganze Guss ist schön und scharf. Die Inschrift, neugothische Minuskel, lautet:

Anno . dm̄ . m ° . cccc ° . li ° . die xiii ° . maij . obiit . egregius . dn̄s (Henricus de Gerbstedt decretorum) doctor . hujus . ecclesie . praepositus . et . canonicus . cujus . aīa . requiescat . ī . pace . amē.

und über dem unten befindlichen Wappen:

fundator hujus capelle.

---

[1] Nicht erst 1457, wie in der Regel angenommen wird. Denn Heinrich von Gerbstedt ist nach Ausweis seines in der Kapelle befindlichen Grabsteins bereits am 14. Mai 1451 gestorben.

[2] Eine Abbildung der Kapelle bei Kallenbach l. c. Taf. LXXVI. Nr. 4, 5.

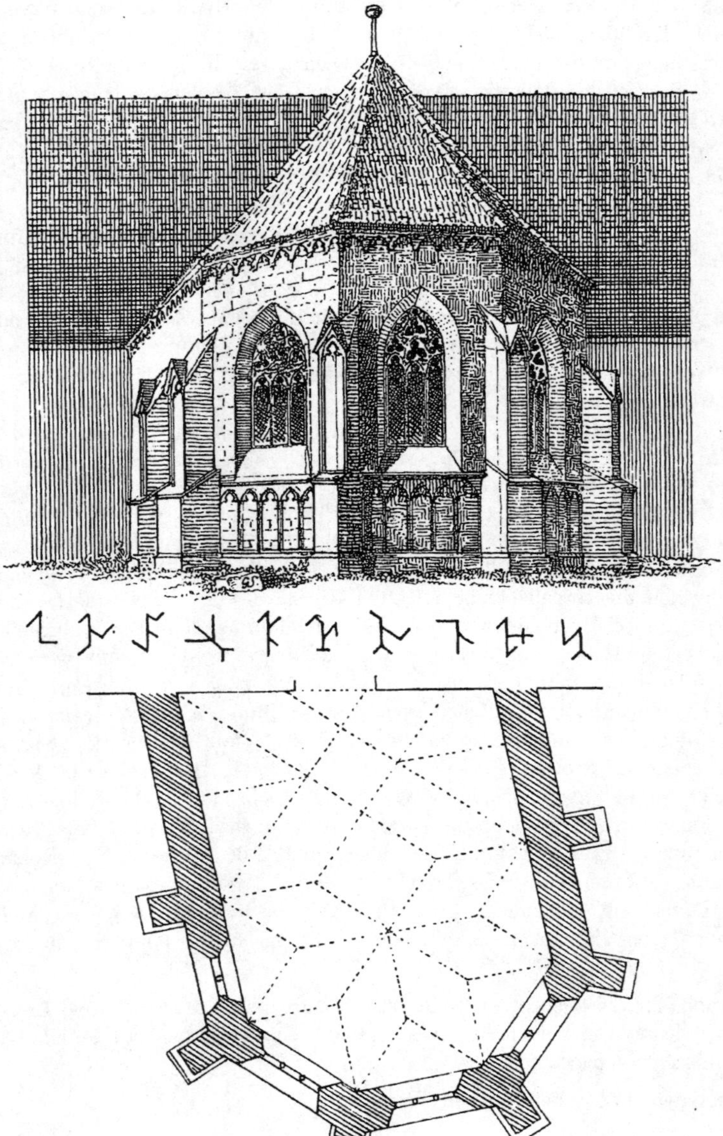

Nr. 16. Kapelle am Dom (Clementerie).

Das obere Geschoss des östlichen Kreuzgangsflügels nahm ein sehr grosser Saal ein, der den Namen *Auditorium coelicum*, auch blos Coelicum oder der

Himmel, von seiner azurblauen Gewölbedecke, auf welcher die zwölf Himmelszeichen abgebildet waren, führte. Er hat der Universität bei grossen Feierlichlichkeiten, so bei Rectorinstallationen und theologischen Promotionen als Versammlungsort gedient (Sinnhold, Erford. litterata III. S. 4 ff.). Seine Erbauung fällt in die Zeit bald nach der Gründung der Universität, also etwa in das Jahr 1400.

Nr. 17. Von der Westseite des Kreuzganges.

Die Angabe Erhards (Erfurt S. 188), dass er 1448 gleichfalls von dem Dompropst Heinrich von Gerbstedt erbaut sei, erscheint bedenklich. Bei dem Brande von 1472 wurde auch er zerstört, aber bereits 1474 wieder hergestellt. Sein Licht empfängt er durch sechs spitzbogige Fenster ohne Masswerk, von denen vier nach dem Hofe, zwei nach der Aussenseite gehen. Er existirt zwar noch, jedoch ohne das erwähnte Gewölbe und in Folge der während der französischen Occupation stattgefundenen Verwüstung (Beyer, Nachtr. S. 105) in einem so verwahrlosten Zustande, dass er nicht gut mehr benutzt werden kann. Das letzte Mal geschah dies, als in ihm die einzelnen Glaspasten, aus denen das Mosaikbild in der Westfront des Doms besteht, zusammengesetzt wurden.

Nr. 18. Aus der Westseite des Kreuzganges.

Der südliche und der westliche Arm des Kreuzganges gehören im wesentlichen einer späteren Zeit als der östliche und zwar der Mitte des 14. Jahrhunderts. Doch will Dohme (l. c. S. 239) aus den romanischen Reminiscenzen des westlichen Flügels schliessen, dass derselbe vor 1260 entstanden sein müsse. „Der schöne Kreuzgang an dem Dom zu Erfurt,“ sagt Schnaase (l. c. V, S. 439), „zeigt, wie sich hier unmittelbar an die Ausübung des spätromanischen Styls eine

Nr. 19. Aus der Westseite des Kreuzganges.

freie und elegante Gothik anschloss. Einzelne der viertheiligen Lichtöffnungen haben nämlich noch ganz romanische Säulen, das Eckblatt der Basis und die üppig ausladenden Kelchkapitäle mit romanischen Ranken, doch ist das Bogenfeld schon durch offene Kreise durchbrochen. Andere, und zwar an derselben Seite des Kreuzganges, zeigen dagegen einen reinen gothischen Styl, Säulchen mit schlanken ausgeführten Kapitälen, freie Blattkränze, wohlgebildetes, wenn auch noch primitives Masswerk. Der gothische Styl scheint daher während der Arbeit eingedrungen zu sein."

Es trifft dies zu bei dem Westflügel, dessen nach dem Hofe führende, durch zwei viereckige Pfeiler in drei Abtheilungen getheilte Thüre (Nr. 17 s. S. 71) romanisch ist, von einem Rundbogen mit siebenpässigen Rosetten überwölbt wird und an den Seiten gekuppelte Rundsäulen hat. Von den erwähnten drei Abtheilungen dient nur die mittelste als Durchgang, da die zum Hofe führenden Stufen nur so breit sind als sie. Auch das diesen zunächst liegende Fenster, sowie der zwischen beiden befindliche Mauertheil haben runde Säulen mit Laubkapitälen; doch läuft jenes oben spitz zu und ist mit zierlichem Masswerk versehen; es wird in die Mitte des 13. Jahrhunderts fallen und kann daher als ein Beispiel des Ueberganges der romanischen Periode in die frühgothische angesehen werden, welcher letzteren die übrigen drei Fenster dieses Flügels angehören (Nr. 18 s. S. 72 und Nr. 19 s. S. 73). Dieselben sind dreitheilig, die einzelnen Abtheilungen getrennt durch Stützen, deren Durchschnitt eine Raute mit abgestumpfter Ecke bildet. Das Masswerk ist ein ziemlich reiches (Abbildung bei Kallenbach, l. c. Taf. XXXIII. 3 u. S. 20).

An der den Lichtöffnungen gegenüber liegenden Mauer werden die Rippen der Gewölbe, welche Rosetten zu Schlusssteinen haben, von oben treppenförmig ausgekragten Halbpilastern getragen.

Der südliche Flügel, der einer etwas späteren Zeit angehört und nur frühgothisch ist, enthält sieben breitere dreitheilige und eine schmale Lichtöffnung, die ein sehr einfaches Masswerk, meist Drei- und Vierpässe zeigen (Nr. 20). Eigenthümlich ist die im Verhältniss zur Breite bedeutende Höhe der mittleren Abtheilung bei den meisten dieser Fenster.

In die an das Kreuzgangsgebäude anstossende Mauer ist der Grabstein des Ulrich Sack mit der Reliefdarstellung eines Ritters eingelassen, das lockige Haupt unbedeckt; über dem Kettenhemde befindet sich die Rüstung. Die Umschrift in vertiefter neugothischer Minuskel heisst: a° d° m^c cccc^c l° xi die mensis iulij obiit strenuus vlrich sack cujus aīa reqiescat in pace amē; unten zwei Wappen, das eine mit Helm und Helmschmuck. Const. Beyer (Nachträge S. 100) nennt den Dargestellten, wohl irrthümlich, den mannhaften Ritter Saganz von Arnstadt aus dem 13. Jahrhundert. Unfern davon befindet sich ein polychromirtes Basrelief mit Christus am Kreuze zwischen Johannes und zwei heiligen Frauen; darüber Engel mit den Leidenswerkzeugen; in den unteren Ecken in kleinen Figuren der Donator und dessen Gattin mit ihren Wappen. Die Umschrift in erhabener neugothischer Minuskel lautet: anno dñi m^c cccc° xlvii iste lapis hic est locatus per devotam Jutten ghunteri bock relictam ordinatus hujus claustri anno. Der Stein ist vom Karthäuserkloster hierher gebracht.

Die Strebepfeiler nach der Hofseite sind bei dem Ostflügel ohne Absätze, bei den beiden anderen einmal abgetreppt und mit einem satteldachförmigen Wasserschlage versehen. Einer der Strebepfeiler des Westflügels endigt in eine Spitzsäule; es ist dies die ehemalige Todtenleuchte des Kirchhofs. Dieselbe ist aber in ihrem oberen Theile so verwittert, dass die Formen nicht mehr genau zu erkennen sind.

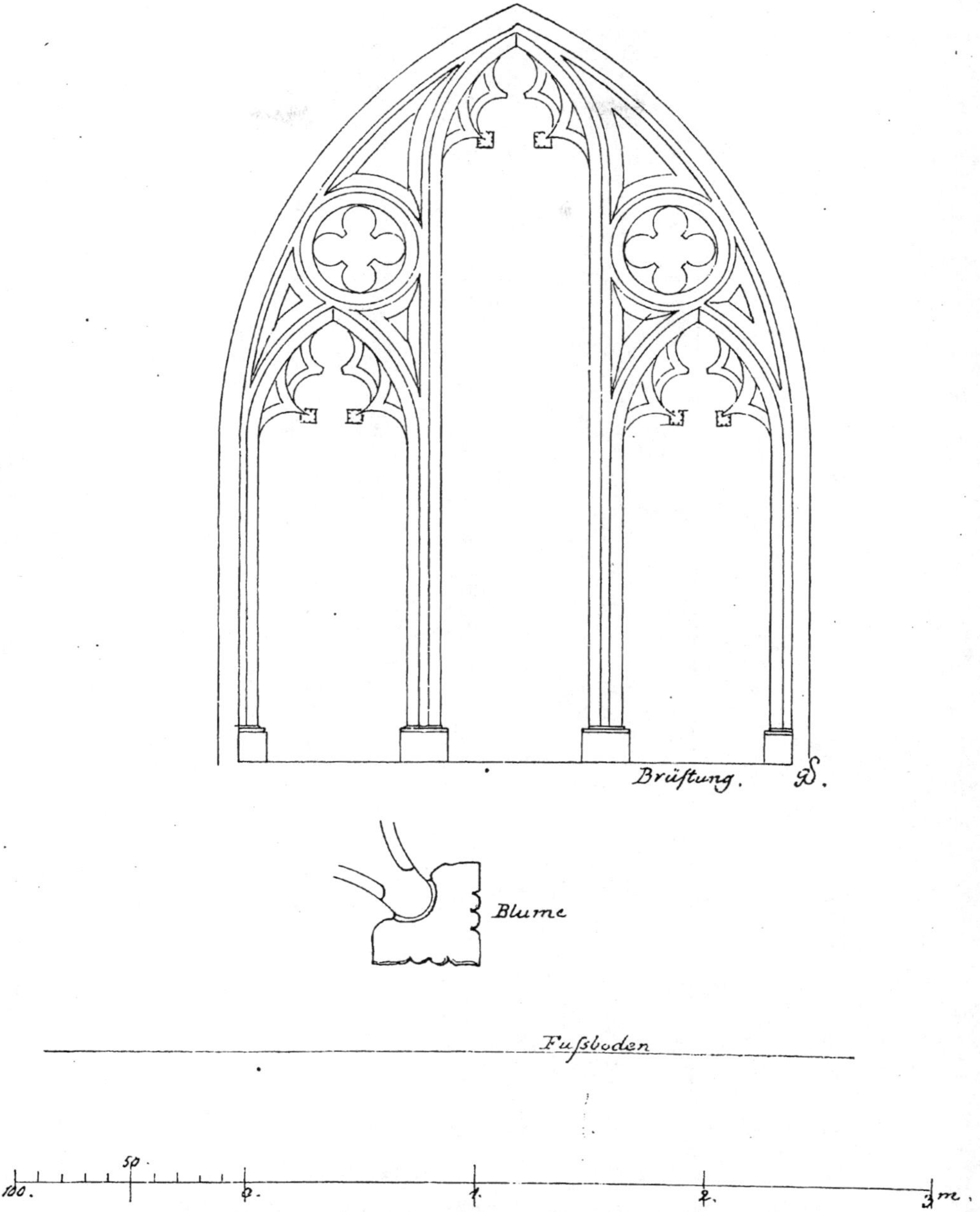

Nr. 20. Aus der Südseite des Kreuzganges.

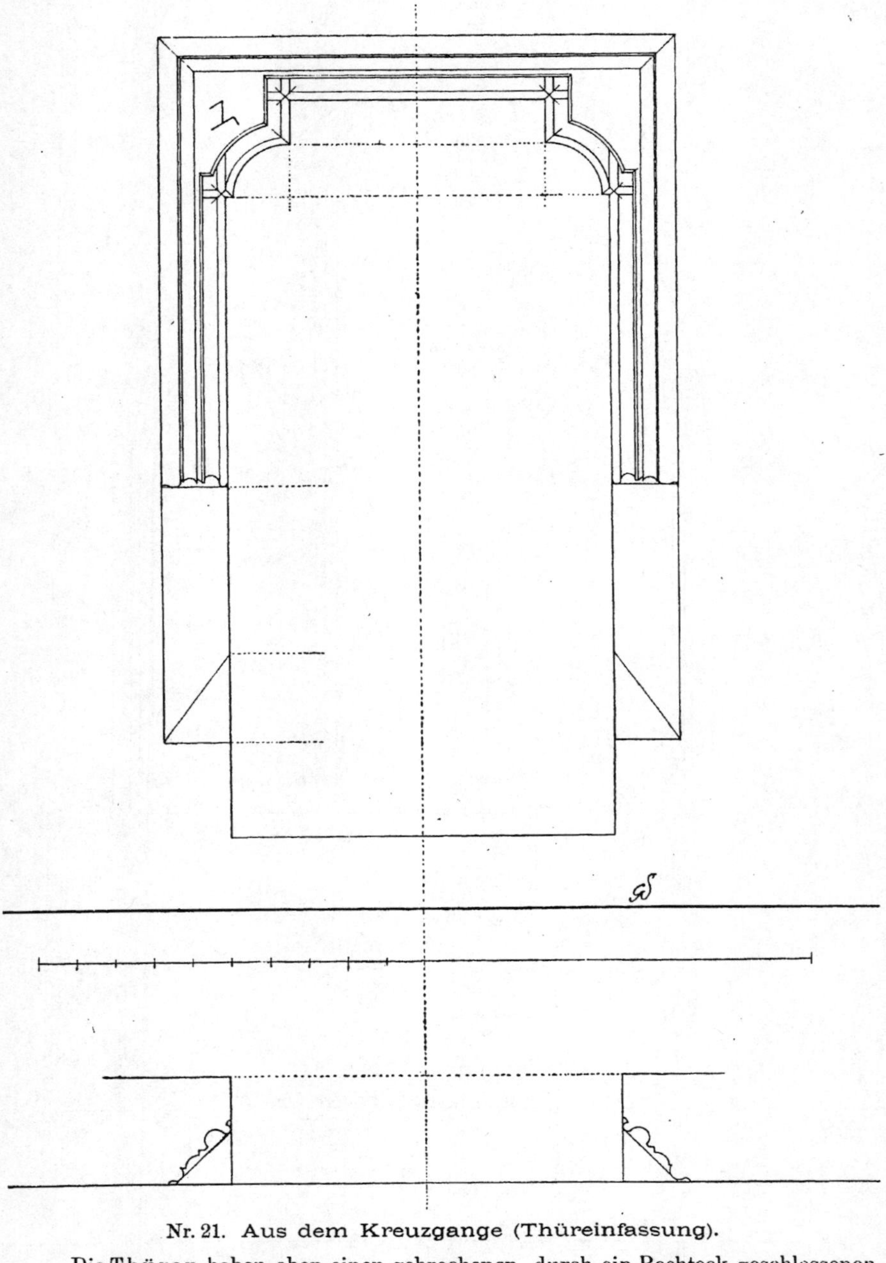

Nr. 21. Aus dem Kreuzgange (Thüreinfassung).

Die Thüren haben oben einen gebrochenen, durch ein Rechteck geschlossenen Bogen in viereckiger Einfassung. Sie stammen aus dem 16. Jahrh. (Nr. 21 u. 22)

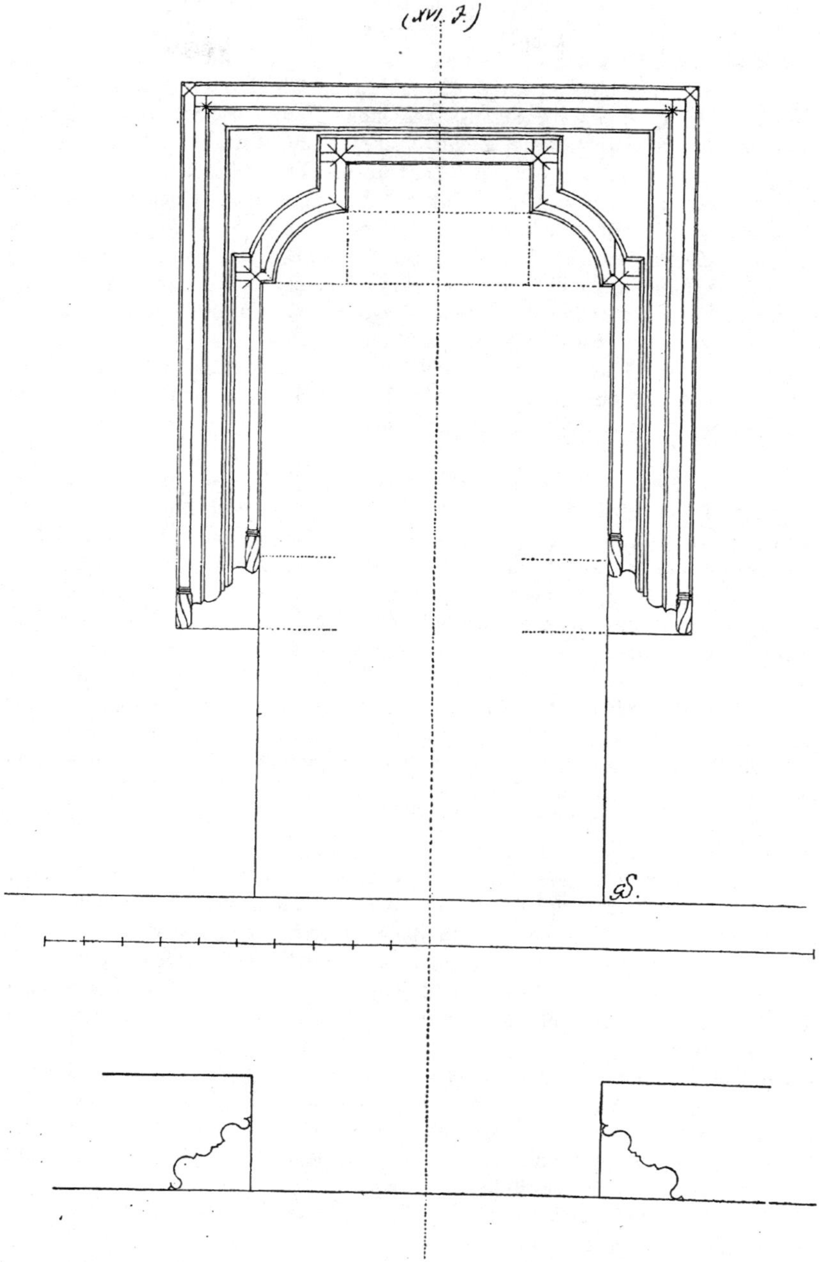

Nr. 22. Aus dem Kreuzgange (Thüreinfassung).

Da wo Ost- und Südflügel zusammentreffen, befindet sich eine nach 1385 erbaute quadratische Halle, deren vier Gurtgewölbe durch eine achteckige Säule ohne Kapitäl getragen werden. Sie liegt im Niveau des Südflügels, so dass vom Ostflügel, vor den sie etwas vortritt, Stufen zu ihr hinabführen. Eine Thür geht aus ihr zu den an den Chorumgang stossenden Platz. Sie ist von einer durch eine durchbrochene Steingallerie eingeschlossenen Plattform überdeckt, die dem Ostgiebel des Kapitelhauses vorliegt. In früherer Zeit befand sich hier, an die Südseite des Coelicums stossend, ein Raum, den man nach seinem Aussehen für ein Gefängniss gehalten, der aber wahrscheinlich nur vermittelst der erwähnten Treppe einen Zugang zum Coelicum von Süden gebildet hat, worauf die in dessen Südostecke befindliche kleine Thür zu deuten scheint. Bei der 1848 und 1849 vorgenommenen Restauration des Kreuzgangsgebäudes wurde der gedachte Raum beseitigt und an seiner Stelle die Plattform angelegt.

Von den vier Schlusssteinen des Gewölbes der Halle enthält einer das Wappen der Familie Millwitz, ein zweiter das der Famile Denstädt, der dritte ein unbekanntes Wappen, der vierte blos eine Rosette.

Das Kreuzgangsgebäude.

Den Süd- und den Westflügel des Kreuzganges umschliesst das Kapitelhaus oder Kreuzgangsgebäude, das zugleich das obere Stockwerk der Flügel bildet.

Es kann keinem Zweifel unterliegen, dass von der Zeit ab, wo mit der bischöflichen Kirche ein Domstift verbunden worden ist, sich an jene ein Gebäude zur Unterkunft der an ihr angestellten Geistlichen angeschlossen haben muss. Aus welchem Material dieser älteste Bau bestanden, ist nicht bekannt, möglicherweise ist dies nur Holz gewesen und ein Steinbau erst in der Mitte des 12. Jahrhunderts an dessen Stelle getreten, als auch die Kirche aus einem dauerhafteren Materiale wieder hergestellt wurde. Besondere Stabilität muss aber auch jener Neubau nicht gehabt haben, da bekanntlich 1184 ein darin befindlicher Saal, als eben in ihm ein Fürstentag abgehalten ward, eingestürzt ist. Eben so ist (Engelhusius Chron. bei Menken, Scr. II, p. 562; Hogel, l. c. S. 360) 1204 das Dormitorium des Kapitelhauses zusammengestürzt.

Gegen den Schluss des 12. Jahrhunderts kam die Sitte des gemeinsamen Lebens der Stiftsherren ausser Gebrauch und es fanden diese in besonderen Gebäuden, den Curien, Unterkunft, von denen Anfangs nur jeder der Dignitarier ein eigenes besass, während von den gewöhnlichen Klerikern mehrere gemeinschaftlich ein solches bewohnten; in späterer Zeit hatte jedoch jeder Stiftsherr eine eigene Curie. Diese standen nicht in unmittelbarer Verbindung mit dem Kapitelhause, lagen aber in dessen Nähe, theils an den Stufen, theils am südlichen und dem westlichen Abhange des Domberges in der Dom-, Mainzerhof- und Petersstrasse. Im Jahre 1306 gab es deren 15. Die in dem Kapitelhause befindlichen Räume, die ursprünglich zur gemeinsamen Unterkunft gedient hatten, das Refektorium, Dormitorium u. s. w. wurden nun zu andern Zwecken, theilweise, wie es scheint, zur Unterbringung der Domschule verwendet.

Nach Süden zu, dicht unter dem Hohen Chore, lag die Curie des Stiftspropstes, ein mächtiges Gebäude mit grossem Hofe, einer kleinen, den vier Evangelisten geweihten Kapelle und sonstigem Zubehör. In diesem Hause hatte zugleich das erzbischöfliche Gericht seine Geschäftsräume und daselbst befand sich die Hebestelle für die Gefälle des Stifts. Es führte den Namen der rothen Thüre, der auch auf die Gefälle selbst übertragen ward, zur Unterscheidung von denen der Grünen Thüre, welche dem Erzbischof persönlich zustanden und in einem Gebäude auf dem Severihofe erhoben wurden. Die gedachte Curie war nur aus Holz gebaut und daher im Laufe der Zeit so in Verfall gerathen, dass ihre Instandhaltung unverhältnissmässige Kosten verursachte. Da es nun auch wünschenswerth erschien, durch einen Theil der Area derselben den Domkirchhof zu erweitern, so trat der damalige Inhaber der Propstei, Cardinal Franciscus von Pisa, 1385 tauschweise das Grundstück dem Domkapitel gegen ein anderes an der Severikirche liegendes Haus ab.[1] Einer seiner Nachfolger, Johannes von Myla, machte jedoch 1397 den Tausch wieder rückgängig und es musste ihm auch das von dem Kapitel inzwischen neu und besser aufgeführte Haus wieder zurückgegeben werden,[2] doch blieb jenes im Besitze des inzwischen zum Kirchhofe eingerichteten Platzes sowie des grossen Altans über den schmalen Stufen. Neben letzteren wurde mit der Front nach dem Platze zu ein neues Gebäude aufgeführt, in welchem bis zum Jahre 1813 das Propsteigericht seine Unterkunft hatte, und das nun seinerseits von der an der Nordseite der breiten Stufen liegenden neuen Propstei den Namen der Rothen Thüre überkam.

Jenes Gebäude, welches nur mit etwas vorgerückter Südfront den von der obenerwähnten Vorhalle des Kreuzganges und der Ostwand des Südflügels des Kreuzganggebäudes gebildeten Winkel einnimmt, ist ein vierstöckiger Bau, dessen oberstes Stockwerk das Sitzungszimmer des geistlichen Gerichts einnahm, wovon es den Namen Kapitelstube erhielt. Die beiden, von den Umfassungsmauern etwas abgerückten Seitenwände dieser Stube waren aus vierkantigen, übereinanderliegenden, durch Zapfen verbundenen Balken hergestellt, welche die Widerlage einer aus starken Bohlen bestehenden spitzbogigen Decke bildeten. Drei nach Süden gerichtete Fenster, deren mittleres, früher spitzbogiges, höher war als die beiden anderen, und eine schmale Oeffnung neben dem westlichen Fenster boten die erforderliche Beleuchtung. Von der mehrgedachten Vorhalle führten eine

[1] Der Kardinalpriester Franz von St. Eusebii als Propst St. Mariae in Erfurt ermächtigt den Erzbischof von Mainz, die durch Alter und Verlassenheit verfallene und feuergefährliche Propsteiwohnung an das Kapitel gegen eine bessere zu vertauschen. 1384, Lucerie christianorum (16. Oktobtr) (M. K. A.). — Tauschvertrag zwischen dem Erzbischof von Mainz im Auftrage des Kardinal Franz und dem Kapitel über das alte zum Abbruch bestimmte Propsteigebäude an der Südseite des Chors gegen eine zwischen den Stufen und dem Krummen Hause gelegenen Curie als künftige Propstei. Dat. Heiligenstad. 1385 fer. III. post Fabiani et Sebastiani (23. Januar) (Ibid.). — Des Erzbischof Johann von Mainz Einweisungsmandat in die neue Propstei. Ibid. eod. fer. IV ante purificat. Mar. (1. Febr.) (Ibid.) — Des Kapitels St. Mariae Bürgschaft und gerichtliche Kaution, dass die beabsichtigte Aufführung einer Mauer auf dem stiftischen Kirchhofe den Rechten des Stiftes St. Sever in keiner Weise nachtheilig sein solle. 1386. In vigilis St. Simonis et Judae (27. Oktober) (Ibid.).

[2] Des Kapitels zu St. Marien Vertrag mit dem Propste Joh. v. Mila, wonach durch einen Tausch die alte hergestellte Propstei hinter dem Chor zurückgegeben und die Curie neben dem Krummen Hause dem Kapitel restituirt wird. 1397, 12. September (ibid.) — Joh. v. Mila, Propstes zu Marien, Bestätigung des Tausches der Propsteigebäude unter dem Propste Franz v. Palästrina. 1401 Dom. Invocavit (20. Februar) (ibid.).

Thür und einige Stufen in die Nordseite der Stube, ein ähnlicher Zugang früher auch in den Theil des Südflügels des Kapitelhauses, wo sich das Domarchiv befindet. Als bei der Restauration 1849 die beiden darunter liegenden Stockwerke zu Schulzimmern eingerichtet wurden, trat eine andere Einrichtung ein, bei welcher ein in der Stube befindlich gewesener spätgothischer Kachelofen, ein Meisterwerk der Keramik, der jetzt einen Saal in der Albrechtsburg zu Meissen schmückt, entfernt und der Zugang zum Archive in den Kreuzgang verlegt wurde (Böckner, l. c. S. 188). Gegenwärtig sind sämmtliche Fenster viereckig mit einfachem Masswerk. Der Spitzgiebel enthält eine grosse Rose. Gegen Osten liegt ihm ein über die angrenzende Strasse erhöhter Platz vor, zu dem steinerne Stufen führen, dessen gegen die Domstrasse gerichtete Futtermauer abgerundet ist und dessen andere Seite die nach dem Chorumgang hinaufführenden sog. kleinen Stufen bilden.

Der übrige Theil des Kreuzgangsgebäudes, der von dem Süd- und dem Westflügel des Kreuzganges Zugänge hat und, wenn er auch bei dem grossen Brande von 1472 nicht ganz unversehrt geblieben ist (Falkenstein, Hist. S. 338), doch im wesentlichen noch jetzt in seiner ursprünglichen Gestalt sich befindet, verdankt seinen Ursprung einer früheren Zeit als der, in welcher die Verbreiterung des Kirchenschiffes erfolgte (1455). Denn es kann keinem Zweifel unterliegen, dass der Westflügel in Folge derselben eine Verkürzung erlitten hat, da noch gegenwärtig sich in dieser Richtung ein Kellerraum findet, welcher in das südliche Seitenschiff der Kirche hineingreift.

In diesem Flügel soll ein grösserer jetzt zu Schulklassen eingerichteter Raum den Kapitelsaal gebildet haben, in welchem sich 1232 der stürmische Auftritt zwischen dem Landgrafen Konrad von Thüringen und dem Erzbischof Siegfried III. von Mainz ereignete, zu dem eine von diesem dem Abte des Klosters Reinhardsbrunn auferlegte Strafe Anlass gegeben (Eccardi Hist. de Landgrav. l. c. p. 423). Das Coenaculum, in welchem am 26. Juli 1184 von König Heinrich VI. die Versammlung abgehalten wurde, in der der Streit zwischen dem Erzbischof Konrad von Mainz und dem Landgrafen Ludwig von Thüringen geschlichtet werden sollte und dessen Stelle später der Schlafsaal (Dormitorium) der Stiftsherrn inne hatte, hat jedenfalls die von dem Süd- und dem Westflügel gebildete Ecke in sich begriffen, da sich unter derselben eine aus alter Zeit herrührende, neuerdings wieder in Benutzung genommeue Kloake befindet; es ist aber nicht zu entscheiden, ob der Schlafsaal sich von hier aus in den Süd- oder in den Westflügel erstreckt hat.

In ähnlicher Weise wie bei dem hohen Chore hat auch bei dem Kapitelhause der Hügel, auf dem die Kirche liegt, nicht hinreichenden Raum für die Fundamente geboten, vielmehr haben solche theilweise dem Felsen vorgelegt werden müssen. Es ist dies aber nicht wie dort durch tiefe Nischen, sondern durch ein senkrechtes gewaltiges Mauerwerk geschehen, das von dem Niveau der angrenzenden Strasse emporsteigt und seinen Halt durch mächtige Strebepfeiler empfängt. Der Westflügel enthält von solchen fünf und nur ein Stockwerk oben, mit sieben Fenstern, darunter ein doppeltes. Der untere Theil des Bauwerks bekommt nur durch kleine viereckige Löcher ein geringes Licht. Es führen von der Aussenseite drei übereinander liegende Thüren in denselben, von denen aber die oberste vermauert ist. Zwischen dem Bau und der ihm zur Seite auf die dem Westgiebel der Kirche vorliegenden Plattform führenden Treppe liegt ein kleiner schiefwinkliger Vorplatz.

Die Grundmauer des Südflügels wird durch vier mächtige abgetreppte und einen gerade emporsteigenden Strebepfeiler gestützt. Der Ueberbau enthält zwei Geschosse mit spitzbogigen Fenstern, die reiches Masswerk aufweisen. Auch hier ist bei dem Restaurationsbau von 1848 und 1849 im wesentlichen die ursprüngliche Form gewahrt. Im oberen Geschoss befindet sich erstens, mit Zugängen vom Kreuzgange aus, die St. Kilianskapelle, die dem Ende des 15. Jahrhunderts ihre Entstehung verdankt, wie das Stabwerk der steinernen Thürwände und der, mit denen der Gewölberippen genau übereinstimmenden, Steinmetzzeichen darthun; und zweitens in östlichem Anschluss an dieselbe das zur Aufbewahrung des Domarchivs benutzte Gelass, beide noch ganz in alter Gestalt. Dagegen sind für die beiden unter der Kapelle liegenden Räume, die früher blos durch kleine Oeffnungen eine spärliche Beleuchtung erhielten, bei der Restauration 1849, als sie zu Schulzwecken eingerichtet wurden, aus der Mauer grosse spitzbogige Fenster gebrochen. Das unter dem Archive befindliche Gelass ist jedoch in seiner früheren Gestalt verblieben. Die von vier Gurtgewölben gebildete Decke der beiden übereinander liegenden Räume, welche von einer in der Mitte stehenden Säule getragen werden, ist augenscheinlich jünger als die Mauer der Vorderfront, da die in dieser noch wahrnehmbaren kleinen Fensteröffnungen, in jedem Raume eine, von den Gewölben verdeckt, vermauert und an ihre Stelle je zwei neue, aber auch nur kleine Lichtöffnungen durchgebrochen sind (Böckner, l. c. S. 188).

Im Inneren der Kirche befindliche Kunstwerke und Denkmäler.

Die Kunstdenkmäler im Dome gehören theils der Plastik oder Malerri theils dem Kunstgewerbe an.

Die ersteren sind entweder in Metall oder in Stein oder auch in Holz ausgeführt.

1. Das älteste jener Werke wohl auch überhaupt das älteste im Dom befindliche Kunstdenkmal ist der sog. Wolfram in der Mitte des Chors, ein in Erz gegossener Kandelaber (Nr. 23). Er stellt eine fast lebensgrosse männliche Figur im langen Büssergewande dar, die in jeder ihrer weit ausgestreckten Hände einen Leuchter hält, auch einen solchen auf dem Nacken trägt. Auf ihrem Gürtel findet sich nach gewöhnlicher Lesung die Inschrift: Wolframus Hildrich. Ora pro eo sancta dei genetrix, ut dignus efficiatur gratia dei.[1] Das gefässartige Postament ruht auf vier für unrein geltenden Thieren, welche auf die Sünden deuten sollen, von denen der Büssende sich abgewendet hat. Das Werk soll dem 12. Jahrhundert entstammen. Die herbe Strenge des Styls, namentlich die starren Gesichtszüge

[1] Andere (J. L. K. Arnold, Erfurt S. 65; K. Arnold, der Dom S. 59) lesen statt: eo, nobis. Schnaase (l. c. IV. S. 668) will die Inschrift lesen: Wolframus . Ora pro nobis . Scā Dei genetrix . Hiltipurc . Ut digni efficiamur gratia dei, und nimmt an, dass darin zwei Personen genannt werden,. deren jede, wie es auf Denkmalen des Mittelalters häufig vorkomme, sich mit einem frommen Spruche empfehle. Ob sie beide die Stifter, oder ob beide, oder nur einer bei der Arbeit thätig gewesen, müsse dahin gestellt bleiben. Interessant sei das Kostüm, ein Wams mit einer Borte und eingenähten Aermeln, die Haare in Streifen. Bode (l. c. S. 31) meint, die in der Inschrift genannten Namen: Wolframus, und Hiltiburc, würden wohl eher auf die zwei Stifter als auf Künstler Bezug haben.

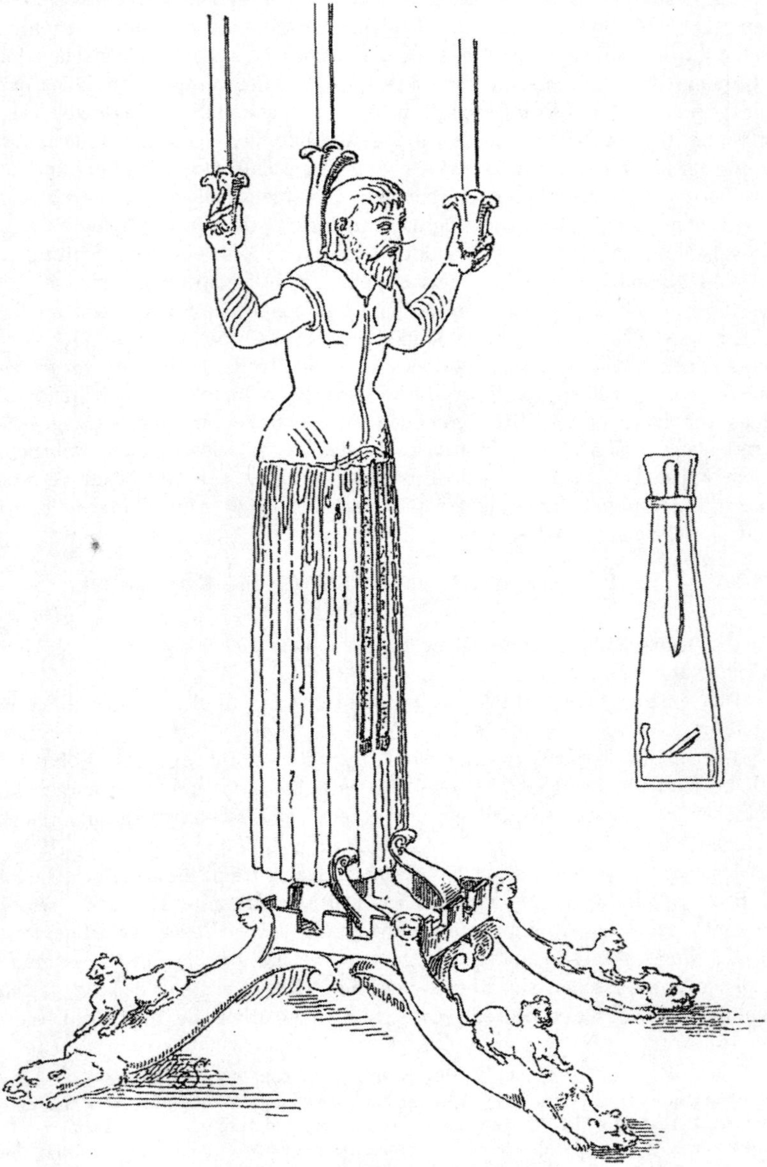

Nr. 23. Lichterträger im Dom.

des scharfgeschnittenen Antlitzes (Nr. 24), die hagere gedehnte Gestalt, die peinlich geordneten Haare und die schlicht herabhängenden Falten des anliegenden Gewandes deuten allerdings auf eine Zeit, wo der Erzguss in Deutschland, wenn er auch bereits eine gewisse technische Vollkommenheit erreicht hatte, sich doch noch unter dem Einflusse der byzantinischen Kunstweise befand. Otte (l. c. S. 183) und Puttrich (l. c. S. 12) setzen das Werk daher in das 12. oder 13. Jahrhundert, Lübke (Gesch. d. Plast. S. 292) und Schnaase (l. c. IV, S. 668) in das elfte, gegen welche Annahme Bode (l. c. S. 31) entschieden protestirt, der dem Werke kein

Nr. 24. Kopf des Lichterträgers.

höheres Alter als den Schluss des 12. Jahrhunderts zugestehen will. Man glaubte früher, dass die Bildsäule den h. Wolfram, den Schutzpatron der Metzger, vorstellen solle; hierzu passt aber weder die Bekleidung noch die Inschrift. Jetzt nimmt man ziemlich allgemein an, dass ein Beter oder Büssender habe dargestellt werden sollen, welcher, um eine Schuld zu sühnen, den sein Bildniss tragenden Leuchter gestiftet habe, wie denn bekanntlich die Kirchenregel vorschrieb, dass die Büssenden in langem leinenen Kittel mit Kerzen in den Händen in der Kirche zu erscheinen hätten.

Sehr ausführlich und gründlich hat Bauinspector Sommer diesen Gegenstand besprochen. Er bemerkt in einer Zugabe zu der von ihm angefertigten Zeichnung des Armleuchters:

„Ein lange Zeit in seiner kunstgeschichtlichen Bedeutung weniger beachtetes Kunstwerk ist der im Volksmunde mit dem Namen „Wolfram" bezeichnete Leuchter für drei Wachskerzen bedeutender Grösse vor dem Hauptaltare.

Bereits hat Puttrich etwas eingehender diese Figur besprochen und gesagt, dass alles darauf hindeute, erstlich dass sie „dem älteren Kunststyle" angemessen, dass sie „byzantinisch" und wohl dem XII. Jahrhundert entsprungen sei, dann dass dem scharfgeschnittenen Gesicht die Details fehlen zur weiteren kunstgeschichtlichen Bestimmung.

Kugler lässt sich auf sie nicht ein. Schnaase hält mit kurzen Worten die Modellirung in deren Behandlung ähnlich (?) und gleichzeitig mit der Figur des Rudolf von Schwaben († 1080) im Merseburger Dom. Neuerdings hat Bode in seiner deutschen Plastik diesen Gegenstand, die „betende" Figur, mit nur vier Zeilen abgefunden und sie zwar als eine sehr sorgfältige, aber starre typische Gestalt bezeichnet und gleichzeitig mit den hildesheimischen Gussarbeiten (1015) erachtet, während sie Lübke, weil er sie wahrscheinlich gar nicht gesehen, als eine „knieende, betende Gestalt" bezeichnet.

Auch die Inschriften sind, auf Grund nur oft ganz flüchtiger Lesung, sehr verschieden mitgetheilt, während diese gerade nicht unwichtig und an sehr bemerkbarer Stelle, auf den Bandenden des Leibgurtes, in zwei Zeilen sehr bequem und deutlich lesbar sind.

Diese Inschrift lautet in alten, wohl dem XI, spätestens dem XII. Jahrh. angehörenden grossen lateinischen Versalien:

WOLFRAMV'. ORA . ꝑNOBIS . SCA . DEI . GEN†X
HILTIBVRC . VT DIGNI . EFFICIAMVR . GRA . DEI.

bezieht sich also ganz entschieden auf die Donatoren, nicht auf die Giesser oder auf Heilige. Die Buchstaben FEA in ihrer langgestreckten Form weisen auf ein höheres Alter hin.

Was nun die Figur an sich betrifft, so mag die einfache Kleidung auf einen Büssenden leicht bezogen werden können, die etwas vorgeneigte Körperhaltung ist aber mehr sachlich zu nehmen. Sie ward gewählt in Hinblick auf die Last der drei grossen Wachskerzen und ihrer Düllen und den Schwerpunkt des ganzen Werkes. Die Physiognomie des Kopfes deutet wohl aber nicht auf einen Betenden, und Lübke's Bezeichnung eines Knieenden ist erst recht unbegreiflich. Wir haben versucht, den interressanten Kopf möglichst zu porträtiren, welcher ein „aufmerksames Hören" sehr deutlich zeigt, nicht aber das zerknirschte Gemüth eines büssenden Sünders oder Betenden. Die Tracht ist die eines Kirchendieners und die Physiognomie drückt ein „bereitwilliges Dienen" aus.

Interressant ist ferner namentlich die Frisur. Das lange Haar fällt in geringelten Strängen auf den blossen Nacken herab, in die Stirne fallen vom Vorderkopf mehrere gesonderte Stränge, welche wechselnd bald links bald rechts gedreht und in spitzen Haken geordnet herabfallen. Nach gleichem Grundsatze ist der Backen- und Kinnbart in einzelne lothrechte Theile getrennt, und jeder derselben in wechselnder Drehung wohlgeordnet garnirt; ein ebenfalls gedrehter Schnurrbart auf der Oberlippe legt sich über den Unterbart S förmig und in leichter Senkung herab.

Diese Frisur hat eine frappante Aehnlichkeit mit derjenigen der Assyrer, wie sie Layard von den babylonischen Alterthümern vielfältig mittheilt, und wenn auch hier nicht gerade die Assyrer selbst als Anhalt zu nehmen sein werden, so sind doch ganz entschieden orientalische Einflüsse nicht zu verkennen, und die Puttrichsche Vermuthung ist nicht zu verwerfen, die Broncefigur stamme wohl aus Byzanz oder von kleinasiatischen Künstlern. Auch die schön geformten kleinen Hände und Füsse, die etwas lang geschlitzten Augen weisen auf den Orient.

Der Fuss mit den „unreinen Thieren" scheint in späterer Zeit erneuert zu sein. Diese Thiere, bezw. deren Köpfe und die auf den Stufen kauernden kleinen Panther, dürften einem andern Entstehungsorte des Abendlandes zuzuweisen sein.

Merkwürdig ist an der linken Seite des Rockes ein eingegossenes Geräth, welches schwer zu erklären ist und daher eine unbekannte Bestimmung hat. Wir haben möglichst treu diesen Gegenstand abgebildet: zu unterst ein fast hobelähnliches Bild, zu oberst einen Dolch; doch mag anderen die Erklärung dieses Gegenstandes überlassen bleiben."

2. Etwa derselben, jedenfalls einer nicht viel späteren Zeit entstammt ein anderes, gegenwärtig in dem Schatzgewölbe des Doms aufbewahrtes Werk, eine in Messing gegossene Ampel. Der untere Theil derselben enthält, der Zahl der Apostel oder der jüdischen Stämme entsprechend, zwölf schnabelförmige, oben offene und mit Döllen versehene Spitzen, die zur Aufnahme des Oels und der Dochte bestimmt sind und einen Stern bilden. Darüber befinden sich vier breite Ringe mit abnehmendem Durchmesser, welche Darstellungen aus der heiligen Geschichte, Adam und Eva unter dem Baume des Erkenntnisses, Kain vor seinem Opferaltare, Noah von seinen Söhnen verspottet, David als Psalmodist u. s. w. in Basreliefs enthalten. Der säulenartige Aufbau endigt in eine Glockenform, aus der auf langen gekrümmten Hälsen acht Thierköpfe ragen. Die Arbeit ist, sowohl was den Guss wie die Zeichnungen der Reliefs betrifft, eine treffliche und in hohem Grade der Beachtung werth.

3. Das bedeutendste Kunstwerk, welches der Dom in sich birgt, ist unstreitig die Erztafel mit der Krönung Marias von Peter Vischer (Nr. 25). Dieselbe ist der nördlichen Mauer des Langhauses unfern des aus dem Hauptportal führenden Eingangs eingefügt. Sie ist 1521 von dem genannten Künstler im Auftrage des Domkapitulars Hennig Göde, der sich namentlich durch Ausgleichung der Streitigkeiten zwischen den Patriciern und dem Volke, die unter dem Namen des tollen Jahres bekannt sind, grosse Verdienste um Erfurt erworben, beziehungsweise im Auftrage von dessen Testamentsvollstreckern, angefertigt. Eine Wiederholung derselben, jedoch ohne die Schrifttafel, hat der Genannt ein der Schlosskirche zu Wittenberg, wo er später als Professor der Rechte gelebt hat, gestiftet.

Zu oberst schwebt in einer Glorie der heil. Geist in Gestalt einer Taube; darunter sitzen zur Rechten Gott der Vater, die Weltkugel in der Linken, auf der andern Seite Christus mit der Dornenkrone und mit dem Scepter in der Rechten.

Beide halten mit erhobenen Armen die Krone über dem Haupte der zwischen ihnen knieenden und die Hände im Gebete faltenden Maria. Zu den Füssen des Heilandes kniet in kleinerem Massstabe der betende Donator, dem sein Schutzpatron, der Evangelist Johannes, mit dem Kelche in der Hand zur Seite steht. Auf der andern Seite des Donators ist dessen Wappen. Die linke Ecke und der Hintergrund werden von Engeln eingenommen. Das Ganze wird von einem

Nr. 25. Peter Vischers Epitaph.

breiten Bogen umspannt, dessen Ecken musicirende Engel einnehmen. An die figürliche Darstellung schliesst sich unten die gleichfalls in Erz gegossene Schrifttafel mit der Widmung. Die gegenwärtig über jener befindliche steinerne Balustrade passt, da sie gothische Formen zeigt, eigentlich nicht zu dem in Renaisancestyl ausgeführten Kunstwerke. Sie rührt denn auch ursprünglich von einem Grabdenkmale her und ist hier nur angewendet, weil die Breite übereinstimmt. „Die klassische Einfachheit der leise aus der Fläche vortretenden Gestalten, die herrlichen grossartig gedachten Köpfe von Gott Vater und Gott Sohn, sowie die Würde und Majestät ihrer Haltung, die Anmuth und die tiefe Bescheidenheit der heil. Jungfrau machen das Werk zu einem der besten Peter Vischers“ (Kruspe. Neuster Führer S. 37). — Auch Förster (Gesch. der deutsch. Kunst II. S. 31) behauptet, dass dies Relief, sowohl in den Charakteren Gott Vaters, Christi und der Maria, als auch in den Formen des Nackten und der Gewänder mehr eigenthümliche Züge der Nürnberger Schule habe, als selbst das berühmte Sebaldusgrab in Nürnberg, und die einfache Grösse und Ruhe in der Anordnung, die klare Motivirung, der leichte Fluss in der Zeichnung für die Kenntniss Vischers sehr bestimmte Anhaltpunkte geben. Bode (l. c. S. 153) findet zwar, dass die geschmackvoll aufgebaute Komposition doch an einer gewissen Leere und einer etwas allgemeinen Schönheit der Gestalten leide; um so günstiger ist aber das Urtheil Lübkes (Gesch. d. Plastik S. 605): „In diesem vorzüglichen Werke zeigt die Behandlung des Reliefs eine klassische Einfachheit in leise aus der Fläche vortretenden Figuren. Maria hat im Kopfe mit der hohen runden Stirn einen etwas befangenen mit Veit Stoss zusammentreffenden Typus, herrlich und grossartig sind dagegen die Köpfe von Christus und Gottvater, majestätisch ihre Bewegungen und der Gegensatz zu der demüthigen Innigkeit der Jungfrau. Die Gewänder fliessen in grossem klarem Wurf, der indess bei Maria nicht ganz ungesucht ist.“

4. Zu den Kunstwerken in Metall gehören ferner einige mit in Erz gegrabenen Bildern versehene Grabplatten, so die der Weihbischöfe Johann Bonemilch von Lasphe († 1510), der 1497 die grosse Glocke weihte mit schön ciselirter Umschrift, Vierpässen in den Ecken und Bildniss, an der Südseite des Schiffes ferner des Paul Huthen († 1532) und Wolfgang Westermeyer († 1568), beide in ähnlicher Ausführung, sämmtlich in bischöflichem Ornate. Auch die letzteren sind an der Südseite der Kirche aufgerichtet. Auf der fast 8 ^{m} hohen und 6 ^{m} breiten Metallplatte des Grabsteins Nr. 186, der von einem schönen Renaissancerahmen umgeben ist und ein grosses Wappen, sowie in den Ecken einfach gehaltene Ornamente zeigt, finden sich neben der Inschrift: Georg Olandus J. utr. D. Archiep. et Electoris Mogunt. Consiliarius in Erphurd. vicedūs 1595, 19. Nobr. die Initialen M. M., die sich aller Wahrscheinlichkeit nach auf Melchior Möringk beziehen, der 1584—1636 als Metall-, besonders Glockengiesser in Erfurt eine grosse Thätigkeit entwickelt hat. Eine sehr schöne Arbeit zeigt die Grabplatte des Canonicus Konrad Stein von 1499. Sie enthält einen Schriftrand in Metallguss, in dessen Ecken je ein Vierpass sich befindet, deren jeder das Symbol eines Evangelisten zeigt. Die gleichfalls in Metall gegossene Figur bildet ein flaches Relief, welches in die Steinplatte eingelassen und die mit Barett, Mozella, Scapulier und Talar bekleidet ist und ein aufgeschlagenes Buch in den Händen hält. Die Arbeit zeigt technisches Geschick, Beherrschung der Form und individuelle Auffassung. Der Stein ist demnächst benutzt um die Grabschrift des Joh. Daniel Gudenus Bischof von Utica († 1694) in den Ecken einzugraben.

Eine ähnliche treffliche Arbeit ist die Grabplatte des Dompropstes Henning Hopfe von 1573. Auch sie besteht in einem flachen in den Stein eingelassenen Metallrelief, das einen Geistlichen in derselben Tracht wie das vorerwähnte darstellt, mit Rundungen in den Ecken, welche die Figuren der Evangelisten enthalten. Die Inschrift befindet sich in einem gegossenen in den Stein eingelassenen Metallrande, der oben in einem Bogen die Figur umzieht. Auch diese Platte ist später dazu benutzt, um zu einer Grabinschrift auf zwei eingesetzten Metallschilden zu dienen und zwar der des Domdechanten Heinrich Pape († 1694). Es befinden sich darauf die Initialen G. I. P., die sich unzweifelhaft auf Johann George Platzert beziehen, der im letzten Viertel des 17. Jahrhunderts das Erz- und Glockengiessergewerbe hier ausgeübt hat.

Aehnlich verhält es sich mit der Grabplatte des Decans Konrad von Breitenbach von 1579. Die Umschrift ist auch hier in einem Metallrande, in dessen vier Ecken sich Medaillons mit den Relieffiguren der vier grossen Kirchenväter befinden. Die die Mitte einnehmende vierekige Metallplatte enthält aber nur ein grosses Wappen in flachem Relief. Schrift, Wappen und Eckbilder sind ciselirt. Unten ist später eine auf den Propst Andreas Georg Heuland († 1659) bezügliche Metallplatte eingesetzt.

Interessanter als die vorerwähnten ist ein in die linke Wand des vom Schiffe nach dem Chore führenden Ganges eingefügtes metallenes Monument ohne Inschrift oder sonstiges Kennzeichen. Es ist augenscheinlich sehr alt; die Lilien des Untergrundes deuten auf fürstlichen Ursprung des dargestellten Geistlichen und lassen vermuthen, dass die Platte ursprünglich nicht dem Dome angehört habe, sondern aus dem Peterskloster in denselben gelangt sei.

Ein sehr interessantes Kunstwerk, welches die Kirche früher besessen, ein Peristerium, eine emaillirte Taube von Messing, das in älterer Zeit zur Aufbewahrung der Hostien diente, ist leider nicht mehr hier vorhanden; es befindet sich jetzt in dem fürstl. Hohenzollernschen Museum zu Sigmaringen.

Unter den Steindenkmälern verdient, wenn auch nicht seines Kunstwerthes wegen, doch des daran geknüpften historischen Interesses und der Zweifel halber, die sich an seine Entstehung und Bedeutung knüpfen, zunächst erwähnt zu werden

5. Der Grabstein eines Grafen von Gleichen mit seinen beiden Frauen[1] (Nr. 25a), da es bekanntlich, wenn nicht zur Bildung der bekannten Erzählung von der Doppelehe eines Grafen von Gleichen überhaupt die erste Veranlassung gegeben haben sollte, wie Döllinger (Die Papstfabeln des Mittelalters, S. 35) glaubt, doch zu ihrer Verbreitung wesentlich beigetragen hat (Tettau, Ueber die Quellen u. s. w. der Erzählung von der Doppelehe eines Grafen von Gleichen S. 10 ff.) und als Beweis für die geschichtliche Berechtigung vielfach angesehen worden ist.

Dasselbe ist gegenwärtig der Südwand des Langhauses eingefügt, hat sich aber ursprünglich im Peterskloster befunden und zwar in der Mitte von dessen Kirche vor dem Altar der h. Barbara, von wo es während der bei der Belagerung von 1813 vorgenommenen Vertheidigungsarbeiten in die Marienkirche gelangte, so wie dies demnächst auch mit den darunter vorgefundenen Gebeinen geschah, welche jetzt in einer zugemauerten Nische hinter dem Hochaltar ihre Ruhestätte gefunden haben.

Das 2,70^{m} hohe, 1,8^{m} breite und 0,70^{m} dicke Denkmal, dessen Einfassung von einem 0,24^{m} tiefen, schraffirten Rande gebildet wird, stellt alle drei Personen auf kleinen ausgekragten Pfeilerkapitälen stehend, in ganzen Figuren und Lebensgrösse dar. Der Graf, ein Mann in mittleren Jahren von mehr als gewöhnlicher

[1] Abbildungen bei Puttrich l. c. Nr. 11 und J. v. Hefner-Alteneck, Trachten des Mittelalters, Abth. I. Taf. 85. Vergl. auch Böckner, Peterskloster II, S. 88.

Nr. 25a. Grabstein des Grafen von Gleichen.

Körpergrösse steht zwischen den beiden Frauen. Sein wallendes Haar ist ohne Bedeckung, sein Antlitz ohne Bart; ein weites faltenreiches Gewand bedeckt ihn von den Schultern bis zu den Knöcheln. Seine Brust schmückt ein Kleinod in

Form einer Rose; die Hüften umschliesst das Schwertgehänge; das Schwert selbst, dessen Griff und Scheide mit Riemen umwickelt sind, hängt breit und wuchtig bis zum Untersaum des Gewandes hinab. Die den Schwertgriff umfassende linke Hand legt er auf einen nach unten spitz zulaufenden Schild mit dem Gleichenschen Wappen, dem gekrönten und aufgerichteten gelöwten Leoparden. Die zu seiner Rechten stehende Frau gehört gleichfalls den mittleren Jahren an; sie trägt eine niedrige runde Kopfbedeckung (ein Schnapel), die durch ein breites Kinnband festgehalten wird. Ihr Gesicht umschliesst ein Tuch, dessen mit Fransen verzierte Enden zu beiden Seiten auf die Schultern hinabhängen. Das wenig sichtbare Haar ist gescheitelt. Bekleidet ist sie mit einem enganschliessenden, mit einem schildartigen, unten spitz zulaufenden Kleinod und Agraffe versehenen Untergewande und einem weiten faltenreichen Mantel, der nur die äusserste Spitze des einen Fusses sehen lässt. Sie hebt jenen mit der linken Hand etwas empor, während die ein Gebetbuch haltende rechte auf der Brust ruht. Die auf der anderen Seite des Grafen stehende Frau hat ein jugendlicheres Gesicht. Ihre Tracht ist eine gleiche, nur findet sich auf der das Haupt bedeckenden Mütze eine kronenreifartige Verzierung, auch hängen bei ihr nicht Enden des Kopftuchs auf die Schultern. Der Mantel ist halb geöffnet und daher das etwas weniger anschliesende Untergewand grossentheils sichtbar. Vor der Brust befindet sich ein rundes Kleinod mit einer Rosette; auch am Mantel in der Schultergegend zeigen sich zwei rosenförmige Zierrathen. Sie hält gleichfalls mit der Linken den Mantel und die Rechte vor die Brust.

Das Denkmal ist ohne Inschrift und Jahrzahl; hat auch eine solche nie gehabt (Tettau, l. c. S. 23). Denn dass Jovius (bei Sagittarius, Hist. d. Grafsch. Gleichen S. 36) sich geirrt haben muss, als er darauf die Zahl 1227 gesehen haben will, ist unzweifelhaft. Aber dennoch unterliegt es keinem Bedenken, dass es sich auf einen Grafen von Gleichen bezieht, und die beiden Frauen dessen Gattinnen, nicht etwa eine Frau und eine Tochter darstellen. Die Ansichten in betreff der Zeit der Entstehung und der dargestellten Personen weichen erheblich von einander ab, wenn auch die Meinung, dass ein bei der Theilnahme an einem Kreuzzuge Gefangener und von einer Sultanstochter Befreiter, der dann mit päpstlichem Dispens, gleichzeitig mit dieser und der ersten Gemahlin in rechtmässiger Ehe gelebt habe, wohl jetzt allgemein aufgegeben ist. Ohne auf die über die Persönlichkeit der Dargestellten und die Zeit der Entstehung aufgestellten verschiedenen Ansichten hier näher einzugehen, mag nur bemerkt werden, dass die meiste Wahrscheinlichkeit dafür spricht, dass der Dargestellte der 1227 verstorbene Graf Lamprecht II. von Gleichen ist, der, wie Werneburg (Geschichtliches über die Grafen von Gleichen, Mittheilungen des Vereins für die Geschichte von Erfurt V, S. 33) es mindestens höchst wahrscheinlich gemacht, zweimal, zuerst mit einer Gräfin von Orlamünde, sodann mit der Gräfin Sophia vermählt gewesen, und dass das Grabmal bald nach dem 1244 erfolgten Hinscheiden der letzteren errichtet ist. Für diese Ansicht spricht auch namentlich der Umstand, dass dasselbe aus kunsthistorischen Gründen in die Mitte des 13. Jahrhunderts gesetzt werden muss, dieselbe Zeit, in welcher die grosse Aehnlichkeit mit ihm darbietenden (Puttrich, l. c. S. 12) Bildsäulen der Gründer des Naumburger Domes entstanden sind. Hefner setzt l. c. das Gleichendenkmal, wenn auch ohne nähere Motivirung, aber sicher der Wahrheit sehr nahe kommend, in das Jahr 1246.

6. In dem nördlichen Querschiff links von der vom Hauptportal hineinführenden Thüre befindet sich ein Steinrelief, Maria mit dem Christuskinde und kleinen Bildsäulen auf den Seiten, in einer der romanischen Periode zugehörenden Einfassung, wohl aus dem 12. Jahrhundert und zu den ältesten plastischen Arbeiten in Erfurt gehörend (Nr. 26). Es zeigt symmetrische Strenge in Anordnung der Figuren, die bei ziemlicher Schärfe und Bestimmtheit der Formengebung an verzeichneten Einzelheiten leiden, einen kalten und starren Ausdruck haben, aber trotzdem doch an die Technik antiker Bildwerke erinnern

Nr. 26. Der romanische Altaraufsatz.

(Kruspe, Beitr. S. 8). Anscheinend hat dasselbe sich früher in dem Tympanum einer Pforte, wohl des älteren Dombaues, befunden und hat hier eine Verwendung erhalten. Der übrige Theil dieses Altars stammt anscheinend aus späterer Zeit.

7. In dem südlichen Querschiffe neben der h. Blutskapelle befindet sich ein der Zeit der Frührenaissance angehörendes kleines Tabernakel mit Darstellungen der sieben Sakramente. Es bildet jetzt die Dekoration von zwei neuerdings errichteten Altären aus weissem und schwarzem Marmor, welche an die Stelle der geschmacklosen Arbeiten, in welchen Pereira die ihm aufgetragene Restauration ausgeführt, getreten sind. Das Tabernakel gilt für eine Arbeit Friedemanns.

8. Von grosser Bedeutung ist das bisher an der Seitenwand der h. Blutskapelle befindlich gewesene Denkmal des erzbischöflichen Vicedoms Dr. Johann von Allenblumen und seiner Gattin von 1429 (Nr. 27), welcher erstere sich grosse Verdienste um die Herstellung des Doms erworben hat, wie denn auch schon oben eine hierauf bezügliche Urkunde von 1440 erwähnt ist. Das Denkmal ist in zwei Hälften getheilt, deren obere auf einer durchbrochenen Console mit

Nr. 27. Johann von Allenblumens Gedenkstein.

Masswerkfranzen die Anbetung der h. drei Könige, die untere den Stifter mit seiner Gattin, beide knieend, hinter ihnen das Wappen, darstellt. Schorn (l. c. S. 14) erklärt das Werk für eins der vorzüglichsten des 15. Jahrhunderts, obwohl es bei einer seltenen Invidualisirung, Schärfe und Einfachheit doch in etwas harter Manier gearbeitet sei. Doch ist dies Urtheil wohl etwas zu günstig. Der um die Schulter Marias, die mit dem Christkinde auf dem Schosse sitzt, hängende Mantel hat parallel laufende Falten. Der Faltenwurf zwischen ihren Knieen ist wulstig und an beiden Seiten etwas bunt. Das Christuskind hat einen zu dicken Leib und sehr dünne Gliedmassen. Die Köpfe Marias und zweier Könige zeigen eine Manirirtheit, welche bei dem dritten dem Kinde ein Kästchen überreichenden sich weniger fühlbar macht. Zwei der männlichen Figuren haben in der Körperhaltung etwas unnatürliches, vorgeschobene Hüften, verzeichnete Hände. Die Köpfe der unteren Figuren zeigen einen grösseren Grad von individueller Auffassung, der Faltenwurf ist aber auch hier oben durchgängig in parallelen Linien, unten bauschig. Die Umschrift: Johann von Allenblumen Vitzthum zu Erfurth hat lassen machen diesen Stein sub anno dm̄ MCCCCXXIX ergiebt, da der Stifter noch vierzig Jahr danach gelebt hat, dass es sich hier nicht um einen Grabstein, sondern um eine Votivtafel handelt. Schnaase (l. c. VI. S. 505) bemerkt, dass das Relief, obwohl es die Jahrzahl 1429 an sich trage, doch dem Style des 14. Jahrhunderts nahe stehe, dagegen will Bode (l. c. S. 200) in dem innigen Ausdruck der Andacht und der feinen Empfindung in der Behandlung des Fleisches den Charakter der Renaissance erkennen.

Ein geringeres Interesse sowohl in historischer Beziehung als wegen ihres Kunstwerthes bieten einige Grabdenkmäler,[1] wenn sie auch hier nicht ganz unerwähnt bleiben dürfen, so namentlich

9. das gegen das Ende der Südwand befindliche des Minoriten Dr. Konrad Kling, Guardian des hiesigen Barfüsserklosters, zuletzt Domprediger, der sich kräftig der Reformation entgegenstemmte und 1556 verstorben ist; flaches Relief in einem Rundbogen. Die mächtige Gestalt im Mönchsgewande passt zu dem starren und kräftigen Geiste desselben.

Die jetzt nicht mehr ganz leserliche Inschrift bei Motschmann, Erford. litter. contin. p. 370 und Hartung, Häuserchr. II, S. 65.

10. Dieselbe Wand schliessen zwei wohlerhaltene Grabsteine eines Ehepaares von Harras.

11. Rechts vor der Orgel befindet sich ein von der Patrizierfamilie von der Weser gestiftetes Epitaphium, eine sehr gute Arbeit des Steinmetzen Enders Guetschell, mit dessen Initialen E. G. von 1576, in reichem Renaissancestyl mit dem, umgeben von den schlafenden Jüngern, auf dem Oelberge betenden Christus und den Bildnissen der Familienmitglieder, altarartig aufgebaut, aber sehr barock, dabei polychromirt (Lübke, Gesch. d. deutsch. Renaiss. II, S. 368. Die auf dem Denkmale befindlichen Inschriften in Hartungs Häuserchr. II, S. 18).

---

[1] Die Böcknerschen Kollektionen in der Sammlung des Erfurter Geschichtsvereins enthalten gegen 200 durch Zeichnungen erläuterte Beschreibungen von im Dom befindlichen Grabsteinen, eine um so werthvollere Arbeit, als viele derselben bei der neusten Restauration mit der Bildfläche nach unten gelegt sind.

12. Zwischen diesem Epitaphium und der Orgel, an der westlichen Wand neben der letzteren befinden sich die Denkmäler des Wilhelm von Harstall und seiner Gattin, beide Arbeiten des Bildhauers Hans Friedemann des jüngeren, sehr realistisch im Geschmacke der Zeit mit kriegerischen Emblemen und Trophäen. Da Harstall Abgeordneter zum westfälischen Friedenskongress gewesen ist, sich um die Rückgabe des Doms an die Katholiken nach Aufhören der schwedischen Occupation verdient gemacht hat, so fällt die nicht unverdienstliche Arbeit in die Mitte des 17. Jahrhunderts.

13. In einer Kapelle an der Nordwand steht der Altar des h. Antonius. Ueber demselben erhebt sich an der Mauer eine grosse Marmorplatte, auf jeder Seite von zwei korinthischen Säulen eingefasst, auf denen ein Architrav ruht, der die Jahrzahl 1697 zeigt und drei ovalen Medaillons als Unterlage dient, die pyramidalisch gruppirt sind und deren oberes grösseres die Inschrift enthält, während die beiden anderen von Genien gehaltenen das Gudenussche Wappen zeigen; darunter schwere Fruchtornamente. Auf den äussern Seiten des Architravs sind eingebogene Tafeln und die Statuetten des Propheten Daniel und des h. Mauritius, der Schutzpatrone derer, denen das Denkmal gewidmet ist und auf welche die Inschriften Bezug haben, der Brüder Johann Daniel und Johann Moritz von Gudenus, ersterer Bischof von Utica, letzterer Pfalzgraf und Kurmainzischer Rath, sowie Verfasser einer werthvollen Geschichte von Erfurt.

14. Die durch die nördliche und die westliche Wand gebildete Ecke nimmt der, wenn auch nicht gerade geschmackvolle, doch jedenfalls grossartige Taufstein, eine Arbeit von Hans Friedemann dem älteren, dessen Monogramm sich neben dem Adler des Johannes findet, ein. Er wurde 1587 aus den von dem Probste Konrad von Breitenbach hierzu legirten Mitteln errichtet; und es befand sich daher auch dessen in Messing gegossenes Wappen daran, bis es 1813 von den Franzosen geraubt wurde.

Die Figuren der Evangelisten mit ihren Symbolen und der Tugenden zwischen phantastischen Hermen und Karyatiden sowie reichen Metallornamente schmücken den Stein. Um das Becken erhebt sich auf sechs ionischen reich dekorirten Säulen mit Goldverzierungen auf blauem Grunde ein grosser Baldachin, über dem Gebälke von einer sehr hohen aus durchbrochenen Rippen gebildeten Kuppel gekrönt, auf den Ecken schlanke Pyramiden, in der Mitte oben ein gigantischer Obelisk, der bis an das Gewölbe der Kirche reicht; alles dies reich dekorirt und bemalt, neuerdings hergestellt, von phantastisch barocker Wirkung (Lübke, Gesch. d. deutsch. Renaiss. II, S. 368).

15. Das nämliche Monogramm zeigt der Grabstein Nr. 149, dessen Umschrift in römischen Kapitalbuchstaben ganz unleserlich geworden ist, dessen Darstellungsweise aber auf das Ende des 16. Jahrhunderts hinweisst, der also jedenfalls ebenfalls eine Arbeit Hans Friedemanns des älteren ist. Man erblickt darauf einen Geistlichen im Messgewande mit Barett und Kelch, etwas einwärts gebogenem und vorgeschobenen linken Fusse, in den Ecken Medaillons mit den vier grossen Propheten; das Wappen nicht mehr zu erkennen.

16. Von demselben Meister rührt auch aller Wahrscheinlichkeit nach der Grabstein Nr. 92 her, obwohl das Friedemannsche Monogramm auf ihm nicht mehr erkennbar ist, das sich aber wohl in dem jetzt abgeschliffenen Unterrande befunden

haben wird: ein Geistlicher im Barett und Messgewande, unter dem das Cingulum hervorsieht, in der Linken den Kelch, die Rechte segnend über diesem, in einer rundbogigen Nische stehend, die auf beiden Seiten auf Säulen ruht, deren Schäfte in Rusticamanier verziert sind. Die oberen Ecken enthalten eine Rococcoverzierung. Das flache Relief ist gut gearbeitet und in freier Behandlung des Kopfes; die linke Hand und die Falten der Alba sind jedoch bei der Feinkörnigkeit des Steins durch das Betreten stark abgeschliffen. Auch von der Umschrift ist nur noch das Datum: 5. Oktober 1597 und von dem Namen die Worte (Mel)chior Ludovicus Gläuch.... erkennbar, ebenso von dem Wappen nur die Umrisse des Schildes.

Auch die Grabsteine 179 und 292 haben, wenn sie auch nicht Friedemanns Monogramm zeigen, doch in Komposition und Ausführung so viel Aehnlichkeit mit dessen beglaubigten Werken, dass auch sie wahrscheinlich von ihm herrühren.

17. Eine Erwähnung verdient noch der trefflichen Arbeit wegen der Grabstein des Günther Dipolt und dessen Schwester Gertrud, leider ist er aber nicht nur durch Abtreten sehr beschädigt, sondern es fehlt auch der obere und untere Theil. Die Darstellung giebt eine männliche und eine weibliche Figur in vertieften Linien, die Köpfe als flaches, schöngearbeitetes Relief in einer rahmenartigen Vertiefung. Die Zeichnung der Köpfe bekundet eine charakteristische individuelle Auffassung und muss sehr schön gearbeitet gewesen sein. Die Platte ist später zu einer Grabschrift auf den Kanonikus Heinrich Wilhelm Demmer († 1683) benutzt.

18. In der Blutkapelle neben dem Kaiserfenster ist der Denkstein der Gattin des Heinrich von Dennstedt, Magdalena geborene Fensterer († 1609), welchen die Jesuiten derselben stifteten, ein schönes Werk der Spätrenaissance mit figürlichen Darstellungen und Wappen (Ausführliche Beschreibung und Mittheilung der Inschrift in: Schauerte, Das Haus zum breiten Herd, S. 20—22).

19. Unter den Holzsculpturen verdient vor allen Erwähnung, das an der südlichen Ecke des Chorhalses befindliche Relief eines unbekannten Meisters, welches die Grablegung Christi darstellt (Nr. 28). Dasselbe ist von der dicken grauen Oelfarbe, mit welcher es unverständigerweise überzogen war, wieder befreit und prangt jetzt von neuem in seiner reichen Vergoldung und seinen ursprünglichen Farben. Im Vordergrunde wird der Leichnam des Herrn von dem h. Johannes und Joseph von Arimathia niedergelegt. Der Kopf des Heilandes zeigt zwar in dem erstarrten Munde und den gebrochenen Augen in treffender Weise den Ausdruck des Todes, der noch durch die schlaff herabhängenden Glieder verstärkt wird, doch lässt der Körper die Kenntniss der anatomischen Regeln vermissen und ist auch offenbar zu gross gerathen. Sehr schön ist dagegen die Darstellung des Schmerzes in dem Antlitze der zum Haupte Christi sich niederbeugenden Maria so wie der übrigen Köpfe und der darin erkennbaren Steigerung von sanfter Wehmuth bis zur vollen Verzweiflung. Namentlich ziehen die Frauen, die in gut geordneten Gruppen den Hintergrund füllen durch die Schönheit und Innigkeit des Ausdruckes an (Schorn, l. c. S. 20. 21). Auch die Hände sind wohlgelungen; weniger trifft dies bei dem Faltenwurf der Gewänder zu, der theilweise etwas zu steif und zu wenig flüssig ist. — Schöler (Die mittelalterl. Baudenkmäler in Erf. Deutsch. Kunstbl. 1833 S. 273 ff.) will in der mannigfachen Charakteristik der

Köpfe, dem Style der Zeichnung und der Anordnung der Figuren den berühmten Nürnberger Bildhauer Adam Krafft erkennen. Es trifft dies aber sicher nicht zu, da dieser stets in Stein gearbeitet hat, auch seine Werke eine grössere Kenntniss der Anatomie des menschlichen Körpers darthun. Ebensowenig ist aber, wie

Nr. 28. Grablegung Christi.

andererseits behauptet worden (Hartung, l. c. II, S. 16), die Arbeit aus der Werkstätte Michael Wohlgemuths hervorgegangen, vielmehr verdankt sie ihre Entstehung sicher der für die Herstellung von Altarschreinen in Erfurt in der zweiten Hälfte des 15. Jahrhunderts blühenden Anstalt, der schon oben gedacht ist (Kruspe, l. c. S. 36).

20. Zu den wirklichen Kunstwerken, und nicht blos zu den Erzeugnissen des Kunsthandwerks, gehören auch die im Chore befindlichen, in doppelter Reihe an beiden Wänden sich hinziehenden, aus Eichenholz geschnitzten Chorstühle, da sie einen erheblichen artistischen Werth besitzen. Sie werdem in die Mitte

der zweiten Hälfte des 15. Jahrhunderts gesetzt (Schorn, l. c. S. 24) und dafür spricht allerdings der Umstand, dass damals in Erfurt, wie bereits erwähnt worden, die Holzschnitzerei in hoher Blüte stand, obwohl andererseits das Costüm einiger Figuren auf eine frühere Zeit — die zweite Hälfte des 14. Jahrhunderts — hindeutet. „Die Ornamentik ist," wie Kruspe (l. c. S. 39. 40) bemerkt, „eine durchaus reiche, vorzüglich in den Wangen des nördlichen Gestühls. Dort wächst aus einem starken Stamme ein weit sich verzweigender Baum, in dessen Zweigen vier liebliche Engel auf musikalischen Instrumenten den darüber sich schaukelnden Menschen die Weise lehren, in welcher sie den Herrn preisen sollen. Zu oberst ist der König David, die Harfe spielend, zu schauen. Von den Klängen seiner Saiten werden sogar die im Laubwerk lustig spielenden Thiere angelockt und nur eine Sirene wendet mit verbissenem Munde ihren Blick zur Seite. Ganz unten ist der Kampf des Christenthums mit dem Heidenthum ergötzlich in einer Turnierscene versinnbildlicht, in welcher ein jugendlicher Ritter vom Rosse herab einem auf einem Schweine reitenden Heiden den gewichtigen Speer in den Hals rennt. Gegenüber steht diesem vorzüglichen Schnitzwerk ein weniger reiches, welches jedenfalls die vier Jahreszeiten versinnbildlichen soll. Es würde unmöglich sein den ganzen Reichthum des figürlichen und ornamentalen Schmuckes nur aufzuzählen, welchen der uns leider unbekannte Meister seiner Schöpfung verlieh. Die meisten Figuren sind etwas flach gehalten, hier und da auch schwerfällig und überhaupt die Erfindung stärker als die Zeichnung. Die zahlreichen Ergänzungen" (durch den Tischlermeister Sträubing in Erfurt) „sind nicht immer glücklich ausgefallen, und in einigen hat sich sogar ein fremder Styl eingeschlichen." An der nördlichen Chorstuhlwange erblickt man den verzweifelnden Judas, der sich an einem Baume erhängt, dessen Stamm eine Teufelsfratze zeigt und auf dessen Aste ein grinsender Affe sitzt. An der südlichen Seite schmückt die Wange der heilige Christoph mit dem Jesuskinde. Ausserdem zeigen die Chorstühle neben tiefernsten Gestalten von Aposteln und Heiligen, eine Reihe humoristischer Anspielungen auf die menschlichen Leidenschaften, wie solche eben nur das 15. Jahrhundert zu schaffen vermochte.

Herr Bauinspektor Sommer hat der von ihm angefertigten Zeichnung nachstehende Bemerkung beigefügt:

„Das Chorgestühl des Doms gehört, wenn auch in conventionellen Formen des 15. Jahrhunderts gehalten, zu den prächtigsten unter den auf unsere Zeit gekommenen. Bei den öfteren Instandsetzungsbauten des Doms haben auch bei diesem Gestühl Reparaturen vorgenommen werden müssen, doch haben sie ihre Originalität stets bewahrt und sind als ein sinniger Schmuck des hohen Chors verblieben, der freilich leider durch die überaus dunklen Glasgemälde nur in einigen Morgenstunden einen belohnenden Genuss bietet.

Besonders reich sind die beiden Seitenwände unmittelbar hinter dem den Chorraum abschliessenden Gitter, rechts die verschiedenen Kulturarbeiten für den Weinbau, sehr oft als die bildliche Darstellung der 4 Jahreszeiten bezeichnet, womit sie sich allerdings fast genau dem Sinn und der Zeit nach decken; als Vorderwand das Madonnenbild als Relief; links, besser beleuchtet, ein Bilder-Cyclus von reichem Inhalt, zunächst ein Tournierähnlicher Ansturm eines mit Lanze und Schild bewaffneten Reiters zu Pferde gegen einen auf einer Sau sitzenden orientalisch gekleideten unbewaffneten Mann, wohl den Kampf des Christenthums gegen das Heiden- oder Judenthum darstellend. Unter diesem Reiterpaare ein von

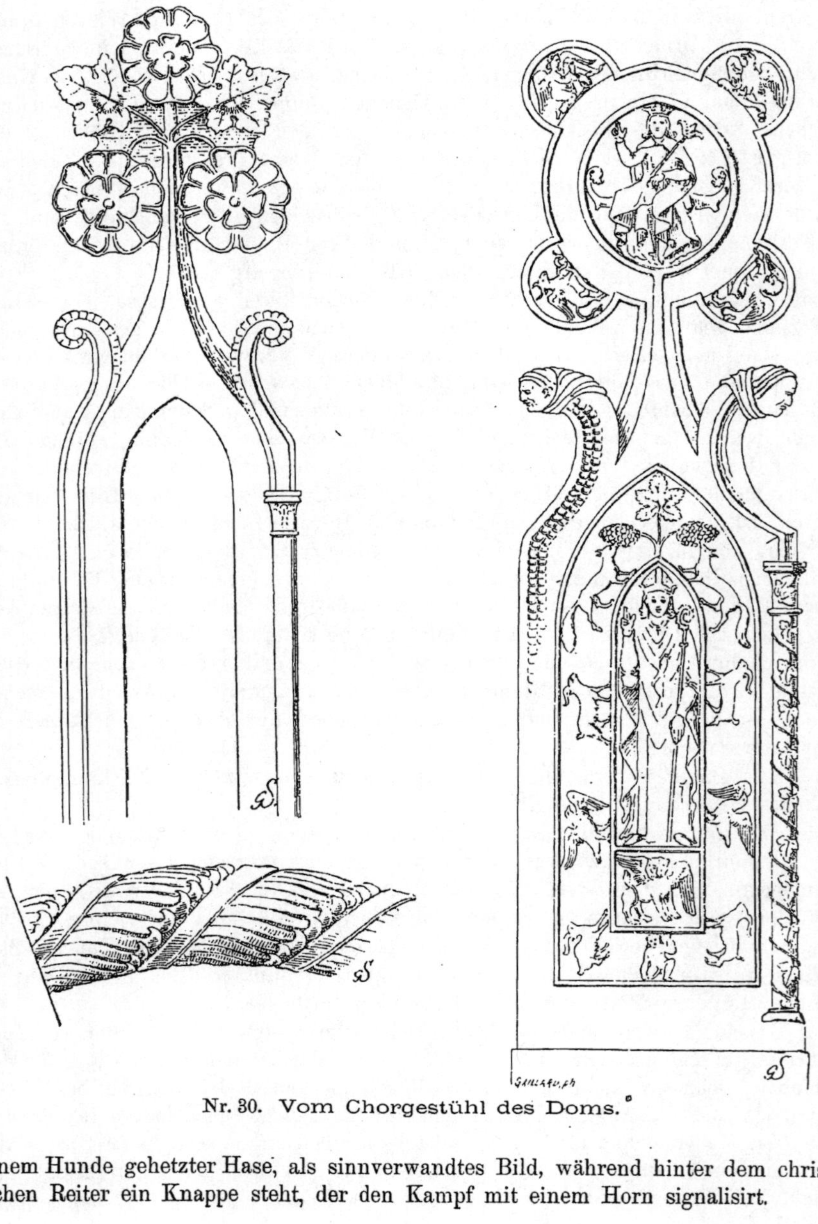

Nr. 30. Vom Chorgestühl des Doms.

einem Hunde gehetzter Hase, als sinnverwandtes Bild, während hinter dem christlichen Reiter ein Knappe steht, der den Kampf mit einem Horn signalisirt.

Zwischen den Reitern wächst ein reich geästelter Baum empor, der acht Medaillonbilder darstellt: zu oberst der König David mit der Harfe in singender

Nr. 31. Rückwände des Chorgestühls.

Stellung, darunter 4 Bilder mit je einem geflügelten Engel und 3 Bilder mit Genien ohne Flügel, sämmtliche 7 Figuren auf verschiedenen Musikinstrumenten spielend. Wir finden unter den letzteren die Geige, das Hackbrett, die Orgel, die Zither, den Dudelsack, die Flöte und das Glockenspiel vertreten.

Das ganze Geästel ist belebt durch allerhand Vögel, abentheuerliche Vierfüssler und Frauen.

Die Wange ist durch einen verwandten Ziergiebel und Rosetten bekrönt (Nr. 29).

Als Vorderwandabschluss ist zu unterst das Bild eines Bischofs in langem Relieffelde, umkreist von allerhand Thieren und oben bekrönt durch ein symbol-

Nr. 32. Vom Chorgestühl des Doms.

ähnliches Rundbild: inmitten der gekrönte Christus auf dem Throne, umgeben von vier kleinen Reliefs mit den Symbolen der vier Evangelisten. (Nr. 30 s. S. 98.)

Die Stühle oder „Ställe“ bilden die gewöhnliche Form von zwei Reihen hinter einander, die hintere eine Stufe höher als die vordere; hinter der oberen zieht sich eine lange Bretterwand hin, die einzelnen Sitze durch Backen und Lehnen getrennt, mit Ornamenten verziert und mit Spitzgiebeln überdacht, jedoch mit wechselnden Bildern. Wir finden, stets paarweise und sich anblickend folgende

Nr. 29. Chorgestühl des Doms (Prachtwange). (S. 100.)

Figuren vertreten: 2 Heilige, Baldachine tragend, zweimal — 2 Löwen mit Fahnen — 2 musicirende Jünglinge — 2 Panther mit Fahnen — 2 Weihrauch schwenkende Engel — 2 Engel mit Palmen — 2 Engel mit Wachskerzen zweimal — 2 Drachen (Nr. 31 s. S. 99) — 2 Löwen — 2 Engel mit Blumensträussen — 2 musicirende Engel — 2 Thürmchen dreimal — 2 Knappen — 2 Engel mit Weihrauchsfässern zweimal. Diese Figurenpaare der nördlichen Rückwand wiederholen sich auf der südlichen in ganz beliebiger, ziemlich planloser Reihenfolge.

Die Zugänge sind nach 6–8 Sitzreihen unten durch das Fehlen eines Sitzes möglich gemacht und eingefasst durch verzierte Abschlusswangen, die aus Blättern und Früchten in utrirter Grösse gebildet und zu unterst mit Knäufen und Masswerkreliefs ornamentirt sind" (Nr. 32 s. S. 100).

Minder reich wie an Werken der Sculptur ist die Marienkirche an solchen der Malerei.

An Wandgemälden, welche Erwähnung verdienen, enthält sie nur zwei, und zwar:

21. ein anscheinend dem Anfange des 15. Jahrhunderts angehörendes, im Tympanum der nach dem Hauptportale führenden Thüre des Kreuzschiffes befindliches Gemälde, welches den Erlöser in einer Strahlenglorie auf der Weltkugel darstellt;

22. das Kolossalbild mit dem h. Christoph, das bis an das Gewölbe der Kirche reicht und sich auf der Südwand des Langhauses über dem Gleichendenkmale befindet. Es wurde in Folge eines Gelöbnisses des Domdechanten Marcus Decker, der sich in Gefahr befunden auf einer Reise von den Fluthen der Werra verschlungen zu werden, 1499 von einem unbekannten Künstler ausgeführt. Bei den mehrfachen Restaurationen, welche das Gemälde erfahren, öfters übermalt, ist es nicht in seiner ursprünglichen Gestalt erhalten. Der Heilige, eine gewaltige Figur, schreitet, das Christkind auf der Schulter tragend, durch ein Gewässer, wobei er sich eines Baumstammes als Stab bedient. In dem Wasser zeigen sich Seeungeheuer, Meerweibchen und Fische. Am Ufer schreitet ein Eremit mit einer Laterne in der Hand. Ganz unten knieet der Stifter des Bildes in Domherrnkleidung, eine rothe Mütze in den betend erhobenen Händen haltend. Eine Beischrift, die sich früher neben der Jahreszahl befunden, ist verlöscht und nicht mehr zu entziffern auch nicht nach ihrem Inhalte überliefert. Oben enthält das Bild eine Ansicht des Doms.

Unter den in der Kirche befindlichen Tafelgemälden ist jedenfalls das bedeutendste:

23. die Vermählung der h. Katharina von Lucas Cranach dem älteren von 1509 (Nr. 33 s. S. 102). Es ist, wie alle Bilder dieses Meisters, auf Holz gemalt und hängt jetzt im Chore über der zur kleinen Sakristei führenden Thüre. — Maria, auf einem erhöhten Sitze, hält mit beiden Händen das auf ihrem Schosse stehende Christuskind, das der links sitzenden h. Katharina den Ring an den Finger steckt. Auf der andern Seite steht die h. Barbara. Ein von zwei blondköpfigen Engeln gehaltener grüner faltenreicher Sammtvorhang bildet den Hintergrund des Bildes, eines der edelsten, die Cranachs Pinsel geschaffen, das die lieblichsten Köpfe voll zarter inniger Empfindung und glühender Liebe zeigt. Es ist den Arbeiten des Francia zu vergleichen, denen es auch in der warmen, lebendigen Carnation, in der tiefen prachtvollen Färbung der Gewänder nicht nachsteht (Kugler, Gesch.

d. Maler, 3. Aufl. II, S. 519). Ein früherer Rahmen des Gemäldes soll die Inschrift enthalten haben: Johannes ab Hirschbach fecit. Lucas Cranach pinxit (Meyer, l. c. S. 28. Hartung, l. c. II, S. 17), wo sich der erste Name auf den Stifter bezogen

Nr. 33. Lucas Cranach Verlobung der h. Katharina.

haben wird, der einer Erfurter Patrizierfamilie angehörte und von dem unter andern auch ein heiliges Grab im Dome gestiftet war.

24. Das älteste im Dome vorhandene Gemälde ist unzweifelhaft die jetzt im Chore rechts vom Hochaltare aus, befindliche, auf Goldgrund gemalte symbolische Darstellung der unbefleckten Empfängniss, deren Entstehung noch dem 14. oder der ersten Hälfte des 15. Jahrhunderts angehört. Maria sitzt in einem Garten und liebkost das Einhorn, das von dem Engel Gabriel und seinen vier, die Tugenden

symbolisirenden Hunden ihrem Schosse zugetrieben wird und in diesem eine Zufluchtsstätte gefunden hat.

25. Die acht Pfeiler des Langhauses werden auf ihren dem Mittelschiffe zugekehrten Seiten von Gemälden umschlossen, die auf Leinwand gemalt, aber auf gekrümmte Holztafeln aufgespannt sind. Sie stammen aus der ersten Hälfte des 16. Jahrhunderts, wie die auf dem einen sichtbare Jahreszahl 1536 darthut und gehören der fränkischen Schule an. Ohne gerade Meisterwerke zu sein, erheben sie sich doch über den blos handwerksmässigen Betrieb. Sie enthalten Darstellungen aus der heiligen Geschichte und der religiösen Symbolik: den Stammbaum Jesu, die Messe des h. Gregor und eine allegorische Vorstellung der Transsubstantiation die sog. Hostienmühle; die durch ihre Attribute charakterisirten Evangelisten werfen Zettel mit den Einsetzungsworten des h. Abendmahls in den Trichter einer Handmühle, während die Apostel die Kurbel der Mühle drehn und die vier grossen Kirchenlehrer in einem Kelche das anstelle des Mehls aus der Mühle hervorgehende Christkindlein auffangen.

26. Dem 16. Jahrhundert entstammt auch das an der Kanzel angebrachte Bildniss Christi.

27. In dem Seitengange hängt ein gutes Gemälde, das, aber wohl mit Unrecht, dem Michael Wohlgemuth zugeschrieben wird (Beyer, l. c. S. 20).

28. Das grösste Tafelgemälde der Kirche, das des Hochaltars, entstammt einer neueren Zeit, denn es ist von einem im 18. Jahrhundert in Erfurt lebenden, sehr fruchtbaren und nicht talentlosen Künstler, Samuel Beck, ausgführt, jedoch nicht nach eigener Erfindung sondern nach der Skizze eines bedeutenden Malers der belgischen Schule, entweder des Rubens selbst oder doch eines der besseren Schüler desselben, vielleicht des Caspar de Crayer. Es stellt die Anbetung der Könige dar.

29. Noch mag hier des früheren Altarbildes der h. Blutskapelle, die h. Elisabeth darstellend, wie sie einer armen Frau und deren Knaben Wohlthaten erweist, gedacht werden. Bei diesem Gemälde verdient besonders die Darstellung der Frau Lob.

Unter den dem Kunstgewerbe angehörigen Merkwürdigkeiten, welche nicht bereits, wie die eherne Ampel und die Chorstühle, Erwähnung gefunden, sind nachstehende hervor zu heben.

30. Der Hochaltar, welcher 1706 errichtet ist (Reichard, Fortsetz. l. c. S. 8) und zu dessen Kosten der Stiftsdecan Petr. Theod. Jordan einen erheblichen Beitrag leistete, weshalb sich auch dessen Wappen daran findet, gehört mit seinen barocken Holzschnitzereien, geschnörkelten Ornamenten, gewundenen Säulen und 14 Heiligenfiguren, überhaupt seiner prunksüchtigen Ueberladung der Rococoperiode an. Wenn er in Folge dessen auch in scharfen Contraste mit dem Style seiner Umgebung steht, so ist doch nicht in Abrede zu stellen, dass er bei seiner stattlichen Höhe — er geht bis zum Anfange des Gewölbes — einen imposanten und pittoresken Anblick gewährt und nicht ungünstigen Eindruck macht, und es daher zu verschmerzen ist, dass der Plan ihn durch einen einfachen stylgemässen Altartisch zu ersetzen, wieder aufgegeben worden.

31. Das in gleichem Kunstgeschmack wie der Hochaltar gearbeitete Tabernakel verdankt seine Entstehung dem Jahre 1697, welche Jahreszahl an dem oberen Theile seiner Vorderseite angebracht ist.

32. Am Eingange in die Kirche vom Hauptportale aus hängt ein sehr zierlicher und äusserst sinnig aus Schmiedeeisen nnd Elensgeweihen gebildeter Kronleuchter. Eins dieser Geweihe trägt auf seinem Kronenstücke die vorzüglich in Holz geschnitzte Krönung Marias, die übrigen auf ihren weitgeschweiften Zacken die Lichthalter. Er entstammt dem 15. Jahrhundert.

33. Zu den Werken der Kunstindustrie müssen auch schon des verwendeten Materials — Pappmasse und Holz — wegen, so ausgezeichnet sie auch in ihrer Art sind, die Arbeiten des in der ersten Hälfte dieses Jahrhunderts lebenden Hofmodelleurs Karl Schropp aus Erfurt, später zu Bamberg, gerechnet werden. Es sind dies:

a. Ein grosser Kronleuchter im Chore. Er ist 6^{m} hoch, der radförmige untere Theil $4^{1}/_{2}{}^{m}$ im Umfange, $1^{1}/_{2}{}^{m}$ im Durchmesser; sein Gewicht beträgt 2 Centr. Er hat die Form eines altdeutschen Thurmes, der aus 32 Pfeilern und Thürmchen gebildet ist, enthält 18, je 44^{cm} hohe, Statuetten von Aposteln und anderen Heiligen und endigt oben in einer durchbrochenen Krone mit einer Blume, in die das Seil eingefügt ist. Er ist mit Bronzefarbe überstrichen, in spätgothischem Styl, unläugbar etwas überladen, übrigens aber eine treffliche Arbeit. Er wurde 1828 von dem Verfertiger dem Dome zum Geschenk gemacht.

b. Die Bekrönungen des in der ersten Nische des nördlichen Armes des Querschiffes aufgestellten Marienaltares, die eine Menge musicirender Engel aufweisen. Der Altaraufsatz selbst enthält jedoch ausser der Gottesmutter drei tüchtige ältere Werke der Holzschneidekunst, Reliefs mit der Geburt Christi, der Anbetung der h. drei Könige und der Ausgiessung des h. Geistes.

34. Ein aus Bergkrystall gefertigtes Kreuz mit sechs auf Pergament gemalten und eingelegten biblischen Scenen und statutarischen Heiligen. Dasselbe erhebt sich über einer mit Edelsteinen und Goldschmiedarbeit gefassten Säule, welche auf einem leuchterähnlichen Fusse steht und oben mit einem geschliffenen Achate endigt.

35. Eine Erwähnung verdient hier noch das trefflich geschmiedete Eisengitter, welches den Chor von dem Schiffe der Kirche trennt.

36. Ein sehr räthselhafter Gegenstand ist eine am Knöchel vom Arme abgelöste, in ein Netz von Silberdraht eingesponnene Frauenhand, die in der Schatzkammer des Doms aufbewahrt wird. Obwohl etwas zusammengetrocknet, zeigt sie doch keine Spur von Verwesung, vielmehr eine wunderbare Feinheit und Zartheit der Haut. Sie befindet sich in einem inwendig mit rothem Sammt ausgeschlagenen Gehäuse von dunkelfarbigem Chagrin mit Verzierungen in Goldpressung, das die spanische Inschrift trägt: Y mas buena de la mejor (Besser als das Beste). Der Styl der Ornamente weist auf das 16. Jahrhundert. Keine chronikale Nachricht, Urkunde oder mündliche Ueberlieferung belehrt darüber, wie dieses Kleinod in den Dom gelangt sei und was es bedeute. An eine Reliquie ist wohl kaum zu denken, da sonst darüber sicher eine Notiz auf uns gelangt sein würde.

37. Ein Evangeliar aus dem 15. Jahrhundert, dessen Datirung nicht vollständig zu entziffern ist, eins der ältesten Denkmäler romanischen Styls in Erfurt. Der Deckel enthält auf rothem Sammt in Silber Maria mit dem Kinde in einer Flammenglorie, umgeben von einem Rande mit Blumenarabesken.

38. Von Werken der Textilindustrie ist das interessanteste und älteste der gestickte Teppich mit Darstellungen aus Gottfrieds von Strassburg romantischem Epos Tristan. Derselbe hat sich ursprünglich in dem Benedictinerkloster zu Würzburg befunden, ist bei dessen Aufhebung von dem Prälaten Mildenberger erworben, demnächst aber als Geschenk des Dompropstes Würschmitt an den Dom gelangt. A. v. Eye (Anzeig. f. Kunde der deutsch. Vorzeit 1866 Nr. 1) bemerkt: „der fragliche Teppich im Dome zu Erfurt ist aus der Mitte des 14. Jahrhunderts mit einer gestickten Sagenreihe aus Tristan und Isolde, 12 Fuss 4 Zoll lang, 2 Fuss 6 Zoll par. Mass breit." Ueber den Gegenstand der Darstellungen kann kein Zweifel obwalten, da solcher sich aus den diese umgebenden Inschriften ergiebt: hie hebet sich dye materie vom tristram unde von der schon ysalden — hi ersleit he den worm — hie brengit der rote ritter daz hobt vor den kong — hi vint ysalde tristram in dem rore — hi wist tristam di sunge dem konge — hi vart t'rstram di schon ysalden mit em heym szu lande — hi rit tristram von hove — hi kumt ysalde zu tristram in den garte.[1] — Diese Beischriften ergeben zugleich, welche Scenen aus dem Gedichte dargestellt sind. Die Sprache jener deutet auf Franken, wohin auch der frühere Aufbewahrungsort weisst. Die Zeit der Entstehung dürfte in die Jahre 1370—1380 fallen (Kruspe, Beil. z. Erf. Tagebl. 1882 Nr. 7 u. 8). Schnaase, der (l. c. IV, S. 271) ausführlich über die Benutzung des Sagenkreises von der Tafelrunde für die kirchliche Kunst des Mittelalters handelt, insbesondere aber (ib. VI, S. 483) dessen Verwendung bei der Anfertigung von Teppichen zum religiösen Gebrauch bespricht und dabei unter anderm bemerkt, dass die sentimentale Richtung der Zeit soweit gegangen sei, dass grosse Nonnenklöster sich anhaltend damit unterhalten hätten, die bedenklichsten Momente aus der Geschichte von Tristan und Isolde auf Teppiche zu fixiren, führt (l. c. S. 479) eine Reihe anderer noch vorhandener Arbeiten dieser Art auf. Es kann kaum einen Zweifel unterliegen, dass auch der hier in Rede stehende Teppich aus einem der Nonnenklöster Frankens hervorgegangen ist.

39. Aus dem Peterskloster sind in den Dom einige Stickereien gelangt, die der Ueberlieferung nach von der h. Elisabeth eigenhändig angefertigt sind. Sie bestehen in einem Kreuze in dem violetten Messgewande Nr. 1 und in den Emblemen und Verzierungen auf drei Mundtüchern. Ist die Ueberlieferung begründet, was freilich dem Zweifel unterliegt, so würde die Entstehungszeit in das erste Dritttheil des 13. Jahrhunderts fallen. — Aus dem nämlichen Kloster stammt auch ein Messgewand, dass von einer Gräfin von Gleichen zum Dank für die glückliche Heimkehr ihres Gemahls aus einem Kreuzzuge gestickt sein soll.

40. Die Sakristei des Domes bewahrt auch sonst noch eine grosse Anzahl prächtiger, schön gestickter Messgewänder, darunter eine reich in Seide gestickte glockenförmige Casula in romanischem Style, die eine grosse Anzahl von Heiligen in drei Reihen geordnet und meistens paarweise von einer Umrahmung

[1] Hier hebt sich an die Geschichte von Tristan und der schönen Isalde — Hier erschlägt er den Lindwurm — Hier bringt der rothe Ritter das Haupt des Lindwurms dem Könige. — Hier findet Isalde Tristan in dem Röhricht — Hier weisst Tristan die Zunge des Lindwurms dem Könige vor. — Hier führt Tristan die schöne Isalde mit sich heim zu seinem Lande — Hier reitet Tristan vom Hofe (des Königs Marks) weg — Hier kommt Isalde zu Tristan in den Garten.

reich verzierter Säulen und Rundbogen umfasst, zeigt und ein glänzendes Zeugniss für den Geschmack und die Kunstfertigkeit zur Zeit der Entstehung, die wohl in das 12. Jahrhundert fallen mag, ablegt.

41. Noch muss der im Dome befindlichen Gobelins gedacht werden. Der im Südschiffe hängende, eine Anbetung der h. drei Könige, ein Produkt des Kunstgewerbes aus dem 16. oder 17. Jahrhunderte, zeichnet sich durch die Naivetät seiner Darstellungen aus. Ein zweiter über dem Harrasschen Grabsteine befindlicher mit Christus, der die Kinder zu sich kommen lässt, ist etwas jüngeren Ursprungs.

42. Der bei der Fronleichnamsprocession gebrauchte Baldachin enthält in farbiger Stickerei die Wappen des Erzstifts Mainz und seiner Suffraganbisthümer.

43. Ganz besonders zeichnete sich unter den dem Dome gehörenden kostbaren Paramenten die grosse Processionsfahne aus, welche mit dem Namen der Rathsfahne bezeichnet wurde. Sie war aus schwerem festen Seidenzeuge gefertigt und mit schöner Malerei geschmückt. Auf der vorderen Seite befand sich auf hellockerfarbigem Grunde unter einem mit Masswerk in spätgothischem Style reich geziertem, auf schlanken Säulen ruhenden Baldachin, das Bild der gekrönten Himmelskönigin in einer Glorie auf dem Halbmond stehend, umgeben von Symbolen und Brustbildern von Aposteln und Propheten sowie Wappen. Auf der Rückseite war das Bild des h. Martin. Die Anfertigung dieser Fahne erfolgte in der Mitte des 15. Jahrhunderts (Herrmann, Das Wappen und die Siegel der Stadt Erfurt. Mittheil. d. Ver. f. d. Gesch. v. Erf. I, S. 63–69). Das Original derselben ist jedoch nicht mehr vorhanden, und an seine Stelle eine im 18. Jahrhundert angefertigte Copie getreten.

Die Glocken.

Die Glocken des Doms, deren Zahl gegenwärtig, einschliesslich der vier sog. Silberglocken, neun beträgt, befinden sich in den drei Thürmen und zwar in dem mittleren die grosse Glocke, die Gloriosa, und über dem Gewölbe, dass diese überdeckt, die Silberglocken, im südlichen der Joseph, der Christoph und der Johannes, in dem nördlichen aber die h. Dreifaltigkeit und der Andreas.

Der Aufstieg zu den Glocken findet vermittelst einer Freitreppe im östlichen Arme des Kreuzganges statt. Er geht von dort in mehreren durch Holzstiegen gebildeten Absätzen, deren einer durch ein Fensterchen einen Einblick in die Tiefe des Chors bietet, nach einem Boden, auf dem sich das Triebwerk der Uhr befindet und von dem aus Thüren in die Seitenthürme führen. Eine zwar schmale und etwas unbequeme aber durchaus sichere Treppe im Innern der Mauer geht zu dem starken Gewölbe, in welchem, getragen von einem mit den Mauern nicht verbundenen Hängewerke, die grosse Glocke sich befindet.

Wann der Dom zuerst eine Glocke erhalten habe, ist nicht bekannt, denn es lässt sich nicht bezweifeln, dass die 1251 gegossene grosse Glocke nicht überhaupt seine erste gewesen. Hogel (Chron. S. 153, 154) und nach ihm Falkenstein (Thür. Chron. II, S. 987) und Erhard (l. c. S. 181) berichten, dass das Marienstift 1251 eine Glocke habe giessen lassen, die mehr als 270 Centr. im Gewichte gehabt, deren Taufe der Bischof Dietrich von Naumburg, Bruder des Markgrafen Heinrich des Erlauchten von Meissen, vollzogen, die den Namen Gloriosa erhalten und bis 1472 gedient habe, wo sie bei dem Brande zugrunde gegangen sei. Er fügt hinzu, dass ihr Ton an Stärke den der von Gerhard de Wou gegossenen übertroffen habe.[1] Jenes ist nun nicht richtig, vielmehr musste jene erste Glocke durch eine 1307 in translatione b. Benedicti abbatis (11. Juli) gegossene ersetzt werden (Chronic. Sampet. p. 149. Nic. d. Siegen, l. c. p. 374); sie erhielt gleichfalls, als sie 1308 „von dem Prälaten" getauft wurde, den Namen Gloriosa (Hogel, l. c. S. 261. Friese, l. c. I, p. 93[s]. Gudenus, Hist. p. 76). Doch auch sie musste schon 1363 umgegossen werden.[2] Bei dem bereits oben erwähnten 1416 in vigilia S. Martini (10. Nov.) durch die Unvorsichtigkeit der Läuter verursachten Brande ging diese gleichfalls zu Grunde (Joh. Rothe, Düringsche Chron., herausg. von Liliencron S. 655. Nic. de Siegen, l. c. S. 419), worauf im Jahre 1423 der vierte Guss erfolgte.[3] Auf diesen ist es zu beziehen, wenn Hogel (l. c. S. 693) berichtet, dass sie ein grösseres Gewicht gehabt habe als die zu seiner Zeit vorhandene und ihr eiserner Klöppel noch auf dem Thurme liege.[4] Doch auch diese Glocke wurde durch den

---

[1] Beyer und Böckner (l. c. S. 130 und 170) haben es in Zweifel gezogen, dass schon 1251 der Guss einer grossen Glocke stattgefunden, und vermuthen, dass eine Verwechselung mit dem Glockenguss von 1308 obwalte. Böckner beruft sich hierbei darauf, dass Hogel selbst an anderer Stelle den Guss in das letztgenannte Jahr setzte, dass sich überhaupt in Folge flüchtiger Arbeit für Thatsachen aus früherer Zeit zweifelhafte Zeitangaben bei ihm fänden und dass er wohl sich hier eine Verwechselung mit dem um diese Zeit stattgefundenen Glockenguss für das Peterskloster habe zu schulden kommen lassen, dass ferner das Chronicon Sampetrinum, das diesen mit zweifelloser Deutlichkeit berichte, den gleichzeitigen Guss einer grossen Glocke für den Dom nicht erwähne, wohl aber die Nachricht bringe, dass 1307 in translatione b. Benedicti abbatis (11. Juli) die prächtig klingende Glocke Gloriosa bei der Kirche St. M. Virginis gegossen sei. — Hiergegen ist jedoch zu erinnern, dass Hogel durchaus nicht zu den flüchtigen Schriftstellern gehört, und sein Werk durchgängig aus älteren, theilweise nicht mehr vorhandenen Urkunden und anderen zuverlässigen Quellen geschöpft ist, dass der erwähnte Glockenguss für das Peterskloster 1246 und 1247, nicht aber erst 1251 stattgefunden hat, dass die Nichterwähnung des Gusses im Chronicon Sampetrinum sehr erklärlich ist, da dem Chronisten des Petersklosters die für dieses gegossenen Glocken viel näher lagen als die für eine fremde Kirche, und dass sehr gut eine Glocke in einem Zeitraum von mehr als funfzig Jahren, von 1251—1307, unbrauchbar geworden sein und ein Umguss sich nöthig gemacht haben kann, wie denn u. a. die 1247 für das Peterskloster gegossene bereits 1248 und wiederholt 1255 umgegossen werden musste. Auch Engelhusius (bei Menken, Scr. T. II) stimmt mit Hogel überein, wenn er die 1363 gegossene und 1416 zugrunde gegangene Domglocke die tertia Gloriosa nennt; wenn auch darauf, dass Friese (l. c. I. S. 95) eines Glockengusses von 1250 gedenkt, kein grosses Gewicht gelegt werden soll, da wohl hier, wie so oft, Hogel sein Gewährsmann sein wird, so ist es dagegen entscheidend, dass Bischof Dietrich von Naumburg, welcher die erste Glocke getauft hat, eine Angabe, deren Richtigkeit in Zweifel zu ziehen kein ausreichender Grund vorliegt, der 1242 den bischöflichen Stuhl bestieg, bereits am 22. September 1272 verstorben ist, also unmöglich 1307 eine Glockentaufe vorgenommen haben kann. Eine Unrichtigkeit hat sich Hogel also nur in sofern zu schulden kommen lassen, als er angegeben hat, die 1251 getaufte Glocke habe bis zum Brande von 1472 gedient, während dies erst ihre dritte, 1423 gegossene Nachfolgerin war.

[2] Fusa fuit campana Gloriosa quae periit. Engelhus. l. c.

[3] Refusa est tertia Gloriosa. Engelhus. l. c.

[4] Er liegt auch noch gegenwärtig auf dem nördlichen Thurm und hat eine Länge von 7' 2" rhein., so dass er den der jetzigen Gloriosa etwas an Länge übertrifft und die Angabe, dass die Glocke, zu der er gehörte, schwerer gewesen, als die gegenwärtige, nicht unwahrscheinlich ist.

grossen Brand von 1472 vernichtet (K. Stolle, l. c. f. 156 v.) und durch eine neue ersetzt, ein Werk des Meisters Claus von Mühlhausen, der jedoch selbst den am S. Cyriaxabende (7. August) 1477 erfolgten Guss nicht mehr erlebte, da er noch in jungen Jahren angeblich durch Gift, das die Erfurter Glockengieser ihm aus Brodneid beigebracht, dahingerafft, in derselben Stunde zu Grabe getragen wurde (K. Stolle, l. c. f. 220 v.). Aber auch diese fünfte 200 Ctr. schwere Glocke wurde sehr bald unbrauchbar, da sie einen Sprung bekam (Hogel, l. c. S. 123) und so wurde denn durch den berühmten Glockengiesser Gerhard Wou von Kampen in Holland, nachdem schon in dem vorhergegangenen Jahre mit den Vorarbeiten begonnen war, in der Nacht vom 7. zum 8. Juli (in nocte Kiliani) 1497 die sechste grosse Domglocke gegossen, welche sich bis auf die Gegenwart erhalten und bei der am Tage Mariä Himmelfahrt (15. August) 1498 oder, wie andere Berichte angeben, am Montag nach Trinitatis (11. Juli) durch den Weihbischof Johann Bonnemilch von Lasphe, unter dessen Oberleitung auch der Guss erfolgt war, bewirkten Weihe wiederum den Namen Gloriosa,[1] den alle ihre Vorgängerinnen geführt, erhielt.

Sie ist, wenn auch jetzt nicht überhaupt die grösste Kirchenglocke Deutschlands, so doch die grösste, die aus dem Mittelalter zu uns gelangt ist (Tettau, Der Meister und die Kosten der grossen Domglocke in Erfurt. Nachtr. S. 5), in jeder Beziehung ein Meisterwerk der Glockengiesserkunst und ihr Ton so stark, dass er bei nicht ungünstiger Windrichtung in einer Entfernung von drei Meilen noch vernommen werden kann.

Ihr Durchmesser beträgt am Unterrande 8′ 2″ 6‴ rh., oben 4′ 1″ 3‴, die Stärke des Schlagstückes (Anschlag des Klöppels) 7″, die Höhe, vom Unterrande bis zur Platte schräg gemessen 6′ 6″ 6‴ das Gewicht 275 Ctr. Das Glockengut enthielt 80 Prozent Kupfer und 20 Prozent Zinn, sonst aber keine Beimischung, namentlich kein Silber, wie man es früher des schönen Tones wegen, geglaubt hatte. Der eiserne 7′ 1″ lange Klöppel hat ein Gewicht von 11 Ctr. Es sind 18 Personen erforderlich um die Glocke zum Läuten zu bringen und es wird daher der Kosten wegen dieselbe nur an den Vorabenden der hohen Feste und bei sonstigen besonderen Veranlassungen geläutet. Ihr Grundton ist das grosse E, des jetzt üblichen Kammertons (Gleitz, l. c. S. 13 ff.). Wenn sie zusammen mit den Silberglocken geläutet wird, so giebt dies die phrygische Tonleiter.

Die Kosten des Gusses haben ohne den Werth des Materials ihrer Vorgängerin, was dabei wieder verwendet wurde, aber einschliesslich des der mit ihr zusammen gegossenen Osanna, 18,157 M. 15 Pf. betragen und würden sich nach den heutigen Preisen der Materialien und des Arbeitslohns im Verhältnisse zum Werthe der Edelmetalle etwa auf das Dreifache belaufen.

Die Glocke zeigt das Reliefbild der Himmelskönigin in ganzer Figur, das Christkind mit beiden Armen haltend, eine Krone auf dem Haupte, stehend auf der Mondsichel, in einer flammenartigen Glorie; darüber ein Blätterkranz, sodann, eingefasst von zwei Streifen mit Rosetten, die Inschrift, ganz oben ein Kranz von

[1] So ist nach alten glaubwürdigen Zeugnissen ihr Name, und nicht: Maria Gloriosa, wie sie häufig genannt wird, noch viel weniger aber: Susanna, eine Benennung die lediglich auf einer Verwechselung mit der gleichzeitig mit ihr für den Dom gegossenen Osanna beruht.

Lilien. Die Inschrift, in spätgothischer Minuskel, bildet in ihrem Hauptheil eine sapphische Strophe. Sie lautet:

Laude patronos cano gloriosa
Fulgur arcens et daemones malignos
Sacra templis a populo sonanda
carmine pulso.
Gerhardus Wou de Campis me fecit anno domini mcccccxcvii.

(Ich singe mit glorreicher Lobpreisung die Schutzheiligen, indem ich den Blitz abhalte und die boshaften Geister, berufe mit meinen Schlägen zu der vom Volke mit Gesang im Tempel zu begehenden heiligen Handlung. Gerhard Wou von Kampen verfertigte mich im Jahre des Herrn 1497.)

Um die Glocke an ihren gegenwärtigen Platz zu befördern, mussten sämmtliche Gewölbe des Thurmes durchbrochen werden. Dass sie durch das starke Gewölbe, in welchem sie hängt, davor bewahrt worden ist, der Feuersbrunst von 1717 zum Opfer zu fallen, ist bereits erwähnt.

Gleichzeitig mit der Gloriosa wurden von Gerhard Wou noch zwei andere Glocken gegossen, für den Dom die Osanna und für die Severikirche die Vincentia. Alle drei bildeten zusammen einen Dreiklang. Den Accord e, gis und h (ut — mi — sol).

Die Osanna ist aber nebst sechs anderen Glocken, im Gesammtgewichte von 400 Ctnr. bei dem Brande von 1717 geschmolzen. Doch ist das Metall derselben wenigstens theilweise bei dem Gusse der zum Ersatz angeschafften fünf Glocken, mit denen zum ersten male in vigilia nativitatis Mariae (7. Sept.) 1721 geläutet ward, wieder zur Verwendung gekommen. Drei derselben, die der Domdechant Christoph Mathias aus Brakel gestiftet und Nic. Jonas Sorber von Erfurt 1720 gegossen hat, hängen in dem südlichen Thurme. Der Joseph, Ton a, $65^1/_2$ Ctnr. mit der Inschrift:

> Christophorus Mathias Braculensis Westphalus hujus Ecclesiae Collegiatae B. M. V. Decanus et Senior Canonicus Capitularis hancce campanam in honorem S. Joseph mediis suis fundi curavit die XXI. Martii 1720 Goss mich Nicolaus Sorber.

Der links hängende Christoph, Ton d, $27^1/_2$ Ctnr. wiegend, hat die Inschrift:

> Sumptibus itidem Decani Chr. Mathias sub nomine Christophori campana haec consecrata fusa est d. 23. Julii 1720.. Sorber goss mich.

Bei dem rechts hängenden Johannes, Ton e, 19 Ctnr. schwer, lautet die Inschrift:

> Haec campana S. Johanis Baptistae nomine insignata sumptibus etiam Decani Christophori Mathias fusa est d. 23. Julii 1720. N. J. Sorber goss mich.

Die beiden in dem nördlichen Thurme hängenden Glocken sind auf Kosten des Domcapitulars Andreas Ewald beschafft. Es sind dies:

Die Dreieinigkeit, Ton g, von 82 Ctr. Gewicht mit der Inschrift:

> Andreas Ewalt Hohenganderanus Eichsfeldiacus hujus Ecclesiae Collegiatae B. M. Virg. Canonicus Capitularis quondam Parochus hanc quoque

campanam in honorem Sanctissimae Trinitatis sumtibus suis fundi curavit. Erff. 10. Julij 1721. Sorber.

und der Andreas, Ton c, 31 Ctner. 71 Pfund schwer, mit der Inschrift:

Andreas Ewalt Hohenganderanus Eichsfeldiacus hujus Ecclesiae Collegiatae B. M. V. Canonicus Capitularis quondam Parochus hanc campanam in honorem S. Andreae Apostoli sumtibus suis fundi curavit. die 22. Octobr. Anno 1720. J. N. Sorber goss mich.

Von den vier sog. Silberglocken, so geheissen, weil nach einer, allerdings nicht verbürgten, Annahme ihr Glockengut Silber enthält, die theilweise durch Ankauf vom Peterskloster an den Dom gelangt sind, ist die eine ohne jede Inschrift. Von den übrigen führt eine, zur Zeit unter allen Glocken des Doms die älteste, die Inschrift:

Anno Dom. mcccxlıı hilf Got . Maria berot . ihs . Bauttebon.

eine zweite die:

Anno Dom. mccclxxix Maria.

die dritte die:

Anno 1628. 18. Augusti fusa est haec campana in honorem SS. Cosmae et Damiani subr. D. N. V. Rbano H. un. Decano et Magistr. fabricae Ecclesiae B. Mariae Virginis. Durchs Feuer floss ich, Jacob König in Erfurt goss mich. Laudate Deum in cymbalis bene sonantibus, laudate eum in cymbalis jubilationis. Omnis spiritus laudet Dominum.

Noch mag einer Glocke hier gedacht werden, die bereits bei dem Brande von 1717 nicht mehr existirte, deren Name: der Wolf, aber mancherlei Verwirrung in die Erfurter Glockenkunde gebracht hat, wie denn u. a. Falkenstein (Hist. S. 442) erzählt, dass Ehrhardt von Campe, wie er den Meister der Gloriosa nennt, gleichzeitig mit dieser noch zwei andere Glocken, die Osanna und den Wolf für den Dom gegossen habe, und in der Friseschen Chronik I, S. 93ᵇ bei der Erzählung des Glockengusses von 1308 der Name Gloriosa durchstrichen und darüber geschrieben ist: der Wolff. Bei Falkenstein muss an die Stelle seines Wolfes unzweifelhaft die für die Severikirche gegossene Vincentia treten (Tettau, l. c. S. 5); indess hat eine der Wolf genannte Glocke wirklich im Dome existirt. Wann und von wem dieselbe gegossen sei, ist nicht bekannt; wir wissen nur, dass sie sich in dem südlichen Thurme befunden hat, gesprungen ist, anscheinend im Jahre 1665 (Böckner, l. c. S. 212), und an ihre Stelle 1681 eine von Jacob Pappe aus Erfurt gegossene, Joseph genannte, Glocke trat. Jenen Namen soll sie davon erhalten haben, dass ein Reisender, von einem Wolfe angefallen, gelobt hatte, wenn er aus dieser Gefahr entkomme, der Jungfrau Maria in ihrer Kirche in Erfurt eine Glocke zu stiften, was denn auch geschehen sei (Friese, l. c. V. S. 1602). Der in die Stelle des Wolfs getretene Joseph, der ein Gewicht von 57 Ctnr. hatte, gehörte zu den bei dem Brande von 1717 geschmolzenen Glocken. (Beschreibung und Inschrift in Auerstädt, Dissert. hist. de campanarum materia et forma (Jen.) 1685 p. 38 und Friese, l. c. IV, S. 1286).

b. Die Severikirche.

Literatur.

Oppermann, M. Der h. Severus von Ravenna, Patron der Stifskirche zu Erfurt. Sein Leben u. s. w. Paderborn 1878. — Mülverstedt, Hierographia Erford. S. 150, 151. — Falkenstein, Thüring. Chron. Abth. II. Th. II, S. 999—1010. Allgem. Thüring. Vaterlandskunde, 1822. — Hartung, Häuserchron. Th. II, S. 354—367.

Geschichte.

Es ist nicht mit Sicherheit bekannt, wann das Colegiatstift S. Severi, dessen Kirche die Severikirche gebildet hat, gegründet sei, doch kann man annehmen, dass die Angabe Frieses (Chron. I, S. 105[h]) sowie Falkensteins (Histor. S. 10), dass die S. Blasiuskapelle, „die an der Stelle sich befunden, wo jetzo das Stift S. Severi fundirt," das erste kirchliche Gebäude in Erfurt gewesen und darin im Jahre 596 die erste Messe abgehalten worden sei, dass ferner um 700 Adeodatus sich auf Veranlassung des Bischofs Wingbrecht von Mainz nach Erfurt begeben und bei der gedachten Kapelle als Einsiedler niedergelassen, der Frankenkönig Dagobert III. auf seine Bitte ihm einen Benedictinermönch Drutmann oder Trinkundum zum Beistand geschickt und die Blasiuskapelle in ein Nonnenkloster des heil. Paulus umgewandelt, vielleicht nicht durchgängig alles Grundes entbehren, obwohl die genannten Schriftsteller, die sich auf eine geschriebene Erfurter Chronik berufen, nicht darauf Anspruch machen können, als eine entscheidende Quelle angesehen zu werden.

Als feststehend kann man aber ansehen, dass im Jahre 836 an der fraglichen Stelle ein Benedictiner-Nonnenkloster, Hochkloster (Altum monasterium) genannt, gestanden habe, in dessen, dem h. Paulus gewidmeter Kirche am XI. Kld. Novbr. (22. Oktob.) genannten Jahres auf Veranlassung des Erzbischofs Otgar von Mainz die Gebeine des heiligen Severus übertragen wurden. Denn der Priester Liutolf, der wahrscheinlich ein Mainzer Kleriker, sicher aber ein Zeitgenosse dieser Begebenheit war, also als zuverlässiger Zeuge gelten kann, berichtet dies in seiner Lebensbeschreibung des h. Severus (Jaffé, Biblioth. rer. Germanis. T. III.: Monumenta Mogunt. p. 517) und auch in den Jahrbüchern des Lambert von Hersfeld, obwohl in einem Erfurter Zusatze (Lambert. Hersfeld. Annal. ex receus. Hessii. Edit. alt. p. 14) sowie in dem Liber chronicor. (Erford) edid. Wendt (Zeitschrift des Vereins für Thüring. Geschichte N. F. IV, S. 249), nur dass hier das Ereigniss in das Jahr 842 gesetzt ist, wird das nämliche erzählt. Der erwähnte Liutolf giebt auch an, dass der Erzbischof Carl von Mainz auf die Bitten der Nonnen im Altmünster einen Theil der Gebeine der h. Innocentia, der Tochter des h. Severus, in dieses Kloster übertragen habe, was nach Lambert (l. c. S. 15) 858 geschehen ist. Die Reliquien der h. Vincentia, der Gattin des h. Severus, befanden sich gleichfalls daselbst, doch ist nicht bekannt, wann sie dorthin gelangt sind, vielleicht ist dies erst am Anfange des 14. Jahrhunderts geschehen (Oppermann, l. c. S. 34); ihre erste authentische Erwähnung findet sich sogar erst in der 1433 von dem Erzbischof Konrad von Mainz über die kirchliche Feier des Severifestes erlassenen Verordnung (Gudenus, Cod. Dipl. IV, p. 205. Oppermann, l. c. S. 151—153).

Dass der Umstand, dass die Gebeine des h. Severus sich hier befanden, zu der Entstehung des dessen Namen führenden Kollegiatstiftes und der dazugehörenden Kirche Anlass gegeben, lässt sich nicht bezweifeln, über die Zeit wann solche erfolgt sei, lassen uns die Quellen wieder völlig in Ungewissheit. Wenn Hogel angiebt, dass 935 auf Veranlassung des Königs Heinrich das Nonnenkloster S. Pauli in ein Stift für regulirte Chorherren verwandelt wäre, so kann dies schon deshalb nicht richtig sein, weil eine derartige Umwandlung nie stattgefunden hat, vielmehr beide Anstalten lange Zeit neben einander bestanden haben (Beyer und Böckner, Gesch. der Stiftskirche B. M. Virg. Mülverstedt l. c. S. 150). So viel kann man jedoch als feststehend ansehen, dass die Gründung des Severistiftes vor 1080 stattgefunden haben muss. Denn das Chronic. Sampetrin. p. 10 erzählt unter diesem Jahre, dass die Stadt Erfurt von dem Heere König Heinrichs IV. angezündet worden, wobei auch die Klöster des h. Petrus auf dem Berge und des h. Severus mit Vielen, die darin Zuflucht gesucht, verbrannt wären. Dieselbe Nachricht, nur mit der Massgabe, dass die Thatsache hin und wieder beim Jahre 1079 erwähnt wird, findet sich auch in den Annal. S. Petri Erphord. (Pertz, Monumenta. Scr. XVI, p. 15), dem Erphord. antiquitt. variloquus (Menken Scr. II, S. 461 ff.), dem Siffridus presbyter de Ballhusen (Mon. Scr. XXV, p. 699) u. a. m., worauf jedoch kein grosses Gewicht gelegt werden soll, da diese Schriftsteller alle das Chron. Sampetrin. ausgeschrieben haben. Böckner (Das Peterskloster I, p. 7 Anm. 21) sucht darzuthun, dass der Brand in dem Winter von 1079 auf 1080 stattgefunden haben müsse.

Darüber, wann die Wiederherstellung der Stiftsgebäude erfolgt sei, fehlt es zwar an jeder Nachricht, doch lässt sich nicht bezweifeln, dass dies sehr bald geschehen.

Die erste urkundliche Erwähnung des Stiftes findet sich erst in einer Verordnung von 1121 wegen der durch den Propst zu vertheilenden täglichen Präbenden der Chorherren (Erhard, Erfurt S. 190).

Kurze Zeit darauf, 1123, erbaute Erzbischof Adalbert I. von Mainz auf dem Severihofe eine Burg, das sog. Krummhaus, und verlegte, um den hierzu erforderlichen Platz zu gewinnen, das Benedictinerinnenkloster auf den Cyriaxberg.[1]

Im Jahre 1133 stattete derselbe das Severistift, insbesondere das Cantorat desselben, mit einer Anzahl von Grundstücken im Hirschbrühl aus.[2]

---

[1] Liber cronic. (Erford) l. c. S. 249. Engelhusii, Chronic. Erford l. c. Nic. de Siegen, l. c. p. 293. Nach dem Erphurd. antiquitt. variloquus l. c. ist dies 1124 geschehen. Wenn Puttrich l. c. S. 14 die Verlegung in das Jahr 1142 setzt und hinzufügt, dass in demselben Jahre die grosse Feuersbrunst, durch die Stift und Kirche zerstört wurden, stattgefunden habe, so beruht dies lediglich auf einem Versehen. — Ueber die Lage der Bischofsburg sowie des Nonnenklosters, auf dessen Platze sie errichtet wurde, sowie über die Frage, wie weit die erstere mit der Stiftskirche in Verbindung gestanden, vid. Dominikus l. c. I, S. 92. Kirchhoff, Weisthümer S. 54 u. 312. Böckner, l. c. S. 180 ff. Tettau, Beiträge S. 170. 171.

[2] Die betreffende, auch für das Institut der Freizinsen sowie für die ältere Topographie von Erfurt wichtige Urkunde vom XIV. Kld. Julii (18. Juni) 1233 ist vielfach gedruckt, so bei Falkenstein, Hist. S. 58 und Thüring. Chron. I. S. 108, vollständiger in Gudenus, Cod. diplom. I, p. 108 vid. Schultes Director. diplomat. sub hoc anno. Michelsen, Der Mainzer Hof S. 3—6, am besten aus dem Original in Fabers Abhandlung von den Freygütern S. 71, 72.

Aber bereits kurz nachher, 1142, wurde das Stift, zugleich mit dem Peterskloster, vielen anderen Kirchen und einem grossen Theile der Stadt von neuem durch eine Feuersbrunst verzehrt.[1]

Die Herstellung muss damals, wohl wegen beschränkter Mittel, in einer wenig dauerhaften Weise erfolgt sein. Denn, nachdem noch nicht hundert Jahre verflossen waren, bezeugt bereits der Bischof Wilhelm von Havelberg in einem im zwanzigsten Jahre seines Pontificats (1239) erlassenen Ablassbriefe, dass die Severikirche dem Einsturze drohe und die Stiftsherren sie desshalb herzustellen wünschten, und 1270 war dieselbe in einen so baufälligen Zustand gerathen, dass ihr Neubau zur unbedingten Nothwendigkeit geworden war. Die Mittel hierzu wurden durch Sammlungen in allen deutschen Landen beschafft.[2]

Durch diese mit Zuhülfenahme der Einkünfte von dem damals schon bedeutenden Vermögen des Stiftes konnte bis 1278 der Neubau so weit geführt werden, dass ein gewisser Abschluss erreicht war und der alte Chor der Kirche, der sich bis zu der Kanzel erstreckte, eingeweiht und in Benutzung für den Gottesdienst genommen werden konnte.[3] Dieser östliche Theil des Gebäudes entspricht denn auch dem am Schlusse des 13. Jahrhundert üblich gewesenen Kirchenbaustyle. Der völlige Abschluss des Baus dürfte sich aber noch über 1295, dem Zeitpunkt des letzten zur Sammlung von Beiträgen ertheilten Gnadenbriefes hinausgezogen haben und in den Anfang des 14. Jahrhunderts (etwa 1330) fallen, da die wesentlich reicheren Formen des Langhauses dieser Zeit entsprechen.

So reichlich aber auch die Beträge gewesen sein mögen, welche durch jene Kollekten und sonst dem Kirchenbaufonds zuflossen, so reichten sie doch nicht aus, um den ursprünglichen Plan vollständig durchzuführen; denn noch vorhandene Spuren beweisen, dass es in der Absicht gelegen, der Kirche auch gegen Westen einen Chorabschluss zu geben und auch die östliche Choranlage, die bei

---

[1] Nach dem Chronic. Sampetrin. p 27 und Nic. de Siegen l. c. p. 319 am VII. Idus (9.) Maji, nach den Annal. S. Petri Erford. l. c. am VIII. Id. (6.) Junii. Vergl. über diesen Brand den Erphordian. antiquitt. variloquus l. c. p. 477.

[2] Collektenbrief des Erzbischofs Werner von Mainz zu Gunsten der Herstellung der Stiftskirche St. Severi und Erlass an die Geistlichen der Dekanate St. Marien und St. Severi zu Erfurt, zu Jechaburg und zu Dorla mit der Anweisung: denjenigen, welche die Stiftskanoniker von St. Sever zum Sammeln von Beiträgen aussendeten, förderlich zu sein; 1273, XVIII. Kld. Septbr. (25. August) (M. K. A.). — Fünf Ablassprivilegien zu Gunsten der Herstellung der Stiftskirche St. Severi von Barthold, von Bischof von Bamberg vom 7. Mai 1274, Wilhelm, Bischof von Havelberg vom 2. Dezember ej., Conrad, Bischof von Freisingen vom 2. März 1276, Friedrich, Bischof von Worms vom 11. April 1278 und Philipp, Bischof von Nocera d. d. Romae 1279 (Ibid.). — Sifrids Bischofs von Hildesheim Ablassprivilegium zu Gunsten der Baukasse des Stifts St. Severi IV. Non. (4.) Martii 1290 (Ibid.). — Rudolfs, Erzbischofs von Salzburg und Konrads, Bischofs von Levant Ablassprivilegium zu Gunsten der Stiftskirche St. Severi zu Erfurt vom 15. Mai 1295 (Ibid.)

[3] So wenigstens scheint die Angabe Falkensteins (Hist. S. 113): „Anno 1278 hat Decanus et Capitulum St. Severi besag eines alten Originalbriefes ihre Stiftskirche, die Alterthums halber, einfallen wollte, von neuem auferbaut," verstanden werden müssen. Denn davon, dass der Wiederherstellungsbau damals bereits vollständig zum Abschluss gelangt sei, kann um so weniger die Rede sein, als ja die Baucollekten, wie sich aus dem vorstehenden ergiebt, noch lange nachher fortgedauert haben. Vergl. Oppermann l. c. S. 40. Schnaase (Kunstgesch. V, S. 441) setzt, jedoch ohne nähere Begründung, den Bau des Chors in das Jahr 1279.

ihrer geringen Tiefe jetzt ausser Verhältniss zur Länge und Breite des Schiffes steht, jedenfalls nur eine provisorische hat sein sollen, demnächst durch eine grossartigere zu ersetzen, wozu es nicht gekommen ist.[1]

Eine Erweiterung erfuhr die Kirche 1363 durch den Bau der von dem Stiftscantor Dr. Albold gestifteten St. Blasiuskapelle, sowie der neuen Kapelle B. Mariae Virg., deren Gründungsjahr nicht bekannt ist, und von der man nur weiss, dass sie 1411 bestanden hat. Der erstgenannte Bau brachte jedoch das Stift 1383 in sehr heftige Streitigkeiten mit dem Marienstifte, die so weit gingen, dass sie sogar in Thätlichkeiten zwischen den beiderseitigen Gemeindeangehörigen ausarteten. Der an sich schon schmale Zwischenraum der beiden Kirchen wurde in Folge dieser Händel noch erheblich beschränkt. Obenein hatte das Severistift dabei die, freilich nicht unbestrittene, Grenze verletzt. Das Marienstift liess nun, um sein Eigenthum zu schützen, eine Mauer aufführen, durch die von der Südseite her der Zugang zur Severikirche gänzlich gesperrt wurde. Um einen solchen wieder herzustellen, liess das Severistift eigenmächtig in diese Mauer eine Oeffnung brechen. Nachdem diese Streitigkeiten längere Zeit mit grosser Erbitterung geführt worden, einigte man sich endlich dahin, die Angelegenheit durch Schiedsrichter entscheiden zu lassen, die am 15. Mai 1387 ihr Urtheil dahin abgaben, dass die vom Marienstifte errichtete Mauer, sowie die Blasiuskapelle zwar auf dem Grund und Boden von jenem stehe und in ihrem damaligen Zustande verbleiben solle, der abgebrochene Theil derselben jedoch nicht wieder hergestellt oder verbaut werden dürfe. Wenn die Severikirche die Kapelle etwa künftig wieder beseitige — was um 1430 wirklich geschah —, so solle der Platz, worauf zur Zeit die Pfeiler gegen Mittag ständen, wieder zum Kirchhof des Marienstifts gezogen werden. Die speziell bestimmte Grenze solle durch sechs Steine, von denen drei noch jetzt vorhanden sind, bezeichnet werden, dem Marienstift aber das Recht verbleiben, mit Processionen über den Severihof zwischen dem Chor und dem Krummenhause zu gehen, auch ihn als Fahrweg zu benutzen, die Stiftsherren von St. Severi dagegen weder Processionen über das streitig gewesene Terrain führen, noch einen Gang durch die Mauer oder ein sonstiges Servitut beanspruchen dürfen.

Dieser Schiedsspruch beendete aber ebenso wenig wie ein zweiter von 1397 endgültig den Zwist, erst durch einen dritten vom 10. August 1429 geschah dies, nach welchem, unbeschadet des Eigenthumsrechts des Marienstifts, die Kirchhofsmauer an der Südseite der Severikirche behufs ungehinderten Zugangs zur Blasiuskapelle beseitigt werden sollte (Die betreffenden Urkunden in M. K. A. Vergl. Beyer und Böckner, Marienkirche S. 142—145 und 191).

Wohl in Folge dieser Streitigkeiten und der dadurch für die Abhaltung von Processionen herbeigeführten Erschwerung geschah es, dass 1421 das Severistift steinerne Stufen anlegen liess, die von dem Fusse des Berges am Faulloch zu dem Kirchenplatze hinaufführten, nachdem der Rath ihm den dazu nöthigen Grund hergegeben (Hogel, l. c. S. 494).

---

1. Si Severianus Chorus, uti fundamenta jacta simili forma staret (sicut chorus B. M. Virg.) et si altissimi gradus ex foro inter utramque magnificentiam exsurgerent, vix haberet Italia, quod huic miraculo compararet. Gudenus, Hist. p. 107. Die Fundamente zu diesem grösseren Chore sollen sich unter dem der Kirche gegenüberliegenden Pfarrhause befinden.

Wenn dem Stifte auch die Mittel gefehlt hatten, um den Bau der Kirche in der ganzen Grossartigkeit des ursprünglichen Planes durchzuführen, so scheute es wenigstens bei der Ausschmückung des Innern keine Kosten; so wurde 1362 der Altar des h. Sever, um die Mitte des 15. Jahrhunderts das schöne Grabmal, welches die Gebeine dieses Heiligen sowie seiner Frau und Tochter in sich schloss, 1467 der Altar des heiligen Michael, 1463—1465 der prachtvolle Taufstein errichtet. Beschafft wurden die Mittel hierzu hauptsächlich durch die Spenden der vielen Gläubigen, welche zur Feier des Schutzpatrons der Kirche so zahlreich zusammenströmten, dass die weiten Hallen sie oft nicht zu fassen vermochten, seit Erzbischof Konrad von Mainz am 1. August 1433 einen Gnadenbrief erlassen, nach welchem das Severifest in derselben Weise wie die Feste der Apostel begangen werden sollte (Oppermann, l. c. S. 48, 150—153).

Zacke (Ueber das Todtenbuch des Dominikanerklosters S. 118) giebt an, dass das Schiff der Severikirche 1450 erbaut sei. Es ist indess nicht bekannt, worauf diese, nicht sehr wahrscheinliche, Angabe sich gründet.

Bei dem grossen Brande, der am 19. Juni 1472 einen bedeutenden Theil von Erfurt in Asche legte, wurden auch das Schiff, die Thurmspitzen und mit diesen die Glocken der Severikirche zerstört (K. Stolle, l. c. f. 156 v. Nic. de Siegen, l. c. S. 450).[1] Mittel zu einer sofortigen Wiederherstellung waren nicht vorhanden und es scheint eine Reihe von Jahren vergangen zu sein, bis die Wiederbenutzung zum Gottesdienste möglich war, aber die durch päpstliche und sonstige Gnadenbriefe bei der Abhaltung auswärtiger Collecten gewährte Beihülfe, deren bei der Marienkirche bereits ausführlich gedacht ist, machten es doch möglich, dass die Zwischenzeit nicht gar zu lange gedauert hat.

Denn bereits 1476 war die Wiederherstellung so weit gediehen, dass wieder Gottesdienst in der Kirche abgehalten werden konnte.[2] Als Ersatz für die geschmolzenen Glocken war schon 1474 die grosse Glocke Osanna (Stolle, l. c. f. 220 v.)

---

[1] Falkenstein, Hist. S. 335, sagt zwar: „die Kirche St. Severi aber ist mit ihren Thürmen stehen geblieben," aber selbst wenn er hiermit nur meint, dass die Thürme der Kirche erhalten wären — wie denn auch nach Arnold, Erfurt S. 81, Chor und Thürme verschont geblieben sein sollen —, so könne dies doch nur so weit richtig sein, als der Unterbau der Thürme vom Feuer verschont geblieben ist, dagegen aber deren Spitzen zerstört wurden, da es sonst nicht nöthig gewesen sein würde neue Glocken zu beschaffen, und darüber, dass das letztere geschehen, kann kein Zweifel obwalten. Konr. Stolle, der als Zeitgenosse und Vikar an der Severikirche genau unterrichtet gewesen sein muss, sagt denn auch ausdrücklich: „die czwo Kirchen unser lieben frowen und sent Severs gancz nnd gar, torme, kirchdache, glocken, orgeln gancz und gar aussgebrant." Da der Chor hier nicht genannt ist, so ist derselbe stehen geblieben, wie auch anderweit bekannt ist (Gudenus, Hist. p. 146). Ein gleiches gilt von dem Unterbau der Thürme, und auch in betreff des Schiffes war es, da Stolle sonst nicht das Kirchdach besonders erwähnt haben würde, im wesentlichen wohl nur dies, was die Flammen zerstörten, während die Umfassungsmauern und das Innere nur geringe Beschädigung erlitten. — Die Annahme Dohmes (l. c. S. 239), dass die Kirche erst bei dem Wiederherstellungsbau nach dem Brande von 1472 in eine fünfschiffige Hallenkirche umgewandelt sei, trifft daher wohl kaum zu.

[2] Konr. Stolle (l. c. f. 220) berichtet, nachdem er die Wiedereinweihung der Marienkirche nach einer 1476 vorgekommenen Blutthat erzählt hat: „dornach liessen die hern zu sant Sever orn Kirchen sancti Severi auch heimelichen des morgens fru reconciliern, ob sie durch mancherleye heimeliche sunde were gewest entweihit, so sie nu, aller dinge ouch geweihet."

und 1475 die Martha gegossen. 1474 war auch bereits eine neue Orgel durch den Meister Daniel von Hadenberg hergestellt (Nic. de Siegen, l. c. p. 455); 1483 wurde von dem Bischof von Syrus, Johannes, der Pfarraltar geweiht, der Bau der Sakristei unter dem grossen Radfenster begonnen und das neue Chorgestühl gefertigt (K. Stolle, l. c. f. 251 v.). Die Thurmspitzen wurden 1494 und 1495 hergestellt, und zwar die mittlere in der Woche nach Egidien (1. September) 1494, die gegen den Severhof in der Palmwoche (12.—18. April) 1495, die nach dem Dom zu belegene in der Woche nach Michaelis (4.—10. Oktober) ej. (ibid. f. 269). — Endlich wurde auch eine dritte Glocke, die Vincentia, 1497 von Gerhard von Wou zugleich mit den beiden grossen Domglocken, der Gloriosa und der Osanna, gegossen.

Damit war im wesentlichen der Bau der Severikirche in der Weise, wie diese noch jetzt besteht, vollendet. Die weiteren Schicksale derselben während des Pfaffensturms von 1521 und des Bauernkrieges von 1525 haben ebenso wenig einen Einfluss auf jenen gehabt, wie dass die Spitze des nördlichen Thurmes durch einen Orkan hinabgestürzt,[1] und dass 1586 ein Blitzstrahl eingeschlagen ist, wobei zwei mit Läuten beschäftigte Personen erschlagen wurden.

Als Baumeister der Kirche werden 1536 Johann Hupff von Kindelbrück, 1551 Heinrich Cori, Canonicus am Severistift, beide in Quittungen, und 1559 in einem Wiederkaufsbriefe Hugold Strecker erwähnt.

Als während der ersten schwedischen Occupation von Erfurt, vom 22. Sept. 1633 ab, die Kirche von den Evangelischen in Besitz genommen war, liess der Rath am 21. April 1634 den in der Mitte derselben stehenden Altar unter dem Vorgeben, dass er dass Verstehen der Predigt hindere, entfernen und am 21. Juli ej. der Kanzel gegenüber eine Empore errichten, doch wurde diese, als die Kirche in Gemässheit des Prager Friedens am 13. Sept. 1635 den Katholiken hatte zurückgegeben werden müssen (Falkenstein, Hist. S. 712), wieder abgebrochen, auch jener Altar wieder hergestellt und von dem Bischofe Walter Heinrich von Askalon von neuem geweiht. Die noch jetzt vorhandene Orgel, ein Geschenk des Stiftscantors Heinemann, wurde 1687 gebaut.

Als nach der ersten preussischen Besitznahme von Erfurt das Severistift 1803 säcularisirt und dessen Vermögen zum Domänenfonds eingezogen war, wurde von der französischen Zwischenregierung die Kirche 1811 als Domänengut in Beschlag genommen und in öffentlicher Versteigerung zum Verkauf gestellt, doch ohne dass sich ein Käufer fand. Ebenso kam der von den französichen Behörden während der Belagerung von 1813 gefasste Plan, den Severiberg mit in die Befestigung der Citadelle Petersberg zu ziehen und zu diesem Zwecke die Kirche abzubrechen, glücklicherweise ebenso wenig wie bei der Domkirche zur Ausführung, da die am 6. Januar 1814 abgeschlossene Capitulation dazwischen trat. Allerdings war die Severikirche vorher vollständig verwüstet, da sie seit dem 29. Oktober 1813 einem

[1] Als dieselbe Spitze im Jahre 1878 erneuert werden musste, da sie sich in Folge der durch eingedrungene Feuchtigkeit erzeugten Fäulniss bedenklich zur Seite neigte, fand sich in dem abgenommenen Thurmknopf ein in Wachs eingehülltes, sehr angegriffenes Blatt Pergament mit der Schrift: Completa est pars ista praesentis turris et appositus hic nodus fabro lignario Johanne berlyss ex alich et pictore Casparo breytenbach. Anno Dmni 1532 d. 28. Augusti.

Bataillone der Besatzung als Unterkunft, Kochraum und Lazareth gedient hatte. Erst nach ihrer Wiederinstandsetzung und der am 16. April 1814 erfolgten neuen Einweihung durch den Pfarrer Laubhold wurde sie dem Gottesdienste zurück gegeben und sie dient seitdem der Severigemeinde als Pfarrkirche.

In der neuesten Zeit hat sie eine durchgängige stylgemässe Restauration sowohl innerlich als, so weit die vorhandenen Mittel es gestatteten, auch äusserlich nach einem von dem Diöcösanbaumeister Güldenpfennig zu Paderborn entworfenen Plane erfahren, durch welche sie sehr wesentlich gewonnen hat. Dieser 1877 begonnene Bau fand am 26. Mai 1878 durch die mit der Feier des 600jährigen Jubiläums verbundene Wiedereinweihung seitens des um die Wiederherstellung hochverdienten Pfarrers Oppermann seinen Abschluss.

Beschreibung. Das Aeussere.

Die Severikirche,[1] gleich dem neben ihm stehenden Dome auf einer Anhöhe belegen und daher von weither sichtbar, bietet mit ihren drei schlanken Thürmen insbesondere von dem ihr vorliegenden Friedrichs-Wilhelmsplatze einen unvergleichlich schönen Anblick dar und trägt so zu der Gesammtansicht des Domberges mindestens ebensoviel bei als die Marienkirche, da ihre Thürme unbestreitbar einen harmonischeren und künstlerisch befriedigenderen Anblick gewähren als die der letzteren, obwohl ihr Chor weit gegen den Chor des Doms zurückbleibt.

Auch die Severikirche zeigt die Eigenthümlichkeit, dass der Thurmbau, der dem Querschiffe vorliegt, sich zwischen dem Chore und dem Langhause auf der Ostseite des letzteren befindet. Der allgemeine Charakter des Baues beruht mehr in grossartiger Einfachheit als in Schmuckreichthum (Nr. 34 s. S. 118).

Das Bauwerk besteht aus einem Chore, einem Mittelbau mit den Thürmen und einem Langhause.

Der Chor, der am meisten gegen Osten gelegene Theil des Gebäudes, ist im Beginn des letzten Drittheils des 13. Jahrhunderts gebaut, wie bereits erwähnt, 1278 eingeweiht und entspricht daher dem frühgothischen Baustyl. Dass es ursprünglich in der Absicht gelegen, dem Chore bedeutend grössere Ausdehnung zu geben, jene aber wegen unzureichender Mittel hat aufgegeben werden müssen, ist schon bemerkt worden.[2]

So wie er jetzt vorhanden, schliesst der Chor mit fünf Seiten eines Achtecks. Seine fünf Fenster, von denen die drei mittelsten dreitheilig, die beiden anderen zweitheilig sind, enthalten schöne Masswerke, dass eine einen Sechspass über den beiden Spitzbogen, ein anderes, das nördliche Mittelfenster, einen Doppelvierpass, in der Mitte durch einen eisernen Ring gehalten; das südliche enthält den seltenen Schmuck einer romanischen Schuppenrosette (Abbildung bei Kallenbach l. c.). — Die nicht sehr stark hervortretenden, einmal abgetreppten Strebepfeiler sind mit kleinen Spitzgiebeln und Fialen versehen, deren Spitze in charakteristischer Weise noch unter dem Dachgesimse endigt (Kallenbach, l. c. S. 24). Bedeckt ist der Chor von einem Satteldache, das nach aussen in drei zeltartige Abschrägungen

[1] Grundriss und Aufriss der Kirche von der Nordseite bei Kallenbach, l. c. Taf. LXXIV 1 und 2.

[2] Eine Abbildung des Chors ibid. Taf. XXXIV. 1.

verläuft. An dem Vereinigungspunkte befindet sich ein kleines Thürmchen für die Messglocke, das oben mit einem Glockendache versehen ist.

Der Mittelbau, der die drei Thürme trägt, von denen der mittlere die beiden andern an Höhe überragt, ist erheblich breiter wie der Chor, tritt aber

Nr. 34. Oestliche Ansicht der St. Severikirche.

eben so viel gegen das Langhaus zurück. Der Unterbau desselben, der offenbar von dem Brande von 1472 verschont geblieben ist, entstammt dem Schlusse des 13. Jahrhunderts und ist frühgothisch. Er enthält drei durch Friese getrennte

Geschosse, deren unteres, bis zur halben Höhe des Chordaches reichendes, auf der Ostfront drei übereinander stehende kleine viereckige Fenster auf jeder Seite des Chors, auf der Nordseite vier dergleichen, gleichfalls senkrecht übereinander, während das zweite Geschoss nur ein vierekiges Fenster auf jeder Seite des Chordachs, das oberste aber grössere spitzbogige Fenster enthält. Der Unterbau der mittelsten Spitze hat noch ein Geschoss mehr, das durch ein rundes Fenster sein Licht erhält (abgebildet bei Kallenbach, l. c. LXXV. e und Kruspe, Beitr. Taf. II, 6). In dem Mauerwerke des vierten Stockwerks, da wo das Dach des Chors an den Mittelbau stösst, ist ein Rundbogen sichtbar, der den Fries zwischen dem dritten und vierten Geschosse unterbricht und Veranlassung dazu ist, dass der zwischen dem vierten und fünften eine in der Mitte, zuerst nach oben, sodann nach unten, rechtwinklig gebrochene Linie bildet, auch das Mittelfenster höher liegt als die beiden seitlichen. Der Fries über diesem ist in gleicher Weise gebrochen.

Die auf diesem Unterbau ruhenden Thürme gehen aus vier kleinen Trapezen in schlanke achtseitige Spitzen über, d. h. die Thürme ruhen auf vierseitiger Basis, bestehen aus zwei Absätzen, welche eine Einbiegung bilden und mittelst Verschrägung der Ecken des unteren Absatzes in die obere achtseitige Form übergehen (Kallenbach l. c. S. 70). Die Spitzen bestehen aus einem Holzgerüste, haben eine kupferne Bedeckung und oben runde Knöpfe. Die Höhe des Mittelbaues bis zu den Spitzen beträgt c. 44 ^{m}. Die Spitze des mittleren Thurms gegen 70 ^{m}.

Das Langhaus ist zwar jünger als Chor und Mittelbau, fällt aber im wesentlichen sicher noch in das 14. Jahrhundert, da durch den Brand von 1472 wohl nur das Dach zerstört, die Aussenmauer, wenn auch beschädigt, doch bei der Wiederherstellung im ganzen hat beibehalten werden können. Jedenfalls stammt aber das hohe, steile und sehr unschöne Walmdach, das, aus der Ferne gesehen, der Annahme Raum geben kann, dass Langhaus und Mittelbau gar nicht demselben Bauwerke angehören, von dem Wiederherstellungsbau nach 1472. Doch ist das Dachgerüst mit seinen übereinander befindlichen Lagen vortrefflich und ein wahres Meisterwerk der Zimmermannskunst. Wenn auch bei dem Restaurationsbau von 1877 die Mittel nicht ausgereicht haben, dieses Dach durch ein gefälligeres zu ersetzen, so liegt es doch in der Absicht, in nächster Zukunft wenigstens an die Stelle des Ziegelbehanges einen solchen von Schiefer treten zu lassen.

Wie bereits bemerkt worden, tritt das Langhaus nicht unerheblich gegen den Mittelbau vor. Es bildet ein Rechteck, dessen Breite zwei Dritttheile der Länge beträgt. Da die erstere die des Chors sehr bedeutend, fast um das Vierfache übertrifft, so ist das Verhältniss zwischen beiden ein sehr wenig günstiges.

Sein Licht hat das Langhaus bei seiner Anlage auf der Südseite durch sechs Fenster erhalten, doch sind zwei derselben durch die Blasiuskapelle fast ganz verbaut; das an diese stossende befindet sich über der Eingangsthüre. Ausserdem ist auch die östliche Wand neben dem Mittelbau mit einem Fenster versehen. Die Westseite enthält vier Fenster; je zwei auf jeder Seite des Oberbaus des Kreuzganges, deren unteren Theil dieser bis zur letzten Restauration verdeckte. Alle diese Fenster sind spitzbogig mit Masswerk. Auf der Nordseite hat das dem Mittelbau zunächst liegende Fenster die Form einer grossen Rose oder eines Rades (abgebildet bei Kallenbach, l. c. LXXIV. d., allerdings nicht getreu, denn die Rose ist nicht 8 sondern 10 blättrig). Es hat 5 m im Durchmesser und ist von grosser Schönheit (Nr. 35). Dass der Volksglaube, welcher in ihm das Mass des Unterrandes der ersten grossen Domglocke sehen will, jeder Begründung entbehrt, ist unzweifelhaft, da eine Glocke von einer so riesigen Grösse in den Thürmen des Domes keinen Platz gehabt haben würde. 1440 wurde unter diesem Fenster auf dem Severihofe dem Erzbischof Dietrich von Mainz gehuldigt (Falkenstein, Hist. S. 310). Auf der Nordseite des Langhauses sind ferner drei dreitheilige Fenster,

Nr. 35. Grosses Radfenster zu St. Severi.

je eines auf jeder Seite des Eingangs und eins westlich von der Marienkapelle. Sie sind spitzbogig und mit reichem Masswerk.

Da wo die Nordmauer des Langhauses an den Mittelbau stösst, ist ein kleines rundes Thürmchen, zu dessen Thüre von aussen eine steinerne Freitreppe führt und das mit einer Spitze versehen ist, die denen der drei grossen Thürme ähnelt. Auf der gegenüberliegenden Stelle des Langhauses sieht man noch die Stelle, die früher der Opferstock eingenommen hat, und die von einem aus der Mauer hervortretenden, von viereckiger Einfassung umgebenen Wimperge überdeckt wird. Seine Inschrift ist nicht mehr lesbar, aber seine Mündung noch deutlich im Inneren der Kirche kenntlich (Oppermann, l. c. S. 46).

Die Strebepfeiler, welche mit Ausschluss der an den Ecken befindlichen nur wenig vortreten, sind dreimal abgetreppt und ohne Fialen, vielmehr blos oben abgeschrägt. Theilweise werden sie durch Vorbauten verdeckt.

Eingänge hat das Langhaus drei. An dem Portale der Südseite steht auf einem Kapitäle und einer uralten Säule der h. Severus in sitzender Stellung unter einem zierlichen Baldachin, eine verdienstvolle Arbeit. Auf der Nordseite liegt dem Haupteingange eine gewölbte, viereckige, von einem Pultdache überdeckte Halle vor. Dieselbe schmückt ein Crucifix aus dem 16. Jahrhundert. An dem Thürpfosten steht eine Madonnenstatue (Nr. 36), die jedoch keinen erheblichen künstlerischen Werth hat. Ein Nebeneingang, gleichfalls auf der Nordseite, liegt unter dem nach Westen belegenen Fenster.

Nr. 36.

Von 3 Seiten lehnen sich an das Langhaus Vorbauten; gegen Süden die Blasiuskapelle, gegen Norden die Marienkapelle, gegen Westen der Kreuzgang.

Die Blasiuskapelle ist, wie schon angeführt, von dem Stiftscantor Dr. Albold 1363 gestiftet und hat damals zu langwierigen Streitigkeiten mit dem Marienstifte Anlass gegeben. Die ursprüngliche Anlage wurde um 1430 beseitigt und der gegenwärtige Bau in der Mitte des 15. Jahrhunderts ausgeführt. Sie ist viereckig, jedoch mit abgestumpfter Südostecke, und wird durch vier spitzbogige mit Masswerk versehene Fenster, von denen zwei theilweise vermauert sind, mit Licht versehen.

Die Marienkapelle, deren Gründungszeit nicht bekannt ist, von der man nur weiss, dass sie 1411 bereits existirte, und die ihre letzte Gestalt um 1660 erhalten hat, liegt auf der Nordseite, westlich von der Eingangshalle. Sie besteht aus einem viereckigen Vorbau mit einfachem Giebel und Satteldach, enthält unten zwei spitzbogige, darüber in der Vorderfront drei viereckige Fenster, auch in jeder Seitenmauer ein solches und im Giebel ein spitzbogiges. Sie ist ein durchaus nüchternes Bauwerk.

Der schon seit langer Zeit nicht mehr benutzte Kreuzgang, dessen Erbauung in eine spätere Zeit wie die des Langhauses, etwa in die Mitte des 15. Jahrhunderts fällt, lehnt sich mit seinem südlichen Arme an die Blasiuskapelle und legt sich in seinem Haupttheile vor die Westfront des Langhauses, in dessen Mitte er mit einem zweiten, von einem Pultdache bedeckten Geschosse überbaut ist. Es ist hier hinter der Orgel in neuster Zeit die sog. h. Grabeskapelle mit reicher Ausstattung eingerichtet worden. Nur in diesem Westflügel hat der Kreuzgang Fenster und zwar deren sechs, die spitzbogig und mit einfachem Masswerke versehen sind, während der mittlere Theil in seinem Obergeschosse noch ein kleines rundbogiges Doppelfenster hat. Die Grundmauer und die nach unten zu anschwellenden Strebepfeiler des Kreuzganges gegen Westen gehen bis auf den Fuss des Berges hinab und legen sich diesem vor, so dass hier eine ähnliche Fundamentirung stattfindet, wie bei dem Kreuzgangsgebäude des Doms.

Das Innere.

Das Innere der Severikirche (Nr. 37) ist, wenn auch einfach, doch edel, in höherem Grade imponirend wie das Aeussere und bietet besonders nach der neuesten Restauration einen harmonischen und malerischen Anblick dar, sodass sie in dieser Beziehung wohl von allen gegenwärtig in Erfurt vorhandenen Kirchen die erste Stelle einnimmt.

Der einschiffige Chor, der etwa in der Hälfte seiner Länge dem Mittelbau vorliegt, mit seiner andern Hälfte sich in diesem befindet, besteht aus zwei, durch einen Gurtbogen getrennten Abtheilungen, die äussere aus fünf Seiten eines Achtecks gebildet, die innere ein Rechteck bildend. Dieser Form entsprechen auch die Spitzbogen des Gewölbes.

Bei dem Langhause steht der Rauminhalt des Innern dem des Domes nur wenig nach, während der Chor viel kleiner ist als der des letzteren. Die Kirche ist eine fünfschiffige Hallenkirche, bei der aber das mittelste Schiff etwas höher ist als die seitlichen. Die Breite des ersteren kommt der von zwei des letzteren gleich. Das Mittelschiff wird von diesen durch zehn Pfeiler, die mit stark vortretenden Eckdiensten versehen sind, getrennt. Sie sind vierseitig, doch sind ihre Kanten vermittelst Rundung und Hohlkehlen cylindrisch geformt (Kallenbach, l. c. XXXIV. a. u. S. 64). Eine gleiche Anzahl von jedoch ungemein schlanken Pfeilern scheidet die Seitenschiffe von einander. Sie bestehen aus Quadraten mit starken Cylindern in den Ecken (ibid. b.). Die Sockel sind bei beiden Arten von Pfeilern sehr gefällig, entwachsen einem Achteck und entsprechen durch ihre Zusammensetzung der Blüthezeit des gothischen Baustyls. Das auf den Pfeilern ruhende

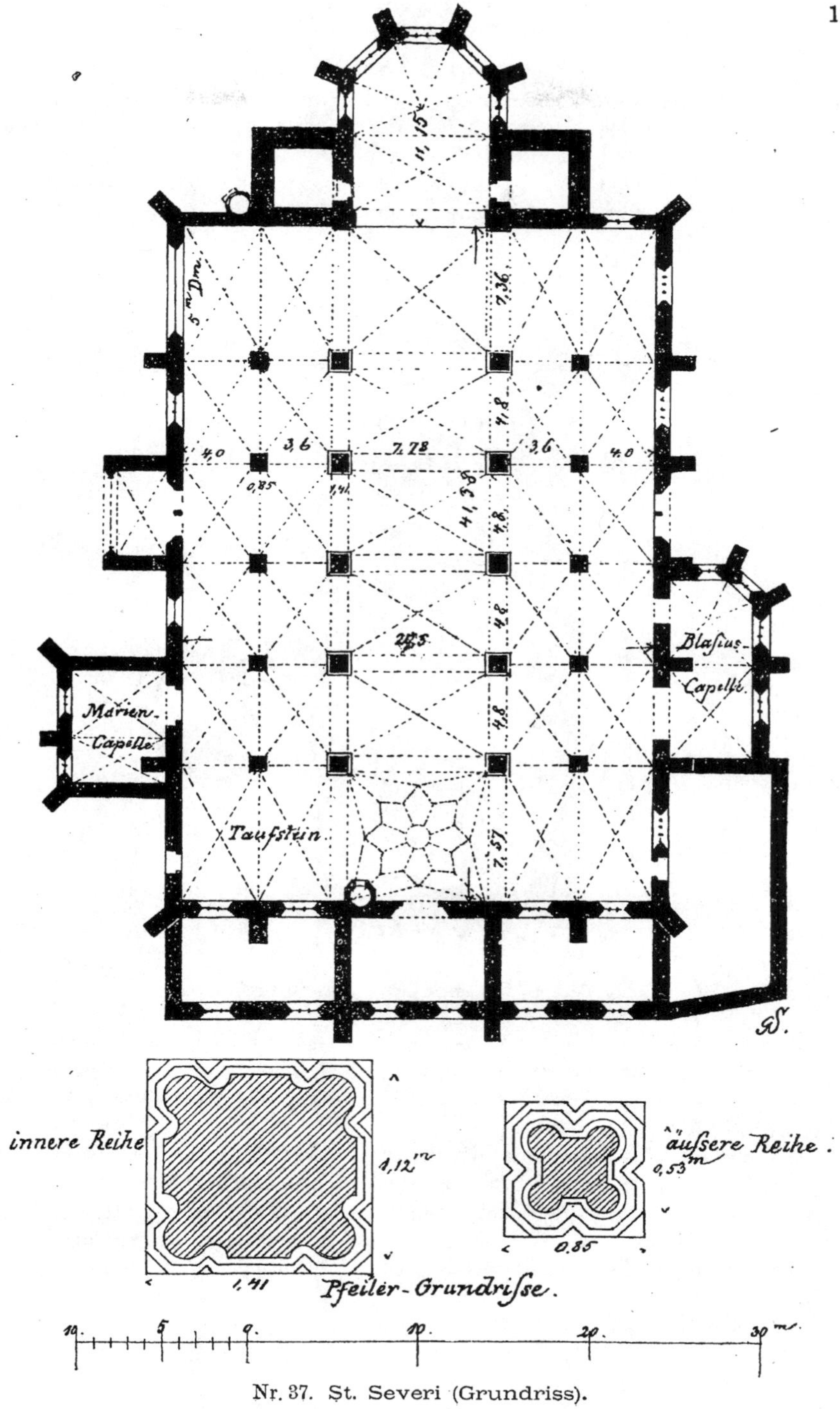

Nr. 37. St. Severi (Grundriss).

Gewölbe ist ein einfaches Kreuzgewölbe, eine in der Zeit, in welcher die Kirche entstand, seltene Bauweise (Kallenbach, l. c. S. 64). Dasselbe zerfällt aber, um es mit den älteren Kreuzgewölben im Chore in Uebereinstimmung zu bringen, in viele kleine Felder. Die Räume zwischen dem Mittelbau und den diesem zunächst stehenden Pfeilern, welche die Stelle des Querschiffes vertreten, bilden Quadrate, die übrigen Abtheilungen des Haupt- und der Seitenschiffe Rechtecke.

Nr. 38. Wasserspeier in St. Severi.

Der südliche Theil des Querschiffes enthält eine kunstreiche steinerne Gallerie, zu welcher eine gedeckte Wendeltreppe führt; darüber sind drei Wasserspeier angebracht, welche die Gestalt von Hunden haben, einer derselben mit einer Teufelsfratze (Nr. 38).

Bei der neuesten Restauration ist das Innere der Kirche polychromirt worden, die Malerei ist von dem Maler Stöhr in Erfurt nach dem Entwurfe Güldenpfennigs ausgeführt. Vorzugsweise der Chor prangt in reichem Farbenschmuck und Vergoldung.[1] Im Langhause wird die Wirkung einigermassen durch die etwas schwerfällige dunkle Farbe beeinträchtigt, welche den Rippen und Gurten gegeben

---

[1] Nicht wenig tragen jetzt zu dem prächtigen Anblick, den der Chor gewährt, die fünf neuerdings mit Glasmosaik aus einer belgischen Fabrik (Osterrath) versehenen Fenster bei.

ist; ein ähnliches findet in betreff der Dreiviertelstäbe an den Pfeilerkanten statt, welche früher in Folge ihrer gelblichen Färbung grössere Plasticität zeigten, jetzt aber bei ihrer dunklen Uebermalung weniger hervortreten (Kruspe, N. Führ. S. 45).

Kunstwerke und Denkmäler im Inneren.

Die Severikirche besitzt einen ungewöhnlichen Reichthum an bedeutenden und für die Kunstgeschichte Erfurts wichtigen plastischen Werken. Es sind dies namentlich nachstehende:

1. Das älteste in ihr vorhandene derartige Werk bilden die vier Sandsteinbasreliefs, welche einst als Seitenwände des Sarkophages gedient haben, der die Gebeine des heil. Severus, seiner Gattin, der heil. Vincentia, und ihrer Tochter, der h. Innocentia, einschloss.

Man kennt weder genau die Zeit der Entstehung und der Beseitigung desselben, noch auch den Ort wo er aufgestellt gewesen ist. Doch nimmt man an, dass die Errichtung in den ersten Jahren oder wenigstens in der ersten Hälfte des 14. Jahrhunderts[1] erfolgt und das Grabmal durch das bei dem Brande von 1472 herabgestürzte Dach beschädigt und nicht wieder hergestellt sei (Oppermann, l. c. S. 47). Das silberne Gehäuse, in welchem die Reliquien sich befanden, soll bei dem Bauernaufruhr 1525 gleich den Särgen der hh. Eoban und Adolar von dem Rathe in Verwahrung genommen, aber nicht wieder zurückgegeben, sondern zu den sog. Sargpfennigen ausgeprägt sein (ibid. S. 49). Die Basreliefs, zwei längere und zwei kürzere, die einst den Sarkophag einfassten, sind aber noch vorhanden. Drei derselben dienen gegenwärtig als Antependien des Marienaltars im nördlichen Seitenschiffe, das vierte steht jetzt an der Nordseite der Kirche in der Nähe des Taufsteins.

Dieselben haben eine Höhe von 86 cm, die, welche an den breiteren Seiten des Grabmals angebracht waren, eine Länge von 2 m 16 cm, die der schmaleren Seiten von 1 m 1 cm; die dargestellten Figuren sind durchschnittlich 68 cm hoch. Die drei erstgedachten Reliefs zeigen Darstellungen aus dem Leben des h. Severus. Auf der jetzt auf der Evangelienseite des Altars befindlichen erblickt man den Heiligen mit den beiden Frauen, welche mit Spinnen beschäftigt sind und an seiner Seite sitzen, die h. Innocentia auf einem Schemel mit Stirnbinde und aufgelöstem Haar in langem anschliessenden Kleide, die h. Vincentia Haupt und Hals von einem Kopftuche bedeckt; Severus selbst ist hier noch in bürgerlicher Tracht, in einem bis zu den Knieen reichenden, mit Knöpfen versehenen Rocke, bedeckt von einem langen Mantel mit spitzer Kapuze, und segnet mit der Linken die Tochter, während er in der Rechten ein, jedoch unbeschriebenes, Spruchband hält. — Auf der linken Schmalseite ist die Wahl des Heiligen zum Bischof dargestellt. Derselbe, angethan mit einem bis zu den Füssen hinabgehenden Gewande und einem Mantel mit Kapuze, steht mit gefalteten Händen hinter einer schmalen Thüre; über seinem Haupte schwebt eine Taube. Ein Geistlicher, der ihm seine Wahl verkündet, sucht den Widerstrebenden vor die Thüre zu ziehen; weiter zurück ein zweiter Geistlicher mit einem Buche in den Händen. — Die Frontseite stellt die Weihe Severs

---

[1] Einige, wie Schorn (l. c. S. 23) und Bode (l. c. S. 99), setzen sie jedoch erst in den Beginn des letzten Dritttheils des 14. Jahrhunderts.

zum Bischofe dar; er sitzt hier schon im bischöflichen Gewande auf einer Sella und wird von sieben ihn umstehenden Bischöfen und andern Geistlichen consecrirt und inthronisirt. Der Heilige selbst ergreift mit der Linken den Bischofsstab, während er die Rechte auf der Brust hält. Die vierte Steinplatte enthält eine Anbetung der h. drei Könige, von denen der eine knieend der rechts mit dem Christkinde sitzenden Maria die Geschenke überreicht, die beiden andern mit Gefässen in den Händen daneben stehen. Oben sind die Bruststücke schwebender Engel sichtbar. Im Hintergrunde erblickt man die Köpfe von Kamelen und deren Führer.

Nr. 39.
Madonna im Chor von St. Severie von Gerhart.

Bode l. c. rühmt von diesem Werke, dass es vorzüglich sei und in dem sehr entwickelten Natursinn, namentlich aber in der Charakteristik der Köpfe Treffliches leiste. Schorn (l. c. S. 23) sagt von der Platte, welche den Heiligen und die beiden Frauen darstellt: „Die drei Figuren sind von sehr edlem Styl und schönem Ausdruck, die Zeichnung fast untadlig. Die Bemalung, grau mit Gold, die Gesichter allein mit den Farben des Lebens, ist aus späterer Zeit, der Kopf des Heiligen aber ist ganz vorzüglich in Farbe ausgeführt und der Ausdruck der Sculptur hat offenbar durch die Färbung gewonnen.“

2. Am Eingange zum Chore steht eine gut polychromirte Bildsäule der Maria (Nr. 39), welche auf dem linken Arme das mit einem Vogel spielende Christuskind, in der rechten Hand einen Lilienzweig hält und die mit einem Gewande bekleidet ist, dessen leichter Fluss der Bewegung des Körpers folgt. Das Werk bietet dadurch ein besonderes Interesse, dass es unter allen älteren in Erfurt vorhandenen Sculpturen das einzige ist, auf dem sich der Künstler genannt hat. Der Sockel der Bildsäule enthält nämlich in Majuskel die Inschrift:

Dit Bilde vnser vrowen
Hat Joh. Gehart gehowen

Johann Gerhart muss dem 14. Jahrhundert angehört haben, in welche Zeit das Werk von Bode (l. c. S. 99) und anderen gesetzt wird und auf die auch sowohl die Arbeit überhaupt wie insbesondere die Form der Buchstaben der Inschrift deuten. Anderweit ist der Künstler nicht bekannt. Schnaase (l. c. V, S. 504, Anm. 4) nennt das Werk zwar eine ziemlich geistlose und rohe Arbeit, dasselbe wird jedoch von anderen günstiger beurtheilt, so von Bode, der l. c. von ihm sagt, dass sich in der Beobachtung der Verhältnisse, dem Studium der Gewandung, die sich dem Körper anschmiege, der lebenswahren Bildung der Köpfe und Hände ein frischer und beachtenswerther naturalistischer Zug geltend mache, welcher sich in einer glücklichen Weise mit Schönheitssinn und Geschmack verbinde.

3. Die erste Stelle unter den in der Kirche befindlichen plastischen Werken dürfte aber doch der Taufstein einnehmen, der nach der Chronik des Martin Wiland (bei Friese, l. c. I, S. 223[a]) 1463 begonnen und 1465 vollendet ist (abgebildet bei Puttrich, l. c. Nr. 9; vergl. auch Lübke, Plastik S. 592). Doch trägt er selbst die Jahrzahl 1467, weshalb ihn auch Schorn (l. c. S. 13) in dieses Jahr setzt. — Er hat gegenwärtig in dem nordwestlichen Theile des Langhauses seinen Standort und reicht mit seinem tabernakelartigen Ueberbau vom Fussboden bis zum Gewölbe der Kirche.

Der Taufstein selbst besteht aus einem achteckigen steinernen Becken, ist äusserlich mit gothischem Rankenwerk bis zum Fusse geschmückt und von einem zierlichen hölzernen Deckel überdeckt. Er steht auf einer Erhöhung von mehreren Stufen und wird von einem eisernen Geländer umgeben, welches einer etwas späteren Zeit angehört wie das Werk selbst. Drei schlanke viereckige Pfeiler, mit mehrfachen Gliederungen versehen und mit Statuetten von Heiligen, die unter durchbrochenen Baldachinen stehen, geziert, steigen zu bedeutender Höhe empor und endigen in Spitzsäulen, die mit mannichfachen Verzierungrn ausgestattet sind. In gleicher Höhe mit den Heiligen-Bildsäulchen tritt aus jedem Pfeiler der Schenkel eines Spitzgiebels hervor, durch den ein Pfeiler mit dem andern verbunden wird. Diese Spitzgiebel haben die Form eines Eselsrückens und weisen sowohl hierdurch als besonders durch ihre in der obersten Spitze befindlichen Ornamente von sich durchkreuzenden Stäben auf die Zeit der Entstehung hin. Die durch diese Verbindung der Pfeiler gebildeten drei Spitzgiebel sind nach innen zu mit durchbrochenen Füllungen, nach aussen mit Knospen- und Blätterwerk geziert und tragen einen den Taufstein überdachenden durchbrochenen Baldachin, auf welchem Engel angebracht sind.

Hoch oben über dem nach vorn gewendeten Spitzgiebel ist die lebensgrosse Statue der Mutter Gottes als Himmelskönigin, das Christkind im linken Arme haltend. Ihre Füsse ruhen auf einer Mondsichel, ihr Haupt ist mit einer Krone bedeckt und in ihrer Rechten hält sie ein Scepter; den Körper umschliesst ein faltenreiches Untergewand, über das ein schwerer Mantel geworfen ist. Sie steht unter einem besonders prächtigen, aus steinernem Sprengwerk gebildeten Baldachin, welcher oben in eine zierliche Blume endigt.

Der ganze Bau macht einen grossartigen Eindruck und ist mit bewundernswürdigem Fleisse und Kunstverständniss ausgeführt. Die Ornamente zeigen die höchste technische Vollendung, denn unter andern ist das Blätterwerk so fein aus dem Stein herausgearbeitet, dass es wie aus Metall getrieben erscheint, und wenn auch der Künstler sich nicht ganz von den Fehlern seiner Zeit, vornehmlich einer zu grossen Ueberladung und einem Haschen nach grotesken Formen freigehalten hat, so kann man doch seiner Arbeit das Zugeständniss nicht versagen, dass wir in ihr ein sehr bedeutendes Kunstwerk besitzen (Puttrich, l. c. S. 14—16 und Taf. 9). Kruspe bemerkt (l. c. S. 46): „Das ganze Werk ist so luftig und leicht in seinen Säulen, kühn geschwungenen Bogen und überreichen Ornamenten gehalten, dass der Volksglaube meint, die Alten hätten die Kunst verstanden, die Steine durch geheime Mittel zu erweichen, dann mit Messern zu schneiden und wieder härten

Nr. 40. Relief mit St. Michael in St. Severi.

zu lassen. Bei Werken des ausschweifenden spätgothischen Geschmacks, wozu dieser Bau gehöre, wäre ein solches Verfahren am Platze gewesen.“ Bode (l. c. S. 309) äussert sich dahin, dass die grosse Madonnenstatue auf der Spitze des reichen Baldachins über dem Taufstein durch die schlanke Bildung des zarten Körpers und den lieblichen Ausdruck sehr reizend wirke, obwohl die Haltung noch schüchtern und die Faltengebung unruhig und ohne grosse Motive sei.

Die Kosten des Werkes, dessen Schöpfer leider nicht bekannt ist, haben nach Mart. Wiland l. c. 2300 M. Silb. betragen, die durch milde Beiträge zusammengebracht sind.

4. Ein Hochrelief aus thüringischem Marmor, auf welchem der h. Michael im Kampfe mit dem Satan dargestellt wird (Nr. 40), ist gegenwärtig in die Mauer des Chors links vom Hochaltar eingelassen; bildete aber früher die Umwandung des am 20. Juni 1467 von dem Bischof Hermann von Citra eingeweihten Altars des genannten Heiligen. Es trägt die Jahrzahl 1467, entstammt also derselben Zeit wie das voraufgeführte Werk und charakterisirt sich durch die naturalistische und individualisirte Bildung des von Locken umwallten Antlitzes des Heiligen und die etwas eckigen, zum Theil in kleine Massen gebrochene Faltung des Gewandes, sowie das Vorherrschen der geraden Linie an Stelle der im früheren Style beliebt gewesenen geschwungenen (Schorn, l. c. S. 15), ist aber im übrigen eine achtungswerthe Arbeit und wird daher von Lübke (l. c. S. 592), Otte (l. c. S. 211) u. a. unter die bemerkenswerthen Sculpturen dieser Zeit gerechnet, auch von Puttrich (l. c. S. 16) als eine schöne Arbeit bezeichnet. Nach Bode (l. c. S. 208) zeichnet sich dieselbe durch die feinbewegte reiche Gewandung, das Verständniss, mit welchem der Körper darunter wiedergegeben ist und die phantastische Erfindung der Teufelsgestalt aus.

5. An der Seitenmauer des Querschiffs befindet sich der Altar des h. Severus. Er wurde zwar bereits 1362 errichtet, ist aber in seiner gegenwärtigen Gestalt eine Arbeit aus dem 15. Jahrhundert und dementsprechend spätgothisch.

In einem Aufbau über dem Altartische enthält er drei Nischen, die zur Aufbewahrung der Reliquien der drei Schutzpatrone nach der Zerstörung des oben erwähnten Sarkophags gedient haben mögen. Seit 1885 sind dieselben in drei die fraglichen Heiligen darstellende Büsten niedergelegt, die in diesem Altare aufbewahrt werden.

Der obere Theil wird durch die aus einem Steinblock gehauene, von einem architektonisch angeordneten Rahmenwerke umgebene lebensgrosse Statuen des h. Severus, der h. Vincentia und der h. Innocentia eingenommen. Zu den Füssen des ersteren, der in Bischofstracht ist, liegt ein gebändigter Drache, das Symbol des bösen Geistes. Alle drei Figuren sind in edlem Style gehalten, von trefflichem Ausdruck und von tadelloser Zeichnung (Kruspe l. c. S. 46). Die Figuren, welche gegenwärtig, ebenso wie der ganze Altar, geschmacklos gefirnisst sind, scheinen früher polychromirt gewesen zu sein.[1]

6. Ein Sakramentshäuschen von 1467.

7. Die Kanzel, die, selbst eine Arbeit in Holz, auf einer geschnörkelten Steinsäule ruht, ist eine Arbeit des Hans Friedemann des älteren, mit dessen Monogramm von 1576. Sie wird durch drei Arme eines Kreuzes gebildet, deren mittelster ausgebaucht ist, und die mit Reliefs, Darstellungen aus der heiligen Geschichte enthaltend, versehen sind. Lübke (Gesch. d. Renaiss. in Deutschl. II, S. 368), der sie neben dem von dem nämlichen Künstler herrührenden Taufstein

[1] Eine Abbildung in Münzenberger, Zur Kenntniss und Würdigung der mittelaltrigen Altäre in Deutschland. Heft III.

im Dom bespricht, erklärt, dass sie feiner und zierlicher als dieser und ein elegantes Werk sei.

8. Der Hochaltar, eine neue aber sehr gute, nach dem Entwurfe des Baumeisters Güldenpfennig, von Heyse in Sandstein, die Figuren von dem Holzbildhauer H. Schwade in München, ausgeführte und von N. Stöhr polychromirte Arbeit in gothischem Style, die in Reichthum an Gold und Farben den Chor noch übertrifft und einen grossartigen Anblick gewährt. Die Vollendung des Werks erfolgte erst 1886.[1]

Nr. 41. Reliquienschrein in St. Severi.

9. Unter den den Fussboden bedeckenden Leichensteinen ist, wenn auch nicht seinem Kunstwerthe nach, doch wegen der Person, auf die er sich bezieht der interessanteste der jetzt in der St. Blasiuskapelle befindliche des durch seine Chronik bekannten Vicars der Severikirche Konrad Stolle (1430—1502). Bemerkenswerth ist jedoch auch der Grabstein der Margarethe Thusenbach und

[1] Eine ausführliche Beschreibung dieses Kunstwerks findet sich in H. Kruspe: Der neue Altar in der St. Severikirche. Thüringer Post 1886 Nr. 304.

ihres Gatten Georg von 1457 (?), flache Reliefdarstellung eines Mannes und einer Frau, beide betend, mit der Inschrift in vertiefter gothischer Minuskel:

Año dm̄ ꝉ8ꝗΛ am . sonobet . noch . galli . starb . margaritha . thvsebechin . der . got . gnad . año dm̄ . . . . iorg thvsenbach.

10. Noch verdient der jetzt in der Kapelle des h. Grabes aufgehängte Kronleuchter von Papiermaché in gothischem Style, eine Arbeit Karl Schropps, Erwähnung.

Von geringerer Bedeutung als die Werke der Plastik sind die in der Kirche befindlichen Gemälde.

11. Ein 1578 von George Busch gemaltes, nicht verdienstloses Bild, die Enthauptung des h. Johannes darstellend, das sich über dem nördlichen Haupteingange in einem von der Familie Seidel gestifteten Epithaphium befindet.

12. Ein gutes Bild von Legrand in der Blasiuskapelle über dem Altare, den h. Blasius darstellend, der im bischöflichen Ornate mit der Hand ein nacktes Knäblein berührt, das ihm dessen Mutter hinreicht, um es von einem Halsübel zu heilen.

13. In der Marienkapelle befindet sich über dem Altare eine Auferstehung Christi, Copie nach Annibal Carracci.

Von Werken der Kleinkunst ist nur:

14. ein die Reliquien des heiligen Blasius enthaltendes Reliquarium in Form einer gothischen Kapelle, aus Messing gearbeitet, bemerkenswerth. Dasselbe stammt aus dem Ende des 15. Jahrhunderts (Nr. 41).

Die Glocken.

Die Kirche besitzt ausser einer kleinen Messglocke, fünf Glocken, darunter drei Meisterwerke: die Osanna, die Martha und die Vincentia. Die beiden ersteren Arbeiten des Meisters Claus von Mühlhausen, die letztere des Gerhard Wou.

K. Stolle (l. c. f. 220) erzählt, dass der Meister Claus von Mühlhausen, derselbe der 1477 die Gloriosa für den Dom goss, 1473 für die Severikirche die Osanna und noch vier andere Glocken gegossen habe. Zuerst hatte er für jene in Gemeinschaft mit dem gräflich Schwarzburgischen Büchsenmeister Hermann zu Sondershausen (Mülverstedt, Zur Glockenkunde von Erfurt. Correspond. Bl. d. deutsch. Gesch. Ver. Jahrg. 1870 S. 85) eine grosse 102 Ctnr. schwere Glocke und zwar zu Gotha gegossen, da die Erfurter Glockengiesser aus Brodneid nicht gestatten wollten, dass ein fremder Meister in ihrer Stadt das Glockengiessergewerbe ausübe. Diese Glocke war zwar sehr wohl gerathen, zersprang jedoch bereits nach drei Tagen. „Darauf zog derselbige Glockenmeister nach Erfurt, ward daselbst Bürger und goss die Glocke noch einmal; auch sie gerieth gut, wie sie noch ist, und wurde Osanna genannt.“

Dieselbe, die so wie die Martha ein sehr günstiges Zeugniss für dessen Kunstfertigkeit ablegt, hat ein Gewicht von ca. 90 Ctnr., im unteren Durchmesser 5′ 10″ 6‴ im oberen inneren 2′ 11″ 3‴; die Stärke des Schlagstückes beträgt 5″ 4‴ die Höhe 4′ 6″ der Umfang 16′ 3″, die Dicke 9″ 6‴. Sie zeigt auf der einen Seite dass Schweisstuch mit dem Antlitze Christi und der Aufschrift: Jesu fili David, darunter: Osanna, noch tiefer zwei Personen in langen Gewändern mit

Palmen in den Händen; auf der andern Seite sind der heilige Paulus mit dem Schwerte, der h. Severus im bischöflichen Ornate, den Krummstab in einer, ein Buch in der andern Hand, und der heil. Egidius als Abt mit dem Rehe dargestellt.

Die Umschrift lautet:

Jn . xp̄i . laude . supplex . erfordia . gaude .
Et . fer . osanna . piv̄ . sibi . quādo . perfero . pulsū .
Sed . c̄v . ter . roboo . pie . christiferam . ter . aveto
ı8Λ8

und bei Auflösung der Abbreviaturen:

In Chrisi laude supplex Erfordia gaude
Et fer Osanna pium sibi quando perfero pulsum
Sed cum ter roboo pie christiferam ter aveto
1474.[1]

Die Inschrift ist sehr schön und zeigt eine correkte Linienführung. Die Initialen (Majuskeln) J. E. und S. sind mit kleinen Verzierungen versehen. Die Höhe der Minuskelschrift beträgt durchschnittlich $3^5/_8$″ rhl. (Tettau, der Meister der grossen Domglocke S. 15—17).

Die Martha, welche dem Gewichte nach unter den Glocken der Severikirche die dritte Stelle einnimmt, wiegt 34 Ctnr. hat eine Höhe von 3′ 8″, einen Umfang von 12′ 5″ 6‴ und eine Stärke von 5″ 7‴. Auf der Vorderseite steht der Name „Martha.“ Die Umschrift, von welcher ein Facsimile dem Heft VI der Mitth. d. Ver. für die Gesch. v. Erf. beigefügt ist, lautet:

---

[1] Boxberger (Mitth. d. Ver. f. d. Gesch. v. Erf. VI, S. 223) übersetzt:

Freue dich in dem Lobe Christi betendes Erfurt
Und bringe ein frommes Hosianna, wenn ich ihm ertöne;
Aber wenn ich dreimal klinge, begrüsse dreimal
fromm die Christusmutter.

Er bemerkt hierbei, dass das „sibi“ einigermassen verdächtig erscheine, obgleich die Umschrift wirklich so lese; es würde nur einen Sinn haben, wenn man es in der Bedeutung von „ei“ nehme; wahrscheinlich sei es aber durch ein Versehen des Giessers für bis gesetzt, worauf das ter im dritten Verse gewissermassen hinweise. Hiergegen wendet C. Will (Correspondenzblatt f. 1875 Nr. 2) ein, dass, wie er durch viele Citate nachweist, der Gebrauch des „sibi“ für „ei“ der mittelaltrigen Latinität geläufig sei und gar nichts Befremdliches habe, und kein sprachlicher Zwang vorliege, das an dieser Stelle für „ei“ stehende „sibi“ durch ein anderes Wort zu ersetzen. Die Verwandlung desselben in „bis“ unter Hinweisung auf das im dritten Verse zweimal vorkommende „ter“ dürfte sich aber bei richtigem Verständnisse des dritten Verses als ungerechtfertigt herausstellen. Denn der dritte Vers beziehe sich auf das Angelus oder Ave Maria, welches dem üblichen Gebete entsprechend in drei Absätzen zu geschehen pflege. — Dreimal erklingt die Glocke (ter roboo) und dreimal wird das Ave Maria (ter avete) oder der englische Gruss gesprochen. Selbst in manchen protestantischen Gegenden habe sich bis auf den heutigen Tag das Ave-Marialäuten erhalten, wenn auch die eigentliche Bedeutung desselben meist in Vergessenheit gerathen sei. Es mag dahingestellt bleiben, wie weit die Ansicht Wills über die Bedeutung des Wortes „ter“ im dritten Verse zutrifft, darin wird man ihm aber jedenfalls beistimmen müssen, dass es im zweiten Verse der Umwandlung des „sibi“ in „ei“ nicht bedürfe.

Marta . vocor . rite voco . sic . ad . scā . veīte
Ad . se . p . martā . x̄v'öt . ire . maiā . anno . dn̄i .
md cccc lxxv.
Martha.

Ob man die vorletzte Sigle des ersten Verses in „sacra“ oder „sancta“ auflösen wolle, bleibt ziemlich gleichgültig. Grössere Schwierigkeit macht die Abbreviatur „x̄v'öt“ im zweiten Verse. Deren Erklärung durch „revocat“ stehen grammatikalische und prosodische Bedenken entgegen, doch bietet sich auch kaum eine andere ganz befriedigende dar, so dass man sich fast zu der Annahme eines beim Guss vorgekommenen Versehens genöthigt sieht. [1]

Die Schrift ist nicht mit besonderer technischer Sorgfalt behandelt; mehrere Buchstaben haben eine schiefe Lage, auch macht sich eine nicht ganz correkte Linienführung sichtbar. Die Grösse der Minuskelschrift beträgt durchschnittlich $2\,^{13}/_{16}$″ rh. (Tettau l. c. S. 17. 18).

Die Vincentia oder, wie sie wegen ihres lauten und beinahe ebensoweit wie der der grossen Domglocke schallenden Tones im Volksmunde heisst, „der Schreier“ wurde, wie schon früher angeführt, zugleich mit jener am nächsten Tage nach U. L. Frauentag Würzweih (16. August) 1497 von Gerhard Wou von Kampen gegossen und bildete mit der Gloriosa und der gleichzeitig für den Dom gegossenen Osanna einen Accord, wobei die Vincentia das h (sol) angab (Gleitz, Geschichtl. über die grosse Glocke S. 16).

Diese hat im Durchmesser unten 5′ 2″ 9‴, oben 2′ 7″ 4‴. Die Stärke des Schlagstücks beträgt 4″ 5‴, die Höhe 4′ 3″, der Umfang 16′ 6″, die Dicke 8″, ihr Gewicht 65 Ctnr. In der Metallmischung (20 % Zinn und 80 % Kupfer), der Form und den Massverhältnissen kommt sie vollkommen mit der Gloriosa überein. Ihre in Bandform über den Unterrand laufende Inschrift lautet:

> Vincencia severiani collegii patrona vince nostram acidiam et omnia christi tui populo perniciosa. opus gerhardi wou campensis. anno domini MCCCCXCVII.

Die Glocke zeigt auf zwei entgegengesetzten Seiten das Bildniss der h. Jungfrau. Ihre Umschrift ist mit derselben, durchschnittlich $1\,^{1}/_{16}$″ rhl. grossen Type gefertigt wie die der Gloriosa; auch die unter und über jener angebrachten Verzierungen zeigen, wenn auch in kleinerem Massstabe, dasselbe Muster. Das Bild der Himmelskönigin ist aber auf den beiden Glocken ganz das nämliche.

Die beiden kleineren Glocken, sog. Silberglocken, müssen nach dem oben angeführten Berichte des K. Stolle gleichfalls aus der Werkstätte des Meisters

---

[1] Boxberger (l. c. S. 224) glaubt, dass die Abbreviatur x̄, obgleich dieselben von dem folgenden gleichfalls abgekürzten Worte „vocat“ nicht durch einen Punkt getrennt sei, durch „Christus“ erklärt werden müsse. Er will die Umschrift daher lesen:

Marta vocor. rite voco, sic ad sancta venite
Ad se per Martam Cristus vocat ire Mariam

und deutet sie dahin, dass Christus durch Marta die Maria einlade zu ihm zu kommen. Er glaubt hierin eine Hindeutung auf die beiden durch Meister Claus 1474 und 1475 für die Severkirche gegossenen Glocken, sowie auf die Erzählung im Evangelium des Lucas Kap. 10 V. 38—42 zu finden.

Claus hervorgegangen sein. Sie befinden sich auf dem nördlichen Thurme. Die eine derselben hat die Inschrift:

Suscito christicolas ut quisque suas canit horas anīe wek uf wek uf.

Die Buchstaben sind incorrekt und in ungleicher Grösse. Im Worte quisque steht sogar das erste q verkehrt.

Die Inschrift der anderen Glocke ist:

Angelꝰ ē nom qe xp̄i nūcio laudem ngilchen

d. i. Angelus est nomen quia (oder quod) Christi nuntio laudem (das letzte Wort soll vielleicht „engelchen" heissen). Auch hier sind die Buchstaben incorrekt und von ungleicher Grösse.

B. Klosterkirchen.

a. Schotten- oder Jacobskirche.

Literatur.

Falkenstein, Thüringische Chronik, Buch II, Th. II. S. 1038 — 1073 und 1141 — 1143. — Mülverstedt, Hagiographia S. 162. 163. — Kruspe, Erfurter Bilderchronik S. 18. 19. — Hartung, Häuserchronik II, S. 177 — 180.

Geschichte.

Die Kirche des ehemaligen Schottenklosters St. Jacobi, auch, seitdem sie die Pfarrkirche der St. Nicolaigemeinde geworden ist, zuweilen Nicolaikirche genannt, befindet sich in der grossen Schottengasse, aber nicht unmittelbar in deren Häuserreihe, sondern etwas versteckt auf dem ehemaligen Kirchhofe, so dass von der Strasse aus erst ein mit Bäumen bepflanzter Gang zu ihr führt.

Sie war ursprünglich die Kirche des der Regel des h. Benedict oder St. Jacobi Scotorum zugehörigen Klosters, das, wie angenommen wird, nächst dem in Köln, ältesten Kloster dieses Ordens in Deutschland. Doch ist die Zeit der Gründung desselben ebenso wie die der Erbauung der Kirche nicht zuverlässig bekannt. Es wird zwar in der Regel angegeben, dass Walter von Glisberg 1036 das Schottenkloster in Erfurt gebaut habe (Chron. Sampetr. p. 10. Lambert. Hersfeld. p. 26. Nic. de Siegen l. c. p. 220, 221. Hundorph. Encom. Erfurt. contin. fol. k. v. Falkenstein Hist. S. 49[1] u. a. m., und diese Annahme wird durch den in der Kirche noch

---

[1] Falkenstein erzählt: „An. 1025 kamen Benediktinermönche aus Schottland zu Erfurdt an, die sich an den Graf Walter von Glitzburg, der sich Marschal von Calentin nannte und eines Markgrafen von Vohburg Tochter Namens Hedwig zur Ehe hatte, der ihnen hinter der Futter- und Johannisgasse einen Platz verschaffte und eine Kirche zu St. Jacob nebst einer Abtey und Closter An. 1036 bauete." In der Anmerkung fügt er hinzu: „Lambertus Schafnaburgensis beschreibt uns die Sache gar umständlich p. 375." Die aufgeführte Stelle des Lambert bezieht sich aber auf einen durchaus anderen Gegenstand, den Verlauf, den die Erfurter Synode von 1074 genommen (Lambert Annal. p. 164 — 166), in der sich nicht ein Wort über die Gründung des Schottenklosters findet. Die Anmerkung hätte zu Falkenstein S. 52 gehört, was dieser aber bei seiner gewöhnlichen Flüchtigkeit ebenso wie die Beifügung des Prädicats in seinem Texte übersehen hat.

vorhandenen Grabstein des Genannten, auf dem dieser ausdrücklich „fundator istius ecclesiae", heisst bestätigt; indess hat, wie schon Wattenbach in seiner Uebersetzung des Lambert S. 29, Anm. 4. dargethan, Walter von Glisberg sich urkundlich nicht früher als 1280 nachweisen lassen, so dass derselbe unmöglich 1036 das fragliche Kloster gegründet haben kann. Da nun auch die gedachte Angabe bei Lambert ein späterer in Erfurt gemachter, wörtlich aus dem Chronicon Sampetrinum entnommener Zusatz ist, das Kloster aber urkundlich bereits viel früher vorkommt, so kann die in Rede stehende Nachricht, so weit sie die Person des Stifters betrifft, nicht richtig sein. Die angeführten chronikalischen Angaben rühren sämmtlich nicht von Zeitgenossen, sondern aus erheblich späterer Zeit her, auch der Grabstein ist nach zuverlässigen Kennzeichen nicht älter als das 14. Jahrhundert. Man kann also nur annehmen, dass damals in dem Kloster die Tradition geherrscht habe, dass es von Walter von Glisberg, einem angesehenen Manne, dessen Geschlecht in der Gegend von Jena reich begütert war, gegründet sei. Es hat aber in Wirklichkeit schon vor diesem bestanden. Denn bereits am 9. August 1198 ertheilte ihm Kaiser Otto IV. ein demnächst durch Kaiser Rudolf I. am XIII. Kld. Maji (21. April) 1285 bestätigtes Privilegium (Falkenstein, Chron. II, 2. S. 1061 — 1063. Origin. Guelf. T. III, p. 758), in welchem ihm der Besitz seiner Güter bestätigt wird, was voraussetzt, dass es damals bereits einige Zeit bestanden habe. Auch Kirchhof (Erfurt im 13. Jahrh. S. 141) glaubt annehmen zu müssen, dass das Schottenkloster früher als das Peterskloster gegründet sei, und dass das letztere schon in der Mitte des 11. Jahrhunders bestanden habe, steht fest. Es ist daher immer möglich, dass die Gründung des Schottenklosters 1036 erfolgt sei, nur aber nicht durch Walter von Glisberg, der sich wohl um dasselbe verdient gemacht haben mag, der aber auch nicht einmal der Erbauer der Kirche sein kann, wie es die Inschrift seines Grabsteins angiebt, da jene die deutlichen Kennzeichen der Entstehung im 12. Jahrhundert an sich trägt (Dohme l. c. S. 33).

Bereits in der Mitte des 15. Jahrhunderts waren die Baulichkeiten des Klosters so in Verfall gerathen, dass, wie der Bischof von Meissen in einem Gnadenbriefe vom 19. Nov. 1464, worin er dasselbe der Mildthätigkeit der Gläubigen empfiehlt, erklärte, sich wegen der Gefahr des Einsturzes niemand mehr darin zu wohnen getraue (Falkenstein, Chron. l. c. S. 1066).

Kaum hatte der Abt Matthias aber mit einem Wiederherstellungsbau den Anfang gemacht, als der grosse Brand von 1472 das Kloster mit den Kapellen B. M. Virg. und St. Wendelini in Asche legte, wobei auch die Kirche selbst so weit in Mitleidenschaft gezogen ward, dass nur der untere Theil ihrer Umfassungsmauern zu dem Wiederherstellungsbau benutzt werden konnte, der zwar gleich begonnen sein mag, der aber, ungeachtet der von allen Seiten zufliessenden Beisteuern, erst 1510 zum Abschluss gelangte, und durch welchen die Kirche die Gestalt erhielt, in welcher sie im wesentlichen bis auf die Gegenwart gekommen ist.

1512 wurde laut einer daran befindlichen Inschrift mit der Wiederherstellung des Thurms durch Klaus Colben der Anfang gemacht; doch steht es nicht fest, auf welchen Theil desselben sich dies bezieht. 1514 wurde der Altar des heil. Ninianus errichtet, den zwei Erfurter Bürger, geborene Schottländer, Balthasar

Bardinig und Jacob Flammingk, gestiftet und dotirt hatten (Millwitz, Collect. f. 196).

Die Einführung der Reformation in Erfurt hatte zwar nicht die Aufhebung des Klosters zur Folge, blieb aber doch nicht ohne Einfluss auf dessen Zustand. 1529 befand sich darin nur noch ein einziger Mönch, der Abt, der aber unausgesetzt die Messe las. Nach der schwedischen Besitznahme Erfurts 1632 wurde das Schottenkloster der Stadtgemeinde geschenkt und vom Rathe veräussert, es musste aber nach dem Prager Frieden von 1635 dem Orden zurückgegeben werden.

Im Anfange des 18. Jahrhunderts war die Kirche in einen solchen Verfall gerathen, dass deren Reparatur nothwendig geworden war. Solche fand indess nur nothdürftig und in Holzkonstruktion statt. Doch wurde sie damals mit neuen Altären und einer Orgel versehen (Clemens, Beschreib. des Etats d. St. Erf. I, S. 157). 1708 wurde der Thurm mit einer italienischen Haube versehen, die eine Schieferbedeckung, einen vergoldeten Knopf und ein Kreuz auf der Spitze erhielt (Friese, l. c. V, S. 1532). Dass die 1711 erfolgte Restauration des Klosters,[1] bei welcher die Gasse, die von der Johannisstrasse zum Kirchhofe führte, und von dieser Seite einen Zugang zur Kirche darbot und den Namen „Tasche" führte, verbaut wurde (Friese, l. c. V, S. 1547), sich auch auf jene erstreckt habe, wird nicht berichtet. Dagegen wurde bei dem 1727 vorgenommenen Neubau des Klosters auch die Kirche einer Reparatur unterworfen, wobei dieselbe im Innern modernisirt ward. Bei dieser Gelegenheit erhielt auch der mittlere Theil des Westgiebels seine gegenwärtige Form.

Von 1744 ab wurde die Kirche der Nicolaigemeinde, deren eigne Kirche wegen Baufälligkeit hatte abgebrochen werden müssen, als Pfarrkirche zugewiesen, seit 1795 ward sie auch einige Zeit für die vielen französischen und belgischen Emigranten, die sich damals in Erfurt aufhielten, benutzt und dementsprechend in französischer Sprache darin gepredigt (C. Beyer, N. Chron. S. 274, 276).

Im Jahre 1820 erfolgte die Aufhebung des Klosters; das nicht erhebliche Vermögen desselben wurde dem Kirchen- und Schulfonds überwiesen, die Kirche aber nun definitiv Pfarrkirche der Nicolaigemeinde. Zugleich dient dieselbe als katholische Garnisonkirche.

Sie hat 1879 im Innern eine vollständige Erneuerung, durch die sie sehr gewonnen hat und viel freundlicher geworden ist, erfahren. Sie erhielt dabei einen neuen Schmuck durch die nach Eberleins Entwurf von Keller in Nürnberg gemalten Fenster des Chors, den h. Bonifacius und die h. Elisabeth darstellend, sowie durch den vom Bildhauer Kugel in Ruhla angefertigten Hauptaltar.

Beschreibung.

Die Kirche, die wie oben ausgeführt, dem 12. Jahrhunderte ihre Entstehung verdankt (Nr. 42), lässt, trotz der vielen Abänderungen aus gothischer und selbst noch späterer Zeit noch immer die romanische Anlage erkennen (Schöler, l. c. S. 273 ff.; Otte, l. c. S. 93).

---

[1] Eine der Universitätsmatrikel entnommene Abbildung des Klosters in seinem damaligen Zustande in Kruspes Erf. Bilderchron. S. 18.

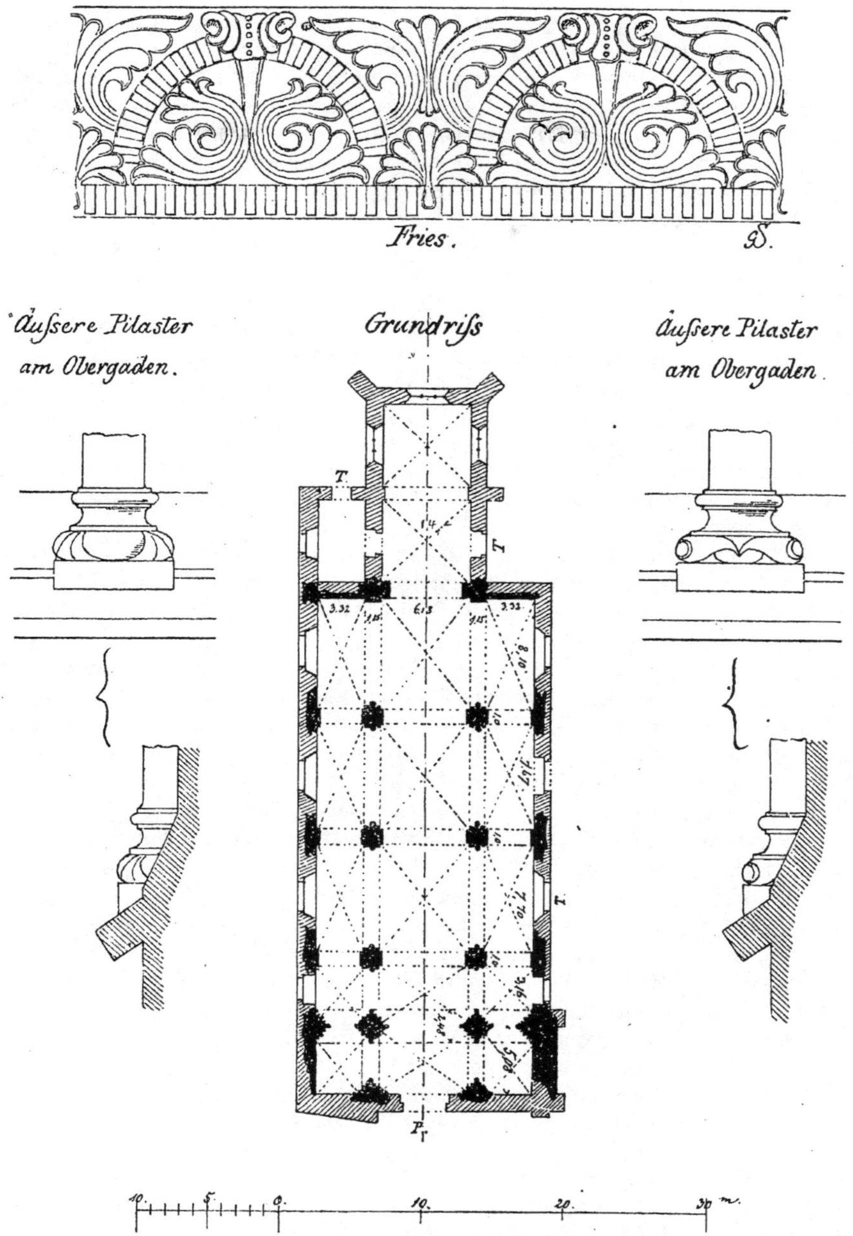

Nr. 42. Schottenkirche.

Ihre Umfassungsmauern sind daher auch ohne Strebepfeiler. Die fünf Fenster des Langhauses zeigen zwar nicht die romanischen Rundbogen, sondern im oberen Abschluss ein Kreissegment, rühren aber ebenso wie das gebrochene Dach mit seinen kleinen von einem Spitzgiebel überdeckten Fenstern aus einer späteren, das Frontispice im Barockstyl, welches die Mitte des vorderen Giebels einnimmt, aber erst von der 1727 vorgenommenen Restauration her. Die kleinen Bogenfenster an dem oberen Theile der nördlichen Seitenmauer zeigen die Stelle, wo die Kirche einst an das Kloster stiess.

Der neben dem Giebel stehende viereckige, ohne Verjüngung aufsteigende Thurm mag in seinem unteren Theile wohl noch von dem ursprünglichen Bau herrühren, hat aber seine Spitze, eine mit Schiefer bekleidete sog. italienische Haube erst 1708 erhalten (Friese, l. c. V, S. 1532). Er war, da die Mönche viel naturwissenschaftliche Studien trieben, früher zu einem Observatorium eingerichtet, das 1755 wieder hergestellt wurde, aber nach Aufhebung des Klosters eingegangen ist. Die im Erdgeschosse befindliche Taufhalle zeigt in dem übereck gestellten quadratischen Grundriss eine sehr reiche Form, in welcher 16 Dreiviertelsäulen mit Knospenkapitälen und solchen von maurisch-korinthischer Form wechseln, während die stärkeren Ecksäulen mit ornamentirten Würfelkapitälen gekrönt sind. Das Kämpfergesims folgt vielzackig gebrochen mit zwei Wulsten und einer Hohlkehle der reliefirten Würfelform (Abbild. bei Kruspe, Beitr. Taf. 1, 18).

Prägnanter wie im Aeusseren spricht sich der romanische Ursprung im Innern aus. Die Kirche ist eine dreischiffige Pfeilerbasilica mit gradem Abschluss des Chors (Nr. 42), der drei spitzbogige Fenster enthält und etwas höher liegt als das Langhaus. Dohme (l. c. S. 33) bemerkt, dass der regelmässige Wechsel von Pfeilern und Säulen, der in der Zeit der Erbauung der Kirche in Norddeutschland nur sehr selten vorkomme, charakteristisch für jene sei, doch bestehen nur die beiden ersten Pfeiler vom Haupteingange her aus dickeren und dünneren Halbsäulen, die sich um den Kern lagern. Sie zeigen korinthische Kapitäle. Die sechs übrigen Pfeiler bestehen dagegen in zwei sich durchkreuzenden Vierecken, in deren Ecken sich Halbsäulen finden und endigen mit einem Würfelkapitäl.

An der Südseite des Mittelschiffs waren zur Gliederung der Wandfläche feine zierliche Säulchen mit Würfelkapitälen und reizend geformten Basen angebracht, deren Reste vom Boden des südlichen Seitenschiffs aus noch zu sehen sind. An dem unteren Wulst der attischen Basis sind in der Mitte rund ausgeschnittene Umhüllungen zu bemerken, zart empfunden und vorzüglich in der technischen Ausführung. An der Orgelbühne, etwa in der halben Höhe des Mittelschiffs, findet sich ein sehr interessanter Fries von Flachornamenten, der sich wohl früher durch die ganze Kirche gezogen hat.

Auch diese Kirche gehört zu denen, deren Fussboden ursprünglich viel tiefer lag als der gegenwärtige. Daher sind an sämmtlichen Pfeilerbündeln die Basen nicht mehr zu sehen oder doch durch die Aufschüttung sehr verkürzt, so dass sie nicht hoch genug im Verhältniss zu ihrer Dicke erscheinen. Eine am südwestlichen Pfeiler vorgenommene Aufgrabung hat ergeben, dass die Basen 3–4' unter dem jetzigen Fussboden liegen. Auf diesen, hiernach kurz erscheinenden Pfeilern ruhen breite, rundbogige Scheidbogen, während die von den schmalen Kämpfern sich erhebenden Schildbogen spitzbogig sind.

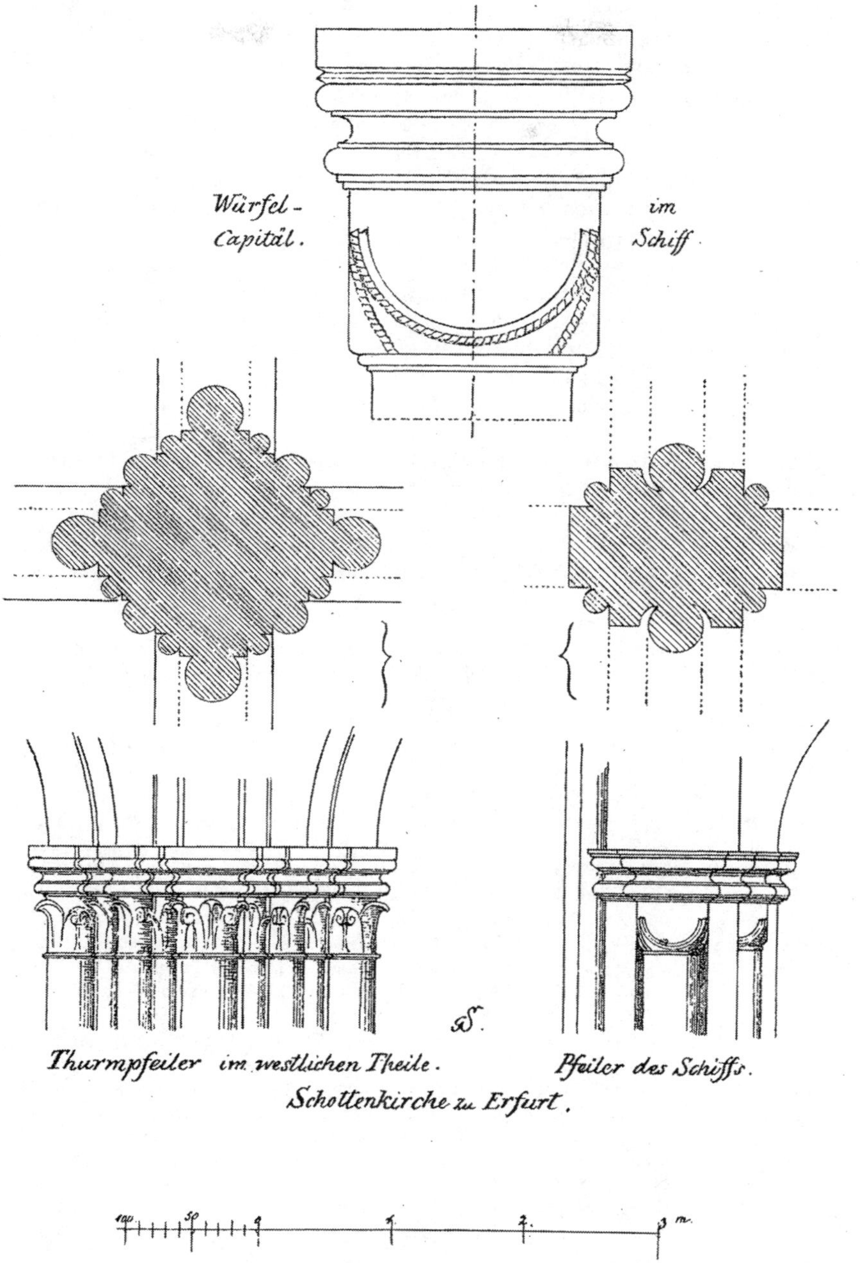

Nr. 43. Thurmpfeiler der Schottenkirche.

Die Würfelkapitäle der Pfeilerbündel haben ein-, zwei- und dreifache Halbkreiseinschnitte, die bei einigen noch mit einem gewundenen Stabe verziert sind. An den Pfeilern des westlichen Theils der Kirche sind Kelchkapitäle, deren schlichte Blätter im mittleren Einschnitt mit Thierköpfen verziert sind. Erwähnenswerth ist ein reizender Fries, der aus mit Blätteragraffen verzierten Rundbogen und Blätterfüllungen besteht, die wieder mit gefälligen Blätterornamenten verbunden sind.[1]

Die Kirche enthält überhaupt nur drei Altäre, den Hochaltar im Chore, der wie schon erwähnt, der neusten Zeit entstammt, und zwei Nebenaltäre am Abschluss der Seitenschiffe, die nichts Merkwürdiges darbieten.

Kunstwerke aus älterer Zeit im engeren Sinne enthält die Kirche nicht. Auch von den vielen Grabsteinen, welche sie früher barg, ist nur noch einer geblieben, der Erwähnung verdient, der des angeblichen Gründers des Klosters, Walters von Glizberg und seiner Gemahlin Hedwig, gebornen Markgräfin von Vohburg (Nr. 44), der der Mauer des südlichen Seitenschiffs unfern des Chors eingefügt ist. Derselbe ist nicht ohne Bedeutung für die Kunstgeschichte von Erfurt, da er, wenn er auch nicht aus der Zeit der Gründung des Klosters, vielleicht nicht einmal der Todeszeit der Dargestellten stammt, doch wohl zu den ältesten in Erfurt vorhandenen Grabsteinen gehört. Er ist ein Diptychon von Seeberger Sandstein und stellt die beiden Genannten in ganzer Figur und Lebensgrösse nebeneinander stehend dar. Die stattliche Gestalt Walters ist mit einem langen Gewande bekleidet, welches theilweise von einem faltigen, an den Schultern mit Wappen-

[1] „Die Baureste der Schottenkirche dürften auf einigen Reichthum der Anlage schliessen lassen und weisen auf einen originellen Schmuck der Gliederungen hin, jedoch ist das Wenige, was auf unsere Zeit gekommen ist, nicht von der Beschaffenheit, dass eine Reconstruction möglich ist, kaum dass man mit Sicherheit auf 2 westliche Thürme schliessen kann, deren Substructionen durch die reiche Säulengürtung (s. Abb. Nr. 43) für eine beabsichtigte ansehnliche Höhe sehr kräftig und tragfähig sind. Die sehr nahe zu den Thürmen postirten Pfeiler des Schiffs lassen auf eine Orgel-Empore schliessen, die nächsten Joche haben doppelte Weite, ob dann ein Querschiff und ein besonderer Altarraum, mit oder ohne Absis gefolgt ist, kann man beim Mangel jeglicher Spuren nicht bestimmt behaupten, es dürfte aber der Wahrscheinlichkeit nicht entbehren. Die jetzige Einwölbung des dreitheiligen Schiffes ist im späteren Mittelalter spitzbogig erfolgt, eine ältere Einwölbung ist zweifelhaft; die oft ruinenhaft zerstörte Kirche ist eben so oft im Zeitgeschmack wieder zurecht gemacht, und ergiebt sich aus der Zeichnung mit schwarzer Färbung der älteste Rest und durch die Schraffirung die spätere Ergänzung. Das Aeussere mag ursprünglich im Unterbau sehr einfach gewesen sein, analog anderen Bauwerken, während man den aus den Dächern der Seitenschiffe heraustretenden Obergaden des Mittelschiffes eine der Peterskirche zu Erfurt ähnelnde Wandgliederung mittels zierlicher Pilaster bot, die jetzt durch das Mansardendach leider nicht sichtbar ist. Eigenthümlich erscheint der Rest eines romanischen Frieses (s. Abb. Nr. 42) über den Arcaden des Mittelschiffs, dessen staffelförmige Klötzchen in der Grundlinie und den darüber emporwachsenden Halbkreis ein ziemlich alleinstehendes Motiv sind. Nur in Ellwangen sehen wir einen verwandten Gedanken; wir haben daher Veranlassung genommen, den Fries mitzutheilen, möchten aber die Bemerkung nicht verschweigen, dass eine aufmerksame Besichtigung eine geschehene Ueberarbeitung des schönen Ornamentes erkennen lässt, sodass die ursprüngliche Form verändert sein könnte. Die in den Pfeilern des Mittelschiffs halb in die Masse des Quaderwerks eingerückten Wandpfeiler erinnern an ähnliche Bildungen der Kirche auf dem Petersberge, an Paulinzelle, an Hamersleben u. a., welche aus gleicher Zeit stammen. Leider sind die kleinen dadurch gebildeten Nischen mit Mörtel ausgefüllt.“ Sommer.

schildern verzierten Mantel bedeckt wird. Mit der linken Hand hält er Schild und Schwert, während er mit der Rechten an zwei Schlingen den Mantel zusammenfasst. Der seiner Gattin ist oben mit zwei kleinen Rosetten geschmückt und hat am Saume unten geschlitzte Umschläge. Ihr Haupt wird von einem kronenartigen Reife umschlossen, unter welchem die Kinnbinde hervortritt. Die Gesichtszüge sind edel, die Mundwinkel sehr tief (Kruspe, l. c. S. 18, wo sich sowie in Salver, Proben des deutschen Reichsadels, Würzburg 1775 S. 9, eine Abbildung des Grabsteins findet).

Die Umschrift des Steins, in gothischer Majuskel, lautet:

✠ Hic . jacet . Walterus . de . Glizbergc . filius . Marssalci . de . Kallentin . fundator . istius . eclesie . et . uxor . ejus . Hedevic . filia . marchionis . de . Foburg .

Das gleichfalls in der Kirche befindliche Denkmal der 1870 und 1871 in Erfurt verstorbenen französischen Kriegsgefangenen ist eine Arbeit des Bildhauers H. Schwade in München.

Nr. 44. Grabstein in der Schottenkirche.

Die polychromirten Heiligenstatuen auf den Innenseiten der Pfeiler, sowie die beiden gleichfalls polychromirten Basreliefs auf den beiden Seiten des Triumphbogens, das eine mit dem das Lamm auf dem Arme tragenden Johannes dem Täufer, das andere mit Johannes dem Evangelisten, den Kelch in der Hand, sind ohne erheblichen Kunstwerth.

Von Werken des Kunstgewerbes ist nur ein aus dem 15. Jahrhunderte herrührendes gesticktes Messgewand zu erwähnen.

An Glocken besass die Kirche früher drei, eine grosse, den St. Jacob, mit vier Medaillonbildern und der Umschrift: Sum . Jacobus . Dicta . Cum . Perfero .

Fortius. Jcta, und zwei kleinere, die eine mit der Umschrift: Anno Dom. MCCCCXVIII hilf. got. Maria. berot, die andere mit einem Medaillonbilde und der Umschrift: St. Jacob. Zur. Ehre. Gottes. Goss. Mich. F. W. Barth. Jn. Erfurth. Anno 1774. Das Metall von diesen drei Glocken wurde aber 1872 zum Guss von drei neuen verwendet, welche die Aufschriften: Nicolaus, Maria und Jacobus tragen, jedoch ein sehr wenig harmonisches Geläute bilden (Hartung, l. c. S. 179).

b. Die Predigerkirche.

Literatur.

Nachrichten die Predigerkirche betreffend. Handschrift aus dem Anfange des 18. Jahrhunderts im städtischen Archiv (vid. Herrmann, Bibl. Erfurt p. 272 Nr. 139). — Sömmering, H. B., Denkwürdigkeiten der Predigerkirche in Erfurt. Erfurt 1826. — Quehl, G., Die Predigerkirche zu Erfurt. Mit 9 Abbild. Erfurt 1830. Auch unter dem Titel: Die Religion der Thüringer Th. I. — Zinck, A., Die Predigerkirche zu Erfurt und die noch wohlerhaltenen Denkmäler in derselben. Erfurt 1876. — Zacke, A., Ueber das Todtenbuch des Dominikaner-Klosters und der Predigerkirche zu Erfurt (mit 8 Taf.). Erfurt 1861. (Separ. Abdr. aus d. Jahrb. d. Acad. d. Wissensch. zu Erf. N. F. Heft II.) – Falkenstein, Thür. Chronik. Buch II, Th. II, S. 1115 - 1122. — Die Predigerkirche zu Erfurt. Allg. Thüring. Vaterlandskunde. 1810. S. 22 ff. — Hartung, Häuserchronik, Th. II, S. 340—350.

Geschichte.

Die zwischen der, nach ihr den Namen führenden, Predigerstrasse und dem Breitstrom, einem Arm der Gera, belegene Predigerkirche war ursprünglich die Kirche des Dominikaner- oder Predigerklosters. Ihr Schutzpatron ist Johannes der Evangelist. Das Kloster war eins der ersten, welche der Dominikaner-Orden in Deutschland gegründet hat. Es geschah dies 1228 (Nic. de Siegen l. c. p. 351) oder 1229 (Chron. Sampetr. p. 71) durch den mit drei Gefährten, den Ordensbrüdern Marcellus, Tangel und Albericus von Meissen, von Paris, wo er studirt hatte und in den gedachten Orden eingetreten war, gekommenen Grafen Elger oder Ilger von Hohenstein. Dieselben erkauften vom Vitzthum von Rustenberg einen unter der St. Paulskirche belegenen Hof und erbauten daselbst ein Häuschen von Holz, das ihnen zur Unterkunft und als Kapelle dienen sollte und 1230 von dem Erzbischof Siegfried von Mainz geweiht wurde. Sie erhielten bald so grossen Zulauf und so reiche Beisteuern, dass sie sich, nachdem ihnen auch noch Graf Heinrich von Gleichen 1240 VIII Id. (8) Martii einen Bauplatz geschenkt (Menken Scriptt. I, p. 535. Zacke Todtenbuch S. 103), sehr bald in der Lage befanden, eine wirkliche Kirche zu erbauen, wobei sie umsomehr Unterstützung fanden, als Graf Elger, der erste Prior, sich nicht scheute, sich persönlich bei den Arbeiten zu betheiligen (Hogel l. c. p. 38. Nachrichten f. 3).

Der Bau der Kirche, und zwar zunächst des Chors, wurde 1238 begonnen[1] und demselben III. Kld. Sept. (30. August) ej. von dem Bischofe Engelhard von Naumburg die Weihe ertheilt (Pred. M. Chronic. in Böhmer fontes l. c.). Doch schritt das Werk nur ziemlich langsam vor, selbst nachdem Erzbischof Werner

[1] Das Anonym. Chronic. Erford. bei Schannat, Vindem. I, p. 97, giebt unrichtig das Jahr 1308. Lotz, Kunsttopographie I, 201, setzt den Beginn des Baus in das Jahr 1260.

von Mainz 1266 in die Gregorii papae (12. März) zu diesem Behufe dem Kloster den Platz zwischen dessen Kirchhofe und der Martinsmühle geschenkt, wozu Graf Heinrich von Gleichen 1269 Non. (5.) Febr. seine Genehmigung ertheilte (M. A. — Menken l. c. I, 338. Sagittar. Hist. d. Grafsch. Gleichen S. 64). Erst 1279 war der Bau des Chors soweit gediehen, dass er Begräbnissstätten darbot und zum Gottesdienste benutzt werden konnte (Zacke l. c. S. 61. 65).[1]

Noch in dem nächstvorhergegangenen Jahre hatte Bischof Friedrich von Speyer allen denen, die zum Bau der Kirche und des Klosters der Prediger in Erfurt Unterstützung gewährten, einen Ablass zugesichert (M. A. — Kirchhof, Erf. im 13. Jahrh., S. 132). Der Bau des Langhauses muss aber damals nicht nur schon in Angriff genommen, sondern auch bereits zu einem gewissen Abschluss gelangt gewesen sein, da, gleichfalls im Jahre 1279 Hugo Longus, Vorsteher des Klosters, und dessen Gattin Jutta den Altar des h. Jacob, in welchem allem Anscheine nach der Arm des heiligen Jacobus von Compostella, der von der Frau Mechtild von Querfurt, gebornen Gräfin von Orlamünde, 1332 dem Kloster verehrt worden war (Nachrichten f. 51, Milwitz Collectan. f. 294, 295, 298), später aufbewahrt worden ist, vor dem Chore, also im Langhause, gegründet haben. Wahrscheinlich hat dieser Altar jedoch in dem Gewölbe des Zwischenbaues, in dem Bogen links vom Eingange in den Chor gestanden (ibid S. 61).

Im Laufe des 14. Jahrhunderts erfolgte dann die Weiterführung des Baues des Schiffes und zwar in drei Abschnitten, die durch das dritte, das siebente und das neunte Fenster von der Westseite gerechnet, angedeutet werden. Die gänzliche Vollendung des Baues fällt, wenn nicht in den Anfang des 15., doch jedenfalls erst in den Schluss des 14. Jahrhunderts und entspricht auch dem damals üblichen gothischen Baustyl. Die Spenden, welche 1336 Segehard Hottermann, 1350 Albert Trages, 1396 Frau Ysentrut Schwanring zum Bau der Kirche hergaben, das 1350 zu deren Einwölbung von der Hutmacherzunft gewährte Geld, der in gleichem Jahre von Hartung von Schmedestet und dessen Ehefrau Jutta gestiftete Altar des h. Thomas, sowie der der zehntausend Jungfrauen, welchen 1392 die Schneidergesellen errichten liessen, sind Beweise für die Bauthätigkeit während dieser Zeit. Der Schlussstein des dreizehnten Gewölbes des südlichen Seitenschiffes zeigt das gräflich Beichlingische Wappen und steht sicher in Beziehung zu dem Grafen Johann von Beichlingen, der 1401 Subprior des Klosters war und deutet darauf, dass zu dieser Zeit der Bau im wesentlichen seinen Abschluss gefunden hatte. Dass 1410 die Kirche an sich, mindestens in ihrem östlichen Theile beendet gewesen sein muss, geht schon daraus hervor, dass der Zwischenbau zwischen Chor und Langhaus, die Borkirche oder der Lettner, welcher in dem genannten Jahre errichtet worden, erst nachdem die Umfassungsmauern bereits standen, dem Gebäude zugefügt ist, wie das Mauerwerk dies deutlich zeigt. Doch wurde das Gewölbe über dem Lettner erst 1432 vermittelst einer von den Brüdern Hugo

[1] Wenn Schnaase (l. c. V, S. 441) und Dohme (l. c. S. 239) den Bau der Predigerkirche in die Mitte des 13. Jahrhunderts setzen, weil der älteste Grabstein in derselben von 1266 datire, so trifft dieser Grund nicht zu, da das Grab des Theodorich von Lichtenhein (dies ist jedenfalls das gemeinte), nicht von 1266, sondern, wie weiter unten nachgewiesen werden wird, von 1366 ist.

Longus dem älteren und dem jüngeren gemachte Schenkung, worauf das darauf angebrachte Wappen derselben deutet, hergestellt.

Am spätesten muss die Aufführung des Westgiebels und des anstossenden Theiles der Kirche erfolgt sein, denn dass in jenem befindliche Fenster wurde erst 1412 durch die von Gottschalk Legat und dessen Ehefrau dazu hergegebenen Mittel gefertigt und erst 1432 wurde von dem Schneidergewerke eine Stiftung gemacht um das erste grosse Gewölbe am Giebel herzustellen (Nachricht f. 6.)

Der Thurm wurde 1447 und 1448 erbaut. Man kann annehmen, dass der ganze Bau der Kirche in betreff seines Aeusseren hierdurch vollständig zum Abschluss gelangte.

Auch im Innern ist seitdem nur wenig geschehen. 1456 wurde von Franz Kudorff und dessen Gattin Agnes der Altar des h. Antonius im Chore gestiftet, 1463 der steinerne Kreuzgang, der an die südliche Kirchenmauer stiess, 1491 das Haus neben der Klosterpforte gebaut. Hiermit erreichte, soviel bekannt, die Bauthätigkeit der Mönche ihr Ende. Auch dauerte das Fortbestehen des Klosters nicht mehr lange; denn schon 1521 wurde vom Mag. Georg Forchheim hier evangelisch gepredigt und 1522 derselbe als erster lutherischer Prediger angestellt. Zwar blieben im übrigen die Mönche noch im Besitze des Klosters, doch war schon 1544 deren Zahl bis auf einen einzigen zurückgegangen, welchem der Rath die Aufsicht über die Gebäude und das Vermögen übertrug. Die gänzliche Aufhebung erfolgte nach vorangegangenen heftigen Streitigkeiten zwischen dem Rath und dem Erzbischof 1588, und 1591 gab auch der letzte Mönch, Jacob Schoppe, seine Wohnung im Kloster auf. Die Kirche des Klosters wurde nicht nur zur evangelischen Hauptkirche von Erfurt erhoben, sondern es wurden in dieselbe auch die benachbarten Gemeinden St. Paul, St. Martin intra und extra, sowie St. Benedict eingepfarrt.

Was in den folgenden Zeiten in baulicher Beziehung geschah, war von geringer Bedeutung und beschränkte sich darauf, vorgekommene Schäden zu beseitigen und das Innere dem Zeitgeschmacke anzupassen. 1573 wurde eine neue Kanzel angefertigt (Friese l. c. II, S. 575), 1575 liessen der oberste Rathsmeister Jacob Nafzer und dessen Gattin die Kirche schön ausmalen, 1579 erhielt dieselbe ihre erste Orgel, die aber schon 1589 reparirt werden musste. Ein Einschlagen des Blitzes in den Thurm am 4. Aug. 1579 zerschmetterte nur dessen Knopf und die Spindel, beschädigte aber die Glocke so erheblich, dass sie umgegossen werden musste und erst am 21. Decbr. 1586 wieder aufgehängt ward (Nachrichten S. 7. 8). Auch am 17. März 1606 schlug der Blitz wieder in den Thurm ein, worauf am 16. Decbr. 1607 ein neuer Knopf mit Spindel auf ihn gesetzt wurde. Dagegen brachte ein Einschlagen des Gewitters in den Chor am 24. Juni 1630, gerade als die Jubelfeier der Uebergabe der Augsburgischen Confession eingeläutet wurde, ebenso wie das Einschlagen einer Kanonenkugel in den Chor bei der Beschiessung Erfurts durch die Schweden 1636 keine erhebliche Beschädigung hervor. Auch eine andere Gefahr, die der Kirche drohte, als 1630 der Dominikanerorden mit Ansprüchen auf die Rückgabe derselben und des Klosters hervortrat, ging glücklich vorüber, da der Rath mit seiner Weigerung durchdrang.

1632 liess der Schlossrathsmeister Heinr. Ilgen das jetzt auf dem vorderen Altare befindliche Schnitzwerk über dem Erbbegräbnisse seiner Familie in der

Diaconatssacristei aufstellen (Nachricht. S. 15); 1644 der Goldarbeiter Erasmus Wagner den schönen Taufstein machen (ibid. S. 17); 1657 schenkte der Handelsmann Eduard Bode den prächtigen Kronleuchter mit dem Reiterstandbilde König Gustav Adolfs der Kirche (Friese, l. c. IV, S. 1231). 1677 ward eine neue Orgel angeschafft, da die 1648 von Ludwig Compenius bewirkte Reparatur der bisherigen sehr unbefriedigend ausgefallen war.

1732 wurde die Kirche von dem Maler Neuenhahn, der dafür 100 Rth. erhielt, neu ausgemalt, doch in sehr geschmackloser Weise; die Fenstereinfassungen und Bögen waren roth, die Pfeiler aschgrau marmorirt (Quehl, l. c S. 131). Der am 21. Okt. 1736 ausbrechende Brand, der den ganzen Stadttheil, in welchem die Kirche liegt, in Asche legte, fügte der Prediger-Gemeinde einen sehr erheblichen Schaden zu, da zwei ihr gehörige Kirchen, die St. Pauls- und die Martini intra, die Wohnhäuser der Geistlichen und der Lehrer, sowie die Mädchenschule ein Raub der Flammen wurden. Auch das Dach der Predigerkirche war bereits von denselben ergriffen, doch gelang es diese selbst zu erhalten. Die hölzerne Bedachung des Thurmes ward aber zerstört und sieben, der Gemeinde gehörige Glocken zerschmolzen, die 1738 durch drei neue ersetzt wurden.

Der am 22. August 1755 in den Chor dicht über dem Altar eingeschlagene Blitzstrahl zündete nicht und zertrümmerte nur einige Dachziegeln. Bedeutender waren die Beschädigungen, welche die Kirche 1806 erlitt, als sie nach der Einnahme Erfurts durch die Franzosen zur Aufbewahrung von Gefangenen, sodann als Heumagazin benutzt wurde, wobei eine grosse Zahl von Denkmälern, die theils zerstört, theils zur Unterhaltung der Wachfeuer verwendet wurden, zu Grunde ging. Erst am Adventssonntag 1808 war die Kirche durch milde Beiträge wieder so weit hergestellt, dass wieder Gottesdienst in ihr gehalten werden konnte (Beyer N. Chron. S. 371, 432). Die Reparatur der sehr beschädigten Orgel — viele Pfeifen waren entwendet und als altes Zinn verkauft — erfolgte erst 1809. Doch entging die Kirche wenigstens dem Schicksal als Domainengut verkauft zu werden, wozu bereits ein Versteigerungstermin angesetzt war, in Folge eines energischen Protestes des Bürgermeisters Weismantel, der das Irrige der Annahme, die Kirche sei in Folge der Säcularisation des Klosters ein heimgefallenes Staatsgut, darthat.

Da bei der Restauration von 1808 nur das Nothdürftigste geschehen war, so ward 1826 eine umfassendere nach einem Plane des Regierungsbaumeisters Gerstner vorgenommen, bei der die Wände einen weissen, die Kapitäle der Pfeiler einen gelben Anstrich erhielten, vieles Störende entfernt ward, die Emporen ausgeglichen, die Eingänge verändert wurden u. s. w. Etwa gleichzeitig (1826, 1827) ward die Orgel reparirt.

Eine noch weitergehende stylgemässe Reparatur des Innern, mit Beseitigung des Zwischenbaues der Schiff und Chor trennt, ist zwar längst als dringendes Bedürfniss erkannt, hat aber wegen mangelnder Mittel noch nicht zur Ausführung gebracht werden können. Denn eine 1889 vorgenommene Renovirung des Innern hat, abgesehen von einer Heizeinrichtung, keine wesentliche Veränderung herbeigeführt. Dagegen ist gründliche Wiederherstellung dem ehemaligen Kapitelhause, dem einzigen noch vorhandenen Theile des Klosters, 1858 zutheil geworden. Der Anblick der Kirche von der Wasserseite aus, hat neuerdings durch die Regulirung des früheren Kirchhofes, Entfernung der diesen umschliessenden Mauern, Erbauung eines stattlichen Schulhauses, sowie Anlage einer neuen Strasse und Brücke, erheblich gewonnen.

Beschreibung. Das Aeussere.

Die, wie oben ausgeführt, in der Zeit vom Ausgange des 13. bis zum Beginn des 15. Jahrhunderts erbaute Predigerkirche gehört der Frühgothik an, ist nach Dohme (l. c. S. 199) sogar eines der ersten Werke der klar entwickelten Gothik

Nr. 45. Predigerkirche.

und nach Münzenberger (l. c. S. 60) ein Werk, welches die Bewunderung der Jahrhunderte geworden und solange es fortdauert bleiben wird. In der That macht sie durch ihre Grösse und Einfachheit einen höchst erhebenden Eindruck und gilt nach dem Dome für die schönste Kirche Erfurts, lässt sogar auch diesen an einfacher Planmässigkeit und kunstvoller Harmonie aller Theile hinter sich zurück.

Ihre Richtung geht von Westen nach Osten. Ihre Länge beträgt 76 m, die Stärke ihrer Mauern durchschnittlich 1 m, die Höhe der Umfassungswände bei den Seitenschiffen 14 m, zu denen noch die 4 m der auf dem Gewölbe ruhenden Mauern des Mittelschiffs treten. Die Breite des Langhauses beträgt am Westgiebel 19 m. Aufgeführt ist das Gebäude aus Quadern des trefflichen Seeberger Sandsteins.

Der 1279 im wesentlichen vollendete Chor (Nr. 45) ist einschiffig und erheblich schmaler wie das Langhaus; er schliesst mit drei Seiten eines Achtecks ab; seine Umfassungsmauern erreichen die Höhe des Mittelschiffs, so dass die Firste der Dächer beider aneinanderstossen. Seine fünf Fenster, die eine Höhe von 15 m und eine Breite von 1 1/2 m haben, sind zweitheilig und mit, hin und wieder nicht gut erhaltenem, Masswerk versehen. Die vier Strebepfeiler gehen bis zum Gesimse des Zwischendaches und sind reicher geschmückt wie die des Schiffes.

An der nördlichen Umfassungsmauer des Langhauses befinden sich sechzehn Strebepfeiler, die einmal abgetreppt, von einem einfachen Wasserschlage bedeckt sind und nicht ganz bis an das Gesims des Zwischendaches reichen. Zwei derselben haben eine grössere Tiefe als die übrigen, doch rührt dies, wie deutlich wahrnehmbar ist, von einer neuerdings an der Stirnseite vorgenommenen Verstärkung her. — Die Aufsatzmauer des Mittelschiffs entbehrt der Strebepfeiler. Die Westfront enthält zwei solche, da wo das Mittelschiff an die Seitenschiffe stösst; sie sind höher wie die andern, da sie beinahe bis an das Dach des ersteren reichen; ihre Spitzen werden durch drei kleine Giebel gebildet.

Auf der Südseite fehlen die Strebepfeiler da ganz, wo das Kloster früher an die Kirche stiess; die vorhandenen sind erheblich schwächer wie die der Nordseite.

Die Kirche hat auf der letzteren, der Predigerstrasse zu, vier Eingänge, deren einer, zwischen dem fünften und dem sechsten Strebepfeiler, von Westen gerechnet, mittelst einer Doppelfreitreppe zur Empore führt, aber erst aus neuerer Zeit herrührt. Der daneben liegende Eingang ist mit einem Bogen überwölbt und war sonst mit Bildsäulen geschmückt, die auf den, eben so wie die Baldachine, noch vorhandenen Consolen in halbrunden Nischen in den Leibungen der Thüre standen.

Das Hauptportal befindet sich in der Westfront (Nr. 46), die überhaupt den schönsten Theil des Bauwerks bildet (Abbild. bei Kruspe, Beitr. Taf. II, 16), der Paulsstrasse gegenüber. Dasselbe besteht in einer sich nach innen verjüngenden kleinen Halle, deren Seiten zwei durch Rundstäbe eingefasste Nischen einnehmen. In jeder derselben steht eine kurze, schlanke Dreiviertelsäule mit zierlichem Blätterkapitäl, die einst dazu diente, eine Bildsäule zu tragen, welche von einem reichen Baldachine bedeckt wurde. Durch eine gleiche Säule mit Baldachin werden die beiden Flügel der Thüre getrennt. Auch auf den beiden Seiten der letzteren sieht man noch Kragsteine, welche einst Bildsäulen getragen haben und die dazu gehörigen Baldachine. In dem spitzbogigen oberen, jetzt vermauerten Bogenfelde befand sich früher über dem durch einen Pfosten gestützten Thürsturz, der, wo er an die Umfassung stösst, von zwei kleinen Figuren, über deren Bedeutung Zweifel obwalten, getragen wird, eine Rosette. Eine gleiche zeigt das darüber befindliche mit reichem Masswerk versehene dreitheilige, wie alle andern spitzbogige, Fenster, das, jedoch mit Belassung des Masswerkes, gegenwärtig behufs Schonung der Orgel zugemauert ist. Zwei kleinere Fenster mit einfachem

Nr. 46. Westliche Façade der Predigerkirche.

Masswerk befinden sich auf beiden Seiten der Pforte in den Westmauern der Seitenschiffe, ein ganz kleines, jetzt ebenfalls vermauertes, in der Spitze des Giebels.

Das nördliche Seitenschiff hat auf seiner Langseite 16 Fenster, die durchschnittlich 10 m hoch, 2 m breit sind, von denen aber vier, darunter die über den Eingängen, eine geringere Höhe besitzen oder im unteren Theile vermauert sind. Sie haben mannigfaches, hin und wieder nicht gut erhaltenes Masswerk. Das südliche Seitenschiff enthält nur einen Eingang und 10 Fenster, weil hier früher das Kloster angebaut war. Das Mittelschiff erhält noch besonderes Licht durch die in den Aufsatzmauern befindlichen Fenster, die, viel kleiner als die der Seitenschiffe, gleichfalls spitzbogig, aber mit sehr einfachem Masswerke versehen sind. Dergleichen finden sich 15 auf der nördlichen und 13 auf der südlichen Seite.

Wie schon das Vorangeführte ergiebt, besteht die Bedachung des Langhauses aus drei Dächern, einem ziemlich spitzen Satteldach über dem Mittelschiffe und zwei flacheren Pultdächern über den Seitenschiffen. Sie sind mit Ziegeln eingedeckt.

Der frühere Kreuzgang lief mit seinem nördlichen Arme längs dem südlichen Seitenschiffe, wie von diesem noch sichtbare Spuren darthun, der östliche an dem Kapitelhause. Die beiden andern waren von den zum Aufenthalt der Mönche dienenden Klosterräumen umschlossen. Dicht neben der Thür, die aus der Kirche nach dem Kreuzgang führte, ist ein Sandsteinrelief mit Christus und den schlafenden Jüngern am Oelberge, das in gothischer Minuskel die Inschrift trägt:

Anno Domini 1484 per Johann Wydemann perfectum est hoc opus.[1]

Der Thurm liegt an der südöstlichen Ecke der Kirche zwischen dem südlichen Seitenschiffe und dem Kapitelhause, so dass sein oberer Theil etwas von der Mauer des Mittelschiffs absteht, mit dessen Dache aber durch einen freischwebenden Gang verbunden ist. Sein Bau wurde 1447 durch den Meister Laurentius begonnen, wie die nach der Seite des Klosterhofes zu sich findende Inschrift:

A. D. MCCCCXLVII incepta est structura hujus turris pr. ms. rm̄. laurentium.

und eine in dem Knopf niedergelegte Urkunde ergeben. Er wurde, wie es scheint, 1448 vollendet.[2] Er enthält fünf Stockwerke, die drei unteren quadratisch, die beiden oberen achteckig. Den Uebergang der einen Form in die andere bilden dreieckige Schmiegen. Das unterste Geschoss erhält sein Licht durch ein spitzbogiges Fenster, die beiden folgenden durch kleine viereckige Oeffnungen. Das

[1] Zinck, l. c. S. 5, giebt 1282 als Jahrzahl an. Quehl, l. c. S. 125, sagt: 1484 oder 1282. Es kann aber keinem Zweifel unterliegen, dass 1484 steht. — Der Grabstein des Joh. Wiedemann befindet sich in der Kirche im achten Joche des Mittelschiffes von Osten her, die flache Reliefdarstellung eines Mannes in einfacher bürgerlicher Kleidung, einen Rosenkranz mit beiden Händen haltend. Leider ist der Theil der Umschrift, in welchem das Sterbejahr angegeben ist, durch das Podium verdeckt. Am linken Fusse findet sich das Steinmetzzeichen, ein Kreuz, an das sich unten schräg ein Winkelmass anschliesst. — Das kleine Schutzdach, welches sich über dem Relief mit dem Oelberge befindet, ist neuerdings auf Kosten des um die Kirche vielfach verdienten Eisenbahndirektors Herrmann angefertigt.

[2] Denn diese von Hartung Kammermeister (l. c. f. 121) angegebene Jahrzahl bezieht sich sicher auf die Beendigung des Baues. Friese (l. c. I, S. 213) setzt den letzteren, jedenfalls unrichtig, in das Jahr 1452.

oberste hat auf jeder seiner acht Seiten ein zweitheiliges Spitzbogenfenster mit einfachem Masswerk und ist von einem achtseitigen steinernen Zeltdache bedeckt. Die Ecken werden von drei Rundstäben eingenommen, die sich von dem mehrfach gegliederten Kranzgesimse des unteren Geschosses bis zum einfachen Dachgesimse hinaufziehen. Die Abschmiegung der Fenster ist durch eine Hohlkehle bewirkt, durch die sich ein Rundstab zieht. Die Gesammthöhe überragt nur wenig die des Dachs des Mittelschiffes (Eine Abbild. der Thurmspitze bei Puttrich, l. c. Taf. 11).

Das Innere.

Die Predigerkirche ist eine frühgothische Basilica mit einem Mittelschiffe und zwei Seitenschiffen, die durch einen einschiffigen Chor abgeschlossen werden und deren Inneres durch Einfachheit und Planmässigkeit einen wohlthuenden Eindruck macht (Nr. 47).

Schnaase bemerkt (l. c. V, S. 441): „Die Anordnung der Kirche besteht in einem Langhause ohne Querschiff, aber von bedeutender Länge, die nicht durch die Zahl der Abtheilungen, sondern dadurch bedingt ist, dass der Pfeilerabstand fast die Breite des Mittelschiffs erreicht. Jede Abtheilung ist daher auch bei der späteren Ueberwölbung durch zwei schmale Kreuzgewölbe bedeckt, deren trennender Quergurt auf einer über der Spitze des hochaufsteigenden Scheidbogens angebrachten Konsole ruht. — Die ganze Länge besteht also aus sehzehn sehr schmalen Gewölben. — Die Seitenschiffe haben zwar nur halbe Mittelschiffbreite, aber in Folge des grossen Aufschwungs der weiten Schildbögen eine mehr als gewöhnliche Höhe, so dass die Oberlichter sehr klein sind. Die Anlage hält also gewissermassen die Mitte zwischen der hergebrachten Basilicaform und der Hallenkirche. Das bewegende Motiv ist offenbar die durch die weite Spannung der Scheidbogen erlangte Ersparung von Pfeilern; die Kenntniss von der Tragweite des Spitzbogens und der Wirkung der Strebepfeiler ist also hier in eigenthümlicher Weise zur Verminderung der Mauermassen benutzt. Die Profilirung der Scheidbogen und Gurten und die Behandlung der Kapitäle ist rein gothisch, wenn auch sehr einfach und fast roh, und der Totaleindruck durch die klaren und harmonischen Verhältnisse ein völlig befriedigender."

Die Länge des Langhauses beträgt 72^{m}, dessen Breite 19^{m}, die des Chors beim Hochaltare $8^3/_4$^{m}. Dreissig Säulen, von denen sechsundzwanzig frei stehen, die vier anderen an die Mauer anstossen, tragen das Gewölbe und scheiden das Mittelschiff von den Seitenschiffen. Sie sind einfach achteckig und endigen in Kapitäle, welche Blätterschmuck zeigen. Doch stimmt dieser nur bei den sich gegenüberstehenden Paaren überein und deutet so auf die verschiedenen Abschnitte, in denen die Ausführung des Baus erfolgt ist. So sind die drei ersten Säulenpaare vom Chor aus gleichmässig mit Blätterknäufen geziert, das vierte und das fünfte Paar hat nur links Blätter, während die rechte Seite des Kapitäls ohne Verzierung ist, das siebente, das achte und das neunte Säulenpaar hat an jeder Seite zwei gleiche, aber die Seiten miteinander verglichen, verschiedene Simskapitäle, das zehnte bis dreizehnte Paar haben wieder übereinstimmende Kapitäle. Aehnliche Verhältnisse walten bei den miteinander correspondirenden Fenstern ob.

Das Gewölbe überdeckt in gleicher Breite Chor und Schiff. Die Rippen desselben ruhen auf ausgekragten Diensten, deren lange Reihen die Wirkung der

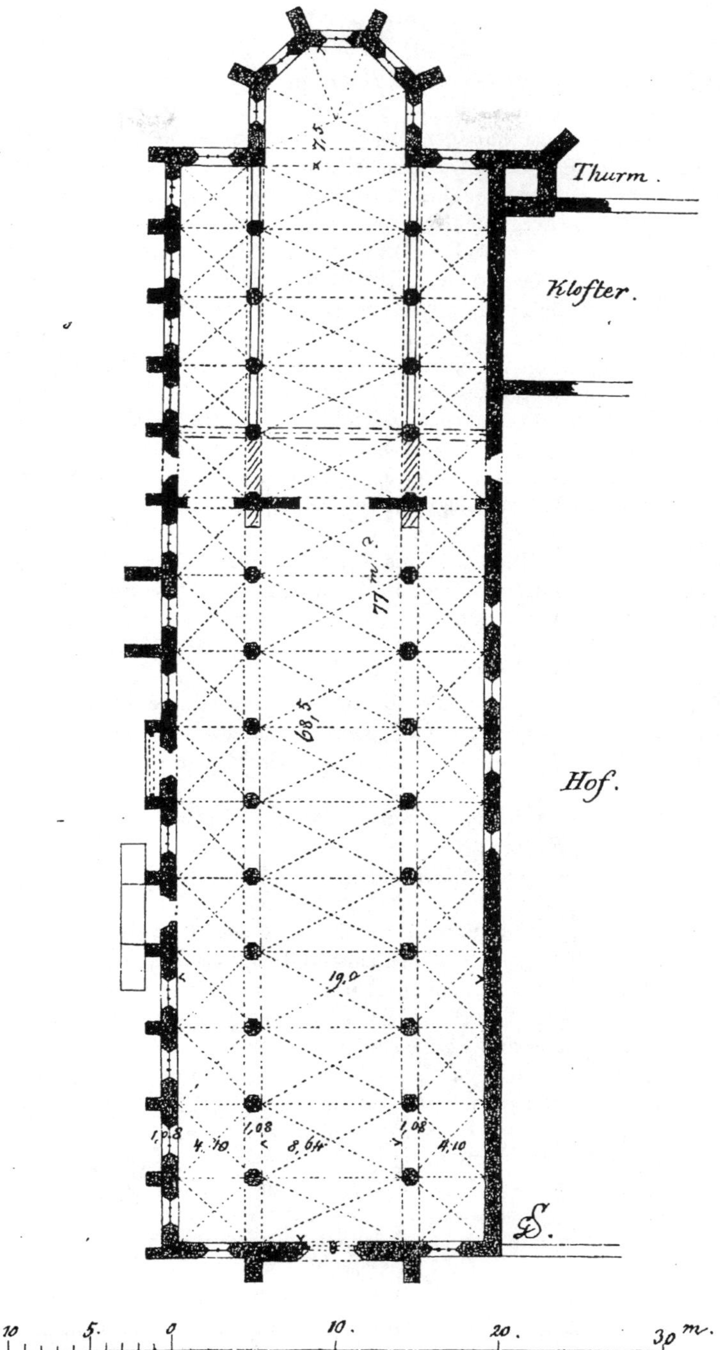

Nr. 47. Grundriss der Predigerkirche.

Perspective nicht wenig erhöhen. Sie bestehen in Dreiviertelsäulen auf verzierten Konsolen, oben von blätterreichen Kapitälen gekrönt. Die Schlusssteine sind theils mit den Wappen Erfurter Familien, theils mit den Emblemen der Zünfte, die sich Verdienste um den Bau erworben (Zacke, l. c. S. 50, 55, 56, 132), versehen.

Die Kirche war ursprünglich wohl durchgehends mit Glasmalereien ausgeschmückt. Gegenwärtig sind nur noch Reste von solchen im Chor und im nördlichen Seitenschiffe vorhanden. Diese bieten aber schöne Muster und prachtvolle Farben dar; sie entstammen der frühgothischen Zeit. Münzenberger (l. c. S. 61) macht darauf aufmerksam, dass in einzelnen Fenstern sich Reste von alten prächtigen Teppichmustern vorfinden, namentlich ein sehr schönes, in blau und weiss gehaltenes, mit verschlungenen Perlenstäben Beachtung verdiene.

Zwischen Langhaus und Chor befindet sich ein Lettner, der einzige in einer Kirche Erfurts vorhandene. Auch er ist frühgothisch. Als in Folge der Einführung des evangelischen Gottesdienstes die Messe aufhörte und das ganze Gewicht auf die Predigt gelegt ward, der Chor daher entbehrlich, es dagegen nöthig wurde, in dem Langhause möglichst viele Sitzplätze zu beschaffen, wurde der Lettner mit Holzwerk überbaut, mit Logen versehen, und so eine vollständige Scheidewand zwischen Langhaus und Chor errichtet. Der letztere ist seitdem nicht mehr zum Gottesdienst benutzt, der Lettner aber selbstredend seiner ursprünglichen Bestimmung entzogen und in seiner Holzeinfassung kaum noch erkennbar.

Auch auf den drei andern Seiten wurde das Langhaus mit einer Doppelreihe Emporen, von denen aber die auf der Kanzelseite seit 1806 nur noch theilweise vorhanden war und 1882 gänzlich beseitigt ist, versehen, wodurch natürlich der Eindruck, den das Innere der Kirche darbietet, bedeutend beeinträchtigt ist.

Vor Einführung der Reformation besass die Kirche ausser dem Hochaltare im Chore noch zehn Nebenaltäre, — deren Namen in Zackes Todtenbuch S. 58 aufgeführt sind —, die an den Langwänden und in den Nischen des Zwischenbaues ihren Platz hatten. Sie sind sämmtlich nicht mehr vorhanden, während der Hochaltar zwar noch existirt, aber nicht mehr zum Gottesdienst benutzt wird. Diesem dient nur ein zwischen Langhaus und Chor stehender Altar, der 1632 auf Kosten des Schlossrathsmeisters Heinr. Ilgen errichtet und mit Holzreliefs, die Einsetzung des heil. Abendmahls, das Leiden und die Auferstehung Christi, sowie den Baum des Lebens zwischen Adam und Eva darstellend, versehen wurde. Er befand sich ursprünglich in der Diakonatssakristei und hat erst 1732 seinen gegenwärtigen Stand erhalten. In der neuesten Zeit ist er seines plastischen Schmuckes entkleidet. Des Hochaltars wird weiter unten bei Aufzählung der Kunstwerke näher gedacht werden.

Die gegenwärtige Kanzel ist 1677 an die Stelle einer 1573 errichteten (Friese l. c. II, S. 575) getreten. Sie entspricht dem damaligen Zeitgeschmack; die ebenfalls nicht gerade geschmackvolle Bemalung und Vergoldung rührt aus neuerer Zeit her.

Die erste Orgel ward 1579, oder wie Gerstenberg in der Novantiq. Erford. angiebt, 1572 oder 1573 von Heinrich Compenius aus Eisleben, der 1604 die grosse Orgel im Magdeburger Dom baute, angefertigt. Dieselbe musste bereits

1589 durch Valentin Vogler, einem in seinem Fache berühmten Meister ausgebessert und mit neuen Pfeifen und Registern versehen werden (Wilands Chron. bei Friese l. c. II, S. 653), der dafür 300 fl. Lohn und ein Extrageschenk von 50 Rth. erhielt. Doch war schon 1648 wieder eine Ausbesserung nöthig geworden, welche durch Ludwig Compenius von Naumburg bewirkt ward, aber, obwohl sie 1574 Rth. 2 ggr. 5 Pf. kostete, von denen der Orgelbauer allein 1020 Rth. erhielt (Nachrichten S. 34), doch so mangelhaft ausfiel, dass 1677 eine neue Orgel gebaut werden musste, wozu die Kosten durch eine Sammlung in der Gemeinde beschafft wurden (ibid. S. 21). Auch diese bedurfte bald einer Reparatur, die 1740 durch den sehr geschickten Orgelbauer Volkland erfolgte. Bei der Verwüstung der Kirche während der französischen Occupation wurde auch die Orgel erheblich beschädigt. Nachdem die Hauptschäden 1809 durch den Orgelbauer John beseitigt waren, fand 1826 und 1827 eine gründliche Wiederinstandsetzung durch Salfelder mit einem Kostenaufwande von 809 Rth. 12 ggr. statt, wobei die Orgel ausser dem Glockenspiel u. s. w. 40 klingende Stimmen erhielt, sodass sie jetzt an Fülle, Wohllaut und Kraft kaum etwas zu wünschen übrig lässt, wenn auch ihr Ausseres nicht gerade einen besonders günstigen Eindruck macht.

Nr. 48.
Madonna in der Predigerkirche.

Kunstwerke und Denkmäler.

Die Predigerkirche ist reich an werthvollen Kunstdenkmälern, besonders solchen aus dem Gebiete der Sculptur.

Dahin gehören namentlich:

1. Eine Marienstatue (Nr. 48). Nach dem Todtenbuche (vid. Zacke S. 115) hat Hartung von Schmedestet und dessen Frau Jutta dieselbe im Jahre 1350 errichten lassen. Sie ist aus Sandstein, polychromirt, in Lebensgrösse, hält das Christuskind auf dem Arme und steht in einer Nische im Zwischenbau. Durch die zarte und gefühlvolle Ausführung der Köpfe und Hände, sowie die schöne Faltung der Gewänder und die feine

Behandlung des Nackten reiht sich diese Figur den trefflichsten auf uns gelangten Arbeiten des 14. Jahrhunders an, für welche Entstehungszeit zugleich die etwas ausgebogene Stellung, die eng anliegenden Arme und die ein wenig verdrehten Hände ein charakteristisches Merkmal abgeben (Schorn l. c. S. 12, Schnaase l. c. VI, S. 501, Otte l. c. S. 191, Lübke, Plastik S. 405). Bode (l. c. S. 98) bemerkt: „Die Sculpturen am grossen Domportal werden weit übertroffen durch verschiedene Bildwerke im Innern mehrerer anderer Kirchen in Erfurt. Eine sehr sauber ausgeführte Madonnenstatue am Lettner der Predigerkirche ist noch manirirt, in der Bewegung, aber, wie Kugler mit Recht rühmt (Kl. Schrift II, 28), fein gefühlt im Nackten." Jul. Sahlender (Ein Pantheon. Beil z. Thür. Zeit. 1887 Nr. 137) bemerkt: „Der Lettner birgt in einer dunklen Nische eine der berühmtesten und gefeiertesten Bildhauerarbeiten des 15. Jahrhunderts, die berühmte Schmedestedtische Madonna, welche in der gesammten kunstgeschichtlichen Literatur hoch in Ehren gehalten und von den grössten Kunstschriftstellern der Neuzeit als ein Juwel mittelaltriger Sculptur gepriesen wird. — Die Madonna hält stehend das mit einem Vogel spielende Kind auf dem Arme. Mutter und Kind sind vorzüglich bemalt; zarte und gefühlvolle Ausführung der Köpfe und Hände, sowie die edle Faltung der Gewänder und die vorzügliche freie Behandlung des Nackten sichern dem Denkmale eine der ersten Stellen der aus dem 14. Jahrhundert auf uns gekommenen Bildhauerwerke. — Doch ist dieses Kunstwerk leider schwer beschädigt auf unsere Tage gekommen, die Füsse der Madonna sind stark verstümmelt."

2. Der Taufstein. Ihn liessen der Goldschmied Erasmus Wagner von Bamberg und dessen Frau Christine 1640 bei Gelegenheit des vierzigjährigen Bürger- und Meisterjubiläums jenes errichten. Auf dem Deckel las man die Widmung und darüber in geflammter Schrift das Wort „Jehovah." Die Einfassung des Beckens ruhte auf sechs Säulen mit schwarzen Schaften und vergoldeten Kapitälen, welche die christlichen Tugenden trugen, die von Engeln mit Attributen und Spruchbändern umgeben waren. Der Taufstein war anfangs im Schiffe aufgestellt, wurde aber 1732 an seinen gegenwärtigen Standort, die Mitte des Chors, gebracht. Er soll ein Werk von grosser Schönheit gewesen sein, wurde aber 1806 als die Kirche den Kriegsgefangenen zum Aufenthalt diente, so beschädigt, dass fast nur noch der untere Theil vorhanden ist. Der schwedische Agent und Oberkriegskommissar Jacob Barth liess ihn ausweislich einer daran angebrachten Inschrift und seinem sowie seiner Gattin Angelica Weissmantel Wappen mit dem noch vorhandenen schönen schmiedeeisernen Gitterwerk umgeben.

3. Ein steinernes Sakramentshäuschen, eine gute Arbeit des 15. Jahrhunderts.

Unter der grossen Zahl der in der Kirche vorhandenen Denk- und Grabsteine und sonstigen Epitaphien verdienen Erwähnung:

4. Der Gedächtnissstein des Hugo Longus am Eingange zum Chor mit einem aufgerichteten Löwen, darüber ein Helm, dessen Helmzier den Obertheil eines Löwen enthält, und der Inschrift in gothischer Minuskel:

> Anno dm̄ MCCLXXIX. VII ydus Augusti (obiit) venerabilis dominus Hugo Longus procurator fratrum hujus domus hic sepultus cujus anima requiescat in sancta pace.

Der Stein ist jedoch, wie sich nicht bezweifeln lässt, nicht in dem angegebenen Jahre angefertigt, sondern wie schon der Charakter der Schrift darthut, eine im 14. Jahrhundert bewirkte Erneuerung (Zacke l. c. S. 64 und daselbst Tafel I, eine Abbildung).

5. Das Denkmal des Grafen Günther XVI. von Schwarzburg, eines Sohnes des Grafen Heinrich von Schwarzburg von der Blankenburger Linie, der als Mönch im Kloster gelebt hat. Günther ist in betender Stellung mit etwas gebogenen Knieen und gefalteten Händen, bekleidet mit der Mönchskutte, und mit kahlem Haupte, in ganzer Figur und in Lebensgrösse, in vertieften Linien schlicht und einfach dargestellt und in nicht gerade geschackvoller Weise polychromirt. Bode (l. c. S. 99) sagt: „Dieser Grabstein — ist von ausgesprochener gothischer Eigenart, aber das Lächeln scheint in dem feisten Gesichte keinesweges so conventionell wie gewöhnlich. Technisch ist das Monument dadurch sehr eigenthümlich, dass die Figur nicht aus dem Stein herausgehauen ist, sondern dass nur die Konturen in die Fläche vertieft und die Einzelheiten innerhalb der Figur gemalt sind." Aus dem Munde des Dargestellten gehen die Worte in gothischer Minuskelschrift: Miserere mei deus. In gleichen Charakteren steht auf der Randeinfassung:

> Anno Domin. M . CCC . XLV . sequenti . die . post . diem . Ambrosii ✠ (r.)everendus pater . fr . Guntherus . de . Schwarzburg . cujus . anima . req(uiescat) ✠.

Zwei andere beigefügte Inschriften, deren eine sich auf eine 1751 erfolgte Translocation des Denkmals bezieht, stammen aus späterer Zeit (Abbildung des Grabsteins bei Zacke, l. c. Taf. II).

6. Das Monument des Barthold Bellmann, an der südlichen Aussenwand des Langhauses, dem früheren Kreuzgange, ist von 1358, aber so verwittert, dass nur wenig davon noch zu erkennen ist, doch ist dasselbe in dem Todtenbuche (Zacke, l. c. S. 51) genau beschrieben.

7. Das Vitzthum-Schwanringsche Grabdenkmal, früher im Kreuzgange, jetzt an der Südmauer der Chors. Der obere Theil des Steins zeigt im Basrelief Christus am Kreuze, zur linken Maria und Johannes, zur rechten zwei heilige Frauen. In der unteren Abtheilung sind zwei Knieende, ein Mann und eine Frau mit ihren Wappen. Das Denkmal ist nicht gut erhalten, namentlich ist die Inschrift beschädigt. Nach dem Todtenbuche lautet sie:

> Anno domini MCCCLXV in die Leonhardi obiit domina Jutta uxor Rudolphi Vitzdom. Anno domini MCCCLXIII in die Eobani obiit Elisabeth filia earum. Anno Domini MCCCLXIX in die XVI — obiit Rodolf Vicedom.

(Eine Abbildung des Denkmals bei Zacke, l. c. Taf. IV.)

8. Denkmal des Theodorich von Lichtenhayn. Es befindet sich an der Innenwand des Chors, ist trefflich erhalten und stellt einen knieenden bärtigen Ritter in voller Rüstung, mit unbedecktem Kopfe und wallendem Haare, neben ihm den reichverzierten Helm, die Rechte auf einen Setzschild stützend vor, und trägt in gothischer Majuskel die Umschrift:

✝ Anno . domini . MCCC . LXVI . feria . sexta . post . ascensionem . domini . obiit . dominus . Theodoricus . de Lichtenhayn miles.[1]

9. Das Legatsche Denkmal im Schiffe der Kirche. Es bezieht sich auf den 1422 verstorbenen Gottschalk Legat und dessen Frau Else, die beide die Kirche reich beschenkt hatten; es ist eine mit grosser Sorgfalt ausgeführte Arbeit, in welcher der innige Ausdruck, die Andacht und die feine Empfindung in der Behandlung des Fleisches schon Annäherung an die Renaissance zeigen (Bode, l. c. S. 208). Unter einer reichen Krönung in hochgothischem Style befindet sich Christus, auf seinen Seiten ein Mann und eine Frau, beide in langen Gewändern, knieend, neben sich je ein Wappen und darüber ein Stechhelm. Auf den beiden Langseiten wird die Darstellung von gereiften Säulen eingeschlossen, deren Füsse Kinderköpfe bilden. Im Unterrande in gothischer Minuskel die Inschrift. — Der Stein ist quer durchbrochen und hat eine Zeitlang als Trottoir gedient, bis ihn der schon genannte Herrmann entdeckte, erwarb und der Kirche übereignete; er ist daher auch namentlich in der Mittelfigur beschädigt. (Abbildung bei Zacke, l. c. Taf. VI.)

10. Die Rosenzweigschen Denkmäler. Dem nördlichen Choreingange gegenüber in der Zwischenwand befindet sich die Grabstätte des Friedr. Rosenzweig und seiner Gattin Maria. Unter einer schön gearbeiten Krönung in frühgothischem Style ist ein eben nicht sehr gelungener Christus in Hautrelief, auf dessen linker Seite eine Frau kniet; unter ihr das Salveltsche Wappen. Auf der rechten kniet ein Mann mit dem Rosenzweigschen Wappen in einem Schilde. Ein auf der Krönung liegender Stein trägt in gothischer Minuskel die Inschrift:

Anno domini mccccl sabato ante nativitatis Mariae obiit Frederich Rosenczweig.

(Eine Abbildung bei Zacke, l. c Taf. V.)

Ein anderer in der Kirche befindlicher Denkstein mit gleichen Namen und Wappen von 1475 bezieht sich wohl auf einen Sohn des Vorgedachten (Zacke, l. c. S. 50). Dass diese Patrizier-Familie sich um die Kirche besonders verdient gemacht, ergiebt schon der Gewölbeschlussstein mit ihrem Wappen.

11. Das Kudorfsche Denkmal von 1499 an der Nordmauer des Chors, unfern der Diakonatssakristei, ein fast 3^m langer und $1^1/_2{}^m$ breiter Stein mit einem Mann in mantelartigem Oberkleide mit Armlöchern und einer Frau, deren Kinn ein Schleier bedeckt, und dem Kudorfschen und dem Legatschen Wappen. Auf einer darüber in die Mauer eingefügten Platte eine lange Inschrift in deutscher Sprache, die sich auf einen hier 1456 von Franz Kudorf und seiner Gattin Agnes gestifteten Altar bezieht. (Die Inschrift bei Quehl, l. c. S. 111; Zacke, l. c. S. 43. Die Umschrift des Steines bei Böckner, Collekt.).

12. Das kolossale Nafzersche Denkmal an der Südseite des Schiffes unfern der Kanzel, ist ein Werk des Bildhauers Hans Friedemann des älteren und enthält eine grosse Zahl theils freistehender, theils halb erhabener Figuren, welche in verschiedenen Gruppen übereinander die Geburt, die Auferstehung und die Himmel-

[1] So, und weder 1266 noch 1466, wie andere (cf. Quehl, l. c. 115) lesen wollen, lautet die Jahrzahl (Zacke, l. c. S. 64 und Taf. III, Vergl. auch Bode, l. c. S. 99).

fahrt Christi darstellen. Unten sind zwei Knieende mit gefaltenen Händen, rechts der 1586 gestorbene Oberrathsmeister Jacob Nafzer, links dessen Ehefrau Anna, die sich beide um die Kirche, namentlich deren Schule, verdient gemacht haben. Gegenüber diesem Monumente an einem Pfeiler unter der Empore ist in halb erhabener Arbeit ein Christus und darunter ein Gerippe. Es ist das Epitaph der 1585 verstorbenen Gemahlin des Hans Nafzer.

13. Das Muesche Denkmal von 1599, gleichfalls eine Arbeit Hans Friedemanns des älteren, der dasselbe mit seinem vollen Namen bezeichnete, während er sich sonst nur des Monogramms H. F. bediente, befindet sich an der Südwand in der Höhe des Orgelchors und ist von beträchtlicher Grösse. Unter einem Manne und zwei mit einem Schleier bedeckten Frauen erblickt man ein Kind, zwei erwachsene Söhne, drei Wappen, eine erwachsene und drei kleine Töchter. Die auf einer Votivtafel befindliche Inschrift in römischen Kapitalen lautet:

1579. Epita. M. P. N.
Ille Muaesonum decus ingens Paulus, imago
Cujus in hac tabula conspicienda patet,
Summus in hac consul fuit urbe, poposcit eundem
Nec schola magnificum, non sibi nostra caput.
Conjuge cum primum qua vixit filius ipsi
Est genitus geminus, filiolaeque duae.
Altera tres vero natos, unamque puellam
Defunctas thalamo dona priore dedit.
In Christo placide credens obdormiit. Anno
IesV qVanDo VeLIs Magne VenIre VenI.

13. Die Grabsteine des Pancratius Helbichius, des Dietrich Nacke von 1594, sowie noch ein dritter im Chore vor dem Altare mit der Nr. 14, alle drei durch Abtreten beschädigt und zwar der letzte in dem Masse, dass nur noch einzelne Buchstaben entziffert werden können, sind gleichfalls Arbeiten des Hans Friedemann mit dessen Initialen.

15. Die Burchhardschen Denkmäler im Chore rechts vom Hochaltare. Auf einem über 2 m hohen Steine befindet sich in sehr sorgfältiger Arbeit eine jugendlich kräftige Gestalt in ritterlicher Tracht mit edlem Antlitz; in der einen Hand ein Paar zusammengeschlagener Handschuhe haltend. Besonders gut ist der zierliche Halskragen und die Schärpe gearbeitet. Auf beiden Seiten sind Medaillons mit Inschriften. Die auf der rechten Seite lautet:

Clarissimus et consultissimus dominus Daniel Burchard J. U. D. et milit. aulae sax. consil. pie obdormivit Erf. V. Sept. 1632. aet. 36.

Rechts am Fusse des Steins ist das Brettinsche, links das Burchardsche Wappen. Gegenüber befindet sich ein Denkstein mit dem Bildnisse der 1653 verstorbenen Ehefrau Anna Juliana Brettin, die der Kirche eine reiche Spende zugewendet hat. Sie ist umgeben von ihren sieben, nach dem Alter geordneten Kindern, sechs Knaben und einem Mädchen, die sich traulich unter die Obhut der liebevollen, noch sehr jugendlich aussehenden Mutter begeben haben, von deren Armen sie zärtlich umschlungen werden.

16. Es würde zu weit führen, wenn alle in der Kirche vorhanden gewesenen oder auch nur die noch darin befindlichen Grabsteine bekannter Personen hier ausführlich beschrieben würden. Ein 1672 von Joh. Valent. Friese angefertigtes und bis 1720 fortgeführtes Verzeichniss derer, die in der Kirche vom Beginne des 17. Jahrhunderts bis 1720 ihre Ruhestätte gefunden und meist auch Epitaphien erhalten haben, zählt deren nicht weniger als 180 auf (Nachrichten S. 45—52). Von den vorhandenen Denksteinen mögen hier nur nachstehende, die aus einem oder dem anderen Grunde ein grösseres Interesse darbieten, erwähnt werden: der

Nr. 49. Altarschrein in der Predigerkirche.

des Gottfried Kerlinger von 1318 und dessen Gattin Elisabeth von 1339 (Zacke, l. c. S. 10), des Arnoldus de Hersfeldia von 1382, des Hugo Bruno und seiner Gattin Anna gleichfalls von 1382, des Heinrich Gleitz und seiner Gattin Katharina von 1387, des Johannes Vogt und seiner Gattin von 1423, des Vicars Johannes Gieseler von 1460, des Johann Richard von Pugeln, Magisters der freien Künste und der Philosophie von 1488, die der Pfarrer an der Predigerkirche Johann Aurifaber von 1577 und Georg Silberschlag von 1635, in ganzer Figur und Lebensgrösse auf ihren im Chore befindlichen Grabsteinen (die Inschriften derselben bei Hartung, l. c. S. 346); der des Nic. Phartfischer von Eger im mittlerem Gange nach dem Altar hin in voller Rüstung zu Pferde mit nicht mehr lesbarer Jahreszahl, aber dem Anfange des 16. Jahrhunderts angehörig; der der Katharina Brumeis, Gattin des Ecko Wachsmund von 1368 mit einer männlichen und einer weiblichen Figur, jede mit einem Wappen; die des Obervierherrn Joachim Gerstenberg von 1656, seiner beiden Frauen und seines Sohnes, des Obervierherrn Johann Joachim von Gerstenberg von 1682; der des Obervierherrn Hiob Ludolf und seiner ihm im Tode vorausgegangenen Kinder von 1631 (Abbildungen der erwähnten und vieler anderer Grabsteine in Böckner, Steinmetzzeichen, Wappen, Grabsteine).

17. Sehr ansehnlich war die Zahl der Offiziere, die während Erfurt im dreissigjährigen Kriege im Besitz der Schweden war, hier ihre Ruhestätte fanden, doch wurden solche meist nicht durch Grabsteine, sondern durch aufgehängte Schilde oder Fahnen bezeichnet, die theilweise nicht mehr vorhanden sind. Hierhin gehört insbesondere: Georg Ludwig Graf von Löwenstein, der an den bei Lützen empfangenen Wunden 1632 hier starb und seine Gemahlin, der Graf von Wittgenstein, der Oberst Elias von Flothau, der Oberst Matthias Gitzbitzky von Gitzbitz, drei Flemmings, ein Obrist, ein Capitain-Lieutenant und ein Capitain, der Oberst Adam Graf Kinsky, Freiherr von Tettau, der General von Uslar, die Obersten von Gersdorf, Claus Horn und von Sparre, der Weimarsche Oberst Georg Friedrich von Brandenstein, die Gemahlin des schwedischen Generals Banner u. a. m. (Quehl, l. c. S. 123—125).

18. Der Holzbildhauerkunst gehört eine Anbetung der Weisen aus dem Morgenlande (Nr. 49) an, die sich am Eingange in den Chor, dem Denkmal der Familie Longus gegenüber, befindet. Nach Bode, l. c. S. 208, ist sie erst nach 1500 entstanden, zeigt den Fortschritt in der naturalistischen Durchbildung der Gestalten und der Gewandung und entspricht etwa einem guten Gemälde des älteren Cranach.

Hierhin gehören auch die Betstühle, die sich auf beiden Seiten des Chors befinden und aus der Zeit der Erbauung desselben stammen. Sie sind aus Eichenholz gefertigt, einfach, doch gut erhalten.

19. Sowohl in das Gebiet der Bildhauerkunst wie der Malerei gehört der Hochaltar im Chore, denn derselbe ist ein Altarschrein mit Schnitzwerk im Innern und Gemälden auf den Doppelflügeln. Er ist eins der ältesten Kunstdenkmäler der Kirche, entstammt in seinen wesentlichsten Theilen der ersten Hälfte des 15. Jahrhunderts[1] und ist vollkommen erhalten.

Eine 2,96 ^{m} lange und 1,52 ^{m} breite Steinplatte bildet den 1,5 ^{m} hohen Altartisch, zu welchem drei Stufen emporführen. Unterhalb der schön profilirten Altarplatte ziehen sich fein gestaltete, auf Consolen ruhende Bogen hin, vorn sieben, an den Seiten vier, welche letztere aber einfacher gehalten sind. Auf dem Tische befindet sich ein über 3 ^{m} hoher und $2^{3}/_{4}$ ^{m} breiter Aufsatz. Die Zusammengeschlagenen äusseren Flügel desselben enthalten die lebensgrossen Figuren der Apostel Paulus und Petrus, jenen links mit Schwert und Buch in den Händen

[1] Münzenberger (l. c. S. 61) glaubt sogar, dass er dem 13., mindestens dem Anfange des 14. Jahrhunderts angehöre, doch trifft dies schwerlich zu.

und unbeschuht, diesen rechts mit Schlüssel und Bischofsstab mit bekleideten Füssen, das Haupt mit der Tiara bedeckt. Besonders der letztere ist von trefflicher Erfindung und sammt dem über ihm schwebenden Engel von ergreifender Wirkung (Schorn, l. c. S. 18).

Werden die äusseren Flügel aufgeschlagen, so erscheinen acht Gemälde in zwei Reihen, welche Scenen aus dem neuen Testamente darstellen, oben links die Einsetzung des Abendmahls, Christus im aschfarbigen Gewande und herrlicher jugendlicher Schönheit, dem mit einem goldenen Rocke bekleideten Judas Speise darreichend; auf dem nächstfolgenden Bilde Christus auf dem Oelberge knieend, neben ihm die schlafenden Jünger und ein Felsen auf dem ein Kreuz und ein Kelch stehen. Auf der dritten Tafel ist dargestellt die Geisselung des an eine Säule gebundenen Heilandes durch die Kriegsknechte, der mehrere Personen mit Behagen zuschauen; die etwas zu grelle buntfarbige Tracht und die gezwungenen Stellungen der Kriegsknechte thun dem harmonischen Eindruck des Bildes etwas Eintrag. Desto ergreifender ist der des vierten, auf welchem Christus mit der Dornenkrone dargestellt ist. Er sitzt mit den Blutspuren der Geisselung und mit gebundenen Händen, in der Linken ein Rohr, bekleidet mit einem Purpurmantel da. Kriegsknechte drücken ihm die Dornenkrone auf das Haupt. Im Hintergrunde zwei Zuschauer.

Das erste Bild von links in der unteren Reihe enthält die Kreuzabnahme, bei welcher sieben Personen den Leichnam des Herrn umstehen. Das Antlitz des Heilandes ist von tiefster Wahrheit, dagegen der Körper von unnatürlicher Länge. — Das sechste Bild stellt die Grablegung dar. Maria hat sich mit ergreifendem Ausdrucke des Schmerzes über den Leichnam gebeugt; zur Seite Nicodemus, Johannes und zwei Frauen, deren eine knieend mit ihren Thränen die blutbefleckten Füsse des Heilandes benetzt. Die ganze Darstellung ist von tiefster Wirkung. — Auf der siebenten Tafel findet sich die Himmelfahrt Christi. Elf Jünger und Maria blicken dem über ihnen Emporschwebenden nach. Verwunderung, aber auch glaubensvolle Zuversicht drücken sich mit grosser Wahrheit in den Gesichtern aus. — Die achte Tafel bezieht sich auf die Himmelfahrt Mariä. Die Gebenedeite, eine zarte Frauengestalt, kniet in grünem Gewande mit weit hinabwallenden Haaren und gefalteten Händen auf dem Grabmale, das zwölf Personen, unter ihnen Petrus und der h. Dominikus, umstehen. Nur eine einzige derselben ist mit bedecktem Haupte, und man glaubt, dass sie den Künstler selbst darstellen solle. — Alle diese Bilder sind auf Goldgrund gemalt.

Werden die Tafeln, welche die beschriebenen Gemälde enthalten geöffnet so zeigen sich ähnliche Darstellungen in polychromirter und reich vergoldeter Holzsculptur und zwar in der Mitte die Grablegung, daneben die Apostel Petrus und Paulus; auf den Seiten: die Anbetung der Hirten, die Weisen aus dem Morgenlande, die Auferstehung und die Ausgiessung des h. Geistes, etwas handwerksmässige Arbeiten, die an Kunstwerth den Gemälden bedeutend nachstehen. Bode (l. c. S. 208), nach dessen Ansicht die Ausführung der Holzreliefs 1460—1470 erfolgt ist, erklärt dieselben den Arbeiten des Michael Wohlgemuth verwandt, zwar geringer in der Durchbildung und im Verständniss, jedoch von reicherer Charakteristik und vollerer Faltengebung.

Die Gemälde gehören ihrem Style nach der van Eyckischen Schule an (Schorn l. c); dass sie aber, wie hin und wieder angenommen ist, Arbeiten von

Johann von Eyck selbst sind, lässt sich sehr bezweifeln. Die Schnitzarbeit ist wahrscheinlich aus der Anstalt zur Verfertigung von Altarschreinen hervorgegangen, die in der zweiten Hälfte des 15. Jahrh., auf welche Zeit auch die gothische Krönung über der Anbetung hinweist, in Erfurt bestand.

Im Jahre 1882 wurde bei einer Aufnahme des Fussbodens hart an der Südwand der Kirche der Kanzel gegenüber ein Brett entdeckt, das auf seiner unteren Seite mit Leinwand bezogen war, die eine, abgesehen davon, dass die äussersten Enden um das Brett einzupassen abgeschnitten waren, noch vollkommen erhaltene Malerei enthielt. Den Dimensionen nach kann kein Zweifel darüber obwalten, dass diese Tafel einst dem Altarschrein als Predella gedient habe. Auf Goldgrund befinden sich in sieben von einer Lettnerarchitektur umschlossenen Nischen die Brustbilder von weiblichen Heiligen, der heil. Ursula, heil. Elisabeth (oder Dorothea), Barbara, Maria mit dem Kinde auf dem Arme, Katharina, Margaretha und Apollonia (oder Agatha). Die Bilder haben, trotz mancher Schwäche in der Zeichnung, namentlich der Glieder, und trotz des nicht immer gelungenen Ausdrucks der Gesichter, einen nicht geringen Kunstwerth. Ob sie aber von dem Meister der Hauptbilder herrühren und nicht vielmehr Arbeit eines einheimischen Künstlers sind, die bei der Zusammenstellung des Altarschreines jener beigefügt wurde, muss dahingestellt bleiben (vid. den Aufsatz von H. K.(ruspe) in der Beilage zum Allg. Anzeiger 1882, Nr. 148).

Hinter dem Flügelaltare befindet sich noch jetzt der älteste Altaraufsatz, der dem späteren reicheren weichen musste. Er besteht aus einer grossen Tafel in der Breite der Mensa, oben in fünf mit frühgothischem reichen Masswerk verzierte Spitzgiebel auslaufend. Dieselben überragen fünf Felder, die unterhalb durch eine Doppelbogenstellung in zwei Abtheilungen geschieden sind, und früher Relieffiguren enthalten zu haben scheinen (Münzenberger l. c. S. 61).

Von sonstigen in der Kirche befindlichen Gemälden sind namhaft zu machen:

20. Eine Kreuzigung, früher links vom Eingange in die Kirche durch die neue Thüre in einen Spitzbogen eingepasst, gegenwärtig im Chore neben dem Hochaltare, auf Goldgrund in Tempera gemalt, mit einem Firnissüberzuge versehen; die Figuren in Ueberlebensgrösse. Das Bild hat früher wahrscheinlich zum Altare des h. Jacob gehört (Zacke l. c. S. 61). So alt das Gemälde sein mag, so ist die Annahme, dass es dem 13. Jahundert entstamme, doch schwerlich zutreffend. Kruspe (Beitr. S. 17) setzt es um 1300.

21. Bei der an dem Pfeiler rechts von Haupteingange angebrachten Gedächtnisstafel des Dr. Hebestreit von 1568 befindet sich eine Anbetung der Weisen aus dem Morgenlande, ein Bild nicht ohne künstlerischen Werth.

22. Dies gilt auch von der Erweckung des Lazarus, einer Arbeit des Vitus Thym aus Weimar von 1565 an einem Epithaphium unweit der zum Orgelchore führenden Treppe.

23. Auf einem Epitaphium über dem kleinen Chore ist ein 1607 von Hübner gemaltes Bild angebracht, welches eine Abnahme vom Kreuz mit dem Stifter und seinen Angehörigen darstellt, bei welcher wenigstens die Darstellung der letzteren von einer sorgfältigen Pinselführung Zeugniss ablegt.

24. In der Diakonatssakristei befindet sich eine Pietá von Seyfahrt von 1645 und ein Christus am Kreuze von Bernhard Müller von 1732, beide ohne Kunstwerth.

25. In der Pastoratssakristei ist ein Bildniss Dr. Martin Luthers das, jedoch schwerlich mit Recht, dem Lucas Cranach zugschrieben wird.

Eine Anzahl von Gemälden, die früher — noch 1697 — in der Kirche sich vorfanden, jetzt aber nicht mehr aufzufinden sind (Quehl l. c. S. 100, 104), kann hier unerwähnt bleiben. Einige derselben, so ein Christus am Kreuze unter dem sich der Maler selbst angebracht hatte, waren von dem zu seiner Zeit nicht unberühmten Maler Martin Luder aus Nordhausen (Kindervater, Ehrengedächtniss der St. Blasiikirche. Nordhausen 1724, S. 125). Eckstorm, der denselben in seinem Chronic. Welkenred. beim Jahre 1557 als Alumnus der Klosterschule zu Walkenried erwähnt, nennt ihn: pictor artificiosus in patria et Erfordiae.

Unter den dem Kunstgewerbe angehörenden Werken ist das bedeutendste

26. Der grosse messingne Kronleuchter. Er wurde 1647 oder 1657 von Eduard Bode einem angesehenen Handelsherrn zur Erinnerung daran, dass König Gustav Adolf 1632 in dem jenem gehörenden Gasthofe zur hohen Lilie gewohnt (Friese, l. c. IV, S. 1231), gestiftet. Er besteht aus einer grossen Kugel von der 16 zierliche Arme ausgehen, die in muschelartige Schalen endigen. Ein in der Mitte stehender eherner Löwe hält eine Tafel mit der Widmung und ein Schwert auf dem die Worte stehen: Mit Gott und ritterlichen Waffen. Zwischen den Armen befinden sich die Statuetten der zwölf Apostel. Oben unter dem Henkel des Leuchters erblickt man in einer kleinen Säulenhalle das Reiterstandbild König Gustav Adolfs, dem ein Engel einen Lorbeerkranz darreicht. Das Gewicht des Leuchters, der ein sehr günstiges Zeugniss von dem damaligen Stande der Metallgiesserei ablegt, beträgt 83 $^1/_4$ Pfund.

27. Auch die übrigen Kronleuchter sind in ihrer Art tüchtige Arbeiten. Der, welcher jetzt vor dem Taufstein hängt und ein Gewicht von 85 Pf. hat, ist ein Geschenk des Bürgermeisters Joh. Ziegler von 1692, der mit 12 Armen vor dem Altare im Langhause, 60 Pf. schwer, sowie der kleinere vor dem Singechor, der 30 Pf. wiegt, des Rectors der Universität und Oberbürgermeisters Dr. Georg Petri von Hartenfels von 1695.

28. Die beiden grossen messingnen Altarleuchter wurden am 28. September 1620 von dem Viertelsherrn Mich. Augspurg der Kirche geschenkt (Nachricht. S. 26). Die beiden trefflich gearbeiteten silbernen, fast 15 Mark wiegenden Armleuchter sind eine Stiftung der Frau Johanna Gertrud Güldenmund von 1693. — Der messingne Armleuchter mit dem ehernen Bildnisse Luthers, die Bibel in der Hand, ist eine Schenkung des Gastwirths Cristoph Kaufmann von 1672.

29. Unter den sonstigen kirchlichen Geräthen befinden sich einige, die wenigstens durch ihr hohes Alter Interesse erregen, so eine Schale, welche dem Charakter der darauf befindlichen Schrift „B(eata) Maria Virgo“ nach dem 12. oder 13. Jahrh. angehört (Quehl l. c. S. 109). Früher besass die Kirche auch einen schönen vergoldeten Kelch, auf dem sich der Name „Johann Fixerus“ und die Jahreszahl 1305 befanden. Derselbe existirt aber nicht mehr.

Das Kapitelhaus.

Von den Klostergebäuden ist, wie schon oben bemerkt, nur das frühere Kapitelhaus noch erhalten. Es stösst gegen Norden an das Langhaus und den Thurm, gegen Süden an den Fluss. Seine Erbauung ist wohl in den Schluss des 13.

Jahrhunderts zu setzen; es ist aber vielfachen Umbauten unterworfen worden, sodass, wenigstens im Innern nur wenig von der ursprünglichen Anlage erhalten ist. Die Ostseite zeigt 12 mehr breite als tiefe Strebepfeiler, die nicht bis an das Dach reichen und mit einem einfachen Wasserschlage endigen. Die unteren Fenster sind spitzbogig und dreitheilig mit einfachem Masswerke. Das obere Geschoss hat gekuppelte viereckige Fenster. Auf der Westseite fehlen die Strebepfeiler, wie dieselbe denn auch nur wenige unregelmässige Fenster enthält, da sich hier früher der Kreuzgang hinzog.

In dem in ausgebildetem gothischen Style aufgeführten Erdgeschosse befanden sich die hochgewölbten stattlichen Räume, welche bei feierlichen Gelegenheiten den Mönchen zum Versammlungsorte dienten. Den, vermittelst eines schmalen Ganges von dem Uebrigen getrennten südlichen Theil des Baues nahm einst das Refectorium des Klosters ein. Ihm ist neuerdings durch Fortnahme der Zwischenwände seine ursprüngliche Schönheit wiedergegeben. Es ist ein durch viele spitzbogige Fenster erhellter prächtiger Saal, eine Doppelhalle, deren Gewölbe aus zehn Jochen besteht und von einer schön gegliederten schlanken Säule getragen wird.

Nachdem das Gebäude früher mehrfach zu Fürstenversammlungen und bei ähnlichen Gelegenheiten benutzt worden, ward nach Einführung der Reformation in Erfurt 1522 die berühmte Schule des Severistiftes im Refectorium untergebracht. Später diente dies zur Aufnahme der Schule der Predigergemeinde, demnächst als Waarenlager, dann, nach Einziehung von Zwischenwänden zu Schulzwecken, insbesondere als Turnsaal und Aula der höheren Töchterschule, gegenwärtig der Mädchenmittelschule.

Der obere Raum, bis 1858 als Schüttboden benützt, enthält jetzt gleichfalls Schulklassen. Der gewaltige Bodenraum war früher gewölbt, wie noch jetzt am Dachstuhle wahrzunehmen ist.

c. Die Barfüsserkirche.

Literatur.

Kirchner, M., Beiträge zur Geschichte der Barfüsserkirche und Gemeinde nach der Reformation, zusammengestellt aus Urkunden und Akten des Kirchenarchivs 1740 – 1769. Handschr. d. grossherz. Biblioth zu Weimar. — Beyer, Const., Die Barfüsserkirche in Erfurt, ihre Denkmäler und Merkwürdigkeiten. Allg. Thür. Vaterlandskunde II, 1823, S. 372 – 374. — Möller, J. S, Beiträge zur Geschichte der Barfüsserkirche zu Erfurt. Erfurt 1832. — Herrmann, Ch. Gotthilf, Etliche in der hiesigen Barfüsserkirche befindliche alte Inschriften in dessen Anecdotor. ad hist. Erfort. pertinent. P. I, p. 28 – 32. — Hartung, Häuser-Chronik II, S. 321 — 337.

Geschichte.

Die Barfüsserkirche war ursprünglich die Kirche eines Klosters des Franziskaner-Minoriten- oder Barfüsserordens und hatte Johannes den Täufer zum Schutzpatron.

Sehr bald nach der Gründung des gedachten Ordens, schon 1222, oder, wie das Liber cronicor. (Erf.) l. c. S. 280 angiebt, 1221, kamen Mitglieder desselben nach Erfurt. Sie fanden zuerst auf dem Cyriaxberge, wo sie sich ein kleines Häuschen bauten, Unterkunft, wurden aber 1225 auf päpstliche Empfehlung in die

Stadt selbst aufgenommen und bezogen hier zunächst ein vor dem inneren Krämpferthore an der Gera belegenes Klosters,[1] das, nachdem sie es wieder verlassen, von den Cisterzienserinnen und später von den Serviten- oder Marienknechten eingenommen ist (Tettau, Beitr. S. 129). Doch blieben sie auch an dieser Stelle nicht lange. Denn nachdem ihnen 1228 von dem Vitzthum von Apolda ein Platz zur Erbauung eines Klosters auf dem rechten Geraufer von der schönen Mühle am Langenstege (Schlösserbrücke) bis zur grünen Schildmühle geschenkt war, errichteten sie hier, zunächst aus Holz ein Gebäude und neben demselben eine Kirche und bewirkten 1232 ihren Umzug dorthin.[2] Der Bau der letzteren war 1260 soweit gediehen, dass der Erzbischof Gerhard von Mainz darin bestattet werden konnte. 1285 war er vollendet.

Sehr bald nachher wurde jedoch bei dem grossen Brande von 1291[3] auch das Franziskanerkloster und dessen Kirche von den Flammen ergriffen. Allein es wurde sofort zu deren Wiederherstellung geschritten, bei welcher offenbar stehengebliebene Theile wieder benutzt wurden, wie sich dies namentlich daraus ergiebt, dass die das Mittelschiff nach Süden begrenzenden Pfeiler nach Material und Form einer späteren Zeit angehören als die übrigen. Der Chor war 1326 vollendet (Möller, l. c. S. 10 und die daselbst allegirte Handschr.). Der Thurm ward aber erst 1400 gebaut.[4] Dazu, dass es dem Kloster möglich war die Mittel zu einem so grossartigen Werke zu beschaffen, trug wohl nich wenig bei, dass der Orden von den Päpsten sehr begünstigt und ihm eine von der gewöhnlichen geistlichen und weltlichen Gerichtsbarkeit und den damit verbundenen Lasten befreite Stellung eingeräumt ward, wie dies namentlich von dem Papste Benedict XII. durch ein IV. Non. (2.) Apr. pontificat. nostr. anno primo (1334) ertheiltes Privilegium (abgedruckt bei Möller, l. c. S. 11—13) geschah. — Es war denn auch mit dem vorangegebenen Zeitpunkte die Bauthätigkeit der Mönche keineswegs ganz abgeschlossen, vielmehr fanden sich diese wahrscheinlich im Anfange des 15. Jahrh. bewogen, an der östlichen und westlichen Seite des eigentlichen Kirchenschiffs ein Kreuzgewölbe anzubauen, welches zwar dazu dienen konnte, auf beiden Seiten Sängerchöre einzurichten, auch den Mönchen eine Verbindung mit dem Kreuz-

---

[1] Das Liber chronic. (Erf.) l. c. giebt irrig an, dass die Niederlassung der Franziskaner vor dem Krämpferthore sich da befunden, ubi nunc manent infirmi leprosi. Der Siechenhof für aussätzige Weiber oder das Hospital zum h. Geiste lag zwar in der Nähe, aber an einer andern Stelle, wie die dortige Niederlassung der Franziskaner. Er bestand auch bereits früher als diese, denn er hatte schon 1183 V. Kld. Febr. (29. Jan.) vom Kaiser Friedrich I. einen Schutzbrief erhalten (M. A.).

[2] Möller, l. c. S. 8 und 28. So lassen sich die Angaben der von diesem in Bezug genommenen alten Chronik, des Anonymi Chron. Erford. bei Schannat Vindem. I, p. 92, des Liber cronic. (Erf.) l. c., Hogels l. c. S. 38 und Frieses l. c. I, S. 44 und 47, welcher letztere sich auf ein altes im Kloster aufbewahrtes Manuscript bezieht, am besten mit einander vereinigen.

[3] Das dieser Brand nicht 1240, wie in der Regel angegeben wird, sondern erst 1291 stattgefunden habe, ist bereits in der Einleitung dargethan.

[4] Erlandsen (Thüring. Zeit. 1885 Nr. 24) setzt die Erbauung des Schiffs in die Zeit von 1380—1440, doch wird er nur durch aus der Technik entnommenen Gründen zu dieser Annahme geführt. Urkundliche oder chronikale Nachrichten, die dieselbe unterstützten, sind nicht vorhanden.

gange zu bieten, jedoch nach Morgen zu die Durchsicht nach dem hohen Chore auf eine störende Weise unterbrach und nach Westen die Kirche ihres Hauptportals beraubte (Möller, l. c. S. 11; was hier als Sängerchor auf der Ostseite bezeichnet wird, war offenbar ein Lettner).

In der ersten Hälfte des 15. Jahrhunderts geriethen die Klostergebäude so in Verfall, dass auf Veranlassung des berühmten Johann Capistranus, der sich 1454 in Erfurt aufhielt, selbst diesem Orden angehörte und im Kloster seine Wohnung hatte, eine Wiederherstellung vorgenommen ward. Wenig später — 1475 — fand auch der erste bekannte Glockenguss statt.

Die Klostergebäude nahmen den ganzen Raum zwischen Schlössermühle und Casinostrasse ein, das Hauptgebäude mit den Zellen der Mönche längs dem Flusse. Zwei Querbauten, in denen sich zwei Kapellen befanden, verbanden dasselbe mit der Kirche. Umschlossen von diesen Gebäuden war der Kreuzgang. Das Pförtnerhaus stand an der Barfüsserstrasse unfern der genannten Mühle.

Der gewöhnlichen Annahme nach ist die Kirche 1522 von den Evangelischen in Besitz genommen; an Beweisen hierfür fehlt es aber. Man will es daraus folgern, dass 1522 Luther den Aegidius Mechler hat grüssen lassen (Kirchner, l. c. S. 1), und dass in einem Schreiben des Raths vom 16. Oktober 1629 sich die Bemerkung findet, dass die Evangelischen bereits über hundert Jahre die Kirche in ihrem Besitze und Gebrauche hätten (Möller, l. c. S. 15, 38). Indessen war Aegid. Mechler ursprünglich und auch wohl noch 1522 Mönch im Barfüsserkloster, demnächst aber Pfarrer an der Bartholomäuskirche, die erst 1525 in den Besitz der Evangelischen gelangte, und er kann, erst nachdem deren Gemeinde der Barfüsserkirche einverleibt war, an die letztere übergegangen sein. Das entscheidende ist aber, dass diese beim Bauernaufruhr geplündert und verwüstet und demnächst von dem Weihbischofe Paul Hochheimer wieder geweiht worden ist (Erhard, l. c. S. 200), was nothwendig voraussetzt, dass die Kirche sich damals noch im Besitze des Klosters befunden hat, und desshalb erst nach 1525 an die Evangelischen gelangt sein kann.

Das Kloster hat aber noch längere Zeit fortbestanden, obwohl die Zahl seiner Insassen sich mehr und mehr verminderte und es in Folge dessen verödete, so dass es, nachdem der letzte Mönch, der Guardian Jacob Schilling, gestorben war, vollständig leer stand und der Rath sich veranlasst sah, 1594 am kaiserlichen Hofe vorstellig zu werden. Eine förmliche Aufhebung und Besitzergreifung seitens der Stadtbehörde ist nie erfolgt, nur die Pfarrgemeinde richtete sich ein Zimmer zur Unterbringung ihrer Knabenschule ein. Um das Uebrige bekümmerte sich niemand. Was einzustürzen drohte, ward abgebrochen und das hierbei gewonnene Material verkauft.

Anders war es mit der Kirche, die, nachdem drei benachbarte Gemeinden, St. Bartholomäus, St. Wiprecht und St. Veit ihr einverleibt worden, eine der evangelischen Hauptkirchen von Erfurt ward.

Dieselbe besass zwar schon 1588, wo die erste Anstellung eines Organisten erfolgte, eine kleine auf dem alten Singechor, dem Lettner, aufgestellte Orgel (Kirchner, l. c. S. 48), doch reichte diese bei dem Anwachsen der Eingepfarrten bald nicht mehr aus, und es wurde daher, nachdem Balth. Friedrich 1597 zu diesem Zwecke 100 fl. legirt hatte, seit 1610 mit der Anschaffung einer neuen Orgel vorgegangen; die dadurch entstandenen Kosten beliefen sich aber so hoch, dass, ungeachtet fast alle der Kirche gehörigen sowie die derselben zufliessenden Kapitalien dazu verwendet wurden, doch die Vollendung des Werkes sich bis 1625 hinzog (ib. S. 52), nachdem inzwischen 1620 der neue Singechor auf der Westseite der Kirche, wo sich noch jetzt die Orgel befindet, fertig gestellt worden war (ibid. S. 51, 52) Jedoch müssen auch damals nachträgliche Arbeiten sich noch nöthig gemacht haben, da 1657 die 100 fl., welche man durch Verkauf der alten Orgel gelöst, für diesen Zweck verwendet wurden.[1] (Die Inschrift in: Notizen über einige Kirchen S. 38). 1596 ward der im Schiffe der Kirche neuerrichtete Altar eingeweiht (Beyer l. c. S. 373) und diese neu eingedeckt (Handschr. Chron. d. Magistr. Bibl. Tit. II, A. 6.) — 1603 und 1604 der Taufstein und die Kanzel gemacht (Kirchner l. c. S. 63).

Während des dreissigjährigen Krieges, 1628, versuchte der Franziskanerorden wieder in den Besitz von Kloster und Kirche zu gelangen und er würde, ungeachtet sich die beiden Zweige desselben, die Konventualen und die Observanten, darüber stritten, wer von ihnen der Berechtigte sei, solchen wohl wieder erlangt haben (Möller, l. c. S. 21—51, wo die bezüglichen Schriftstücke mitgetheilt sind, vergl. Hartung, l. c. S. 327–329), wenn nicht inzwischen die Besitznahme Erfurts durch die Schweden erfolgt wäre, die den Streit dadurch gegenstandlos machten, dass sie 1641—1648 das Kloster ganz abbrachen und das Material zur Errichtung der Schwedenbastion am Schmidsteter Thore verwendeten (Möller, l. c. S. 52–57). An der Stelle wurde sodann die Barfüsser-Thomasschule gebaut. Ausser der Kirche war es damals nur der Kreuzgang, der von jenem Geschicke verschont blieb. Doch auch er ward, als ihn während des siebenjährigen Krieges 1757 die Franzosen als Heu- und Strohmagazin benutzten, vollständig zerstört (Beyer, N. Chron. S. 45).

In dem Restitutionsrecesse von 1650 sowie in den Compositionsrecesse von 1655 wurde denn auch sowohl die Kirche als die Area des Klosters den Evangelischen zuerkannt, die nur den Platz zwischen der ersteren und der Schlössermühle der katholischen Lorenzgemeinde zur Anlegung eines Kirchhofes abtreten mussten (Möller l. c. S. 57—62). So blieben auch die erneuten Versuche des Ordens 1732 und 1733 wieder in den Besitz jener zu gelangen erfolglos.

In der Kirche war 1670 die mittlere Empore gebaut (Frise l. c. IV, S. 1223) und 1682 der neuverfertigte Altar aufgerichtet (ib. S. 1289, 1290)[2], auch 1759 eine neue Kanzel angefertigt (Kirchner l. c. S. 63).

Dabei geschah aber nichts Wesentliches für die Instandhaltung des Gebäudes, sodass dieses immer mehr und mehr verfiel. Nachdem 1827 die Mauer, welche den Kirchhof gegen die Barfüsserstrasse hin abschloss und 1829 der Lettner mit

---

[1] Hiernach ist die in die übrigen Geschichtsschreiber übergegangene Angabe Hogels (l. c. S. 1320), die neue Orgel sei 1613 angefertigt, nicht ganz zutreffend. Einzelne Mängel müssen sogar 1657 noch geblieben sein, die erst bei einer 1667 vorgenommenen Ausbesserung beseitigt worden sind (Kirchner l. c. S. 54).

[2] C. Beyer, l. c. S. 379, giebt an, dass derselbe mit einem schönen Gemälde alfresco (?), das Abendmahl vorstellend, wahrscheinlich von Hildebrand, einem braven Erfurtischen Maler verziert gewesen. Nach Kirchner, l. c. S. 60, ist der Altar 1682 angefangen, 1683 gemalt, 1684 vollendet.

den auf ihm errichteten hölzernen Logenstühlen abgebrochen waren und am 26. Juni 1833 ein Blitzstrahl, wenn auch ohne zu zünden, gerade in die schon schadhaften nördlichen Pfeiler einschlug und man sich bereits genöthigt gesehen, wegen der bedenklichen Risse, die sich im Gewölbe und den hinteren Seitenwänden zeigten und sich stets vergrösserten, den Gottesdienst einzustellen: stürzte am 8. Januar 1838 plötzlich das mittlere sowie das nördliche Seitenschiff, soweit zwei Pfeiler sie trugen und spannten, hinab, nachdem eben erst eine Commission, die den baulichen Zustand der Kirche untersuchen sollte, dieselbe verlassen hatte. (Eine Abbildung der eingestürzten Kirche in Kruspe, Erf. Bilderchron. S. 114, 115, vergl. Puttrich l. c. Nr. 10).

In den Jahren 1841—1850 erfolgte die Wiederherstellung unter Leitung des Bauraths Papst, am 29. Sept. 1851 die feierliche Wiedereinweihung durch den Generalsuperintendenten Möller, Pfarrer dieser Kirche zur Zeit des Einsturzes Die Wiederherstellung war im wesentlichen die des ursprünglichen Zustandes. Doch wurden bei dieser Gelegenheit das an der Nordwestecke zur Hälfte in die Kirche hineingebaute Refectorium des Klosters, aus acht von drei Säulen getragenen Kreuzgewölben bestehend, in das Kirchenschiff hineingezogen sowie die sonstigen störenden Einbauten, namentlich die Emporen und die bis dahin noch sichtbaren Spuren des in das nördliche Seitenschiff eingebauten Kreuzganges beseitigt, und es ward so ein Gotteshaus geschaffen, das zu den herrlichsten seiner Art gehört und jeden mit Bewunderung und Ehrfurcht erfüllen muss.

Es dient zur Zeit zugleich als evangelische Garnisonkirche.

Beschreibung. Das Aeussere.

Die Barfüsserkirche, die, wie oben angegeben, dem Schlusse des 13. und dem Anfange des 14. Jahrhunderts ihre Entstehung verdankt, ist frühgothisch und, wie allgemein bei den Kirchen der Bettelmönche, ohne Querschiff. Nach Dohme (l. c. S. 199) gehört sie zu den ersten Werken der klar entwickelten Gothik. Sie hat im Bau mit der Predigerkirche grosse Aehnlichkeit. Nach dem oben angeführten Urtheile Schnaases gehören beide zu den schönsten Kirchen dieser Orden in Deutschland, doch steht jene in Schönheit etwas der letzteren nach, weil sie deren Leichtigkeit nicht erreicht und die grössere Breite bei der verhältnissmässig geringeren Höhe ihr doch ein etwas schwerfälligeres Ansehen giebt.

Sie ist in Bruchsteinen ausgeführt; nur die Stirnseite der Strebepfeiler, die Fenstereinfassungen und die Kaffgesimse sind von behauenen Steinen.

Der mit drei Theilen eines Achtecks abschliessende Chor hat neun stark hervortretende, einmal abgetreppte Strebepfeiler, die in einem einfachen Wasserschlag endigen,[1] und zehn hohe, spitzbogige dreitheilige Fenster mit ziemlich einfachem Masswerke. Unter dem ersten Fenster rechts von der Mitte befindet sich an der Mauer eine offenbar mit der Erbauungszeit gleichzeitige Bildsäule des heil. Franziskus.

---

[1] Der bei Kallenbach, l. c. Taf. XXXIV Nr. I abgebildete, S. 36 des Textes besprochene Strebepfeiler, wonach der Wasserschlag durch einen unter ihm befindlichen Vierpasstheil unterstützt wird, muss auf einem Versehen beruhen, da sich bei der Barfüsserkirche nichts der Art findet.

Wo der Chor gegen Süden an das Langhaus stösst, unter den drei letzten Fenstern des ersteren, deren unterer Theil dadurch verdeckt wird, befindet sich die von der Sachsensche Kapelle. Sie ist ein vor jene beide heraustretender Vorbau, bedeckt von einer Plattform, die von einer zierlichen Steingallerie eingefasst, mit fünf einmal abgetreppten Strebepfeilern und sechs kleinen spitzbogigen Fenstern mit einfachem Masswerke versehen ist. Sie stammt aus dem Schlusse des 15. Jahrh., ist also jünger als die Kirche, von dem einer Erfurter Patrizierfamilie angehörenden Erhard von der Sachsen zur Erbbegräbnissstätte für sich und die Seinen erbaut, wird jetzt aber als Sakristei benutzt. Ueber der von aussen in dieselbe führenden Thüre, die oben mit einem durch Bogenlinien mit den Seitenpfosten verbundenen Rechteck abschliesst, befindet sich ein Steinrelief von 1 ^{m} Höhe und etwa gleicher Breite mit den Figuren des sitzenden Gottvaters, des die Martersäule umfassenden Christus und der auf Wolken knienden Maria. Auf den Seiten zwei Wappen, darunter das v. d. Sachsensche, unten zwei Erwachsene und zwei Kinder, gleichfalls knieend, mit Bibelversen auf Spruchbändern. Auch auf den beiden Rändern der Breitseite finden sich Wappen verwandter Familien mit Spruchbändern. Es ist eine tüchtige Arbeit aus dem Schlusse des 15. Jahrhunderts. Die unter der Darstellung stehende Inschrift in gothischer Minuskel lautet:

> anno salutis mccccl xxxii tertia feria post diem sanctae agathae honesta barbara volkmari de wirceburge quondam legitima erhardi de sachsen in area via universae carnis ingressa est quam altissimus deus suprema gratia in aevum prosequi velit amen.

Das Langhaus, das auf beiden Seiten ziemlich beträchtlich gegen den Chor vortritt, besteht aus den die Seitenschiffe enthaltenden Vorbauten und dem diese überragenden Mittelbau, erstere mit Pultdächern, letzterer mit einem Satteldach, das sich zugleich über den Chor erstreckt und hier mit einem dreiseitigen Zeltdache endigt. Das südliche Seitenschiff hat zwölf, früher zweimal abgetreppt gewesene, jetzt grade aufstehende Strebepfeiler mit einfachem Wasserschlage, sowie zwölf dreitheilige spitzbogige Fenster mit zierlichem Masswerke; das über dem Haupteingange ist jedoch breiter als die übrigen und viertheilig, auch mit reicherem Masswerke versehen.

Die die Seitenschiffe überragende Mauer des Mittelschiffes hat eine gleiche Anzahl von Strebepfeilern, doch sind dieselben abgetreppt und treten weniger vor die Wandfläche vor, sie endigen ebenfalls mit einfachem Wasserschlage, die zwischen ihnen liegenden Oberlichter sind nur klein und mit einfachem Masswerk.

Der Westgiebel enthält ungewöhnlicher Weise, wenigstens zur Zeit, gar keinen Eingang. Es zeigen sich in der Mauer wohl Spuren von zwei früheren Thüren, doch hat sich offenbar ein grösseres Portal dort nie befunden. Zwar kann die Veranlassung hierzu nicht darin gelegen haben, dass das Kloster hier anstiess, denn wie der den Möllerschen Beiträgen beigefügte Grundriss ergiebt, ist dies nicht der Fall gewesen, wohl aber hat der Kirchhof davor gelegen, und es ist vielleicht diesem Umstande das Fehlen eines Hauptportals beizumessen. Der Giebel enthält in seiner Mitte ein grosses und breites viertheiliges, auf den Seiten zwei kleine dreitheilige spitzbogige Fenster.

Der Nordseite ist, da wo dieselbe an den Westgiebel stösst, eine Kapelle, jetzt Sakristei, vorgebaut, die nördlich zwei Reihen unten vier, oben zwei spitzbogiger Fenster, auf der Westseite einen Eingang und darüber ein Fenster enthält und ursprünglich einen Theil des Klosters bildete. In ihrer Verlängerung zog sich früher der Südflügel des Kreuzganges hin. Dem entsprechend gehen die sechs Hauptfenster des nördlichen Seitenschiffes nicht so tief hinunter wie die des südlichen; unter jedem von jenen sind gegenwärtig aber zwei kleinere Fenster durchgebrochen. Die neun Strebepfeiler, welche sie einschliessen, sind noch in der ursprünglichen Form und zweimal abgetreppt. Die Lichtöffnungen des Mittelschiffs laufen durch die ganze Fronte, also auch über die Sakristei fort. Ihre Zahl beträgt daher zwölf. Sie sowohl wie die zwischen ihnen befindlichen Strebepfeiler entsprechen vollkommen denen auf der Südseite.

Da wo dies Seitenschiff an den Chor stösst, steht der, wie schon erwähnt, 1400 gebaute, nur wenig über das Kirchendach hinausragende Thurm (Nr. 50). Er ruht nur auf einem Strebepfeiler und dem Triumphbogen, ist an die schräge Dachfläche angebaut und zeichnet sich durch Zierlichkeit, schlanke Verhältnisse und manche Eigenthümlichkeit aus. Er ist dreistöckig; sein unterstes viereckiges Geschoss besteht aus glattem Mauerwerke, welches jedoch an der freistehenden vorderen Fläche durch zwei Wandsäulen in drei gleich breite Felder getheilt wird, wodurch das im zweiten Geschosse beginnende Achteck schon angedeutet ist. Diese Wandsäulen reichen nämlich bis zum oberen Simse des letzteren hinauf und bilden hier die Ecken des Thurms. Am oberen Simse sowohl des ersten als des zweiten Geschosses haben die Wandsäulen einen tellerförmig vorspringenden Ring, der oben als Untersatz für bis zum oberen Simse des

Nr. 50.
Thurm der Barfüsserkirche.

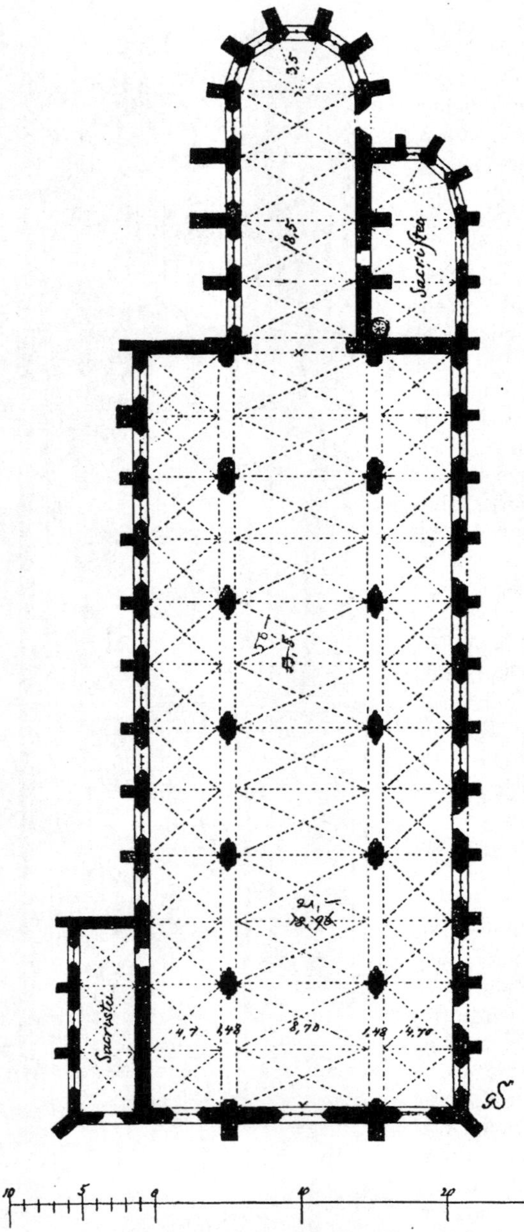

Nr. 51. Grundriss der Barfüsserkirche.

dritten Thurmgeschosses hinaufreichende mit zierlichen Blumen auslaufende Spitzsäulen dient. Das zweite Thurmgeschoss ragt über die schiefe Dachfläche hinaus und ist auch an den übrigen sechs Ecken mit Säulen der beschriebenen Art ausgestattet; auf jeder nach den vier Himmelsgegenden gerichteten Fläche des Achtecks ist ein eingeblendetes Fenster befindlich. Die übrigen vier Flächen aber werden durch je eine Spitzsäule verdeckt, wogegen im dritten Geschosse auf jeder Fläche des Achtecks ein mit mehreren Gliederungen versehenes Fenster oder Schallloch sich befindet, welches mit einem nur schwach angedeuteten Spitzbogen überwölbt ist. Ueber dem dritten Thurmgeschoss zieht sich eine durchbrochene Gallerie hin, über welche die vorerwähnten Blumen der Spitzsäulen hinausragen, die dem Abschluss des Thurmes das Ansehen einer Krone verleihen. Die Verstellung desselben mit Ecksäulen und die an diesen vorkommenden tellerförmigen Ringe, die sich auch bei anderen thüringischen Kirchen aus gleicher Zeit, so an der Liebfrauenkirche zu Arnstadt und an der Kirche zu Schulpforta finden, bilden ein Merkmal der Uebergangsperiode, während die übrigen Theile des Thurms dem gothischen Baustyl angehören (Puttrich, l. c. S. 19 u. Bl. 12 links).

Der Heiligenschrein, der als Vignette auf dem Haupttitel von Abth. II Th. 2 des Puttrichschen Werkes abgebildet ist, sich früher beim Eingange des Klosters befand und ein Muttergottesbild hinter einem eisernen Gitter enthielt (ibid. S. 21), sowie der von Schorn, l. c. S. 13, erwähnte stehende Christus von 1338 neben der kleinen Thüre der Kirche sind bei deren letzten Restauration beseitigt worden.

Das Innere.

Die Kirche enthält einen einschiffigen Chor und ein dreischiffiges Langhaus, die durch einen Triumphbogen von einander geschieden werden (Nr. 51). Sie macht, so schlicht und einfach sie ist, durch ihre grossartigen Verhältnisse und ihre Erhabenheit einen überwältigenden Eindruck, namentlich seit bei dem Wiederherstellungsbau die früheren störenden Einbauten entfernt sind, wie denn auch ihre Grösse die Anbringung von Emporen, die bei den evangelischen Kirchen den allgemeinen Ueberblick so häufig beeinträchtigen, entbehrlich gemacht hat.

Ihre Länge beträgt 60 m; die zwölf kreuzförmigen mit je acht Säulchen besetzten Pfeilerschafte des Langhauses stehen so weit auseinander, dass zwischen je zwei Schaften im Mittelschiffe je zwei rechteckige Kreuzgewölbe liegen, deren Rippen über dem Scheitel jeder Arkade auf einem kurzen runden Dienst mit Laubkapitälen ruhn. An den entsprechenden je zwei Kreuzgewölben der Seitenschiffe ist der auf die Mitte der Arkaden treffende Gewölbeanfang hoch über die übrigen Anfänge, nämlich bis über den Arkadenscheitel gehoben, indem die hier zusammentreffenden Kreuzrippen nach einem Viertelkreise construirt sind. An jeder die Fenster trennenden Wandfläche findet sich nur eine schmale Wandsäule, welche die Gewölberippen trägt. Das bei der Besprechung der Predigerkirche angeführte Urtheil Schnaases (l. c. V, S. 441) hat gleichermassen auf die Barfüsserkirche Bezug. Auch hier haben die Seitenschiffe zwar nur halbe Mittelschiffbreite, aber infolge des grossen Aufschwungs der weiten Schildbögen eine mehr als gewöhnliche Höhe, so dass die Oberlichter nur klein sind und die ganze Anlage gewissermassen die Mitte zwischen der hergebrachten Basilikaform und der Hallenkirche hält.

Der Unterschied der sich in den Pfeilern findet, indem die ersten Paare derselben nach dem Chore zu nur sehr einfach, die nach der Westseite zu viel reicher ausgestattet sind, deutet wohl auf die verschiedenen Zeitabschnitte, in denen die Ausführung des Baus erfolgt ist.

Ein Schlussstein im südlichen Seitenschiffe, enthaltend das Wappen der Familie Schwanring zeigt an, dass diese, in der Mitte des 14. Jahrhunderts angesehen, die Mittel zu diesem Bau hergegeben hat.

Den ganzen Abschnitt der Kirche zwischen den beiden westlichen Pfeilern und dem Giebel nimmt gegenwärtig der bei der Restauration erbaute Orgelchor ein.

Sehr schön ist das spitzbogige Gewölbe der v. d. Sachsischen Kapelle, dessen Rippen auf Kragsteinen ruhen, welche mystische oder fratzenhafte Köpfe darstellen.

Kunstwerke und Denkmäler im Innern.

Die Barfüsserkirche besitzt eine nicht unbedeutende Anzahl von wichtigen Kunstdenkmälern, namentlich aus dem Gebiete der Plastik. Dahin gehören namentlich:

1. Der Hochaltar, ursprünglich ein aus Holzschnitzarbeit und Gemälden bestehender Altarschrein, der bei Gelegenheit des Wiederherstellungsbaues von dem Modelleur Schropp anders geordnet und mit einem Thurmwerk versehen worden ist.[1] Schorn (l. c. S. 17) bemerkt in Bezug auf denselben: „Im 14. Jahrhundert zeigen sich die einfache, grossartige in weichen Linien geschwungene Zeichnung der kölnischen Malerschule und die eigenthümliche Physiognomie ihrer rundlichen Gesichter. Von dieser Art ist der prachtvolle Altar der Barfüsserkirche. Die Mitte bildet die Krönung Mariä; zu ihren Seiten ist Christi Geburt und Darstellung im Tempel, die Auferstehung und das Pfingstfest, alle in Relief mit reicher Vergoldung und Farbe, und von den zierlichsten Baldachinen gekrönt." (Der Mittelschrein ist 2,89 ^{m} breit und 2,10 ^{m} hoch. Münzenberger l. c. S. 60). „An den inneren Seiten der Flügel standen sonst die zwölf Apostel, runde Figuren welche jetzt vertheilt und mit Bronzefarbe überzogen zum Schmucke des Thurmwerkes verwendet sind. Diese sämmtlichen Schnitzwerke zeigen eine bewundernswürdige Weichheit des Gefühls und Ausdrucks, welchen der sanfte Schwung der Linien entspricht, der diesem Styl eigenthümlich ist. Ganz in derselben Art sind die Gemälde, welche heilige Männer und Frauen" (die hh. Maria, Katharina und Barbara-Dorothea, Magdalena und Hedwig) „auf Goldgrund darstellend, sonst die Aussenseiten der Flügel zierten und jetzt theils unten zu Seiten der Reliefs, theils oben darüber angebracht sind. Dass sie durch Zeit und Restauration so sehr gelitten, ist um so mehr zu bedauern, als sie zu den besten Werken der kölnischen Schule gehört zu haben scheinen."

Auch Schnaase (l. c. VI. S. 480) erblikt in dem Werke kölnische Züge, wenn auch mit localen Eigenthümlichkeiten, scheint also anzunehmen, dass es in Erfurt entstanden ist, wogegen andere in den Gemälden den Charakter der fränkischen Schule erkennen wollen und die Entstehung in den Anfang des 14. Jahrh. setzen (Erhard l. c. S. 201). Otte erklärt l. c. S. 200, 201, dass die Flügelbilder des Altars im Style der fränkischen Schule wären und will (ibid. S. 225) die altnürnberger Schule darin erkennen. Hotho (Gesch. Joh. v. Eycks S. 432) behauptet jedoch, und sicher nicht mit Unrecht, dass in Erfurt selbst eine Malerschule geblüht haben müsse, die weder die Eigenthümlichkeiten der kölnischen und westfälischen noch der fränkischen ganz aufgenommen und sich auf der Grenzscheide zwischen beiden in eigenthümlicher Weise entwickelt habe und dieser auch das in Rede stehende Werk zu verdanken sei.

Unter den Grabdenksteinen ist zunächst zu nennen:

2. Der noch sehr wohlerhaltene der Cinna, Gattin des Patriziers Rudolf Ziegler, einer Geborenen von Varila von 1370 in der v. d. Sachsenschen Kapelle. Man erblickt darauf eine junge Frau, zu Haupt derselben zwei Wappen, das Zieglersche und das Varilasche (Herrmann, das Wappen und die Siegel S. 119 und

---

[1] Doch befand sich auch schon vorher der Altar nicht mehr in ursprünglicher Gestalt, denn als derselbe 173. ausgeputzt werden sollte, machte sich, wie Kirchner, l. c. S. 60, erzählt, ein Maler mit seinem Geschmiere darüber her, und hatte schon einige Figuren unten auf dem linken Flügel überzogen, als der damalige Pastor Mag. Lossius glücklicherweise von einem Kenner hiervon benachrichtigt wurde und die nicht zu ersetzende Seltenheit vor weiterer Barbarei schützte Münzenberger, der l c. S. 60, 61 den Altar sehr ausführlich bespricht, giebt ein sehr abfälliges Urtheil über die letzte Restauration desselben ab.

Taf. XI Nr. 6). Schnaase (l. c. VI, S. 490) rühmt daran die ideale Haltung und Anmuth, und auch Lübke (Plastik S. 409) erkennt darin einen Nachzügler der älteren durchaus idealen Auffassung. Kruspe (Neuest. Führer S. 62) bemerkt, dass der Grabstein durch die Charakteristik des Kopfes der darauf Abgebildeten und durch das schöne Ebenmass ihrer Gestalt, wie durch den ruhigen Fluss des Faltenwurfs die Aufmerksamkeit in Anspruch nehme. Das jugendliche, frische Gesicht voll Milde und Innigkeit, die sich in der Haltung aussprechende fromme Demuth machten das Werk zu einem besonders anmuthigen. Die Inschrift lautet:

> Anno . Domini . M . CCCC . LXX . feria quarta . ante lucie . obiit . (Cin) ne . que . fuit . filia . frederici . de . varila . et . uxor . rudolfi . filii . giseleri . zcigleres . (Zacke, Todtenb. S. 80 und 95).

3. Etwa gleichzeitig — von 1371 — ist der früher im Chore, jetzt in dessen Nähe, an der nördlichen Seite des Schiffes befindliche Grabstein des Weihbischofes Grafen Albert von Beichlingen, Bischofs von Hippo, der in diesem Kloster seine letzten Tage verlebte, ein Halbhochrelief in vertieftem Grunde. Er ist in Lebensgrösse, aufrecht stehend, im bischöflichen Ornate, das durch Mitra und den verzierten Krummstab, den er in der Rechten hält, sowie das Pluvial gekennzeichnet wird, während der Knotengürtel auf sein Verhältniss zum Franziskanerorden hindeutet. In der Linken hält er ein Buch. Auf der Borde, welche das Pluvial über der Brust zusammenhält, den Handschuhen und der Inful findet sich das Beichlingische Wappen. Die scharfe Charakteristik des Kopfes lässt dies Denkmal dem der Cinne ebenbürtig erscheinen, während es in der Anlage der Figur und in der Ausführung des Gefältes und der Hände weit dahinter zurückbleibt (Kruspe l. c.). Die Umschrift in gothischer Minuskel lautet:

> ano . dni . m̊ . cc̊c . lxx̊ . i̊ . v . ydus . aprilis . obiit . reverendus . in . xp̄o . pater . et dn̄s . domnus . albertus . de . bichelingen . ypponensis . ecclesie . epus . cujus . aīa . requiescat . ī . pace . amen.

Bode (l. c. S. 99) bemerkt inbetreff der beiden vorstehend aufgeführten Grabsteine, dass sie einen bereits sehr entwickelten Natursinn zeigen und namentlich in der Charakteristik der Köpfe Vortreffliches leisten.

4. In der v. d. Sachsenschen Kapelle befindet sich auch der Grabstein der Margaretha von Vitzthum, gebornen von Myla, eine Maria mit dem Christkinde, das sie küsst, auf dem Arme, sehr gut erhalten mit der Umschrift:

> 1444 vigil. Epiph. ist verschieden die erbare fraw Margaretha von Mila geborne, des gestrengen Hans von Vitztumbs zu Apolda Hausfraw, dessen vorfaren dieses Klosters Stifter sind. Deme Gott und allen selen gnade. Amen.

Bode (Gesch. d. deutsch. Plastik S. 209) sagt von diesem Werke, das er irrthümlich als in der Bartholomäuskirche befindlich aufführt, es sei als Arbeit mässig, aber die Ausführung in flachem Relief sehr glücklich und zeige die Wendung zum Realismus in der fortschreitenden Renaissance.

5. Der Grabstein des Berld von Vitzthum von Apolda von 1478 ist eine vertiefte Lineardarstellung eines Mannes und einer Frau in langen faltigen

Gewändern mit zwei Wappen im Unterrande und der Umschrift in vertiefter neugothischer Minuskel:

Anno dni mccccIxxviij — uff vnser lieben ffrower dag letztern starb berld vytzthu de got genade.

6. Das Schwengfeldsche Epitaphium ist eine gute Arbeit im Renaissancestyl, in einem Schnörkelschilde; oben das Weltgericht; in der mittleren Abtheilung Christus am Kreuz, darüber Gott Vater und zwei Engel; unten auf der einen Seite des Kreuzfusses zwei Männer und ein Knabe, auf der andern vier Frauen und vier Mädchen. Auf den Seiten Fides und Charitas, unter ihnen das Schwengfeldische und Laschensche Wappen. Die Umschrift in römischer Majuskel heisst:

Anno dni 1577 den 3. Aprilis ist in Got entschlafen der ernvest achtbar hoch und wohlweise herr Mathes Swengefeld oberster vierherr seliger dem Got eine fröhliche aufferstehunge verleihen wolle.

7. Das Denstedtsche Epitaph stellt einen Christus am Kreuze vor, zu dessen Füssen links drei Männer, rechts zwei Frauen knieen; über ihnen Wappen; oben und unten Schnörkelschilde mit den Inschriften in vertiefter römischer Majuskel:

Anno 1561 auf den Abent Philippi Jacobi ist in Gott verschiden der ernveste erbare und hochweise Jorge von Denstedt Ratsmeister in Erfurt dem Got gnade.

und

Anno 1545 Dinstag vor Mathei ist in Gott vorschiden die erndugentsame fraw Margretha von Denstedt geborne Starken. Anno 1557 auf den Karfreitag ist in Got vorschiden die erendugentsame fraw Katharina von Denstedt geborne Zigelern . d. got.

8. Früher im Kreuzgange, jetzt in der von der Sachsenschen Kapelle, ist der auf Mitglieder der Salfeldschen Familie bezügliche, trefflich erhaltene Grabstein von 1394. Im oberen Theile: Christus an der Martersäule mit über die Brust gekreuzten Armen und der Geissel in der rechten Hand auf einem Kragsteine, zwischen zwei Wappen mit Stechhelmen. Unten knieen ein Mann und ein Jüngling auf der einen, zwei Frauen auf der andern Seite, sowie zwei Kinder. Die Arbeit ist sehr tüchtig und lässt in betreff der Charakteristik der Köpfe und der Natürlichkeit des Faltenwurfes wenig zu wünschen.

9. Leider in mehrere Stücke zertrümmert, so das eine Wiederherstellung kaum möglich sein dürfte, ist das jetzt in einem Seitenschiffe liegende sehr schöne Epitaphium des „ehrenvesten und erbaren Balthaser Hirschbach, welcher in Christo seliglich entschlafen ist im Jahre 1583 den 26. Februari seines alters 55, dem Gott gnädig sein wolle.“ Die Schrift in erhabener römischer Majuskel. Das Hauptbild stellt einen knieenden Mann dar, dem Christus, das Kreuz im Arme und mit der Rechten auf die Seitenwunde deutend, erscheint. Im Oberbilde der Verklärte und Gott Vater auf der vergoldeten Weltkugel thronend. Unter dem Worte „Amen“ ein HF, das Monogramm des Bildhauers Hans Friedemann des älteren.

Aus dem 17. Jahrhundert rühren her:

10. Das Nackesche Denkmal im Chore, auf welchem eine männliche Figur mit einer Frau auf jeder Seite in reicher Bürgertracht dargestellt sind. Die auf den Seiten befindlichen Inschriften in erhabener römischer Majuskel lauten:

> Anna von der Marten matrona vere nobilis desiit vivere anno 1587 d. Martii IX. — Juditta ex patricia Gebhardinorum familia nata moritur anno MDCXVI d. a. XXVI.

und zu Füssen:

> Duo Herbordo Nack seniori consuli de republica Erfordiensi optime merito anno MDCXVI denato cum duabus uxoribus quarum nomina supra assignata hic sepulto monumentum hoc p. p. liberi.

11. Das Mohrsche Epitaphium, das sich im Schiffe rechts vom Eingange in die Kapelle befindet, stellt einen schönen jugendlichen Mann dar, zu dessen beiden Seiten unten Wappen und zwischen dessen Füssen ein Todtenkopf sich befindet mit einer längeren (vollständig bei Hartung l. c. S. 333 mitgetheilten) Inschrift, in deren Schlusssatz der Name: Johannes Jacobus Mohr flos juvenum Erfordiens. und das Todesjahr 1626, 4. Nov. mitgetheilt sind.

Eine grosse Zahl noch anderer Denksteine wird von Herrmann und Beyer, l. c. S. 373, aufgeführt. Viele derselben sind überhaupt nicht mehr vorhanden, so der älteste aller in der Kirche befindlich gewesenen, der des Erzbischofs Gerhard von Mainz von 1251 (die Inschrift bei Herrmann, l. c. S. 29), die der Gräfin Mechtild von Mansfeld von 1352, des Gebhard von Querfurt von 1353, der Gräfin Ermengard von Orlamünde von 1354, des Grafen Günther von Schwarzburg von gleichem Jahre u. a. m. Diejenigen Grabsteine, welche bei Gelegenheit der Erbauung des jetzigen Pfarrhauses entfernt werden mussten, befinden sich jetzt in der Sammlung des Erfurter Geschichtsvereins im Hospitalsteinhause.

12. Der Taufstein stammt aus dem Jahre 1604. Er ist ohne Kunstwerth und stand ursprünglich im Schiffe der Kirche, wurde aber, weil er dort den Communicanten den Zugang zum Altare erschwerte, in den Chor versetzt (Kirchner, l. c. S. 63).

13. Dagegen rühren die hölzernen Chorstühle noch aus älterer Zeit her und waren schon im 14. Jahrhundert vorhanden. Sie sind in einem guten Style gearbeitet und theilweise sehr zierlich (Puttrich, l. c. S. 20). Früher waren über denselben die Namen sämmtlicher Provinzen, Custodien und Klöster der Orden des h. Franziskus und der h. Clara verzeichnet (Möller, l. c. S. 6).

14. In der v. d. Sachsenschen Kapelle befindet sich ausser einer Anzahl von Bildnissen von Geistlichen u. s. w. meist aus dem 17. Jahrhundert und ohne Kunstwerth ein sehr altes, dem Costüme der Dargestellten und der Technik nach dem Anfange des 15. Jahrhunderts entstammendes Altargemälde auf Goldgrund, ein Flügelaltar auf dessen mittlerer die Kreuzigung Christi, auf dessen Seitentafeln in zwei Reihen oben vier Heilige, unten der grosse Christoph dargestellt sind.

15. Es ist nicht zu bezweifeln: dass die Kirche ursprünglich durchgängig mit farbigen Fenstern versehen gewesen ist. Gegenwärtig finden sich dergleichen aus älterer Zeit herrührend nur noch im Chor und auch dort nur in Bruchstücken. In wie weit die Vermuthung Beyers (l. c. S. 373), dass dieselben eine

Arbeit des zu seiner Zeit berühmten Glasmalers Johannes von Schmalkalden, Mönchs im hiesigen Petersklosters seien, zutreffe, muss dahin gestellt bleiben. Die bunten Fenster des Langhauses rühren von der letzten Restauration her.

Als Glockenthurm dient der Barfüssergemeinde der Bartholomäusthurm. Eine auf dem Thurm der Barfüsserkirche befindlich gewesene Glocke, die 1476 vielleicht von dem Meister Claus aus Mühlhausen gegossen war, den Namen Clara und die Umschrift trug:

Año . Dñi . m° cccc: lxxv° ad laudē . dei . et ste . clare . ihs ,

ist 1883 der neuerbauten Kirche zu Hochheim unter der Bedingung geschenkt, dass sie nicht umgegossen werden dürfe.

d. Die Reglerkirche.

Literatur.

Bärwinkel, Die Restauration der Reglerkirche in Erfurt und die Geschichte ihrer Gemeinde in den letzten 25 Jahren seit der Restauration der Kirche; nebst einem Anhange, einem kurzen Abriss der Geschichte der Kirche und Gemeinde von ihrem ersten Anfange an enthaltend, verfasst von Lorenz. Erfurt 1855. — Falkenstein, Thüring. Chronik II, 2, S. 1112—1115. — Hartung, Häuserchronik der Stadt Erfurt, II, S. 282—289. — Kruspe, Ein Gang zu den Kunstdenkmälern Erfurts I. Die Reglerkirche. Thür. Zeit. 1885, Nr. 61—68.

Geschichte.

Die in der Bahnhofs- früheren Auguststrasse, unfern der Augustbrücke belegene Reglerkirche war ursprünglich die Kirche des Klosters der regulirten Chorherrn des h. Augustin oder, wie sie gewöhnlich genannt wurden, der Regler. Schutzpatron derselben war, soviel bekannt, der h. Augustinus.

Das Jahr der Gründung des Klosters und dessen Gründer sind nicht genau bekannt. Als solcher wird der Erzbischof Adalbert I. von Mainz (1111—1137) genannt, doch lässt sich dies nicht urkundlich nachweisen. Als Jahr der Stiftung werden 1117 (die von Falkenstein, Hist. S. 55 citirte Chronik.) 1131 (Liber cronicar. Erford. l. c. S. 249 und ihr folgend Gudenus hist. p. 33) und 1135 (Engelhusii Chronic. Erf. bei Menken Scrptt. II, p. 561) angegeben;[1] zwar entstammen die ältesten noch vorhandenen, auf das Kloster bezüglichen Urkunden erst dem 13. Jahrh.,[2] doch lässt sich kaum bezweifeln, dass dessen Stiftung bereits um 1130

---

[1] Ueber das Jahr der Gründung scheinen schon früher Zweifel obgewaltet zu haben. Nic. de Siegen, l. c. p. 292, wo er erzählt: Coenobium regularium canonicorum fundatum Erfordia . . . et ab Adelberto Mogunciensi Archiepiscopo confirmatur et privilegiis dotatur, hat für die Jahrzahl den Platz leer gelassen, und nur der Herausgeber, Wegele hat unter Bezugnahme auf Falkenstein die Lücke durch 1117 ergänzt.

[2] Es existirt zwar eine Urkunde von 1225, in welcher Erzbischof Siegfried dem Augustinerkloster in Erfurt den Zins von den Gütern zu Melchendorf und Daberstedt, welche bisher Ludwig von Wangenheim zu Lehn gehabt, eignet (E. A.), indessen fragt sich, ob dieselbe nicht auf das Augustinerkloster bei Allerheiligen Bezug hat. Die älteste vorhandene Urkunde in welcher das Reglerkloster ausdrücklich genannt wird, ist von 1270; sie ist jedoch nur eine Beurkundung eines 1250 abgeschlossenen Kaufvertrages (Tettau, Gebiet der Stadt

erfolgt sei. Jedenfalls wird es aber eines längeren Zeitraums bedurft haben, bis so umfangreiche Baulichkeiten, wie Kloster und Kirche, haben vollendet werden können. Es ist sogar sehr zweifelhaft, ob die oben in Bezug genommene Angabe des Chronic. Engelhusii: Anno Domini 1135 cepit ecclesia S. Augustini canonicorum regularium unde valva nominatur, so auszulegen sei, dass damals mit dem Kirchenbau begonnen worden, oder ob sie sich auf das Gründungsjahr des Klosters beziehe, vielmehr hat die Angabe, dass der Bau der Kirche 1150 erfolgt sei, grosse Wahrscheinlichkeit für sich.

Von dem damaligen romanischen Bau ist aber wohl, abgesehen von dem südlichen Thurme, nicht mehr viel übrig, da das Kloster 1291 — nicht 1240, wie bereits früher dargethan ist — durch Feuer zerstört worden ist.

Wann mit dem Wiederherstellungsbau der Anfang gemacht worden, ist nicht bekannt. 1352 soll die Kirche, deren Wiederherstellung nun in gothischem Style erfolgte, vollendet gewesen sein. Der völlige Abschluss des Baues kann jedoch auch damals noch nicht stattgefunden haben, da der Bischof von Hippo, Graf Albert von Beichlingen, noch 1366 fer. VI ante Cyriaci (7. August) ein Ablassprivilegium für die erliess, welche zum Bau Beiträge leisteten (M. A.), und der des Kreuzganges erst 1374 so weit vollendet war, dass die Bestimmungen über dort vorzunehmende Begräbnisse erlassen werden konnten,[1] und da dieser theilweise von der Kirche überbaut war, so muss mindestens diese damals eine Erweiterung und ihre letzte Gestalt erhalten haben.

Dieselbe hat übrigens, wenn nicht von ihrer Gründung ab, so doch von einer sehr frühen Zeit an, als Pfarrkirche den beiden nach ihr benannten Augustiner Gemeinden, der innerhalb (intra) des Augustthores und der vor demselben (extra), gedient. Es waren ihr die St. Albans-, sowie die St. Gangolfskirche und die St. Matthäikapelle, die beiden letzteren vor dem Thore belegen, incorporirt und 1365 verpflichtete sich der Propst Heinrich dem Rathe gegenüber dahin, dass das Kloster einen besonderen Priester halten solle, um den Bürgern bei Tag und Nacht Beichte abzuhören und die Sakramente zu spenden; auch solle in der Gangolffkirche täglich Gottesdienst stattfinden. Es geschah dies unzweifelhaft, weil die Reglerkirche allein nicht mehr alle Eingepfarrten zu fassen vermochte, da schon allein die Gemeinde Augustini extra die bei weitem volkreichste Gemeinde der Stadt Erfurt war und mehr als den zehnten Theil der gesammten städtischen Bevölkerung in sich fasste.

Bei dem grossen Brande von 1472 blieb die Kirche selbst zwar unversehrt, doch wurde der eine der beiden Thürme von den Flammen ergriffen und demnächst nur nothdürftig wieder hergestellt.

Nachdem die Reformation in Erfurt Eingang gefunden, ward zuerst 1523 in der Reglerkirche evangelisch gepredigt und um 1530 die Kirche nebst Thürmen,

---

Erfurt S. 218, 219). — Die Frage, ob etwa eine Vereinigung der beiden Augustinerklöster, des am Augustthore und des bei Allerheiligen stattgefunden habe, wird weiter unten erörtert werden.

[1] Zwei verschiedene Verordnungen des Johannes von Backeleyben, Propstes des Reglerklosters, bezüglich auf Begräbnisse in dessen Kreuzgang vom St. Johannisabend (23. Juni) 1374 (M. A.).

Glocken und Begräbnissplätzen vom Rathe formell den Evangelischen übergeben. Doch blieb im übrigen das Kloster einstweilen noch im Besitze des Ordens. Allmälich verminderte sich aber die Zahl der Mönche so, dass der Rath 1540 im Kloster eine evangelische Schule unterbringen konnte. Nachdem 1580 der letzte Mönch, Liborius Selle, mit dem Tode abgegangen war, wollte der Rath zwar zur Aufhebung schreiten und das Vermögen einziehen, stiess dabei aber auf den Widerspruch des Erzbischofs von Mainz. Der infolge dessen entstandene Rechtsstreit wurde durch einen kaiserlichen Erlass 1606 dahin entschieden, dass die Kirche zwar den Evangelischen verbleiben, das Kloster und dessen Vermögen aber restituirt werden solle. Beides wurde demnächst den Jesuiten übereignet, die, indem sie ihre bisherige Residenz in ein Collegium umwandelten, 1619 das Kloster bezogen.[1] Während der ersten schwedischen Occupation wurden sie zwar daraus vertrieben und es ward das Gebäude zu einem Convict für Studenten bestimmt, doch mussten sie nach dem Prager Frieden restituirt werden.

Bei der grossen Feuersbrunst vom 13. August 1660 brannte das Kloster nieder. Nur dessen Wirthschaftsgebäude, der sog. Ackerhof, und der in die Kirche eingebaute Flügel des Kreuzganges blieben von den Flammen verschont. Das Kloster ward nicht wieder hergestellt, vielmehr wurde um 1664 ein neues Collegium des gedachten Ordens auf einem durch den nämlichen Brand wüst gewordenen Bauplatz, wo früher die Stotternheimschen Häuser in der Schlösserstrasse standen, errichtet. Auch die Kirche, die bereits bei dem Bombardement durch die Schweden am 13. Dezember 1636 nicht unerheblich beschädigt worden, ward durch jenen Brand soweit in Mitleidenschaft gezogen, als der nach dem Kloster zu belegene Thurm von den Flammen nicht ganz verschont blieb. Man war genöthigt die Glocken von ihm herabzuschaffen und einen besonderen Glockenstuhl auf dem Kirchhofe zu errichten (Friese, l. c. V, S. 2218). So schon beschädigt vermochte der Thurm einem Orkan am 2. Advent 1660 nicht mehr hinreichend Widerstand zu leisten; eine seiner Ecken stürzte hinab und zertrümmerte in ihrem Falle die Empore und den Kreuzgang. Der Thurm wurde zuletzt so baufällig, dass er 1729 ganz abgetragen werden musste. Am 7. April 1742 wurde der Bau eines neuen Thurmes begonnen,[2] und 1743 mit Zuhülfenahme einer Kollekte aus fast allen protestantischen Ländern beendigt.

1813 nach der Schlacht bei Möckern wurde die Kirche zur Unterbringung von Kriegsgefangenen verwendet. Während der Belagerung Erfurts diente sie als Reconvalescentenhaus für die französische Besatzung. Die Kirchenstühle wurden dabei als Brennholz benutzt, die Tuchbekleidungen von den Sitzen geschnitten, die zinnernen Pfeifen aus der Orgel gerissen und als altes Metall verkauft. Nicht viel besser erging es der Kirche, als sie 1815 150 russischen Militärschneidern zur Werkstätte angewiesen wurde. Als auch dies aufgehört hatte, befand sie sich in

[1] Die Angabe Hartungs, l. c. S. 282, die Jesuiten hätten am 2. Dezember 1617 das Reglerkloster abgebrochen und auch den zur Kirche gehörenden Kreuzgang mit fortgenommen, kann, obwohl derselbe sich hierbei auf eine handschriftliche Chronik beruft, nur auf einem Missverständnisse beruhen, da es feststeht, dass die Jesuiten bis zum Brande von 1660 im Kloster ihren Aufenthalt gehabt haben.

[2] Die Inschrift der in den Grundstein gelegten Messingplatte in C. Beyers N. Chron. S. 10—12.

einem so wüsten Zustande, dass sie nicht mehr für den Gottesdienst benutzt werden konnte und erst, nachdem mit Hülfe einer Unterstützung aus der Staatskasse wenigstens das Nothdürftigste zur Wiederherstellung geschehen war, konnte am 3. August 1817 die Gemeinde wieder ihren Einzug in dieselbe halten.

Es zeigte sich aber bald, wie wenig das, was damals geschehen, ausgereicht hatte. Der Zustand der Kirche wurde zuletzt so bedenklich, dass sie 1845 für die gottesdienstliche Benutzung geschlossen werden musste; von 1850 ab diente sie sogar wieder als Fouragemagazin. Erst nachdem 1857 ein Gnadengeschenk von 15,630 Rth. aus der Staatskasse zum Restaurationsbau bewilligt worden, konnte endlich am 1. August ej. mit diesem begonnen werden. Er ward denn auch in weniger als drei Jahren durch den Baumeister Vehsemeyer ausgeführt. Die Wiedereinweihung fand am 12. Februar 1860 statt. Bei der Restauration hat man sich angelegen sein lassen, so viel als möglich den ursprünglichen Charakter des Baues zu bewahren. Seitdem sind bauliche Veränderungen bei der Kirche nur insoweit vorgekommen, als dieselbe 1875 mit einer Heizeinrichtung und 1881 mit Gasbeleuchtug versehen worden ist.

Beschreibung.

Wie sich aus dem Vorangeführten ergiebt, stammt die erste Anlage der Kirche aus der romanischen Zeit und es lässt sich auch unter den späteren Veränderungen in gothischem Style noch jetzt die ursprüngliche romanische Anlage erkennen (Otte, l. c. S. 93), insbesondere zeigen eine solche der südliche Thurm, das Hauptportal und die Oberlichter des Mittelschiffs. Gegenwärtig wird die Kirche von einem gothischen Holzgewölbe bedeckt und erscheint auch im übrigen als ein einfacher, aber ansprechender gothischer Bau.

Sie liegt infolge angehäuften Bauschuttes und jahrhundertelanger Benutzung des sie umgebenden Terrains als Begräbnissstätte etwa 1 m unter dem Niveau ihrer Umgebung, ist aber durch Abgrabung des an ihre Grundmauer stossenden Erdreichs bei der letzten Wiederherstellung vollständig trocken gelegt. Die Folge jener Massregel ist aber, dass man einige Stufen hinabsteigen muss, um in die Kirche zu gelangen.

Die Länge dieser, die aus einem Chore und einem Langhause besteht, beträgt 58 m, wovon 21 m auf den ersteren kommen, die Breite des Langhauses einschliesslich des Kreuzganges ist 22 m; die des Chors $14\frac{1}{2}$ m.

Wie bei allen Kirchen romanischer Anlage sind die Umfassungsmauern ohne Strebepfeiler, nur das 1374, also in gothischer Zeit, gebaute westliche Seitenschiff, der ehemalige Kreuzgang, zeigt solche.

Der Chor ist rechtwinklich geschlossen und erreicht in seiner Höhe nicht die des Mittelschiffs, übertrifft aber die der Seitenschiffe. Er erhält sein Licht durch 7 spitzbogige Fenster mit reichem Masswerke, drei in dem den Chorabschluss bildenden Giebel, zwei auf jeder Langseite. Der Platz für ein drittes ist dadurch weggenommen, dass die Seitenschiffe das Mittelschiff an Länge übertreffen und die Chormauern auf etwa ein Drittheil der Seiten einschliessen. Ueber dem mittelsten Hauptfenster des Chorabschlusses befindet sich noch ein rundes Fenster und über diesem in der Spitze des Giebels, eine kleine viereckige Lichtöffnung. Bedeckt ist der Chor von einem Satteldache.

Das Langhaus besteht aus dem Mittelschiffe und zwei Seitenschiffen, die in der Höhe hinter jenem erheblich zurückbleiben, es aber, wie schon bemerkt, an Länge übertreffen. Die Seitenschiffe haben 4 spitzbogige mehr breite als hohe Fenster mit sehr einfachem Masswerke, das Mittelschiff hat auf jeder Seite fünf rundbogige Oberlichter ohne Masswerk; ausserdem in dem das Chordach überragenden Giebel zwei dergleichen und in dessen Spitze eine kreuzförmige Oeffnung. Bedeckt ist dasselbe von einem ziemlich steilen Satteldache, jedes der Seitenschiffe von einem Pultdache.

In der südlichen Mauer befindet sich ein kleinerer spitzbogiger Eingang; der früher dort vorhanden gewesene Vorbau ist bei der letzten Restauration beseitigt.

Auf derselben Seite ist in die Aussenmauer gegenwärtig der Denkstein des Heinrich Frimar von 1417 eingefügt. In dessen Mitte erblickt man unter einem Baldachin mit doppelt geschweiftem Spitzbogen den Gekreuzigten zwischen Maria und Johannes auf Consolen. Zu den Füssen befindet sich in kleinerem Massstabe knieend auf jeder Seite ein Erwachsener und ein Kind. Die Inschrift lautet:

> Ao. dni. M. CCCC. XVII. feria tert. post Laetare obiit Hene. Frymar. cujus anima requiescat in pace. Amen.

Auffallend ist die Verwendung des Eselsrückenbogens in einer so frühen Zeit, da dieser erst gegen das Ende des 15. Jahrh. in der hiesigen Gegend allgemeiner in Gebrauch gekommen ist.

Der jetzt das nördliche Seitenschiff bildende frühere südliche Flügel des Kreuzganges zeigt die Eigenthümlichkeit, dass sein Mauerwerk durch einen Fischgrätenverband (opus spicatum) gebildet ist.

Das Hauptportal, das ein horizontaler Thürsturz abschliesst, über dem sich ein von einer platten Leiste umschlossenes und viereckig mit einem Zahnschnittfries umrahmtes Tympanon befindet, das mit einem, jedoch fast ganz verblichenen Gemälde versehen ist (Abbildung bei Kruspe, Beitr. I, 21), führt von Westen aus in die Kirche durch einen zwischen den beiden Thürmen belegenen, von einem Pultdache bedeckten Vorbau. Früher ging von dort aus eine Treppe nach Süden zu durch eine jetzt zugemauerte Oeffnung auf die Empore. Ueber dem Portale befindet sich ein grosses rundbogiges Fenster (Abbildung ibid. Tafel II, 71).

Auf den Ecken der Westfront stehen die beiden, ohne die Spitzen 30^{m} hohen Thürme. Der nördliche ist der durch den Architekten Christian Schmidt 1742 neu erbaute. Sein unterer Theil wird von einem Privathause verdeckt. Er ist ein geschmackloses Werk des Zopfstyls und endigt in eine blaue sog. italienische Haube, eine Art Glockendach.

Der südliche Thurm stammt noch aus der romanischen Zeit und ist, mit Ausnahme des Daches, noch in seiner ursprünglichen Gestalt. Er hat vier Stockwerke ohne Fenster, nur das erste, zweite und vierte mit je einer kleinen viereckigen Oeffnung. Oben befindet sich auf jeder seiner vier Seiten eine aus drei Rundsäulen mit Kelchkapitälen und überhöhten Rundbögen bestehende Arcade. Die Spitze bildet ein niedriges viereckiges mit Ziegeln bedecktes Zeltdach (Abbild. ibid. Taf. I, 22).

Das Innere der Kirche bildet eine dreischiffige Pfeilerbasilica mit der Massgabe, dass das nördliche Seitenschiff in seinem unteren Theile den ehemaligen Kreuzgang enthält; es wird durch eine Mauer vom Mittelschiff getrennt, sodass nur die darauf ruhende Empore gegen dieses offen ist. Das Mittelschiff ist 27 m lang, 13 m breit und 15 m hoch; das nördliche Seitenschiff, der ehemalige Kreuzgang, 4 1/2 m breit und 9 m hoch. Der Chor, der eine Stufe höher liegt als das Langhaus und in welchem noch vier Stufen zum Hochaltar führen ist 20 1/2 m lang 10 m breit und 10 1/2 m hoch.

In viel höherem Grade als das Aeussere ist das Innere durch den neuesten Herstellungsbau umgestaltet worden. Da wo der Eingang von der zwischen den Thürmen befindlichen Vorhalle in das Innere führt, ist eine Glasthüre eingefügt und eine Pfeilerreihe gezogen, die den Orgelchor trägt. Die Kirche hatte vorher eine doppelte Reihe von Emporen. Die auf der Südseite waren zwischen den Pfeilern angebracht, liessen einen Raum zwischen sich und der Umfassungsmauer und gingen nur bis zum dritten Pfeiler. Zu ihnen führte von aussen eine besondere Treppe, dort wo jetzt das zweite Fenster ist. Diese Emporen sind völlig beseitigt. Die auf der westlichen Seite wurden nur von Balken getragen; auf der oberen, jetzt nicht mehr vorhandenen, stand die Orgel. Zwischen dieser und der westlichen Wand war ein grosser leerer Raum; auf der südlichen und nördlichen Seite der Orgel waren kleine Seitenchöre. Von den beiden Emporen auf der Nordseite ist die untere, die über dem eingebauten Kreuzgange, im wesentlichen erhalten geblieben, die obere beseitigt. Die am äussersten östlichen Ende der noch jetzt vorhandenen Empore befindliche sog. Loge bildete früher einen ziemlich dunklen Raum mit einer auf den Boden führenden Leiter und einer Treppe, die in ein kleines dunkles Gelass führte, das jetzt erweitert und zur Sakristei eingerichtet ist. Die Loge hat zwei in gothischem Style gehaltene fensterartige Oeffnungen bekommen, welche den Einblick in den Chor gestatten. Ebenso ist eins der Fenster der Nordwand neu. Die Brüstungen der Emporen waren mit Gemälden in Leimfarben, die dem 17. Jahrh. entstammten, versehen, welche der biblische Geschichte entnommen waren, auf der oberen aus dem alten, auf der unteren aus dem neuen Testamente. Die Holzdecke des Mittelschiffes war mit Engelsköpfen bemalt. Anstelle der jetzt die Wände des Mittelschiffs verbindenden eisernen Träger waren früher Holzbalken. Die neue Kanzel steht, wenn auch an demselben Pfeiler wie die frühere, doch mehr nach dem Schiffe zu. In dem südlich von ihr belegenen Raume war das Stübchen des Pastors, darüber eine für die Communikanten benutzte Kapelle, die jetzt zur Sakristei ausgebaut ist (Bärwinkel, l. c. S. 12, 13).

Die gegenwärtige Decke der Kirche ist von Holz, flach mit Tafelungen. Sie wird von acht starken achteckigen Pfeilern getragen, die in den Ecken Dreiviertelsäulen haben, und auf welche die breiten Scheidbogen unmittelbar aufsetzen. An einem von jenen an der südlichen Arcade ist noch als einziger Ueberrest der Wandmalereien aus dem 14. Jahrhundert, welche einst die ganze Kirche bedeckten, ein Kopf sichtbar.

Kunstwerke und Denkmäler.

Nur ein einziges Kunstwerk aus älterer Zeit von Bedeutung enthält die Kirche, doch ist dies allerdings ein hervorragendes. Es ist dies der Altarschrein von Michael Wohlgemuth auf dem Hochaltar im Chore.

Der erste, der auf den hohen Werth dieses Werkes aufmerksam machte und darin eine Arbeit des genannten Meisters erkannte, war Schorn, der es zu den schönsten desselben rechnet (Ueber altdeutsche Sculptur S. 18 ff.). Dass diese von Kruspe (l. c. Nr. 64) durch sehr gewichtige Gründe unterstützte Ansicht richtig sei, lässt sich kaum in Zweifel stellen, doch wird sie nicht von allen Kunstschriftstellern getheilt. Bode (l. c S. 208) will den Einfluss des deutschen Niederlandes erkennen und stellt das Werk mit dem etwa gleichzeitigen Altarschrein der Predigerkirche zusammen, der jedoch bei minder reichem Aufbau einen höheren künstlerischen Werth besitze. Kugler (Gesch. d. Malerei, II, S. 453. Vergl. dess. Kleine Schriften II, S. 28) beschränkt sich auf die Bemerkung, dass man das Werk dem Mich. Wohlgemuth zuschreibe. Schnaase will, wo er das Werk zuerst erwähnt (l. c. VI. S. 480), in ihm eine Annäherung an die Kölnische Schule erkennen, indem es theils an Meister Stephan, theils an Meister Wilhelm erinnere, gesteht aber, dass er es selbst nicht gesehen habe, sondern nur aus Hotho (l. c. S. 443) kenne; an einer späteren Stelle (VIII, S. 389) giebt er aber unter Bezugnahme auf Schorn zu, dass das Werk vielleicht dem Mich. Wohlgemuth zugehöre. Münzenberger, der l. c. S. 85—87 dieses Werk ausführlich bespricht, bemerkt, dass sich in demselben in eigenthümlicher Weise die ältere Art mit der nach 1475 üblichen verbinde. Er erklärt es für eines der hervorragendsten seiner Gattung, die auf uns gelangt sind, und meint, dass es eine sorgsame und ausführliche Publikation verdiene.

Der 3,35 m breite und 2,42 m hohe Altarschrein besteht theils aus Gemälden theils aus Schnitzwerk. Wenn die Flügel ganz geschlossen sind, zeigen sich in einer einfachen Rundbogenarchitektur in zwei Reihen übereinander, links in der oberen die Heiligen Augustinus, Barbara und Georg, in der unteren Laurentius, Elisabeth oder Dorothea und Albert der Grosse. Auf der Tafel rechter Hand steht oben nach der Mitte der h. Antonius zwischen Margaretha und Jacobus dem älteren, unten Jacobus der jüngere, Magdalena und Thaddäus. Werden die Flügel geöffnet, so erblickt man vier, 1851 gut restaurirte Bilder, die unter einer hellgrau gehaltenen spätgothischen Letnerarchitektur auf Goldgrund gemalte Darstellungen aus der Leidensgeschichte enthalten: die Dornenkrönung, die Geisselung, die Himmelfahrt und die Ausgiessung des h. Geistes. Durch doppelt geschweifte Bogen in Eselsrückenform und die dieselben tragenden Säulen wird jede Tafel in drei Abschnitte getheilt, die aber die Einheit der Composition nicht beeinträchtigen. Darüber ruht eine Gallerie, von welcher 24 gekrönte Männer, wohl die Vorfahren Christi, wie Lotz in der Kunsttopographie l. c. glaubt, Prophetengestalten, wie Münzenberger l. c. S. 87 annimmt, und 8 Propheten hinabschaun. Ganz oben sieht man kleine Engel in Blenden. Die durch flaches vergoldetes Laubwerk auf rothem Grunde verzierte Predella zeigt sieben Brustbilder; in der Mitte Maria mit dem Christkinde; links die hh. Dorothea, Ursula und Barbara, rechts die hh. Katharina, Margaretha und Kunigunde.

Das Innere des ganz geöffneten Schreins enthält das Schnitzwerk, reich vergoldete, polychromirte Reliefs, Darstellungen aus der heiligen Geschichte in der

Vertiefung eines schlichten Rahmens; auf dem linken Flügel: die Verkündigung, die Geburt Christi, die Vorstellung im Tempel, Christus als Knabe unter den Schriftgelehrten; in der Mitte die Krönung Marias durch Gott Vater und Christus unter einem reichen Baldachin, die Säume der Gewänder mit einem Edelsteinornamente, die Hintergründe damascirt, die Muster in den Kreidegrund eingegraben, unten auf der Plinthe kleine Engelsgestalten. Links von dieser Hauptgruppe erblickt man im eigentlichen Altarschrein oben die Anbetung der Weisen, darunter den Tod Marias, rechts oben den Verrath Christi, darunter die Kreuzigung. Auf dem rechten Seitenflügel befinden sich Christus vor dem Hohenpriester und von Pilatus dem Volke ausgestellt; unten die Kreuzigung und die Auferstehung. An den die Hauptdarstellungen umfassenden Leisten sind Heiligenstatuen, und zwar an den Seitenflügeln vier Männer im Waffenschmuck, wohl die Heiligen Georg, Mauritius, Martinus und Gereon. Im Altarschrein stehen an dem Rahmenwerke vier Frauen, darunter die heilige Ida. Noch enthält die rahmenartige Einfassung 86 in dunkelgraugrüner Farbe gemalte Medaillons mit Brustbildern von Engeln, Propheten und Erzvätern. Nimmt man die vorerwähnte gemalte Tafel mit den sieben Heiligenbildern von der Staffel fort, so zeigt sich in fünf plastischen Scenen die Legende der heiligen Katharina, nicht der heiligen Agnes, wie Schorn l. c. S. 19 angiebt.

Ueber dem ganzen Werke ist eine aus geschweiften Spitzbögen und Fialen bestehende und mit sieben Bildsäulen, deren Mitte Maria mit dem Christkinde einnimmt, geschmückte Giebelkrönung angebracht (Ausführliche Beschreibung dieses Kunstwerkes bei Kruspe l. c. Nr. 63—68 und danach bei Bärwinkel l. c. S. 16—19).

Obwohl das ganze Werk ein entschiedenes Zeugniss von der Kunstfertigkeit und Tüchtigkeit des Verfertigers ablegt, insbesondere einigen Köpfen der Gemälde ideale Schönheit zugestanden werden muss, lässt sich doch nicht in Abrede stellen, dass die Ausführung eine sehr ungleiche ist, namentlich die Gesichter der Peiniger bis an die äusserste Grenze dessen reichen, was noch darzustellen der Kunst gestattet ist und in das Gebiet des Widerlichen und Karrikirten hinübergreifen, auch einzelne Theile, namentlich die Extremitäten, offenbare Fehler der Zeichnung aufweisen. Der Meister selbst, Mich. Wohlgemuth, hat sich daher sicher darauf beschränkt einzelne Partien eigenhändig auszuführen, das übrige aber seinen Gehülfen überlassen, deren Können nur für eine handwerksmässige Leistung ausreichte. So sind namentlich die äusseren Bilder jedenfalls nur Gesellenarbeit.

Neuerdings (1888) hat die Kirche noch einen zweiten nicht minder werthvollen Schmuck erhalten, ein Kolossalgemälde von Eduard von Hagen: die Erweckung von Jairi Töchterlein, das von Kunstfreunden angekauft, jener überwiesen ist und an der Seitenmauer des Chors seinen Platz erhalten hat.

Was die Kirche sonst noch an Kunstwerken und Denkmälern besitzt ist von geringer Bedeutung. Vieles der Art mag bei den stattgefundenen Verwüstungen der Kirche, aber auch bei deren Restauration zugrunde gegangen oder verschleppt sein, wie der jetzt an der Lorenzkirche aufgerichtete Buseleybensche Grabstein von 1415.

Was zur Zeit noch in der Reglerkircke vorhanden ist, beschränkt sich auf das Nachstehende.

Im Chore an der Vorderwand ist eine Darstellung des Leidens Christi mit den Marterwerkzeugen und einem korbartigen Gefässe. Es ist eine ziemlich unbedeutende Arbeit aus dem 15. Jahrhundert.

Der Taufstein mit den Figuren der Propheten und Apostel verdient wegen seiner kunstvollen Arbeit Anerkennung.

Das den im Kriege von 1870/71 gebliebenen Gemeindeangehörigen errichtete Denkmal, zwei durch einen gothischen Spitzbogen getrennte Marmortafeln mit einer entsprechenden Sandsteineinfassung ist eine Arbeit des hiesigen Bildhauers Florian Möller von 1871.

Ein ziemlich gut erhaltener Oelberg in Sandstein mit lebensgrossen Figuren, welcher sich früher neben dem Haupteingange, vergittert und unter einem von zwei Spitzbogen getragenen Dache befand, ist bei der 1817 vorgenommenen Restauration von dort entfernt und spurlos verschwunden.

Noch ist eines ursprünglich der Gangolfskirche gehörig gewesenen grossen Kelches zu gedenken, um dessen Griff in gothischer Schrift das Wort „Jesus“ und auf dessen Boden die Inschrift:

A. Dmni. MCCCCLXVIII Frederich Hastenvelt copavit regularibus Erfordiens.

sich finden.

Die gegenwärtige Orgel schreibt sich aus der letzten Restauration her und ist erst 1861 vollendet, da ihre 1713 angefertige Vorgängerin (Friese, l. c. V, S. 1390) bei der Benutzung der Kirche zu militärischen Zwecken vollständig zugrunde gegangen war.

Die Reglerkirche besitzt vier Glocken, von denen eine, die grösste, auf dem südlichen Thurme, die drei andern auf dem nördlichen hängen, von denen zwei von Hermann Königk, eine von Joh. Pape gegossen ist.

Die erstere, die ein Gewicht von 36 Ctnr. mit Einschluss des Klöpfels und den Ton Cis hat, war an die Stelle einer 1602 geborstenen getreten. Sie zeigt auf der einen Seite das Bild des h. Laurentius, auf der andern das des h. Wenzeslaus. Die Umschrift lautet:

En . Ego . Campana . Nunquam . Pronuncio . Vana .
Laudo . Deum . Verum . Plebem . Voco . Congrego . Clerum .

Gottes . Wort . Bleibt . Ewig . Durch . Das . Feuer . Bin . Ich . Geflossen .
Herman . Königk . In . Erfurdt . Hat . Mich . Gegossen . Anno . Domini . 1602. ✠

Rings über dem Kranze sind die Bildnisse der zwölf Apostel, darunter eine Rebenguirlande, sodann die Aufschrift:

Zur . Versammlung . Der . Christen . Rufe . Ich . Das . Sie . Mitt . Hertzen . Sinn . Und . Mund . Gott . Loben . Und . Preisen . Zu . Aller . Stund . So . Offte . Sie . Leuten . Hören . Der . Auferstehung . Erinnert . Werden.

Die sog. Mess- oder Mittelglocke, die an die Stelle einer 1665 gesprungenen getreten ist, hat ein Gewicht von 23 Ctnr., den Ton E und die Umschrift:

Lobet . Den . Heren . Mit . Cymbalen . Alles . Was . Oden . Hat . Lobe . den . Heren . Psalm . CL . Joachim Andreas von Brettin . Jeremias Boetticher . Raths . Commiss. Heinr. Rud. Gromann . Paul . Christo . Ernst Inspec. Elias Saurmann, Pfarrer.

und die Mittelschrift:

Durch . Das . Feier . Bin . Ich . Geflossen . Jacob Pappe . Hat . Mich . Gegossen . In . Erfurt . Anno 1667.

im unteren Rande:

Nicolaus . Hess . Diaconus . Philipp . Bober . Altarmann . Hans Backofen . Paul Köber.

Die 12 Ctnr. schwere, auch von Herm. Königk 1617 gegossene sog. Taufglocke sprang 1879 und ward daher von G. A. Wedel in Erfurt umgegossen, wobei sie zwar wieder den Ton A erhielt, aber nur ein Gewicht von 7 Ctnr. hat.

Die sog. kleine Glocke, die den Ton Cis hat, 5 Ctnr. wiegt und die Umschrift trägt:

Anno Dom . MCCCCLXXXIX . hilf . got . Maria . berot .

hatte ursprünglich der Kirche des Dorfes Schmidtstedt angehört und ist, nachdem dieser Ort wüst geworden war, der Reglergemeinde als Ersatz für ihre 1554 (nach Friese, l. c. II, S. 522—1617) gesprungene von dem Rathe überwiesen.

e. Die Augustinerkirche.

Literatur.

Döring, J. L., Der erneuerte und dem Herrn aller Herren von neuem zu seinem Dienst geweyhete Tempel SS. Philippi et Jacobi vulgo Augustini nach der glücklich geendeten Renovation — vor Augen gestellt. Erfurt 1765. — Anderson, J. G. L., Die St Johannis- vulgo Augustinerkirche zu Erfurt. (Denkschrift zum funfzigjährigen Amtsjubiläum des Pfarrers Kaufmann. Erfurt 1877.) — Falkenstein, Thüring. Chron. II, 2, S. 1107—1110. Das Luthers-Kloster in Erfurt. In: Gallerie der vorzüglichsten Klöster Deutschlands, herausgegeben von J. H. Jaeck, Abth. I. Würzburg 1831. — Hartung, Häuserchronik II, S. 299 bis 317. — Kruspe, Erfurter Bilderchronik S. 69—75.

Geschichte.

Die an der nach ihr benannten Augustinerstrasse und der Kirchgasse belegene Augustinerkirche, auch, seitdem sie die Pfarrkirche der Johannisgemeinde geworden, Johanniskirche genannt, war ursprünglich die Kirche des Klosters der Augustiner-Eremiten. Wann dieses gegründet worden, steht nicht ganz fest.[1] Man nimmt in der Regel an, dass zuerst 1260 sich Brüder dieses Ordens in Erfurt eingefunden, ein Grundstück in der Nähe der Gotthardskirche erworben haben und dass ihnen von dem Erzbischof Werner von Mainz 1266 die Erlaubniss zur Gründung einer Niederlassung ertheilt und die 1137 vom Erzbischof Adelbert I. gestiftete Kirche St. Philippi und Jacobi übereignet worden sei (Urkunde von 1266, IV. Kld.

[1] Gudenus, Hist. p. 45, sagt, dass 1223 mit der Erbauung des Klosters der Eremiten des h. Augustin der Anfang gemacht worden sei, und diese Angabe ist dann in Falkenstein, Hist. S. 76, Puttrich, l. c. S. 19 u. a. m. übergegangen. Das Chronic. biblioth. caes. Vindobon., auf das sich hierbei Gudenus beruft, hat aber nicht das Jahr 1223, sondern 1283 (vid. Lib. cronicon. (Erford.), herausgegeben von Wenk, l. c. S. 250). Dass die Jahrzahl 1223 nicht richtig sein könne, ergiebt sich schon daraus, dass der Orden der Eremiten von der Regel des h. Augustin erst 1256 gegründet ist.

Martii (26. Februar) in E. A. — Nic. de Siegen, l. c. p. 311. Hogel, l. c. f. 31. Falkenstein, Hist. S. 55, 56, 99).

Aus nicht näher bekannten Ursachen geriethen sie jedoch sehr bald in Zwist mit der Stadtgemeinde, infolge dessen 1273 ihre Niederlassung zerstört ward und sie aus der Stadt vertrieben wurden.[1] Doch nahm sich der Erzbischof ihrer an und der Rath sowie die Bürgerschaft von Erfurt müssen auch ihr Unrecht erkannt haben, da jener in einer Urkunde vom 12. Oktober 1274 (Falkenstein, Hist. S. 111. Chron. II, 2, S. 1108. Lambert, die ältere Verfassung der Stadt Erfurt S. 71) erklärt hat, dass er den Zorn und Unwillen, den er der Augustiner willen gegen den Rath und die Gemeinde gehegt, schwinden lassen und diese wieder zu Gnaden annehmen wolle. Seitens der Stadt wurde denn auch dem gedachten Orden 1276, Vincula Petri (1. August), eine Aufnahmezusicherung ertheilt (M. A. vergl. Kirchhoff, Weisthümer S. 70 Anm. 137).

Der Orden erkaufte hierauf 1277, Sonnabend nach Misericordias (17. April), von Friedrich von Kindehausen und in demselben Jahre von der Wittwe des Ritters Helfrich von Berlstedt je einen Hof bei der Kapelle der h. Anna (M. A.). Auf diesem Platze wurde nun 1283 mit dem Bau eines Klosters der Anfang gemacht (Liber cronic. (Erford.) l. c. Engelhusii Chron. l. c.). Da der Raum hierzu aber nicht ausreichte, so beschloss der Orden noch die Stelle, wo die erwähnte Kapelle lag, deren Patronat ihm von Eckehart, Dechanten des Marienstiftes, überlassen war, dazu zu verwenden, und erhielt zu ihrem Abbruch auch 1291, XIV. Kld. Januar. (19. Dezember 1290), von dem Propste Honorius unter der Bedingung die Erlaubniss dass in der von ihm zu erbauenden Kirche ein Altar der heiligen Anna errichtet werde. Er gerieth durch jene Massregel jedoch in Streit mit dem deutschen Orden, da dieser behauptete, dass die gedachte Kapelle der zu seinem Comthurhofe gehörenden St. Nicolauskirche incorporirt sei; indess wurde dieser Zwist durch einen am 7. Juli 1293 abgeschlossenen Vergleich beigelegt (Marburger St.-Arch. vid. Publikationen aus dem preuss. St.-Arch. Bd. III. Wyss, Hessisch. Urkundenbuch Bd. I, S. 427 ff.).

Der Bau der Kirche ward nach Hogel l. c. bereits 1289 begonnen; wenn derselbe auch nur langsame Fortschritte gemacht hat, so ist doch nicht erwiesen, dass man sich zunächst mit einem Gebäude in Holzkonstruktion begnügt und dessen Verwandlung in einen Steinbau erst 1320 oder 1324 vorgenommen habe. Jedenfalls war der Chor 1298 so weit fertig, dass darin eine Leichenbeisetzung stattfinden konnte, denn dieses Jahr findet sich auf dem Grabsteine der Elisabeth von Amera.

Von der Bauthätigkeit im ersten Viertel des 14. Jahrhunderts geben Zeugniss die dem Kloster 1318 III. Non. (5.) Martii vom Erzbischof Peter von Mainz ertheilte Erlaubniss, die ihm von Tilemann und Conrad Holtermann und der Wittwe des Johannes von Wechmar geschenkte Kirche des wüst gewordenen Dorfes Hohenwinden abzubrechen und die Steine zum Bau seiner eignen Kirche zu benutzen,

---

[2] Anno domini 1273 consules et judices Erfordie cum universitate confregerunt domum fratrum Augustinensium, non permittentes ipsos in Erfordia habitare. Chron. Sampetrin. p. 101 und danach Annal. Reinhard. Antiquitt. variloq. bei Menken, Scriptt. II, p. 488. Engelhusii Chronic. Erfurt. ibid. p. 563.

sowie dass 1320 VI. Cal. Maji (27. April) der Erzbischof den Provisor des erzstiftischen Allodiums zu Erfurt und Pfarrer zu St. Pauli, Hermann, davon in Kenntniss setzt, dass er den Augustinern gestattet habe, die wüste Kirche zu Mannesdorf (Moselndorf?) abzubrechen und die Steine zu ihrem Haus- und Kirchenbau zu verwenden, und ihn beauftragt, sie gegen Eingriffe in diese Bewilligung zu schützen (M. A). Dass damals also der Bau einer steinernen Kirche im Gange gewesen, kann hiernach nicht zweifelhaft sein. Als Zeitpunkt der Beendigung des Klosterbaues wird 1324, des Chors 1325 angegeben. Dass die des Langhauses erst später stattgefunden, ergiebt zwar schon der von dem Chore abweichende Baustyl desselben, ob aber die Angabe Hogels, dass die Beendigung und die Einweihung der Kirche erst 1435 erfolgt sei, vollen Glauben verdiene, muss dahingestellt bleiben. Mit Bestimmtheit weiss man nur, dass der Bau des Thurmes erst 1432 oder 1435 stattgefunden hat und damit der Bau zum Abschluss gelangt ist. In den Schluss des 14. oder das erste Viertel des 15. Jahrhunderts ist auch der Bau des Kreuzganges zu setzten, und da das südliche Seitenschiff auf diesem ruht, so kann auch der vollständige Abschluss des Kirchenbaus nicht früher stattgefunden haben.

In späterer Zeit ist nur noch das Kapitelhaus gebaut. Den Platz, auf welchem dasselbe steht, hatte das Kloster 1482, Sonnabend in der Pfingstwoche (3. Juni), von dem Komthur des deutschen Ordens zu Griefstedt, J. Schenk von Schweinsburg, und den Vorstehern der Nicolaikirche für 200 fl. erkauft. Es ist dies unzweifelhaft der Bau, auf den sich Luthers Mahnung an den damaligen Prior des Klosters, Johann Lange Bezug hat, er möge sich nicht dergestalt im Bauen verstecken, dass es ihm am Ende an Mitteln fehle. Hogel (l. c. S. 862) nennt es ein hohes steinernes Haus neben dem Thore des Klosters, das zur Aufnahme fremder Mönche bestimmt gewesen sei und setzt seine Erbauung in das Jahr 1516. Doch hat die Vollendung erst 1518 stattgefunden.

Da bekanntlich Luther in diesem Kloster, wo er Profess gethan, den ersten Grund zu der von ihm ausgegangenen Glaubenserneuerung gelegt hat und zur Zeit des Anfangs derselben Johannes Lange, dem vorzugsweise die Einführung der Reformation in Erfurt zu danken ist, jenem vorstand, Luther selbst auch noch später, wenn er sich in Erfurt aufhielt, hier seine Unterkunft hatte und in dieser Kirche predigte: so ist es sehr erklärlich, dass die neue Lehre sehr bald Eingang in das Kloster fand. Zugleich mit dem Prior, der 1522 sein Amt niederlegte und Pfarrer an der Michaeliskirche wurde, wendeten sich viele Brüder jener zu und verliessen das Kloster. Doch bestand dies noch einstweilen fort, obwohl seit 1525 ein ständiger evangelischer Pfarrer an der Kirche angestellt war. 1532 starb im Kloster der bekannte Gegner Luthers, Bartholomäus von Usingen. Erst nachdem 1556 auch mit Hans Karlstadt der letzte Mönch gestorben war, nahm der Rath 1559 die Gebäude in Besitz, hob das Kloster auf (Mülverstedt, l. c. S. 155) und gründete 1561 darin ein evangelisches Gymnasium (Weissenborn, Hierana I, S. 27 ff.), welchem das bisherige Priorat zur Unterkunft angewiesen ward, während die Räume, welche den Mönchen zur Wohnung gedient hatten und in denen die auf den beiden Seiten eines 53 m langen Saales belegenen 32 Zellen sich befanden, unbenutzt blieben und vollständig verfielen. Nur die Zelle, welche Luther als Mönch bewohnt hatte, besass wenigstens noch ein Schloss, doch musste man, um zu derselben zu gelangen, einen hohen, durch eingestürzte Mauern, Zimmerdecken und Dachungen gebildeten Schutthaufen übersteigen.

Da der Rath erst nach dem Augsburger Religionsfrieden von 1555 das Kloster in Besitz genommen hatte, so forderten die Augustiner-Eremiten, die sich wieder in Erfurt eingefunden, die Rückgabe. Weil der Rath sich nicht in der Lage befand, diesen Anspruch ohne weiteres zurückzuweisen, das Kloster aber wegen des darin untergebrachten Gymnasiums nicht entbehren konnte, so schloss er mit dem Orden einen Vergleich dahin ab, dass er ihm 1618 an jenes Stelle das von ihm 1543 eingezogenen Kloster der Serviten- oder Marienknechte übergab, und nachdem dies 1647 von den Schweden abgebrochen worden, um das Material zum Festungsbau zu verwenden, für sie den Valentinerhof neben der Wigbertikirche erkaufte, wo die Augustiner sich ein neues Kloster bauten. Das alte wurde 1669 zum evangelischen Waisenhause bestimmt und zu diesem Zweck mit Benutzung der noch brauchbaren Theile bis 1671 ausgebaut (Pohle, Die Entstehung des evangelischen Waisenhauses zu Erfurt. Erfurt 1823. S. 26). Der ganze Complexus, der die Kirche, das Gymnasium und das Waisenhaus umfassenden Gebäude, erhielt den Namen des evangelischen Zion.

Die Kirche, deren Besitz den Evangelischen nicht hatte streitig gemacht werden können, da er sich aus der Zeit vor 1555 herschrieb, ward zur Pfarrkirche für die Johannis- und Gotthardsgemeinde, deren eigne Kirchen eingingen, sowie für die Evangelischen der Nicolaigemeinde, die den Katholiken verblieb, bestimmt.

Die Augustinerkirche wurde 1617 renovirt (Hogel l. c. S. 1344). 1627 wurden die Empore und die Kanzel neugebaut, 1663 die Altarwand neu aufgerichtet, 1716 die Orgel mit einem Kostenaufwand von 1405 Rth. neu hergestellt, 1763 eine sehr erhebliche Umgestaltung des Innern vorgenommen, wobei die Kirche zwei Emporen und diejenige Gestalt erhielt, in welcher sie sich bis zur neuesten Restauration zeigte, nur dass dem Orgelgehäuse 1820 durch Vergoldung seines Laubwerks eine Verschönerung zutheil wurde.

In dem Kapitelhause wurden dem evangelischen Ministerium (Mediat-Consistorium) seine Geschäftsräume angewiesen und die 1649 gegründete Ministerialbibliothek untergebracht.

Das evangelische Stadtgymnasium ward 1822, nachdem es in ein königliches Gymnasium verwandelt und das katholische Progymnasium mit ihm vereinigt worden, aus dem Priorate in das vormalige Jesuitencollegium verlegt und das erstere, da es in hohem Masse baufällig geworden war, 1829 abgebrochen und auf Kosten König Friedrich Wilhelms IV. nach einem von Schinkel entworfenen Plane bis 1846 ganz neu aufgeführt, dem vom Rektor Reinthaler gegründeten Martinstifte überwiesen, später aber an die Stadt zu Schulzwecken abgetreten. Der Neubau erstreckte sich theilweise auch auf das Kapitelhaus, dessen oberes Stockwerk zum Betsaal eingerichtet wurde. Diesem Zwecke dienen diese Gebäude auch noch gegenwärtig, wie auch der früher zum Kloster gehörig gewesene, abgesondert von den übrigen Gebäuden belegene sog. Waidboden jetzt für Schulzwecke benutzt wird.

Inzwischen war der bauliche Zustand der Kirche selbst so in Verfall gerathen und gefahrdrohend geworden, dass sie für den gottesdienstlichen Gebrauch geschlossen werden musste. Der westliche Giebel war in seiner Spitze um $^1/_2$ m ausgewichen und das Gesperre des Daches ihm nachgefolgt, weil ein Dachstuhl nicht vorhanden war; mehrere Balkenköpfe in der Nähe des Thurmes waren abgefault.

Nachdem mit Zuhülfenahme einer Kirchenkollekte und eines königlichen Gnadengeschenkes die auf 15,800 Rth. veranschlagten Kosten beschafft, 1849 mit dem Wiederherstellungsbau begonnen und bereits ein neues Dach aufgesetzt war, traf die Gemeinde mit dem Staate ein Abkommen dahin, dass sie diesem die Kirche zur Unterbringung des in Erfurt im März 1850 zusammentretenden Unionsparlaments überliess. Der Staat richtete nun den Chor zum Staatenhause, das Schiff aber zum Volkshause ein, wogegen er die Verpflichtung übernahm, auf seine Kosten demnächst den völligen Ausbau für den kirchlichen Gebrauch zu bewirken. Dieser erfolgte unter der Leitung des Regierungsrathes Salzenberg und des Bauraths Papst, worauf am 2. Juli 1854 die neue Einweihung der Kirche und deren Rückgabe an die Gemeinde stattfand. Eine Veränderung des Altars, der Kanzel und des Orgelgehäuses waren zwar ursprünglich nicht beabsichtigt, da aber bei der Einrichtung zum Parlamentshause auch diese Gegenstände hatten entfernt werden müssen und dabei erheblich beschädigt, zum Theil sogar als Heizmaterial verwendet waren, so hat sich die Wiederherstellung auch auf sie erstreckt.

Im übrigen hat man sich bei dem Restaurationsbau angelegen sein lassen, soviel als möglich den ursprünglichen Charakter des Baues zu bewahren.

Am 6. März 1872 ward ein grosser Theil des früheren Klosters, der, in welchem sich das Waisenhaus befindet, mit dem ehemaligen Dormitorium, dem grossen Saale, der die meist von J. S. Beck gemalten Todtentanzbilder enthielt, dem Museum, das erst kurz vorher neu eingerichtet war, und der angeblichen Zelle Luthers durch eine Feuersbrunst zerstört, die jedoch die Kirche unberührt liess. Das Beschädigte, auch die Lutherzelle, ist zwar, wenn auch mit einigen Abänderungen wieder hergestellt, doch ist eine grosse Zahl werthvoller Kunstgegenstände bei dieser Gelegenheit untergegangen.

Beschreibung.

Die Augustinerkirche, deren Bau, wie oben dargethan worden, im Ende des 13. Jahrhunderts begonnen ward und in der ersten Hälfte des 15. Jahrhunderts zum Abschluss gelangte, ist eine schlichte Pfeilerbasilica; der Chor frühgothisch, das Langhaus und der Thurm spätgothisch. Sie ist von Sandsteinquadern aufgeführt und ohne Strebepfeiler.

Die Mauern des Chors erheben sich zu gleicher Höhe wie die des Mittelschiffs und da beide auch gleiche Breite haben, so werden sie von demselben Dache bedeckt. Eine künstlich gearbeitete Kreuzblume ziert die Spitze des westlichen, eine Lilienkrone die des östlichen Giebels.

Der Chor ist rechtwinklig geschlossen[1] und 19,60 m lang. In seinem Abschluss hat er drei hohe, pyramidalisch geordnete, spitzbogige Fenster, die durch tief abgefasste Zwischenräume geschieden werden. Das mittlere jener ist dreitheilig, die beiden anderen zweitheilig, das Masswerk bei dem ersten ein Sechspass im Kreise und daneben zwei Dreipässe, bei den Seitenfenstern lediglich Dreipässe. Die Nordseite des Chores hat vier hohe dreitheilige, spitzbogige Fenster; ausser-

[1] Eine Abbildung desselben bei Kallenbach, l. c. Taf. XXXIV Nr. 2. Vergl. S. 17 u. 21.

dem dicht am Seitenschiffe noch ein fünftes minder hohes zweitheiliges, alle mit reichem Masswerke. Die Südseite des Chors stösst an die Fortsetzung des Kreuzganges und hat nur zwei, durch deren Dach halbverdeckte Fenster.

Das Langhaus besteht aus einem Mittelschiffe und zwei Seitenschiffen, deren südliches durch eine Mauer vom Mittelschiffe getrennt, den Nordflügel des Kreuzganges in sich aufgenommen hat, so dass nur die auf diesem ruhende Empore gegen das Innere der Kirche geöffnet ist. Die Länge des Schiffs beträgt 27,60 ^{m}. — Die Pultdächer, welche die Seitenschiffe decken, gehen so hoch, dass nur ein schmaler Raum zwischen ihrer Oberkante und dem Dache des Mittelschiffes bleibt und letzteres infolgedessen auch der Oberlichter ermangelt.

Das nördliche Seitenschiff hat auf seiner Langseite fünf nicht sehr hohe dreitheilige Fenster mit Masswerk, in seiner Querseite ein solches. Das über dem Haupteingange geht weniger tief hinab wie die übrigen; dieser selbst, der doppelthürig und von einem mit verblendeten Vierpässen gezierten Giebelfelde bedeckt ist, rührt von der neusten Restauration her. In der östlichen Ecke dieses Seitenschiffs erblickt man die Ueberbleibsel einer steinernen Aussenkanzel, die einst den Zweck gehabt hat, Reliquien dem Volke vorzuzeigen, auch bei grossem Zudrange, sowie in Pestzeiten, wo man die Anhäufung von Menschen in einem geschlossenen Raume vermeiden wollte, zu predigen. Auch Luther soll von hier aus zum Volke gesprochen haben. Auf sie bezieht sich auch eine von Sam. Fritz in seiner Chronik mitgetheilte legendenartige Erzählung, nach welcher ein böhmischer Söldner, der die Kanzel besudelt und von ihr aus auf Luther geschmäht habe, plötzlich stumm und blind geworden sei, so dass er nur mit fremder Hülfe wieder habe hinabsteigen können.

Neben der vorgedachten Hauptthüre befindet sich in der Mauer eine von einem Kleeblattbogen überdeckte Opferstocköffnung, welche der Sage nach von Tetzel bei seinem Ablasshandel benutzt ist, und weiter gegen Morgen ein Steinrelief, in dessen oberer Abtheilung unter einer von drei Spitzbogen gebildeten Architektur ein Mann und eine Frau, beide knieend und betend, und zwischen denselben ein nicht mehr erkennbares Wappen und ein Stechhelm, in der unteren aber drei sehr beschädigte Figuren sich befinden. Es ist dies das Grabdenkmal des Heinrich von Kreyenberg und seiner Familie von 1356. Die nicht mehr ganz erkennbare Inschrift in vertiefter neugothischer Majuskel lautet:

> Anno domini M . CCC . LVI . III Ydus Novembris obiit Henricus de Creyenberg item anno LXV . III Octobris obiit . . . . anno LXXV . VI Ydus Octobr. obiit Elisabeth filia ejusdem.

Unter dem mittelsten der erwähnten Spitzbogen erblickt man eine von einem Kreise eingeschlossene Hand, welche den Schwurfinger vorstreckt. Gerstenberg, der in seinen Novantiquis dieses Grabsteins gedenkt, ohne jedoch den Namen dessen zu nennen, auf den er sich bezieht, bemerkt: dass die Hand auf einen abgelegten Meineid Bezug haben solle. Ein gleiches, nur etwas grösseres Zeichen, findet sich auf einem Steine an der nördlichen Mauer des Chors und darunter eine Inschrift, von der aber nur noch ein Bruchstück — II. Kal. Maji Johannes . . . . dos hic est sepult — vorhanden ist. Wie es scheint, hat der Stein sich früher anderswo befunden, ist erst später hier eingefügt und dabei zerbrochen. Auch in

Bezug auf diesen Stein wird von Gerstenberg angeführt, dass der hier Begrabene einen falschen Eid geleistet und deshalb auch das schöne der Thüre gegenüberstehende Beinhaus habe bauen lassen müssen.

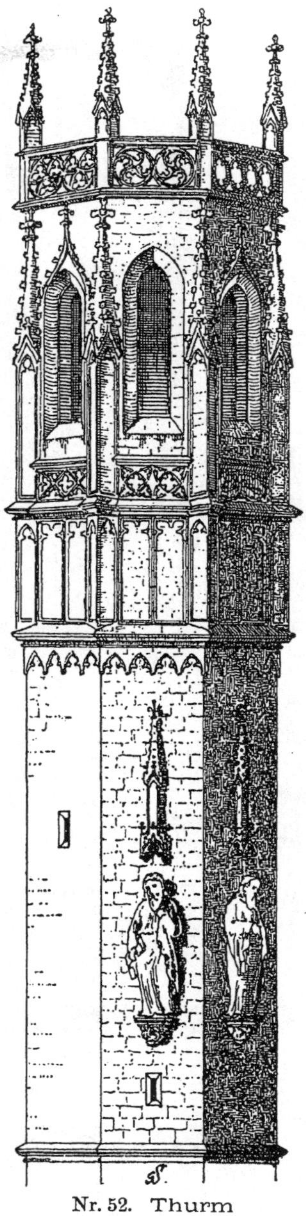
Nr. 52. Thurm der Augustinerkirche.

Neben dem Haupteingange steht unter einem Baldachin eine Bildsäule des h. Augustinus in Bischofsornat.

Die Westfront enthält ein grosses spitzbogiges Fenster mit reichem Masswerke. Die beiden Eingänge, sowie die drei viereckigen Fenster im unteren Theile des Giebels stammen aus neuer Zeit.

Wie bereits bemerkt, ruht die südliche Empore auf dem nördlichen Flügel des Kreuzganges. Dieser ist noch vollständig erhalten und besteht in Arkaden mit spitzbogigen Oeffnungen. Der östliche und ein Theil des südlichen Flügels ist von dem Waisenhause, der andere Theil von jenem sowie der westliche von dem Priorate überbaut. Der nördliche hat eine geschlossene Fortsetzung, die bis zum Abschluss des Chors geht, und in ihrem unteren Geschosse zwei Sakristeien, im oberen das Kirchenarchiv enthält.

Der Thurm (Nr. 52) erhebt sich aus der schrägen Dachfläche des nördlichen Seitenschiffs, da wo dieses an den Chor stösst. Sein Bau ist laut der daran befindlichen Inschrift:

a . d . m^{o} . cccc^{o} . xxx^{c} . v^{o} . inceptum est,[1]

1435 begonnen. Seine Vollendung hat nach Weymanns, Memorialis historischer Beschreibungen Th. II. (Handschr. d. Minister. Biblioth.), erst 1444 stattgefunden. Er ist achteckig, von besonders schlanken Verhältnissen. In seinem unteren, nur aus glattem Mauerwerke bestehenden Geschosse ist auf den drei vorderen Flächen des Achtecks je eine Heiligenstatue — die h. Katharina zwischen den Aposteln Petrus und Johannes — stehend auf Konsolen unter Baldachinen, angebracht. Es sind Arbeiten nicht ohne künstlerischen Werth, die sich namentlich durch naturgetreue Haltung des Körpers und durch lebensvollen Gesichtsausdruck

[1] So bei Gerstenberg l. c. und den Notizen über einige Kirchen Erfurts S. 43. Andere wollen 1432 lesen.

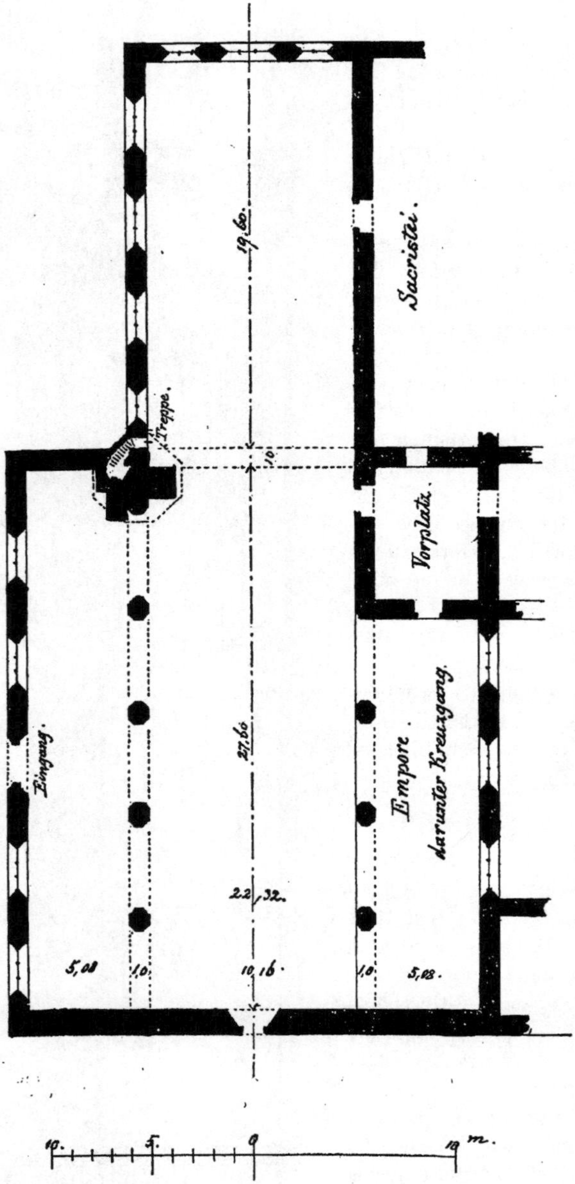

Nr. 53. Grundriss der Augustinerkirche.

empfehlen, aber in den enganliegenden Armen und den langen etwas steifen Falten die Zeit ihres Ursprungs verrathen.

Ein hervorragender Sims mit darunter hinlaufendem Kranz von kleinen kleeblattförmigen Bogen scheidet dieses Geschoss von dem höheren, bei dem an jeder der acht Thurmkanten eine bis zum oberen Gesimse dieses Stockwerks hinaufreichende und in eine steinerne Blume ausgehende Spitzsäule, und zwischen diesen auf jeder Fläche des Achtecks ein etwas breites Fenster angebracht ist, welches mittelst tiefer Hohlkehle abgeschrägt und mit einem Spitzbogen überwölbt ist. Die Brüstung jedes dieser Fenster ist mit halberhabenem Stabwerk verblendet. Am oberen Gesimse dieses zweiten Thurmgeschosses sieht man Wasserspeier in Gestalt sich herausbeugender Thiere und darüber läuft eine durchbrochene steinerne Gallerie, besetzt mit acht mit Krabben versehenen Fialen, herum. Der Thurm ist oben platt und sicher stets ohne Spitzdach gewesen. Sämmtliche beschriebene Verzierungen sind in gutem Styl und ohne Ueberladung, Eigenschaften, welche in der Mitte des 15. Jahrhunderts bereits selten zu werden anfingen (Puttrich, l. c. S. 9 und Tafel 12. Kallenbach, l. c. Tafel LXX Nr. 5 und S. 70).

Das Innere der Kirche (Nr. 53) ist einfach aber edel, der Chor einschiffig, das Langhaus dreischiffig, jedoch mit der Massgabe, dass, wie bereits bemerkt, das Untergeschoss des südlichen Seitenschiffs durch den Kreuzgang eingenommen wird.

Das Langhaus hat auf der südlichen Seite drei, auf der nördlichen vier glatte achteckige Pfeiler, von denen aber nur drei frei in der Mitte stehn. Der, auf welchem der Thurm ruht, übertrifft die andern erheblich an Stärke. Von diesen Pfeilern steigen ohne Capitäl die Scheidbogen auf, welche die aus schrägen Holzdecken bestehende Bedachung, die die Dachkonstruktion erkennen lässt, tragen. Vor der letzten Restauration hatte das Mittelschiff eine flache mit Scenen aus der biblischen Geschichte bemalte Holzdecke.

Bei den Gebäuden, welche die Stelle des früheren Klosters jetzt einnehmen, dem Martinsstifte und dem Waisenhause ist, ausser dem Kreuzgange, nichts von dem früheren Bau übrig. Nur das, wie oben angegeben 1516—1518 erbaute Kapitelhaus, obwohl es seine Einrichtung zu Geschäftsräumen für das Unionsparlament auch nicht unberührt gelassen hat, befindet sich im wesentlichen doch noch in seinem ursprünglichen Zustande.

Es ist ein spätgothischer Bau mit Strebepfeilern, die ein einfacher Wasserschlag abschliesst und ein Kaffgesims mit einander verbindet. Es hat äusserlich mit seinen hohen Giebeln das Ansehn einer Kirche, besteht, abgesehen von den gewölbten Kellern, aus zwei Geschossen, deren unteres die Geschäftsräume und die Bibliothek des evangelischen Ministeriums, und deren oberes einen grossen Betsaal enthält, der durch einen auf zwei Spitzbogen ruhenden Gang mit dem Priorate verbunden ist. Die Südseite des Gebäudes hat in jedem Stockwerke drei Paar spitzbogiger zweigetheilter Fenster, mit vorzugsweise aus Fischblasen gebildetem Masswerke und einem achteckigen kapellenartigen Vorbau. Auf der Nordseite befinden sich in jedem Geschoss fünf Paar Doppelfenster mit ähnlichem Masswerke. Beide Geschosse enthalten je eine spitzbogige Doppelhalle, deren Gewölbe von schlanken achteckigen Pfeilern, die in ihren Seiten nischenartige Einbiegungen zeigen, getragen werden. Die Schlusssteine im unteren Geschosse enthalten Brustbilder von Geistlichen u. dergl., die des Betsaales Wappen. Auch dessen Fenster sind mit Wappen in farbigem Glase, die sämmtlich die Jahrzahl 1518 tragen, geschmückt.[1]

In die Südwand des Betsaals ist ein Gypsrelief — Luther die Thesen anschlagend — von H. Heidel in Köln, ein Geschenk des Königs Friedrich Wilhelm IV., eingefügt. Daneben hängen zwei grosse Oelgemälde von Clara Oehnicke, Luthers Besuch bei dem kranken Melanchthon und Luther als junger Mönch in seiner Zelle die Bibel lesend, ersteres ein Geschenk des Thüringischen Kunstvereins, letzteres des Kaisers Wilhelm I.

Kunstwerke und Denkmäler in der Kirche.

Die Zahl der gegenwärtig noch in der Augustinerkirche befindlichen Gegenstände von Kunstwerth ist nur gering. Es kann hierhin gerechnet werden:

[1] Die spezielle Angabe der Brustbilder und der Wappen sowohl in den Schlusssteinen wie in den Fenstern bei Hartung, l. c. S. 301, 302. Abbildungen der Glasmalereien sowie der Schlusssteine in Böckners Studien. Vgl. auch Herrmann, die Wappen und Siegel S. 105—107.

1. Der siebeneckige Taufstein, eine gute Arbeit in gothischem Style aus dem Ausgange des Mittelalters.

2. Von Grabsteinen sind zu erwähnen die

a. der Adelheid von Amera von 1298, auf dem mit einfachen aber edlen Zügen in mit Schwarzloth ausgefüllten Umrissen das Bild einer ehrwürdigen Frau, welche die rechte Hand emporhebt und damit ein ihre Schultern umschliessendes Gewand fasst, bei dem der fliessende Faltenwurf des letzteren Anerkennung verdient. Der Stein befindet sich vor dem Altar und trägt in gothischer Majuskel die Aufschrift:

Hic . jacet . domina . Adeleydis . uxor . Johannis . militis . de . Amera quae . obiit anno . doi . MCC nonagesimo octavo . amen

b. Zur Linken des Altars befindet sich das Denkmal des Bischofes Johannes von Lavant von 1316. Hautreliefdarstellung eines Mannes in Bischofsornat, dessen mit der Mitra bedecktes Haupt auf einem Kissen ruht und in dessen rechtem Arme der Krummstab liegt. Die Inschrift in vertiefter neugothischer Majuskel lautet:

Anno . domini . M . CCC . XVI . ad . vincula . Petri . obiit . dominus . Johannes . Lavacensis . ecclesie . episcobus.

c. Des Bischofs Ludwig von Marronia von 1323, Hautreliefdarstellung eines Bischofs, dessen mit der Mitra bedeckter Kopf gleichfalls auf einem Kissen ruht und der in der herabhängenden rechten Hand den Bischofstab hält. Der Stein trägt in vertiefter neugothischer Majuskel die Inschritt:

Anno domini MCCCXXIII in vigilia Walpurgis obiit dominus Ludovicus Marroniensis ecclesiae episcopus.

d. Des Professors der Theologie Heinrich Dornberg von 1354. Hautreliefdarstellung eines Mönchs, dessen Haupt auf einem Kissen ruht und der mit beiden Händen vor der linken Brust ein Buch hält, mit der Inschrift in neugothischer Majuskel:

Anno . domini . M . CCCLIIII . XI . Kal . Maji . obiit . reverendus . magister Henricus . de . (Dornberg) . theologiae . professor cujus . anima . requiescat . in . pace . amen.

Unter den an der Mauer des südlichen Seitenschiffes aufgestellten Grabsteinen befinden sich:

e. der des Heinrich von Meiningen von 1345 und seiner Gattin Margaretha. Das Relief stellt den am Oelberge betenden Christus dar und hat die Umschriften:

Anno domini MCCCXXXXV dominica ante Jacobi obiit Henricus de Meiningen.

und

Anno domini MCCCXXXXII in die Elyzabet obiit Margarethen ejus uxor

und oben bei dem Engel: Esto fortis.

f. Daneben das sehr künstlich, ziemlich flach aber in vertieftem Grunde gearbeitete Denkmal des Dietrich Brunn von 1462, auf welchem man einen jungen Mann, bekleidet mit einem Wamse, einen Rosenkranz in der Hand haltend, neben ihm ein vierfeldriges Wappen mit Stechhelm und Rankenverzierung, unter einem doppelten Rundbogen, oben das von zwei Engeln gehaltene Schweistuch mit dem Antlitze des dornengekrönten Christus erblickt. Eine Volksüberlieferung will darin den sagenhaften Schäfer Lehmann, dem die Erbauung der Lehmannsbrücke zugeschrieben wird, erkennen (Kruspe, Die Sagen der Stadt Erfurt I, S. 80, II, S. 41, 42. Dessen Erf. Bilderchron. S. 73, 74, wo sich eine Abbildung des Grabsteins findet). Die Aufschrift in gothischer Minuskel lautet:

> Anno . Dm̄ m° cccc° lxii°. in crastino . beate . walpurgis . virginis . obiit . theodoricus . brunonis . cujus . aīa . requiescat . in pace . amen . arma parentum . patris . et . matris . ✠

An dem Pfeiler, auf welchem der Thurm ruht, in der Nähe der kleinen Pforte, befinden sich die Grabsteine

g. des Abtes zu Schulpforta Petrus Schederich von 1546,

h. des Professors am Erfurter Gymnasium Justus Herfort Bötticher von 1655 (Die Inschriften bei Andersen, l. c. S. 33, 34 und Hartung, l. c. S. 307), sowie

i. der Gräfin Elisabeth von Rabenswald von 1327 mit der Umschrift:

> A. D. MCCCXXVII. V. Kal. Februarii in octava Agnetis obiit inclyta Domina Elysabet comitissa de Rabiswalt c. a. req. in pace.

k. Auf dem unmittelbar vor dem Altare liegenden Grabsteine des bekannten Anklägers des Joh. Huss auf dem Kostnitzer Concil, Johannes Zacharias, der die Inschrift trägt:

> Anno Domini MCCCCXXVIII sequente die St. Jacobi obiit reverendus vir frater Johannes Zacharias Sacrae theologiae professor hic sepultus cujus anima requiescat in pace. amen.

soll nach einer Sage Luther gestanden haben, als er am Sonntage Cantate 1507 die Priesterweihe empfing.

l. Der Grabstein des Johannes von Kreyenberg sowie seiner Gattin und Tochter von 1408, enthält in flacher Reliefdarstellung mit vertieften Linien für die Detailzeichnung unter einem doppelten spitzbogigen Baldachin zwei knieende und betende Personen, einen Mann und eine Frau, zwischen denen ein Mädchen steht; unten zwei Wappen, auf deren einen das Wappenbild aber nicht mehr erkennbar ist. Die Umschrift in vertiefter neugothischer Minuskel lautet:

> anno dni m° ccc . lxxxii . in die . eufemie . virginis obiit jutta . uxor . iohannis . de kreynberg . filia . et . elyzabeth . anno m° . cccc . viii . obiit . iohannes de kreinberg dominica post viti.

m. Zur rechten des Altars befinden sich gegenwärtig die Grabsteine des Johann Magnus von Dachröden, Dekans des Collegialstifts St. Fabian und Sebastian zu Magdeburg, gestorben 1650 und seiner Gattin Agnes Katharina geb. v. Marnholz, gestorben 1653, welche früher, bedeckt mit hölzernen Fallthüren, auf der rechten Seite des Altars lagen, aber bei der Restauration der Kirche auf Wunsch und Kosten des General-Lieutenants von Hedemann, dessen Gemahlin durch ihre Mutter, der Gattin Wilhelms von Humboldt, der Dachrödenschen Familie angehörte, an ihrem gegenwärtigen Platze aufgerichtet sind. Darüber befinden sich zwei Gemälde, nicht ohne künstlerischen Werth und gut erhalten, die von 32 Wappen der Vorfahren der dort Beerdigten umgeben sind. (Die Inschriften und Aufzählung der einzelnen Wappen bei Andersen, l. c. S. 31, 32 und Hartung, l. c. S. 307, 308.)

Eine beträchtliche Anzahl von hier nicht erwähnten Grabsteinen geringerer Bedeutung ist bei Andersen, l. c. S. 34—36, 47, 48 und Zacke, Todtenbuch S. 80, 81 aufgeführt.

3. Die Kirche war früher reich an interessanten älteren Gemälden, doch wurden solche, nachdem man 1738 angefangen hatte im Waisenhause ein Museum zu gründen, an dieses abgegeben und sind bei dessen Brande grossentheils zu Grunde gegangen. Doch sind einige gerettet und jetzt wieder der Besichtigung zugänglich gemacht. Dahin gehören insbesondere:

a. vier Bilder, angeblich aus dem 14. Jahrhundert auf Goldgrund — die Anbetung der Weisen aus dem Morgenlande — die Verkündigung Mariä — die Geburt Christi und die Geisselung.

b. Der linke Flügel eines kleinen Altarschreines mit der heil. Katharina und heil. Elisabeth, Oelgemälde auf Holz und Goldgrund.

c. Der rechte Flügel eines ebensolchen mit den hh. Philippus und Severus; ebenso

d. der linke Flügel eines solchen mit dem dorngekrönten Christus. Oelgemälde auf Holz.

e. Maria mit dem Christkinde und dem heil. Joseph — Maria und Elisabeth — die Geburt und die Geisselung Christi. Oelgemälde auf Holz, angeblich aus dem 14. Jahrhundert.

Leider sind aber auch bei der erwähnten Gelegenheit viele Gegenstände von nicht geringem Kunstwerth verloren gegangen. So namentlich: ein schöner Schnitzaltar mit der heil. Anna, Maria mit dem Christkinde, der heil. Barbara und heil. Katharina in Holzsculptur, auf den Seitenflügeln gemalt auf Goldgrund die Geburt Christi und die Anbetung der heil. drei Könige; ferner ein Altarbild mit zwei Seitenflügeln, Oelgemälde auf Holz und Goldgrund, angeblich aus dem 14. Jahrh. mit Christus am Kreuze, umgeben von Maria, Johannes, acht Heiligen, darunter der heil. Blasius und die heil. Sophia.

Gegenwärtig besitzt die Kirche ausser einem Bildnisse Luthers, das, aber schwerlich mit Recht, dem Lucas Cranach zugeschrieben wird, nur noch eine Kreuzigung Christi von J. Sam. Beck, die ursprünglich für die Kirche des Petersklosters bestimmt war, aber 1750 der Augustinerkirche geschenkt ist und seit 1854 dieser als Altarbild dient. Wie bei den meisten Arbeiten dieses Malers zeigt das Bild eine tüchtige Mache ohne höheren Kunstwerth zu besitzen.

Von grösserer Bedeutung sind die trefflichen Glasmalerereien in den Chorfenstern, namentlich die des auf der nördlichen Seite, das in 36 Feldern die

Geschichte des h. Augustinus und dessen Mutter Monica darstellt (Hartung l. c. S. 303), obwohl dieselben erst aus dem Anfange des 17. Jahrhunderts herrühren, wie der auf diesem befindliche Name des Stifters, Johannes Schade des jüngeren, dessen Wappen und die Jahreszahl 1601 darthun, da derselbe in diesem Jahre oberster Rathsmeister in Erfurt war (Falkenstein Hist. S. 676).

Kanzel und Orgelgehäuse sind zwar in gothischem Style, stammen aber erst aus der letzten Restauration.

Ausser den oben aufgeführten Gemälden, die sich ursprünglich in der Augustinerkirche befunden haben, sind bei dem erwähnten Brande des Waisenhauses noch einige andere gerettet und jetzt wieder der Besichtigung zugänglich gemacht, die nicht ohne Kunstwerth sind. Dahin gehören namentlich ein Bild von Lucas Cranach: Christus als guter Hirte, zwei lebensgrosse Bildnisse von Otho Venius von 1594, das eines Mannes und das einer Dame — der Leichnam Christi umgeben von Maria und zwei Engeln, Oelgemälde auf Holz von Francesco Solimene — zwei Reitergefechte von Georg Phil. Rugendas, Oelgemälde auf Leinwand — Thierstück, weisse Rehe, Oelgemälde von J. Elias Ridinger u. a. m.

f. Die Kirche der Ursulinerinnen.

Literatur.

Beyer, Heinr., Geschichte des Klosters der Ursulinerinnen, ehemals der weissen Frauen in Erfurt. Erf. 1867. — Falkenstein, Thüring. Chron., Bch. II, Th. 2, S. 1133—1143. Die Nonnenklöster in Erfurt. Thüringens geistliche Stiftungen. Hft. I, Erf. 1810 S. 15—41. Das Ursulinerkloster. — Mülverstedt, Hierographia S. 161, 162. — Hartung, Die Häuserchronik d. St. Erf. II, S. 276—282.

Geschichte.

Das auf dem Anger an der Ecke der Mariengasse belegene Kloster der Ursulinerinnen, auch das französische Kloster genannt, war ursprünglich ein Kloster der Weissfrauen (albarum dominarum), Marien-Magdalenen-Büsserinnen, auch Pönlerinnen genannten Nonnen. Sein Stiftungsjahr ist nicht genau bekannt. Nach der gewöhnlichen Annahme hat es sich ursprünglich in einer Gasse zwischen der Paulsstrasse, Langenbrücke und Gera befunden, welche, da sie keinen Ausgang hatte, also eine Sackgasse war, den Namen Nonnensack führte. Von hier sollen die Nonnen 1194 nach einem neuen Kloster auf dem Anger übergesiedelt sein (Erhard, l. c. S. 209. Dominikus, l. c. I, S. 110. Hartung, l. c. S. 278). Es ist jedoch kaum zu bezweifeln, dass das Kloster von Anfang an auf seiner gegenwärtigen Stelle gestanden. Der nur in einer einzigen Urkunde erwähnte Convent auf dem Nonnensacke ist sicher nie ein eigenes Kloster, sondern blos ein, unter der Aufsicht einiger Nonnen stehender, Wirthschaftshof gewesen (Beyer l. c. S. 11, 12). Auch die Angabe Frieses (l. c. I, S. 153), dass der Rath 1371 das Conventualhaus auf dem Nonnensacke für 80 Talente verkauft habe, deutet darauf, dass dasselbe kein wirkliches Kloster gewesen sein könne. Hartung (l. c. S. 278) giebt an: im Jahre 1194 hätten die Nonnen ihre alte Wohnung auf dem Nonnensacke verlassen und das Kloster auf dem Anger bezogen; dieses sei von den Junkern v. Gromann,

v. Dennstedt, v. Ziegler und v. d. Sachsen dotirt, und diese wären auch die muthmasslichen Erbauer des Klosters und der Kirche gewesen. Quellenmässig lässt sich jedoch diese Angabe nicht begründen. In der That steht nur fest, dass das Kloster 1235 existirt hat. Denn am 3. August d. J. im neunten seines Pontificats hat Papst Gregor IX. den Probst und die Schwestern der Büsserinnen des Klosters St. Mariae Magdalenae in „Erford“ in seinen besonderen Schutz genommen und ihm im allgemeinen den Besitz seiner Güter bestätigt (U. A.). Eben so gewiss ist, dass 1246 IX Kld. Junii (24. Mai)[1] bei einem grossen Brande das Ursulinerinnenkloster vom Feuer zerstört ist (Hogel, l. c. S. 141, 142).

Da dem Kloster die Mittel zur Wiederherstellung fehlten, so erliessen am 9. Febr. desselben Jahres der Dechant Albert, der Scholaster Ludwig und der propsteiliche Official Theodorich, sämmtlich am Marienstifte, als die vom Papste bestellten Richter des Ordenshauses St. Mariae Magdalenae unter Bezugnahme auf die dem Orden ertheilten Ablassprivilegien einen sehr dringlichen Bittbrief. Da dieser jedoch nicht den gewünschten Erfolg hatte, so wurde er am 20. Okt. 1253 von den derzeitigen Conservatoren des Klosters, dem Dechanten Albert, dem Scholaster Theodorich von Iskerstete und dem Propste Hermann von Salza, mit nochmaliger dringender Aufforderung zur Erlangung des Ablasses erneuert, insbesondere der Klerus in Deutschland um Beisteuern ersucht, doch auch diesmal fast ohne jeden Erfolg. Zwar schenkte Frau Kunigunde von Urbich, genannt die Wölfin (Lupa), dem Kloster 1248 ihr Gut zu Urbich (Bestätigungsurkunde des Grafen Heinrich von Gleichen von 1248. Non. (5.) Septbr. U. A.) und die Stadtgemeinde ein Haus zur Erbauung der Klostergebäude, welche letztere Schenkung am 23. Juni 1256 vom Papste Alexander IV. genehmigt wurde (Ibid), damit waren aber noch immer nicht die Mittel zum Bau erlangt.

Jene so wenig günstigen Ergebnisse haben jedenfalls darin ihren Grund gehabt, dass die Anstalt, die sich darauf beschränkte, Gefallene aufzunehmen, im allgemeinen nur geringe Sympathien erweckte und jede, die nicht in diese Kathegorie gerechnet werden wollte, den Eintritt scheute. Man beschloss daher eine Abänderung dahin zu treffen, dass auch Unbescholtenen der Eintritt ermöglicht wurde. Demgemäss verwandelte Papst Alexander IV. durch eine Bulle d. d. Anagni VII. Kld. Febr. (26. Januar) 1258 die bisherige strenge Regel des h. Benedict in

[1] Chronic. St. Petri p. 80: „Hoc eciam anno“ (1246) „IX. Kal. Junii“ (die Annal. Erfurd. bei Pertz, Monum. Germ. Scptt. XVI p. 26 haben XI Kal.) „media nocte ortum fuit incendium Erphordie et ita pene usque ad mediam diem perduravit, de quo incendio dixerunt seniores civitatis tam sevum se nunquam vidisse.“ Dieser, vollen Glauben verdienenden Angabe des Chronic. Sampetrin., mit der auch der Erphord. antiquitt. variloquus. l. c. p. 485 und das Chronic. Engelhusii in Leibnitz, Scriptt. rer. Brunsvicens. II, p. 1117 übereinstimmen, gegenüber, muss man die gewöhnliche Annahme, dass der Brand 1240 stattgefunden, wobei obenein, wie schon oben dargethan, eine Verwechselung mit dem von 1291 obwaltet, für unrichtig halten. Falkenstein setzt denselben zwar Hist. S. 88 auch in das Jahr 1240, aber ibid. S. 89 in das 1246. — Wenn Beyer l. c. S. 6 angiebt: der Brand habe im Winter 1246 stattgefunden, so stimmt dies allerdings nicht mit den erwähnten Quellen, er dürfte aber doch vielleicht hierbei recht haben, da der auf die fragliche Zerstörung des Klosters bezügliche Bittbrief vom 9. Februar 1246 datirt ist. Wahrscheinlich muss es in der erwähnten Stelle des Chronic. Sampetrinum, dem die übrigen Quellen dies nachgeschrieben haben, statt IX. Kal. Junii heissen: IX. Kal. Januarii.

die mildere des h. Augustin und modificirte die Statuten in der Weise, dass von dem ursprünglichen Zweck des Ordens fast nichts übrig blieb. Zugleich ward das Kloster wiederholt in den besonderen Schutz des apostolischen Stuhles genommen (M. A.).

Obwohl der bisherige Name unverändert beibehalten ward, war doch das Kloster seit dieser Zeit ein durchaus anderes geworden. Von da ab finden sich unter den Bewohnerinnen desselben Mitglieder der ersten Geschlechter Erfurts und seiner Umgegend, und es flossen ihm so viele und reiche Spenden zu, dass es sich sehr bald in einer günstigen Lage befand und es ihm möglich war umfassende und kostspielige Bauten vorzunehmen (Beyer l. c., S. 14—19). Wesentlich trug hierzu bei, dass ihm in den Jahren 1282 und 1283 von vielen Erzbischöfen und Bischöfen selbst aus ausserdeutschen Ländern eine Zahl von Ablassprivilegien zutheil wurde.

Bald nachher ist denn wohl auch mit der Wiederherstellung der Kirche der Anfang gemacht, doch wird solche schwerlich schon zum Abschluss gelangt gewesen sein, als bei der an den Iden (13.) des April 1291 zum Ausbruch gelangten Feuersbrunst, welche den ganzen Stadttheil vom Neuwerkskloster bis zum Krämpferthore in Asche legte, das Weissfrauenkloster von neuem zerstört ward (Chronic Sampetrin. p. 126, wo das monasterium albarum dominarum ausdrücklich unter den abgebrannten Gebäuden genannt ist). Diesmal scheint man jedoch energisch an die Wiederherstellung gegangen zu sein,[1] wenn auch deren gänzliche Beendigung sich bis in den Anfang des 15. Jahrh. hingezogen haben mag. Zunächst wurde nur das Hauptschiff vollendet; dass der das Seitenschiff enthaltende Anbau erst einer späteren Zeit, jedenfalls keiner früheren als der zweiten Hälfte des 14. Jahrh. seine Entstehung verdanke, lassen bautechnische Gründe, namentlich die Art wie derselbe dem Hauptbau angefügt ist, als unzweifelhaft erscheinen.

Im Innern der Kirche wurde 1374 der Altar der h. Katharina, 1439 der der hh. Fabian und Sebastian, 1473 der Marienaltar, 1483 der Corporis Christi gestiftet. Doch war bereits 1444 das Kloster vollständig in baulichen Verfall gerathen.

Seitdem dasselbe eine Versorgungsanstalt für die Töchter der städtischen Patrizier und des umwohnenden Landadels geworden war, hatte die klösterliche Zucht sich erheblich gelockert, und es war an deren Stelle Ueppigkeit und Verschwendung getreten. So reichten die, wenn schon nicht unbedeutenden Einnahmen nicht mehr zu, und man sah sich veranlasst, um das bisherige Leben fortführen zu können, die im Besitze des Klosters befindlichen Grundstücke eins nach dem andern zu veräussern, Schulden zu machen, Kirche und Klostergebäude aber dem Verfalle preiszugeben. In dem Collektenbriefe, welchen die

---

[1] Der älteste in der Kirche vorhandene Grabstein, der des Joh. Hochdorf, ist von 1313; damals muss also deren Bau bereits so weit vorgeschritten gewesen sein, dass sie zum Gottesdienst und zur Bestattung benutzt werden konnte — Beyer l. c. S. 72 bemerkt: dass der in den Anfang des 14. Jahrhunderts zu verlegende Steinbau des Hauptschiffes in die Stelle eines 1290 wiederholt abgebrannten Holzbaues getreten sei. Dass die erste 1246 zerstörte Kirche ein Holzbau gewesen, ist sehr wahrscheinlich, auch ist es nicht unmöglich, dass man sich nach diesem Brande einstweilen mit einem hölzernen Nothbau begnügt, doch hatte man wohl schon vor dem von 1291 mit dessen Ersetzung durch einen Steinbau begonnen.

mainzischen Generalrichter für Thüringen am 17. April 1444 zu Gunsten des Klosters erliessen, klagten sie, das dieses in seinen Wohnungen und sonstigen Gebäuden, an Dächern und Wölbungen vollständig ruinös sei, dass es der Kirche an den nöthigsten Paramenten fehle, das Back- und das Brauhaus zusammengestürzt wären und dass es dem Convente völlig unmöglich sei aus eigenen Mitteln die Herstellungen und Anschaffungen zu bewirken.

Die erste Hülfe erfolgte auch diesmal durch die Stadtgemeide, Corporationen und einzelne Bürger Erfurts (Beyer l. c. S. 22—24). Wesentlicher war aber wohl noch, dass die 1451 durch Johann Buschius, den Propst des Klosters Neuwerk vor Halle, im Auftrage des päpstlichen Legaten, Cardinals Nicolaus vom Cusa, vorgenommene,[1] nicht ohne heftigen Widerstand durchgeführte Reformation des Klosters eine bessere und sparsamere Verwaltung desselben und eine geregeltere Lebensführung der Nonnen zur Folge hatte.

Zu einer wirklichen Blüthe ist jenes jedoch nicht wieder gelangt, obwohl die Einführung der Reformation in Erfurt es im ganzen unberührt liess, wenn ihm nun auch die Mildthätigkeit sich nicht mehr wie früher zuwendete, und die Zahl derer, welche Aufnahme hier suchten und diese oft ziemlich hoch erkauften, je mehr und mehr abnahm. Auch hatte das klösterliche Leben wieder eine starke Einbusse erlitten. Bei einer 1625 vorgenommenen Visitation stellte sich heraus, dass ein sehr vertrauter, den Ordensstatuten zuwiderlaufender, Verkehr mit Auswärtigen stattfinde, dass man unter Theilnahme von jungen Leuten beiderlei Geschlechts im Kloster getanzt, gespielt und Maskeraden abgehalten habe Da die Nonnen unter Berufung auf ihre Privilegien einer Visitation sich widersetzten und sich den von den geistlichen Obern getroffenen Entscheidungen nicht fügen wollten, so überliessen diese sie zuletzt ihrem Schicksale, infolgedessen das Kloster denn auch schnell seinem gänzlichen Verfall entgegeneilte. Dazu trat die Noth, welche der dreissigjährige Krieg mit sich führte und die Besitznahme Erfurts durch die Schweden, denen das Kloster sogar ihre Unterkirche zur Abhaltung ihres Gottesdienstes einräumen musste (Schauerte, Gustav Adolf und die Katholiken in Erfurt, S. 83, 84). Zuletzt war der Convent bis auf vier hochbetagte Schwestern zusammengeschmolzen, die kaum noch die Mittel besassen in dürftigster Weise ihr Leben zu fristen.

Da beschloss mit derer Zustimmung Kurfürst Johann Philipp von Mainz 1667 das Kloster aufzuheben und dessen Gebäude dem Orden der Ursulinerinnen zu übergeben, um darin eine Niederlassung zu gründen, die denn auch am 25. Sept. ej. Besitz davon nahmen. Zweck der Anstalt war seitdem der Unterricht der weiblichen Jugend. Dieser erfolgte theils in einer Volks- theils in einer höheren Töchterschule, sowie in einem Pensionate, in welchem den höheren Ständen angehörige junge Mädchen jeder Confession Aufnahme fanden.

Im Jahre 1689 wurden die alte Propstei, das neugebaute Schulhaus und die Seitengebäde des Klosters durch eine Feuersbrunst zerstört (Falkenstein Hist. S. 1053), dieses selbst aber und die Kirche nur mit der grössten Anstrengung vor

[1] Des Augustinerpropstes Joh. Busch Chronic. Windeshem. und Liber de reformatione monasterium bearbeitet von K. Grube. Geschichtsquellen der Prov. Sachsen. Band XIX, S. 615—617.

einem gleichen Schicksal bewahrt. Die Herstellung der abgebrannten Gebäude erfolgte sofort.

Die gegenwärtig in der Kirche vorhandenen fünf Altäre, die Kanzel in ihrer jetzigen Gestalt, der kleine vor dem Nonnenchore angebrachte Orgelchor und die reiche Stuckverzierung der Decke verdanken dem Ausgange des 17. und dem 18. Jahrhundert ihre Entstehung. Die Orgel wurde 1683 von Georg Bruss uud wiederholt 1737 renovirt.

Eine schwere Zeit hatte das Kloster durchzumachen, als es 1812 von den Franzosen mit 400 Mann Einquartirung belegt ward, wobei es nicht ohne vielfache Beschädigung abging. Es trug dies wesentlich dazu bei, dass die Gebäude, namentlich die Schulzwecken gewidmeten, deren Räume schon so nicht mehr ausgereicht hatten, in einen so mangelhaften baulichen Zustand geriethen, dass sie 1853 ganz niedergelegt werden mussten und ein neues Schulhaus erbaut ward, das in seinen unteren Gelassen die Volksschule aufnahm, während die oberen der höheren Töchterschule und dem Pensionate gewidmet wurden.

Ein zweiter Neubau machte sich 1862 nöthig, als die Baufälligkeit der ehemaligen inneren Stadtmauer und des noch von den Weissfrauen herrührenden Gebäudes gefahrdrohend wurden. Das letztere wurde daher abgebrochen und an seiner Stelle ein neues Haus errichtet, das in seinen oberen Räumen die Wohnungen der Klosterfrauen enthält, in seinen unteren wirthschaftlichen Zwecken dient. Da die dem Unterrichte gewidmeten Lokale bei der gesteigerten Zahl der Schülerinnen bald nicht mehr für das Bedürfniss ausreichten, so ward auch diesem Uebelstande durch einen 1866 vorgenommenen Erweiterungsbau abgeholfen.

Am 1. April 1879 erfolgte die Aufhebung des Klosters; da den Nonnen aber gestattet wurde ihre Wohnung in demselben zu behalten und das gemeinsame Leben fortzuführen, so hat die nach der neuesten Kirchengesetzgebung zulässig gewordene Wiederherstellung sich ohne Schwierigkeit ausführen lassen.

Beschreibung.

Die Ursulinerkirche, deren Bau, wie vorbemerkt, am Schlusse des 13. Jahrh. begonnen ward und im Anfange des 15. Jahrh. zum Abschluss gelangte und bei der nur noch eine Säule in dem kleinen Chore, der sich im Süden an die Kirche anschliesst, an einen früheren romanischen Bau erinnert, ist eine frühgothische, zweischiffige, in Sandsteinquadern ausgeführte Basilica, deren Obermauer neuerdings mit einem Kalkabputz versehen ist. Sie liegt an der Nordseite des Klosterareals, durch eine Mauer gegen die vorbeiführende Strasse abgeschlossen, neben und theilweise über der langen, den Eingang zu ihr bildenden Thorfahrt, und dem an der andern Seite daran stossenden Pförtnerhause.

Das wenig steile Satteldach, das sich in gleicher Höhe über hohen Chor, Hauptschiff und Nonnenchor erstreckt, ist, da wo die beiden letzteren aneinander stossen, mit einem zierlichen sechseckigen Dachreiter, der in eine schlanke Spitze ausläuft und die Glocke enthält, einem Doppelkreuz auf der östlichen und einem Kreuzstabe, der in eine durch ein gekröntes gothisches M. gebildete Windfahne endigt, auf dem westlichen Giebel versehen.

Die Kirche ist, nur mit Ausnahme eines kleinen an der Umfassungsmauer der Unterkirche befindlichen, ohne Strebepfeiler. Der Schluss des Hauptchors ist gradlinig und wird durch drei hohe spitzbogige Fenster mit einfachem Masswerke, sowie ein kleines rundes im Giebel durchbrochen. An der nördlichen Ecke desselben schliesst sich das Seitenschiff in stumpfem Winkel mit seinem schräg geführten Abschluss unter veränderter Construktion des Kaffgesimses an. Dieses Seitenschiff, dessen Breite 4 ^{m} beträgt, stammt aus etwas späterer Zeit wie das Hauptschiff, etwa aus dem Schlusse des 14. Jahrh. Doch scheint es, dass bei dem Bau des letzteren schon auf die Hinzufügung von jenem Bedacht genommen ist. Es wird von einem flachen Pultdach bedeckt, hat vier spitzbogige Fenster mit Vierpass im Masswerk, von denen das auf der Ostseite halb vermauert ist und ein einfach gegliedertes gothisches Portal, das aber durch die vorliegende Mauer verdeckt wird.

Das Hauptschiff hat eine Breite von 8,5 ^{m}, wird durch fünf kleine spitzbogige Oberlichter ohne Masswerk über dem Seitenschiffe und ebenso viele auf der gegenüberliegenden Seite, an welche die Klostergebäude anstossen, erhellt. Westlich schliesst sich an dasselbe in ganzer Breite und mit gleicher Deckenhöhe über die vorerwähnte Thorfahrt hinweg der höher liegende Nonnenchor, der auf seiner Südseite seine Beleuchtung durch drei mässig hohe, spitzbogige Fenster mit zierlichem Masswerke erhält.

Unter dem östlichen Theile des Nonnenchores, also zwischen dem Hauptschiff und der Durchfahrt und in der ganzen Breite von jenem befindet sich eine Unterkirche, ein aus sechs Jochen bestehender gewölbter Unterbau, dessen mit flacher Auskehlung gegliederte Rippen unmittelbar aus den kurzen achteckigen Säulenschaften herauswachsen und der sein Licht durch ein viereckiges gekuppeltes Fenster erhält.

Von dem Seitenschiffe wird das Hauptschiff durch drei gleichfalls achteckige Säulen mit niedrigen platten Kapitälen und vier an den Kanten abgeschrägte spitzbogige Schildbogen getrennt, deren westlicher gegenwärtig durch Mauerwerk ausgefüllt ist.

Den äusseren Zugang zu diesen Räumen bildet von der Durchfahrt aus eine einfache viereckige Thür während der Nonnenchor in ununterbrochener Verbindung mit den Klostergebäuden steht.

Das Innere der Kirche ist freundlich und ziemlich reich, auch nicht ohne Geschmack, ausgestattet, aber freilich in einer dem Baustyl wenig entsprechenden Weise, wie die Zeit der Herstellung, der Schluss des 17. und das 18. Jahrh. dies nicht anders erwarten lässt. Es gilt dies namentlich von den fünf vorhandenen Altären, der Kanzel und dem Orgelchore. So ist denn auch die Decke flach von Stuck und in etwas überladenem Rococcostyl, die des Nonnenchors von 1672, die des Hauptschiffes eine 1789 von zwei französischen Künstlern angefertigte Arbeit, deren einer dabei sein Leben eingebüsst haben soll, indem er vom Gerüst stürzte (Arnold l. c. S. 110). Sie zeigt die heilige Ursula in königlichem Schmucke auf Wolken schwebend, wie sie der h. Angela Merica erscheint, welche letztere zweimal als Pilgerin nach Jerusalem und als Klosterfrau mit der päpstlichen Bestätigungsbulle des von ihr gestifteten Ordens in der Hand dargestellt ist.

Von den ursprünglichen Klostergebäuden ist jetzt im wesentlichen nur das Pförtnerhaus mit der Durchfahrt vorhanden. Es ist ein einfacher Bau im Charakter des 14. Jahrh., der sich vor die Nordseite des Nonnenchors legt, zweistöckig mit einem gekuppelten Fenster im Untergeschoss und zwei einfachen viereckigen im oberen sowohl nach der Strasse zu wie auf der Ostseite. Soweit die Durchfahrt, deren Ein- und Ausgang spitzbogig ist, sich unter dem gedachten Gebäude befindet, hat dieselbe eine flache Decke, soweit unter dem Nonnenchore wird sie von einem Tonnengewölbe überdeckt. Ausserdem rühren nur noch ein kleines an den hohen Chor stossendes Gebäude und der unmittelbar die Unterkirche berührende Theil des Seitengebäudes von dem ursprünglichen Klosterbau her. Die übrigen weitläufigen, zum Theil stattlichen, fünf Höfe umschliessenden, Bauwerke entstammen, wie schon angeführt, sämmtlich neuerer Zeit.

Kunstwerke und Denkmäler.

Unter den in der Kirche befindlichen Gegenständen von Kunstwerth sind zu erwähnen:

1. Ein schönes polichromirtes Steinrelief mit der Anbetung der h. drei Könige, über dem Eingange eingemauert.

2. Ein in reicher Vergoldung prangender spätgothischer, dem Ende des 15. Jahrh. entstammender Schnitzaltar im Nonnenchor, der als Hauptfigur die Statue der Himmelskönigin mit dem Christkinde enthält, welcher sich rechts die Himmelfahrt Mariä, links die Ausgiessung des h. Geistes anschliesen, während oben die Geburt, die Kreuzigung und die Auferstehung Christi sich finden.

3. Gleichfalls im Nonnenchor ein vergoldetes und polychromirtes Holzrelief mit der Inthronisation Marias.

4. Im kleinen Chore ein Flügelaltar von c. 1480. Das Innere enthält ein vergoldetes und polychromirtes Holzrelief mit der Aposteltheilung. Auf den Flügeln befinden sich Gemälde.

5. Bedeutend ist die Zahl der vorhandenen Grabsteine:[1]

a. Der älteste derselben ist der des Johannes Hochdorf, Propstes des Klosters von 1313; vertiefte Lineardarstellung eines Priesters mit der Inschrift in gothischer Majuskel:

> Anno Dñ MCCCXIII obiit Johannes Hochdorf quondam praepositus hujus ecclesie cujus anima requiescat in pace.

b. Gleichfalls dem 14. Jahrh. entstammt der des Presbyter Friedr. Gnarre von 1395; vertiefte Lineardarstellung eines Geistlichen mit der Umschrift in vertiefter neugothischer Minuskel:

> ....Dñi mccccxcv i. nonas novembr. obiit dominus fridericus gnarre presbyter canonicus ecclesie Bi....

Dem 15. Jahrhundert gehören an:

c. Der Grabstein des Nicol. Leibestete von 1436, flache Reliefdarstellung eines Mannes unter einem sehr flachen Spitzbogen, dessen innere Seite mit Fransen besetzt ist, mit der Umschrift in vertiefter neugothischer Minuskel:

> anno dm̄ mccccxxxvi feria tertia in octava corporis christi obiit nicolaus leibestete.

---

[1] Beyer l. c., S. 73 führt 22 von solchen als die bedeutendsten auf. Viele derselben sind mitgetheilt in Böckners Steinmetzzeichen, Wappen, Grabschriften.

d. Der Grabstein der Margaretha Pfaffe von 1445, vertiefte Linearzeichnung einer Frau mit der Umschrift in vertiefter neugothischer Minuskel:

anno dm̄ mccccxlv in quinta feria post martini obiit margaretha uxor nicolai pfaffe cujus anima requiescat in pace;

e. der ihres Gatten, des Nicol. Pfaffe von 1451, flache Reliefdarstellung eines knieenden Mannes, über welchem sich an der inneren Seite des oberen Schriftrandes Wolken hinziehen. Unten links ein Wappen. Die Umschrift in vertiefter neugothischer Minuskel lautet:

anno dm̄ millesimo quadringentesimo l° primo sabato post nativitatem marie obiit nicolaus pfaffe cujus anima requiescat in pace.

f. Der Grabstein des Balthasar Gromann von 1453, flache Reliefdarstellung eines Mannes mit einem kleinen Mädchen zur Linken, einem Wappen unten und der Umschrift in vertiefter neugothischer Minuskel:

anno dm̄ mccccliii dominica reminiscere obiit Balthasar Gramann cujus anima requiescat in pace. amen.

g. Der des Johann Gromann († 1485), flache Reliefdarstellung eines Mannes und einer Frau; unten zwei Wappen. Umschrift in vertiefter gothischer Minuskel:

Año dm̄ mcccclxxxv sexta feria post thome apostoli obiit providus vir Johannes Groman. año xc^e iiij in vigilia pasche obiit honesta domina katharina uxor ejus.

Von Denksteinen aus dem 16. Jahrhundert mögen hier nur erwähnt werden:

h. der des Balthasar Gromann († 1527) und seiner Frau Margaretha Milwitz († 1525), Reliefdarstellung eines Mannes und einer Frau, unter einer aus Laub und Blumen gebildeten nischenartigen Decke mit zwei Wappen im Unterrande und der Umschrift in neugothischer Minuskel:

anno dm̄ 1527 montag post exaudi obiit providus vir balthasar groman cujus anima requiescat in sancta pace. amen. anno dm̄ 1525 sontag post divisionem apostolorum obiit honesta domina margreta gromans cujus anima requiescat in pace.

i. sowie der des Hans Rindfleisch von 1540, flache Reliefdarstellung eines Mannes nebst seinen drei Frauen und drei Kindern, über welche eine aus zwei phantastischen Thieren, deren Hintertheile in stylisirte Pflanzenornamente auslaufen, gebildete Verzierung angebracht ist. Die Umschrift in erhabener neugothischer Minuskel mit Frakturinitialen lautet:

Anno . dm̄ . 1540 . den . 14 . tag . des . herbstmonat . Ist . der . Erber . er . hans . Rindtfleisch (dockenher in got verschiden seine eheweiber å 99 Dorothea pfellen) å 23 . Katharina . suberlich . å . 30 . katherina . moigen . denen got gnade.

(Die zum Theil jetzt verlöschte Schrift ist aus dem Clemens-Milwitzschen Familienbuche ergänzt.)

Von Grabsteinen aus späterer Zeit mag hier nur

k. der der Fürstin Auguste Dorothea Eleonore von Schwarzburg, gebornen Herzogin von Braunschweig, Wittwe des Fürsten Anton Günther von Schwarzburg-Arnstadt von 1751 erwähnt werden.

6. Auf dem Nonnenchore befinden sich alte gut geschnitzte, doch nur wenig ornamentirte Chorstühle mit einer baldachinartigen Ueberdeckung, anscheinend Arbeiten aus der Mitte des 16. Jahrhunderts.

7. Unter den Gemälden verdienen besondere Erwähnung vier Bilder auf Goldgrund von trefflicher Ausführung, die, der gewöhnlichen Annahme nach, von einem tüchtigen Meister der fränkischen Schule herrühren (Waagen, Handb. d. deutschen u. niederländ. Malerschulen I, S. 194). Drei derselben stellen in einer gewölbten gothischen Halle je drei, in der Composition wie im Ausdruck gleich schöne Heiligengestalten dar, und zwar Katharina, Mathias und Hieronymus und Barbara, Petrus und Paulus und die h. Margaretha, das vierte aber die Kreuzigung Christi mit der Gottesmutter, Maria Magdalena und dem Evangelisten Johannes, trotz seiner einfachen Composition ein Werk von ergreifender Wirkung, was namentlich von der in tiefem Schmerze das Kreuz umfassenden Magdalena gilt. Doch sind diese Gemälde gegenwärtig dort nicht mehr befindlich.

8. Drei Altargemälde — die Geburt Christi — das Abendmahl und die Kreuzigung — sind nicht ganz verdienstlose Arbeiten des Erfurter Malers Friedrichs. Der Hochaltar enthält, ausser dem das Abendmahl vorstellendem Gemälde, die Statuen der h. Ursula und der Maria Magdalena, sowie der hh. Augustinus und Bonifacius.

9. Im Nonnenchore ist ein gutes Brustbild des h. Franz von Assisi von einem unbekannten älteren italienischen Maler.

10. Unter den vielen kostbaren Gefässen, die sich im Besitze des Klosters befinden, mag hier nur eines Bechers gedacht werden, angeblich eines Geschenks der heil. Elisabeth.

11. Grosses Interesse bieten die Paramente, treffliche Stickereien, welche das Kloster in reicher Zahl besitzt. Theils sind dieselben Geschenke Erfurter Patrizierfamilien, theils im Kloster selbst gefertigt, in welchem zur Zeit der Weissfrauen sich eine Stickschule befunden haben soll, die sich eines solchen Rufes erfreute, dass sie sogar zur eignen Ausbildung von der h. Elisabeth, der Landgräfin von Thüringen, besucht ist. — Hervorzuheben ist hier besonders ein, allerdings zur Zeit nicht auffindbarer, Teppich mit Darstellungen aus der heiligen Geschichte, von welchem jedoch nur etwa zwei Drittel noch erhalten sind. Derselbe ist in seinem gegenwärtigen Zustande $1^3/_4$ m lang und $^2/_3$ m breit, mit auf ungebleichter Leinwand mit weissem Garne gestickten Figuren in drei Abtheilungen. In der oberen Reihe sind Scenen aus der Schöpfungsgeschichte, in der mittleren aus der Sintfluth, in der unteren aus dem Leben Maria's dargestellt. „Die Zeichnung zeigt bei aller Naivetät eine künstlerische Begabung; die Linien sind edel und nicht selten schwungvoll geführt. Die den Bildern des Mittelalters eigne etwas übertriebene Mimik macht sich zwar bemerkbar, tritt aber nirgends störend hervor. Die technische Ausführung ist eine in jeder Beziehung vollendete und besonders ziehen die Muster, durch welche in den Gewändern die verschiedenen Farben charakterisirt sind, durch ihre Mannigfaltigkeit und Klarheit an" (Kruspe bei Beyer

l. c. S. 74, 75). — Ein zweites derartiges, gleich ausgezeichnetes Werk ist ein ganz in Farben gestickter Wandteppich mit Darstellungen aus dem Leben der Maria Magdalena. Derselbe folgt der in dem sog. Passional, einem Gedichte aus dem 13. Jahrh., mitgetheilten Legende. Die einzelnen Abtheilungen — Jugendleben und Bekehrung — Verbreitung des Christenthums in Frankreich — Tod — sind durch Säulen von einander getrennt. Ein Streifen am Rande wiederholt in symbolischen Thieren gewissermassen die ganze Erzählung. Ein anderer ähnlich gearbeiteter Teppich enthält Darstellungen aus der Geschichte des heil. Bundes und die Anbetung der heil. drei Könige. Er entstammt der ersten Hälfte des 15. Jahrh. und ist wohl unter allen diesen Teppichen der älteste.

12. Unter der grossen Anzahl reich gestickter Priesterornate ist besonders ein, der Sage nach von der h. Elisabeth selbst ausgeführtes, jedenfalls der Lebenszeit derselben, also dem Anfange des 13. Jahrhunderts entstammendes Messgewand hervorzuheben.

C. Pfarrkirchen.

a. Kaufmannskirche.

Literatur.

Die Feier der Wiederherstellung der Kaufmannskirche am 18. Sept 1859. Erfurt. Zeit. f. 1859 Nr. 219. Thüring. Zeit. f. 1859 Nr. 221. — Hartung, Häuserchronik II., S. 37—45.

Geschichte.

Die, wo Anger- und Johannisstrasse an einander stossen, belegene Gregorius- oder, wie sie gewöhnlich genannt wird, Kaufmannskirche, gehört zu den ältesten Gotteshäusern Erfurts. Angeblich ist sie 1061 errichtet (Dominicus, l. c. S. 119. Arnold, l. c. S. 114), doch fehlt es an urkundlichen Beweisen hierfür; es ist sogar nicht unmöglich, dass ihre Gründung in eine noch frühere Zeit fällt. Als gewiss kann man ansehen, dass, als Erfurt 1182 in Pfarrsprengel getheilt wurde, die Kaufmannskirche zu den Kirchen gehört hat, denen ein solcher zugewiesen ward.

Was den ihr beigelegten Namen Kaufmanns- oder Kaufmännerkirche betrifft, so lässt sich kaum bezweifeln, dass sie ihn deshalb erhalten, weil sie unter den Kaufmännern lag, d. h. in derjenigen Gegend der Stadt, wo die Kaufleute vorzugsweise ihre Wohnungen und Verkaufsstätten hatten (Hartung, l. c. S. 37), keineswegs aber, weil sie von Kaufleuten gegründet worden oder weil diese an ihr ein Collegialrecht besessen, wie Dominikus (l. c. S. 119) annimmt. In ähnlicher Weise haben die Krämerbrücke von den Kleinhändlern, den Krämern, die Krämpferstrasse aber und das Krämpferthor von den Krämpfern, d. i. Höckern oder Hausirern, ihren Namen empfangen (Tettau, Beiträge S. 90, 91).

Das Patronat der Kirche stand dem Kapitel des Marienstiftes zu, welches darüber 1339: feria VI. post Nicolai (10. Dezbr.) einen im Februar 1340 von dem Erzbischof Heinrich III. von Mainz bestätigten Tauschvertrag mit dem Propst Johannes abschloss (M. A. — Würdtwein, Thuringia et Eichsfeld. eccles. p. 236).

Von dem ersten Bau ist nichts mehr vorhanden, auch nichts näheres über ihn bekannt; jedoch ist anzunehmen, dass er in romanischem Style ausgeführt gewesen ist, wenn er nicht ein blosser Holzbau war. Nach Kruspe (Neust. Führ. S. 19) hat die Kirche im 12. Jahrh. einen Umbau erlitten. Dies kann möglich sein; wenn aber Erhard (l. c. S. 212) angiebt, dass sie in ihrer jetzigen Gestalt wahrscheinlich in der zweiten Hälfte des 12. Jahrh. erbaut sei, so trifft dies sicher nicht zu. Denn theils weist ihr Baustyl auf eine erheblich spätere Zeit, theils ist es bekannt, dass sie bei dem grossen Brande von 1291 vom Feuer zerstört worden ist (Chronic. Sampetrin. p. 127)[1], der jetzige Bau also höchstens von der damaligen Wiederherstellung herrühren kann.

Wann diese erfolgt sei, ist nicht bekannt und auch die in der Kirche befindlichen Grabdenkmäler geben keinen Anhalt hierzu, da das älteste derselben erst die Jahrzahl 1372 trägt; indessen kann man wohl annehmen, dass man bei der günstigen Vermögenslage, deren sich im allgemeinen Erfurts Bewohner damals erfreuten, die Kirche nicht lange wird haben in Ruinen liegen lassen, und dass der Wiederaufbau dieser Ende des 13. Jahrh. begonnen, im Anfange des 14. aber zum Abschluss gelangt sein wird, derselbe daher in die Zeit des Ueberganges der Frühgothik in die ausgebildete Gothik fällt. Der damalige Bau ist im wesentlichen noch jetzt vorhanden, da die seitdem vorgenommenen Veränderungen ohne Einfluss auf das Gebäude an sich gewesen sind.

Im Jahre 1345 erfolgte die Gründung des Altars des h. Bonifacius (Urkunde vom Sonnab. nach Andreae — 3. December. ej.). Die Kirche muss zu dieser Zeit schon mit einer Anzahl von Altären ausgestattet gewesen sein, denn der Bischof von Hippo, Graf Albert von Beichlingen, der ihr 1368 am Sonntage Quasimodogeniti (9. April) ein Ablassprivilegium ertheilt hatte (M. A.), gestattete 1369 am 5. April das Kirchweihfest sowohl der Kirche überhaupt, als ihrer sämmtlichen verschiedenen Altäre auf den Sonntag Quasimodogeniti zu verlegen (ibid.). Ein zweites Ablassprivilegium wurde ihr 1450 in die Johannis et Pauli (26. Juni) vom Bischof Hermann von Citron zu Theil (ibid.) — Eine in einem silbernen Marienbilde bestehende Schenkung des Hans am Ende wurde 1489 am Sonnabend nach Christi Himmelfahrt (30. Mai) von dessen Wittwe und deren zweiten Gatten, dem Bürger Michael Müller, bestätigt (ibid.).

Conr. Stolle erzählt in seiner Chronik (f. 267) unter dem Jahre 1492: „Item in deme selben jore do wurden uff gesatczt dy czwo nuwen taffeln zu kaufmanns kerchen.“ Was dies für neue Tafeln gewesen sind, ist nicht näher bekannt, jedenfalls sind sie nicht mehr vorhanden, wahrscheinlich haben sie dem 1594 zerstörten Hochaltar gedient.

Der erzbischöfliche Generalvikar Johannes, Bischof von Sidon, weihte am 17. März 1501 den Altar St. Crucis, St. Mariae, SS. Johannis Evangelistae, Matthaei, Elisabethae, Erasmi et Annae und ertheilte bei dieser Gelegenheit der Kirche ein Ablassprivilegium (M. A.).

1511 wurde von Barthel Herings — nicht Hewinger, wie Friese l. c. II, S. 33 ihn nennt, eine neue Orgel angefertigt. Derselbe verpflichtete sich am

---

[1] Dergleichen Brände sollen ausser 1291 die Kirche auch 1239 oder 1240 (Hogel, l. c. S. 141, 142. Falkenstein, Hist. S. 88) und 1248 (ib. 165. Hartung, l. c. S. 38) getroffen haben. In wie weit dies zutrifft, muss dahin gestellt bleiben. Was den angeblichen Brand von 1240 betrifft, so ist schon früher dargethan, dass hier eine Verwechselung mit dem von 1291 obwaltet.

Sylvestertage (31. Decbr.) ej. Jahr und Tag für Schäden und Fehler zu haften (M. A.). Es gab jenes Veranlassung, dass am nächsten Kirchweihfeste, den 14. Sept. ej., die Kirche ganz ungewöhnlich gefüllt war, sodass die Empore, welche die auf ihr befindliche Menge nicht mehr zu tragen vermochte, brach und auf die Untenstehenden hinabstürzte, wodurch viele beschädigt wurden, einer auch getödtet ward. (Hogel, l. c. S. 804. Friese, l. c. VI, S. 395. Falkenstein, Hist. S. 509 confr. Hartung, l. c. S. 38.)

Gleich nachdem das Lutherthum in Erfurt Eingang gefunden (1521), schloss sich die Kaufmannsgemeinde diesem an, und bestellte in dem Mag. Peter Gellner, genannt Bamberger, einem Schüler Luthers, einen evangelischen Prediger. Die Kaufmannskirche gelangte sogar in Folge dieses Ereignisses zu einer grösseren Bedeutung, da die Gemeinden der benachbarten St. Matthiaskirche 1521 und der Egidienkirche 1525 ihr einverleibt wurden.

Im Jahre 1594 am 30. Decbr. stürzte während der Nacht das Gewölbe des Chors herab und zertrümmerte die Tafel des Hochaltars, die 1500 fl. gekostet hatte, sowie den Altarstein (Friese l. c. II, S. 687). Bald darauf, 1598, wurde die neue Kanzel, 1624 der Hochaltar angefertigt, der jedoch erst 1671 seine gegenwärtige Gestalt erhielt. Bei der Belagerung Erfurts 1664 durchschlug eine Kanonenkugel das Dach des Chors und wühlte sich tief in den Fussboden ein. 1682 erfolgte der Guss der grossen Glocke, 1684 die Eindeckung des neuen Thurmes mit Schiefer, 1686 der Bau der neuen Orgel.

Seitdem verflossen mehr als 150 Jahre, ohne dass in baulicher Beziehung etwas an der Kirche geschah. Erst 1840 wurde wieder eine Restauration derselben vorgenommen.[1] Eine vollständige Umgestaltung des Innern unter Beseitigung mancherlei störender Einbauten und Herstellung in stylgerechter Weise wurde 1859 unter Leitung des Bauraths Papst, sowie 1863—1865 ein Neubau der oberen Stockwerke des südlichen Thurmes nach dem Entwurfe des Geh. Bauraths Drewitz zur Ausführung gebracht.[2] Im letzteren Jahre wurde der erstere auch aus einer Stiftung des Majors Meinecke mit einer bei Nacht erleuchteten Uhr versehen.

In dem Zustande, welchen die Kirche damals erhalten, befindet sie sich noch, nur mit der Massgabe, dass sie seitdem mit einem Heizapparat und Gasbeleuchtung versehen worden ist.

Beschreibung.

Die, wie oben dargethan worden, um den Ausgang des 13. Jahrh. erbaute Kirche (Nr. 54) ist eine dreischiffige Basilica in gothischem Styl.[3]

---

[1] Wetken, Herm., Predigt zur Wiedereröffnung des Gottesdienstes in der Kaufmannskirche am 8. November 1840, Erfurt.

[2] Die Feier der Wiederherstellung der Kaufmannskirche am 13. Sonnt. n. Trinit. den 18. Sept. 1859 in Erf. Zeit. 1859 Nr. 219 u. Thüring. Zeit. 1859 Nr. 221.

[3] Hartung, l. c. S. 38 sagt: „Die Kirche ist in romanischen und der zwischen beiden Thürmen belegene Chor in altgothischem Style erbaut.“ Dem kann jedoch nicht zugestimmt werden. Auch das Langhaus ist wenigstens im allgemeinen gothisch, wie sich dies aus den Strebepfeilern und der Verwendung des Spitzbogens, beides charakteristische Merkmale des

Nr. 54. Die Kaufmannskirche.

Sie ist ein einfaches, aber ziemlich regelmässiges Bauwerk, dessen Inneres ein freundliches Ansehen darbietet, aus Bruchsteinen; nur die Fenstereinfassungen und die Stirnseiten der Strebepfeiler von Quadern.

---

gothischen Styls, ergiebt. Der rundbogige Abschluss der Oberlichter des Mittelschiffs stammt aus neuerer Zeit. Höchstens könnte bei der südlichen Umfassungsmauer, wo die Strebepfeiler fehlen, eine Benutzung der ursprünglichen romanischen Anlage stattgefunden haben, namentlich in deren unteren Theile, wo das Mauerwerk in höherem Masse verwittert ist, als sonst.

Die Strebepfeiler sind zweimal abgetreppt und endigen mit einfachen Wasserschlägen.

Der Chor wird durch drei Seiten eines Achtecks abgeschlossen; er hat fünf durch ein Kaffgesims verbundene hohe spitzbogige Fenster, in deren Masswerk der Vierpass vorherrscht und deren mittelstes so weit als der Hochaltar reicht vermauert ist.

An seiner Aussenseite befindet sich ein Steinrelief mit zwei knieenden Männern in ritterlicher Tracht, deren einer einen Commandostab, der andere eine Fahne hält, über denen eine Sonne schwebt, die den Namen Jehova in hebräischen Buchstaben in sich schliesst, und das auf beiden Seiten durch Pilaster abgeschlossen wird. Die Inschriften in römischer Majuskel lauten:

Im Jahr 1595 ist zu Rab in Ungern blieben der edle und veste Georg Rudlof von Hirschbach Oberster Lieutenant seines Alters 40 Jahr

und

Im Jahr 1590 ist für Roan in Frankreich blieben der edle und veste Hans Wolf von Hirschbach Fenrich seines Alters 30 Jahr.

Auch die Fenster des Langhauses sind spitzbogig, dreitheilig und mit zierlichem Masswerke; nur das östliche Fenster der Südseite ist ohne solches.

Das südliche und das nördliche Portal werden durch mit Blätterkapitälen versehene, fast ganz freistehende, nach vorn in eine scharfe Kante zulaufende Rundsäulchen zwischen Hohlkehlen eingefasst, auf denen ein Spitzbogen ruht, den ein Kaffgesimse umgiebt. Die Rundsäulen des südlichen Eingangs sind stark defekt, die des nördlichen dagegen vollkommen erhalten. Da die Anwendung vollrunder Säulen statt der vorher üblichen Halbsäulen bis in das letzte Viertel des 12. Jahrh. zurückgeht, so wäre es nicht unmöglich, dass wir hier noch einen Ueberrest des ursprünglichen romanischen Baues vor uns haben. Die rechtwinkligen Thüreinfassungen und die verglasten Bogenfelder rühren jedoch aus späterer Zeit her.

Neben der nördlichen Pforte sind Spuren eines ehemaligen jetzt vermauerten Opferstocks erkennbar.

Einfacher ist die Eingangspforte auf der Westseite; sie stammt in ihrer gegenwärtigen Gestalt, namentlich dem Masswerk in ihrem Bogenfelde, aus dem letzten Umbau.

Der Westgiebel zeigt übrigens die Eigenthümlichkeit, dass seine nördliche Ecke sich nicht rechtwinklig, vielmehr mit einer Abschrägung an die nördliche Umfassungsmauer anschliesst. Er hat drei spitzbogige Fenster mit einfachem Masswerke, davon eins in der erwähnten Abschrägung, ein zweites über der Pforte. Ein Kaffgesimse zieht sich unter den Fenstern und über der Thüre hin. Auf der Südseite dieses Giebels befindet sich ein Steinrelief mit Christus am Kreuze zwischen Maria und Johannes auf Konsolen stehend. Unten auf der einen Seite ein Mann und zwei Kinder, auf der andern drei Frauen, von denen die dem Kreuze zunächst stehende aber den Kopf eingebüsst hat; zwischen beiden Gruppen ein Wappen. Die Darstellung bietet Aehnlichkeit mit dem Buseleybenschen Grabsteine an der Lorenzkirche. Die Inschrift in erhabener gothischer Minuskel lautet:

Año dm̄ mcccclxiii jar an sāt bartolomeus tag sint gestorbe hansen stoffel catharina else raben met ere kynde den got gnade.

Das Mittelschiff erhält seine Beleuchtung von oben auf jeder Seite durch vier kleinere Fenster, die gegenwärtig einen rundbogigen Abschluss haben.

Die Kirche hat zwei viereckige Thürme, die an der Nord- und der Südmauer derselben, da wo das Langhaus an den Chor stösst, sich befinden, vor jenen etwas vortreten und so fast das Ansehen eines Querschiffes darbieten und die in ihren unteren Geschossen die beiden Sakristeien enthalten, deren jede durch ein viereckiges Fenster erhellt wird. Sie sind mit Kreuzgewölben bedeckt.

Der nördliche Thurm, der noch die Gestalt bewahrt, die er bei seiner Bedachung mit Schiefer 1684 erhalten, hat vier, durch viereckige Lichtöffnungen bezeichnete Geschosse, deren zweites und drittes durch ein Kaffgesims getrennt sind. Auf einem viereckigen mit Schiefer verkleideten Unterbau ruht die achtseitige Spitze, die aber abgestumpft ist, da sie in einer kleinen Halle und einem Kuppeldache endigt.

Der südliche Thurm, dessen oberer Theil dem 1859 vorgenommenen Neubau seine gegenwärtige Gestalt verdankt, hat fünf Geschosse, die durch Kaffgesimse und viereckige Oeffnungen angedeutet werden, und in deren viertem die Uhr sich befindet. Die achteckige pyramidale Spitze wird auf jeder der vier Seiten des Thurms durch einen Spitzgiebel mit Kreuzblumen und Fialen in den Ecken flankirt. (Abbild. in Kruspe, Beitr. Taf. II, 14.)

Das Mittelschiff ist von einem Satteldache, die Seitenschiffe sind von Pultdächern bedeckt, der Chor von einem halben Walmdache, das durch die Thürme von dem Dache des Mittelschiffes getrennt und niedriger als dieses ist.

Was das Innere betrifft, so ist das Langhaus dreischiffig, der Chor einschiffig. Dieser hat, da auch der zwischen den Thürmen liegende Raum zu ihm gehört, vom Triumphbogen bis zum Abschluss im Verhältniss zum Langhause eine beträchtliche Länge, doch ist nur der hintere Theil des Chors in seinem Niveau gegen das Schiff erhöht; in dem vorderen befindet sich die Kanzel.

Das Mittelschiff wird von den Seitenschiffen durch achteckige Pfeiler getrennt, die auf einfachem Kämpfergesimse die spitzbogigen Scheidbogen tragen, auf denen die Obermauern des Mittelschiffs ruhn.

Auf den Seitenschiffen befinden sich Emporen, die aber ihre gegenwärtige Gestalt erst bei dem letzten Restaurationsbau erhalten haben.

Bedeckt ist jetzt sowohl Chor als Langhaus von einer flachen in Compartimente getheilten Holzdecke. Bis zur Katastrophe von 1594 bestand die Decke des Chors in einem steinernen Gewölbe.

Kunstwerke und Grabdenkmäler im Innern.

Die Kirche ist ziemlich reich an Werken sowohl der Stein- als Holzskulptur, insbesondere sind die verdienstvollen Erfurter Bildhauer Hans Friedemann der ältere und der jüngere reich in ihr vertreten. Hierhin gehört namentlich:

1. Der Hochaltar. Derselbe besteht, abgesehen von dem steinernen Altartische, aus einem Aufbau in vergoldetem und polychromirtem Schnitzwerk, das von einem Rahmen in Form einer Monstranz umgeben ist, und sich vom Altartische bis in die Nähe der Decke erhebt. Die Holzschnitzarbeit rührt von den „Herren Friedemännern" (wohl Hans der jüngere und Heinrich)

14*

her. Er ward am 1. Januar 1625 aufgestellt.[1] Die Vergoldung und Polychromirung besorgte der Maler Michal Keseweiss aus Gotha. — Die Tafel enthält in der Mitte zwei grössere Darstellungen, die Einsetzung des Abendmahls und die Kreuzigung, an den Seiten kleinere, welche die Verkündigung, Christi Geburt, dessen Beschneidung und Taufe, die Auferstehung, die Himmelfahrt und das jüngste Gericht darstellen. Seine jetzige Ausstaffirung stammt aus dem Jahre 1671.

2. Die Kanzel, eine Holzschnitzarbeit Hans Friedemann des älteren und seines Oheims des Baumeisters und Schreiners Dietrich Friedemann von 1598. Sie hat 90 fl. gekostet (Friese, l. c. II, 635) und ist in Rococcostyl. An der inneren Seite des Architravs der zur Kanzeltreppe führenden Thüre sind in Goldschrift die Initialen der beiden Künstler H. F. und D. F. angebracht. Die Kanzel ruht auf einer Säule, neben welcher die Bildsäulen von Adam und Eva stehn. Die Brüstung ist mit Steinreliefs, welche Personen aus der heiligen Geschichte darstellen, geschmückt. Die Holzfransen der achteckigen Schalldecke zeigen ein Wappen. An der Ostseite derselben findet sich in römischer Majuskelschrift die Angabe: Diser Canzel Decke hat Melchior Moerink machen lassen. Dieser war ein zu seiner Zeit viel beschäftigter Glockengiesser. Dies hat auch wohl die Veranlassung dazu gegeben, dass der obere Theil des Schalldeckels die Form einer Glocke hat. An dem Podeste zwischen Kanzel und Treppe findet sich die Inschrift in erhabener römischer Majuskel:

Anno Christi 1598 ward dise Cantzel gebawet.

3. Das von der Sachsen-Schwengfeldische Epitaphium von 1592 an der südlichen Chormauer über dem Eingange zur Pfarrsacristei. Es ist in reichem Renaissancestyl. Schnörkelschild. In der Mitteldarstellung zeigt sich auf einem Piedestal mit dem v. d. Sachsen und dem Schwengfeldischen Wappen ein Crucifix; auf den Seiten desselben Abrahams Opfer und die eherne Schlange. Auf der einen Seite des Piedestals befinden sich ein Mann und zwei Knaben, auf der andern eine Frau und drei Mädchen, sämmtlich knieend und mit gefalteten Händen. Ueber den Kindern auf den Seitentafeln Medaillons mit den Brustbildern der vier Evangelisten, über denselben in geschnörkelten Giebeln die Wappen der Elisabeth Milwitz und der Katharina Lüschen. Ueber der Hauptdarstellung in einem gleichfalls geschnörkelten Giebel die Ausgiessung des heil. Geistes. Unter dem Hauptbilde die Erschaffung Evas. Dazwischen auf drei Tafeln in erhabener römischer Majuskel die Inschriften:

Anno Christi 1590 die 6. Octobris ampliss. virtute et nobilitate ornatiss. Dominus Sigismundus de Sachsa Senatorii ordinis vir praecipuus arciumque reipublicae Erfurdianae praefect. gravissimus ex hac vita emigravit cujus anima sit in benedictione Domini. Amen. Aetat. 51.

Sigismundus de Sachsa filius pie spirit. suum Christo tradidit die 28. July Ao. 1592 aetatis 16.

---

[1] Stenger, Nic. J. N. J. Christiana altaris dedicatio. Christliche Einweihungs- oder Einsegnungspredigt nach vollendeter köstlicher Ausstaffirung des hiebevor neu erbauten künstlichen Altars in der Kaufmannskirchen, zu S. Gregorii genannt, binnen Erffurth, Mittwochs nach Bartholomäi den 30. August 1671 gehalten. Erf. h. a. S. b, 2. v. und b, 1. v.

Anna Mathiae Swengfoldii Consul. primarii filia, uxor et ante Francis. de Sachsa Ao. 73 relicta amoris et honoris monume. hoc. f(ieri) f(ecit).

Das Monogramm des Hans Friedemann befindet sich über dem Engelskopfe an der untersten Konsole.

4. Das v. Tettausche Epitaphium von 1585 (Nr. 55) gegenüber dem vorerwähnten über dem vom Pfarrhause her führenden Eingange, ebenfalls eine

Nr. 55. Tettausches Epitaph in der Kaufmannskirche.

treffliche Arbeit des älteren Hans Friedemann, die Auferstehung Christi, umgeben von alttestamentliche Scenen und das Weltgericht darstellenden Nebenbildern, mit den lebensgrossen Figuren dessen, dem das Denkmal gewidmet ist, in ritterlicher Tracht und seiner Gattin, die es hat errichten lassen, beide in knieender Stellung, mit der Inschrift in erhabener römischer Majuskel:

Christus mortuus est pro peccatis nostris secundum
scripturas et tertio die resurrexit a mortuis. 1. Corinth. 15.
Wolfgang a Tettau pius hac requiescit in aede
Nobilis antiquo stemmate, Marte, Toga.
Hoc illi posuit monumentum Brigida conjux,
Indicem luctus, manibus officium.
Debita mens coelo Coelestibus addita, coelo
Dulcia tranquillae gaudia pacis agit.
Brigida perantiqua Blancsteiniorum prosapia
in Misnia nata conjugi suo charissimo honoris
amoris et sempiternae memoriae erga posuit anno 1585.

5. Das des Hans Ziegler von 1584, links vom Altare, Schnörkelschild in reichem Renaissancestyl. In der Mitte unter einem flachen Bogen, der von zwei dorischen Säulen getragen wird, die Auferstehung; über dieser die Himmelfahrt. Auf den Seiten der Hauptdarstellung, durch Säulen von dieser getrennt, die Fides mit Kreuz und Kelch und die Charitas mit zwei Kindern. Das Zieglersche und das Schwengfeldsche Wappen. Inschrift auf einer Tafel über dem Hauptbilde:

Anno Christi 1584 den 1. Januarii ist der edle und ernveste hans Zigler in Gott entschlafen dem Gott gnedig und ein fröhliche Auferstehung verleihen wolt. Amen.

Noch weiter unten Johannes der Täufer. Das Monogramm Friedemanns findet sich an dem Felsengrabe über dem Kopfe der knieenden männlichen Figur.

Inwieweit noch einige andere Denkmäler, welche derselben Zeit entstammen, von den nämlichen Künstlern herrühren, ist nicht näher bekannt. Es sind dies insbesondere:

6. Das des Stifters des nach ihm benannten Stipendienfonds, Thilo von Ziegler von 1638 an der Nordwand unfern vom Altar, mit der Grablegung Christi in Hautrelief; 24 Wappenschilder umgeben sie, die aber bei einer vorgenommenen Restauration theilweise an unrichtigen Stellen angebracht sind und daher nicht mehr zu den darunterstehenden Namen passen. Die Inschrift in Zackes Todtenbuch S. 69 und das. S. 81 noch andere Epitaphien von in der Kaufmannskirche beerdigten Mitgliedern der Zieglerschen Familie, des Paul Ziegler von 1610 und des Rudolf Ziegler von 1625.

7. Das der Judith Ernst geb. v. Uttensberg im Schiffe der Kirche linker Hand mit den Wappen der Familien Ernst, v. Hirschbach, Ziegler und v. Utzberg von 1611 (die Inschrift bei Hartung l. c. S. 42, 43).

Von sonstigen Grabsteinen verdienen Erwähnung:

8. Der Dornhartsche von 1393, eine, jedoch kaum noch erkennbare, Darstellung zweier Frauen in vertieften Linien. Die Umschrift, gleichfalls vertieft, zur Hälfte neugothische Majuskel, zur andern Hälfte Minuskel:

Anno dni MCCCLXXXXIII ipso in die lucie obiit Elizabeth Dornhar ..... obiit Katharina uxor nicolai Dornhart.

9. Der Grabstein des Johann von Grussen und seiner Gattin von 1372 und 1405. Flache Reliefdarstellung eines Mannes und einer Frau in betender Stellung auf vertieftem Grunde in zwei durch eine Säule getrennten spitzbogigen Nischen, die nach innen mit Fransen, nach aussen mit Kreuzblumen, Krabben und Fialen geziert sind, die aber schon sehr abgeschliffen ist. Umschrift in vertiefter neugothischer Minuskel:

> Anno dm̄ mccccv in die pthi (Proti) et iacincti (Hyacinthi) obiit iohēs de grvszen. Año dm̄ mccclxxii (oder v) fia (feria) quta (quarta) .... quorum animae .....

Unten zwei Wappenschilde, von denen aber das unter der Frau nicht mehr zu erkennen ist.

10. Das Epitaph des Heinrich Ziegler und seiner Gattin von 1514 und 1542. Flache Reliefdarstellung eines Mannes und einer Frau in einer elliptisch geschlossenen Nische in deren oberer Ecke stylisirte Ranken und Blätter, unten das Zieglersche und das Bünausche Wappen. Sehr abgetreten. Umschrift erhabene neugothische Minuskel mit einigen Fraktur- und römischen Initialen untermischt.

> Año . dm̄ . 1514 . ist . vorscheiden . der . Erbar . heinrich . Ziegeler . dem . Got . Genade . 1542 . borkardi . ist . vorscheiden . die . erbare . fraw . clara . Zieglerin . Geborne . von . bvenau . der ....

11. Das des Heinrich Oswald von 1548. Flache Reliefdarstellung eines Mannes in bürgerlicher Kleidung in einer Nische mit corinthischen Pilastern; in den oberen Ecken Ranken mit stylisirten Blumen und Blättern; sehr abgeschliffen. Umschrift erhabene neugothische Minuskel untermischt mit Frakturinitialen:

> Anno Christi MDxlviii Montags in Ostern ist der Erbar und Weise ehr. Heinrich Oswallt in Got vorscheiden dem .... gnedig Sey . Amen.

Unten ein nicht mehr ganz erkennbares Wappen, anscheinend mit den Buchstaben H. O.

12. Das der Anna Hüttner von 1549. Flache Reliefdarstellung eines Mannes und einer Frau in bürgerlicher Kleidung, die Hände betend erhoben, in einer rundbogigen Nische, in deren beiden oberen Ecken stylisirte Ranken und Knospen. Zwischen beiden Figuren befindet sich ein kleines Mädchen; oben das Hüttnersche und das Milwitzsche Wappen. Die, jedoch jetzt nicht mehr sichtbare, Inschrift hat nach dem Clemens-Milwitzschen Familienbuche gelautet:

> Aō 1549 den 21. tag Octob. ist die erbare tugendsame fraw Anna Huttnerin in got vorschiden.

13. Das früher neben dem Nordeingange der Kirche, gegenwärtig in dieser an der nördlichen Wand, sodass die obere linke Ecke durch die unterste Stufe der Kanzeltreppe verdeckt ist, befindliche Friederaunsche Epitaph von 1598. Flache Reliefdarstellung eines Mannes mit entblösstem Kopfe, Wamse, Pluderhosen und kurzem Pelzmantel, die Hände, in deren einer er die Handschuhe hält, vor der Brust und einer Frau in langem Mantel, eine runde Mütze auf dem Kopfe, mit doppelter Halskette, die ein Kleinod verbindet, beide Hände vor der Brust, in einer rundbogigen Nische, deren beide Seiten mit Pilastern bekleidet sind, auf

deren Kapitälen Blumenvasen stehen. Zu den Füssen beider Figuren und zwischen ihnen ein knieendes Kind. Unten das Friederaunsche und das Utzbergsche Wappen. Umschrift, erhabene römische Majuskel:

(Anno d)m̄ 1598 den 24. Apprielis ist der erenveste weisse und wolbenambte Herr Tobias Friederaun Burger und des Raths alhier in got seliglichen entschlafen. Got verleihe ihm...

14. Der Taufstein, der sich in der Mitte des Chors befindet, entstammt dem 15. Jarhhundert. Sein Fuss wird von sieben sitzenden Prophetenfiguren umgeben. Er ist eine tüchtige Arbeit.

Die in der Kirche befindlichen Gemälde, unter denen sich besonders viele Bildnisse von Geistlichen befinden, haben keinen künstlerischen Werth. Erwähnt werden, mögen hier nur:

15. Die Bildnisse des schwedischen Obersten und Commandanten von Erfurt Casp. Ermes und seiner Gemahlin Anna geb. Gräfin von Löwenstein von 1648, deren Hintergrund eine Ansicht von Erfurt einnimmt, wahrscheinlich von dem geschickten Erfurter Kunstmaler Thom. Hildebrandt (Hartung l. c. S. 120, 41).

Von Arbeiten des Kunstgewerbes ist nur eines achtarmigen messingnen Kronleuchters sowie der goldenen Abendmahlskanne und der Kelche zu gedenken.

Glocken besitzt die Kirche vier, von denen sich je zwei auf jedem der beiden Thürme befinden; und zwar auf dem südlichen:

1. Eine von Heinrich Ziegeler 1509 gegossene, mit zwei Medaillonbildern, über deren einem der Name: Jacobus Rothe steht.

2. Die 1862 von B. Sorge hierselbst gegossene Schlagglocke, die an Stelle der 1505 gegossenen Glocke Maria trat.

Auf dem nördlichen:

3. Eine 1520 gegossene Glocke, gleichfalls mit zwei Medaillonbildern und der Umschrift:

consolor viva, fleo mortua, pello nociva.

4. Die grosse 1682 von Jacob Pappe zu Erfurt gegossene Glocke (Beschreibung in Reichard Continuation ad. a. 1682; die Inschriften bei Hartung l. c. S. 43, 44) hat neuerdings einen Sprung bekommen und daher 1887 umgegossen werden müssen. Ihr Gewicht ohne Klöppel beträgt gegenwärtig 39 Ctnr. Die Inschriften lauten: „Zur Ehre der heiligen Dreifaltigkeit gegossen“ ferner: „Gott allein die Ehre“ und „Umgegossen von Gebr. Heinrich Ulrich in Apolda 1887.“

b. Die Allerheiligenkirche.

Literatur.

Hartung, Häuserchronik II, S. 190—197.

Geschichte.

Die in dem spitzen Winkel des Dreiecks, den die Markt- und die nach ihr benannte Allerheiligenstrasse mit dem beide verbindenden Kirchgässchen bilden, belegene Allerheiligenkirche (ecclesia ad omnes sanctos) wurde zugleich mit einem

Kloster des Augustinerordens oder einem Hospitale im ersten Viertel des 12. Jahrh. von dem Presbyter Eckenbrecht und dem erzbischöflich mainzischen Vicedom Adelbert[1] gegründet und erbaut und diese Stiftung 1125 von dem Erzbischof Adalbert I. von Mainz bestätigt (Falkenstein Hist. S. 55 und Chron. II. S. 483, wo die betreffende Urkunde, jedoch unvollständig mitgeteilt ist). Am 2. Dezemb. 1217 ertheilte Erzbischof Siegfried der Allerheiligenkirche, welche das Augustinerhospital genannt wird,[2] ein erneuertes Privilegium über ihre Güter und Gerechtigkeiten.

Wie lange das Kloster oder Hospital bestanden, ist nicht bekannt. Mülverstedt, Hierographia p. 163 glaubt, dass es bereits im 14. oder Anfange des 15. Jahrh. eingegangen sei. Als feststehend kann man ansehen, dass dies mindestens im Laufe des letztgenannten Jahrh. geschehen sein muss, weil nach den Verrechtsbüchern im Jahre 1493 das ehemalige Hospitalgebäude, das später den Namen des Hauses zur Engelsburg führte und dessen treffliche Keller noch gegenwärtig in dem Fabrikgebäude der Hoffmannschen Tabaksfabrik, Allerheiligenstr. 20, vorhanden sind, bereits zu den Privathäusern gehört hat. Es ist jedoch, wie schon bei der Besprechung der Reglerkirche angedeutet worden, nicht unmöglich, dass eine förmliche Aufhebung des Augustinerklosters bei Allerheiligen überhaupt gar nicht stattgefunden, dasselbe vielmehr mit dem derselben Ordensregel angehörenden Reglerkloster vereinigt ist und seine Besitzungen auf dieses übergegangen sind. Doch könnte dies nur nach 1234 geschehen sein, da in diesem Jahre noch Landgraf Heinrich von Thüringen dem Convente des Hospitals St. Augustini in Erfurt die Vogtei und alle Rechte, mit Ausnahme des Blutbannes, über die Güter, welche derselbe zu Greussen und Croborn besass, verliehen hat und unter dem Convente des Hospitals St. Augustini nur das Augustinerkloster bei Allerheiligen verstanden werden kann. Für eine solche Vereinigung spricht namentlich der Umstand, dass Grundstücke, welche urkundlich ursprünglich dem Allerheiligenkloster zugehört, sich anscheinend später im Besitze des Reglerklosters befinden, dass sich auf Urkunden, die sich auf jenes beziehen, der Vermerk findet, dass sie in das, allerdings nicht mehr vorhandene, Copialbuch des Reglerklosters übertragen worden, und dass es zu jener Zeit ungewöhnlich war, dass bestehende Klöster ohne ganz besondere Veranlassung wieder eingingen, und wenn das letztere stattgefunden, wohl irgend ein Chronist es erwähnt haben würde, was aber nicht der Fall ist.

Was die Kirche selbst betrifft, so wurde dieselbe 1221 oder 1222 von einer Feuersbrunst betroffen (Engelhusii Chronic. Erford., bei Menken Scriptt. II, p. 561 confr. Chronic. Sampetr. p. 69). Doch ist sie wahrscheinlich durch diese nicht ganz vernichtet, so dass ihre Grundmauern bei der Wiederherstellung wieder haben be-

[1] Gudenus giebt keineswegs, wie Dominikus l. c. S. 101 behauptet, an, dass der Vicedom Gisilbert die Allerheiligenkirche gegründet habe, vielmehr bemerkt derselbe (Codex Diplomat: IV, p. 841) übereinstimmend mit den sonstigen Angaben, dass die Allerheiligenkirche von dem Vicedom Adelbert, die Lorenzkirche aber von dem Vicedom Gisilbert gegründet sei (die vorzüglich erhaltene Urkunde in E. A.)

[2] Der Ausdruck ist dunkel: fratribus in ecclesia omnium sanctorum Erfordie domino famulantibus, quae nunc hospitale sancti Augustini dicitur (vid. Mülverstedt, Hierographi. p. 163. Die Urkunde in M. A.)

nutzt werden können, und man berechtigt ist anzunehmen, dass der im Anfange des 12. Jahrh. stattgefundene Kirchenbau in seiner wesentlichen Disposition bis auf unsere Zeit gelangt ist.[1] Denn ausser dem Bau, welcher in Folge des Brandes von 1221 vorgenommen sein muss, wird von einem späteren Um- oder Neubau nirgends berichtet. Insbesondere ist die Allerheiligenkirche von keiner der vielen Feuersbrünste, die im 13., 14. und 15. Jahrhundert Erfurt betrafen, erreicht worden, da der Umstand, dass 1290 der Blitz in sie eingeschlagen hat, nicht in Betracht kommen kann, indem der angerichtete Schaden sich darauf beschränkte, dass eine Altarplatte zertrümmert und eine Casula verbrannt ist. Namentlich ist jenes nicht bei dem grossen Brande von 1472 geschehen, so sehr derselbe sie auch in Gefahr gebracht hat, da das in ihrer Nähe belegene Haus zum rothen Löwen von den Flammen ergriffen worden ist. Stolle, der l. c. f. 156 den Umfang der Brandstätte sehr genau angiebt, und von jeder der betroffenen Kirchen anführt, wie weit sie zerstört worden ist, gedenkt der Allerheiligenkirche nicht. Zwar berichtet derselbe (f. 254), dass 1487 in der Kreuzwoche (20.—26. Mai) die Thurmspitze derselben aufgesetzt worden sei, doch berechtigt nichts zu dem Schluss, dass dies in irgend welcher Beziehung zu jenem Brande stehe.

1515, Freitag nach St. Lucas (19. Oktob.) hat Thilo v. d. Sachsen zwei neue Altäre in dieser Kirche errichten lassen (v. Milwitz bei Hartung l. c. S. 193).

Nachdem die Reformation in Erfurt Eingang gefunden, wurde 1525 der Gottesdienst in derselben ganz eingestellt; sie wurde aber bereits 1526 den Katholiken zurückgegeben (Friese l. c. II. 434, 439) und ist seitdem ununterbrochen in deren Besitz geblieben.

In baulicher Beziehung ist nur noch zu erwähnen, dass die Kirche mehrfach Beschädigungen durch Gewitter erlitten hat, so namentlich am 3. Juli 1577, wo der Blitz in dieselbe einschlug (Milwitz, Nachricht. S. 785). Auch am Busstage (11. Mai) 1870 wurde der Thurm von einem solchen getroffen, welcher zündete, infolgedessen die Spitze ausbrannte und erneuert werden musste.

---

[1] Hartung, l. c. S. 190 sagt zwar, nachdem er die Mängel und Unregelmässigkeiten der Kirche aufgeführt und das „auffallend verkümmerte Bild, was alles dasjenige vermissen lasse, was in andern Kirchen mit Andacht und Ehrfurcht erfülle," geschildert hat: „Alles dieses spricht nun dafür: dass das Haus mehrmals. und zwar zu seinem Nachtheil, baulich verändert wurde, und nicht mehr dieselbe Kirche ist, wie sie ursprünglich angelegt sein mochte. Denn wenn auch auf dem ein Dreieck bildenden Raume, auf welchem die Kirche steht, ein ehemaliger Prachtbau nicht gesucht werden kann, so lässt sich in Verbindung mit dem schönen Thurm mit ziemlicher Sicherheit voraussetzen, dass bei der Anlage dieses Gotteshauses ein bestimmter Plan vorgelegen hat, und dieser, so schlicht und einfach er immer gewesen sein mag, dennoch ein symmetrisches Ganze repräsentirt haben wird. Wie diese Kirche ursprünglich beschaffen gewesen sein kann, lässt sich jedoch um so weniger bestimmen, als die Lage der Häuser an der Marktstrasse, hinter Allerheiligen und in dem Kirchgässchen seit circa 150 Jahren gänzlich verändert worden ist." Wenn man aber auch der letzteren Aeusserung beipflichten muss, so zeigt doch schon der Augenschein, dass, wenigstens rücksichtlich der Aussenmauern, sich die vorgenommenen Veränderungen nur auf Unwesentliches, Fenster, Eingänge und möglicherweise die Hinzufügung des Seitenschiffes, beschränkt haben müssen und die Kirche unmöglich jemals ein symmetrisches Ganze gebildet haben kann, wir also in der Hauptsache noch jetzt den ursprünglichen Bau mit allen seinen Mängeln und Unregelmässigkeiten vor uns haben.

Beschreibung.

Die Allerheiligenkirche ist der Zeit ihrer Erbauung entsprechend frühgothisch. Sie ist nicht nur klein und unansehnlich, sondern auch von einer Unregelmässigkeit, wie sie kaum grösser irgendwo gefunden werden wird.

Auch nicht zwei correspondirende Bautheile derselben sind symmetrisch. Die Umfassungsmauern laufen nicht nur nicht parallel, da das Schiff an dem Eingange unter dem Thurme schmäler ist als auf der entgegengesetzten Seite, sondern sie bilden auch in sich keine geraden Linien, wie denn namentlich die Nordwand sich mit einer Abschrägung an die östliche anschliesst und auch der Thurm unter einem stumpfen Winkel sich vor das Langhaus legt; es sind sogar die Seitenmauern von ungleicher Höhe, indem die südliche die nördliche bedeutend überragt. Eben solche Unregelmässigkeiten zeigt das Dach. Obenein ist noch ein Theil der südlichen Aussenmauer durch an dieselbe angebaute Privathäuser vollständig verdeckt.

Auch von den Fenstern kommt sowohl in betreff der Form als der Grösse und Lage nicht eins mit dem andern überein. Auf der Südseite befinden sich drei spitzbogige Fenster, ein grösseres und zwei kleinere und zwei viereckige von ungleicher Grösse. Die Nordseite enthält drei spitzbogige Fenster von verschiedener Höhe und Breite und drei gleichfalls ungleiche viereckige. Die den Chor enthaltende Ostseite hat in der Front nicht, wie dies eigentlich der Fall sein sollte, drei, sondern nur ein grosses spitzbogiges Fenster; ein zweites gleichfalls spitzbogiges, aber kleineres, befindet sich in der vorerwähnten Abschrägung. Sämmtliche spitzbogige Fenster sind zwar mit Masswerk versehen, doch ist dies der frühgothischen Bauart entsprechend ziemlich einfach und meist aus dem Dreipass gebildet. Die nördliche Eingangsthüre schliesst mit einem blossen Spitzbogen ohne Zierrath; die ihr entsprechende auf der Südseite ist zugemauert.

Das Dach ist ein Satteldach, doch geht es nur auf der Nordseite gerade hinunter, während es auf der Südseite gekrümmt ist und zwei Fenster enthält, die zur Erleuchtung der Kirche beitragen sollen und für die daher Löcher in deren Decke eingeschnitten sind. Auf dem gegen Osten belegenen Theil der Südmauer, wo Privathäuser der Kirche vorliegen, findet sich gar kein Dach, so dass das der Nordseite bis an den oberen Rand der Mauer geht und hier ein Pultdach bildet. Auf dem sattelförmigen Theile des Daches befindet sich ein viereckiger Dachreiter.

Strebepfeiler sind nicht vorhanden.

Der viereckige Thurm (Nr. 56), der den schönsten Theil des Gebäudes bildet, aber keineswegs, wie Dominicus l. c. S. 108 angiebt, auf dem Gewölbe der Kirche ruht, die ein solches gar nicht hat, sondern sich theilweise in stumpfem Winkel ihr vorlegt, und dessen Höhe bis zur Spitze 36 m und mit dieser 53 m beträgt, steigt ohne Verjüngung empor; die vier Geschosse desselben werden durch viereckige Lichtöffnungen, die beiden oberen auch durch Kaffgesimse von aussen angedeutet.

Im untersten Geschosse ist eine Vorhalle, durch welche der mit einem hölzernen Vordache versehene Haupteingang der Kirche führt. Dieselbe enthält eine Wandmalerei, Maria auf der Mondsichel, die jedoch neuerer Zeit ihre Entstehung verdankt. An der südlichen Aussenseite der Halle ist eine spitzbogige

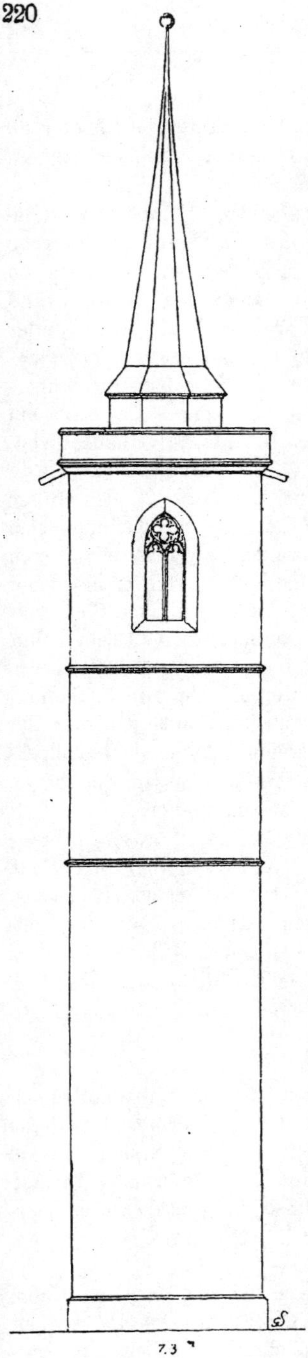

Nr. 56. Allerheiligenthurm.

Nische mit einer Steinsculptur, Maria, die auf ihrem Schosse den Leichnam Christi hält, auf einem Kragsteine; die daneben befindlichen Lampen mit rothem Glase dienen dazu, während der Fastenzeit die Niesche zu beleuchten. Hinter der Gruppe befindet sich ein spitzbogiges Fenster, durch das die Vorhalle Licht erhält. Das die Thürmerwohnung enthaltende oberste Geschoss des Thurmes ist auf jeder Seite mit einem ziemlich grossen spitzbogigen Fenster versehen. Darüber befindet sich eine mit Schiefer bekleidete Brüstung und innerhalb derselben auf der Unterlage einer niedrigen achteckigen Trommel die schlanke, gleichfalls achteckige und mit Schiefer gedeckte Spitze, die sich an jene mit kleinem Hinüberreichen anschmiegt, an der von aussen die Schlagglocke hinaushängt, und von der an jeder der vier Ecken Ausgussröhren vortreten.

Eben so wenig wie das Aeussere ist das **Innere** der Kirche dazu angethan, einen imposanten oder auch nur einen freundlichen und ansprechenden Eindruck zu gewähren. Dass jenes klein, unansehnlich und in hohem Grade unregelmässig sein müsse, ergiebt sich bereits aus dem Vorerwähnten; besonders unangenehm fällt die ungleiche Höhe der Seitenmauern ins Auge.

Die Kirche enthält ausser dem Hauptschiff noch auf der Südseite ein höchst wahrscheinlich erst später hinzugebautes Seitenschiff, das durch zwei achteckige Pfeiler, auf denen die spitzbogigen Scheidbogen ruhn, von jenen getrennt ist, und in die wenig zweckmässig angebrachte Sakristei ausläuft.

Die Decke ist flach; an ihrem südlichen und östlichen Rande sind Löcher für das Oberlicht eingeschnitten.

Um die West- und Südseite zieht sich eine Empore.

In dem geradegeschlossenen Chor, der nur durch einige zu ihm emporsteigende Stufen sich von dem Langhause unterscheidet, befinden sich ausser dem Hochaltar noch zwei Nebenaltäre, alle drei mit nicht unverdienstlichen Gemälden, deren Einfassung im Barokstyl ist. An der Ostwand des Seitenschiffes ist ein Gemälde, das der neueren Zeit entstammt, und daneben ein grosses geschnitztes Crucifix angebracht.

Unter den Grabsteinen ist nur einer, der auf künstlerische Bedeutung Anspruch erheben kann. Es ist dies der der Hugoldschen Familie an dem Pfeiler zunächst der Orgel, ein Steinrelief in Renaissancestyl bestehend in einem Schnörkelschilde. Unter einem Ovale mit einem Bibelverse zeigt sich in der Mitte die Dreifaltigkeit zwischen der h. Anna und h. Dorothea; darunter in erhabener römischer Majuskel die Inschrift:

> Georgius Hugolt natus 1597. 17. Juli obiit Ao eod. 7. November. Philipp nat. 1600. 12. April. Obiit 1612. 27. Octobr. David Georg nat. 1602. 20. Juni. Obiit 1612. 23. Octobr. Anna nata 1604. 24. Octob. Obiit 1606. 10. Febr.

Weiter unten sieht man Christus auf einem Sarkophage sitzend, umgeben von allem auf die Leidensgeschichte Bezüglichem. Auf den Seiten: König David und der h. Philippus; darunter: ein Mann, eine Frau, drei Knaben und ein Mädchen. Unter diesen auf einem zweiten Schilde nachfolgende Inschrift:

> Nobilis Georg Hugolt natus Anno 1566. die Marci, patre Philippo Hugolt, mre (matre) Anna Zieglerin. Anno 1596. 4. Octob. matrimonio junctus Dorotheae Milwitz que nata 1672 (soll heissen 1572) 29 Januar ex patre Wolf Milwitz matre Anna Fensterin. Libros ex ea habuit 4 supra nominatos. ✠. Obiit Anno 1613. 29. Decembris uxore superstite que monum. hoc p(osuit) Anno 1619.

Unter diesem Schilde zeigt sich der h. Andreas; auf den Seitenausbeugungen des Schildes sind vier Wappen; zwei zwischen den Personen und eben so viele auf den Seiten. Das Ganze ist eine tüchtige Arbeit des Hans Friedemann, dessen Monogramm sich auf dem Steine befindet, auf welchem der h. Andreas den linken Fuss setzt.

Ziemlich erheblich ist die Zahl der Grabsteine, mit denen der Fussboden belegt ist. Unter diesen mögen erwähnt werden:

1. Der sehr abgetretene des Hermann von Schmira und seiner Gattin Helene von 1382, vertiefte Lineardarstellung eines Mannes und einer Frau unter einem doppelten spitzbogigen mit Fialen gekrönten Baldachin mit der Umschrift in vertiefter neugothischer Majuskel:

> Anno dm̄ MCCCLXXXII. III. Yd. Julii obiit Helena uxor Hmani de S(mire). Eodē anno XI. Kl. Octob. obiit praedictus Hman. quor. aīe requescāt in pace. amen.

2. Der des Apel Eichenfeld von 1405. Vertiefte Lineardarstellung eines Mannes und einer Frau, beide knieend und betend, in einer Nische mit doppelt geschweifter spitzbogiger Decke, in deren obersten Theile die Hand Gottes segnend aus Wolken hervorragt. Die Zeichnung ist mangelhaft, die Schrift, vertiefte neugothische Minuskel, aber sehr correkt. Sie lautet:

> Anno dm̄ m°cccc°v° obiit apelo eychinfelt. XI. obiit ejus uxor, que est fundatrix hujus vicarie scilicet prime misse. quorum anime reqūscant ī pace. amen.

3. Der des Günther von Retenbach von 1418. Flache Reliefdarstellung, in welcher die Details in vertieften Linien ausgeführt sind. Zwei knieende und betende Personen, ein Mann und eine Frau, unter einem doppelten spätgothischen Baldachin. Die Umschrift in vertiefter neugothischer Minuskel lautet:

Anno dm̄ m°cccc°xv°iii obiit gunther de retebeche cujus anima requiesct in pace. Añoc.... lix thela uxor ejus f(ilia) nic(olai) hildebrādi.

4. Der des Hermann Wernburg von 1422. Flache Reliefdarstellung eines Mannes und einer Frau unter einem doppelten spitzbogigen Baldachin. Unten zwei Wappen. Die Umschrift in vertiefter neugothischer Minuskel, in welcher aber der für die Frau bestimmte Theil offen geblieben ist, lautet:

Anno dm̄ m°cccc°xxii°ii° nos (nonis) octobris obiit — hermanus wernborg.

5. Der des Heinrich Eberbach von 1536. Reliefdarstellung eines Mannes in bürgerlicher Kleidung, die Hände betend erhoben, das Haupt unbedeckt, in einer Nische, deren vordere Fläche an den Seiten mit Säulen und oben mit Blattranken geziert ist. Unten sind das Eberbachsche und das Paradissche Wappen. Der etwas zur Seite gewendete und nach der rechten Schulter geneigte Kopf zeigt individuellen Ausdruck, dagegen sind die Falten des Mantels an einigen Stellen etwas manirirt zerknittert, auch ist das Knie des vorgesetzten linken Beines ein wenig nach seitwärts eingebogen. Die Umschrift in erhabener römischer Majuskel lautet:

Anno dm̄ millesimo quingent. tric. sexto. Idus Decēb. extremā. vite diē. morte cōfecit. v(ir) c(larissimus) Henricus Eberbach medicine doctor cujus aīa requiescat in pace.

Ueber dem Bogen findet sich die Sigle 15 . ÆB . 47, die einem unbekannten Meister angehört.

Geringeres Interesse bieten die Grabsteine des Dietrich Beiger von 1443, des Nicol. König von 1463, des Rudolf Paradis jun. von 1481, der Elisabeth Kelner von 1493, des Johannes Bachus von 154. und des Wendelin Backans (oder Batkans) von 1543.

Auf dem Thurme der Allerheiligenkirche befinden sich fünf Glocken.

1. Die in der Mitte hängende Maria mit dem Bilde der Himmelskönigin und der Umschrift:

Anno Dni MCCCCLXV. O rex glorie veni nobis cum pace.

2. Neben derselben eine kleinere sehr alte Glocke ohne Jahrzahl und Umschrift.

3. Auf der anderen Seite der Johannes, mit dem Bilde des h. Johannes auf der einen und einer hebräischen Inschrift, welche verdeutscht heisst: Lobet Gott mit Glocken, auf der andern Seite. Unter dem Johannisbilde steht:

Vox clamantis in deserto

am oberen Rande die Umschrift:

Me dedit esse cathol. populus Mariae que capitulum.

am unteren die:

Anno MVCXIX goss mich Melchior Moeringk im Namen Gottes.

Doch scheint in der Jahrzahl hier ein Fehler obzuwalten, da Melch. Möring erst seit 1580 als Glockengiesser thätig gewesen ist.

4. Eine kleinere Glocke mit der Umschrift:

Anno dni MCCCCLXV Gloria in excelsis deo incarnato. Waltherus Johannes.

5. Die grosse Schlagglocke, die ausserhalb des Thurmes hängt, ist neuerdings umgegossen, weil die frühere, welche die Umschrift trug:

War gegossen Anno Dni MCCCCLXXIX Jar.

bei dem Brande der Thurmspitze 1870 herabgestürtzt und zerschellt ist.

c. Die Michaeliskirche.

Literatur.

Schlickeisen, Friedr., Originum et memorabilium ecclesiae St. Michaelis spicilegium. Erford. 1833. — Beyer, H., Beiträge zur Geschichte der Pfarrei St. Michaelis in Erfurt bis zur Reformation. (Mittheilung des Vereins für die Geschichte von Erfurt IV, S. 53—83.) — Hartung, B., Häuserchronik II, S. 166 – 173.

Geschichte.

Die an der Ecke der Allerheiligen und der nach ihr benannten Michaelisstrasse belegene St. Michaeliskirche ist von dem Erfurter Bürger Walter, der aller Wahrscheinlichkeit nach dem reichbegüterten Patriziergeschlechte Kerlinger angehört hat, gegründet, aus eignen Mitteln dotirt und auf ihm gehörenden Grund und Boden erbaut, und diese Stiftung von dem Erzbischof Konrad von Mainz bestätigt worden. Da dieser nun vom November 1183 bis zum 27. Oktober 1200 den erzbischöflichen Stuhl inne gehabt hat, so muss die Gründung der Kirche in dieser Zeit erfolgt sein. Die Bestätigungsurkunde ist selbst nicht mehr vorhanden, die Thatsache aber aus der Wiederholung ihres Inhalts in einem vom Erzbischof Siegfried II. am VI. Id. (10.) Julii 1217 ertheilten Gnadenbriefe (abgedruckt bei Würdtwein, Thuring. et Eichfeld. p. 110 und Beyer, l. c. S. 71, 72) bekannt. Erhard, l. c. S. 213, giebt als Zeit der Gründung „um das Jahr 1193“ an, er hat diese Jahrzahl aber nicht näher belegt.

Die von seinen Amtsvorgängern der Kirche verliehenen Rechte, insbesondere die der Wahl und Präsentation des Pfarrers durch die Gemeinde und der Exemtion von der Aufsicht der erzbischöflichen Unterbehörden wurden II. Id. (14.) Martii 1291 von dem Erzbischof Gerhard wiederholt bestätigt (abgedruckt bei Würdtwein, l. c. p. 211 und Beyer, l. c. S. 72).

Beyer (l. c. S. 57) glaubt, dass der ursprüngliche Bau nur von Holz und von geringem Umfange gewesen sei, weil die kleine Zahl der Eingepfarrten ein solches Mass bedingte, und dass (ibd. S. 64) zu Ende des 13. oder Anfang des

14. Jahrh. ein Neubau der Kirche in Stein, und zwar des gegenwärtig noch vorhandenen Gebäudes, stattgefunden. Diese Ansicht hat, obwohl sie nicht quellenmässig begründet werden kann, grosse Wahrscheinlichkeit für sich. Namentlich scheint es gewiss, dass der Bau der Kirche in Stein, wie sie jetzt besteht, in keine spätere Zeit als das 14. Jahrh. fällt. Denn, wie der Augenschein zeigt, ist das nördliche Seitenschiff dem Hauptschiffe erst später hinzugefügt; dies geschah aber, nachdem die Universität gegründet worden (1378) und die Michaeliskirche in Verbindung mit dieser getreten war (Beyer, l. c. S. 67), also unzweifelhaft im Anfange des 15. Jahrhunderts.

In dieser Weise existirt der Bau noch gegenwärtig, insbesondere hat keine der vielen grossen Feuersbrünste, welche im 13., 14. und 15. Jahrh. Erfurt verwüsteten, die Michaeliskirche erreicht, so nahe sie ihr auch theilweise gekommen sind. Die einzigen Veränderungen, welche das Aeussere der Kirche seitdem erfahren, die Erbauung der Dreifaltigkeitskapelle an der Südseite des Thurmes über dem Eingange zum Kirchhofe 1500, die Einfügung der Grabsteine von Mitgliedern der Familie v. d. Sachsen in die nördliche Umfassungsmauer und eine 1745 mit der Spitze des Thurmes vorgenommene Veränderung, haben keinen wesentlichen Einfluss in der in Rede stehenden Beziehung gehabt.

Die Michaeliskirche war die erste Kirche Erfurts, in welche die Reformation Eingang fand. Schon 1522 ward Johann Kühlsamer als evangelischer Prediger an derselben angestellt und, nachdem dieser 1523 einer Berufung an die Universität Wittenberg gefolgt war, der um die Einführung der neuen Lehre in Erfurt hochverdiente Prior des Augustinerklosters Johann Lange dessen Nachfolger.

Die Gemeinden zweier benachbarten Parochien, die der Georgen- und der Servatiuskirche, wurden 1525 resp. 1530 der der Michaeliskirche einverleibt.

1599 wurde eine Reparatur der Kirche vorgenommen, auf die sich eine an einem Balken befindliche Inschrift:

Mille ubi quingenti deni noviesque peracti
Sunt annique novem est haec renovata domus.

bezieht (Notizen über einige Kirchen Erfurts S. 42, 43).

Was seitdem in baulicher Beziehung geschehen, beschränkt sich auf das Innere und ist nicht erheblich.

1652 wurde eine Orgel beschafft und an der südlichen Seitenmauer aufgestellt (Friese, l. c. V, S. 2332), 1682 ein neuer Altar gebaut (ibid. IV, S. 1289, 1290), 1753 die Orgel von der vorerwähnten Stelle auf das zu diesem Zwecke umgebaute und mit achtspännigen Hölzern unterfahrene Singechor versetzt und von dem Orgelbauer Wegner erneuert, der dafür ausser sonstigen Verabreichungen 480 Rthlr. erhielt (ibid. V, S. 2332).

1820 fand eine Renovirung des Innern statt, wobei dieses zwar freundlicher und zur Benutzung geeigneter ward, aber auch manches Denkmal seiner Vergangenheit einbüsste. Auch noch später hat dasselbe einige weniger wesentliche Veränderungen erfahren, wie denn namentlich die Michaeliskirche die erste Kirche Erfurts gewesen ist, die mit einer Heizeinrichtung versehen wurde.

Beschreibung.

Die, wie oben angegeben, im 13. oder 14. Jahrhundert gebaute, am Anfange des 15. Jahrh. erweiterte Kirche ist frühgothisch, nur klein und ziemlich unregelmässig, insbesondere sind die beiden Langseiten stumpfwinklig gebrochen und abgeschrägt, die nördliche nach Osten, die südliche nach Westen hin. Sie ist aus jetzt mit Kalk beworfenen Bruchsteinen erbaut; nur die Thür- und Fenstereinfassungen, sowie die Plinthe sind in Quadern ausgeführt.

Die Kirche hat keine Strebepfeiler und eben so wenig einen besonderen Vorbau für den Chor, nur ist der Uebergang von der Nord- zur Ostseite, der das später angebaute Seitenschiff enthält, wie bereits bemerkt, abgeschrägt, bildet aber mit der Ostseite einen gemeinsamen Giebel. Im unteren Rande desselben zeigt sich eine jetzt vermauerte viereckige Thüre, die zu einem unterirdischen Raume geführt haben mag, wohl zu einem unter dem Hochaltar befindlichen, zum Aufenthalte von Büssenden bestimmten, wie bei der Marien-Magdalenen-Kapelle.

Die Kirchenfenster sind spitzbogig und mit mannigfaltigem Masswerke versehen. Auf der die Stelle des Chors einnehmenden Ostseite zeigen sich ein hohes dreitheiliges und zwei kleinere zweitheilige, in der Abschrägung ausserdem ein dreitheiliges, unter welchem letzteren sich ein Kaffgesimse hinzieht. Die Nordseite enthält ein breites viertheiliges und ein schmaleres dreitheiliges; zwischen beiden die von mit Rundstäben abwechselnden Hohlkehlen eingefasste spitzbogige Pforte. Auf der Südseite ist nur ein spitzbogiges Fenster, da dieselbe grossentheils durch das anstossende Gebäude verdeckt ist, und in der Abschrägung ein viereckiges. Auch das hier befindliche Portal ist von Hohlkehlen, die mit Rundstäben wechseln, umrahmt und spitzbogig. Die Westseite enthält eine viereckige Thüre, über der sich ein spitzbogiges Giebelfeld befindet, ein hochgelegenes dreitheiliges spitzbogiges Fenster, sowie ein mit Brettern verkleidetes Treppenhaus mit einem Aufgange zu den Emporen. Auch auf der Südseite befindet sich unter einem von Pfeilern getragenen hölzernen Vorbau eine den Aufgang zum Thurm enthaltende Freitreppe.

Das Dach ist ein über den gebrochenen Mauerseiten abgeschrägtes Satteldach.

In die nördliche Umfassung sind von aussen zwei v. d. Sachsensche Sandsteinepitaphien eingelassen. Auf dem einen, dem des Michael v. d. Sachsen, stehen in einem eleganten Renaissancerahmen unter einem Rundbogen, der auf zwei viereckigen canellirten toskanischen Pilastern ruht, ein Mann in kurzer Schaube und eine Frau in langem Mantel, beide mit gefalteten Händen. Oben in den Zwickeln zwei Todtenköpfe haltende Genien; über den Pfeilern zwei Wappen. Die Aufschrift des Rahmens in gothischer Majuskel heisst:

> Anno Domini 1551 den Dienstag nach Invocavit ist der erbare Melchior Saxe in Gott entschlafen. Anno Domini 1553 am Tage Michaelis ist die tugend-(same Fraw Barbara Saxen in Gott verschieden. Beiden G. G.)

Die eingeklammerten Worte befinden sich auf dem Bogen. Zwischen den beiden Dargestellten steht: Melchior Saxus filius f(ieri) c(uravit). Die Arbeit ist wohl gleich nach dem Tode der Frau, also 1553 oder 1554 ausgeführt. Lübke (Gesch d. Rennais. in Deutschl. II, S. 366) sagt von ihr, dass sie sichere Meisterschaft kundthue.

Auf dem daneben stehenden Grabsteine erblickt man unter einem gedrückten Bogen, der von einem Seraph getragen wird und in dessen Zwickeln sich zwei andere solche befinden, einen Mann mit entblösstem Haupte in kurzem Mantel und zwei Frauen mit Kopftüchern und langen Mänteln, sämmtlich mit gefaltenen Händen. Unten das v. d. Sachsensche und ein anderes nicht mehr erkennbares Wappen. Die Inschrift der viereckigen Einfassung lautet:

> Anno Domini 1586 den 15. Novembris ist der ehrbar und mannhaft (Melchior von der Saxen entschlafen) Dem Gott gnaedig und barmherzig sei. Amen.

Auf dem Bogen steht:

> Ossa sub hoc tumulo melioris sancta quiescunt

und unter demselben:

> Saxones haeredes haec monumenta locant.

Auch diese Arbeit ist, namentlich durch die Individualität der Köpfe, eine sehr tüchtige.

In der Nähe dieser Epitaphien über der Eingangsthüre befindet sich ein von Hartung von Paradis gestiftetes Steinrelief mit Christus am Kreuze; zu dessen Füssen zwei Wappen, darunter das der Familie Paradis.

Der Thurm, der an der südöstlichen Ecke der Kirche steht, ist viereckig, ohne Verjüngung und Kaffgesimse. Er enthält vier Geschosse, die beiden unteren mit spitzbogigen, theilweise gekuppelten, Fenstern, die oberen mit viereckigen Lichtlöchern. Er endigt mit einem niedrigen Zeltdach, dessen Spitze nur wenig den First des Kirchendaches überragt. Sie ist erst 1745 an die Stelle einer schadhaft gewordenen mit Hohlziegeln gedeckten hohen und schlanken Spitze getreten.

Auf der Südseite des Thurmes und durch diesen von der Kirche getrennt, befindet sich die Dreifaltigkeitskapelle. Sie wurde 1500 von dem Weihbischof Bonemilch von Lasphe, Bischof von Sidonia, gestiftet und aus eignen Mitteln erbaut, wie die daran befindliche, ursprünglich vergoldet gewesene Inschrift:

> Anno Domini MD ad laudem et gloriam sanctissimae Trinitatis et gloriosissimae Virginis Mariae Reverendus in Christo Pater et Dominus Dr. Johannes Dei gratia Episcopus Ecclesiae Sidoniensis Reverendissimi in Christo Patris Dm. Dm. Bertholdi Archiepiscopi Moguntini in Pontificalibus Vicarius huic Ecclesiae S. Michaelis hanc capellam ordinavit et m. s. impensis erigi curavit

darthut.

Ihr mit drei Seiten eines Achtecks abschliessender Chor steht in Art eines Erkers in die Strasse hinein und ruht auf einer mächtigen Console.[1] Unter drei spitzbogigen Fenstern befinden sich Steinreliefs; in der Mitte die Gottesmutter, rechts der h. Michael mit dem Drachen zu seinen Füssen, links die h. Barbara mit dem Schwerte in der Linken, an den beiden Ecken zwei kleine Wappen.

---

[1] Eine Abbildung in Kallenbach, Atlas z. Gesch. d. deutsch-mittelalterlichen Baukunst. Taf. LXXV Nr. 4. cf. S. 62 des Textes.

Dieser Erker war früher von einem kupfernen Dache bedeckt; dies ward 1649 abgenommen, das Metall — $2^1/_2$ Ctr. — für 51 fl. 9 gr. verkauft und an seine Stelle das gegenwärtige Ziegeldach aufgelegt. Die Thüre, die von der Strasse in das spitzbogige Gewölbe führt, auf dem die Kapelle ruht, und einen Zugang zum Kirchhof bildete, schliesst oben mit einem Eselsrückenbogen, einem charakteristischen Merkmale der Zeit, in der die Kapelle gebaut wurde. Ebenso hat ein auf der Hofseite befindliches dreitheiliges Fenster seinen Abschluss in Eselsrückenbogen. Unter ihm befindet sich ein Steinrelief mit der Flucht nach Egypten, Maria das Kind auf dem Arme, auf einem Esel reitend. Die Kapelle dient gegenwärtig zur Aufbewahrung des ziemlich reichhaltigen Archivs der Kirche.

Dem Aeusseren entsprechend ist auch das Innere unregelmässig und unansehnlich.

Ausser dem Raume, in welchem sich der 1682 im Spätrenaissancestyle errichtete Altar, der zugleich die Kanzel enthält, befindet, und der nur durch zwei zu ihm hinaufführende Stufen sich von dem Langhause unterscheidet, da eine besondere Absis nicht vorhanden ist, enthält die Kirche ein Hauptschiff und ein auf dessen nördlicher Seite belegenes Seitenschiff, das von jenem durch zwei achteckige Pfeiler ohne Kapitäl, auf welchen die Scheidbogen ruhen, getrennt ist.

Das Hauptschiff und der Chorraum sind von einem nach oben zu nur unbedeutend spitz zulaufenden Tonnengewölbe bedeckt, in dessen Südseite Oeffnungen für Oberlichter eingeschnitten sind. Das Seitenschiff hat ein besonderes mit Brettern verschaltes Tonnengewölbe, dessen Höhe die des erstgedachten nicht erreicht.

Es scheint, dass die Kirche ursprünglich eine flache Decke gehabt habe, und dass sie erst später um den Raum erhöht ist, den jetzt das Gewölbe einnimmt, das sich seinerseits innerhalb des Daches befindet.

Die westliche und südliche Seite der Kirche, also das Hauptschiff, enthält zwei Emporen übereinander, das Seitenschiff dagegen nur eine solche.

Abgesehen von einigen kleinen Bildern am Altare und einem gothischen Taufsteine fehlt es der Kirche an allem Schmuck, sowohl an Gemälden, wie an Werken der Plastik. Auch die Grabsteine und Epitaphien, welche sich bis zur Restauration von 1820 darin befunden haben, — des Johannes Lange von 1548, das einst dem Altar gegenüber lag, des Wilhelm Textor von 1463, des Michael Scherer von 1632, des Conr. Ebert von 1656 und des Jean Philippe a Ledebur von 1679, deren Inschriften von Hartung 1. c. S. 511 mitgetheilt werden, — sind verschwunden. Einige Epitaphien, die früher am Knabenchore hingen, sind an das Museum des evangelischen Waisenhauses abgeliefert und bei dessen Brande zu Grunde gegangen. Zwar steht an der Mauer des ehemaligen Kirchhofs noch eine Anzahl von Epitaphien, dieselben rühren aber aus späterer Zeit her und sind ohne Kunstwerth.

Der Thurm enthält gegenwärtig drei Glocken:

1. eine grosse Glocke. Sie zeigt das Bild des Erzengels Michael im Kampfe mit dem Drachen, sowie das Crucifix zwischen Maria und Johannes und hat die Inschrift:

Anno Dm̄. MCCCLXXX in Dnc. p. lmarū. (Dominica palmarum.)

2. eine kleinere, gegossen 1849 von Benj. Sorge in Erfurt (Umschrift bei Hartung l. c. S. 168).

3. eine kleine von 1554.

In früherer Zeit befand sich hier noch eine $4\frac{1}{2}$ Ctr. schwere Glocke von 1466, ferner die sog. Messglocke, die 1739 sprang und deren Metall für 225 Rth. verkauft wurde, und zwei gleichfalls kleine Glocken, die aus der Servatius- und der Georgskirche hierher gekommen waren, und deren Metall anscheinend zum Guss der sub 2 erwähnten verwandt ist.

d. Die Andreaskirche.

Literatur.

Einige Nachrichten von der Kirche St. Andreä zu Erfurt und deren Lehrern seit der Reformation zum Drucke befördert durch das Inspectionskollegium St. Andreä. Erf. 1769. — Wahl, Statistische Nachrichten über die Andreaskirche zu Erfurt. Erf. 1868. — Hartung, Häuserchronik Th. II. S. 152—156.

Geschichte.

Die Andreaskirche, die an der Ecke der nach ihr benannten Strasse und der Webergasse belegen ist, hat zwar eine Zeit lang einem Kloster als Kirche gedient, da sie aber um dieser Verbindung willen nicht aufgehört hat, eine selbständige Pfarrkirche zu sein, auch jene nur eine vorübergehende gewesen, so eignet sie sich zur Besprechung in diesem Abschnitte

Sie ist 1203 gegründet und erbaut, wie die Inschriften auf einem Steine der Umfassungsmauer, der nach Wahls (l. c. S. 5) Vermuthung aber allerdings einer späteren Zeit entstammt und einem Steinrelief über der grossen Eingangsthüre nach dem Andreasthore zu, die noch am Ende des vorigen Jahrhunderts vorhanden waren (Einige Nachr. S. 4. Dominikus l. c. S. 118), aber gegenwärtig verschwunden sind, dargethan haben. Der Grund, auf dem die Kirche lag, hatte zu dem erst kurz zuvor (1200) mit der Stadt Erfurt vereinigten Dorfe Schilderode gehört.

Im Jahre 1399 wurden von Papst Bonifacius VIII. die Einkünfte der Andreaskirche, insbesondere der darin befindlichen Altäre und Vikarien des h. Kreuzes, der Jungfrau Maria und des h. Bartholomäus dem Kloster der Benedictinerinnen auf dem Cyriaxberge zugewiesen, da dieses so in Vermögensverfall gerathen war, dass es die ihm obliegenden Verpflichtungen nicht mehr zu erfüllen vermochte.[1]

Nicht lange nacher — 1416 — brannte die Kirche jedoch ganz oder doch wenigstens grossentheils ab, indem ein am Fallloch enstandenes Feuer das Andreasviertel mit der Andreas-, der Georgen-, der Servatius- und der Moritzkirche, etwa den sechsten Theil der Stadt, in Asche legte.[2] Doch ist es wohl möglich,

[1] Johannis archiep. Mogunt. commissorium ad praepositum eccles. Dorlacensis super incorporatione parochialis ecclesiae St. Andreae Erford. 1399. VI fer. post ascens. dom. (9. Mai). Würdtwein Thuring. p. 267, Idem incorporationem ecclesiae pariochialis St. Andreae Erf. et vicariarum St. Crucis, St. Mariae et St. Bartholomaei monasterio St. Cyriaci factam confirmat. 1399. Dominic. ante fest. St. Michael. (20. Sept.). Ibid. p. 268.

[2] Anno 1416 ignis prope Vulloch tetigit forum raparum (Rubenmarkt), ecclesias St. Andreae, Georgii, Servatii, Mauritii et Johannis et quasi sextam partem oppidi Erfordiensis. Engelhusii Chron. Erfurt. Bei Menken Scriptt. II, p. 561. Einige Nachrichten, Seite 3 und

dass die Andreaskirche hierbei nicht so gänzlich vom Feuer zerstört wurde, dass nicht einzelne stehen gebliebene Theile derselben, namentlich die Umfassungsmauern, bei dem Wiederaufbau noch hätten benutzt werden können. Dass dies der Fall gewesen, lässt sich namentlich daraus schliessen, dass bereits 1418 die Wiederherstellung der Kirche soweit erfolgt war, dass am dritten Sonntage nach Trinitatis (11. Juni) d. J. der Weihbischof und erzbischöflich mainzische Vicarius Heinrich, Bischof von Adrinus, ein Ablassprivilegium für die wiederhergestellte Andreaskirche in Erfurt und vier neugeweihte Altäre in derselben ertheilen konnte (M. A.).

Der damalige Bau ist im wesentlichen noch jetzt vorhanden, wenn derselbe auch zur angegebenen Zeit noch nicht zum völligen Abschluss gelangt gewesen sein mag, welches letztere daraus geschlossen werden kann, dass Papst Pius II. noch 1465 V. Kld. Octob. (27. Sept.) zu Gunsten der Kirche ein Ablassprivilegium erlassen hat (M. A.).[1] Ein gleiches ertheilte derselben zu Gunsten einiger geweihten Bilder in ihr der mainzische Vicar Hermann, Bischof von Citrina 1466 in octava Corporis Christi (12. Juni) (M. A.).

Der grosse Brand von 1472 erstreckte sich zwar bis zur Andreaskirche, ergriff aber diese selbst nicht, sondern nur ihre Pfarrhäuser (Nic. de Siegen l. c p. 450).

Bald nachher wurde die Kirche dem Benediktinerinnenkloster St. Cyriaci zur Benutzung überwiesen. Dieses hatte von dem Cyriaxberge, auf dem es sich bisher befunden, weichen müssen, als man 1479 beschloss, denselben in die Befestigung mit hineinzuziehen. Der Rath war infolgedessen genöthigt, für die Nonnen ein anderes Kloster zu bauen; wegen der Beziehungen, in welchen dies bereits zur Andreaskirche stand, schien als der geeignetste Platz hierzu der derselben gegenüberliegende Volkenroder Hof. Der Rath erkaufte daher diesen 1481 nebst einigen anstossenden Grundstücken und erbaute hier, nachdem schon vorher ein besonderer Chor für die Klosterfrauen in der Kirche eingerichtet und als solcher 1484 am Sebastianstage (20. Januar) geweiht war (Stolle l. c. fol. 251 b), während die Nonnen damals noch ihre Unterkunft in der Elendsherberge im Brühle hatten, 1485—1488 für sie ein neues Kloster mit einem Kostenaufwande von 14000 fl. (Stolle l. c.).[2]

---

ihnen folgend Wahl, l. c. S. 5 und Hartung, l. c. S. 153 geben zwar an, „dass bei diesem Brande die Andreaskirche ziemlich verschont geblieben sei und nur einen Theil ihrer Urkunden verloren habe, welche verkohlt wären“, und das letztere bemerkt auch Dominikus l. c. S. 119, da aber keine Quelle für diese Angabe angeführt wird, so ist kein Grund vorhanden, an den übereinstimmenden Berichten des Engelhus, Hogel (l. c. S. 483), Friese (l. c. I 181 b) und Falkenstein (Hist. S. 297) zu zweifeln, und man muss daher daran festhalten, dass die Andreaskirche selbst mit abgebrannt sei.

[1] Erhard, l. c. S. 214 nimmt zwar an, dass dies wegen Baufälligkeit der Kirche geschehen sei, doch hat dies wenig Wahrscheinlichkeit für sich, da damals erst so kurze Zeit seit dem Wiederherstellungsbau verflossen war.

[2] Es kann kaum einem Zweifel unterliegen, dass, wenn Siegen (l. c. S. 469) und Fröschel (Kurzer Bericht von St. Cyriaci. Erf. 1644) u. a. angeben, dass der Bau des Klosters 1481 begonnen sei, dies sich nur auf die Vorbereitungen, namentlich die Beschaffung des Baugrundes bezieht, da sich nur in den Stadtrechnungen von 1485—1488 die durch den Bau entstandenen Kosten aufgeführt finden. Noch unrichtiger aber ist es, wenn Falkenstein, Hist. S. 452 angiebt, dass der Bau des Klosters 1497 begonnen sei.

Dasselbe wurde durch einen Gang, der die Strasse überspannte und durch die westliche Umfassungsmauer bei dem Singechor in die Kirche eintrat (Falkenstein, Hist. S. 426), und dessen Spuren noch jetzt sichtbar sind, mit dieser in Verbindung gebracht. Als Pfarrer wurde damals (1493) auf den Vorschlag der Vormünder des Klosters der bekannte Professor an der Universität, erst Lehrer, dann Widersacher Luthers, Jodocus Trautvetter, vom Rathe angestellt (Würdtwein, l. c. p. 313).

Dieses Verhältniss zwischen der Kirche und dem Kloster dauerte auffallender Weise noch fort, nachdem die Gemeinde zur neuen Lehre übergetreten war und 1522 in Melchior Weidemann, dem früheren Genossen Luthers im Augustinerkloster, einen evangelischen Prediger erhalten hatte (Einige Nachr. S. 6).

Was in späterer Zeit in baulicher Beziehung geschah, war nicht wesentlich. 1593 wurde die Kirche ausgemalt, wozu einige Zünfte die Kosten hergegeben (ibd. S. 17), 1633 von den Schweden der Thurm für fortificatorische Zwecke durch Fortnahme des Dachs und Aufstellung einer Batterie eingerichtet, 1688 eine Renovation des Innern vorgenommen, 1678 ein neuer Taufstein, 1679 eine neue Kanzel von Wohlthätern beschafft.

Nachdem 1604 noch die Moritzgemeinde der Andreaskirche einverleibt worden, hörte denn auch endlich deren Verbindung mit dem Kloster auf, als dieses infolge der Verwandlung des Petersberges in eine Citadelle abgebrochen werden musste, da sein Platz zur Anlage eines Glacis nöthig war. Es wurde infolgedessen für die Nonnen unfern der Lehmannsbrücke, wo sie bereits einen Garten besassen, auf der Stelle, wo sich früher der Pforta'sche Hof befunden, 1687 und 1688 ein neues Kloster gebaut und hierauf das bisherige, sowie der Gang, der dasselbe mit der Kirche verband, abgetragen und die Oeffnung in deren Westfront, in welche er gemündet hatte, wieder geschlossen. Gleichzeitig (1688) liess Brigitta Benigna von Schwengefeld, geb. von der Sachsen, einen schönen neuen Altar errichten.

Nachdem hundert Jahre hindurch nichts für die bauliche Instandhaltung der Kirche geschehen und nur 1708 von aussen eine Sakristei an sie angebaut, und 1710 der Altar neu gemalt und staffirt, sowie 1722 ein Beichtstübchen hergerichtet war, wurde 1768 und 1769 eine „Hauptrenovation" derselben bewirkt, die am Sonntage Quasimodogeniti (2. April) 1769 durch eine Wiedereinweihung ihren Abschluss erhielt (Einige Nachr. S. 18). Doch muss diese Erneuerung nicht sehr gründlich gewesen sein, denn schon nach dreissig Jahren machte sich eine solche schon wieder nothwendig, die nun 1800 bewirkt wurde. Arnold (l. c. S. 214) bemerkt: „dass die Kirche hierdurch ein sehr elegantes Innere erhalten habe und jetzt die einzige evangelische Kirche in Erfurt sei, die geschmackvoll und freundlich eingerichtet wäre."

Nicht lange nachher erlitt sie aber eine sehr erhebliche Beschädigung dadurch, dass am 22. November 1806 die auf dem Kirchhofe aufgehäuften Pulvervorräthe durch die Unvorsichtigkeit einer bei ihnen aufgestellten Schildwache, die beim Pfeifeanzünden einen Funken in das Pulver fallen liess, explodirten (Beyer, N. Chron. S. 363). Erst am 28. Juni 1807 konnte sie nach nothdürftiger Wiederherstellung dem Gottesdienste zurückgegeben werden (ibid. S. 378). Im Jahre 1813 ward sie aufs neue diesem entzogen, da sie zum Waffendepot diente. Jene

Explosion trug jedenfalls die Hauptschuld, dass 1827 ein grosser Theil des Gebäudes einstürzte (Erhard, l. c. S. 213) und so eine neue Wiederherstellung nöthig wurde, die 1828 erfolgte, aber erst am 31. October 1830 soweit zum Abschluss gelangte, dass die Kirche dem Gottesdienste zurückgegeben werden konnte. Bei diesem Bau wurde die Aussentreppe zur Empore auf der Südseite, sowie die Mauer, die gegen die Webergasse den ehemaligen Kirchhof begrenzt hatte, beseitigt. Eine neue Renovation, die der Kirche ein freundlicheres Ansehen gab, erfolgte 1868.

Alle jene Umstände haben Veranlassung dazu gegeben, dass ausser dem unteren Theile der Umfassungsmauern nicht mehr viel von der ursprünglichen Anlage vorhanden ist.

Beschreibung.

Die Andreaskirche[1] ist zwar einfach, klein und ohne künstlerische Bedeutung, aber nicht unfreundlich und verdient, wenigstens in ihrem gegenwärtigen Zustande, nicht mehr die Bezeichnung, die Dominikus (l. c. S. 118) ihr beilegt: ein altes, unbequemes, unansehnliches und ungesundes Gebäude.

Ihre Länge beträgt 16 ^{m}, ihre Breite $15^2/_3$ ^{m}, so dass sie fast genau ein Quadrat bildet.

Sie zeigt in den noch erhaltenen ursprünglichen Bestandtheilen den Charakter eines spätgothischen Baues und ist von Bruchsteinen, die nur an den Fenster- und Thüreinfassungen sowie an der Plinthe durch behauene Steine ersetzt sind, gebaut. Die Strebepfeiler treten nur wenig vor und sind mit einfachem Wasserschlage versehen. Sie erreichen nicht den Unterrand des Daches und deuten die Höhe an, welche die Kirche ursprünglich gehabt haben wird; denn augenscheinlich sind die Umfassungsmauern um den Theil, in welchem sich gegenwärtig viereckige Fenster befinden, später erhöht worden.

Die Südseite enthält in ihrem unteren Theile vier spitzbogige Fenster von ungleicher Grösse, die jetzt ohne Masswerk sind. Auf der Nordseite befindet sich ausser den viereckigen Fenstern auch ein schmales rundbogiges, was aber unstreitig aus späterer Zeit herrührt. Ihr liegt eine bedeckte Freitreppe vor, die den Aufgang zur Empore bildet. Die Ostseite enthält zwei grosse spitzbogige, durch die dort ziemlich ungeschickt angebaute Sakristei theilweise verdeckte Fenster, zwischen denen sich ein mächtiger Strebepfeiler befindet. Die Westseite enthält ausser zwei kleineren und drei grösseren viereckigen Fenstern im Mauerwerke die Spuren eines grossen Rundbogens, einen Ueberrest von dem Gange, welcher einst die Kirche mit dem Cyriaxkloster verband.

Der Haupteingang, der sich auf der Südseite befindet, hat eine viereckige Einfassung, die aber schwerlich von dem ursprünglichen Bau herrührt. Ueber ihr befindet sich ein Steinrelief aus dem 14. Jahrh. mit Christus am Kreuze, umgeben von Leidtragenden. Es ist 1860 gut von dem Bildhauer Kölling restaurirt. — Auf den beiden Seiten der Thüre stehen zwei Apostelstatuen auf Kragsteinen unter gothischen Baldachinen. An der östlichen Ecke ist ein Basrelief mit einem vor einem Crucifixe knieenden Manne und, wegen starker Verwitterung, unlesbarer Inschrift.

---

[1] Eine Abbildung derselben von der Westseite in Wahl, statist. Nachr.

Bedeckt ist die Kirche von einem Satteldache, so weit aber der Thurm reicht, einem Pultdache, dass bedeutend tiefer hinabreicht als jenes und die ursprüngliche Höhe der Umfassungsmauer anzeigt.

Der Thurm ist viereckig mit geringer Verjüngung in seinen vier unteren Geschossen, welche mit kleinen schmalen viereckigen Lichtöffnungen versehen sind und mit einem Kaffgesimse abschliessen. In dem obersten dieser Geschosse befindet sich eine Uhr mit Schlagglocke, die von dem Peterskloster dorthin gekommen ist. Der Thurm, dessen Höhe bis zur Gallerie 23 m beträgt, steht an der südwestlichen Ecke des Langhauses, tritt aber erheblich vor dessen südliche Mauer vor. Sein oberstes, gerade emporsteigendes Geschoss enthält grosse, zweitheilige, spitzbogige Fenster mit Masswerk und wird von einer Steingallerie bekrönt, aus deren vier Ecken Abgussröhren weit hinausragen. Innerhalb der Gallerie befindet sich die etwas gedrungene, achtseitige mit Steinplatten gedeckte Spitze, die sich mit schwacher Schmiege an den Unterbau anschliesst und einen kleinen nach Süden gerichteten Vorbau hat. Ihre Wetterfahne zeigt das Bild des h. Andreas.

Das Innere der Kirche ist ebenso schlicht als das Aeussere, aber nicht unfreundlich. Es ist einschiffig, mit geradem Chorabschluss und flacher Holzdecke. Auf der Nord-, West- und Südseite befinden sich zwei Reihen von Emporen.

Der auf der Ostseite stehende, wie schon oben bemerkt, aus dem Jahre 1688 herrührende Altar, den Dominikus (l. c. S. 119), jedoch schwerlich mit allgemeiner Zustimmung, für „unleugbar schön" erklärt, ist in Barockstyl. Ueber ihm befindet sich die Kanzel, auf seiner einen Seite die Statue des h. Andreas, auf der andern die des h. Mauritius. Die Orgel ist 1789 von J. G. Kummer erbaut und ein tüchtiges Werk.

An Kunstwerken ist die Kirche arm. Am bemerkenswertesten ist ein Steinrelief in der westlichen Mauer unterhalb der Orgel, eine Grablegung Christi, früher reich vergoldet, ebenfalls 1860 von Kölling restaurirt. Es befand sich früher an der Kirchhofsmauer. Der im Schosse Marias ruhende Leichnam ist von den heiligen Frauen umgeben. Es ist dies eine tüchtige Arbeit aus dem 15. Jahrh. — Auch eine kleine marmorne Bildsäule des h. Andreas ist nicht ohne Verdienst. — Das schöne in Holz geschnitzte Epitaphium der Familie Schwengefeld liegt gegenwärtig in einer Ecke des Thurmes. — Ein Bildniss Luthers, das früher über der Kanzel hing, gilt, wenn es auch an sich ziemlich gut ist, doch schwerlich mit recht für ein Original von Lucas Cranach. Einige jedoch nicht bedeutende Gemälde befinden sich in der Sakristei. Darunter, über der Eingangsthüre, eines mit Christus am Kreuz, das wohl früher als Altarbild gedient hat.

Die Kirche besitzt drei Glocken, von denen zwei neu, die erste 13, die andere 8 Ctr. schwer, erst 1849 von Benjamin Sorge gegossen sind, die dritte, ein Werk des Melchior Möring, von 1599 ist. Sie ist 37 Ctr. schwer und von schönem Tone. Sie stimmte einst so harmonisch zu den Glocken des Petersklosters, dass dieses sich, aber erfolglos, die grösste Mühe gab, sie zu erwerben (Böckner, Peterskloster II, S. 97). Der Sage nach erbot dasselbe sich sogar, dafür ein von seinem Thurme bis zu dem der Andreaskirche reichendes Band mit Gulden, Stück an Stück, belegen zu lassen (Hartung, l. c. S. 156). Die Glocke zeigt auf der einen Seite das Bild des h. Andreas, auf der andern das Erfurter Wappen. Die Inschrift lautet:

Aus aller Pfarrkinder Mildigkeit
Vergelt's ihnen Gott in Ewigkeit
Tausend fünfhundert neunzig neun Jahr
Durch Melchior Moering ich gegossen war.

Darunter die Namen der damaligen Altarleute und Geistlichen der Kirche. Ausserdem hat der Thurm zwei Schlagglocken.

e. Die Thomaskirche.

Literatur.

Hartung, Häuserchron. Th. II, S. 97–99.

Geschichte.

Wann die in dem Theile der Löberstrasse, der früher den Namen Löbervorstadt führte, belegene Thomaskirche gegründet sei, steht nicht fest. Doch kann man es als unzweifelhaft ansehen, dass dies nicht vor dem Anfange des 14. Jahrh. geschehen ist. Denn am Schlusse des 13. Jahrh. besass Erfurt, abgesehen von dem Brühle, überhaupt noch keine Vorstädte (Tettau, Beiträge S. 6), es existirte also auch die Löbervorstadt noch nicht, wie denn auch in dem ältesten vorhandenen Freizinsregister, dem von 1293, die Strasse „Im Loche" oder, wie sie demnächst hiess, „Vor dem Löberthore", nicht vorkommt.

Die erste urkundliche Erwähnung der Thomaskirche findet sich in einer Urkunde von 1346, V. Kld. Decembr. (22. Novbr.), durch welche Cuno von Herversleiben in der Pfarrkirche St. Thomä vor dem Löberthore eine Vicarie den Bestimmungen Günters von Melbach, weiland Vicars zu St. Severi, gemäss stiftet. (M. K. A.) Eine weitere Erwähnung findet sich in einer Urkunde von 1372, Sonnabend vor dem Sonntage Misericordia (10. April), durch welche Johannes, Pleban der Kirche des h. Thomas vor der Stadt Erfurt, das neugegründete Karthäuserkloster von dem Parochialverbande dieser Kirche befreit (Würdtwein, Thuring. p. 262), was von Johann von Mila, Propst der Marienkirche, dem Patronat und Collaturrecht der Thomaskirche zustand, am 24. October 1400 bestätigt wird (ib. p. 271).[1] Hiernach kann man annehmen, dass dieselbe in der ersten Hälfte des 14. Jahrh. erbaut sei, auf welche Zeit auch ihr Baustyl hinweist. Der damalige Bau ist im wesentlichen noch jetzt erhalten, da die Kirche, und zwar fast die einzige Erfurts, nie von einer Feuersbrunst betroffen ist, auch nie ihre Baufälligkeit einen Neubau nöthig gemacht hat.

Nachdem die Reformation in Erfurt Eingang gefunden, wandte sich auch sehr bald die Thomasgemeinde der neuen Lehre zu. Der erste evangelische Geistliche an derselben war der berühmte Justus Menius.[2]

---

[1] Nicht 1440, wie Dominikus, l. c. S. 123 und, ihm folgend, Hartung, l. c. S. 97 angeben. Ebensowenig begründet ist deren Bemerkung, „dass die Kirche schon damals ihres Alters wegen berühmt gewesen sei," was gar nicht möglich war.

[2] Die Zeit, zu welcher dessen Anstellung erfolgte, ist nicht genau bekannt, doch muss dies zwischen 1524, wo Menius noch Diakonus in Mühlberg war, und 1528, wo er als Pfarrer der Thomasgemeinde mit dem Guardian des Barfüsserklosters, Conrad Kling, in einen heftigen

Was seitdem in baulicher Beziehung an ihr geschah, ist nicht von grosser Bedeutung und beschränkte sich im Wesentlichen auf das Innere.

Im Jahre 1550 wurde eine neue Orgel angeschafft (Friese, l. c. II, S. 518). Dieselbe wurde aber 1727 durch eine viel schönere ersetzt (ib. S. 512). Diese letztere wurde 1887 mit 300 M. aus Kirchen- und Privatmitteln aufgebrachten Kosten erheblich verbessert.

In den Jahren 1844 und 1882 sind sehr wesentliche Umgestaltungen des Inneren vorgenommen, durch die so manches Störende beseitigt ist. Auch ist eine Heizanlage und eine Beleuchtung mit Lampen eingerichtet.

Beschreibung.

Die Thomaskirche, die kleinste unter den Kirchen Erfurts und ohne architektonischen Werth, ist der Zeit ihrer Erbauung, der ersten Hälfte des 14. Jahrh. entsprechend, in gothischem Style. Doch ist sie ohne Strebepfeiler und mit geradem Chorabschluss. Die Fenster sind spitzbogig und bis auf zwei im Schift und Dach 1882 neu hergestellt. Wegen Armuth der Kirche, und weil man bei dem neuerdings stattgefundenen grossen Anwachsen der Gemeinde einen vollständigen Neubau in Aussicht genommen, hat man das zerbrochene Masswerk nicht wieder in Stein hergestellt, sondern durch Holz ersetzt. Das rundbogige Fenster in der Westfront des Thurmes war ursprünglich eine Thür, die von einem vorgebauten Treppenhause auf die Empore führte. Die viereckigen Fensterchen in jener rühren aus gleicher Zeit her. Die Thüren sind 1884 und 1885 neu und stylgemäss angefertigt, doch ist die viereckige Einfassung der im Thurme alt.

Gebaut ist die Kirche in Bruchsteinen, nur zu den Fenster- und Thüreinfassungen sind Hausteine verwendet.

An der Aussenmauer der Westseite befindet sich ein Steinrelief mit dem h. Thomas, der seine Finger in das Wundmal Christi legt; darüber ein Engel, unten ein Wappen.

Das Dach, das 1886 wegen gefahrdrohenden Drucks auf die Seitenmauern mit Eisenankern hat gesichert werden müssen, ist über Schiff und Chor ein Satteldach, da, wo es an den Thurm stösst, ein Pultdach. Es ist mit viereckigen, vertikal stehenden Fenstern versehen.

Der Thurm befindet sich in der nordwestlichen Ecke des Langhauses. Er steigt viereckig ohne Verjüngung auf und enthält in den unteren Geschossen zwei viereckige Lichtöffnungen, in dem obersten, durch ein Kaffgesims angedeuteten, auf jeder Seite ein grosses spitzbogiges Fenster mit Masswerk. Er schliesst mit einer Steingallerie, aus deren vier Ecken Wasserabgussröhren hinausragen. Innerhalb jener befindet sich eine achtseitige, ziemlich schlanke, mit Schiefer gedeckte Spitze, an welcher sich zwei kleine mit ähnlichen Spitzen versehene Vorbauten behufs Aufnahme von Zifferblättern der Thurmuhr anschliessen.

An die Ostseite der Kirche ist in neuerer Zeit ein Gebäude, das eine ziemlich geräumige Sakristei mit einem Vorzimmer enthält, angebaut.

Streit gerieth, geschehen sein. (Motschmann, Erford. literata contin. S. 378. Mittheilungen über die ersten evangelischen Geistlichen in Mühlberg in den Mittheilungen des Ver. f. d. Gesch. v. Erf. VIII, S. 85.)

Das Innere der nur einschiffigen Kirche ist sehr einfach und kunstlos, aber nicht unfreundlich. Es enthält auf jeder der beiden Langseiten eine Empore, auf der Westeite, wo sich die Orgel befindet, zwei dergleichen von erheblicher Tiefe.

Die Kirche war früher mit einer flachen Decke versehen, neuerdings ist an deren Stelle ein nach oben etwas spitz zulaufendes, innerhalb des Daches liegendes mit Brettern verschaltes Tonnengewölbe getreten, in welches viereckige Oeffnungen für das Licht der Dachfenster eingeschnitten sind.

Die Kirche enthält wenig Gegenstände von künstlerischem Werthe, doch befindet sich einer darunter, der in hohem Grade Beachtung verdient.

Es ist dies ein Flügelaltar mit vergoldeter nnd polychromirter Holzschnitzerei. Schorn (l. c. S. 23) legt ihn der kölnischen Schule bei und setzt ihn in das 14. Jahrh., erklärt ihn jedoch für geringer an Kunstwerth wie den ähnlichen in der Barfüsserkirche. Auch Otte (l. c. S. 200) hebt unter Berufung auf Kugler den Altarschrank der Thomaskirche als ein namhaftes Werk des 14. Jahrh. hervor, dessen Flügelbilder der kölnischen Schule angehörten. Wahrscheinlich ist derselbe jedoch aus der Holzschnitzereischule, die in der zweiten Hälfte des 15. Jahrh. in Erfurt selbst bestand, hervorgegangen, bei diesem Werke aber ältere Gemälde zu den Aussenseiten der Flügel verwendet hat; denn dass diese älter sind als die letztaufgeführte Zeit, kann nicht zweifelhaft sein, da man damals nicht mehr auf Kreidegrund malte, wie hier geschehen. Dornheim, der sie für werthvoll erklärt, will sie sogar in das 13. Jahrh. setzen.

In der Mitte erblickt man unter einem reichen gothischen Baldachin in grösseren Figuren Maria von Christus gekrönt, auf jeder Seite in kleineren sechs Heilige in zwei Reihen auf zierlichen Consolen und gleichfalls unter Baldachinen. Auf jedem Flügel acht Heilige in derselben Weise. Die Aussenseiten der Flügel enthalten Gemälde auf Kreidegrund; links in zwei Feldern übereinander Kreuztragung und Dornenkrönung, rechts ebenso Geisselung und Kreuzigung. Doch sind die Gemälde so beschädigt, dass nur wenig auf ihnen noch zu erkennen ist. Im Untersatze des Altars befindet sich ein Gemälde mit dem Abendmahle; rechts von diesen drei erwachsene schwarzgekleidete Männer und drei Knaben.[1]

Hinter dem Altar ist ein Sakramentshäuschen in die Mauer eingesetzt, das in Gestalt eines Epitaphiums gearbeitet ist und dem 15. Jahrh. entstammt. Oben ist unter einem Bogen mit reicher gothischer Verzierung Christus am Kreuz zwischen Maria und Johannes. In einer tiefen spitzbogigen Nische darunter, die zur Aufnahme der Monstranz bestimmt war, steht gegenwärtig die Statuette eines Geistlichen mit einem Buche in der Hand. Noch tiefer in einer Art Console rechts ein betender und knieender Mann, links eine Frau, beide mit nach aussen gerichtetem Gesichte; neben ihnen ihre Wappen.

Wenn die Thomaskirche nicht in demselben Masse wie die übrigen Kirchen Erfurts mit Denk- und Grabsteinen versehen ist, so hat dies vorzugsweise darin seinen Grund, dass ihre Gemeinde in jener Zeit, wo es üblich war dergleichen Denkmäler zu errichten, fast durchgängig dem ärmeren Theile der Bevölkerung angehört hat, namentlich dieser Bezirk nie von Patrizierfamilien bewohnt gewesen

[1] Eine Abbildung der Vorderseite des Altarschreins in Münzenberger, Die mittelalt. Altäre Deutschl., Heft III.

ist. Nur ein einziges Epitaphium kann hier erwähnt werden, das des 1636 im Alter von neunzig Jahren verstorbenen Claus Guch und seiner ihm 1626 im Tode vorausgegangenen Gattin Anna, gebornen Büchner, auf welcher vier Frauen und zwei Mädchen dargestellt sind.[1]

Das Gemälde mit Christus und Thomas, das früher den Altarschrein verdeckte und jetzt an der südlichen Seitenwand hängt, ist ein Geschenk von Gemeindemitgliedern an die Kirche und stammt aus neuerer Zeit.

Dasselbe gilt von der schönen Glasmalerei, die das Mittelfenster schmückt. Sie stellt den h. Thomas, der die Wundenmale Christi berührt, während die übrigen Jünger im Hintergrunde stehen, vor, und ist 1881 nach dem Entwurfe von Heinr. Kruspe in dem kgl. Institute für Glasmalerei zu Berlin angefertigt.

Die Kirche besitzt drei Glocken:

1. eine grosse, die Ave Maria (Umschrift bei Hartung l. c. S. 99),

2. eine mittlere, die Thomas-Glocke mit dem Bilde des h. Thomas, gegossen 1623 von Hans Heinrich Reusch und Hans Wolf Geyer (Inschriften ibid.),

3. eine kleine mit der Umschrift:

Anno Dom. MCCCCXLVIII. In Honorē. Sancti. Thome.

f. Die Hospitalkirche.

Literatur.

Mülverstedt, Hierographia Erford. p. 170, 171. — Hartung, Häuserchron. II, S. 53—65.

Geschichte.

Die am Hospitalplatze belegene Kirche des grossen Hospitals gehört zwar nicht zu den Pfarrkirchen im engeren Sinne, indem ihr Sprengel sich auf die Bewohner des Hospitals beschränkt, da sie aber auch nicht zu den Klöstern incorporirten Kirchen gerechnet werden kann, so mag sie hier besprochen werden.

Das Hospital war 1125 von dem Erzbischof Adelbert I. von Mainz gegründet (Falkenstein, Chron. I, S. 483, Dominicus l. c. S. 264). Von Papst Honorius III. ward ihm am 7. März 1223 ein Schutzbrief und eine Bestätigung der ihm gewährten Dotation zutheil.[2] Da es neben der Kirche St. Martini intra lag, und diese von ihm zum Gottesdienste benutzt ward, so führte es den Namen Martinshospital. Als sich aber 1384 die Nothwendigkeit herausstellte, diese Kirche zu vergrössern und der hierzu erforderliche Raum nur durch den Abbruch des Hospitals gewonnen werden konnte, beschloss man, dies in die Vorstadt vor das Krämpferthor zu verlegen, an die Stelle wo es sich noch gegenwärtig befindet

---

[1] Da in den Sterberegistern der Thomaskirche von 1624—1637 der Name Guch nicht vorkommt, so ist das Relief wahrscheinlich aus dem Karthäuserkloster bei dessen Aufhebung hierher gebracht.

[2] — nostra protectione suscipimus specialiter autem possessiones, redditus et libertates vobis et hospitali vestro a venerabili fratre nostro ... Moguntinensi archiepiscopo de capituli sui assensu pia liberalitate concessas, sicut eas juste et pacifice possidetis, et in ipsius archiepiscopi litteris plenius continetur vobis et per vos eidem hospitali auctoritate apostolica confirmamus. Würdtwein, l. c. p. 214.

(Hogel l. c. S. 443, Friese l. c. I, S. 163b, 164, Falkenstein, Hist. S. 276), wozu Erzbischof Adolf von Mainz 1385 Sonnabend nach Agathae (11. Febr.) seine Genehmigung ertheilte (M. A.). Es erhielt nun den Namen des neuen und seit der Gründung des Duderstädter Hospitals 1409 den des grossen Hospitals. Begonnen wurde der Bau am St. Marcustage (25. April) 1385 laut der über dem Haupteingange an der Südseite der Kirche befindlichen Inschrift:

Anno dm mccclxxxv : inceptū . est . hoc . cpitale . in . die . s . marci

Als Baumeister, der diesen Neubau leitete, wird Heinze Bruns genannt. (Urk. v. Donnerst. vor Galli (12. Oktob.) 1385 (M. A.)

Das Hospital war zunächst nur mit einer Kapelle, genannt zum heiligen Geist, versehen und in die Kaufmannskirche, in deren Sprengel es lag, eingepfarrt, es muss aber bereits 1399 eine wirkliche Kirche vorhanden gewesen sein, da die durch einen Erlass des Erzbischofs Johann von Mainz vom genannten Jahre bewilligte Exemtion von dem Parochialzwange der gedachten Kirche und Ermächtigung zur Anstellung eines eigenen Pfarrers (Gudenus, Cod. Diplom. III, p. 650, 651) eine solche zu ihrer Voraussetzung haben.

Ob die damalige Kirche zerstört sei, als am St. Bartholomäustage 1488 der Blitz einschlug und zündete (Stolle l. c. f. 256, 256b), was allerdings sehr wahrscheinlich ist, da das Feuer solange gebrannt hat, wie noch etwas von ihm ergriffen werden konnte oder ob andere Umstände einen Neubau nöthig gemacht haben, muss dahingestellt bleiben; gewiss ist es aber, dass in den letzten Jahren des 15. Jahrhunderts ein solcher oder mindestens ein Hauptreparaturbau erfolgt ist, da am 10. Februar 1499 von dem erzbischöflichen Vicare, Johannes Bischof von Sidon, eine Urkunde über die stattgefundene Einweihung der Kirche und des Kirchhofs sowie ein Ablassprivilegium zu deren Gunsten ausgestellt wurde (H. A.).

Der damalige Bau ist im wesentlichen der noch jetzt vorhandene. Man kann aber wohl annehmen, dass bei ihm so viel als möglich der ihm vorausgegangene benutzt und von diesem namentlich die auf den Anfang des Hospitalbaues bezügliche Inschrift und der Grabstein des Siegfried Ziegler von 1462 hinübergenommen sind.

Nach Einführung der Reformation in Erfurt blieb eine Zeitlang (1527) die Hospitalkirche, da sie keine Gemeinde hatte, die in ihrer Mehrheit zur neuen Lehre hätte übertreten können, da ihr Pfarrsprengel auf die Bewohner des Hospitals sich beschränkte, die einzige Kirche in Erfurt in der von einem katholischen Geistlichen gepredigt wurde, und zwar von dem bekannten Gegner der Reformation, dem Guardian des Barfüsserklosters Dr. Konr. Kling (Motschmann, Erford. liter. contin. p. 370), bald nachher wurde jedoch von dem Curatorium des Hospitals ein evangelischer Pfarrer in der Person des Joh. Hennig angestellt und bei dieser Einrichtung ist es seitdem verblieben, obwohl die Zugehörigkeit zur katholischen Kirche nicht von der Aufnahme in das Hospital ausschliesst.

Das letztere ist zwar seitdem mehrfach von grossen Bränden heimgesucht worden, so von einem 1536 in der Nacht nach Walpurgis (1. Mai), der einen auf 5000 fl. abgeschätzten Schaden verursachte (Wolf. Wambach handsch. Chron. vid. Friese l. c. II, S. 497, 501), der erst 1547 durch den Wiederaufbau der abgebrannten Gebäude beseitigt wurde,[1] und wieder von einer anderen am 2. Febr. 1557, durch welche die Oekonomiegebäude zerstört wurden, doch haben dieselben sich nicht auf die Kirche erstreckt.

Deren Inneres hat jedoch mancherlei Veränderungen erfahren, so durch eine 1860 und 1861 vorgenommene Restauration, die zwar manches Ungehörige und Störende beseitigt, aber auch der Kirche ein sehr nüchternes Ansehen gegeben hat. 1885 wurden die bisherigen beiden Haupteingänge vermauert und an deren Stelle andere Thüren angebracht.

Beschreibung.

Die Kirche, die, wie oben dargethan, gegen 1499 ihre gegenwärtige Gestalt erhalten hat, ist spätgothisch, ein zwar regelmässiges, aber nur kleines Gebäude. Gegen den Hospitalplatz liegt ihr der ehemalige Kirchhof, jetzt ein Garten, vor, der von jenem durch eine Mauer getrennt ist.

Die Kirche ist ohne Strebepfeiler. Der Chor schliesst mit drei Seiten eines Achtecks. Die spitzbogigen Fenster zeigen meistens das einfache Masswerk eines Drei- oder Vierpasses. Eins der Chorfenster ist dadurch verdeckt, dass das Pförtnerhaus hier angebaut ist. Auch die alten Eingänge sind spitzbogig mit einfacher Umrahmung.

Neben dem südlichen befindet sich an der Aussenseite der Mauer eingefügt der Grabstein des Siegfried Ziegler und seiner Ehefrau Tecla von 1462, Hautreliefdarstellung eines Mannes und einer Frau, beide knieend, zwischen ihnen Schilde mit dem Zieglerschen und dem Salfeldschen Wappen unter einem gemeinschaftlichen Helme. Darüber Christus im Kniestück aus Wolken ragend mit einem Lilienkranze als Nimbus. Die Arbeit ist bis auf die kleinsten Details sehr sorgfältig und sauber ausgeführt, der Faltenwurf natürlich und frei von jeder Manierirtheit, jedoch im untersten Gewandtheile der Frau etwas massenhaft geknittert. Die Köpfe besitzen individuellen Ausdruck. Leider ist das Werk nicht unbeschädigt, so sind namentlich die Arme des Heilandes verstümmelt. Umschrift in erhabener neugothischer Minuskel:

> Anno domini . mcccclxii . in . die . sc̄te . walpurgis . obiit . honesta . dn̄a . tele . ltīa (legitima) . sifridi . czigeleris . dem . an . xclxiiii . i . vigilia . na(tivita)

---

[1] Zum Wiederaufbau hatte der Obervierherr Joh. Rintfleisch 1000 Gulden beigesteuert, wie die über der Kellerthüre des Quergebäudes befindliche Inschrift:

> Anno Christo nato 1540 honestus et insignis vir Johannes Rintfleisch Erfordianae urbis tribunus hac vita in domino perfunctus est, qui Dei amore ad hujus Domus structuram, quam Anno Servatoris 1536 vorax flamma consumserat, quo rursus instauretur, aureos nummos mille legavit, cujus anima in Domino requiesat. Amen.

ergiebt.

Ueber das Jahr der Vollendung des Wiederaufbaus ertheilt eine über der Eingangsthüre zum Archive befindliche Inschrift:

> Als er Christoph Milwitz Ratsmeister, er Claus Gunderam Vierherr, Vormünder dieses Hospitals, regierende Herren am Rathe waren, ist dieser Baw volnbracht worden nach Christi geburth 1547.

Auskunft.

. tis . marie . obiit . sifridus . procurator . hujus . hospitalis . hic . sepulti . q(uorum) a(nimae) r(equiescant in) p(ace).

Die Kirche ist einschiffig und mit einer flachen Holzdecke versehen, deren frühere Bemalung mit Scenen aus der biblischen Geschichte bei der letzten Restauration beseitigt ist.

Der viereckige, ohne Verjüngung aufsteigende, fünfstöckige Thurm, dessen Höhe die des Kirchendachs nur wenig überragt und der seinen Stand an der Nordseite des Langhauses neben dem Chore hat, endigt in einer mit Schiefer bekleideten italienischen Haube.

Bedeckt ist die Kirche von einem Satteldache, das auf der einen Seite sich an das Steinhaus lehnt, auf der andern, über dem Chore, nach drei Seiten abgeschrägt ist.

Das Innere der Kirche ist gegenwärtig ohne irgend welchen künstlerischen Schmuck. In früherer Zeit ist dies nicht so gewesen; sie hat nicht nur fünf Altäre, sondern auch ein rechts vom Hauptaltare aufgestelltes steinernes Marienbild besessen, an dessen Sockel Name und Wappen der Familie Brun angebracht waren. Aber nicht nur dies alles ist verschwunden, sondern man hat auch bei der letzten Restauration alle Inschriften, Reliefdarstellungen und Verzierungen an den Grabsteinen abmeisseln lassen (Hartung, l. c. S. 65). — Altar und Kanzel sind neu; die letztere verdient Beachtung, die vier Einsatzstücke mit Reliefﬁguren, die sie schmücken, sind jedoch aus Berlin bezogen. Die bunten Scheiben lassen schon durch ihre grellen Farben erkennen, dass sie der neuen Zeit und blossen Handwerkern ihre Entstehung verdanken.

An die Kirche stossen die weitläuftigen und mehrere Höfe in sich schliessenden Hospitalgebäude. Einige derselben stammen noch aus früherer Zeit, so namentlich das an die Westseite der Kirche stossende sog. Steinhaus, mit einem Eingange in diese, ein mächtiges Gebäude, doch ohne allen architektonischen Werth, in welchem gegenwärtig eine Sammlung grösserer, vorzugsweise bei dem Abbruch älterer Gebäude der Aufbewahrung werth gehaltener Sculpturwerke aufgestellt ist, so wie das 1547 aus dem Legate des Obervierherrn Rintfleisch errichtete Quergebäude, das sog. Herrenhaus, in welchem sich die Pfarrwohnung und die Geschäftsräume der evangelischen milden Stiftungen, gegenwärtig auch die von dem Konsul Knappe angelegte ethnographische Sammlung befinden. Dies Gebäude enthält ausser der schon erwähnten Inschrift über dem Kellereingange, noch über dem Hauptportale ein kunstvoll gearbeitetes steinernes Wappen der Stadt Erfurt und ihrer Besitzungen von 1544 — welches Herrmann bei der Aufzählung der noch vorhandenen Darstellungen des gedachten Wappens aus älterer Zeit (das Wappen und die Siegel der Stadt Erfurt S. 99—111) übersehen hat — über demselben einen segnenden Christus, und an derselben Aussenmauer ein vertieftes Relief, das Brustbild eines Mannes, anscheinend eines im Predigen begriffenen Geistlichen zwischen zwei Säulen ohne Inschrift und Jahrzahl, aber wohl dem Beginn des 16. Jahrh. angehörend. Es soll den Barfüsser Guardian Conrad Kling, der, nachdem sich die Evangelischen aller anderen Kirchen Erfurts bemächtigt, allein noch in der Hospitalkirche katholischen Gottesdienst gehalten hat, darstellen.

Unter der Pfarrwohnung befinden sich schöne mit Kreuzgewölben versehene Souterrains, deren hinteres wohl einst als Kapelle gedient haben mag. Ueber der eisernen Verbindungsthüre zwischen denselben findet sich in römischen Majuskeln die Inschrift:

Als Er Christoph Milwitz Rathsmeister Er Claus Gundermann Vierherr vormunden dieses Hospitals regierende Herren am Rath waren, ist dieser Bau volnbracht worden nach Christi Geburt 1547.

Darunter auf jeder Seite ein Wappen.

In dem Steinhause befindet sich eine vorzügliche Arbeit, der Grabstein des Georg Utensberger von 1511. Unter einem Bogen Maria mit dem Christkinde auf dem Arme stehend auf der Mondsichel. Unten knieen auf der einen Seite ein Mann, auf der andern zwei Frauen und zwei Kinder, noch weiter unten drei Wappen; die Zwickel mit stylisirten Zweigen; der ganze innere Grund um 5—6" vertieft und die Figuren in Hautrelief. Die Umschrift in erhabener neugothischer Minuskel lautet:

Anno domini tusent v^c. xi in die sancti mattias apostoli ist vorscheyden der erbar iorge utensbergk de gott genade.

Gleichfalls im Steinhause befindet sich der Grabstein des Conr. Ziegler und seiner Gattin von 1505, flache Reliefdarstellung eines Mannes und einer Frau mit betend erhobenen Händen, aber so abgetreten, dass die Umschrift nur theilweise noch lesbar ist.

Der Thurm enthält eine Schlaguhr und drei kleine Glocken:

1. mit der Umschrift: Von Benjamin Sorge in Erfurt 1839 gegossen,
2. mit der: Jacob Pape Had Mich Gegossen In Erfurt Anno 1668,
3. eine kleine sehr alte ohne Inschrift und Jahrzahl.

D. Ursprüngliche, Klöstern incorporirte, Pfarrkirchen.

a. Wigbertikirche.

Literatur.

Mülverstedt, Hierographia S. 158, 159. — Hartung, Die Häuserchronik d. St. Erf. II, S. 248—253.

Geschichte.

Die Wigbertikirche ist ursprünglich als Pfarrkirche gegründet und erst lange nachher einem Mönchsorden zugewiesen worden, so dass sie nicht von einem Kloster, sondern dieses von ihr den Namen erhalten hat.

Sie ist an der Regierungsstrasse zwischen der Barfüsser- und der Casinostrasse belegen und trägt ihren Namen von dem h. Wigbertus, einem Gehülfen des h. Bonifacius bei der Christianisirung Thüringens (Grössler, Die Einführung des Christenthums in die nordthüringischen Gauen S. 32).

Sie wurde 1223 als Pfarrkirche durch Beisteuern der Umwohner gegründet. Dem Anscheine nach hat die Abtei Hersfeld hierbei mitgewirkt, da diese sich bis zur Reformation in dem Besitze des Patronats befunden hat.

Die Kirche brannte jedoch bereits 1291 bei der grossen Feuersbrunst, die den dritten Theil von Erfurt in Asche legte, wieder ab. Wann damals ihre Wiederherstellung erfolgt sei, steht nicht fest. Jedenfalls ist dies in nicht sehr solider Weise geschehen, da sich schon am Anfange des 15. Jahrh. ein Neubau nöthig gemacht hat, der 1409—1473 stattfand.[1] Den Beginn machte 1409 die Erbauung des Thurmes, ausweislich der an dessen Südseite befindlichen Inschrift in vertiefter neugothischer Minuskel:

Anno dm̄ m^{c}cccc^{c}ix^o in die gregorii incepta est hec structura turris,

sodann folgt 1434 die des Langhauses, dessen auf dem südwestlichen Strebepfeiler, dicht unter dem Gesimse, befindliche Inschrift lautet:

Anno dm̄ mccccxxxiiii sabbato post ascensionis incepta est hec structura.

Wenn Falkenstein bemerkt, dass dieser Bau 1435 vollendet sei, und Kruspe (Neuster Führer S. 21) anführt, dass die Kirche in dem genannten Jahre mit einem sehr kunstreichen Gewölbe versehen worden, so mag dies seine Richtigkeit haben, dagegen ist der Bau des Chors erst 1472 begonnen und 1473 beendet. Denn die beiden an diesem befindlichen Inschriften in neugothischer Minuskel lauten:

año dm̄ m^o cccc^c lxxii quarto post urbani incepta est hec structura hujus chori

und

año dm̄ m^o cccc^o lxxiii vigilia jacobi completa est hec structura hujus chori.

Wenn die Reihenfolge, in welcher die einzelnen Gebäudetheile in Angriff genommen sind, hier eine andere gewesen ist als die gewöhnliche — Chor, Langhaus, Thurm — so hat dies wohl darin seinen Grund gehabt, dass man sich davon hat leiten lassen, in welchem Masse ein Neubau nothwendig geworden ist

Der damalige Bau ist im wesentlichen noch vorhanden.

Als selbständige Pfarrkirche hat die Wigbertikirche bis zur Reformation fortbestanden; nach deren Einführung in Erfurt hörte zunächst der Gottesdienst in ihr ganz auf, weil sehr bald die meisten Eingepfarrten zur neuen Lehre übertraten und sich der benachbarten, zu einer Pfarrkirche erhobenen Kirche des Barfüsserklosters zuwendeten. Doch nahmen die Evangelischen die Wigbertikirche nicht formell in Besitz (Friese l. c. II, S. 591). Diese wurde sogar 1530 durch Vermitteiung des Rathsmeisters Christoph Milwitz den Katholiken wieder eingeräumt und ein katholischer Geistlicher als Pfarrer bestellt. Doch verfiel sie, da die Einkünfte nicht ausreichten, um die Gebäude baulich im Stande zu erhalten (ibid S. 592), auch war das Verhältniss ein gemischtes, da die im Laufe der Zeit eingetretenen weltlichen Mitglieder des Kirchenvorstandes, die Altarleute, schliesslich sämmtlich

[1] Die bisherigen Angaben über die Erbauungszeit weichen allerdings hiervon ab, müssen aber denen der Inschriften nachstehen. Gudenus (Hist. p. 134) setzt die Erbauung in das Jahr 1425, und beruft sich dabei auf eine in der Umfassungsmauer befindliche Inschrift, die aber nicht das von ihm genannte Jahr, sondern 1434 hat; ihm folgt Friese (l. c. I, 189). Möller (Barfüsserkirche S. 66) giebt 1415 - 1431; Hartung, unter Berufung auf eine Handschr. der Kgl. Bibliothek zu Erfurt für den Bau der Kirche 1472, für den Beginn des Chorbaus 3. Januar 1473 (l. c. S. 244), theilt aber selbst (ibid. S. 367) die Inschrift mit, nach welcher der Bau des Langhauses 1434 begonnen ist. Kruspe (Neuster Führer S. 21) setzt den Bau in die Jahre 1409—1435, Falkenstein (Hist. S. 308) die Vollendung des Baues in das Jahr 1435.

der evangelischen Confession angehörten. Diese trieben nun eigenmächtig den damaligen katholischen Pfarrer Weiss aus dem Pfarrhause, setzten den Kaplan an der Barfüsserkirche in dasselbe ein, nahmen am 25. Oktob. 1582 dem Pfarrer und Kirchner, die sie aus der Kirche stiessen, mit Gewalt die Schlüssel ab, und Kirche, Kirchhof, alle Dokumente, Kirchengeräthe und Ornate in Besitz. Sie erhielten hierbei zwar den Schutz des Rathes, katholischerseits beruhigte man sich aber hierbei nicht. Es entstand infolgedessen ein weitläufiger und mit grosser Hartnäckigkeit geführter Rechtsstreit, der schliesslich zu Ungunsten des Raths entschieden ward, infolgedessen 1606 das Pfarrhaus den Katholiken zurückgegeben werden musste, nachdem denselben schon 1584 die Benutzung der Kirche wieder eingeräumt worden war.[1]

Während der schwedischen Occupation Erfurts nahm, da gerade die Pfarrstelle durch den Tod ihres Inhabers erledigt ward, 1633 der Rath die Kirche von neuem für die Evangelischen in Besitz (Falkenstein, Hist. S. 711), musste solche aber 1636 in Gemässheit des Prager Friedens zurückgeben.

Bald darauf erhielt dieselbe aber eine andere Verwendung. Die Augustiner Eremiten hatten sich die Fortnahme ihres Klosters in der Augustinerstrasse nicht gefallen lassen und nachdem sie ein günstiges Urtheil erstritten, dessen Rückgabe verlangt. Da der Rath, der dies inzwischen zum Gymnasium eingerichtet, sich zu dieser nicht entschliessen konnte, so übergab er jenen statt dessen das ihm anheimgefallene ehemalige Serviten- oder Marienknechtskloster. Nachdem dies aber 1642 von den Schweden gänzlich abgebrochen worden und die einstweilige Unterbringung der Mönche in dem Kloster der Weissfrauen keine bleibende sein konnte, kaufte der Rath für jene 1663 den in der Nähe der Wigbertikirche belegenen Valentinerhof. Nachdem dieser Platz noch durch 16 kleine 1665 und 1666 dazu erworbene Privathäuser am Barfüsser Steinwege vergrössert war, erbaute der Orden 1665—1695[2] daselbst das im wesentlichen noch jetzt vorhandene Kloster (Falkenstein l. c. S. 1066), das, nachdem ihm auf den Betrieb des Weihbischofs Walter von Strewersdorf von dem Erzbischof von Mainz 1653 die bisherige Pfarrkirche St. Wipperti incorporirt worden, von dieser den Namen Wigbertikloster erhielt.

Die Restauration der sehr in Verfall gerathenenen Kirche erfolgte 1653—1670. Im Jahre 1733 wurde die Kaplanei neu erbaut (Friese l. c. V. S. 2054) und 1751 von dem Landgrafen Christian von Hessen-Rheinfels die Kapelle zu den vierzehn Nothhelfern errichtet ([Clemens] Beschreib. des mainz. Etats in Thüring. I, S. 190).

Nach der Einnahme Erfurts durch die Verbündeten 1814 wurde das Kloster als Militairhospital verwendet. Die Mönche mussten es verlassen und fanden eine

---

[1] Die ausführlichen Verhandlungen dieses Rechtsstreites bei Hogel l. c. S. 961, 1167, 1173, 1177, 1183, 1190, 1207, 1208, bei Friese l. c. II, S. 591—593, Falkenstein Hist., S. 654 bis 668, Hartung, l. c. S. 245—251.

[2] An dem östlichen Klosterflügel, wo dieser an die Kirche stösst, nach dem Klostergarten zu findet sich die Inschrift;

1680 hic est incoeptum

und an dem nördlichen Anbau die:

1695 hic est finitum hoc monasterium.

einstweilige Unterkunft (in dem Leihhause, dem ehemaligen Jesuitencollegium (Beyer N. Chron. S. 566). 1822 erfolgte die Aufhebung des Klosters. Die Kirche ward zur Pfarrkirche erhoben, das Klostergebäude aber meist für militairische Zwecke verwendet. Gegenwärtig befinden sich darin, seitdem die katholische höhere Töchterschule wieder in das Kloster der Ursulinerinnen übergesiedelt ist, die Militaircasinos, sowie Militairhandwerkerstätten und Montirungskammern.

1838 ward das südlich vom Thurme in die Strasse vorspringende Treppenhaus, sowie die von hier bis zum Eingange in das ehemalige Kloster sich erstreckende Mauer abgebrochen, und an Stelle des ersteren seitwärts vom Thurme gegen Osten ein neues von Stein erbaut, der frühere Kirchhof aber geebnet und zur Strasse gezogen.

In der neusten Zeit ist das Innere der Kirche von manchem störenden Einbau befreit und erneuert. Letzteres ist zwar in stylgemässer aber ziemlich dürftiger Weise geschehen. Besonders störend wirken die zwei monströsen Dächer der Seitenaltäre (Kruspe, l. c. S. 21).

Beschreibung.

Die, wie bereits oben ausgeführt worden, im Laufe des 15. Jahrhunderts erbaute Kirche ist spätgothisch und ohne besonderen architektonischen Werth. Wenn sie zuweilen als Hallenkirche bezeichnet wird, so geschieht dies nur uneigentlich, da man unter dieser Benennung nur solche Kirchen versteht, bei denen Hauptschiff und Seitenschiffe gleiche Höhe haben, hier aber überhaupt nur ein Schiff vorhanden ist.

Sie ist zwar ein Steinbau, doch sind nur die Ecken und Einfassungen durchgängig in Quadern, das Füllwerk dagegen ist in Bruchsteinen, zwischen denen sich einzelne Lagen in behauenen Steinen hinziehen.

Der Chor, der wie ein Schlussstein des Gewölbes angiebt, im Jahre 1475 vollendet ist, schliesst mit drei Seiten eines Achtecks; er wird nur durch vier hohe spitzbogige Fenster, die schönes Masswerk mit stark ausgeprägten Nasen zeigen, erhellt, da die fünfte Fensterseite verbaut ist. Die Strebepfeiler sind bei ihm, wie bei dem Langhause, einmal abgetreppt und mit einfachem Wasserschlage bedeckt. Auf der Dachecke befindet sich ein eisernes Doppelkreuz.

Das Langhaus enthält auf der Südseite vier spitzbogige Fenster in deren Masswerk das Fischblasenmotiv vorherrscht, wie dies dem Style der Bauzeit entspricht, und ein Portal, das mit dem Ornamente eines hängenden Kleeblattbogens abschliesst. Die Nordseite enthält drei der ursprünglichen Fenster, welche ihr Licht aus ebensoviel grossen Lichtöffnungen im Klostergebäude erhalten. Das vierte rechtwinklig geschlossene Fenster über der Sakristei scheint neueren Ursprungs zu sein.

Die Westfront enthält auf jeder Seite des Eingangs ein kleines spitzbogiges Fenster ohne Masswerk; über demselben ein grösseres mit solchem, im Dache noch ein viereckiges. Das Portal ist spitzbogig und wird durch Rundstäbchen und dazwischen liegende Hohlkehlen abgeschlossen. Die auf den Giebelschenkeln stehenden vier kleinen Pyramiden passen eigentlich nicht zum gothischen Baustyl und rühren aus der 1653—1670 bewirkten Restauration her, wenn nicht aus noch späterer Zeit. Die Spitze des Giebels ist mit einem dreifachen Steinkreuze geziert.

Langhaus und Chor werden von einem Satteldache bedeckt, an das sich gegen Norden das Dach des Kreuzganges und der Sakristei unmittelbar anschliessen. Auf jenem befindet sich unfern des Giebels ein Dachreiter.

Der 1409 gebaute Thurm, der sich an der südöstlichen Ecke der Kirche, da wo Chor und Langhaus aneinander stossen, erhebt, ist viereckig und enthält vier, äusserlich durch Kaffgesimse angedeutete Stockwerke, die sich nur unbedeutend verjüngen, in den drei unteren viereckige Lichtlöcher, in dem obersten auf jeder Seite ein spitzbogiges Fenster. Die Thurmspitze bildet gegenwärtig ein achteckiger Cylinder mit einem darauf ruhenden Glockendache, beide mit Schiefer gedeckt. Sie verdankt der neusten Zeit ihre jetzige Gestalt und ist an die Stelle einer aus dem Jahre 1563 herrührenden getreten, die jedoch eine ganz ähnliche Form gehabt hat. Das Obergeschoss des Thurmes enthält die Wohnung des Thurmwächters. Am Fusse befindet sich dicht neben dem Chore das Treppenhaus.

Nr. 57.
Madonnenstatue in St. Wigberti.

Das Innere der Kirche ist zwar nicht imposant, aber freundlich und hell. Am bemerkenswerthesten ist das schöne Netzgewölbe, welches den weiten Raum überspannt und dessen Rippen gegenwärtig auf etwa der halben Höhe der Seitenmauern befindlichen einfachen Kämpfern ohne alle Unterstützung durch Säulen ruhn, wahrscheinlich aber ursprünglich auf Halbsäulen aufgesetzt gewesen sind. Das Gewölbe ist bei seiner weiten Spannung von 10,55 ^{m} ein Meisterwerk, macht aber, da die Breite (14 ^{m}) und Länge (36 ^{m}) ihr nicht entsprechen, nicht den Eindruck, auf den es an sich Anspruch hätte.

Der Hochaltar stammt aus der neusten Restauration der Kirche. Er ist von Holz in gothischem Style ausgeführt.

Gegenstände von künstlerischem Werth birgt das innere der Kirche nicht, an der äusseren Westfront befinden sich aber drei Bildsäulen, denen man solchen nicht absprechen kann. Zwei derselben, ein Christus, der den Kelch an die offene Seitenwunde hält und eine trefflich gearbeitete Madonna (Nr. 57), stehen auf der halben Höhe der Wand auf Konsolen, die mit Wappen geziert sind. Sie stammen aus dem

Jahre 1470.[1] Etwas weniger schön, namentlich wegen des manirirten Faltenwurfs, ist eine zweite Madonnenstatue, die auf einem viereckigen Postamente an der Ecke am Eingange zum Kreuzgange steht.

Das Sakramentshäuschen rechts vom Altare an der Chorwand, eine Steinarbeit in reichem Renaissancestyl, enthält rechts die Taufe Christi, links Christus mit den Jüngern zu Emaus mit dem Milwitzschen und Hugoldschen Wappen.

Neuerdings hat eine Pietà, eine treffliche Arbeit des Bildhauers H. Fleige in Münster, Copie des berühmten Werkes von Achtermann, in einer zu diesem Zwecke links vom Haupteingange in der Kirche eingerichteten vom Maler N. Stöhr ausgemalten Nische, Aufstellung erhalten. Die beiden schönen davor stehenden schmiedeeisernen Leuchter sind aus der Werkstatt von K. Walter in Erfurt.

Interessant ist auch das umfangreiche und ergreifende aus dem 15. Jahrh. stammende, vom Karthäuserkloster herrührende Steinrelief einer Kreuzigung, das jetzt in der Nähe der letzterwähnten Marienstatue im Kreuzgange eingemauert ist.

Die Fenster des Chors sind zwar mit Glasmalereien versehen, doch sind diese modern. Der von Osterrath herrührende Entwurf zu ihnen ist nicht ohne Verdienst, die Ausführung aber ohne Klarheit, bleiern und grau. Das südöstliche Fenster enthält die Bilder der hh. Bonifacius, Wigbertus und Thomas von Villanova, das mittlere Christus am Kreuz zwischen Maria und Johannes, das nordöstliche den Nicolaus von Tolentino, die h. Elisabeth und den h. Augustinus.

Vortrefflich und wahre Musterarbeiten der Kunsttischlerei sind dagegen die noch älterer Zeit entsammenden, von Mönchen des Karthäuserklosters gefertigten, geschnitzten und eingelegten Bet- und Beichtstühle. Ein gleiches gilt von den Wappen der Kirchenstühle.

Die in der Kirche vorhandenen Epitaphien verdienen minder wegen ihres Kunstwerthes als wegen der Personen, denen sie gewidmet sind, Beachtung. Es sind dies insbesondere die der um Erfurt hochverdienten kurmainzischen Statthalter Boyneburg, Bicken, Warsberg und Schenk von Schmidburg, das letztere aus weissem und schwarzem Marmor mit Medaillonporträt. Unter den Werken der Kleinkunst verdienen besonders eine gothische vergoldete Monstranz aus dem 14. Jahrh. und ein gleichfalls vergoldeter Kelch aus dem 16. Jahrh., der mit Granatsteinen wie übersäet ist, Erwähnung.

Die Kirche besitzt drei Glocken, deren eine 11 Ctnr. schwere sehr alt aber ohne Umschrift und Jahrzahl ist, eine zweite gleichfalls sehr alte, 4 Ctnr. schwere, weil sie gesprungen war, 1884 von dem Glockengiesser G. A. Wedell hier umgegossen wurde, die dritte, die Schlagglocke, die Umschrift trägt:

Gottes Wort bleibt ewig. Eckart Kuchen goss mich 1564.

Das Klostergebäude ist zwar im wesentlichen noch im früheren Zustande befindlich — nur der grosse Saal des Militärkasinos ist theilweise neu — da es aber erst der zweiten Hälfte des 17. Jahrh. entstammt, so hat es auf eine ausführliche Besprechung an diesem Orte keinen Anspruch. Nur mag des in dem

[1] Schorn, l. c. S. 13, setzt sie in eine etwas frühere Zeit, nach 1371 und glaubt, dass sie ehemals den Schmuck eines Giebels gebildet haben.

Erdgeschosse des nördlichen Querbaus befindlichen ehemaligen Refektoriums, das jetzt als Uniformkammer dient, wegen ihrer noch vollkommen erhaltenen prachtvollen Stuckaturdecke gedacht werden, welche die Wappen des römischen Kaisers und des Kurfürsten von Mainz zeigt, und deren Wände dicht unter dem Plafonds Inschriften enthalten und zwar die beiden kurzen Seiten:

Quisquis amat dictis absentum rodere vitam
Hanc aulam vetitam noverit esse sibi.

und die beiden Langseiten die Akrostichen:

En tVa Nestoreos CLaVstra AVgVstIne per annos
Vno sVb trIno stent ManeantqVe Deo (1687)

und

TrIno sVb prIMatV Isto terteCta beatI
Lapso AVgVstInI sVrgere Gera VIDet (1687).

Auch die Sakristei, welche im südlichen Quergebäude neben dem Chore sich befindet, hat eine kunstvolle Stuckdecke mit Darstellungen aus dem Leben der hh. Augustinus, Thomas von Villanova, Nicolaus von Tolentino, Bonaventura und des Papstes Gelasius.

Der gegenwärtig zum Militärkasino ausgebaute Ueberrest des ehemaligen Valentiner Hofes weist noch Spuren eines romanischen Baus in seinen theilweise jetzt versetzten Rundbogenfenstern. Sie haben vier durch hübsche Säulchen getheilte Flügel, über deren zugemauertem Felde sich eine kreisrunde Oeffnung befindet, die von einem grossen Bogen überspannt wird. Die glatten Schafte der Säulchen erheben sich über zierlichen attischen mit mannigfach gestalteten Eckblättern geschmückten Basen. Die Kelchkapitäle sind mit etwas steifen, symmetrisch sich wiederholenden Pflanzentheilen geziert. An jedem der neun Kapitäle ist die Zeichnung eine andere, wie auch die Eckblätter an sämmtlichen Säulenbasen sich nicht wiederholen. In dem südlich gelegenen Fenster ist das Ornament der Kapitäle am schwungvollsten (Kruspe, Beiträge S. 8).

b. Martinikirche.

Literatur.

Falkenstein, Thüring. Chronik II, 2, S. 1131—1133. — Die Nonnenklöster in Erfurt S. 20—24, 53, 54. — Mülverstedt, Hagiographia S. 161. — Hartung, Häuserchronik II, S. 124—126.

Geschichte.

Bei der zwischen der Brühlerstrasse und der Martinsgasse belegenen, aber durch Vorgarten und Mauer gegen dieselben abgeschlossenen Martinskirche walten dieselben Verhältnisse ob wie bei der Wigbertikirche. Auch sie war ursprünglich eine selbständige Pfarrkirche und führte als solche den Namen St. Martini extra (muros civitatis) — weil sie ausserhalb der Ringmauer der inneren Stadt in dem früheren Dorfe, späteren Vorstadt Brühl, lag — im Gegensatze zu der in der eigentlichen Stadt in der Nähe des Rathhauses belegenen Kirche St. Martini intra — und auch sie ist erst lange nach ihrer Gründung einem Kloster incorporirt, das dann von ihr den Namen Martinskloster erhielt.

Wann die Kirche St. Martini extra gegründet worden ist nicht bekannt, wahrscheinlich hat sie bereits zu den 25 Pfarrkirchen gehört, welche Erfurt zur Zeit des Erzbischofs Siegfried I. von Mainz (1059—1084) besass. Sicher ist, dass sie 1265 schon seit längerer Zeit bestanden hat. Denn in diesem Jahre feria quinta proxima post ascensionem domini (21. Mai) excommunicirte der Abt des Schottenklosters[1] Rudolf, als vom Erzbischof Werner von Mainz hierzu delegirter Richter, die Bewohner des Hirschbrühls, weil sie, ungeachtet sie in die Martinskirche im Brühle eingepfarrt wären, sich nicht zu dieser sondern zu der Neuwerkskirche hielten (Würdtwein, Thuringia p. 218—221).

Nachdem jedoch Erzbischof Gerhard II. von Mainz beschlossen hatte, das Kloster der Cisterciensernonnen, auch, weil sie der Regel des h. Bernhard angehörten, Bernhardinerinnen oder Grauschwestern genannt, von seiner bisherigen Stelle vor dem Krämpferthore in den Brühl neben die Martinskirche zu verlegen (Urk. vom IV. Kld. Aug. (29. Juli) 1303. Würdtwein, l. c. p. 228) und der Propst der Marienkirche Graf Lambert von Gleichen mit jenes Zustimmung Kld. (1.) Junii ej. das Patronat der gedachten Kirche diesem Kloster übertragen hatte (ibid. p. 229) und an dem bezeichneten Platze ein neues Kloster gebaut war, in welches die Nonnen 1310 übersiedelten,[2] wurde die Kirche, ohne deshalb aufzuhören Pfarrkirche für die Bewohner des Brühls zu sein, dem Kloster incorporirt, das nun anstelle seines bisherigen Namens, Mariengarten, den Namen Martinskloster erhielt.

Bei dem grossen Brande von 1472 wurde auch das Martinskloster mit seinen Pertinenzien, jedoch mit Ausnahme des Thurmes, ein Raub der Flammen (Stolle, l. c. f. 156. Falkenstein, Hist. S. 338), doch erfolgte die Wiederherstellung bereits 1483, ausweislich der über dem Eingangsthore befindlichen Inschrift:

> Anno domini MCCCCLXXXIII (feria) secunda post Martini completum est h(oc o) pus per me Ludovicum Molitoris tunc operis impositum.[3]

(Gerstenberg, Novantiq. Erford.)

Der damalige Bau ist dann im wesentlichen der, welcher bis auf die Gegenwart gelangt ist. Doch hat er noch ziemlich bedeutenden Abänderungen unterlegen, die seinen ursprünglichen Zustand erheblich modificirt haben.

Als die Schweden sich Erfurts bemächtigt hatten, nahmen sie das Kloster in Besitz, vertrieben die Nonnen, plünderten es aus und verwüsteten es arg (Mülverstedt, l. c. S. 161). Nach dem Prager Frieden 1635 musste es zwar zurückgegeben werden, da dasselbe sich aber so schon in ungünstigen Vermögens-

---

[1] Aus dem Umstande, dass es ein Abt des Schottenklosters war, durch den dies geschah, hat wohl Dominikus (l. c. S. 103) geschlossen, dass die Schotten den Gottesdienst an der Martinskirche versehen hätten. Doch lässt die Fassung des Mandats des Erzbischofs Werner vom III. Non. (5.) Maji 1265 keinen Zweifel darüber, dass hier ein blos persönlicher Auftrag vorliege. 1303 war denn auch ein Weltgeistlicher, der Plebanus Ditmar, Pfarrer der Kirche (Würdtwein, l. c. p. 228).

[2] A. d. 1310 moniales extra portam Kramphentore residentes transportatae sunt extra valvam in Plurali. Lib. cronic. (Erford.) l. c. S. 251.

[3] D. i. dem dieses Werk aufgetragen war: Du Cange Glossar. ad scriptt. med. aevilatin. II, 1, col. 736. Milwitz, Nachr. S. 216 haben: praepositum.

verhältnissen befunden,[1] besass es nicht die Mittel, sofort die baulichen Schäden zu beseitigen, so dass Kirche und Kloster immer mehr und mehr in Verfall geriethen.

Zwar wird berichtet, dass 1730 durch die Priorin v. Salfeld († 1736) das Kloster und ein Theil der Kirche neu erbaut worden sei (Erhard, l. c. S. 209, Hartung, l. c. S. 126), doch kann das, was damals geschah nur in einer, wenig gründlichen, Instandsetzung bestanden haben, denn Clemens (Beschreibung des Etats der St. Erf. I, S. 115) bemerkt über den Zustand um das Jahr 1753: „Die Kirche ist ein altes unförmliches und sehr ruinöses Gebäude, darinnen die Nonnen kaum ohne Lebensgefahr ihren Gottesdienst halten können“

Erst im Jahre 1755 wurde eine gründliche Wiederherstellung „der in Ruinen liegenden Klosterkirche“ in Angriff genommen und 1758 dieselbe wieder eingeweiht, später auch die des Klosters bewirkt (Mülverstedt, l. c.). So wie die Kirche damals ihre Form erhielt, zeigt sie sich im ganzen noch gegenwärtig.

1806 nach der Schlacht bei Jena wurde das Kloster als Militärlazareth verwendet und es mussten die Nonnen sich auf ein Nebengebäude, in welchem bis dahin die Zinserhebung stattgefunden, beschränken.

Sie traten 1807 zwar wieder in die Benutzung des Klosters, doch mussten sie solches 1820 infolge der Säcularisation ganz verlassen.[2] Es wurde durch Anbau eines Flügels vergrössert und zur Kaserne verwendet, welchem Zweck es noch dient. Die Kirche wurde wieder lediglich Pfarrkirche.

Beschreibung.

Die, wie oben bemerkt, 1483 erbaute Kirche ist, soweit ihr Baustyl nicht durch die 1755 vorgenommene Restauration alterirt worden, spätgothisch. Wenn Arnold (l. c. S. 108) von ihr bemerkt, „sie ist gewiss eine der schönsten und freundlichsten der Stadt, die wegen ihrer Symmetrie, ihrer Reinlichkeit und geschmackvollen 3 Altäre jedes Gebildeten Auge erfreut“ so geht er dabei wohl etwas zu weit. Eher kann man noch Hartung beistimmen, wenn er (l. c. S. 124) sagt: „dass die nicht hohe Kirche nach ihrer jüngsten Restauration einen angenehmen Eindruck mache.“ Zwar lässt sich nicht in Abrede stellen, dass sie eine hervorragende architektonische Bedeutung nicht besitzt, aber dennoch muss man zugestehen, dass sie infolge ihrer geschmackvollen Ausmalung durch Stöhr und ihres Tonnengewölbes einen einer gewissen Erhabenheit nicht ermangelnden Eindruck macht, und wenn auch der Hochaltar und die beiden Seitenaltäre barocke Formen zeigen, doch die überall hervortretende Symmetrie versöhnend wirkt. Auch die bunten Fenster, mit denen die Kirche in der neuesten Zeit geschmückt worden, fördern den wohlthuenden Eindruck.

---

[1] Invenimus priorissam et moniales – in magna paupertate degentes. Busch, Lib. de reformat. monaster. edid. Grube p. 617, sowie in Leibnitz, Scriptt. rer. Brunsv. II, 889 und in Nonnenklöst. Erf. S. 53.

[2] Es ist ein Irrthum, wenn Mülverstedt l. c. angiebt, das Kloster sei 1803 durch die preussische Regierung aufgehoben, ebenso wenn Hartung, l. c. S. 126, bemerkt, es sei 1807 vom preussischen Staate in Besitz genommen und als Militärkaserne verwendet. In der That ist die Säcularisation erst durch die Kabinetsordre vom 11. März 1819 zugleich mit der von vier andern Klöstern verfügt, und aus dem eingezogenen Vermögen derselben der Kirchen- und Schulfonds gegründet und dotirt.

Am meisten hat der Chor und der an ihn stossende Theil des Schiffes den ursprünglichen Baucharakter bewahrt, während der westliche Theil des lezteren vollständig modernisirt ist.

Der Chor, der ähnlich wie beim Dome sich etwas gegen Norden neigt, schliesst mit drei Seiten eines Achtecks; er hat fünf spitzbogige Fenster mit Masswerk, von denen aber eins, da es durch den Hochaltar verdeckt wird, nichts zur Beleuchtung beiträgt. Auf der Nordseite sind keine Fenster vorhanden, da hier Thurm und Sakristei anstossen. Die Strebepfeiler sind bei dem ganzen Gebäude ohne Abtreppung und mit einfachem Wasserschlage.

Das Langhaus ist einschiffig, ohne Empore und kommt in seiner Breite mit der des Chors, von dem es der Triumphbogen trennt, überein. Von seinen Fenstern ist nur das zunächst dem Chore befindliche östliche spitzbogig und mit Fischblasenmasswerk, die übrigen sechs grösseren, sowie zwei kleinere über den Eingängen schliessen mit einem Rundbogen ohne Masswerk. Von den beiden Thüren ist die südliche im Barockstyle mit ionischen Säulen und einem Frontispiece, dessen Schenkel aus einem in der Mitte offenen Rundbogen bestehen, die nördliche aber mit einfachem Rundbogenabschluss.

Im südlichen Friese ist ein Agnus dei eingemauert, von welchem der Volksmund angiebt, dass es die Höhe bezeichne, die einst eine Wasserfluth erreicht habe.

Bedeckt ist sowohl Chor wie Schiff von einem Tonnengewölbe, in dessen Unterrand die Fenster einschneiden. Durch breite Gurtbogen ist dasselbe in jenem in zwei, in diesem in vier Felder getheilt.

Sowohl der Hauptaltar wie die beiden Seitenaltäre stammen von der Restauration von 1755 her und sind dementsprechend, wie schon bemerkt, in Barockstyl.

Die Kirche besitzt zwar sowohl im Schiffe als in der Sakristei eine nicht unbedeutende Zahl von Gemälden, die jedoch sämmtlich ohne künstlerischen Werth sind, auch einige geschnitzte vergoldete und polychromirte Statuen, sowie eine reich vergoldete Kanzel, doch ist auch hier nichts von Kunstwerth.

Der Thurm, der noch von der früheren durch den Brand von 1472 zerstörten Kirche herrührt, wie denn auch eine seiner Glocken die Jahreszahl 1419 trägt und er in Bruchsteinen, nur Ecken und Fenstereinfassungen in Hausteinen, die Kirche dagegen ganz in Quadern ausgeführt ist, befindet sich an der Nordseite des Chors, da wo dieser an das Langhaus stösst, und neben der Sakristei. Er ist viereckig, hat zwei durch ein Kaffgesimse äusserlich angedeutete Stockwerke, deren unteres ziemlich hohes, da es das Kirchendach überragt, ohne jede Lichtöffnung ist, während das obere auf jeder Seite ein spitzbogiges Fenster mit einfachem Masswerk enthält und schliesst mit einer durchbrochenen Steingallerie. Innerhalb der lezteren ist noch ein vierekiger Aufsatz, in dem sich die Uhr befindet und auf demselben eine hohe und schlanke Spitze, eine achtseitige gegen den Unterbau abgeschrägte Pyramide mit Metallknopf.

Das Dach, das sich zugleich über Langhaus, Chor und den die Kirche mit dem Kloster verbindenden Gang erstreckt, ist ein über dem Chore abgeschrägtes Satteldach. Da wo die Kirche an diesen Gang stösst, befindet sich ein Dachreiter mit Glockendach und Metallspitze.

Der gedachte Verbindungsgang, unter dem eine von einem Tonnengewölbe überdeckte Verbindung der Brühlstrasse mit der Martinsgasse hinführt, war während des Bestehens des Klosters der Nonnenchor und dient gegenwärtig als Orgelbühne und zur Aufbewahrung von Paramenten und ähnlichen Gegenständen.

Es befinden sich im Thurm drei Glocken.

1. Eine grosse 13 Ctnr. schwere, die das Bild des h. Martin zu Pferde zeigt und die Aufschrift trägt:

Anno Dom. MCCCCXIX feria quinta post diem Severi renovatum est vas[1] per Conradum de Varila.

2. Eine mittlere im Gewichte von 11 Ctnr. mit der Inschrift:

1590 Meines Lebens Anfang Und Ent steht Alles In Gottes Hend. Ekhart Kugher Goss Mich.

3. Eine kleine ohne Inschrift und Jahreszahl.

Das ehemalige Kloster rührt zwar mit Ausnahme des 1820 angebauten Flügels in seinen Umfassungsmauern noch von dem Bau von 1483 her, es hat aber einen so geringen architektonischen Werth, dass es hier zu einer ausführlichen Besprechung keinen Anlass bietet.

Die von aussen am südlichen Ende des westlichen Flügels angebrachte Inschrift von 1437:

Anno dm̄ m° cccc° xxxvij feria secunda post misericordias domini in cepta est haec structura hujus turris

hat mit der Erbauung des Martinsklosters nichts zu thun, bezieht sich vielmehr auf die des Thurmes der Matthiaskirche, an dem sie sich ursprünglich befunden hat.

c. Neuwerkskirche.

Literatur.

Falkenstein, Thüringische Chronik II, 2. — Die Nonnenklöster in Erfurt S. 9—15 und 43—48. — Mülverstedt, Hagiographia S. 160, 161. — Kruspe, Erfurter Bilder S. 117—119. — Hartung, Häuserchronik II, S. 225—237.

Geschichte.

Auch die an der Ecke der Neuwerksstrasse und des Klosterganges belegene h. Kreuz (S. Crucis) oder, wie sie gewöhnlich genannt wird, Neuwerks (Novioperis) Kirche, gehört zu den Kirchen, welche ursprünglich selbständige Pfarrkirchen waren und erst später einem Kloster incorporirt sind.[2] Es fehlt aber an jeder

---

[1] vas = campana. vide Du Cange, l. c. III, 2, col. 766.

[2] Es ergiebt sich dies namentlich aus dem Umstande, dass eine (politische) Spezialgemeinde danach ihren Namen geführt hat, was bei Kirchen, die von Hause aus Klosterkirchen waren nie, vielmehr nur bei Pfarrkirchen stattgefunden hat, und dass in einem Verzeichnisse der in Erfurt im 15. Jahrh. vorhanden gewesenen Kirchen und Klöster (Herrmann, Biblioth. p. 3 Anm. 4) die Kreuzkirche und das Neuwerkkloster getrennt aufgeführt sind. Erhard (l. c. S. 208) sagt allerdings, dass das Kloster der Augustinerinnen nach seiner Verlegung eine eigne Kirche erhalten habe, die nacher auch eine Pfarrkirche wurde, er hat dies aber nicht näher belegt. Im Gegentheil ist es sehr wahrscheinlich, dass das Kloster

Nachricht über den Zeitpunkt ihrer Gründung, und man kann nur als feststehend ansehen, dass, als Erfurt 1182 in Pfarreien eingetheilt wurde, die Kreuzkirche zu den Kirchen gehört hat, denen eine solche zugewiesen wurde.

Um 1196[1] beschloss jedoch der Erzbischof Konrad von Mainz das Kloster der regulirten Chorfrauen des h. Augustin, Heiligegeistkloster genannt, welches neben dem Augustthor, dem Reglerkloster gegenüber lag und um die Mitte des 12. Jahrhunderts gegründet war, von dort an das Wasserthor neben die Kreuzkirche zu verlegen und diese den Nonnen als Klosterkirche zu überweisen.[2] Es vertauschte bei dieser Gelegenheit seinen bisherigen Namen mit dem Marien- oder Kreuz- auch Neuwerkskloster.[3]

Falkenstein berichtet Hist. S. 88, dass das Neuwerkskloster bei einem grossen Brande 1240 zerstört und 1287 im Bau wieder hergestellt sei, es ist aber schon früher nachgewiesen, dass die angebliche Feuersbrunst von 1239 oder 1240 nur auf einer Verwechselung mit der von 1291 stattgefundenen beruht. Dagegen ist nicht zu bezweifeln, dass in der angegebenen Zeit in der That ein Bau im Gange ge-

---

gerade deshalb an das Wasserthor verlegt worden ist, weil sich dort in der Kreuzkirche bereits eine Kirche befand, die ihm einverleibt werden konnte, ähnlich wie das Augustinerkloster neben der Wigberti-, das Cistercienserinnenkloster neben der Martini-, das Jesuitencollegium neben der Lorenzkirche erbaut sind. Wäre das Kloster dort früher errichtet, als die Kirche bestand, so würde sie nur nach ihm benannt, aber nicht den besonderen Namen Kreuzkirche geführt haben.

[1] Ueber den Zeitpunkt der Verlegung weichen die Angaben ab. Arnold (l. c. S. 105), Dominicus (l. c. S. 95), Erhard (l. c. S. 208) setzen dieselbe in das Jahr 1194. Hartung (l. c. S. 225) und Kruspe (l. c. S. 117) in das Jahr 1196. Hogel (l. c. S. 35°), Gudenus, Hist. p. 42 und Falkenstein, Hist. S. 71 unter Berufung auf den Erphord. antiquitt. variloquus und ein altes geschriebenes Chronikon in das Jahr 1198. In der That muss aber 1196 die Verlegung schon erfolgt gewesen sein, da Erzbischof Konrad in einer Urkunde von diesem Jahre bereits der neuen Anlage des Augustinernonnenklosters „St. Marien zum neuen Werk" genannt, seine Bestätigung ertheilt. Es lässt sich also nichts dagegen einwenden, wenn Mülverstedt (l. c. S. 160) sagt, dass die Verlegung gegen das Jahr 1196 erfolgt sei.

[2] Mülverstedt l. c. glaubt, dass die unbeschützte Lage die Verlegung veranlasst habe. Doch hat diese schwerlich den Grund abgegeben. Die Lage des Klosters am Wasserthore war sicher nicht geschützter wie die am Augustthore. Auch hätten, wenn jener Umstand massgebend gewesen wäre, eben so gut andere in der Nähe von Thoren belegene Klöster, wie unter andern das Reglerkloster, verlegt werden müssen. Dies geschah aber so wenig, dass man selbst keinen Anstand nahm, in den damals noch ganz unbewehrten Vorstädten Klöster zu errichten, wie dies z. B. in betreff des Cyriaxklosters, des Karthäuserklosters, des Servitenklosters, des Cistercienserinnenklosters, auch bei seiner Verlegung in den Brühl, geschehen ist. Der Grund zur Verlegung des Heiligengeistklosters hat wohl mehr in der Nähe des Reglerklosters gelegen, da man es bedenklich hielt, dass Mönchs- und Nonnenklöster sich dicht beieinander befänden. So wurden die Benedictinerinnen nach Errichtung des Severistiftes von dem Severiberge nach dem Cyriaxberge, die Cistercienserinnen wegen der Nähe des Servitenklosters von der Stelle vor dem Krämpferthore nach dem Brühle versetzt.

[3] Gudenus, Hist. p. 65, Arnold, l. c. S. 106, Dominikus, l. c. S. 93, Erhard, l. c. S. 208 u. a. m. geben an, dass das Kloster erst seit seiner Wiederherstellung nach dem 1239 stattgefundenen Brande 1285 den Namen Neuwerkskloster erhalten habe; die vorerwähnte Urkunde des Erzbischofs Konrad von 1196 ergiebt jedoch bestimmt, dass demselben dieser Name gleich nach seiner Verlegung beigelegt worden sei.

wesen ist. Nicht nur gedenkt Gudenus Hist. p. 65 eines Wiederherstellungsbaues von 1285, wo nur sein Zusatz: a nupero incendio nicht passt und nur dadurch erklärlich wird, dass auch er an einen Brand von 1240 oder 1239 glaubt, sondern es berichtet auch das Liber cronic. (Erford) l. c. 350: 1285 claustrum novioperis iniciatum est.

Dass im Jahre 1291 Kirche und Kloster abgebrannt sind, kann keinem Zweifel unterliegen, darüber aber, wann damals die Wiederherstellung erfolgt sei, fehlen alle Nachrichten. Doch kann man annehmen, dass eine solche sehr bald stattgefunden hat, und der Wiederaufbau der Kirche bereits 1295 soweit gediehen gewesen ist, dass darin Gottesdienst gehalten werden konnte, da Papst Bonifacius VIII. in einer Bulle dat. Laterani III. d. Martii, pontificatus anno primo (1295) dem Neuwerkskloster zu Erfurt die Ermächtigung ertheilte, auch während eines Interdictes Gottesdienst abzuhalten (M. A. vergl. die Nonnenklöster S. 46—48).

Um 1375 scheint eine Vergrösserung des Klosters im Werke gewesen zu sein, indem damals von diesem fünf neben dem Kirchhofe belegenen Häuser erkauft wurden (Hartung, l. c. S. 233. 237); doch haben dieselben möglicher Weise auch nur zu einer Erweiterung des Kirchhofes dienen sollen.

Ein wirklicher Neubau der Kirche hat in der zweiten Hälfte des 15. Jahrh. stattgefunden. Derselbe wurde 1466 begonnen und 1473 beendigt, wie die am Kloster befindlich gewesenen Inschriften:

Anno D 1466 in die Marcrete (Margarethae) incepta est haec structura

und

Anno dei MCCCCLXXIII completa est haec domus

darthun (Gerstenberg, Novantiq. Fritz, Chron.). Von diesem Baue rührt das her, was noch von dem alten Gebäude auf die Gegenwart gelangt ist.

Einige später stattgefundene Bauten, so der einer Scheune 1644, des Sprachstubenhauses 1684—1686, kommen hier nicht in Betracht, da sie sich auf die jetzt nicht mehr vorhandenen Klostergebäude beziehen.

Der bauliche Zustand dieser, sowie der Kirche war schliesslich ein solcher geworden, dass sie nicht ferner erhalten werden konnten. So ward denn 1711 bis 1731 das Kloster nach und nach gänzlich abgetragen und in dem letztgenannten Jahre feierlich der Grundstein zu einem Neubau gelegt; 1735 war dieser vollendet so dass am 16. Sonntage nach Trinitatis (25. Sept.) ej. die Wiedereinweihung der Kirche durch den Weihbischof von Gudenus erfolgen konnte (Friese l. c. V, S. 213a). Die über deren Portale angebrachte Inschrift lautete dem entsprechend:

Coepta est haec structura VIII Maji MDCCXXXI.
Absoluta et consecrata XXV Septmbr. MDCCXXXV.

Das Innere der Kirche erhielt damals seinen reichen Schmuck in Stuckarbeit und Frescomalerei.

Es zeigte sich jedoch recht bald, dass der Thurm nicht hinreichend solide gebaut war, um der durch das Läuten der Glocken verursachten Erschütterung Widerstand leisten zu können. Er bekam nicht nur selbst Risse, sondern setzte solche auch in die Umfassungsmauern der Kirche fort. Man sah sich daher genöthigt, in deren Nähe auf dem Kirchhofe einen besonderen Glockenthurm zu errichten, bei dem aber nur das untere Geschoss in einem Steinbau, dessen Fundament ein Rost von Eichenpfählen bildet (Beyer Nachtr. S. 17), das obere dagegen in einem mit Brettern bekleideten Holzgerüst bestand, ein Bauwerk das sich trotz seiner allgemein anerkannten Unschönheit bis jetzt nicht hat beseitigen lassen.

In diesem Zustande befinden sich Kirche und Thürme noch gegenwärtig, da die in neuerer Zeit vorgenommene Renovation des Inneren der ersteren, wobei sie mit einem farbenreichen und goldigen Anstrich versehen wurde, auf das Gebäude an sich keinen Einfluss gehabt hat.

Dagegen ist das Kloster, nachdem es am 11. März 1819 säcularisirt worden und demnächst als Schullehrerseminar verwendet war, nachdem sich mehr und mehr herausstellte wie ungeeignet es hierzu sei, 1881 ganz abgebrochen und statt seiner im Klostergarten an der Regierungsstrasse ein ganz neues Seminar errichtet.[1] Noch erhalten ist dagegen die dem Kloster gegenüber belegene ehemalige Propstei, welche gegenwärtig dem Rentamte des Kirchen- und Schulfonds als Geschäftslocal dient, aber aus neuerer Zeit stammt und kein architektonisches Interesse bietet.

Beschreibung.

Von dem ursprünglichen Bau, der, wie oben angeführt, der zweiten Hälfte des 15. Jahrh. angehört und spätgothisch war, sind nur noch die Umfassungsmauern vorhanden und davon, dass diese jenem Bau entstammen, geben auch nur der von drei Seiten eines Achtecks gebildete Abschluss des Chors und die Strebepfeiler Zeugniss, denn bei einem im 18. Jahrhundert von Grund aus aufgeführten Neubau kamen solche nie in Anwendung. Alles übrige, auch der Abschluss der Fenster mit einem gedrückten Rundbogen ist neu und entstammt der 1731 bis 1735 vorgenommenen, wie die noch vorhandenen Baurechnungen ergeben, beinahe einem gänzlichen Neubau gleichkommenden, Restauration. ist im Roccocostyle ausgeführt, eignet sich daher hier nicht zu ausführlicher Besprechung. Es mag nur angeführt werden, dass Arnold l. a. S. 106 von der Kirche angiebt: „sie sei sehr nett und geschmackvoll gebaut, der Hochaltar mit seinen zwei Nebenaltären, Kanzel und Orgel wären vortrefflich und wenig durch überladene Zierrathen entstellt; die Decke sei mit schönen Frescomalereien – die Lebens- und Leidensgeschichte Christi darstellend — geziert; die Fenster wären symmetrisch und modern und die Orgel in Rücksicht auf Disposition ihrer Stimmen, vortrefflicher Mechanik und Stärcke, sowie Reinheit des Klanges unstreitig nebst der auf dem Petersberge die beste der Stadt." Minder günstig ist das Urtheil Erhards, welcher l. c. S. 208 bemerkt: „Die Kirche ist nicht gross aber im Innern vortheilhaft eingerichtet, nur leidet sie an einer Ueberladung der Verzierungen." Dass das letztere der Fall sei, lässt sich nicht in Abrede stellen, ebensowenig aber die Trefflichkeit der Orgel.

Das Oelgemälde des Hochaltars, das die Verbreitung des Kreuzes unter allen Völkern darstellt, ist eine Arbeit des Malers Joseph Scheubel. Von wirklichem Kunstwerth ist in der Kirche aber nur ein Werk, eine Madonna mit dem Christkinde auf dem Arme (Nr. 58), eine treffliche Arbeit des 15. Jahrh., die aus dem Peterskloster herstammen soll, sich früher ausserhalb der Kirche über

[1] Vogelschaubilder des Klosters in seinem Zustande im Jahre 1634 und vor dem Abbruche, desgleichen eine Ansicht desselben von 1480 bei Kruspe, l. c. S. 118, 119.

dem Grabmale der Frau von Vrints befand, neuerdings aber in der Kirche selbst an deren Nordseite neben dem Eingange aufgestellt und neu polychromirt ist. — Die Kirche besitzt noch eine zweite Madonnenstatue (Nr. 59), eine Arbeit des 14. Jahrhunderts, die jetzt die Stelle, welche die vorerwähnte früher inne hatte, ausserhalb der Kirche einnimmt, ferner einen Flügelaltar aus dem 15. Jahrhundert, ein Schnitzwerk mit der h. Anna und einen 1850 von dem Modelleur Karl

Nr. 58.
Madonna in der Neuwerkskirche.

Nr. 59.
Madonna in der Neuwerkshirche.

Schropp geschenkten aus Holz und Eisen gearbeiteten Kronleuchter. Derselbe besteht aus einem grossen reich mit Engelsköpfen, Arabesken und Wappen gezierten Reifen, in dessen Mitte die das Kreuz im Arme haltende h. Helena auf einem Postamente steht, über der sich ein durch Tragketten mit dem Reifen verbundener Baldachin befindet.[1]

[1] Eiserner Kronlenchter in der heiligen Kreuzkirche zu Erfurt. *Illustr. Zeit.* 1860 Nr. 866.

Der viereckige Thurm ist eigenthümlicher Weise der mittelsten Abschlussseite des Chores angebaut und mit einer italienischen Haube bedeckt. Seine unteren Geschosse mit ihren viereckigen Lichtlöchern und Kaffgesimsen rühren wahrscheinlich noch von dem früheren Baue.

In dem vorerwähnten abgesonderten Glockenthurme befinden sich, ausser einer Messglocke, vier Glocken.

1. Die grosse Glocke 11—12 Ctnr. schwer, von hohem Alter mit der Aufschrift:

Non est in mundo dives qui dicatur ab omnibus.

zwischen der sich die Symbole der vier Evangelisten in Relief befinden.

2. eine kleinere mit der Aufschrift:

Anno Dm. MCCCCLXXV. Ave Maria.

die möglicher Weise ein Werk des Meisters Claus von Mühlhausen ist (Tettau, Der Meister der grossen Domglocke zu Erfurt, S. 18).

3. Eine kleine Glocke mit der Aufschrift:

Anno Dm. M.CCCC.XCII. Johannes est nomen ejus.

4. Eine grosse Glocke mit Christus am Kreuze; Klosterfrauen zu dessen beiden Seiten; Maria mit dem Christuskinde und die h. Elisabeth. Sie ist mit Medaillonbildern überladen und 1670 von Jacob Pape zu Erfurt gegossen. (Ihre Aufschrift bei Hartung l. c. S. 227).

d. Die Lorenzkirche.

Literatur.

Hartung, Häuserchronik II, S. 268—276.

Geschichte.

Die St. Laurentius- oder, wie sie gewöhnlich genannt wird, Lorenzkirche, die an der Ecke der Schlösserstrasse und der Pilse belegen, aber durch einen Theil des ehemaligen Kirchhofes und die ihn umschliessende Mauer von jenen getrennt ist, war gleichfalls ursprünglich eine Pfarrkirche, die erst lange nach ihrer Gründung einer geistlichen Corporation, den Jesuiten, einverleibt worden ist, sie unterscheidet sich aber von den voraufgeführten Kirchen in so fern, als sie in keiner räumlichen Verbindung mit dem Hause derselben stand und ihr daher nur uneigentlich das Prädikat einer Klosterkirche beigelegt werden kann.

Gestiftet und erbaut wurde die Lorenzkirche von dem erzbischöflich mainzischen Vicedom Gislebert, und dessen Stiftung sowie die von ihm ausgesetzte Dotation 1140 von dem Erzbischof Adalbert II. von Mainz bestätigt resp. erhöht (Traditio ecclesiae S. Laurentii facta 1140 bei Würdtwein, Thuringia p. 209, 210).[1]

---

[1] Gudenus, Hist. p. 33 setzt die Erbauung in das Jahr 1141, Falkenstein, Hist. S. 66 in das 1142, Hogel, l. c. f. 31 die Gründung 1140, Dominikus, l. c. I, 2, S. 285 in 1151, was jedenfalls unrichtig ist, da Adalbert damals längst todt war, auch mit Dominikus selbst (I, 1, p. 96), wonach die Gründung in das Jahr 1140 fällt, nicht übereinstimmt. Dass die Kirche aber 1140 bereits existirt hat, kann nach den Worten der erwähnten Urkunde: „quam ad honorem S. Laurentii aedificavit“ nicht zweifelhaft sein. Da eben dort auch der bereits

Die Kirche war damals bereits erbaut, auch consecrirt. Dieser Bau ist sicher ein romanischer gewesen, doch ist von demselben, etwa mit Ausnahme des Thurmes, jetzt nichts mehr vorhanden.

Falkenstein (Hist. S. 105) erzählt unter Berufung auf eine handschriftliche Chronik,[1] dass Erzbischof Gerhard bei seiner Anwesenheit in Erfurt (1289) VI. Jd. (8.) Novbr. das Patronat über die Lorenzkirche, welches Sibold von Urbach und Günther von Salmonshode, Ritter, in Besitz gehabt und dem Convente des Reglerklosters geschenkt, diesem bestätigt und die Kirche mit ihrem Einkommen der Reglerkirche mit der Massgabe unirt habe, dass diese fortan Altar und Kirche versorge, welche Union später von den folgenden Erzbischöfen bestätigt wäre. Jedoch ist die Incorporation der Lorenzkirche in das Reglerkloster in Wirklichkeit erst durch eine Urkunde des Erzbischofs Peter von 1318. Id. (15) Martii. erfolgt, (M. A.) worauf jenes sich III. Non. (3) Junii ej. verpflichtete eine jährliche Recognitionsgebühr von zwei Pfund Wachs zu entrichten (Würdtwein, l. c. p. 232). Dies Verhältniss hat auch bis zur Einführung der Reformation in Erfurt fortbestanden.

Bei dem 1413 stattgefundenen Brande, der den ganzen Stadttheil von der Futterstrasse bis zum Anger in Asche legte, brannte auch die Lorenzkirche ab (Engelhusii, Chronic. bei Menken scriptt. II, p. 566. Nic. d. Siegen, l. c. p. 419). Die Wiederherstellung scheint jedoch ziemlich rasch erfolgt zu sein; da ein 1426 ausgestelltes Notariatsinstrument über das Patronat der Lorenzkirche und deren Union mit dem Reglerkloster (M. A.) darauf schliessen lässt, dass jene zur Zeit schon wieder in Benutzung genommen war. Der damals stattgefundene Wiederherstellungsbau bildet den Hauptbestandtheil des noch jetzt Vorhandenen.

Nachdem seit 1523 in der Reglerkirche evangelisch gepredigt ward und die Zahl der Mönche des Klosters sich so verringert hatte, dass dieselben nicht mehr den inbetreff der Lorenzkirche übernommenen Verpflichtungen zu genügen vermochten, ward 1525 der Gottesdienst in dieser eingestellt. Da jedoch das Kloster immerhin wenigstens nominell noch fortbestand (bis 1580), so ward sie 1526 den Katholiken wieder eingeräumt (Friese, l. c. II, S. 434, 439) und ein besonderer Geistlicher an ihr angestellt,[2] 1550 eine neue Orgel beschafft (ibid. S. 511) und 1584 eine neue Glocke gegossen.

Nachdem der Rath das von ihm in Besitz genommene Reglerkloster auf kaiserlichen Befehl 1606 wieder hatte herausgeben müssen und dies demnächst 1615 den Jesuiten übereignet war, traten diese auch inbetreff der Lorenzkirche in die dem Reglerkloster zugestandenen Rechte. Dieses Verhältniss war denn sicher auch ein Hauptgrund, dass, als das 1660 abgebrannte Kloster durch einen Neubau ersetzt werden musste, dieser nicht auf der Brandstätte, sondern auf

---

erfolgten Consecration gedacht ist, so wird der Bau wohl einige Zeit vorher stattgefunden haben. — Wie Gudenus l. c. dazu kommt anzugeben, dass Gisbertus später Vicedom geworden sei, ist nicht abzusehen, da Erzbischof Adalbert ihn bereits noster Erpisfordiensis vicedominus nennt.

[1] Es ist dies wahrscheinlich die Historia Erfordiensis des Rob. Balth. v. Wechmar, Handschr. der Magistr. Bibliothek, in der dies berichtet wird. vid Hartung, l. c. S. 268.

[2] Dies ergiebt sich namentlich aus den in dieser Zeit, so 1564, 1586, 1605 der Kirche vermachten Legaten, in denen ausdrücklich der Pfarrer zu St. Lorenzen erwähnt wird. vid. Hartung, l. c. S. 270, 271.

einem dicht bei der Lorenzkirche belegenem Platze, der von dem Erzbischof Johann Philipp erkauften Stätte des gleichfalls von diesem Brande in Asche gelegten Stotternheimschen Palais, erfolgte. Die Kirche wurde so die Jesuitenkirche, auch dem entsprechend eingerichtet, insbesondere mit einer Empore über dem erweiterten Seitenschiffe und einem, den Aufgang zu dieser enthaltenden, Treppenhause am westlichen Giebel versehen.

In diesem Verhältnisse — denn ein in der Nacht vom 16. zum 17. Jan. 1768 stattgefundener Brand, bei dem u. a. ein Theil des Hochaltars zerstört ward, hatte auf das Bauwerk selbst keinen wesentlichen Einfluss — blieb die Kirche bis zur Aufhebung des Jesuitenordens 1772, von wo ab sie wieder lediglich in die Reihe der Pfarrkirchen trat.

Das Innere derselben erfuhr 1798 1799 eine vollständige Erneuerung, die freilich in keiner Weise dem Charakter des Gebäudes entsprach und deshalb sehr herben Tadel erfuhr.[1] Nicht viel besser ist eine in späterer Zeit vorgenommene Renovation ausgefallen, Eine stylgemässe Umgestaltung des Innern und Aeusseren der Kirche hat aber 1889 stattgefunden. Es ist dabei an die Stelle des geraden Chorabschlusses ein solcher mit fünf Seiten eines Achtecks getreten, mit zwei spitzbogigen Fenstern, (da das mittelste wegen Nähe eines Privathauses nicht hat geöffnet werden können). Die Sakristei ist zum Schiff der Kirche gezogen und eine neue im Thurm eingerichtet worden. Die Emporen sind beseitigt und nur der Orgelchor ist beibehalten. Der Hauptchor hat eine gewölbte Decke bekommen Im Aeusseren ist die hölzerne Freitreppe und die Statuette Christi am Kreuz entfernt. An deren Stelle befindet sich jetzt das Buseleybensche Denkmal. — Es lässt sich nicht verkennen, dass die Kirche durch diesen Umbau sehr gewonnen hat. Es sind dadurch viele Einbauten entfernt, so dass die Kirche nicht nur stylgemässer sondern auch geräumiger geworden ist. Ein schön gearbeiteter Grabstein, das Müllersche Denkmal von 1544 (?) mit der lebensgrossen Figur eines Mannes zwischen zwei Frauen, der dabei aufgefunden ward, ist leider als Plattenstein benutzt und mit der Reliefseite nach unten gekehrt und so dem Anblick entzogen.

Beschreibung.

Die, wie oben dargethan worden, in ihren wesentlichen Bestandtheilen dem ersten Viertheile des 15. Jahrh. entstammende, und daher spätgothische Kirche, hat ihren ursprünglichen Charakter nur noch in der südlichen Langseite und in dem westlichen Giebel bewahrt.

In künstlerischer Beziehung ist weder ihr Aeusseres noch ihr Inneres von hervorragender Bedeutung.

---

[1] Erneuerung der Lorenzkirche. Sächsische Provinzialblätter. Halle 1798 Bd. III, S. 541. — Arnold l. c. S. 87 sagt freilich: „Der Pfarrer Georg Scheiblein veranstaltete Collekten und gab mit Ueberwindung vieler und mancherlei Schwierigkeiten und Verdruss, zumal von Seiten der Betschwestern, die es nicht verdauen konnten, dass die Kirche neumodisch eingerichtet würde — dem Innern der Kirche ein freundliches, geschmackvolles Ansehen, wodurch er sie zur elegantesten, geschmackvollsten, freundlichsten der hiesigen Kirchen erhob, die den Beyfall jedes Fremden und Einheimischen erhält“. Doch dürfte dieses Urtheil nur von wenigen, schwerlich aber von einem Kunstverständigen getheilt werden.

Der ursprüngliche Bau hat anscheinend nur in einem Schiffe in der Breite des jetzigen Hauptschiffes und des als Chor benutzten Theiles desselben bestanden. Er ist später durch ein jenem vorgelegtes Seitenschiff, sowie durch Hinausrückung der westlichen Giebelmauer, wie sich dies aus der Verbindungsmauer zwischen dieser und dem ersten der das Hauptschiff von Seitenschiff trennenden Pfeiler ergiebt, erweitert worden. Von den Jesuiten wurde dann das letztere durch Erbauung einer Empore und Hinausrückung der nordöstlichen Mauer, die dabei ihre mit einem Rundbogen geschlossenen Fenster erhielt, bei welcher Gelegenheit auch der Westgiebel seine jetzige Gestalt bekam, sehr wesentlich abgeändert. Insbesondere deuteten die beiden Giebelseiten in dem vom Dache begrenzten Dreiecke auf diese drei Bauzeiten, da sie, namentlich der östliche noch genau erkennen liessen, dass der ursprüngliche, schmälere Giebel zweimal eine Verbreiterung erfahren hat. Die anfängliche Breite weist auf die erste Anlage, die einschiffige Kirche, die zweite auf die Hinzufügung eines Seitenschiffes, die dritte auf die Verbreiterung des letzteren hin.

Der ursprüngliche Bau, das jetzige Hauptschiff, ist es denn auch allein, über welchem sich als Bedeckung ein breites, mit Brettern verschaltes Tonnengewölbe befindet. Das nur schmale Seitenschiff wird von ihm durch vier achteckige Pfeiler, die zwischen den scharfen Ecken vertiefte Rundungen enthalten und von denen sich zwei an den Endpunkten befinden, geschieden. Es trug auf einer flachen Holzdecke die Empore, die sich im Halbkreisbogen gegen das Hauptschiff öffnete. Eine Fortsetzung derselben ruhte auf der Sakristei und sah auf den als Chor benutzten Theil des Hauptschiffes.

An der nordwestlichen Ecke schneidet das unterste Stockwerk des Thurmes in das Kirchenschiff ein. Es enthält die von einem Kreuzgewölbe bedeckte Taufkapelle, gegenwärtig die Sakristei.

Die Kirche ist ohne Strebepfeiler. Gegen Osten befanden sich bisher an dem rechtwinkligen Abschlusse drei hohe Fenster, deren mittelstes jedoch vermauert war. Nur dies zeigte Spuren von Masswerk; die beiden anderen waren ohne solches. Jetzt schliesst der Chor mit fünf Seiten eines Achtecks.

Dagegen haben die drei breiten viertheiligen Fenster der Südseite reiches Masswerk. Das mittlere geht, da es sich über dem Eingange und mit diesem in einem Bogen befindet, nicht so tief hinab wie die beiden anderen. Neben jenen ist die Stelle wo sich einst ein Opferstock befand, noch erkennbar.

Am Nordwestgiebel wird die westliche Ecke vom Thurme eingenommen. Auf der entgegengesetzten Seite befand sich bis jetzt ein Vorbau, der eine zur Empore führende Treppe enthielt. Er war im Barockstyl und stammte aus dem von den Jesuiten vorgenommenen Umbau her. Der dazwischen liegende Eingang ist aber spitzbogig mit einer Einfassung, in der Rundstäbe mit Hohlkehlen abwechseln (Nr. 60), und ist mit einem Giebelfelde versehen, das geblendete gothische Ornamente und Wappen zeigt. Ein darüber befindliches Fenster endigt in einem Spitzbogen ohne Masswerk, ein über jenem Treppenhause befindliches mit einem Eselsrückenbogen, was darauf deutet, dass das Hinausrücken der Giebelmauer nicht früher als im letzten Viertel des 15. Jahrh. stattgefunden haben kann.

Die zwei Fenster der Nordseite, die sowohl dem Seitenschiffe als der Empore Licht gaben, haben gegenwärtig einen rundbogigen Abschluss.

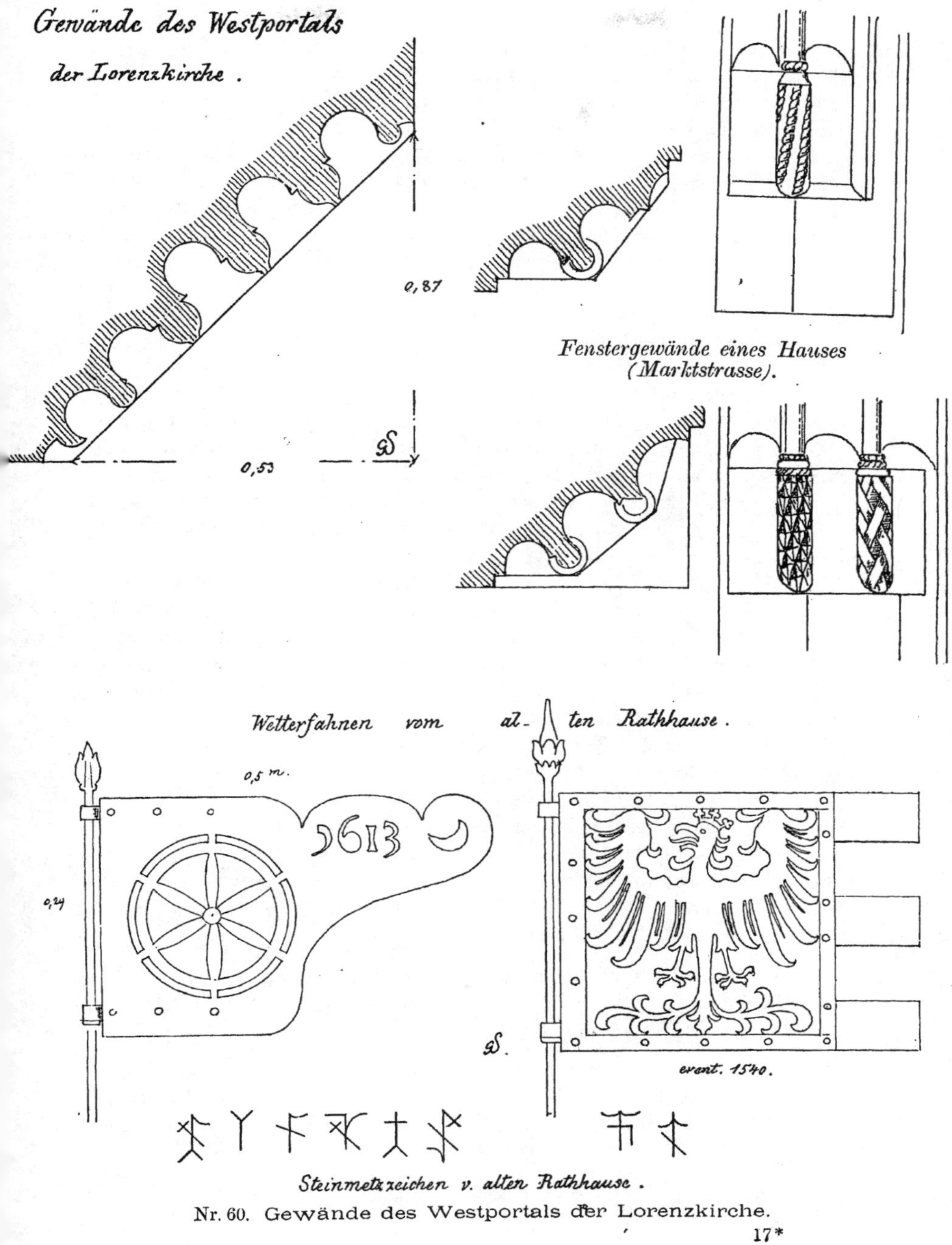

Nr. 60. Gewände des Westportals der Lorenzkirche.

An der südlichen Ecke derselben Seite bildete die Sakristei einen Vorbau. Sie war wohl gleichzeitig mit dem Seitenschiffe dem ursprünglichen Bau hinzugefügt. Ihr vorderer Raum ist mit einem Kloster-, der hintere mit einem Tonnengewölbe bedeckt. Sie ist jetzt zum Schiff der Kirche gezogen.

Der Thurm ist vierekig und steigt ohne Verjüngung empor. Seine fünf Stockwerke werden nicht durch Kaffgesimse, sondern nur durch die in Abständen übereinander stehenden viereckigen Lichtöffnungen angedeutet. Das oberste enthält aber auf jeder Seite ein gekuppeltes spitzbogiges Fenster. Die hohe achteckige Spitze schliesst sich durch Schmiegen an den viereckigen Hauptbau an.

Anscheinend ist der Thurm älter wie das Hauptschiff. Hierfür spricht insbesondere der Umstand, dass dies von Quadern, jener aber nur in den Ecken von solchen, im übrigen von Bruchsteinen erbaut ist und es an jedem Mauerverbande zwischen beiden fehlt. Es ist nicht unwahrscheinlich, dass der Thurm bei der Feuersbrunst von 1413 erhalten geblieben ist, und nur sein oberstes, eine andere Bauweise zeigendes, Geschoss, bei dem auch zum Füllwerk Quadern verwendet sind, mit der Spitze, sowie das Gewölbe im untersten Stockwerk aus späterer Zeit stammen. Im übrigen dürfte der Thurm dem ersten romanischen Bau angehören.

Die Kirche ist mit einem Satteldache bedeckt, in welches aber die Fenster der Südseite, die an Höhe die Seitenmauern überragen, tief einschneiden, von denen daher jedes mit einem sich schräg anschliessenden Querdache versehen ist. Wo der Thurm an die Kirche anstösst, ist die letztere mit einem Pultdache überdeckt.

Ungewöhnlich gross ist die Zahl der Sculpturen die sich äusserlich an der Kirche befinden. Dahin gehören insbesondere an der Südwestseite:

1. Die überlebensgrossen Bildsäulen der beiden Schutzheiligen der Kirche, des h. Laurentius und des h. Wenzeslaus, die auf Consolen und unter gothischen Baldachinen auf den beiden Seiten der Eingangsthüre stehen; gute Arbeiten aus der ersten Hälfte des 15. Jahrh.

2. Der Salfeldsche Grabstein von 1405, von dem man annehmen muss, dass er bei dem Brande von 1413 verschont geblieben ist. In der Mitte der Hautreliefdarstellung steht auf einer Console die Gottesmutter, umgeben von einer Strahlenglorie unter einem gothischen Baldachin zwischen zwei Wappen; unten knieen ein Mann und eine Frau, von denen Spruchbänder mit den Worten: Miserere mei deus und: Secundum magnam misericordiam, ausgehen. Hinter dem Manne steht Johannes der Evangelist, hinter der Frau ein anderer Heiliger (Paulus?) Die Umschrift in erhabener gothischer Minuskel lautet:

> anno dm̄ m° cccc° primo obiit domina elisabeth de salvelt cum filiis et filiabus in dominica — — anno dm̄ mccccv obiit guntherus salvelt cum filiis suis.

3. Das Starkesche Epitaphium von 1480. Die bildliche Darstellung auf demselben zeigt Christus auf dem Oelberge mit den schlafenden Jüngern, im Hintergrunde die von Judas geführten Häscher. Ganz oben Gott und ein Engel. In den Ecken die Wappen der Familie Starcke und v. d. Sachsen, Hüttner und Amelunxen. Spuren ehemaliger Vergoldung sind noch erkennbar. Umschrift in erhabener neugothischer Minuskel:

anno dom mcccc und achtzig Dinstag nach severi ist vorscheyden der erbar berlt starck der junge, fraw clara sein eheliche hausfraw den gott gnadig sig (sei). amen.

Hinter der Figur sind an einem Felsen die Initialen M. S. und das Steinmetzzeichen ħ eingehauen.

4. Das Epitaphium des Hans Eberbach und seiner Frauen Barbara Milwitz und Margaretha Ziegler von 1581, eine der besseren Arbeiten des Bildhauers Hans Friedemann. Im Vordergrunde ist Christus am Kreuze, umgeben links von sechs männlichen Figuren mit dem Eberbachschen Wappen, rechts den zwei knieenden Frauen; neben ihnen das Milwitzsche und das Zieglersche Wappen. Im Hintergrunde auf der einen Seite das Opfer Abrahams auf der andern das Lager der Israeliten mit der ehernen Schlange. Auf der Seite wird die Darstellung durch zwei mit sechs Wappen verzierte Säulen abgeschlossen. (Die Inschriften bei Hartung l. c. S. 274).

5. Aus derselben Zeit und wie das an den Kragsteinen befindliche Monogramm darthut, von demselben Meister rühren zwei hübsche kleine Steinreliefs, das eine mit dem die Kinder segnenden Christus, das andere mit Maria, das Christkind auf dem Schosse, vor welcher der Donatar knieet.

6. Auf der nordöstlichen Mauer war bisher der Buseleybensche Denkstein, der sich früher in der Reglerkirche befand und von dort hierher gebracht ist, mit einer Darstellung in Hautrelief: Christus am Kreuze auf dessen Seiten rechts Maria, links Johannes der Evangelist auf Konsolen stehen. Er ist spätgothisch von feiner Ausführung. Die Köpfe zeigen lebendigen Ausdruck, der Christi ist schön und gut proportionirt, nur die Hände und Handgelenke etwas zu sehr verdreht, sonst ohne manirirte ascetische Form; der Faltenwurf ist leicht und zeigt nur an den beiden Konsolfiguren vor dem Unterleibe schablonenartige Symmetrie. Am Fusse des Kreuzes befinden sich sechs kleine Gestalten in knieender Stellung, von denen zwei in geistlicher Tracht, Spruchbänder in den Händen halten. Die jetzt übertünchte und daher nicht mehr lesbare Umschrift war gemalte neugothische Minuskel in Gold mit schwarzer Umrandung und lautete:

anno dm̄ m° cccc° xv° sabbato in die beatorum apostolorum petri et pauli obiit reverendus dominus ch. de buseloybin praepositus ....

Ueber den Figuren ist eine geblendete gothische Architektur in drei Bogen mit Fialen, Krabben und Kreuzblumen, über der mittleren etwas höheren ein Rundbogen zwischen einem Gesimse mit Zahnfries. Gegenwärtig ist das Denkmal dem Giebel eingefügt.

7. Noch gegenwärtig befindet sich in die nordöstliche Mauer eingelassen, eine Figur Christi, der das Kreuz im Arme hält, in Hautrelief, stehend in einer rundbogigen Nische, eine tüchtige Arbeit, die den Randverzierungen der Platte nach der Spätrenaissance, etwa dem Anfange des 17. Jahrhunderts angehört.

8. Am nördlichen Giebel neben dem Portale steht auf einer Konsole eine Bildsäule Christi, der den Kelch an der Seitenwunde hält. An dem Vorbau ebendaselbst, stand bisher in einer Nische die Statuette eines vergoldeten Christus am Kreuz zwischen Maria und Johannes mit der Jahreszahl 1592 am Kreuzestamme. Bei der neuesten Restauration ist sie von dort entfernt.

Kunstwerke und Denkmäler im Innern. So klein die Kirche ist, so reich ist sie auch noch jetzt an alten Bildhauerarbeiten auch in ihrem Innern. Dahin gehören namentlich:

9. Das über dem Seitenaltare unfern des östlichen Eingangs befindliche Epitaph des Wolf von Milwitz, dessen Frau Agnes Fensterin und ihres Sohnes Christoph von Milwitz von 1588. Die Hauptdarstellung enthält die Auferstehung Christi; auf den beiden Seiten Bildsäulen der Apostel Petrus und Paulus; darüber Wappen und Christi Himmelfahrt. Unten links zwei weibliche, rechts eine männliche Figur mit drei Kindern. (Die Inschriften bei Hartung, l. c. S. 27).

10. Auf dem gegenüberstehenden Altare befindet sich das Epitaphium der Familien Milwitz und Ziegler, bei welchem aber, um Raum für den Altaraufsatz zu gewinnen, der ganze untere Theil mit den darauf dargestellten Figuren abgemeisselt und nur der obere mit Christus am Oelberg und den Figuren des David und des Jesaias auf den Seiten und die dieselben umgebende Schrift erhalten ist (diese Umschriften bei Hartung l. c.). — Wahrscheinlich sind die beiden vorerwähnten Epitaphien Arbeiten des Hans Friedemann.

11. Von demselben Künstler besitzt die Kirche auch eine den h. Laurentius darstellende Sculptur; dieselbe ist aber zur Zeit nicht in ihr aufgestellt, sondern bis zu einer Wiederverwendung auf einem Boden aufbewahrt.

12. In der Sakristei befindet sich das Epitaphium des Balthasar von Weissensee und seiner ersten Frau Anna Kelner von 1568 mit einem Christus am Kreuze, auf dessen Seiten rechts eine männliche, links zwei weibliche Figuren stehen, über dem sich eine Grablegung Christi und bei dem sich sieben Wappen befinden, errichtet von der zweiten Frau Dorothea Fensterer (die Inschriften bei Hartung l. c. S. 273).

13. Unter den in der Kirche vorhandenen Gemälden verdient besonders Erwähnung eins, das die Jahreszahl 1521 trägt und sich ursprünglich in der zum Peterskloster gehörig gewesenen Annenkapelle befunden haben soll. Es ist auf Holz und Goldgrund gemalt und hat seine Stelle neben dem erwähnten Milwitz-Zieglerschen Epitaphium. Es stellt den Stammbaum Christi und im Hauptbilde die Trauung des h. Joachim und der h. Anna, daneben zwei gleichfalls auf die Legende dieses Heiligen bezügliche Seitenbilder und darüber Maria als Kind in Verklärung zwischen Gott Vater und Sohn dar. Es empfiehlt sich durch korrekte Zeichnung und prächtiges Colorit. Am Fusse des Bildes sieht man die Wappen der Familien v. d. Sachsen, Kelner, Ziegler u. s. w.

14. Das Gemälde des Hochaltars, Christus am Kreuze, soll die Arbeit eines guten älteren italienischen Malers sein und ist von dem damaligen kurmainzischen Statthalter von Dalberg der Kirche geschenkt, nachdem das frühere Altarbild 1765 durch Flammen zerstört worden.

Die Glasmalereien früher an den Fenstern der Ostseite, jetzt innerhalb des Masswerkes des mittleren Fensters der Südseite enthalten die Monogramme der Stifter.

Der Thurm der Kirche enthält drei Glocken:

1. eine grössere, die in neugothischer Minuskel die Umschrift trägt:

anno dom. m . cccc . xlv fusa est ista campana.

2. eine mittlere, deren Umschrift in erhabener römischer Majuskel lautet:

Anno MDLXXXIII in honorem dei et ecclesiae utilitatem fusa est haec campana per Melchiorem Moeringk Erfurdensem V. D. M. J. Ae.

3. die kleine Glocke ist neu und von dem hiesigen Glockengiesser Wettig gegossen, wird aber wenig gerühmt.

E. Kapellen.

a. Marien-Magdalenenkapelle.

Literatur.

Hartung, Die Marien-Magdalenenkapelle. Erf. Adressbuch für 1876, S. 264—269. Dessen Häuserchronik S. 197 - 202.

Geschichte.

Die Gründung der an der Ecke, welche die kleine Arche und die Rumpelgasse bilden, belegenen Marien-Magdalenenkapelle führt eine Volkssage auf eine fromme Leinwebertochter Magdalena zurück, die durch eine von der Jungfrau Maria ihr übergebene Tasche, in welcher sich die Goldstücke stets erneuerten, in Stand gesetzt ward, bei einer Hungersnoth die Armen mit Nahrung zu versorgen, sodann den Schleier nahm und ein Kloster gründete, das nach ihr das Magdalenenkloster hiess und in dessen Stelle, nachdem es von Feindeshand zerstört worden, die noch jetzt vorhandene Kapelle trat (Ziehnert, Preussens Volkssagen Th. I, S. 272—276, Kruspe, Die Sagen der St. Erfurt I, S. 202—204). Ob zu dieser Sage irgend eine Thatsache Veranlassung gegeben, mag dahingestellt bleiben, so viel ist jedoch gewiss, dass ausser dem in einer ganz anderen Stadtgegend belegenen Kloster der Marien-Magdalenen Büsserinen oder Weissfrauen es nie in Erfurt ein Magdalenenkloster gegeben hat.

Wann die Magdalenenkapelle gebaut worden, ist nicht genau bekannt, doch kann dies in keinem Falle später als im Beginn des 13. Jahrh. geschehen sein, da 1227 der Bischof von Riga darin Gottesdienst gehalten hat.[1]

Ihre erste urkundliche Erwähnung findet sich in einem Erlasse des Erzbischofs Werner von Mainz vom II. Kld. Febr. (31. Jan.) 1277 (Würdtwein, Thuring. p. 223), in welchem dieser allen denen, welche zur Wiederherstellung der durch ihr hohes Alter in Verfall gerathenen (ex vetustate nimia dirutae et collapsae) Marien-Magdalenenkapelle zu Erfurt Beiträge leisteten, einen vierzigtägigen Ablass zusagt. Es geht hieraus hervor, dass die Kapelle schon in einer viel früheren Zeit, sicher schon im 12. Jahrh. erbaut sein muss, worauf auch ihr Baustyl, der frühgothische, hinweist und es sich 1277 nicht um einen völligen Neubau, sondern nur um eine Wiederinstandsetzung gehandelt hat. Diese letztere ist es nun, der das noch vorhandene Bauwerk im wesentlichen seine Form verdankt, da die Kapelle

---

[1] 1227. Episcopus Livoniensis celebravit ordines in capella S. Mariae Magdalenae. Engelhusii Chronic. bei Menken, Scriptt. II, p. 567.

zu den sehr wenigen kirchlichen Gebäuden Erfurts gehört, die nie von einer Feuersbrunst zerstört worden, obgleich die beiden grossen Brände von 1472 und 1736 sie fast erreicht haben.

Eine fernere Erwähnung der Kapelle findet sich in einer Urkunde von 1289 in octava Epiphaniae (13. Jan.), durch welche die Provisoren des Martinshospitals Eckehard, Dekan der Marienkirche, und Heinrich von Haarhausen, eine Schenkung des Walters von Laz an das genannte Hospital und an die Magdalenenkapelle, bei welcher die Anstellung des Kapellans, wie die Urkunde ergiebt, dem Dekan der Marienkirche zustand, annehmen (Würdtwein, l. c. p. 225). Von grösserer Wichtigkeit ist aber noch eine Urkunde von 1318, XII. Kld. Junii (21. Mai), in welcher der Dechant der Marienkirche, Rudolf von Nordhausen, erklärt: dass an die St. Marien-Magdalenenkapelle seit länger als hundert Jahren von dem Martinshospitale für die Befugniss, seine Todten auf deren Kirchhofe beerdigen zu lassen, jährlich ein halbes Erf. Malter Korn entrichtet, die Leistung zwar eine zeitlang verweigert sei, das letztere sich nun aber von neuem dazu verpflichtet habe; denn auch hieraus ergiebt sich, dass die Gründung der Kapelle mindestens in den Anfang des 13., wahrscheinlich aber noch in das 12. Jahrhundert fällt.

Der Kirchhof derselben diente übrigens nicht nur zur Beerdigung der Hospitaliten, sondern laut einer Urkunde von 1342, vigilia nativit. Christi (24 Dezbr.) auch zur Bestattung der armen Fremden und Bettler, da der Pfarrer zu St. Paul, Jacobus, hierzu seine Zustimmung unter der Bedingung ertheilt hat, dass seiner Pfarrei kein Präjudiz dadurch geschehe. Insbesondere sollten die Begharden, denen es oblag die Armen, die auf den Strassen und öffentlichen Plätzen verstorben waren, zu Grabe zu tragen, solche auf den Kirchhof der Magdalenenkapelle schaffen, wofür der Rath dieser bestimmte Einkünfte zusicherte (Urkunde von 1357 am Tage Pauli Bekehrung [25. Jan.]).

Nachdem die Reformation in Erfurt Eingang gefunden, hörte die Benutzung der inzwischen auch baufällig gewordenen Kapelle für den Gottesdienst auf; sie wurde 1542 von einem Privatmann in Besitz genommen und nebst dem Kirchhofe 1546 von dem Rathe als ein Zubehör der in der Marktstrasse belegenen Hofstat, des Hauses zum Falkenstein, später zur Himmelspforte genannt, das mit seiner Rückseite daran stiess, dem Oberstrathsmeister Heinrich Nacke gegen einen Zins übereignet. Das Grundstück gelangte später an den kurfürstlichen Rath und Commissarius Adam Schwind, der am 3. Juli 1617 den Kurfürsten Johann Schweikard um die Genehmigung zur Wiederherstellung der Kapelle auf seine Kosten und deren Wiederverwendung zum Gottesdienste bat (Falkenstein, Hist. S. 1022—1025, wo die bezügliche Eingabe des Schwind). Nachdem die Genehmigung ertheilt war, wurde denn auch die Herstellung bewirkt und die Kapelle am 24. Juli 1622 von dem Weihbischof Christoph, Bischof von Askalon, neugeweiht (ibid. S. 1021, Würdtwein, l. c. p. 225). Die Restauration hat sich übrigens anscheinend darauf beschränkt, den Giebel in Renaissancestyl umzugestalten und das Innere mit einem wunderlich bemalten Holzgewölbe zu versehen, das Aeussere aber sonst in dem früheren Zustande belassen.

Nach der Einnahme Erfurts durch die Franzosen fand eine Benutzung der Kapelle für militärische Zwecke statt. Als die hierdurch herbeigeführten Beschädigungen beseitigt waren, wurde sie im Mai 1809 dem Gottesdienste zurückgegeben.

Doch hatte sich im Laufe der Jahre wiederum eine Restauration nöthig gemacht, welche 1886 durch den Baurath Frühling in Wernigerode auf Kosten der Frau Barbara Walther geb. Cron und ihres Sohnes, des Kaufmanns Karl Walther, bewirkt ist, bei der die südliche Giebelfaçade eine der Entstehungszeit des Baus entsprechende Anordnung erhielt und das Innere neu mit Pannälen, Decke, Beichtstuhl, Orgelgehäuse, Communionbank, Ampel, schmiedeeisernem Kronleuchter, farbigen Fenstern u. s. w. in stylgemässer Weise ausgestattet wurde (Thüring. Zeit. f. 1886 Nr. 174).

Zweimal wöchentlich wird in der Kapelle Gottesdienst gehalten, stiftungsgemäss auch am St. Magdalenentage (22. Juli). Ausserdem ist sie stets für die Andächtigen offen.

Beschreibung.

Dieselbe entspricht in ihrem Aeusseren noch jetzt ihrer Entstehungszeit und ist demgemäss frühgothisch. Sie ist, wenn auch als Kirche klein, doch von guten Verhältnissen und freundlich, seit der neusten Restauration sogar mit ihren farbigen Fenstern fast elegant zu nennen.

Sie ist in Bruchsteinen gebaut, nur Fenster- und Thüreinfassungen, sowie der Chor zeigen Hausteine.

Sie hat keine Strebepfeiler. Der Chorabschluss wird durch drei Seiten eines Achtecks gebildet.

Die ziemlich grossen Fenster sind spitzbogig und mit einfachem Masswerk. Ausser den dreien des Chors, deren mittelstes aber durch ein ganz nahe stehendes Gebäude in seinem unteren Theile verdeckt ist und daher sehr wenig zur Erleuchtung beiträgt, befinden sich deren zwei auf der Ostseite, aber nur eins auf der Westseite, wo das Pfarrhaus der Allerheiligen Gemeinde anstösst.

Die Südfront hat bei der letzten Restauration ihre gegenwärtige, dem Baustyle der Kapelle entsprechende Gestalt bekommen. Sie hat vier schmale übereinander liegende, wenig spitz zulaufende Fenster, die nur durch zierliche Säulchen mit Blätterkapitälen getrennt werden. Darüber befindet sich im Giebel ein rundes Fenster mit sechsblättriger Rose.

Unfern der Haupteingangsthüre ist in die Mauer ein Steinrelief mit dem der h. Magdalena erscheinenden auferstandenen Christus unter einem kleinen spitz zulaufenden Dache eingelassen.

Auf dem Dache der Kapelle, einem Satteldache, befindet sich ein achteckiger Dachreiter, dessen mit Schiefer bekleidete Spitze an einen gleichfalls mit Schiefer eingedeckten, mit spitzbogigen Oeffnungen versehenen hallenartigen Unterbau sich anschmiegt.

Die Kapelle ist einschiffig und hat eine flache Holzdecke. Ihr Inneres ist zwar bei der letzten Restauration vollständig erneuert, doch ist die steinerne Mensa des Altars die ursprüngliche; sie ist die einzige in Erfurt, welche eine Krypta unter sich hat.

Unter den wenigen in der Kapelle vorhandenen Grabsteinen ist der einzige der Beachtung verdient, der des Tileman Hunold, leider bei der Restauration zerbrochen. Es ist dies die vertiefte Lineardarstellung eines Priesters mit Casula und einem Kelche auf flacher Schale unter einem gothischen Baldachin. Die Umschrift ist in vertiefter, mit schwarzer Farbe ausgefüllter neugothischer Minuskel; doch ist der obere Schriftrand mit der Jahreszahl, sowie die untere rechte Ecke nicht mehr vorhanden.

b. Die heilige Brunnen- (Sacri fontis) Kirche.

Literatur.

Mülverstedt, Hierographia S. 151. — Hartung, Häuserchron. II S. 241—244.

Geschichte.

Den Ursprung dieser auf dem Fischersande, der nach der Farbengasse führenden Brücke gegenüber, belegenen Kirche, führt eine Legende auf einen in der Kirche S. Martini intra 1249 begangenen Diebstahl einer Monstranz zurück. Während die Diebe das silberne Gefäss mit sich nahmen, hatten sie die darin befindlichen consecrirten Hostien in einen Brunnen geworfen, wo sie nach vier Monaten, als einer von jenen auf dem Sterbelager ein Bekenntniss abgelegt, am 13. Januar 1250 im offen gebliebenen Wasser, während alles rings umher mit Eis bedeckt war, unversehrt gefunden und mittelst feierlicher Procession von dem Erzbischofe Christian II. von Mainz in die Marienkirche gebracht wurden (Chronic. S. Petrin. p. 82. Liber Chronic. (Erphord) l. c. S. 230 et scriptt. ibi citat. Guden. Hist. p. 56, 57. Falkenstein Hist. S. 90). Zum Andenken an dieses Ereigniss liess der Erfurter Bürger Ulrich Vierling (Quadrans) eine Kirche bauen, zu deren Gunsten am 2. Oktober 1253 ein Ablassprivilegium ertheilt wurde (M. K. A.).[1] Erzbischof Gerlach erhob dieselbe 1361 II. Non. (4) Novbr. zu einem Collegiatstifte (Würdtwein Thuringia p. 254—257), weil er auf diese Weise den Unordnungen, die sich unter den bei ihr angestellten Geistlichen eingeschlichen, am besten abhelfen zu können glaubte. Da die Kirche jedoch bis dahin nur als eine Kapelle des Marienstiftes angesehen war, und deren Geistliche nur als Vikare an dieser fungirt hatten, so widersprach das Kapitel des Domstifts der neuen Einrichtung und erstritt auch eine rechtliche Entscheidung, nach welcher es bei der seitherigen Einrichtung verbleiben sollte. Nachdem die Kirche inzwischen auch gänzlich verarmt war, wurde sie 1595 dem Marienstifte vollständig incorporirt und bildet seitdem nur eine Kapelle desselben, in welcher alljährlich einmal, am Sonntage vor Pfingsten Gottesdienst gehalten wird.

Inzwischen war übrigens die Kirche bei dem grossen Brande von 1472 ein Raub der Flammen geworden.[2] Ueber ihre Wiederherstellung fehlt es an Nach-

[1] Der Aussteller ist in der Urkunde nicht genannt, angehängt ist ihr das Siegel eines Fr. Henrici. Damals hat die Kirche also jedenfalls bestanden. Erhard (l. c. S. 192) setzt ohne nähere Begründung ihre Erbauung in das Jahr 1249. Mülverstedt l. c. gewiss richtiger in das 1253; zweifelhaft ist es jedoch, wie viel von diesem ersten Bau noch jetzt vorhanden ist.

[2] Hartung, l. c. S. 242, meint: dass wahrscheinlich nur die Dachung zerstört sei. Die Quellen geben aber keinen Anhalt für diese Annahme. Stolle, ein Zeitgenosse des Brandes, giebt (l. c. f. 156, 157) von jeder einzelnen betroffenen Kirche genau an, wie viel von ihr

richten; dass solche aber nicht lange darauf erfolgt sei, wird durch den Baustyl, in welchem die Ausführung erfolgt ist, wahrscheinlich.

Am 3. Juni 1565 schlug ein Blitz in die Kirche ein. Falkenstein, der dies (Hist. S. 640) erwähnt, giebt jedoch nicht an, welcher Schaden dadurch angerichtet sei. Im Jahre 1701 befand dieselbe sich in einem so baufälligen Zustande, dass eine Hauptreparatur vorgenommen werden musste. Friese (l. c. V, S. 1484) bemerkt, dass hierbei die vordere Wand von Steinen aufgeführt sei, wozu die von der eingestürzten Servatiuskirche entnommenen verwendet wären. Dies gab zu einem Rechtsstreite Veranlassung mit der Michaelisgemeinde, welche nachwies, dass die gedachte Kirche ihr zugehöre, und die daher auch schliesslich für die entnommenen Steine entschädigt werden musste (Tettau Beiträge S. 116).

Die h. Brunnenkirche hat damals ihre gegenwärtige Gestalt bekommen. Der Wiederherstellungsbau hat sich aber wohl auf den oberen Theil der Umfassungsmauer des Schiffes mit seinen viereckigen Fenstern beschränkt. Der Chor ist jedenfalls davon nicht berührt worden, und dass auch der untere Theil der Mauern des Langhauses davon nicht betroffen ist, ersieht man unter anderm aus der jetzt vermauerten Thür mit ihrem Eselsrückenbogen, da 1701 diese Bauweise längst nicht mehr im Gebrauch war. Auch kann man noch jetzt an einzelnen Stellen deutlich wahrnehmen, wo der neue Theil der Mauer beginnt.

Beschreibung.

Die Kirche ist zwar klein, aber regelmässig gebaut. Wie das Vorbemerkte ergiebt, ist nur noch der Chor in seiner ursprünglichen spätgothischen Form erhalten. Er schliesst mit drei Seiten eines Achtecks und empfängt sein Licht durch drei grosse spitzbogige Fenster mit einfachem Masswerke, von denen aber das mittelste in seinem unteren Theile vermauert ist. Die Fenster des Langhauses sind viereckig, nur klein und liegen ziemlich hoch.

Strebepfeiler besitzt die Kirche nicht.

Die jetzt vermauerte Thür nach dem Fischersande zu schliesst, wie schon erwähnt, mit einem Eselsrückenbogen und deutet auch ihrerseits darauf, dass dieser Theil des Baues dem Schlusse des 15. Jahrhunderts seine Entstehung verdankt. Die nach dem Herrmannsplatze zu gerichtete Thür hat eine, späterer Zeit angehörende, viereckige Einfassung.

Das Material, aus welchem die Kirche erbaut ist, besteht in Bruchsteinen, doch sind die Fenster- und Thüreinfassungen, die Sockelbänder und die Ecken von behauenen Steinen.

Auf der Westseite der Kirche neben dem Chore befindet sich ein plumper viereckiger Thurm, der nur bis zum Dache jener reicht, kleine viereckige Lichtöffnungen hat und mit einem Zeltdache bedeckt ist.

Das Dach der Kirche ist ein Satteldach, das sich über dem Chore an

---

stehen geblieben sei; bei der heil. Brunnenkirche findet sich eine solche Angabe nicht, vielmehr sagt er lediglich: „brannte der heilige Born ab.“ Auch Hogel, l. c. S. 592, Falkenstein, l. c. S. 337 u. a. m. erwähnen einfach: dass die heil. Brunnenkirche mit abgebrannt sei. Dies schliesst aber allerdings nicht aus, dass einzelne stehen gebliebene Theile bei der Wiederherstellung Verwendung gefunden haben.

drei Seiten diesem anschliesst, auf dem entgegengesetzten Ende walmartig abgeschrägt ist.

Auf der Südfront befindet sich auf der einen Seite des Einganges ein kleines vergittertes spitzbogiges Fenster mit gothischer Krönung, auf der andern in einer tiefen Nische ein Steinrelief mit Christus, der unter dem linken Arme die Leidenswerkzeuge, in der rechten Hand aber einen Kelch hält, mit welchem er die Seitenwunde berührt. Das Relief ist so hoch aus dem Stein herausgearbeitet, dass der rechte Arm und Fuss freistehen. Nach der Umschrift in gothischer Minuskel ist es von 1412, also älter als der Brand von 1472, so dass es noch von dem ursprünglichen Bau herrühren muss.

Hinter der Kirche befindet sich der ausgemauerte Brunnen, dem sie ihre Entstehung verdankt.

Das Innere derselben ist zwar einfach, aber hell und freundlich. Sie ist einschiffig und mit flacher Holzdecke.

Sie besitzt einen Hauptaltar und zwei Nebenaltäre.

Es befindet sich in ihr, gleich beim Eingange links ein langes Gemälde, auf dem das Ereigniss, das zur Entstehung der Kirche Anlass gegeben, dargestellt ist. Wie die Sprache des darunter stehenden Gedichtes (mitgetheilt in Falkenstein Hist. S. 90 und Hartung l. c. S. 241, 242) und die darauf befindliche Abbildung der Kirche S. Martini intra, welche diese in ihrer letzten Gestalt seit 1415 zeigt, darthun, kann die Entstehung des Bildes in keine frühere Zeit als das 15. Jahrhundert fallen.

Ausserdem befinden sich in der Kirche einige nicht uninteressante Grabsteine.

Der Thurm derselben enthält zwei kleinere Glocken.

c. Die Kapelle des Kleinen Hospitals.

Hartung, Häuserchronik II, S. 66, 67.

Das Kleine Hospital (Hospitalgasse Nr. 6) wurde 1409 von dem Schneider Konrad von Duderstadt gegründet (Hogel l. c. S. 472) und wird daher nach diesem auch das Duderstädtische Hospital genannt. Siegfried von Leubingen, gleichfalls ein Schneider, unterstützte denselben hierbei und sorgte insbesondere dafür, dass die Anstalt mit einer Kapelle versehen ward. Die Erbauung derselben fand 1410 statt.[1]

Von dem damals aufgeführten Hospitalgebäude wurde aber 1868 das Vorderhaus und der Seitenflügel abgerissen, die einem vollständigen Neubau Platz machten, der 1869 vollendet ward. Erhalten blieb nur das Hintergebäude, wenigstens in seinen Umfassungsmauern, sowie die Kapelle, deren Vorderfront der Hospitalgasse zugerichtet ist.

Dieselbe ist 12 m lang, 6 m breit und 7—8 m hoch. Sie ist, nachdem sie viele Jahre zur Aufbewahrung von Utensilien gedient hatte, 1857 restaurirt und

---

[1] Es ergiebt dies die Inschrift eines im Steinhause eingemauerten Steines in vertiefter neugothischer Minuskel:

Anno dm̄ m . cccc° x . incepta . est . hec . structura . feria . quarta . in . conducto . pasche . et sunt primi fundatores . conradus . tuderstad . et . syfridus . de . loybingen.

wieder zur Abhaltung der Hausandacht bestimmt, doch wird sie zur Zeit nur einmal im Jahre, in der Sylvesternacht, zum Gottesdienst benutzt.

An ihrem Eingange befindet sich ein grosser Gedenkstein, auf welchem unter Christus am Kreuze, Maria und Johannes dem Evangelisten, die beiden Stifter Konrad Duderstadt und Siegfried von Leubingen mit Spruchbändern (Miserere omnipotens deus und Secundum magnam misericordiam Domini) in den Händen dargestellt sind. Die Inschrift in vertiefter neugothischer Minuskel lautet:

> Anno dni . m°. cccc°x°. incepta . est . haec . structura . domus . pauperum . exulum . per . Conradum . de thuderstad . et . siffridum . de . loubingen . sartores . et . fundatores . hujus . capelle . et . domus . quorum . anime . requiescant . in . pace . amen.

darunter zwei Wappen.

Die Kapelle liegt zwischen der Thorfahrt des Hospitals und einem Privathause und erhält ihr Licht durch drei spitzbogige Fenster, eins mit dem Dreipass im Masswerk über dem Altar, eins nach dem Hofe, dessen Masswerk durch ein Stabwerk gebildet ist und eins nach der Durchfahrt zu, das daher nur wenig zur Erleuchtung beiträgt. Bedeckt ist die Kapelle von einem Kreuzgewölbe ohne Rippen in zwei Jochen dessen Bogen auf Kämpfern ruhn.

Das Hintergebäude des Hospitals bietet nichts Bemerkenswerthes dar.

---

2. Nicht mehr zum Gottesdienst benutzte Kirchen.

A. Kirche des Petersklosters.

Literatur.

Chronik des Petersklosters zu Erfurt (Chronicon Sampetrinum), herausgegeben von B. Stübel. (Geschichtsquellen d. Prov. Sachsen. I., Erfurter Denkmäler. Halle 1870, S. 1—194.) — Siegen, Nic. de, Chronicon ecclesiasticum, herausgegeben von Fr. X. Wegele (Thüring. Geschichtsquellen II). Jena 1855. — Stass, Gallus, Necrologium Petrense sistens catalogum fratrum regalis monasterii S. Petri prope Erfordiam, olim per Joan. Kucher et Columban. Fugger collectum, nunc auctum et continuatum (1777). Handschrift des Archivs der Lorenzkirche zu Erfurt. — Ejusd. Documentorum, diplomatum et rerum circa regale monasterium S. S. Apostolor. Petri et Pauli Erphordiae — gestarum miscella collectio, 1760 (desgleichen). — Liber privilegiorum monasterii St. Petri Erford. (Handschrift der Kgl. Bibliothek zu Berlin. Manuscripta boruss. fol. 81.) — Falkenstein, Thüring. Chronik II. Th., Abth. 2, S. 1010 bis 1058. — Muth, Placid., Ueber den Einfluss des Benedictiner Stifts auf dem Petersberge zu Erfurt auf die erste Urbarmachung der hiesigen Gegend. Erf. 1798. — Derselbe, Ueber den Einfluss des vormaligen Petersklosters zu Erfurt auf die religiös moralische und wissenschaftliche Kultur von seiner Entstehung bis zu seiner Aufhebung. Erfurt 1804. — Thüring. Vaterlandskunde Bd. VI, 1806, S. 417 ff. — Beyer, Const., Nachträge zur Neuen Chronik von Erfurt S. 60 ff. — Hartung, B., Häuserchronik II, S. 129—142. — Böckner, R., Das Peterskloster zu Erfurt, II. Abth. (Mittheil. d. Ver. f. d. Gesch. v. Erf. X, S. 1—118, XI, S. 57—179.) — Erlandsen, Einige Beiträge resp. Bemerkungen zu der Schrift des — Böckner über die Peterskirche (das. XI, S. 180—185). — Ein Besuch der ehemaligen Peterskirche. (Allgem. Anzeiger für 1882, Beil. zu Nr. 156, vergl. Thür. Zeit. 1882 Nr. 158.) — Kruspe, H., Erfurter Bilderchronik S. 95.

Geschichte.

„Unter den nur ruinenhaft auf unsere Zeit gekommenen einst so bedeutungsvollen Kirchen des früheren Mittelalters nimmt die Kirche des Benedictinerklosters auf dem Petersberge zu Erfurt einen hohen Rang ein; ruinenhaft, wenn auch noch zu profanen Zwecken benutzt und erhalten, aber alles kirchlichen Wesens verlustig, bedeutungsvoll für deren Einfluss auf die Kirchengeschichte Thüringens und von schöner majestätischer Wirkung in deren Architektur und Lage; dabei so eigenthümlich in der Bauart, dass sie zu einer eingehenden Besprechung Anlass giebt.“ (Sommer).

Das Peterskloster, auf einer im Nordwesten der Stadt befindlichen Anhöhe belegen, bildete einst mit seinen beiden hohen und schlanken Thürmen, die von weither sichtbar waren, eine Hauptzierde und ein Wahrzeichen von Erfurt, dessen äusseres Ansehen durch das Verschwinden dieser Thürme, sehr erheblich verloren hat. Das Kloster selbst existirt zwar seit längerer Zeit nicht mehr, von dessen Kirche ist dagegen noch genug vorhanden, um den Charakter des Baues erkennen zu lassen.

Wann das Kloster St. Petri und Pauli zuerst entstanden sei, ist unbekannt, da es an allen zuverlässigen Nachrichten darüber fehlt. Denn obwohl es der Hauptsitz der Erfurter Historiographie gewesen, so sind doch bei einer der vielen Feuersbrünste, von denen es heimgesucht worden, wahrscheinlich der von 1179 alle damals in dessen Besitz befindlich gewesenen Urkunden, namentlich die, welche sich auf die Gründung bezogen, verloren gegangen. Selbst wer der erste Abt gewesen sei, was von andern Klöstern mitzutheilen nie unterlassen wird, ist hier unbekannt. Man hat zwar lange geglaubt, dass die Stiftung im Jahre 706 durch einen etwas fabelhaften Frankenkönig Dagobert erfolgt sei (N. de Siegen, l. c. p. 157, 158. Addit. ad Lambert. Hersfeld. Chron. p. 9 u. a. m.), und die Urkunde, durch welche dies geschehen sein sollte, ist nicht nur gedruckt (Falkenstein, Chron. II, 2, S. 1011), sondern eine Ausfertigung von ihr auch in dem Magdeburger Staatsarchive befindlich, aber ihre Unächtheit ist in späterer Zeit von dem Kloster selbst zugestanden (Pl. Muth. 1798 S. 103) und in der That keinem Zweifel unterworfen.[1]

Eben so wenig können die chronikalen Angaben welche die Gründung in die Zeit des h. Bonifacius setzen auf Glaubwürdigkeit Anspruch machen, da sie sämmtlich aus einer viel späteren Epoche stammen und im Widerspruch mit dem bereits erwähnten Schreiben des genannten Heiligen an den Papst wegen Errichtung eines Bisthums in Erfurt stehen. Ob die Nachricht der Nachträge zu den Annalen des Lambert von Hersfeld (Monument. Germ. Hist. Scrptt. III, p. 33. Anm. vergl. Kirchhoff, Weisthüm. S. 201 und 205), wonach das ursprüngliche Klostergut überwiegend aus königlicher Schenkung hergerührt hat, zutreffen, muss dahin gestellt bleiben, obwohl sich nicht in Abrede stellen lässt, dass manche Umstände für sie sprechen (Böckner, l. c. S. 3). Auch die Angabe der Corveischen Annalen (Leibnitz, Scriptt. Brunsv. II, 208), dass Wattericus 861 lector und Heribert 879 Abt im

[1] Erhard in Höfers Zeitschr. f. Archivk. I, S. 53—75. Wattenbach, Chron. d. Lambert v. Hersfeld S. 13 Anm. 1. Kirchhoff, Weisthümer S. 200. Erhard setzt die Anfertigung wohl etwas zu spät, in die Zeit des Interregnums oder Rudolfs von Habsburg. Nach Schum stammt das Magdeb. Exemplar aus dem 12. Jahrhundert.

Kloster auf dem Petersberge gewesen sei, so wie die des Sagittarius (Gesch. der Grafsch. Gleichen S. 36), nach welcher Graf Erwin von Gleichen 1050 dem Kloster Güter in den Fluren von Andisleben und Walschleben geschenkt habe, können auf volle Glaubwürdigkeit keinen Anspruch machen, da die Echtheit jener Quelle angezweifelt wird (Koch, Die Erfurter Weihbischöfe. Zeitschr. d. Ver. f. Thür. Gesch. VI. S. 38) und eine auf die angebliche Schenkung bezügliche Urkunde nicht vorhanden ist.

Dagegen kann man es als vollkommen beglaubigt ansehen, dass bereits vor der Mitte des 11. Jahrhunderts auf dem Petersberge eine klösterliche Stiftung der Regel des h. Benedict bestanden hat, deren Mitglieder, verlockt durch den Reichthum jener, sich einem üppigen Leben hingegeben, die klösterliche Disciplin gelockert, sich den Namen von Chorherrn beigelegt und das Klostergut in festen Pfründen unter sich vertheilt hatten. Diese Umstände, sowie der im Anfange des 12. Jahrhunderts bereits sehr ausgedehnte Grundbesitz des Klosters (Tettau, Das Gebiet von Erfurt, S. 165 ff.), der sich nur allmählich und in einem grösseren Zeitraume gebildet haben kann, lassen darauf schliessen, dass die Anstalt damals schon längere Zeit bestanden haben müsse, sodass es keineswegs undenkbar ist, dass ihre Gründung noch in die zweite Hälfte des 8. oder doch in das 9. Jahrh. falle. Mit noch grösserer Bestimmtheit kann man annehmen, dass jene durch die Erzbischöfe von Mainz erfolgt sei, da Erzbischof Ruthard in einer Urkunde von 1104 (M. A. Abgedruckt in Schannat Vindemiae II, p. 111 und Falkenstein, l. c. II, 2, p. 1021), in der er das Kloster in seinen Rechten und Besitzungen bestätigt, als Veranlassung hierzu angiebt, dass die Stiftung seiner Vorfahren nicht in Vergessenheit gerathen solle. Auch kann man es als feststehend ansehen, dass eine Anzahl von im Besitze des Klosters befindlich gewesenen Ortschaften, wie Alach, Bindersleben, Orfall, Tiefthal u. a. m. ursprünglich zur Dotation des Bisthums Erfurt gehört haben, nach dessen Incorporation in das Erzstift auf dieses übergegangen und von demselben zur Ausstattung des Petersklosters verwendet sind (Tettau, l. c. S. 27, 179).

Nic. von Siegen berichtet nun, dass Erzbischof Siegfried von Mainz 1058 in dem Kloster auf dem Petersberge zu Erfurt das klösterliche Leben, welches daselbst schon seit längerer Zeit in Verfall gerathen und beseitigt worden war, wiederhergestellt habe, indem er die regulirten Chorherrn, welche jenes in Besitz genommen und das Mönchsgewand abgelegt hatten, daraus vertrieb.[1]

Dass diese Massregel auf die zum Kloster gehörigen Baulichkeiten, namentlich auf dessen Kirche, einen wesentlichen Einfluss gehabt habe, ist kaum anzunehmen, auch fehlt es noch für die nächste Folgezeit an allen auf jene bezüglichen Nachrichten; man weiss nur, dass in der Mitte des Dezembers 1068 (Lamberti Hersfed. Annal. l. c.), sowie in dem Winter 1079/80, als das Kriegsvolk Kaiser Heinrichs IV. beim Feldzuge gegen die Sachsen in Erfurt verweilte (Chron. S. Petrin. p. 10, Annal. S. Petri Erphord. in Pertz Monument. Scrptt. XVI p. 15, cfr. Böckner,

[1] Vid. N. de Siegen, l. c. p. 231, 232, cf. p. 237. Es ist zwar nicht zu bezweifeln, dass die leider nicht mehr vorhandene Urkunde Siegen vorgelegen, da derselbe sagt: ut legitur in privilegio suo, doch scheint er im Irrthum zu sein, wenn er sie in das Jahr 1058 setzt, da sie, wie Böckner l. c. S. 5 dargethan, frühestens 1060 erlassen sein kann.

l. c. S. 7), Kloster und Kirche vom Feuer zerzört sind.[1] Ob damals sofort zur Wiederherstellung geschritten, einstweilen vielleicht nur ein provisorischer Nothbau in Holz ausgeführt ist, wissen wir nicht, doch ist es wahrscheinlich, da das Kloster sich unmöglich längere Zeit ganz ohne Kirche und ohne eine Unterkunft für die Mönche hat behelfen können. So viel steht fest, dass der Abt Burchard 1103 mit der Erbauung eines neuen stattlichen Klosters (solennis structura) und einer Kirche in Quadersteinen (cum lapidibus quadratis egregie) begonnen, das Werk rüstig und glücklich fortgeführt und dabei der Unterstützung des Erzbischofs Ruthard von Mainz, sowie vieler Edlen und Bürger sich zu erfreuen gehabt hat (Nic. de Siegen, l. c. p. 281, Chr. S. Petrin. p. 13, Erphurd. antiquitt variloq. l. c. ad. ann. 1103).[2]

Gleichzeitig mit dem der Kirche wurde auch der Bau der Kapelle B. M. Virg. die später Annenkapelle hiess, gleichfalls in Steinbau begonnen, deren Einweihung 1117, VIII. Kld. Augusti (25. Juli) zugleich mit der des zu Ehren der Jungfrau Maria und deren Mutter, der h. Anna, errichteten Altars durch den Erzbischof Adelbert I. von Mainz erfolgte (N. d. Siegen, l. c. p. 29, Gallus Stass. Collect. p. 706). Der Erbauer der Kapelle war der Laienbruder Ditmarus (G. Stass. Necrolog. p. 28 und 333. Schannat, Vindem II, p. 18), von dem wahrscheinlich auch der Bau der Kirche geleitet ist.

Bis 1109 war dieser, wenigstens in seinem östlichen Theile, so weit gediehen, dass durch den Erzbischof Ruthard († 2. Mai 1109) noch die Einweihung und Uebergabe zum gottesdienstlichen Gebrauch hat bewirkt werden können (N. d. Siegen, l. c. p. 321). Beendigt wurde der Bau der Kirche aber erst von dem Abt Wernher (1127—1138) (N. d. Siegen p. 303, G. Stass. Coll. p. 646), welcher es auch gewesen ist, der durch die 1136 ausgeführte Anlage einer Wasserleitung einem vom Kloster bisher schwer empfundenen Uebelstande abgeholfen hat.

Nicht lange nachher, 1142. VII. Id (9.) Maji, ward Kloster und Kirche bereits wieder von einer Feuersbrunst betroffen (Chronic S. Petrin. p. 27, Siegen, l. c. p. 319). Anscheinend sind hierbei jedoch gänzlich nur die damals wohl zum grossen Theil in Holzbau bestehenden Klostergebäude, die Sakristei und das Archiv zerstört, während die Kirche, da ihre Umfassungsmauern bereits aus Steinen ausgeführt waren, nur das Dach und die Holzdecke einbüsste. Doch scheint der nach der brennenden Stadt zu belegene Theil der Kirche hierbei so erheblich betroffen zu sein, dass man bei dem Restaurationsbau eine bedeutende Erweiterung nach Osten vornehmen konnte, der namentlich dem Innern viel Eigenthümliches zubrachte (Sommer). Dass im übrigen die Kirche erhalten geblieben sein muss, ergiebt sich besonders aus dem Umstande, dass bereits nach wenig mehr als einem Jahre XVI. Kld. Julii (16. Juni) 1143 die Consecration zweier Altäre, welche sich in den Seitenschiffen des Chors auf beiden Seiten des Hochaltars befanden, deren

[1] Ein wohl von der damals abgebrannten Kirche herrührender Balken wurde 1882 beim Durchbrechen einer Mauer eingefügt zwischen den Quadern gefunden und ist gegenwärtig in der Sammlung des Erf. Alterth. Vereins (Mittheil. des Ver. XI. S. 185).

[2] Hogel, l. c. f. 29 berichtet dagegen, dass der Neubau des 1079 abgebrannten Petersklosters 1097 vornehmlich durch Wilhelms Abts zu Hersfeld, Mildigkeit und Sorge begonnen sei, und zwar in der Form wie das Kloster noch jetzt aussehe.

einer den hh. Martin, Blasius und Gangolf, der andere der h. Jungfrau, der h. Margaretha und h. Ursula gewidmet war, durch den Erzbischof Heinrich von Mainz vollzogen werden konnte (G. Stass, Coll. p. 705), während allerdings die feierliche Wiedereinweihung der Kirche selbst erst 1147 ebenfalls XVI. Kld. Julii (16. Juni) durch den vorgenannten Erzbischof unter Mitwirkung der Bischöfe Siegfried von Würzburg, Gebhard von Eichstädt und Ditmar von Verden bewirkt worden ist (Chron. S. Petr. p. 28, Siegen p. 321, Annal. S. Petri Erphord. l. c.).[1] Gleichzeitig erfolgte, wie es scheint durch den Bischof Ditmar von Verden, die Consecration des Altars des heiligen Benedicts (in superiore choro), sowie des Altars St. Crucis durch die Bischöfe Gebhard von Eichstädt und Siegfried von Würzburg. Dass die Wiederherstellung in so kurzer Zeit hatte stattfinden können, war wesentlich das Verdienst des Abtes Wernher (Siegen, l. c. p. 321), den wenige Wochen nach der Feierlichkeit (12. August 1147) der Tod ereilte (G. Stass, Necrol. p. 147).

In der Hauptsache war nun der Bau der Kirche in der Gestalt, in welcher sie sich zuletzt befand, vollendet; was noch weiter daran geschah, ist von untergeordneter Bedeutung gewesen und hat sich auf das Innere beschränkt. So ward 1200 II. Kld. Junii (31. Mai) von dem Bischof Dietrich (nicht näher bezeichnet) ein Altar zu Ehren der Apostel Andreas und Johannes im rechten Thurme, 1216 II. Kld. April (31. März) die auf der Nordseite des Paradieses errichtete Kapelle zu Ehren der h. Katharina, des Apostels Andreas und Aller Heiligen mit ihrem Altare geweiht, 1221 II. Id. (12.) April durch den Bischof Wilhelm zu Havelberg der Aller Engel und Heiligen. 1231 XI. Kld. Julii (21. Juni) wurde die an der Westseite der Kirche, zwischen den beiden dort projektirten aber nicht zur Ausführung gekommenen Thürmen, über dem massiv eingewölbten Paradiese nach Siegen, l. c. S. 358, für Nonnen bestimmte Kapelle Omnium Sanctorum von dem vorgenannten Bischofe consecrirt (G. Stass, Coll. p. 706). Dieselbe ward jedoch 1291 V. Id. (9.) Junii durch einen Blitzstrahl getroffen und sehr bedeutend beschädigt (Chron. St. Petr. p. 128). Sie muss aber wieder hergestellt sein, da sie um 1430 von einem gleichen Missgeschick betroffen ist (Siegen, l. c. p. 358).

1302 ward die Kapelle Corporis Christi, die an der Ostseite der Kirche lag, ursprünglich dem heiligen Blasius gewidmet gewesen war und der Sage nach das älteste Gotteshaus in Thüringen gewesen ist (Lamberti Annal. p. 33 Anm.), einer Restauration unterworfen, bei welcher Gelegenheit sie durch den Conventualen, späteren Prior, Heinrich von Alich im Innern mit Wandgemälden ausgestattet ward.

In die erste Hälfte des 13. Jahrhunderts fällt bereits die erste Anschaffung einer Orgel. Sie war ein überaus künstliches Werk (mirificum opus) und ertönte

[1] Es ergiebt sich hieraus, dass Siegen in Widerspruch mit sich selbst steht, wenn er p. 319 sagt: sicut famatur, nova structura murorum S. Petri ecclesie propter inopiam atque dampnum istius combustionis (von 1142) annis 15 sine tecto permansit, und dieses Gerücht falsch war. Eben so wenig Glauben verdient die Angabe Hogels (l. c. f. 31[a]), wonach durch die fragliche Feuersbrunst das ganze Peterskloster mit Kirche, Thürmen und Schlafhaus zerstört sein soll. Auch er geräth mit seinem oben erwähnten Bemerken, der Neubau von 1097 sei bis auf ihn gekommen, in Widerspruch.

zum erstenmal am Vorabende des Osterfestes (18. April) 1226 (Cronic. St. Petr. p. 70, N. d. Siegen p. 351, Hogel, l. c. f. 38, der unrichtig 1223 angiebt). Sie befand sich am Westende des Kirchenschiffs vor der Allerheiligenkapelle, hatte vergoldete Pfeifen und einen Kostenaufwand von 1500 fl. verursacht (Siegen, l. c. p. 358). Der Meister scheint der nämliche gewesen zu sein, der 1225 die erste Orgel in der Marienkirche aufgestellt hat (Böckner, l. c. I, S 85). Dass dieselbe 1290 und wiederholt 1430 durch einen Blitzstrahl beschädigt worden ist, ward schon oben angedeutet.

Vor dem Schlusse der ersten Hälfte des 13. Jahrh. ist denn auch noch die Vollendung der Thürme in Angriff genommen, indem auf den Steinbau der drei unteren Stockwerke ein viertes in Holzbau gesetzt ward. Am XVII. Kld. Maji (15. April) 1246 begann man bei dem Thurme, der zur Aufnahme der grösseren Glocken bestimmt war, d. h. dem nördlichen (Böckner, l. c. II, S. 72 Anm. 36), und vollendete im Herbst ej. diese Arbeit dadurch, dass die Spitze eine Zinnbedeckung erhielt (Chron. St. Petr. p 71). Der hölzerne Aufbau des anderen Thurmes, des südlichen, der die kleineren Glocken aufnehmen sollte, wurde noch 1254 in Angriff genommen (ibid. p. 85). Der letztere Thurm wurde jedoch zweimal, 1334 am Sonntage vor Allerheiligen (30. Okt.) (ibid. p. 169) und im nächstfolgenden Jahre am Vorabende SS. Simonis et Judae (27. Okt.) (ibid. p. 172) durch Stürme wieder hinabgeworfen und erst 1339 durch den Abt Hermann von Eichelborn wieder hergestellt (ibid. p. 176, Siegen, l. c. p. 386).

Gegen die Mitte des 13. Jahrh. fand auch die erste beglaubigte Anschaffung von Glocken für die Kirche statt, die weiter unten näher besprochen werden wird.

Im Jahre 1290 wurde ein neuer Chor an die Marienkapelle angebaut und am Tage nach St. Bonifacii (6. Juni) von dem Bischofe Konrad I. von Lavant eingeweiht (Chron. St. Petr. p. 124), der auch am Tage des h. Barnabas (11. Juni) den Altar des h. Leonhard weihte.

Dass die Mittel zu allen diesen Baulichkeiten vorhanden waren, ist besonders dem Umstande beizumessen, dass, wie G. Stass (Coll. p. 726) berichtet, 1294 sechzig Erzbischöfe und und Bischöfe allen denen, welche zur Wiederherstellung und zum Bau der Kirche beitrugen, Ablässe bewilligt hatten.

1303 VI. Kld. Maji (26. April) erfolgte die Weihe des Altars in paradiso zu Ehren des Apostels Matthäus durch den Bischof Ludolf von Minden, 1316 in die SS. Gervasii et Protasii (14. Juni) die des Altars des heil. Thomas im linken Theile der Kirche neben dem Gleichendenkmal durch den Bischof Johann von Lavant, 1318 XI. Kld. Sept. (22. August) die des zu Ehren der heil. Märtyrer und des h. Christoph im rechten Theile des Paradieses durch den Bischof Berthold, dictus de Henneberg, 1327 Kld. (1.) Mart. die des erneuerten Altars des h. Benedict im oberen Chore durch den Weihbischof Ditmar, Bischof von Gabata, 1348 in festo apostolor. Petri et Pauli (29. Juni) die des Altars St. Barbarae in der Mitte der Kirche durch den Weihbischof Grafen Albrecht von Beichlingen, Bischof von Hippus (G. Stass, Coll. p. 707, der auch für die übrigen vorstehenden Angaben Quelle ist, und seine Nachrichten aus einem um 1266 von dem Mönche Helwig angelegten und dann stetig fortgeführten Verzeichnisse entnommen hat).

1351 am Sonntage Cantate (15. Mai) ward durch den letzgenanten Bischof gleichzeitig die Einweihung von drei Altären vollzogen, des einen befindlich in principale arce[1] sinistre partis ecclesie zu Ehren der h. drei Könige und der h. Scholastica, des zweiten (inferioris arcis sinistris lateris) zu Ehren des h. Cosmas und h. Damianus, Cyriacus und der h. Scholastica, des dritten zu Ehren der hh. Elisabeth, Margaretha und Scholastica. 1385 fand die Anfertigung neuer Chorstühle, 1400 die Errichtung und Einweihung eines grösseren Altars zu Ehren aller Heiligen hinter der grossen Orgel im Paradiese statt (Siegen p. 358). Er wurde 1430 durch das Einschlagen des Blitzes zerstört.

1406 wurde der an der westlichen Pfeilergruppe auf der Südseite befindliche Altar St. Spiritus, später des h. Bonifacius genannt (ib. p. 407, 408), von Heinr. Brun, Bürger zu Erfurt, und dessen Gattin Wunna gestiftet und mit 225 fl. Rh. dotirt (Stass, Coll. p. 761). 1413 fand ein Wiederherstellungsbau eines der Thürme, der schadhaft geworden war, statt.

Es verfloss von da ab längere Zeit ohne dass, abgesehen von den in Folge von Beschädigungen durch Gewitter nothwendig gewordenen Reparaturen, irgend welche bauliche Anlage oder weitere Ausstattungen der Kirche vorgenommen wären. Erwähnenswerth ist nur die 1463 stattgefundene Umgestaltung der Klostergebäude, sowie der 1463—1480 bewirkte Neubau des Kreuzganges. Im erstgenannten Jahre wurde der Theil desselben bis zu der Marienkapelle, also gegen Osten, vollendet, der 12 Hauptfenster und 2 Seitenfenster enthielt, der aber von den Steinmetzen mit zu grosser Pracht ausgeführt wurde, da er allein schon einen Kostenaufwand von 1500 fl. verursachte (Siegen p. 447). 1465 ward dieser Theil des Baues bis zur Kapelle beendigt. 1466 wurde der östliche Flügel bis zum Altare des h. Petrus mit einer Bedachung versehen (ibid. p. 445). Die Ausführung des Kreuzgangbaues erfolgte anscheinend durch den Conversen Nicolaus, der ein berühmter Meister in der Steinmetzkunst war (lapidica notabilis et magistralis) aber 1467 dadurch, dass er in einen mit siedendem Wasser angefüllten Bottich stürzte, das Leben verlor (ibid. p 448). Dies mag Veranlassung dazu gegeben haben, dass die Arbeit eine Unterbrechung erlitten hat. Denn erst 1477 ward der Theil des Kreuzganges bis zum Refectorium der Abtei oder dem Brunnen gegenüber (ibd. p. 461) gebaut. Die gänzliche Vollendung fand erst 1480 statt. Die durch diesen Bau entstandenen Kosten beliefen sich, ungerechnet die von den Mönchen selbst dabei geleisteten Dienste, auf etwa 4000 fl. (ibd. p. 468). In den Jahren 1475—1485 wurde der Kreuzgang von dem Mönche Conrad von Schmalkalden, den berühmtesten Glasmaler seiner Zeit nicht nur in Erfurt sondern in ganz Thüringen, mit gemalten Fenstern versehen.

Im Jahre 1469 wurde neben vielen Erneuerungen an den Klostergebäuden auch eine der h. Jungfrau gewidmete Kapelle im Schlafhause gebaut, und noch in demselben Jahre von dem Bischofe Johann von Speyer eingeweiht (ibd. p. 449).[2] Auch in dem Krankenhause erbaute man 1470 eine neue Kapelle (ibd.). In das Jahr 1472 fällt der Bau der Allerheiligenkapelle und deren Einweihung durch den Bischof Johann von Syra.

---

[1] Arce im mittelaltrigen Latein so viel als Archiv. Du Cange Glossar. I, col. 361, 420. Es ist daher nicht nothwendig mit Böckner, l. c. S. 78, anzunehmen, dass hier ein Schreibfehler obwalte und es „arcu" (Arkadenbogen) heissen müsse.

[2] Doch hat nach ebendemselben S. 457 die Marienkapelle sich nicht im Schlafhause, sondern in der neuen Abtei befunden.

Der grosse Brand von 1472, der ein Drittheil der Stadt in Asche legte, verursachte zwar dem Kloster einen Schaden von ca. 2400 fl., indem unter andern ein Schütthaus desselben, in welchem 900 Malt. Getreide lagerten, niederbrannte, die Klostergebäude selbst und die Kirche blieben aber verschont, indem der Brandstifter, der Cisterciensermönch Dan. Becker, durch die ihm gewährte Gastfreundschaft umgestimmt, selbst den schon gelegten Brennstoff wieder entfernte (Siegen, l. c. p. 450, 451).

So konnte denn das Kloster in seinen baulichen Unternehmungen rüstig fortfahren. Es ward 1473 die Sakristei oder das Archiv, in welchem die Privilegien aufbewahrt wurden, dem Altare des h. Martin gegenüber, auf der dem Thurme, in dem die grösseren Glocken hingen, entgegengesetzten Seite gebaut und von dem Bischofe Johann von Speyer eingeweiht (G. Stass, Coll. p. 716).[1] In das Jahr 1478 fällt die Wiederherstellung und neue Einweihung der Kapelle des h. Laurentius über dem Kreuzgange, 1475 jene des Thurmes, in welchem die kleineren Glocken hingen, 1477 die des für die grösseren Glocken bestimmten (Siegen p. 457. Nach p. 455 geschah dies schon 1476). 1474 wurde eine neue kleine Orgel, 1476 eine grössere durch Meister Daniel von Hadenberg angefertigt; für erstere, die 750 Pfeifen enthielt, bekam derselbe 18 fl., für letztere, deren Pfeifenzahl 2333 betrug, 70 fl. Doch war diese schon nach zwanzig Jahren in einem so schlechten Zustande, dass sie nur noch einen geringen Werth hatte. Ausser diesen beiden Orgeln in der Hauptkirche besass das Kloster noch eine in der Leonhardskirche und eine in der Annenkapelle, welche beide damals gleichfalls erneuert wurden (ib. p. 454, 455, 457).

Im Jahre 1489 liess das Kloster zwei grosse hölzerne Bildwerke für den Preis von 22 fl. anfertigen, deren eins Christus am Kreuze mit der h. Jungfrau, der h. Magdalena und Johannes zu dessen Füssen, das andere die beiden Patrone Petrus und Paulus darstellte (ib. p. 481). Bald darauf, 1492, wurde die grosse Glocke, Johannes, gegossen (ib. p. 492), 1494 die Annenkapelle im Innern erneuert und mit Wandgemälden versehen (ib. p. 497), 1499 mit der Einwölbung der Kirche begonnen (Stolle, l. c. f. 275 b) und 1505 dieselbe fortgesetzt, doch beschränkte solche sich auf Mittel- und Querschiff und eine sich auf Kragsteinen stützende Holzdecke.

Nicht lange nachher traten jedoch ungünstige Umstände in den Verhältnissen des Klosters ein. Hatte auch der sog. Pfaffensturm vom 9. April 1521 weniger dieses als die beiden Stifter St. Marien und St. Sever getroffen, so litt es doch bei dem Bauernaufruhr 1525 sehr erheblichen Schaden. Von noch grösserer Bedeutung war es aber, dass das Kloster in Folge des Uebertritts des grössten Theiles der Bewohner Erfurts zum evangelischen Glauben eine sehr bedeutende Einbusse an Ansehn und Einkünften erlitt, so dass für bauliche Zwecke keine Mittel blieben, namentlich seitdem der Rath der Stadt dem Kloster einen weltlichen Administrator gegeben, die Zahl der dem alten Glauben treugebliebenen Conventualen bis auf sechs hinabgegangen war, von denen nur noch zwei das Ordens-

[1] Böckner, l. c. II, S. 73, 74, hat nachgewiesen, dass dieselbe in dem zum Chore gehörigen und dem Querschiffe zunächst liegenden Theile des nördlichen Seitenschiffs sich befunden haben müsse.

kleid trugen (G. Stass, Coll. p. 679) und in Folge dessen zuletzt der Chordienst ganz eingestellt wurde. Etwas günstiger stellten sich die Verhältnisse zwar wieder, als das Kloster durch den Hammelburger Vertrag vom 2. Februar 1530 in seine Rechte von neuem eingesetzt ward, doch fristete es auch jetzt noch nur nothdürftig sein Dasein. Der einstige Glanz und Reichthum waren für immer geschwunden; der Aufwand für bauliche Dinge musste sich auf das Nothwendigste beschränken, so die Reparatur des Thurmes, als 1562 das mehr als mannshohe Kreuz auf der Spitze durch einen Sturm hinabgestürzt war (Falkenstein Hist. S. 640), 1564 den Neubau des verfallenen Infirmatoriums und 1597—1603 die Anschaffung einer neuen und besseren anstelle der bis dahin für den Chordienst benutzten kleinen Orgel (Stass, Coll. 686, 688). Von etwas grösserer Bedeutung ist, dass 1604 die westliche Hälfte der beiden Seitenschiffe mit einer neuen, allerdings nur in Holz construirten Bedachung versehen wurde (ib. S. 688). Eine am 4./14. Mai 1613 durch das Einschlagen des Blitzes verursachte Beschädigung des vorderen Thurmes wurde noch in demselben Jahre wieder beseitigt (ib. S. 691, Seebach, Erf. Feuerchronik § 19, S. 14).

Während der Occupation Erfurts durch die Schweden musste das Kloster mehrmals geräumt werden und 1633 wurde von Oxenstierna sogar dessen Säcularisation und Uebereignung an die Stadtgemeinde verfügt, auch die Kirche eine zeitlang für den evangelischen Gottesdienst benutzt, nachdem Erfurt jedoch dem Prager Frieden von 1635 beigetreten war, mussten Kloster und Kirche zurückgegeben werden.[1] Allerdings war inzwischen die Zahl der Mönche bis auf drei zusammengeschmolzen und die Kirche in einen vollständig verwüsteten Zustand gerathen. Die nächstfolgenden unruhigen Zeiten, die zweite schwedische Besitznahme, die bis über den Abschluss des westfälischen Friedens hinaus dauerte, sodann die Kämpfe der Stadt mit ihrem Landesherrn, dem Kurfürsten von Mainz, die erst durch die sog. Reduction von 1664 ihren Abschluss erhielten, die dann erfolgte Umwandlung des Petersberges in eine Citadelle, bei der zwar eine Anzahl von zum Kloster gehörigen Gebäuden abgerissen ward, auch die von demselben zur Stadt hinabführenden steinernen Stufen beseitigt wurden, bei der aber die Kirche selbst unberührt blieb, gestatteten es natürlich nicht grössere bauliche Arbeiten in Angriff zu nehmen. Erst nachdem nach vollständiger Unterwerfung der Stadt unter mainzische Herrschaft wieder ruhige Zustände und völlige Sicherheit des Eigenthums eingetreten war, konnte man wieder hieran denken.

Die Restaurirung der Kirche begann 1672 damit, dass ihr Inneres mit einem Anstriche versehen wurde, der den Marmor nachahmen sollte (Stass. Coll. p. 779); sodann wurde 1675 über dem Hochaltar ein Aufsatz mit Tabernakel und zwar, dem damaligen Zeitgeschmack entsprechend, in Rococcostyl errichtet (ib. p. 780, ej. Necrol. p. 659); 1678 wurden der Altar der h. Barbara in das südliche Seitenschiff und der St. Crucis nach der Nordseite verlegt (ej. Coll. p. 780) und ebenso wie andere Altäre mit modernen Aufsätzen versehen, 1679 der Abtsstuhl erneuert und vergoldet (ib. p. 785). — In ähnlicher Weise fuhr man in den folgenden

[1] Eine Zusammenstellung der Summen, welche das Peterskloster an die Schweden während der ersten Besitznahme Erfurts durch dieselben zu zahlen gehabt, bei Schauerte, Gustav Adolf und die Katholiken in Erfurt, S. 28, 29.

Jahren fort, das Innere der Kirche umzugestalten. 1702 wurde eine neue Orgel angefertigt (Friese, l. c. V, S. 1489). — 1735 am 20. Juli stürzte nach anhaltendem Regenwetter infolge Abrutschung der Futtermauer der Bastion Philipp die Kapelle Corporis Christi nebst dem nördlichen Theile des Infirmariums in den Festungsgraben hinab (Stass p. 89 und 350, Reichard, Forts. der Chron. des Dan. Fritz, S. 133, Beyer, C., Nachtr. S. 1). Nur das Thürmchen der ersteren blieb stehen (Falkenstein, Hist. S. 1021). Die Kapelle wurde aber alsbald und schöner als zuvor wieder hergestellt und diente fortan als Garnisonkirche.

Nachdem infolge des Reichsdeputationsschlusses das Gebiet von Erfurt an die Krone Preussens gelangt war, erfolgte am 23. März die Säkularisation des Petersklosters. Das Vermögen desselben wurde zwar zur Staatskasse eingezogen, die Gebäude blieben aber in ihrem bisherigen Zustande, nur dass sie während der französischen Zwischenherrschaft meistens für militärische Zwecke verwendet wurden und am 27. Febr. 1810 der meistbietende Verkauf der Kirchenglocken stattfand (Beyer, N. Chron. S. 455). — Aber am 6. November 1813 brannte bei dem Bombardement durch die Verbündeten sowohl die Kirche mit ihren beiden Thürmen, als das Kloster mit allen dazu gehörigen Gebäuden nieder (Beyer, N. Chron. S. 542—545). Nur die nackten Umfassungsmauern der Kirche blieben stehen.

In den Jahren 1815—1820 wurde mit der Beseitigung der Ruinen, soweit deren fernere Erhaltung nicht möglich war, vorgegangen, mit dem letzten Reste derselben 1828 bei der Erbauung der grossen Defensionskaserne. Dabei wurden 1816—1818 auch die Obermauern des Mittel- und des Querschiffes, die Arcadenbogen und der stehen gebliebene Theil der Thürme abgetragen und die hierbei gewonnenen Quadern, sowie die Grabsteine bei der Erbauung des Wehres vor dem Schmidsteter Thore und der grossen Einlassschleuse beim Eintritt der Gera in die Stadt verwendet. Die immer noch gegen 9 ^{m} hohen Umfassungsmauern und die Pfeiler wurden benutzt, um vermittelst ihrer 1818—1820 ein Magazin herzustellen, welchem Zwecke dieser Raum, der 1827 mit einer bombenfesten Balkendecke versehen worden, noch jetzt dient.

Beschreibung. Das Aeussere.

Die Kirche des ehemaligen Petersklosters (Nr. 61), deren Mauern, wie bereits angeführt, bis zur Höhe des Kranzgesimses der Seitenschiffe noch jetzt vorhanden sind, war eine grossartige Pfeilerbasilica mit Kreuzschiff in romanischem Style und zwar der Periode des letzteren, wo man anfing die Details reicher und anmuthiger auszubilden (Schnaase, l. c. V, S. 225), deren beide Seitenschiffe über die Vierung hinaus bis an den geraden Chorschluss fortgeführt und deren Kreuzarme auf der Ostseite mit je einer halbrunden Absis versehen waren, von denen die südliche, sehr schöne, noch jetzt erhalten ist (Abbildungen bei Kruspe, Beitr. Taf. I, 20). An der Ostseite des Langhauses war sie mit zwei schlanken Thürmen versehen.

Sie ist im ganzen 79 ^{m} lang und im Querschiff 36 ^{m} breit und aus Quadersteinen eines sehr dauerhaften grobkörnigen Sandsteins aus den Seeberger Steinbrüchen erbaut. Die Mauerstärke beträgt 1,1 ^{m} im Obergaden an dem Westgiebel

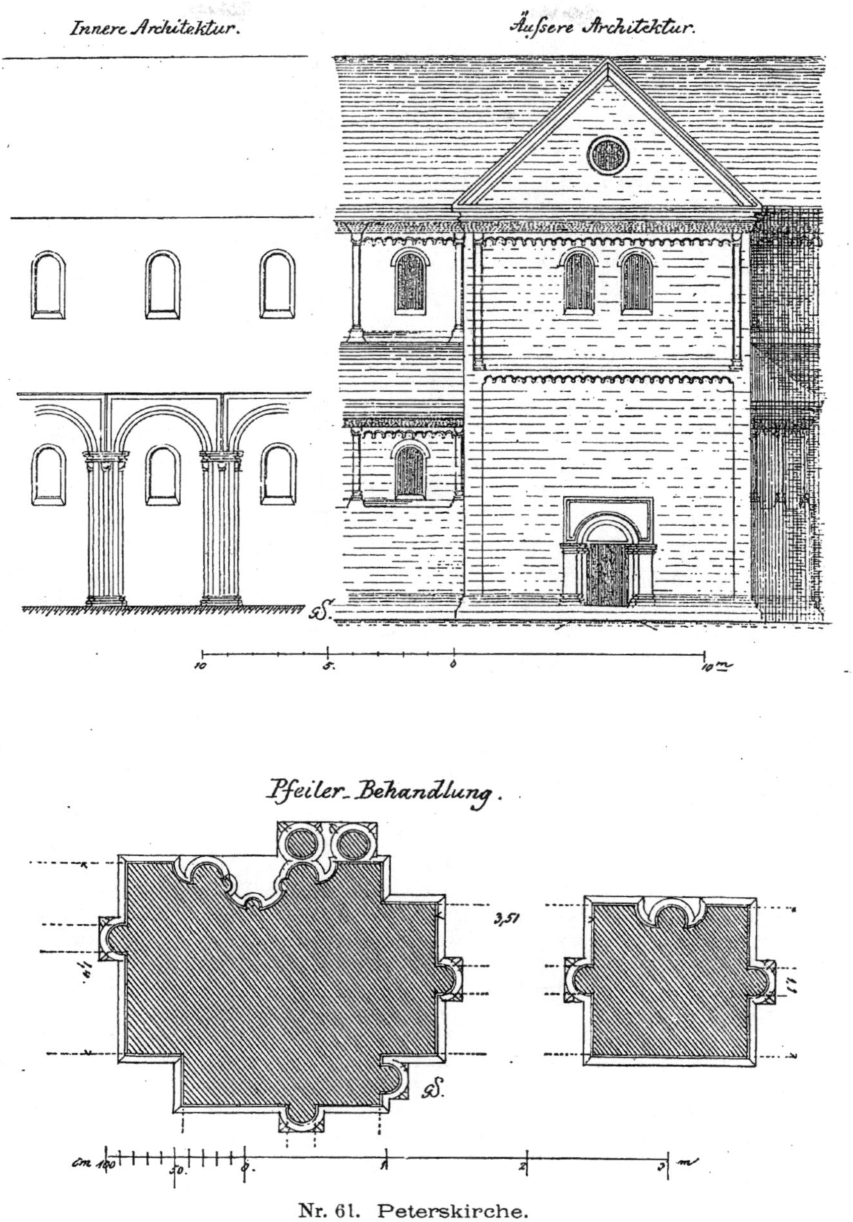

Nr. 61. Peterskirche.

und den hier auf beiden Seiten befindlichen Vorsprüngen jedoch 1,5 m und im Untergaden 1,1 bis 1,17 m.[1]

Bereits oben ist dargethan, dass der Bau der ersten Hälfte des 12. Jahrh. seine Entstehung verdankt und der Laienbruder Ditmar wahrscheinlich der Erbauer gewesen sei.[2]

Eigentliche Strebepfeiler zeigen die Mauern der Kirche nicht, wie solche denn ja überhaupt dem romanischen Baustyle fremd sind, ebensowenig einen Sculpturschmuck, vielmehr beschränken sich die Ornamente auf geometrische Constructionen; doch ist unverkennbar das Streben des Baumeisters dahin gerichtet gewesen, den Mauermassen und starren Wandflächen durch Gliederungen Leben und Ausdruck zu verleihen und solche durch scharfe Profilirung zur vollen Wirkung zu bringen. Dementsprechend wird das Mauerwerk durch pfeilerartige Vorsprünge unterbrochen, die im unteren Theile aus viereckigen Pilastern, in dem oberen, wo die Mauer erheblich schwächer ist, da die Wand vermittelst einer Abschmiegung nach innen um mehr als einen Fuss zurücktritt, aus fast freistehenden, starken und nach oben sich verjüngenden Rundsäulen bestehen, die auf einem unter einer die attische Form zeigenden Basis hervortretenden Vorsprunge ruhen, und die den Bau auf der Ost- und Westseite abschliessen (Abbild. in Kruspe, Beitr. Taf. I, 11).

Die Säulenkapitäle bestehen in einem Würfel, der nach unten zu eine abgerundete Schmiegung zeigt und auf seiner Aussenfläche mit einem aus zwei parallelen Linien gebildeten Halbkreise verziert ist (Nr. 62). Ueber den Säulen befindet sich eine einfache Verkröpfung, welche oben in einem in kleine Würfelchen gegliederten Simse endigt, der über den Säulen einen keilförmigen Vorsprung enthält, an welchen sich das eigentliche aus einer weit ausladenden Hohlkehle, Rundstab und Platte bestehende Dachgesims anschliesst.[3] Der attische Fuss

---

[1] Nach den von Erlandsen (l. c. S. 184) vorgenommenen Messungen betragen die äusseren Masse der Kirche: Grundriss der Westthürme 7,45 m im Quadrat. — Breite der Westfaçade 22,36 m. — Vorsprung der Westthürme gegen die Seitenschiffe 0,98 m. — Breite des Querschiffs 11,38 m. — Breite der Ostthürme 6 m, deren Länge 4,95 m. Deren Vorsprung gegen die Seitenschiffe 0,52 m, gegen den Chor 0,38 m.

[2] „Der Grundriss scheint im ganzen anzudeuten, dass die älteste Partie der westlichen Hälfte zuzuerkennen sein dürfte, indem das Beispiel von 6 Paar Pfeilern, als Symbol für die 12 Apostel, die Stützen der christlichen Lehre, für das Hauptschiff auch anderswo sich zahlreich wiederholt und hier eine ganz besondere Architektur der gegliederten Pfeiler durchgeführt ist, welche sich jenseits der mit Durchgängen versehenen inneren Abschlusswand nicht fortsetzt. Hier scheint nämlich für die im Jahre 1103 erbaute Kirche ein älteres Querschiff sammt Zubehör sich befunden zu haben, das nach dem Brande von 1142 abgebrochen und weiter östlich hinausgerückt ist, entsprechend einem grösseren Kirchenbesuch. In gleicher Weise ist hinter dem Querschiff ein gleich langer Raum disponirt, als vor dem Querschiff, worauf eine östliche Giebelwand mit 3 Absiden nebeneinander folgte, die aber später wieder abgebrochen und durch drei Oblonge nebeneinander ersetzt wurden, von denen die beiden äussersten in Ermangelung der nicht ausgeführten mehr stylgemäss gewesenen Westthürme als Erdgeschoss für die Ostthürme bestimmt wurden. Oblonge Grundformen für Thürme sind nicht von ästhetischer Wirkung und bezeugen immer einen Nothbehelf, wenngleich sie in manchen Fällen, wie auf dem Petersberg bei Halle und bei kleineren Kirchen für das Nebeneinander der Glockenaufhängung einen praktischen Zweck haben können.“ (Sommer.)

[3] „Das äussere Hauptgesims ebenfalls aus der attischen Base, jedoch weiter ausladend, entwickelt, darunter eine Leiste angebracht und unter dieser geschuppte Zahnschnittreihen

der Basis ist mit einer einfachen Ecknase versehen. In horizontaler Richtung werden die Säulen durch einen Rundbogenfries verbunden, der sich aber hier

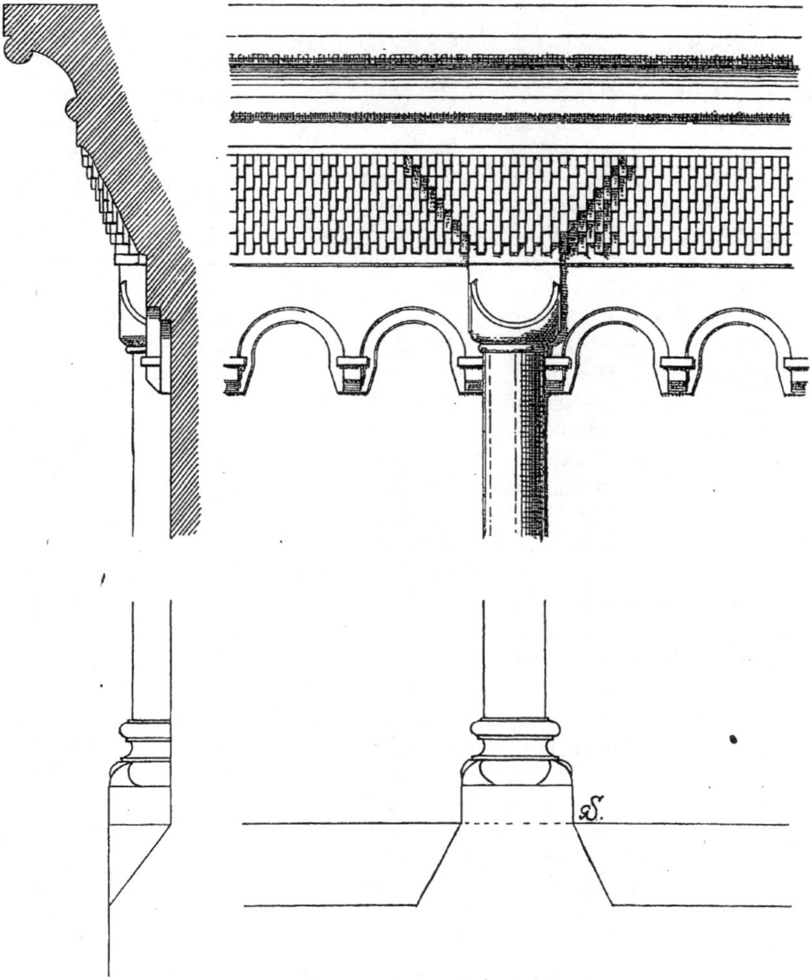

Nr. 62. Aeussere Architektur der Peterskirche.

nicht, wie dies sonst üblich ist, über den Säulen, sondern neben denselben befindet und noch etwas unter sie hinabgeht. In der Mitte jedes durch die Säulen ge-

neunfach über einander auf langgestreckten Carnisgrund, wie im Kloster Vessra und in Posa (Bosau) leise unterbrochen und verkröpft, auf der südlichen Front da, wo lothrechte Wandsäulen die lange Front beleben. Sonst sind die Wandflächen nur mit Wasserschlag und oben mit romanischen Bogenfriesen versehen.“ (Sommer.)

bildeten Mauerfeldes zeigt sich ein Rundbogenfenster in einfachster Gestalt, dessen untere Abschrägung sich bis auf die Aussenseite der zwischen den Pfeilern befindlichen Mauer erstreckt (Kallenbach, l. c. Taf. IX).[1]

Am Chore und an den Absiden fehlen im unteren Theile die pilasterartigen Vorsprünge und es ruhen die Halbsäulen auf einer keilförmigen Basis, deren senkrechte Vorderfläche die Form eines Trapezes zeigt. Die Mauer des nördlichen Seitenschiffes ermangelt, da sie die Rückwand des anstossenden Klostergebäudes gebildet hat, ebenso wie ursprünglich der Fenster, so auch der Gliederungen, doch deuten zwei in entsprechender Höhe befindliche Steinbogen darauf, dass hier ebenfalls ein Würfelfries angebracht gewesen, der aber bei Erhöhung des anstossenden Gebäudes, wohl bei dem in der zweiten Hälfte des 15. Jahrhunderts vorgenommen Umbau des Klosters beseitigt worden ist.

Die Kirche ist mit drei Eingängen versehen, von denen aber nur das Portal des südlichen Querschiffes auf architektonische Bedeutung Anspruch machen kann. Dasselbe, das noch gut erhalten ist, zeigt massige und etwas schwerfällige Formen, drei kräftige, viereckige, pfeilerartige Abstufungen ohne Säulen, aus zwei Wülsten, zwischen denselben Plättchen, und einer abgeschrägten Hohlkehle bestehende Basen und Kapitäle, die sich oben in einem Halbkreise zusammenschliessen, der von drei Seiten eines Dreiecks umgeben ist, dessen innere Abschmiegung eben solche würfelförmige Verzierung zeigt, wie das Gesims der Umfassungsmauer. Ueber dem geradlinigen aus einem einzigen Steine bestehenden Thürsturz befindet sich ein vertieftes halbkreisförmiges Giebelfeld, auf welchem noch die Spuren ursprünglicher Bemalung sichtbar sind (Puttrich, l. c. S. 17, 18, Bl. 3. D. D. Bl. 11 Nr. 2 u. 3. Kallenbach, l. c. Tafel IX, 1). Die noch wahrnehmbaren Umrisse zeigen eine, zwischen zwei knieenden Engeln mit Weihrauchfässern sitzende Maria mit dem Christkinde auf dem Schosse, die anscheinend in der Linken die Weltkugel oder einen Apfel hält, und mit dem rechten Arme das Kind umfasst. Das Bild wird von einer, so viel sich erkennen lässt, maurische Motive enthaltenden Bordüre umgeben. Die Entstehungszeit ist wohl in den Ausgang des 13. oder den Anfang des 14. Jahrh., gleichzeitig mit den Wandmalereien in der Kapelle Corporis Christi zu setzen (Böckner, l. c. II, S. 98, 101). Auch die beiden Zwickel der rechtwinkligen Umrahmung des Bogenfeldes sind, wie einzelne noch erkennbare Linien andeuten, mit Malereien versehen gewesen, letztere aber jetzt so beschädigt, dass der dargestellte Gegenstand nicht mehr erkennbar ist.

Neben dem Ostportale an der Südwand des südlichen Thurmes zeigt sich ein durch eine in den Stein gegrabene Zeichnung gebildetes Bild Christi mit den

[1] Die Masse dieser Bautheile betragen nach Erlandsens (l. c. S. 184) Messungen: Höhe des Langhauses und des Chors von der Unterkante des Fussgesimses bis zur Höhe des Hauptgesimses 8,46 ^{m}. – Höhe des Fussgesimses 1,04 ^{m}. — Abstand der Pfeiler von Mitte zu Mitte 4,65 ^{m}. — Breite derselben 0,45 ^{m}. — Durchmesser der Säulen am Langhause 0,22 ^{m}, am Chore 0,17 ^{m}. — Höhe derselben von der Unterkante der Basis bis zur Oberkante des Kapitäls 2,56 ^{m}. — Höhe der Basis 0,28 ^{m}. — des Kapitäls 0,25 ^{m}. — Breite desselben 0,31 ^{m}. — Ausladung des Hauptgesimses vom Kapitäl in horizontaler Richtung 0,42 ^{m}. — Höhe desselben in vertikaler Richtung 0,70 ^{m}. — Lichte Weite der Fenster des Langhauses 1,03 ^{m}, deren lichte Höhe 2,18 ^{m}. — Lichte Weite der Fenster an den Westthürmen 1,03 ^{m}, deren Höhe 2,30 ^{m}, — Lichte Weite des Südportals 1,70 ^{m}. — Lichte Höhe desselben 2,63 ^{m}.

Wundenmalen und der Dornenkrone, umgürtet mit dem Lendentuche, in der Rechten eine Geissel, in der Linken ein Ruthenbündel haltend und vor dem Kreuze stehend, vor welchem ein Mönch mit zum Gebete erhobenen Händen kniet, den ein Spruchband mit der Inschrift in neugothischer Minuskel umgiebt:

Christe . gervche . zv . labien . di . sele . der . begrabine . amen.

Es gilt für die älteste in Erfurt vorhandene Sculptur (Nr. 63).

Nr. 63. Aelteste Sculptur an der Peterskirche.

Ein östlich neben dem Südportale in die Mauer eingelassenes, erheblich beschädigtes Steinrelief zeigt in einer von einem mit Krabben besetzten Spitzbogengiebel überragten Nische eine Kreuzigung, bei welcher Maria und Johannes links, Petrus rechts vom Kreuze stehen, das aus einem unbehauenen Baumstamme und zwei Aesten desselben gebildet ist, und neben dem die Brustbilder von zwei schwebenden Engeln wahrnehmbar sind. Anscheinend hat sich früher unter der Sculptur im Mauerwerke ein Schlitz zur Aufnahme milder Gaben befunden. Das Vorkommen von Krabben deutet auf die gothische Periode als Entstehungszeit.

Am Seitenschiffe unfern des südlichen Kreuzarmes befindet sich auf einem Steine nachstehende Inschrift in gothischer Majuskel:

> Anno MCCCLXXII orta est pesthilencia magna et facta est hec magna fovea in qua sunt sepulta tres sexagena et quindecim hominum quorum anime requiescant in pace. amen.

und darüber eine Hand, die auf die Stelle hinzeigt wo sich die Grube befand, welche die an der Pest Verstorbenen aufgenommen hat.

Der Chor 1103—1109 gebaut und rechtwinklig geschlossen, eine in den sächsisch-thüringischen Landen auch in der romanischen Zeit bei Kirchen selten vorkommende Anlage, die aber, wie namentlich der Steinschnitt an der östlichen Seite und der Verband der Quadern unzweifelhaft machen, ursprünglich ist (Erlandsen, l. c. S. 180, 181) und darin ihre Erklärung findet, dass bei den Kirchen des Benedictinerordens plattgeschlossene Chöre häufig vorkommen, dass obenein in dem vorliegenden Falle die Aebte, unter denen der Bau ansgeführt wurde, aus dem Kloster Hirschau in Schwaben kamen, auch anscheinend der Baumeister, der Laienbruder Ditmar, von dort stammte, in dieser Gegend aber die gerade geschlossenen Chöre üblich waren.

Die Seitenschiffe sind bis zum Abschlusse des Chors fortgeführt. Der letztere springt gegen die Abseiten der Seitenschiffe, welche zugleich den Unterbau der Thürme bilden, nur um 0,36 ^{m} vor. An der östlichen Giebelmauer befand sich früher ein grosses spitzbogiges Fenster, das wahrscheinlich um 1500 gelegentlich der im Chore begonnenen Einwölbung durchgebrochen ist, um demselben eine bessere Beleuchtung zu verschaffen, als es die kleinen romanischen Lichtöffnungen zu geben vermochten. Es muss in einer Höhe von wenigstens 10 ^{m} über dem untersten Rande des Fussgesimses begonnen haben, da in dem noch vorhandenen Mauerwerke keine Spur davon wahrnehmbar ist. Das Masswerk desselben wurde 1689 wegen bedeutender Beschädigung beseitigt und in Folge des veränderten Zeitgeschmackes nicht wieder hergestellt (Stass, Coll. p. 804).

Wie schon erwähnt worden, hatte es ursprünglich in der Absicht gelegen, die Kirche mit vier Thürmen, zwei an der Ost- und zwei an der Westseite der Seitenschiffe zu versehen, jedoch ist, wahrscheinlich wegen unzureichender Mittel, die Vollendung der letzteren, welche, dem Unterbau nach zu schliessen, die grösseren werden sollten, unterblieben. Gleicher Grund hat auch wohl dahin geführt die Ostthürme nicht durchgängig in Steinbau, vielmehr das oberste Stockwerk und die Spitzen in Holz auszuführen; denn dass die Annahme Böckners (l. c. II, S. 62) die Grösse der Substructionen derselben hätte die erste Bauweise nicht gestattet, nicht zutreffe, ist aus technischen Gründen von Erlandsen (l. c. S. 183) dargethan. An dem Thurme, in welchem die Sturmglocke hing, befand sich neben einem Erker die Inschrift:

> Incepta est haec turris sub anno domini 1413 quando Joannes Sangerhusen et Conradus Neihusen magistri structurae civitatis erant.

Der Grundriss der Westthürme beträgt 7,45 m im Quadrate, die Mauerstärke derselben 1,35 m; die Breite der Ostthürme 6 m deren Länge 4,95 m; deren Vorsprung gegen die Seitenschiffe 0,52 m, gegen den Chor 0,36 m. Welche Höhe denselben gegeben war, ist nicht genau bekannt, doch lässt sich annehmen, dass sie 50 m nicht überschritten habe.

Zwischen den Substruktionen der beiden Westthürme befand sich ein gewölbter Raum, eine Vorhalle der Kirche, das Paradies, worin die Büssenden, wenn sie dieselbe besuchten, sich aufzuhalten hatten (Christl. Kunstbl. 1887, S. 40).

Das Innere.

Das Langhaus bestand in einem Mittelschiffe und zwei Seitenschiffen, die durch je dreizehn mittelst Arkaden mit einander verbundenen Pilaster geschieden wurden und einem dem Chore vorliegenden Querschiffe das erheblich über die Seitenschiffe hinausragte (Nr. 64). Die Kirche bildete einen zwar einfachen aber durchaus grossartigen und symmetrischen Bau. Die Länge des Mittelschiffs beträgt 71,86 m, dessen Breite 9,26 m, die Länge der Seitenschiffe 72,19 m deren Breite 3,30 m, die Länge des Querschiffs 32,01 m, dessen Breite 9,26 m, die ganze Breite der Schiffe 18,06 m, der Durchmesser der Absiden an den beiden östlichen Mauern desselben 4 m.

Die Pfeiler (Nr. 61), nur mit Ausnahme der nach dem Querschiffe zu gerichteten auf der östlichen und westlichen Seite, mit vorgelegten Dreiviertelsäulen versehen, deren Kapitäle einen starken, den Arkadenbogen untergelegten, halben Rundstab trugen (Böckner, l. c. II, S. 61), zerfallen nach ihrer Form in vier Gruppen. Zwei von diesen, deren Querprofil einestheils ein Rechteck, anderentheils zwei quer übereinandergelegte Rechtecke zeigt, sind östlich und westlich der Vierung auf je drei Paare symmetrisch in der Art vertheilt, dass je einer der ersteren zwischen zwei der letzteren steht. An diese schliesst sich in westlicher Richtung die dritte Gruppe, welche durch sechs Paare vertreten, an dem quadratischen Querprofil auch auf der dem Mittelschiffe zugewendeten Seite und zwar innerhalb einer runden Nische eine angelegte Dreiviertelsäule zeigt (Schnaase, l. c. IV, S. 353, Anm. 3 und S. 226). Den Beschluss macht im Westen die vierte Gruppe, welche aus einem Paar sehr starker Thurmpfeiler besteht, die innerhalb einer grösseren abgerundeten Nische zwei Halbsäulen, ausserdem aber noch drei volle Säulen aufweisen, zwei auf der Seite des Mittelschiffes und eine in einem dem Seitenschiffe zugewendeten rechtwinkligen Einschnitte. Die Halbsäulen sind schlank mit Eckblattbasen, einfachen kräftigen Würfelknäufen und wie die umgekehrte attische Basis gezierter Eckplatte.[1]

---

[1] „Im Innern sind es die 12 älteren Pfeiler mit ihren Bögen und den in verwandtem Gedankengange ausgebildeten Stützen der inneren Ecken der Westthürme, welche ein grösseres Interesse in Anspruch nehmen und derjenigen Auffassung ähneln, welche uns namentlich in Paulinzelle, Thalbürgel, Hamersleben u. s. w. begegnet, nämlich Vorsetzung von $^3/_4$ Säulen für die Gliederung der Arkaden, Einlegung von Halbsäulen in die Nischen von viereckigen Pfeilern zur Belebung und Gliederung der Mauerflächen. Alle diese oben erwähnten Kirchen stammen aus gleich früher Zeit (Petersberg — Erfurt 1103, Paulinzelle 1105, Hamersleben 1112), sie zeigen bereits die einfachste Form des Eckblattes, eines Knollens von der Plinthenecke aufwärts. Im 11. Jahrh. zeigte sich das Eckblatt noch nicht. Ebenso zeigen die Säulen-

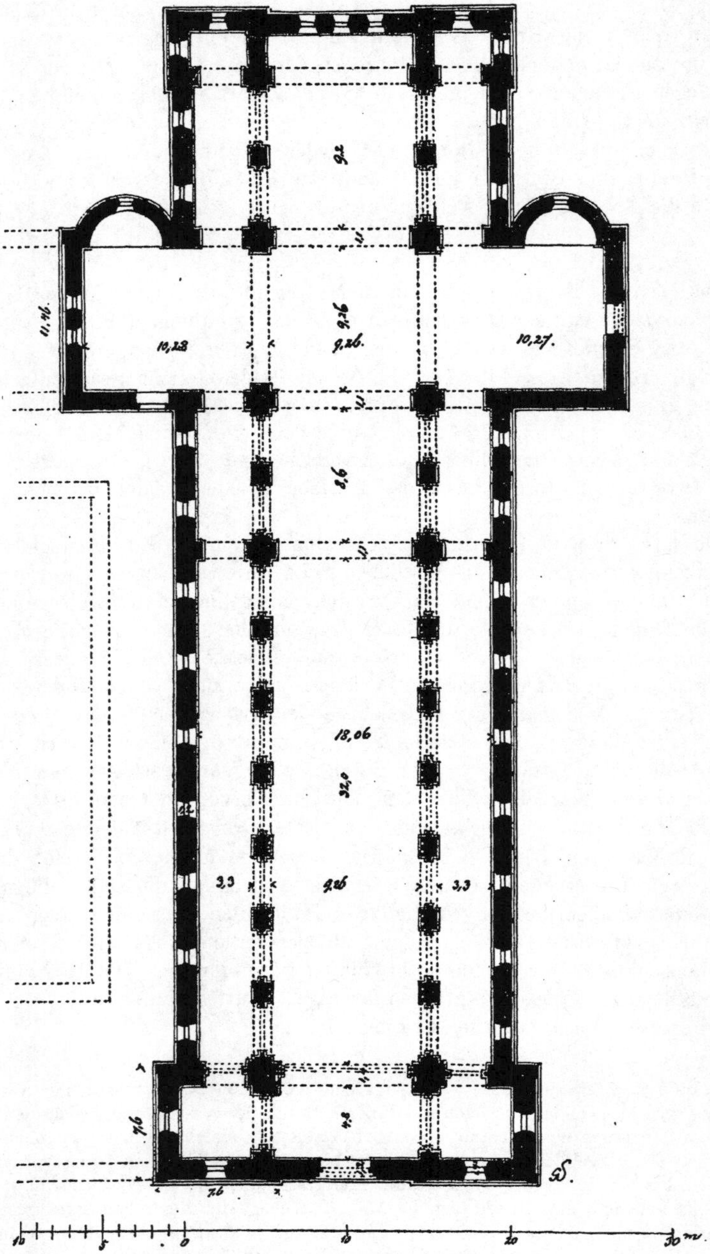

Nr. 64. Peterskirche. Grundriss.

Dem Anscheine nach waren die einzelnen Arkadenbogen von einem Friese rechtwinklig eingerahmt, der aus Würfeln bestand, die in verschiedenen Reihen übereinander mit gleich grossen Vertiefungen wechselten, in ähnlicher Weise wie am Südportal (Erlandsen, l c. S. 181).

Die Pfeiler haben im Grundriss 1,12 m im Quadrate und sind von der Unterkante der Basis bis zur Oberkante des Kapitäls 5,78 m hoch. Der Durchmesser der an ihnen befindlichen Dreiviertelsäulen beträgt 0,31 m; die Höhe der Basis einschliesslich der unteren Platte 0,54 m, die des Kapitäls 0,33 m, die Breite derselben 0,38 m, der Abstand der Pfeiler im Lichten 3,51 m und von Mitte zu Mitte 4,63 m.

Als besondere Eigenthümlichkeit ist noch eine in der Mitte des Schiffes stehende Gruppe von drei Pfeilern zu erwähnen, welche wahrscheinlich den Zweck gehabt hat, den für die die Kirche besuchenden Laien, die Eingepfarrten, bestimmten Theil derselben von dem, welcher den Mönchen vorbehalten blieb, zu trennen und der in dem Altar der h. Barbara seinen Abschluss hatte (Böckner, l. c. II, S. 67—69. Erlandsen, l. c. S. 282). Jeder dieser Pfeiler bildet im Grundrisse ein Kreuz, dessen Kern quadratisch ist und dessen Arme um je 0,37 m in der Längsrichtung und 0,33 m in der Breitenrichtung angesetzt sind. Da aber der quadratische Kern dieselbe lichte Entfernung von dem ihm zunächst stehenden quadratischen Pfeiler hat, wie sie bei allen übrigen Pfeilern stattfindet, nämlich 3,55 m, so muss man annehmen, dass, und zwar wie der Steinschnitt darthut, schon während des Baues, der Grundplan verändert ist (Erlandsen l. c. S. 181).

Der westliche Pfeiler der dritten Pfeilergruppe auf der Südseite, wo sich der 1406 von dem Erfurter Bürger H e i n r i c h B r u n und dessen Gattin W u n n a gestiftete Altar St. Spiritus, später des h. Bonifacius genannt, befand, trägt noch gegenwärtig das Wappen des Stifters und in neugothischer Minuskel die Inschrift:

> Anno . dm̄ . m° cccc° vı hat . er . hein . . . . brvn . ende . frowe . wvn̄e . syn . eliche . wyrtynne . gebvwet . desen . nvwen . althar . in . ere . des . heiligen . geijstis . vnde . hat . dar . zcu . gewedemyt . eyne . ewig . sele . messe . das . man alle . tage . reqvien . sal . lesen . vber . desen . althar . vnde . sal . alle . tag . vor . en . heiner . brvns . sele . vnde . wvn̄en . syner . wertyn . vnde . alle . yrre . eyldern . sele . getrevwelichen . beten.

Die Inschrift nimmt die ganze Breite des Pfeilers in Höhe von 2 - 2½ m ein; zu diesem Zwecke ist die hier befindliche Halbsäule in einer Ausdehnung von 1½ m abgemeisselt und gleichzeitig in dem oberen Theile des stehengebliebenen Stumpfes der Halbsäule das Brunsche Wappen in Relief angebracht.

Die über den die Mittel- und Seitenschiffe trennenden Arcaden befindlich gewesenen F e n s t e r waren gleich denen des südlichen Seitenschiffes rundbogig. Die viereckigen Fenster des nördlichen Seitenschiffes verdanken der neusten Zeit, nachdem das früher hier gestandene Kloster verschwunden ist, ihre Entstehung.

Allem Anscheine nach sind Mittel- und Querschiff sowie die westliche Hälfte der beiden Seitenschiffe ursprünglich mit einer flachen in Felder eingetheilten

---

kapitäle die einfachste Würfelform und zum Kämpfergesims ist die attische Base in umgeklappter Form verwandt, welche auch als Säulenfuss sich vorfindet. Die Bögen sind mit einfacher steiler Würfelschmiege rechtwinklig umrahmt." (Sommer.)

Holzdecke versehen gewesen (Böckner, l. c. S. 62, 63). Erst 1499 wurde mit einer Einwölbung der Kirche der Anfang gemacht und solche 1505 weiter fortgeführt (Stass, Coll. p. 674). Doch bestand auch sie nur in einer auf Kragsteinen sich stützenden Holzconstruction und beschränkte sich auf das Mittel- und Querschiff, während die westlichen Theile der Seitenschiffe erst 1604 eine derartige Einwölbung erhielten (ib. p. 688). Dagegen zeigen die inneren Wandflächen der Umfassungsmauern des südlichen Seitenschiffes, östlich und westlich der Vierung, dort zwischen dem Scheidbogen und dem Thurme, hier bis zum dritten Pfeiler, noch gegenwärtig, dass die östliche Seite der Abseiten mit einem Tonnengewölbe versehen gewesen ist, welches der Höhe seines Ansatzes zufolge über den Arcadenbogen begann und auf beiden Seiten auf einem Gesimse auflag. Ausserdem besass auch der zwischen den beiden beabsichtigten Westthürmen befindliche Raum ein Gewölbe, dessen breite Kreuzgurte einerseits in einer Höhe von etwa 5 m auf der Gesimsplatte der Thurmpfeiler aufsitzen, während es auf der Giebelwand an jeder Andeutung fehlt, wie hier die Auflage stattgefunden hat. Dieser gewölbte Raum bildete das bereits oben erwähnte Paradies.

Ursprünglich hatte es allerdings in der Absicht gelegen, die ganze Kirche mit einem Steingewölbe zu versehen und es war auch bereits das hierzu erforderliche Material angeschafft, es kam aber, unzweifelhaft wegen fehlender Mittel, nicht zur Ausführung, und es wurden infolge dessen die hierzu bestimmt gewesenen Steine im Anfange des 16. Jahrh. wieder verkauft und zum Bau der Wigbertikirche verwendet.[1]

Im Innern der Kirche war das Streben nach Symmetrie so weit gegangen, das man sogar zwei Kanzeln, reich verziert, die eine der anderen gegenüber, darin angebracht hatte.

Bedeutend war die Zahl der Werke der Sculptur und Malerei, welche einst die Kirche schmückten, doch ist nur wenig von jenen, wie das Gleichendenkmal im Dome und eine Madonnenstatue in der Neuwerkskirche, noch vorhanden. Eine reizende Arbeit in Alabaster, eine sitzende Madonnenstatuette (Schorn, l. c. S. 15), ist leider aus Erfurt fortgeführt. Wie gross die Zahl der Kunstwerke in der Kirche vor ihrer Zerstörung gewesen sein muss, ersieht man aus einer Schilderung Const. Beyers (Nachtr. S. 61 ff.), der sie noch in dem Zustande vor derselben gekannt hat. Die Zahl der Grabsteine soll 151 betragen haben; G. Stass hat in einer besonderen Abtheilung seiner Collectio deren Darstellungen und Inschriften mitgetheilt.

In die Zahl der Werke der Holzsculptur gehörten auch die Chorstühle, die in Folge einer Schenkung des Laienbruders Hartung (Stass, Necrol. p. 239) mit einem Kostenaufwande von 171½ Schock 17 ggr. 1 Pfg. 1385 hergestellt waren (Siegen, l. c. p. 403).

Dass auch Wandmalereien, die bereits aus älterer Zeit herrührten, der Kirche nicht gefehlt haben werden, lässt sich um so sicherer annehmen, als in der ersten Hälfte des 14. und gegen Ende des 15. Jahrh. dieses Schmuckes in anderen Klosterräumen, sogar im Kreuzgange, ausdrücklich gedacht wird, und noch jetzt,

---

[1] Hic (abbas Joh. Hottenbach 1503—1525) vendidit lapides ad S. Wigbertum, quibus testudinari debebat tota ecclesia. Gall. Stass, Collect. p. 676.

wie schon erwähnt, das Südportal Spuren von solchen zeigt. Auch später 1596 und 1598—1608 kamen im Kloster Wandgemälde zur Ausführung (Stass, Coll. p. 286. Necrol. p. 290). Die Kapelle des h. Blasius oder Corporis Christi enthielt 36 Bildnisse von Gründern, Wohlthätern, Wohlthäterinnen und Aebten des Klosters (beschrieben von Stass, Necrol. p. 338—349 cf. ib. p. 53 und Böckner, l. c. II, S. 175—179), beginnend mit dem fabelhaften Frankenkönig Dagobert; da die Dargestellten sämmtlich der Zeit vor 1300 angehört haben, so werden die Gemälde vor dem Schlusse des 13. Jahrh. angefertigt sein.

Die Wände und Pfeiler der Kirche selbst waren jedoch mit Bildern aus neuerer Zeit versehen und bestanden in von Jac. Sam. Beck angefertigten Copien nach guten Meistern und enthielten Darstellungen aus der h. Geschichte (Beyer, Nachtr., S. 62, 63).

Dass auch Glasmalereien der Kirche nicht gefehlt haben, ist um so bestimmter vorauszusetzen, als sogar der Kreuzgang solche enthielt, die 1475—1483 Conrad von Schmalkalden der berühmteste Glasmaler seiner Zeit in den hiesigen Landen angefertigt hatte; sie waren zur Zeit der Aufhebung des Klosters noch vorhanden und werden von dem kunstverständigen letzten Abte desselben, Placid. Muth (l. c. 1804, S. 47 ff.) hoch gerühmt.

Unter den Werken der Kleinkunst ist namentlich eines prächtigen, reich verzierten Elfenbeinkastens zu gedenken, in welchem Reliquien aufbewahrt wurden, der von dem Abte Pilgerinus (1172—1192) angeschafft war und wenigstens zur Zeit Siegens (l. c. S. 329) noch existirte.

Darüber was schliesslich aus diesem, sowie aus vielen andern kostbaren Geräthen und Gegenständen des Kirchenschmuckes, welche sich im Besitze des Klosters befunden (Böckner II, S. 90 ff.), geworden sei, fehlen alle Nachrichten. Vieles davon ist sicher beim Bauernaufruhr und während der schwedischen Occupation verloren gegangen. Einiges, so reich mit orientalischen Perlen versehene Gewänder, Abtsmütze und Stab, war aber bei Aufhebung des Klosters noch vorhanden. Ein prächtig mit Gold und Perlen gesticktes Ornat, ein Geschenk der Gräfin Sophia von Gleichen, soll 1800 unter der Hand verkauft worden sein (Hartung, l. c II, S. 136).

Die Glocken.

Das Geläute des Petersklosters war einst wegen seiner Schönheit weit und breit berühmt und galt für eins der trefflichsten in Deutschland (Beyer, N. Chron. S. 458). Zur Zeit des Gallus Stass betrug die Zahl der Glocken, laut eines von ihm mitgetheilten Verzeichnisses (Necr. p. 367 ff. conf. Böckner l. c., Beil. A. II, p. 154, 155) vierzehn, von denen bei der Säcularisation aber nur noch neun vorhanden waren, von denen seitens der französischen Regierung acht 1810 meistbietend verkauft wurden, eine — 45 Ctnr. schwere im Werthe von 1260 Rth. Ton A — der Kirche als Lärmglocke einstweilen belassen ward und erst 1813 zerschlagen sein soll. Von den verkauften Glocken existirt, so viel bekannt, nur noch eine, die Agatha, die von der Gemeinde Nottleben erworben ward, und sich noch gegenwärtig dort im Gebrauch befindet. Zwei bei der Versteigerung an die Gemeinde Siebeleben gelangte, der Andreas und der Stephanus, haben, da sie Sprünge bekamen, jene 1862, diese 1873 umgegossen werden müssen. Eine andere dem Kloster früher gehörige Glocke, die unter dem Abte Günther II. umgegossene Tischglocke (campana mensalis) ist nach Isserode gelangt und dort noch vorhanden.

Die der Kirche bei der Versteigerung belassene Lärmglocke, war dem Gewichte nach die zweite unter den Glocken des Klosters, der Paulus, war 1246 am St. Leonhardstage (6. Nov.) ebenso wie die grösste, der Petrus, und die drittgrösste, der Andreas, von dem Meister Heidericus de Achin gegossen. Diese drei grösseren Glocken hatten sich im nördlichen, die kleineren, die schon genannte Agathe, 17 Ctnr. schwer, gegossen 1563 von Eckhard von Braunschweig, der Benedictus, nach dem Umguss durch Hermann Königk 1609, Andreas genannt, der Stephanus u. s. w. in dem südlichen Thurme befunden.

B. Die St. Leonhardskirche.

Literatur.

Die Kirche und Parochie St. Leonhardi. Böckner, Peterskloster II, S. 132—138. — Hartung, Häuserchronik II, 141, 142.

Geschichte.

Das Jahr der Gründung der am oberen Rande des südlichen Abhanges des Petersberges, dem Westende der ehemaligen Kirche des Petersklosters gegenüber belegenen Leonhardskirche ist nicht genau bekannt, doch fällt jene auf keinen Fall später als in die zweite Hälfte des 12. Jahrhunderts.[1] Sicher ist dass 1185 die Kirche bereits bestanden hat, denn am 3. November d. J. wurde in derselben ein zu Ehren des heilige Michael und aller christlichen Tugenden errichteter Altar von dem Bischofe Hubert von Havelberg eingeweiht (G. Stass, Coll. p. 709[2])

---

[1] Böckner bemerkt (l. c. S. 232): „Von dem Pfarrgottesdienste in der Klosterkirche wurde das Kloster durch die 1149 von dem Erzbischof Heinrich I. errichtete Parochie St. Leonhardi zum Theil befreit.“ Er beruft sich hierbei auf Plac. Muth: Ueber den Einfluss des Petersklosters 1804 S. 27. Hier steht aber kein Wort von der Leonhardskirche, vielmehr nur: dass der in einer bedeutenden Häuserzahl bereits wieder bebaute Petersberg vom Erzbischof Heinrich I. 1149 zu einer eignen Parochie erklärt worden sei, über die das Kloster das Patronatsrecht und die Befugniss alle Pfarrverrichtungen durch seine Geistlichen ausüben zu lassen erhalten habe. Dies kann man nur so verstehen, dass die Klosterkirche damals die Rechte einer Pfarrkirche erhalten habe.

[2] Böckner l. c. bezweifelt die Richtigkeit des Datums, da nach Ebeling, Die deutschen Bischöfe I, S. 477, Hubert 1160—1176 den bischöflichen Stuhl von Havelberg inne gehabt und 1185 nich mehr gelebt habe und er glaubt, da Stass beifügt, Indictione III, dass die Weihe 1170 erfolgt sei. Aber die Angabe Indictione III passt auch auf das Jahr 1185 (Weidenbach, Calendar. historico-christian. p. 90). Böckner nimmt infolge obiger Bemerkung an (Peterskloster I, S. 109), dass der Bau einer besonderen Kirche für die Leonhardsparochie 1170 stattgefunden habe. Hartung (l. c. S. 141) bemerkt: „Unter dem Abte Pilgrim (1172), so meldet die Petersklosterchronik, wurde eine Pfarrkirche auf dem Petersberge gebaut, die am 3. November 1185 zum heiligen Leonhard und Michael von dem Bischofe Hubert von Ravelsberg eingeweiht wurde.“ In dem Chron. St. Petrin. befindet sich jedoch nichts der Art, sondern nur p. 36, dass Pilgrim 1172 zum Abt des Petersklosters erwählt worden und p. 44, dass derselbe 1193 gestorben sei. Hartung hat seine Angabe aus der angeführten Schrift des Plac. Muth entnommen. Mit dem Bischofe von Ravelsberg ist selbstverständlich der von Havelberg gemeint.

was voraussetzt, dass die Kirche damals schon bestanden hat. Eine Bestätigung erhält dies dadurch, dass in der Entscheidung, welche der Dekan von Mainz, Gerhard, in einer Streitigkeit zwischen dem Severistifte und dem Peterskloster 1289 VI. Kld. Junii (27. Mai) erliess, bescheinigt wird, dass das letztere dargethan, dass es mehr als 100 Jahre das Patronatsrecht über die Leonhardskirche ausgeübt habe.

1290 am Tage des h. Barnabas (11. Juni) ward der Altar des h. Leonhard geweiht (Chron. S. Petrin p. 124).[1]

Von Erhard (l. c. S. 216) ist behauptet, dass die Leonhardskirche keine Pfarrkirche gewesen, vielmehr wegen der Parochialrechte über sie selbst, zwischen dem Severistifte und dem Peterskloster ein Streit entstanden sei, der 1289 zum Nachtheile des ersteren entschieden wäre. Jenes ist aber nicht richtig. Die Leonhardskirche hat unzweifelhaft zu den Pfarrkirchen gehört, da sie einen besonderen Pfarrsprengel besass. Denn, wie die Zinsregister des Petersklosters (bei G. Stass, Necrol. p. 470 ff.) ergeben, gehörten zu der eigentlichen Parochie St. Petri nur die 13 Häuser, welche auf der Ostseite der vom Severihofe auf den Petersberg führenden Stufen lagen und sich bis an eine Curie an dem im Osten der Klosterkirche angelegten Begräbnissplatz erstreckten, während auf der Westseite 18 Häuser die Parochie St. Leonhardi bildeten welche sich nach oben bis an das Allodium zum grünen Hagen hinzog und nach unten bis an die Lauengasse ausgedehnt zu haben scheint.[2] Doch ist wahrscheinlich in späterer Zeit die St. Petersgemeinde der Parochie St. Leonhard zugeschlagen, da Siegen (l. c. p. 450), wo er den grossen Brand von 1472 bespricht, bei dem unzweifelhaft beide Häusserreihen in Asche gelegt wurden, nur der Parochie St. Leonhardi gedenkt und eine Parochie St. Petri nicht erwähnt.

Uebrigens bildete die Leonhardskirche gewissermassen nur eine Filialkirche des Petersklosters und es ward der Gottesdienst in ihr jederzeit von einem Priester des letzteren versehen. Doch blieb dieses Verhältniss nicht unangefochten, insbesondere geschah dies seitens des Severi- sowie des Marienstiftes, welches letztere namentlich behauptete, dass beide Theile das Patronatsrecht abwechselnd auszuüben hätten. In der schon erwähnten, von dem mainzer Dechanten Gerhard 1289 VI Kld. Junii (27. Mai) erlassenen Entscheidung wurden die Ansprüche des Severistiftes zurückgewiesen, weil das Peterskloster nachgewiesen habe, dass es länger als hundert Jahre das Patronat über die Leonhardskirche ausgeübt (Würdt-

---

[1] Böckner, l. c. S. 137, meint, dass es wegen Mangels näherer Angaben unentschieden bleiben muss, ob der fragliche Altar in die Leonhardskirche zu verlegen sei, dieser Zweifel erscheint jedoch nicht begründet. Dass sich in der Kirche des Petersklosters kein Altar des h. Leonhard befunden, weiss man aus dem Verzeichnisse der Altäre jener in G. Stass Coll. p. 703—719 (vgl. Böckner, l. c. S. 47—82). Hätte sich aber der Altar in einer in gar keiner Verbindung mit dem Peterskloster stehenden Kirche befunden, so würde die Chronik des Petersklosters sicher solche ausdrücklich genannt haben.

[2] Der Ansicht des Plac. Muth, l. c. S. 28, nach welcher auch Häuser auf dem Rubenmarkte zur Parochie St. Leonhardi gehört haben sollen, liegt wohl ein Irrthum zu grunde, da sich aus den Stadtvorrechten von 1693 der Nachweiss führen lässt, dass sämmtliche bebaute Grundstücke auf dem Rubenmarkte der Gemeinde St. Andreä angehört haben. (Böckner, l. c. S. 122).

wein l. c. p. 226 f.) und ebenso fiel der Streit mit dem Marienstifte zugunsten des Klosters aus.[1]

Eine 1297, III. Non (5.) Martii am Fusse des Petersberges entstandene Feuersbrunst zerstörte nicht nur die zum Sprengel der Leonhardskirche gehörigen Gebäude, sondern ergriff und beschädigte auch die Kirche selbst.[2] Ein gleiches Schicksal traf sie bei dem grossen Brande am 19. Juni 1472. Auch damals erlitt sie nur eine Beschädigung.[3] Ihre Wiederherstellung, bei welcher sie einen schlanken Dachreiter erhielt, muss sehr bald erfolgt sein, da sie 1476 mit einer neuen Orgel versehen ist (Siegen, l. c. p. 455).

In der Gestalt, die sie damals erhielt, blieb sie so lange sie zum Gottesdienste verwendet ward, und ist sie im wesentlichen noch gegenwärtig.

Als nach der sogen. Reduction von Erfurt 1664 der Kurfürst Johann Philipp von Mainz den Petersberg in eine Citadelle umschuf, wurde der grösste Theil der den Sprengel der Leonhardskirche bildenden Häuser, alle die welche auf dem Bergabhang lagen, abgebrochen, um dort ein Glacis anzulegen (Tettau, Reduction von Erfurt S. 142). Eine fernere Beibehaltung der Kirche für gottesdienstliche Zwecke war daher nicht mehr nöthig. Dagegen bedurfte die Citadelle eines Zeughauses und zu einem solchen wurde daher 1677 die Kirche eingerichtet (G. Stass, Necrol. p. 34), zu welchem Behufe selbstredend das Innere völlig umgestaltet werden musste, namentlich auch die grossen Fenster zugemauert wurden (Sinnhold, Verm. Encom. Erfurt. II, Anhang S. 149), an deren Stelle kleine Fenster in zwei Geschossen traten.[4] Diesem Zwecke dient die Kirche noch gegenwärtig.

---

[1] Controversia super ecclesia St. Leonardi Erfordiensi ventilata. 1366. V. fer. in septimana pentecostes (8. Juni). Würdtwein, l. c. p. 258, 259—261, cfr. G. Stass, Necrol. p. 53, Zeitschr. d. Ver. f. Thüring. Gesch. V, S. 253.

[2] Nach dem Chronic. Engelhusii bei Menken, Scriptt. II, p. 564, welches den Brand in das Jahr 1296 setzt, ist die Kirche niedergebrannt; nach den Worten des Chronic. St. Petrin. p. 126 „pene ecclesiam sancti Leonhardi absumpsit" muss man jedoch annehmen, dass sie nur beschädigt sei. Siegen (l. c. p. 369), nach welchem der Brand am III. Non. (5.) Maji stattfand, hat statt ecclesiam — parochiam. Stolle (f. 83) erzählt: „In dem andern jare darnach (1297) in dem merczen, do erhub eyn fur zu Erfort an sente Petersberge vnde brante biss an sente Leonhartskerchen, dy erwerte man kume, also gross wint was do, unde brante er andder under dyn schildern." Das Direktorium der Gesch. der St. Erfurt (Handschr. der Kgl. Biblioth. zu Erf.) giebt dagegen an, dass das Feuer in der Leonhardskirche entstanden und alles bis „unter den Schillern" abgebrannt sei.

[3] Nach Siegen (l. c. p. 460) soll zwar die Leonhardskirche, sowie das in der Nähe belegene Kornhaus mit verbrannt sein, nach Stolle (f. 156), der sehr genau den Umfang der Feuersbrunst angiebt, sind aber nur die Häuser am Petersberge bis an die Kirche abgebrannt. Auch nach Gudenus, Hist. p. 246, Falkenstein, Hist. S. 338 und dem erwähnten Direktorium hat sich die Feuersbrunst nur bis an die Leonhardskirche erstreckt. Wenn diese also auch beschädigt sein mag, so ist sie doch schwerlich ganz zerstört.

[4] Hartung giebt (l. c. S. 142) an, dass die Leonhardskirche zu kurmainzischer Zeit dem katholischen Theile der Kurfürstlichen Truppen als Garnisonkirche gedient habe und fügt hinzu, dass der letzte Pfarrer derselben der P. S. Benedict F. Grimm gewesen sei, der sein Kirchenbuch mit dem 30. Oktober 1790 abschloss. Sehr wahrscheinlich ist jene Angabe jedoch nicht, da die gegenwärtige Einrichtung der Kirche anscheinend noch die ist, welche sie 1677 erhalten hat, und mit dieser eine Benutzung zum Gottesdienst unvereinbar ist. Dass dem Namen nach einer der Conventualen des Petersklosters als Pfarrer für die Leonhardiparochie

Beschreibung.

Die Leonhardskirche, die, wie das Obenangeführte ergiebt, in ihren wesent- Bestandtheilen der spätgothischen Bauperiode angehört, bildet im Grundriss ein Rechteck von etwa 23 m Länge und 10 m Breite. Sie ist ein schmuckloser Bau aus Bruchsteinen ohne Strebepfeiler mit gradem Chorabschluss. Von dem ursprünglichen Bau sind nur noch die Umfassungsmauern erhalten, in der früheren Form ist sogar nur noch das spitzbogige, dreitheilige, mit reichem Masswerk versehene Mittelfenster des Chorschlusses. Alle übrigen grossen Fenster, auch die beiden anderen von diesem wurden, als die Kirche zum Zeughaus eingerichtet ward, zugemauert (Sinnhold l. c.); an deren Stelle traten kleinere Fenster, die im unteren Geschosse viereckig, in dem oberen rundbogig sind. Böckners Bemerkung (l. c. S. 136), dass diese rundbogigen Fenster an die romanische Periode erinnerten, trifft daher nicht zu. Bei derselben Gelegenheit erhielt der Südgiebel eine rundbogige Thür und ein halbkreisförmiges Fenster. Auch die abgetreppten Giebel mit einer Kanonenkugel auf jeder Stufe auf den beiden Querseiten des Gebäudes, welche dessen Verwendung zum Zeughaus andeuten, stammen von daher. Bedeckt ist dasselbe mit einem Satteldache. Ein Thurm ist nicht vorhanden, seit bei der mehrerwähnten Gelegenheit der Dachreiter beseitigt worden ist.

C. Bonifaciuskapelle.

Hartung, Häuserchronik II, S. 148, 149.

Die Bonifaciuskapelle, welche an dem oberen Rande des östlichen Abhanges des Domberges im Anschluss an die Pfarrhäuser der Severikirche liegt, gilt für das älteste Bauwerk nicht nur in Erfurt, sondern in Thüringen überhaupt, denn sie soll von dem h. Bonifacius selbst erbaut sein und zwar, bis zur Herstellung einer förmlichen Kirche, als Taufkapelle (Erhard, l. c. S. 216). Sehr wahrscheinlich ist diese, auch durch kein glaubwürdiges Zeugniss bestätigte, Annahme nicht; denn ein nur zum einstweiligen Gebrauch bestimmtes Gebäude würde wohl von Holz, aber nicht in der Weise massiv von Steinen aufgeführt worden sein, wie die Kapelle es ist. Eine andere Ansicht bringt dieselbe in Verbindung mit der von dem Erzbischof Adelbert I. von Mainz auf dem Domberge erbauten Bischofsburg, dem sog. Krummhause, deren Hauskapelle sie gebildet habe (Hartung, l. c. S. 149). Diese Annahme wird dadurch unterstützt, dass die erzbischöfliche Residenz unmittelbar an die Kapelle stiess (Kirchhoff, Weisthümer S. 54 und 312. Tettau, Beiträge S. 170), und dem entsprechend wird ihre Gründung in das Jahr 1130 gesetzt (l. c. S. 103).[1] Hierzu stimmt der romanische Baustyl, in welchem sie ursprünglich

fungirte und ein besonderes Kirchenbuch für diese geführt wurde, war sehr wohl möglich, auch wenn keine besondere Kirche mehr für sie bestand, da ja doch ein Theil der zu ihr gehörigen Häuser von dem erwähnten Abbruche nicht betroffen war und erst bei dem durch das Bombardement von 1813 verursachten Brande zu Grunde ging. Dass die letzte Eintragung im Kirchenbuche 1790 erfolgt ist, während die Aufhebung des Petersklosters und das Eingehen der mainzischen Besatzung erst 1802 resp. 1803 eintrat, erklärt sich daraus, dass bei der Kleinheit der Parochie von 1790—1803 sich kaum Veranlassung zu einer Eintragung dargeboten haben mag.

[1] Böckner (in Beyers Gesch. d. Stiftskirche B. M. Virg. S. 182) meint, dass die Kapelle augenscheinlich mit der Burg nicht gleichzeitig erbaut sei, möglicherweise aber eine Pertinenz

aufgeführt war. Dieser erste Bau ist jedoch gegenwärtig nur noch theilweise vorhanden. Denn wie Hogel, l. c. S. 427, berichtet, ist bei einem grossen Brande 1374 „die Bonifaciuskirche mit drauf gegangen." Dem Anscheine nach ist damals aber der untere Theil derselben erhalten geblieben, so dass nur der obere aus dem Ende des 14. Jahrhundert stammt. In dem Zustande, welchen sie bei der Wiederherstellung erhielt, befindet sich wenigstens ihr Aeusseres noch gegenwärtig.

Zum regelmässigen Gottesdienste wurde sie, seitdem die Reformation in Erfurt Eingang gefunden, nicht mehr benutzt, doch wurde noch im Anfange des 19. Jahrhunderts jährlich einmal, am Bonifaciustage, darin Messe gelesen (Arnold, l. c. S. 80). Gegenwärtig dient sie zur Aufbewahrung von der Marienkirche gehörigen Geräthen, befindet sich übrigens aber in einem völlig verwahrlosten Zustande.

Die Kapelle bildet ein mehr tiefes als breites Rechteck und gleicht, da ihre Höhe die Breite und Länge übertrifft, einem stumpfen Thurme. Sie ist von Bruchsteinen erbaut, der Kalkbewurf, mit dem sie früher übertüncht war, grossentheils abgefallen. Auf der Westfront erblickt man einige Fuss über dem Erdboden eine mit einem Rundbogen abschliessende Oeffnung, die jedenfalls noch von dem ersten romanischen Bau stammt und anscheinend früher einen Eingang bildete, zu welchem eine nicht mehr vorhandene Freitreppe geführt hat. Darüber befindet sich eine kleine spitzbogige Blendnische, in der früher wohl eine Statuette aufgestellt gewesen sein wird und noch weiter nach oben ein ziemlich grosses spitzbogiges Fenster mit Masswerk. Es ist nicht zu bezweifeln, dass dieser Theil des Gebäudes von dem nach dem Brande von 1374 bewirkten Restaurationsbau herrührt. Ausserdem hat das Gebäude nur einige kleine viereckige Lichtöffnungen, namentlich hat es auf der dem ursprünglichen Eingange gegenüberliegenden Seite, wo der Altar gestanden haben muss, kein grösseres Fenster.

Bedeckt ist dasselbe von einem kurzen Walmdach, dass einen kleinen Dachreiter trägt, der in ein Glockendach ausläuft.

D. Die Egidienkirche.

Die Egidien- oder Aegidien-, im gewöhnlichen Leben meist Ilgenkirche genannt,[1] bildet vom rechten Geraufer her, so wie die Benedictskirche vom linken, vermittelst eines Thores den Zugang zu der Krämerbrücke genannten Strasse. Sie liegt infolgedessen zwischen dieser und dem Wenigenmarkt.

Auch bei ihr ist das Gründungsjahr nicht bekannt, doch muss dies in eine sehr frühe Zeit fallen, da sie bereits 1175 zugleich mit der genannten Strasse und der Benedictskirche abgebrannt ist[2] (Chron. St. Petr. p. 36, Falkenstein, Hist. S. 69).

---

des Krummhauses gebildet habe. Er spricht sich nicht darüber aus, ob er sie für älter oder jünger als diese hält; doch meint er wohl das erstere. Es ist schwer hierüber ein Urtheil abzugeben, da das Krummhaus nicht mehr existirt, sich also der Baustyl beider Bauwerke nicht vergleichen lässt, und der Umstand, dass die Kapelle ursprünglich ein romanischer Bau gewesen ist, nicht nöthigt, ihre Erbauung früher als in die erste Hälfte des 12. Jahrh. zu setzen.

[1] Dominikus (l. c. S. 125) nennt sie die Kirche Aegidius Aelianus, ein Name, der jedoch sonst nirgends, namentlich nicht urkundlich vorkommt.

[2] Dominikus (l. c.) setzt irrthümlich die Erbauung in das Jahr 1321, während Erhard (l. c. S. 215) richtig angiebt, dass sie damals bereits lange bestanden habe.

Es ist nicht unwahrscheinlich, das der erste Bau in Holz gewesen ist. 1293 in der Nacht vor dem Laurentiustage (9. August) wurde die Egidenkirche zugleich mit der Krämerbrücke und den übrigen an sie stossenden Gebäuden durch eine Feuersbrunst zerstört (Chron. St. Petr. p. 130; Erphord. Antiquitt. Variloq. ad h. ann. Engelhusii Chron p. 564; Falkenstein, Hist. p. 165). Die Wiederherstellung, und zwar eben so wie die der Krämerbrücke, in Stein, erfolgte im Anfange des 14. Jahrh. und soll 1321 vollendet gewesen sein; der Thurm war jedoch 1324 noch im Bau begriffen, denn am III. Kld. April. (30. März) dieses Jahres verkauften der Pleban Johann, die Procuratoren und die Gemeinde der Kirche St. Egidii behufs Vollendung des angefangenen Thurmes den Eheleuten Heinemann und Gertrud von Nordhausen eine lebenslängliche Rente von 2 Mark, jede zu 2 Talenten Erfurter Denare, aus drei Kramläden der Kirche für 16 Mark reines Silber (E. A.). — Der damalige Bau, wenigstens in den Umfassungswänden, und der Thurm sind es, die noch gegenwärtig bestehen. Die Architektur deutet daher auch auf das 14. Jahrhundert.

1313 Id. (13.) Dezember wurde die Kirche dem Schottenkloster incorporirt (Würdtwein, l. c. p. 28 und 234), 1350 der Altar der h. Barbara, 1360 der des h. Pantaleon darin errichtet (M. A.), 1392 das Kirchendach erneuert und der Thurm vollendet,[1] 1420 dieser mit einem Seiger (einer Uhr) versehen (Hogel, l. c. S. 491).

Bei dem grossen Brande von 1472 blieb die Egidienkirche, so nahe ihr auch die Gefahr war, verschont (Stolle, l. c. f. 156).

Nach Einführung der Reformation in Erfurt hörte um 1525 wenigstens die regelmässige Benutzung derselben für den Gottesdienst auf und ihre Gemeinde ward der Kaufmannskirche zugewiesen, sie selbst jedoch noch in baulichem Stande gehalten. Denn als sie am 12. Juli 1582 eingestürzt oder wenigstens das Dach und der obere Theil des Westgiebels hinabgestürzt war, während die den Abschluss gegen die benachbarten Grundstücke bildenden Umfassungsmauern stehen blieben, wurde sie wiederhergestellt und dieser Restaurationsbau im Sommer 1609 vollendet, wobei aber der eingestürzte, vorher massive Theil des Giebels nur in Fachwerk ausgeführt wurde.

Obwohl in einem 1618 abgeschlossenen Recesse von kurmainzischer Seite das Eigenthumsrecht der Evangelischen anerkannt worden, erhoben doch, als das Restitutionsedict von 1629 ergangen war, die Katholiken Ansprüche auf die Herausgabe, konnten diese aber nicht durchsetzen, weil die Stadt gleich darauf in den Besitz der Schweden gelangte; auch wurde in dem kaiserlichen Restitutionsrecess vom 8./18 Juli 1650 auf Grund des Abkommens von 1618 diese Angelegenheit zugunsten der Evangelischen entschieden (Falkenstein, l. c. S. 763), die infolge dessen im Besitz verblieben.

1740 bestand die Kirche zwar noch, wurde aber nicht mehr benutzt (ibid. S. 1032). Am 30. Oktober 1827 wurde sie, jedoch mit Ausnahme des Thurms und unter Vorbehalt eines Zuganges zu diesem, von der Kaufmannsgemeinde für

---

[1] Der Altarmänner zu St. Egidii Wiederkaufsbrief für die Testamentarien des weil. Plebans derselben Heinr. Rabewald und dessen Memorie über 3½ Goldgulden Rente für 40 Goldgulden, welche zum Bau des Daches verwendet werden sollen. Die Rente fällt aus dem Laden unter dem neugebauten Thurme 1392, 4. Juni (M. K. A.).

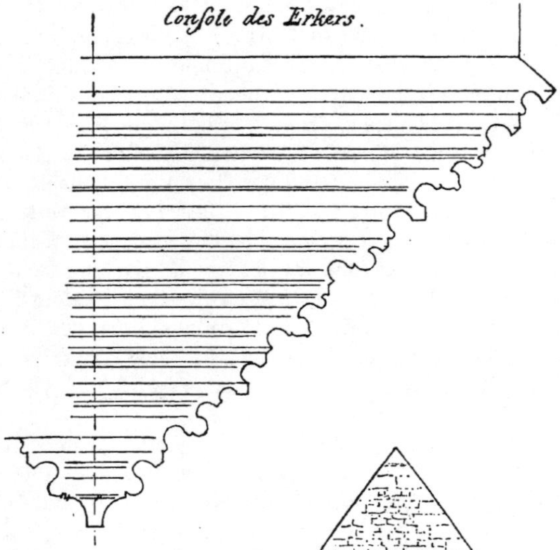

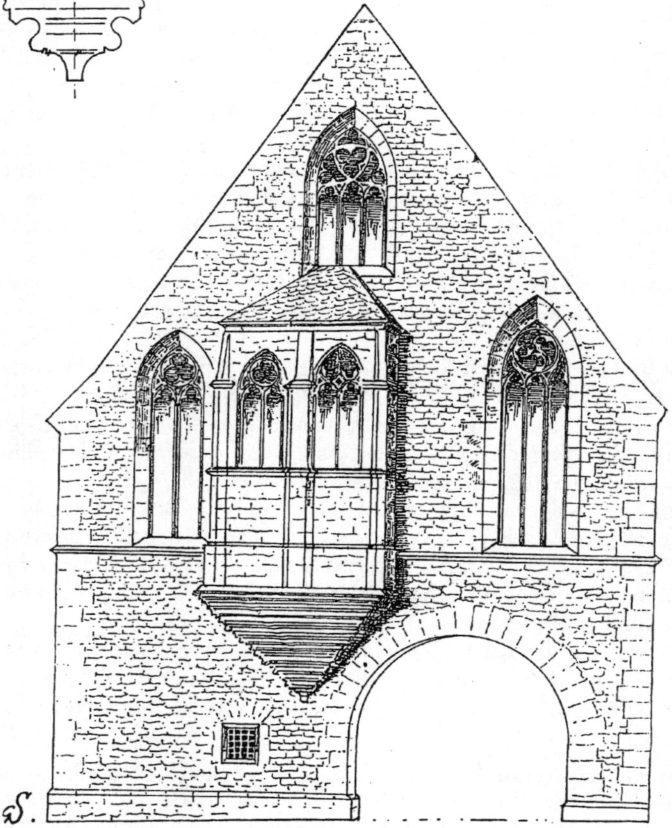

Nr. 65. Ehemalige Egidienkirche.

900 Rth. an einen Privatmann verkauft, der dieselbe zu Wohnungen einrichtete, in welchem Zustande sie sich noch gegenwärtig befindet. Das unterste Geschoss des Thurmes war aber bereits vorher, und wie die vorerwähnte Urkunde darthut schon 1324, in Privatbesitz befindlich.

Die Egidienkirche, von der wie das Vorstehende ergiebt, ausser dem Thurme nur noch die Umfassungsmauern des Baus mit den in dessen Untergeschosse eingerichteten Kramläden erhalten sind, ist der Zeit ihrer Erbauung, dem Anfange des 14. Jahrh., entsprechend gothisch. Doch spricht sich dieser Baustyl, da auch von Strebepfeilern keine Spur vorhanden ist, nur noch in der östlichen, auch nicht mehr ganz in der ursprünglichen Gestalt befindlichen Giebelfront aus, die aber ein wahres Unicum von bedeutendster Ausbildung ist. Das Eigenthümliche an dieser ist die in Form eines Erkers vorspringende Chornische (Nr. 65). Dieselbe ruht auf einem mächtigen treppenförmig aufsteigenden Kragsteine, dessen Stufen Plättchen, Wulste und Einziehungen bilden. Ihre zwei Fenster sind zwar jetzt zum Theil vermauert und viereckig, doch ist deren ursprüngliche spitzbogige Einfassung noch vorhanden. Ebenso erkennt man deutlich drei spitzbogige Fenster, die früher diese Seite erleuchtet, eins über dem Erker, je eins auf dessen Seiten. Alle diese Fenster sind mit reichem Masswerk versehen. Das Ganze dieses Giebels ist übrigens sehr unregelmässig gruppirt.

Puttrich, der l. c. Taf. 13 eine Abbildung der Egidienkirche in ihrem gegenwärtigen Zustande mittheilt, aber allerdings (S. 22) von der nicht zutreffenden Annahme ausgeht, dass das Gebäude von Hause aus ein Privatwohnhaus gewesen sei, setzt, gleichfalls unrichtig, die Entstehung in das 15. Jahrh. und bemerkt: „dass die Form etwas schwer sei und die Füllungen sämmtlicher durch Stabwerk in mehrere Abtheilungen getheilter Fenster nicht mehr ganz den reinen Geschmack früherer Jahrhunderte zeigten, allein der Totaleindruck gefällig und heimathlich sei.“ Im Innern hat dieser Vorbau noch seine spitzbogig gewölbte Decke und einst zur Aufnahme von Bildsäulen bestimmt gewesenen Nischen.

Von den ursprünglichen Fenstern der Langseite ist keine Spur mehr vorhanden; auch die grösstentheils verbaute westliche Front hat nur einige kleine Lichtöffnungen.

Die Durchfahrt, welche den Wenigenmarkt und die Krämerbrücke verbindet und südlich vom Thurme zwischen den im Erdgeschosse der ehemaligen Kirche befindlichen Krambuden liegt, ist von einem Tonnengewölbe bedeckt. Auch ist der Bogen nach dem Markte zu sowie ein mittlerer rundbogig, dagegen der auf der Brückenseite spitzbogig. Wahrscheinlich rührt die gegenwärtige Gestalt wesentlich von dem Wiederherstellungsbau von 1609 her. Eine zweite gewölbte und überbaute Durchfahrt befindet sich auf der Ostseite des Thurmes und verbindet den Wenigenmarkt mit der Gotthardsstrasse. Auch hier ist der Zugang von jenem rundbogig, der entgegengesetzte aber spitzbogig.

Im Innern des Gebäudes und zwar in der nach dem Wenigenmarkte gerichteten Wand befindet sich noch jetzt ein Sakramentshäuschen. Es besteht in einer tiefen, durch ein eisernes Gitter verschlossenen Mauernische, die von einer spitzbogigen, reich ornamentirten Einfassung umrahmt ist. Auch die Wand über derselben bis an die Stubendecke ist mit gothischen Zierrathen bedeckt. Ausserdem befindet sich noch in einer grösseren Mauervertiefung eine gut gearbeitete Sandsteingruppe, Maria, die auf ihren Knieen den Leichnam Christi hält und ein mit einem Kelch das Blut auffangender Engel, bei der aber auszusetzen bleibt, dass Christus im Verhältnisse zur Maria zu klein ist, und diese das Antlitz einer schönen blühenden Jungfrau und nicht einer schmerzvollen Matrone trägt.

Der Thurm steigt viereckig ohne Verjüngung auf. Sein unterstes Geschoss nimmt ein Kaufladen ein, dem in älterer Zeit besondere Gerechtsame zustanden (Erhard, l. c. S. 216) und der, wie die oben erwähnte Urkunde ergiebt, schon 1392 bestanden hat. Das darüberliegende Geschoss, dass nur durch eine kleine viereckige Oeffnung sein Licht erhält, diente einst als Sakristei. Das oberste, das durch ein Kaffgesims bezeichnet wird, hat nach jeder seiner vier Seiten ein grösseres, zweitheiliges spitzbogiges Fenster. Ueber ihm befindet sich eine Steingallerie, aus der auf jeder Ecke eine Abgussröhre weit hervorragt, und innerhalb deren eine achtseitige Spitze sich erhebt.

Er dient als Nebenglockenthurm der Kaufmannsgemeinde. Es befinden sich auf ihm zwei Glocken, eine mit dem Bilde des h. Egidius, dem Wappen der Patrizierfamilie Longus und, in einem Medaillon, Simsons Kampf mit dem Löwen. Die Inschrift in Minuskel mit erhabenen Rändern lautet:

Anno dom. m.ccclxxxii secundo calendarum aprilis quarto post palmarum.

Die andere Glocke ist 1739 von Christian Brunn zu Erfurt gegossen (Inschriften bei Hartung, l. c. S. 176).

---

3. Kirchliche Gebäude,
von denen nur noch die Thürme oder andere kleinere Reste erhalten sind.

A. Die Benedictskirche.

Vom linken Geraufer aus war es die Benedictskirche, welche einen Zugang zur Krämerbrücke darbot. Sie lag an einem kleinen Platze, der nach ihr den Namen Benedictsplatz führte und dessen Häuser jetzt theils zur Michaelisstrasse, theils zur Krämerbrücke gehören.

Das Gründungsjahr der Kirche ist nicht bekannt, doch muss dasselbe in eine sehr frühe Zeit fallen, da sie schon 1175 durch eine Feuersbrunst, die durch einen in die Krämerbrücke einschlagenden Blitz veranlasst war, zerstört worden ist (Chron. St. Petr. p. 36, Falkenstein, Hist. T. 69).[1]

1322 IV. Non. (2.) Sept. wurde sie vom Erzbischof Matthias von Mainz dem Marienstifte incorporirt und unirt (Würdtwein, l. c. p. 26 und 233) und ihr am 13. Juni 1332 vom Erzbischof Peter von Nazareth ein Ablassprivilegium ertheilt.

Um das Jahr 1364 muss die Kirche von neuem von einem Brande betroffen worden sein, wie sich dies aus einem Bittschreiben des Offizials der Probstei des

---

[1] Dominikus irrt daher, wenn er l. c. S. 125 die Erbauung der Benedictskirche in das Jahr 1321 setzt. In diesem Jahre wurde nur die bisherige hölzerne Krämerbrücke in Steinbau ausgeführt. Näher der Wahrheit kommt Erhard, der l. c. S. 215 angiebt, dass die Benedictskirche lange vor 1321, wo die Krämerbrücke ihre jetzige Gestalt erhielt, bestanden haben müsse.

Marienstiftes zu Erfurt zum Besten der abgebrannten Benedictskirche daselbst vom II. Id. (14.) Martii des genannten Jahres, sowie einer Quittung mit Revers der Altarleute dieser Kirche über 22 Pfund Pfennige, die der Priester Stephan zu Eisenach zum Bau derselben hergegeben hatte, von 1368 Dienstag nach Margarethen (14. Juli) und der von dem Erzbischof Gerlach von Mainz VII. Id. (7.) Novbr. ej. ertheilten Bestätigung der von Heinr. von Gammenstedt und Philippine genannt de aquis gestifteten Vicarie St. Mariae Virg. im neuen Thurm der Benediktskirche zu Erfurt (sämmtlich in M. A.) ergiebt. Es geht hieraus hervor, dass die Wiederherstellung damals sehr bald in Angriff genommen ist; vollendet scheint sie jedoch erst 1375 zu sein, da dieses Jahr sich auf dem Steinrelief mit dem Gekreuzigten an der Aussenmauer findet.

Von dem grossen Brande von 1472, der ganz in ihrer Nähe, auf der Krämerbrücke zuerst zum Ausbruch kam, wurde die Kirche von neuem mitbetroffen, doch nicht ganz zerstört. Stolle, f. 156 berichtet nämlich: „sente Benedictus branten alle glocken unnde der torm uss, sundern die kirche blieb stene.“ Was gegenwärtig von dieser noch vorhanden ist, stammt daher, wenn nicht aus noch früherer Zeit, auf welche die Rundbogen zu deuten scheinen, mindestens von dem nach 1364 vorgenommenen Wiederherstellungsbau, der Thurm dagegen von dem nach 1472. — Die damals geschmolzenen Glocken wurden durch neue ersetzt, denn 1505 Sonntag nach Bonifacius (8. Juni) stellte der mainzische Generalvicar und Bischof von Sidon Johannes ein Zeugniss über die Einweihung zweier Glocken in der Benedictskirche, genannt Anna und Christianus, aus.

Seit der Einführung der Reformation in Erfurt hörte die Benutzung der Kirche für den Gottesdienst auf und es wurde um 1525 ihre bisherige Gemeinde der Predigerkirche zugewiesen, wozu umsomehr Veranlassung vorlag, als sie kein Pfarrhaus mehr besass, da dies nach dem Brande von 1472 nicht wiederhergestellt war. 1740 bestand sie zwar noch, doch ohne benutzt zu werden (Falkenstein, Hist. S. 1032). Da sie aber im Laufe der Zeit immer mehr verfiel, so wurde sie, nachdem bereits 1805 die drei auf dem Thurme befindlichen Glocken veräussert waren, 1807 für 40 Rth. an einen Privatmann verkauft, der 1810 die Kirche selbst grossentheils abbrach und an deren Stelle Wohngelasse einrichtete, die Spitze des Thurmes, die seit dem Brande von 1472 nur aus einem Ziegeldache bestand, abnehmen liess und an deren Stelle ein kleines Gärtchen mit einem Pavillon anlegte.[1]

In dieser Weise besteht der Thurm noch gegenwärtig. In seinem unteren Geschosse befindet sich eine grosse, mit spitzbogigem Thore versehene, und, da sie sich auch unter der Strasse hinzog und einen Brückenbogen bildete, im rechten Winkel gebogene, in ihrem hinteren Theile mit einem Kreuzgewölbe bedecke Durchfahrt, die am Flusse endigt, so den Zugang zu einer Fuhrt bildend, die in der Gotthardstrasse das jenseitige Ufer erreicht. Dies war aber nicht die Durchfahrt die zur Krämerbrücke führte; jene befand sich vielmehr unter der Kirche selbst und ist daher durch deren Abbruch freigelegt.

Die viereckigen Fenster des Thurmes in den über der ersterwähnten Durchfahrt liegenden zwei Geschossen entstammen neuerer Zeit.

---

[1] Abbildungen der Kirche vor dem Abbruche und in ihrer jetzigen Gestalt in Kruspes Bilderchronik S. 107.

Von der Kirche selbst ist noch der unzweifelhaft einst zu Kaufgewölben dienende Unterbau des Schiffes vorhanden, der sich durch grosse Rundbogen, zum Theil mit Nischen, zum Theil ganz vermauert, aber überall noch erkennbar, kund giebt, sowie die östliche Abschlussmauer, die die anstossenden Häuser überragt. Früher hatte die Kirche in ihrer dem Benediktsplatze zugekehrten Giebelfront ein grosses spitzbogiges Fenster, in den Langseiten vier dergleichen kleinere. Den Raum, den früher der südliche Theil des Schiffes einnahm, füllen jetzt Privatwohnungen aus, während den nördlichen die offene Strasse einnimmt. In einer der vorgedachten Nischen befindet sich ein polychromirtes Steinrelief mit Christus am Kreuze, das ein stark hervortretender Rand umschliesst; unten die Jahreszahlen 1375 und 1810, deren erste auf das Jahr der Erbauung, die letzte, später hinzugefügte, auf die des Abbruchs Bezug hat. (Eine bezügliche Sage bei Kruspe, Die Sagen der St. Erf. I, S. 104, 105).

B. Der Nicolaithurm.

Hartung, Häuserchronik II, S. 289—292.

Der Thurm der ehemaligen Nicolauskirche befindet sich in der Augustinerstrasse, über welche früher ein Bogen geführt war, der die Kirche trug und unter dem eine Strasse ging, in der Nähe der jetzigen Comthurgasse und der Lehmannsbrücke, der Hügelgasse gegenüber.

Die Zeit der Gründung der Kirche ist nicht bekannt, müsste aber in eine sehr frühe Zeit, allem Anscheine nach, vor 1013 fallen, wenn man der Angabe Hartungs (l. c. S. 290), nach welcher eine ihrer Glocken diese Jahreszahl getragen hat, Glauben beimessen könnte.[1]

1284 gelangte die Kirche in den Besitz des deutschen Ordens, der ein an dieselbe grenzendes Grundstück, den Comthurhof, besass und der auch 1288 von dem Marienstifte das Patronatsrecht über dieselbe gegen das über die Laurentiuskirche zu Fahnern eintauschte (Gudenus Cod. Diplom. T. IV, p. 961).

1360 erfolgte die Erbauung des noch jetzt vorhandenen Thurmes; am 18. Mai 1387 schlug zwar der Blitz in denselben ein, richtete jedoch keinen erheblichen Schaden an (Falkenstein Hist. S. 670).

Nach Einführung der Reformation in Erfurt wurde zwar 1525 der Gottesdienst in der Nicolaikirche eingestellt, doch begann solcher wieder, nachdem sie 1526 den Katholiken zurückgegeben war.

1592 am 21. Januar „ward ein Seiger in den Nicolausthurm gehenket" d. h. derselbe mit einer Schlaguhr versehen. Gerstenberg, der in seinen Novantiq. Erford.

---

[1] Dominikus, l. c. S. 95 und Hartung, l. c. S. 290 wollen die Gründung der Nicolaikirche dem Landgrafen Konrad von Thüringen, Hochmeister des deutschen Ordens beilegen, der dadurch ein Gelübde habe lösen wollen, und Hartung beruft sich dabei auf ein handschr. Direktorium der Gesch. v. Erf. (in der königl. Biblioth. das.), nach welchem Konrad die Kirche und den neben ihr belegenen Comthurhof 1223 zu bauen begonnen habe. Dem steht aber, ganz abgesehen von der erwähnten Glocke, entgegen, dass Konrad nicht früher als 1234 in den deutschen Orden eingetreten und 1241 gestorben ist, und der Orden erst 1281 das Grundstück auf welchem er den Hof baute, von dem Kloster Reinhardsbrunn erworben hat und erst 1284 in den Besitz der fraglichen Kirche gelangt ist (Anderson, Geschichte d. Commende Griefstedt, S. 22, 23 Mülverstedt, l. c. S. 164).

dies mittheilt, bemerkt dabei: „Die Glocke wiegt 9 Ctnr. 80 Pfd., dabei auch ein Glöcklein oder Viertelszeiger 6 Ctnr. 5 Pfd. haltend."

Am 2. Juni 1632 wurde zwischen dem Comthur des deutschen Ordens zu Griefstedt Philipp von Hundeshausen und dem Rathe von Erfurt ein Vertrag abgeschlosse, nach welchem die Pfarre St. Nicolai zu Erfurt an das dasige evangelische Ministerium abgetreten werden solle, wobei der erstere sich aber für seine Lebenszeit die der Kirche einverleibte Kaplanei und den Niessbrauch eines ihr gehörigen Grundstücks zu Elxleben vorbehielt (M. A.). Das Abkommen ist nicht zur Ausführung gekommen, weil 1633 die schwedische Besatzung die Kirche als Garnisonkirche in Gebrauch nahm; erst nach deren Abzuge wurde sie zurückgegeben.

Da sie im Laufe der Zeit in Verfall gerathen war, so wurde 1694 ein theilweiser Neubau vorgenommen. Doch befand sie sich bald wieder in einem so gefahrdrohenden Zustande, dass man 1744 zu ihrem gänzlichen Abbruche schreiten musste. Ihrer Gemeinde wurde eine Zeitlang die des benachbarten Cyriaxklosters, dann die des Schottenklosters zum Gebrauch überwiesen, welche letztere nach Aufhebung dieses Klosters ihre Pfarrkirche geworden ist.

Vollständig ist jedoch noch der schöne, wie bereits oben bemerkt, 1360 erbaute und dem entsprechend in ausgebildetem gothischem Style ausgeführte Thurm (Nr. 66) und ein kleiner Anbau an diesem, in welchem sich der Aufgang zu ihm befindet und zu dem eine besondere Thüre von der Strasse führt, da das zu einer Kapelle eingerichtete Untergeschoss des Thurmes diesem Zwecke nicht dienen konnte, erhalten.

Der Thurm ist viereckig mit kaum wahrnehmbarer Verjüngung nach oben. Seine vier Stockwerke sind von aussen durch Kaffgesimse angedeutet; das oberste ist mit grossen spitzbogigen Fenstern versehen, während die übrigen fast ganz ohne Lichtöffnungen sind. Er ist zunächst dem des Domes der höchste Thurm in Erfurt; 63 m hoch, 173 Stufen führen in seine Spitze.

Zu der vorgedachten Kapelle führt eine spitzbogige Thüre; ein darüber befindlich gewesenes

Nr. 66. Nicolaithurm.

gleichfalls spitzbogiges Fenster ist jezt vermauert. Daneben hervorragende Kragsteine haben früher wohl Bildsäulen getragen.

Oben hat der Thurm eine Steingallerie, aus deren vier Ecken Regenabgussröhren hervorragen und innerhalb der auf einer achteckigen niedrigen Trommel die schlanke gleichfalls achtseitige Spitze emporsteigt, an deren Aussenseite die bereits erwähnten Schlagglocken hängen.

Ueber der Thüre des Anbaues befindet sich in Hautrelief ein Christus am Kreuze, zu dessen Füssen rechts ein betender Mann, links eine betende Frau, zu deren Seiten Maria und Johannes. Obwohl stark verwittert ist die Darstellung doch noch gut zu erkennen. Sie ist eine Gedenktafel für die im Thurme eingerichtete Kapelle. Die Umschrift in vertiefter neugothischer Minuskel lautet:

anno dmi mccclxi....i consecrat . es.... ec capella in honore . beate . elizabeth . fili . regis.

In der Kapelle selbst ist der Denkstein des Comthurs von Griefstedt Adam Wilhelm von Ketteler von 1635 mit dessen Wappen, aber ohne sonstigen figürlichen Schmuck.

Ausser den oben erwähnten Glocken befand sich früher auf dem Thurm eine sehr alte, wohl die älteste Glocke Erfurts, welche die Umschrift getragen haben soll:

Anno Dom. MXIII goss Tcegeler i. h. s.

(Notizen über einige Kirchen S. 48), die aber, weil sie defekt geworden, umgegossen werden musste und an die Kirche zu Hochheim abgegeben ist.

C. Der Johannisthurm.

Die Johanniskirche (St. Johannis praelatorum) lag an der Ecke der nach ihr benannten Johannisstrasse und des Johanniskirchhofes, und zwar so, dass sich ihre Langseite an diesem befand, der Augustinerstrasse etwa gegenüber.

Das Jahr ihrer Gründung ist nicht bekannt, fällt aber jedenfalls in eine sehr frühe Zeit, da sie bereits 1277 abgebrannt ist (Falkenstein, Hist. S. 113). Wahrscheinlich ist sie damals bald wieder hergestellt worden und Hogels (l. c. S. 197) und Frieses (l. c. S. 74) Angabe, dass die Johanniskirche in den nächsten 25 Jahren, nachdem die Kirche St. Philippi et Jacobi den Augustinern übergeben worden, welches letztere 1266 geschah, mithin ca. 1291, von dem Domherrn Richen gegründet, Johannes dem Täufer gewidmet und deshalb die Kirche St. Johannis praelatorum genannt sei, nicht auf die erste Gründung, sondern auf die Wiederherstellung nach jenem Brande zu beziehen.

In Engelhusii Chron. l. c. p. 561 wird die Johanniskirche unter den Kirchen mit aufgeführt, welche bei dem Brande von 1416 zerstört worden sind, alle anderen Schriftsteller, welche dieser Feuersbrunst gedenken, so Stolle, der sie fol. 108 ausführlich bespricht, erwähnen jedoch diese Kirche dabei nicht, und bei der erheblichen Entfernung derselben von dem Herde des Brandes, der Gegend zwischen Petersberg und Breitstrom, ist es auch sehr unwahrscheinlich, das jene bei dieser Gelegenheit in Mitleidenschaft gezogen sei. Diese letztere Annahme wird dadurch unterstützt, dass eine der Glocken der Kirche aus dem Jahre 1403 herrührt, und diese einen 1416 stattgefundenen Brand schwerlich überdauert haben würde, sowie dass die Kirche sich in der Mitte des 15. Jahrh. in einem so baufälligen Zustande befunden hat, dass ein Neubau nothwendig war, der nach einer noch 1819 bei dem Abbruche an ihr befindlichen Inschrift:

Anno Dmi MCCCCLXIX quarta post pentecostes incepta est structura

im Jahre 1469 begonnen und 1486 von dem Meister Joh. Gregorius beendet ward, wie letzteres eine in der Kirche auf der linken Seite vorhandene Inschrift:

MCCCCLXXXVI hoc patravit opus Magist. Johann. Gregorius

darthat. Der noch vorhandene Thurm wurde gleichfalls 1469 gebaut

Nachdem die Reformation in Erfurt Eingang gefunden, ward die Johanniskirche, da deren Gemeinde sich der Kirche des benachbarten Augustinerklosters zuwendete, für den Gottesdienst geschlossen, die Kirche des Klosters auch nach dessen Aufhebung zu ihrer Pfarrkirche erhoben, die infolgedessen neben ihrem ursprünglichen Namen auch den „Johanniskirche“ erhielt. Im Jahre 1676 verlangten zwar die kurmainzischen Behörden die Herausgabe der alten Johanniskirche, die als Garnisonkirche dienen sollte, dieser Plan scheiterte aber an dem Widerspruch der Gemeinde; dagegen ward jene während des siebenjährigen Krieges 1756 als Militärmagazin und wiederholt 1759 zur Aufbewahrung von Fourage benutzt (C. Beyer, N. Chron. S. 42 und 64). Nachdem sie während der französischen Zwischenherrschaft 1811 zum Domainenfonds eingezogen, dann aber gegen Zahlung einer Reluitionssumme der Gemeinde wieder überlassen war, wurde sie mit Ausnahme des Thurmes und des Kirchhofs 1817 an einen Privatmann verkauft, der sie 1819 abbrechen liess und den Platz, auf dem sie gestanden, mit Wohnhäusern bebaute.

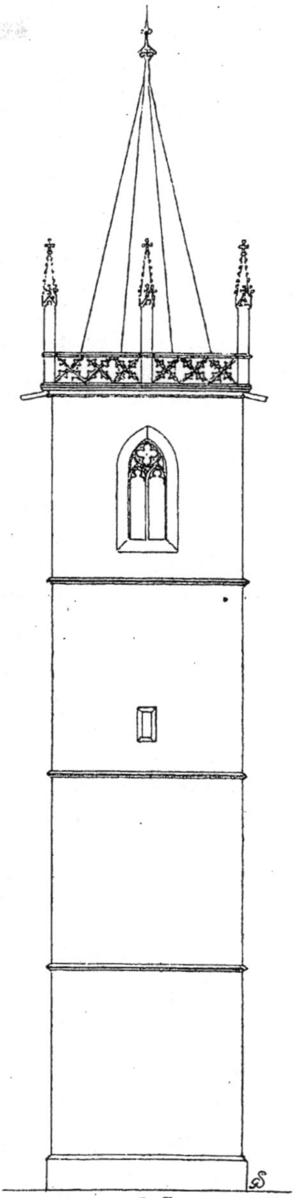

Nr. 67. Johannisthurm.

Der, wie bereits angeführt, 1469 und zwar in spätgothischem Style erbaute Thurm (Nr. 67), der nunmehr allein noch von dem Bauwerke übrig ist, hat eine Höhe von 37 m bis zur Spitze, mit dieser 43 m und ist ein schönes und imposantes Werk. Er ist, da seine Spitze in einen gefahrdrohenden Zustand gerathen war, neuerdings einer Hauptreparatur unterworfen, wobei ihm zwar im allgemeinen die frühere Form belassen, jedoch die Spitze mit Fialen umgeben ist. Er wurde bei dieser Gelegenheit auch mit einer nach Eintritt der

Dunkelheit erleuchteten Uhr versehen. Er ist viereckig und steigt ohne Verjüngung auf; drei Kaffgesimse deuten die Stockwerke an.

In seinem ganz aus Quadern aufgeführten Untergeschoss enthält er einen jezt als Verkaufslokal benutzten gewölbten Raum, zu dem eine spitzbogige Thüre führt; weiter hinauf ist ein gleichfalls spitzbogiges Fenster mit herzförmigem Masswerk. Von dem darüber liegenden, blos durch ein kleines viereckiges Fenster erhellten Stockwerke sind nur der untere Theil und die Ecken in behauenen Steinen, das übrige aber in Bruchsteinen ausgeführt. Im dritten Stockwerke befindet sich die Uhr. Das vierte hat nach jeder Seite ein grosses spitzbogiges, zweitheiliges Fenster mit sehr einfachem Masswerke, oben eine durchbrochene Steingallerie mit acht unverhältnissmässig hohen Fialen, da sie fast so hoch sind wie die Spitze des Thurmes. Von jeder der vier Ecken ragt eine Abgussröhre hinaus. Die Spitze selbst, welche die Gestalt einer vierseitigen Pyramide hat, entspricht in ihrer Höhe nicht ganz der des Unterbaues. Sie hat eine Steindeckung und endigt in eine Kreuzblume. Aus dem Mauerwerke des Thurmes ragen einige Kragsteine hervor, die im unteren Geschoss wohl Bildsäulen, im oberen Balken zu tragen bestimmt gewesen sind.

Der Thurm dient der Augustiner- (Johannis-) Gemeinde als Glockenthurm. Er enthält vier Glocken:

1. Eine grosse 34 Ctnr. schwere, mit dem Bilde Marias auf der einen, des Gekreuzigten auf der anderen Seite und der Umschrift in gothischen Majuskeln:

Anno Dom. MCCCCIII . hilf . Got . Maria . berot . Consolor . viva . Fleo . mortua . Pello . nociva.

2. Die Messe, 16 Ctnr. schwer mit dem Bilde des h. Johannes auf beiden Seiten in flachem Relief, gegossen 1743 von Mich. Surber (Aufschrift bei Hartung, l. c. S. 50).

3. und 4. Zwei kleinere, in demselben Jahre von dem nämlichen Meister gegossen. (Die Inschriften ibid., wo es aber statt: Durch . Vor . Sorge, heissen muss: Durch . Vorsorge.)

D. Der Bartholomäusthurm.

Hartung, Häuserchronik Th. II, S. 72–97. — Mülverstedt, Hierographia S. 172.

Die Bartholomäuskirche stand mit ihrer Langseite am Anger zwischen dem noch vorhandenen Thurme und der Grafengasse und war durch einen Gang, unter welchem eine die genannten beiden Strassen verbindende Durchfahrt hinging, mit dem Hause zum Steinsee, der Residenz der Grafen von Gleichen, deren Hofkirche sie war und denen ursprünglich das Patronat über sie zustand, verbunden.

Das Gründungsjahr der Kirche ist nicht bekannt. Ihre frühesten urkundlichen Erwähnungen finden sich in dem Testamente Heinrichs, Rektors der St. Bartholomäuskirche zu Erfurt d. d. Erfurt 12. September 1282 (M. A.) und in einem zwischen dem Rathe zu Erfurt und dem Ritter Hermann von Hirsingerode XVI. Kld. Julii (15. Juni) 1286 abgeschlossenen Vertrage, wodurch der ersteren die Herrschaft Viselbach nebst dem Patronate über die Bartholomäuskirche zu Erfurt und das an diese stossende Haus zum Steinsee für 550 Mk. Silb. erkauft, von denen jedoch 250 Mk. durch Rückgewähr des Patronats und des genannten

Hauses berichtigt wurden, wozu Graf Heinrich von Gleichen XII. Kld. Octbr. (22. Sept.) ej. a. seinen lehnsherrlichen Consens ertheilt. (Nothwendige Gegenanzeige d. Raths zu Erf. 1647. Beil. O. Falkenstein, Chron. II, 2, S. 917—919).

Bei dem grossen Brande von 1291 wurde die Bartholomäuskirche zerstört (Chron. S. Petr. p. 126). Die Wiederherstellung erfolgte noch in den letzten Jahren des 13. Jahrh., der Thurm ward aber erst 1411—1448 erbaut.

Nach Hogel l. c. S. 51 und Falkenstein, Hist. S. 35 soll die Kirche von dem grossen Brande von 1472 mit betroffen sein, doch ist dies sicher unrichtig, wie denn auch Hogel selbst, da wo er speciell das durch die Feuersbrunst zerstörte aufführt S. 590—593, Falkenstein bei gleicher Gelegenheit, S. 337, 338 ebenso wie Stolle l. c. f. 156 die Bartholomäuskirche nicht erwähnen, und Hartung l. c. S. 74 noch sonstige Umstände geltend macht, aus denen sich ergiebt, dass die Kirche unmöglich 1472 abgebrannt sein kann. Dagegen weiss man, dass diese sich 1476 in einem so bedenklichen baulichen Zustande befunden hat, dass man an ihre Abtragung denken musste. Doch unterblieb diese, vielmehr wurde die Kirche am Anfange des 16. Jahrh. wieder instand gesetzt, insbesondere 1511 eine neue Orgel von dem Orgelbauer Andreas Eggemann für sie angefertigt (Der Vertrag bei Hartung l. c. S. 75).

1525 kam die Kirche in den Besitz der Evangelischen und es wurde ihre Gemeinde in die des Barfüsserklosters eingepfarrt; doch ist die erstere erst 1571 ganz für den gottesdienstlichen Gebrauch geschlossen, nachdem bereits 1545 der Rath die kupferne Bedachung des Thurmes hatte abnehmen und durch einen Schieferbehang ersetzen lassen (Hogel l. c. S. 1020).

Bei dem grossen Brande von 1660 wurde die Kirche, aber nicht der Thurm, zerstört; 1667 und 1668 trug man die Mauern, soweit sie dem Einsturz drohten, ab (Möller, Barfüsserkirche S. 67), doch wurde erst 1715 die ganze Ruine niedergelegt und an deren Stelle das Pfarr- und das Diakonatshaus der Barfüssergemeinde 1715—1717 aufgeführt (ibid. S. 78), die 1876 durch Verkauf in Privatbesitz übergingen.

Der allein noch erhaltene und wie vorbemerkt, 1411—1448 erbaute Thurm (Nr. 68) — 1411 wurde der Grundstein gelegt, 1412 der Bau selbst begonnen, der 1448 so weit gediehen war, dass die Glocken aufgebracht werden konnten — ist spätgothisch. Seine Höhe beträgt bis zur Spitze 35 m, mit dieser 55 m, die Dicke seiner Mauern im Untergeschoss 2 m. Er ist ein schöner von Quadern aufgeführter Bau, der vier Geschosse enthält, die durch kräftige Kaffgesimse äusserlich angedeutet sind. Das unterste Stockwerk, in welchem sich ein zum Nebenhause gehöriges Gemach befindet, hat ein mässig grosses spitzbogiges Fenster ohne Masswerk. Daneben ist ein grosses dem 15. Jahrh. entstammendes Steinrelief mit dem am Oelberge betenden Christus und den schlafenden Jüngern, das ein weit vorstehender auf zwei kräftigen Konsolen ruhender Rahmen umgiebt. Eine dabei befindliche Inschrift (Nr. 68) in gothischer Minuskel lautet:

> Anno domini mccccxii feria sexta proxima post festum ascensionis domini incepta est hec structura hujus turris.

Die Mittelgeschosse enthalten nur schmale viereckige Lichtöffnungen, das oberste dagegen auf jeder Seite ein grosses spitzbogiges Fenster mit reichem Masswerk. Darüber ruht eine zierliche, durchbrochene Steingalerie (Nr. 68), aus deren

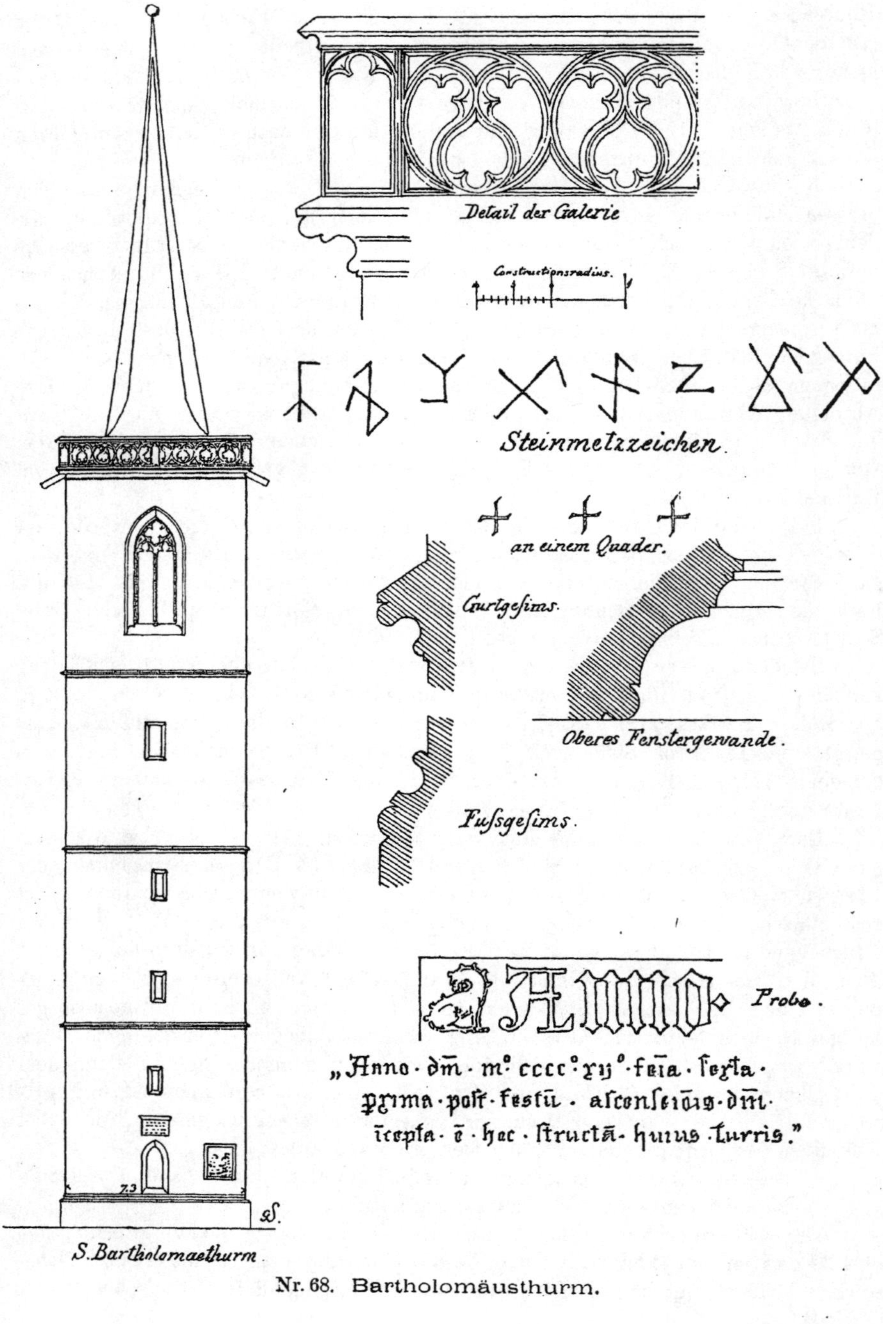

Nr. 68. Bartholomäusthurm.

Ecken Abgussröhren hinausragen und an die sich die sechsseitige mit Schiefer gedeckte pyramidalische Spitze anschmiegt. In dem Kreuzgewölbe unterhalb der Glocken befindet sich die Inschrift:

Anno Domini mccccIxviii ist die Spitze gemacht, da waren altarleute Simon v. Tenstete und Claus Molhusen.[1]

Der Thurm dient der Barfüssergemeinde als Glockenthurm. Es hängen in ihm vier ziemlich grosse Glocken.

Die grösste derselben hat die Inschrift:

Anno Domini MCCCCXLI fusa est ista campana in honorem Sancti Bartholomaei

und hat 75 Schock 75 ggr. gekostet (Die Rechnung auszugsweise bei Hartung, l. c. S. 81).

Die zweite Glocke zeigt die Bilder Marias und der Apostel Petrus und Paulus und die Inschrift:

Anno Domini MCCCCLXXXI. Sit nomen Domini benedictum.

Die dritte und vierte Glocke sind 1840 von Benj. Sorge gegossen, der zu deren Guss das Metall von zwei älteren Glocken verwendet hat, deren eine die Bilder Marias und St. Bartholomäus und die Inschrift trug:

Anno Domini MCCCCLXXXI. Te adoramus omnipotens.

E. Der Paulsthurm.

Hartung, Häuserchronik Th. II, S. 338—340.

Die Paulskirche lag an der Ecke, welche die nach ihr benannte Paulsstrasse mit der Kleinen Arche bildet, neben dem noch jetzt stehenden Thurme. Ein Theil ihrer Area wird jetzt von dem Predigerschul- und Kirchnerhause eingenommen. Nach der kleinen Arche zu war das Gebäude abgerundet. Der Chor der Kirche lag nicht unbedeutend höher als das Schiff.

Sie muss vor 1187 gegründet sein, indem sie zu den Kirchen gehört hat, die in diesem Jahre zu Pfarrkirchen erhoben wurden. Da sie im Laufe der Zeit in Verfall gerathen war, so wurde 1468 ein Neubau vorgenommen, wie eine auf einem jetzt neben dem Predigerschulhause eingemauerten Steine befindliche Inschrift in vertiefter neugothischer Minuskel:

anno dni m . cccc . lxviii . secunda . feria . post . gangolphi . incepta . est . hec . structura . hujus . ecclesiae.

darthut.

Kurz vorher, im Jahre 1465, war der Thurm gebaut.

1492 wurde ein neues Altargemälde für die Kirche angeschafft (Stolle, l. c. f. 267).

[1] Der mit dem Zimmermeister abgeschlossene Vertrag bei Hartung, l. c. S. 80. — Wenn Bode bei der Besprechung der Bildhauereien in Erfurt (Gesch. d. deutsch. Plast. S. 209) eines Madonnenreliefs von 1494 in der Bartholomäuskirche, Maria das nackte Kind herzhaft küssend, gedenkt, so kann dies nur, wie schon oben bemerkt, auf einer Verwechselung mit dem Denkmal der Margaretha v. Vitzthum in der Barfüsserkirche beruhen, schon weil die erstgenannte Kirche überhaupt nicht mehr existirt.

Nachdem die Reformation in Erfurt Aufnahme gefunden, hörte der Gottesdienst in der Paulskirche auf, indem die Eingepfarrten sich der Kirche des Predigerklosters zuwendeten, in welcher bereits seit 1521 evangelisch gepredigt ward, und in welche sie demnächst auch formell eingepfarrt wurden. Doch ward die Paulskirche einstweilen noch erhalten und 1683 beschloss die Predigergemeinde sogar sie wieder instand zu setzen, damit bei besonderen Gelegenheiten darin Gottesdienst abgehalten werden könne, ein Beschluss der jedoch, wohl wegen unzulänglicher Mittel, nicht zur Ausführung gelangte. (Nachricht. d. Predig. Kirche betreffend, S. 25.)

Bei dem grossen Brande von 1736 wurde die Kirche selbst zwar zerstört, der Thurm aber erhalten; nur dessen Spitze ward beschädigt, so dass die darin aufgehängten Glocken schmolzen. 1737 wurde der Thurm wiederhergestellt und um ein Geschoss erhöht, und es wurden am 3. März 1738 drei neugegossene Glocken in ihm aufgehängt (Beyer Nachtr. S. 6). Die stehengebliebenen Mauern der Kirche wurden erst 1759 ganz beseitigt.

Dieselbe hatte nach der Predigerstrasse zu zwei hohe spitzbogige Fenster, ausserdem vier kleinere die erst später hineingebrochen waren. Eine Abbildung von ihr in ihrem letzten Zustande vor dem Brande findet sich in der Chronik von Sam. Fritz S. 339.

Der Thurm, der von dem ganzen Bau allein noch übrig, 1465 errichtet und spätgothisch ist, enthält fünf Geschosse, von denen die drei unteren viereckig sind, die beiden oberen etwas zurücktretenden aber abgestumpfte Ecken haben und daher achteckig sind. Die Stockwerke werden durch Kaffgesimse äusserlich angedeutet; das des vierten bildet eine gebrochene Linie. Der Thurm ist theils von gehauenen, theils von Bruchsteinen erbaut. Die Dicke der Mauer beträgt in den beiden untersten Stockwerken 5', im dritten $4^3/_4$', im obersten $4^1/_2$'. Er ist in den vier unteren mit kleinen viereckigen Lichtöffnungen, im obersten mit vier spitzbogigen Fenstern ohne Masswerk versehen, und wird durch ein niedriges achtseitiges Zeltdach bedeckt, dessen Spitze 1875 mit einem vergoldeten Kreuze versehen wurde. An das unterste Geschoss des Thurmes schliesst sich gegen Westen ein noch von der Kirche herrührender Anbau an. Eine Abbildung des Thurmes hat Puttrich l. c. Taf. II mitgetheilt, der denselben aber ungenau S. 21 den zweiten Thurm der Predigerkirche nennt, da er dieser doch nur als Glockenthurm dient.

Er erhielt drei zum Ersatz für die beim Brande von 1736 geschmolzenen, 1737 von N. J. Sorber gegossene Glocken, von denen aber die eine infolge Unvorsichtigkeit eines Läuters unbrauchbar geworden ist. (Die Angaben über Gewicht, Masse, Ton und die Umschriften der Glocken bei Quehl, Predigerkirche S. 138 und bei Hartung, l. c. S. 340.)

F. Der Georgenthurm.

Hartung, Häuserchronik Th. II, S. 160—162.

Die Georgenkirche lag an der Ecke der nach ihr benannten Georgsgasse und der Michaelisstrasse, zwischen dieser und dem noch vorhandenen Thurme.

Ihre Gründung fällt in eine sehr frühe Zeit, da schon 1066 eine Gemeinde nach ihr benannt wurde. Sie gehörte zu den Kirchen die 1181 Pfarrkirchen wurden.

Ganz in ihrer Nähe befand sich ein kleines Kloster der Cistercienser mit einer Kapelle, die nachdem sie von den Mönchen verlassen worden und eine zeitlang leer gestanden, in ein Spital verwandelt wurden. Als die Anwohner sich aber der darin bewahrten kirchlichen Geräthe unbefugterweise bemächtigten, gab dies zu einem langwierigen Streite Anlass, zwischen dem Rathe und dem gleichfalls dem Cistercienserorden angehörenden Kloster Pforta, der durch einen 1212 abgeschlossenen Vergleich beigelegt wurde (Hogel, l. c. S. 118, 119, Friese, l. c. I, S. 42[a], 42[b]).

1380 wurde der noch vorhandene Thurm erbaut, die Kirche selbst aber ward bei dem Brande von 1416 (1641 bei Hartung, l. c. S. 160 ist nur Druckfehler) vom Feuer zerstört (Engelhusii, Chron. l. c. p. 561, Hogel, l. c. S. 483, Falkenstein, Hist. S. 297). Sie wurde jedoch sehr bald wieder hergestellt. Um 1491 wurde in ihr der sog. neue Altar bei der steinernen Treppe errichtet. (Urkunde über die Stiftung einer Vicarie an demselben Freit. nach Francisci (7. Oktb.) 1491 in M. A.)

Nachdem die Reformation in Erfurt Eingang gefunden, hörte seit 1525 der regelmässige Gottesdienst in der Georgenkirche auf, welche 1530 von den Evangelischen in Besitz genommen wurde. Ihre bisherige Gemeinde, die sich so nicht mehr in der Lage fand, einen eigenen Pfarrer zu unterhalten, nachdem 1535 ihr Pfarrhof mit den Vicarienhäusern niedergebrannt war, wurde der Michaeliskirche einverleibt. Nur bei besonderen Gelegenheiten, insbesondere bei Leichenbegängnissen fand noch eine kirchliche Benutzung der Kirche statt, so noch 1583 (Friese, l. c. II, S. 598). Nachdem sie aber auch noch am 12. August 1574 durch Einschlagen des Blitzes beschädigt worden, 1603 die Orgel aus ihr entfernt, und sie 1619 vorübergehend zur Unterbringung einer Schule verwendet war, ward sie 1632 während der Schwedenherrschaft mit Ausnahme des Thurmes ganz abgebrochen und ihr Material zum Festungsbau verwendet Der 1560 mit einer neuen Mauer versehene Kirchhof (Notizen über einige Kirchen Erf. S. 43) ward um die Area der Kirche vergrössert, aber 1813 als Begräbnissstätte geschlossen, 1870 an einen Privatmann verkauft, und seit 1873 theilweise mit Privathäusern bebaut.

Ausser einem Theile der Kirchhofsmauer existirt gegenwärtig nur noch der Thurm. Derselbe ist 1380 in gothischem Style erbaut, wie die auf der Seite nach der Georgsgasse in Mannshöhe über dem Fussboden unter der ersten Lucke befindliche, jetzt sehr beschädigte, aber von Gerstenberg in den Novantiquis Erford. mitgetheilte Inschrift:

Anno Dm. mccclxxx feria sexta paschatos incepta est turris darthut.

Er ist viereckig, mit Ausnahme der Ecken in Bruchsteinen erbaut und hat drei, äusserlich durch Kaffgesimse angedeutete Stockwerke, deren unterstes eine nicht unbedeutende Höhe besitzt. Er ist ziemlich gut erhalten, aber ohne Kunstwerth. Ursprünglich hatte er zwei steinerne Gewölbe übereinander. Die beiden unteren Geschosse haben kleine viereckige Luftlöcher, das oberste nach jeder Seite ein grosses spitzbogiges Fenster mit Masswerk. Ein niedriges Walmdach bildet die Spitze. Der Eingang zum Thurm geht durch ein Nebenhaus, das noch Reste alten Gemäuers, so die Hälfte eines Spitzbogens, wohl von einer früheren Kirchenthüre, aufweist. Einige an der Hinterseite des Thurms aus der Mauer ragende Kragsteine haben sicher einst dazu gedient, Balken zu tragen, woraus sich folgern lässt, dass der Thurm die südwestliche Ecke des Langhauses der Kirche eingenommen hat. Jetzt dient er als Nebenglockenthurm der Michaelisgemeinde.

Es befanden sich in ihm früher vier Glocken, eine vom Jahre 1483, 19 Ctnr. schwer mit dem Bilde des h. Georg im Kampfe mit dem Lindwurm, die zweite 14 Ctnr schwer von 1431, die dritte $3^1/_4$, die vierte 1 Ctnr. im Gewicht haltend. Dieselben wurden jedoch 1849 eingeschmolzen und an ihrer Stelle drei neue Glocken von Benj. Sorge in Erfurt gegossen. (Die Inschriften sowohl der früheren wie der gegenwärtigen Glocken bei Hartung, l. c. S. 162.)

G. Kleinere Reste alter Bauwerke.

a. **Die Kapelle auf dem Mainzerhofe**; dem h. Martin gewidmet, war von dem Erzbischof Daniel um 1580, anstatt der wüst gewordenen, vom Erzbischof Berthold, Grafen von Henneberg, 1500 gegründeten Kapelle S. S. Martini, Nicolai et Annae aulae episcopalis erbaut. Sie bestand ursprünglich aus zwei Stockwerken, war aber im Laufe der Jahre in Verfall gerathen und wurde daher 1861 gänzlich abgebrochen. Nur die aus Quadersteinen aufgeführte, noch von ihrer Vorgängerin herrührende, spätgothische Vorderwand des unteren Geschosses wurde hierbei erhalten und in die neue Umfassungsmauer des Artillerieplatzes eingefügt. Zwischen zwei spitzbogigen mit zierlichem Masswerk versehenen Fenstern, unter denen ein gebrochenes Kaffgesimse sich hinzieht, erhält sie eine auf das 1504 erfolgte Ableben des Erbauers, des Erzbischofs Berthold, bezügliche Inschrift in erhabener spätgothischer Minuskel, lautend:

> Ne te remorer viator, aspecta domum Henbergam pontificis ornatissimam, illustris et justissimi viri opus. Auxit tuam, Martine, vera gloria sedem, pater, sanctissimam. Nunc spiritus gaudet deo, sed fama nominis amplior. terram relinquit rhenus ubi Germaniam ✠ decessit in die Thomae apostoli. Anno domini millesimo quingentesimo quarto.

Von dem Mainzerhofgebäude selbst ist nur noch ein in dessen Frontmauer befindlich gewesenes steinernes Wappen mit zwei Löwen als Schildhaltern übrig, das beim Abbruch des Gebäudes von der Garnisonverwaltung dem Magistrate übergeben ist und sich jetzt in der Sammlung im Steinhause des Hospitals befindet (cf. Michelsen, J., Der Mainzerhof zu Erfurt am Ausgange des Mittelalters — Hartung, Häuserchronik Th. I, S. 168 – 186 und 336 mit einer Abbildung des Mainzerhofes und der Kapelle).

b. Noch weniger bedeutend sind die Reste sonstiger kirchlicher Gebäude, die noch nicht ganz vollständig verschwunden sind. Hierher gehört namentlich die **Sakristei der Kirche St. Viti**, belegen neben der Küche des Gasthauses Rheinischer Hof, der jetzt auf dem Platze der Kirche steht. Die genannte Kirche war in ihrer letzten Gestalt 1470 und 1507 erbaut und wurde 1809 abgebrochen. Die Filialen ihres Thurmes haben längere Zeit die Balustrade der Brücke über den Bergstrom vor dem Brühler Thore geziert.

c. Von dem 1291 erbauten, 1642 abgebrochenen **Kloster der Marienknechte oder Serviten** sind blos noch ein unbedeutendes Stück Gemäuer im Garten der Firma Platz und Sohn in der Krämpferstrasse und eine kleine Nische mit einer Statuette Marias, sowie die Substruktionen des Kirchthurmes übrig.

Von anderen kirchlichen Gebäuden existiren zwar noch grössere Reste, sie entstammen aber einer späteren Zeit als der, auf welche sich die vorstehende Darstellung beschränkt, so das Cyriaxkloster und dessen Kirche (jetzt Militärlazareth), das erst 1687 auf seiner letzten Stelle errichtet wurde, und die Kirche des 1372 gegründeten Karthäuserklosters, die in ihren Umfassungsmauern, insbesondere in ihrer in Barockstyl gehaltenen Façade noch gegenwärtig ihre letzte Gestalt vor der Säcularisation zeigt, solche aber erst bei einem Neubau 1713 erhalten hat, bei welcher jedoch das alte Mauerwerk, so namentlich bei dem aus drei Seiten eines Achtecks bestehenden Chorabschluss, benutzt ist. Vom Kreuzgang rührt nur noch die Rückmauer eines Flügels vom alten Bau her, alles übrige ist modern. Die kleinen von Gärtchen umgebenen Häuser, welche die Einzelwohnungen der Mönche enthielten und für die Karthäuserklöster charakteristisch sind, existiren zwar noch, aber da sie erweitert und mit einem zweiten Geschoss versehen sind, in durchaus veränderter Gestalt.

II. Profangebäude.

Sehr viel geringer als die der kirchlichen ist die Zahl der bis auf die Gegenwart gelangten Profangebäude, die der früheren Zeit entstammen und ein architektonisches Interesse darbieten. Es befindet sich kaum eins darunter, das der romanischen, wenige die der gothischen Periode die Entstehung verdanken und auch aus der Renaissancezeit sind es im wesentlichen nur Privathäuser, welchen eine hervorragende Bedeutung zuerkannt werden kann.

Dass so wenig von solchen bis auf uns gekommen, hat vielleicht weniger seinen Grund darin, dass die nicht kirchliche Bauthätigkeit in Erfurt bis auf die neuste Zeit es nur selten vermocht hat einen grösseren Aufschwung zu nehmen, die Gebäude vielmehr, namentlich die Privathäuser, mit seltenen Ausnahmen, klein, unansehnlich und von mangelhaftem Materiale gebaut, nur darauf berechnet waren, dem unabweisbaren Bedürfnisse des Augenblicks zu genügen, wie in den häufigen Bränden, von denen einige, wie die von 1291, 1416, 1472, 1660, 1736 und 1813 jedesmal einen sehr bedeutenden Theil der Stadt zerstörten, so dass es in der That kaum eine Gegend derselben giebt, welche ganz von einer Feuersbrunst verschont geblieben wäre und in der sich daher von altersher hätten Gebäude erhalten können. Allerdings hatte, wie dies bereits früher ausgeführt ist, der mangelhafte bauliche Zustand der Stadt und die Unzulänglichkeit der Löschanstalten nicht wenig dazu beigetragen, dass jene Feuersbrünste eine solche Ausdehnung erhalten konnten. Nicolaus von Siegen, der doch gerade der Blüthezeit Erfurts angehört, spricht sich, indem er die Häufigkeit der dortigen Brände zu erklären sucht, sehr ungünstig in der in Rede stehenden Beziehung aus, denn er sagt (l. c. p. 348): „Et nota, quod sicut in chronicis legitur et invenitur, talia incendia dampnosa heu! crebrius Erfordiae inveniuntur accidisse. Et forte vix est aliqua civitas Germaniae, ubi tocies tamque gravia et dampnosa incendia fuerunt. Racio potest esse, quia ligna de facili et multum in igne flagrant. Et insuper Erfordia paucas domus lapideas atque latas curias in se continet et domus domui coadheret. Insuper populus populum, vicinus vicinum non tam viriliter et fideliter vicinum suum ad exstinguendum ignem adjuvat sicut in aliis civitatibus fuit et ad oculum patet.“

1. Oeffentliche Profangebäude.

A. Die Regierung.

Hartung, Häuserchronik Th. I, S. 3—13.

Das in der Regierungsstrasse dem Hirschgarten gegenüberliegende Regierungsgebäude, früher die Statthalterei oder die neue Hofstatt genannt, kann nur uneigentlich

Nr. 70. Zwei Fenster vom alten Rathhause. (S. 313.)

zu den älteren öffentlichen Gebäuden gerechnet werden, da grade der Theil desselben, welcher aus einer früheren Zeit stammt, der welcher die Ecke mit der Kasinostrasse einnimmt, ursprünglich ein Privathaus gewesen ist. Dasselbe führte als solches den Namen „der stolze Knecht.“ Es wurde 1540 durch den Steinmetzen Johann Valentin Wild erbaut, 1699 von dem Statthalter Philipp Joseph Freiherrn von Stramberg namens der kurfürstlichen Kammer angekauft und die Statthalterei dahin verlegt, die sich bisher in einem Hause in der Marktstrasse befunden, das später die Benennung „Zur Himmelspforte“ erhielt. Strambergs Amtsnachfolger, Philipp Wilhelm Graf von Boineburg, kaufte noch sieben angrenzende Häuser hinzu, liess diese abtragen und an ihrer Stelle einen grossartigen Neubau aufführen, der 1713 begonnen wurde und 1714 unter Dach kam (Friese, l. c. V, S. 1590, 1591), sich aber auf die hinzugekauften Häuser beschränkte und den stolzen Knecht im wesentlichen in seiner ursprünglichen Gestalt liess.

Es ist dies ein dreistöckiges Gebäude im Renaissancestyl mit mässig grossen, mit behauenen Steinen eingefassten viereckigen Fenstern. Vor das zweite und dritte Geschoss tritt ein runder Erker vor, der auf einer kelchförmigen reichverzierten Konsole ruht, deren untere Spitze das Bruststück eines Tartars bildet. Darunter befindet sich die auf das Jahr des Baus und den Erbauer bezügliche Inschrift. Unter der Fensterbrüstung des unteren Erkergeschosses ist ein Steinrelief, das auf den früheren Namen des Hauses bezug zu haben scheint.

Der übrige Theil des Regierungsgebäudes, eines stattlichen Baus in Barockstyl, eignet sich wegen seiner späten Entstehung hier nicht zur näheren Besprechung, es mag hier nur angeführt werden, dass er Stuckplafonds von grossem Reichthum und seltener Schönheit enthält. Unter den vielen darin befindlichen Bildnissen der Erzbischöfe von Mainz, welche zum Theil noch dem 15. Jahrhunderte angehören, ist keins, das einen hervorragenden Kunstwerth hätte. Die Bildnisse der preussischen Könige sind nur gute Kopien trefflicher Originale.

B. Das Rathhaus.

Cassel, Paulus, Das alte Erfurter Rathhaus und seine Bilder. Mit 2 lith. Taf. Erfurt 1857. — Hartung, Häuserchronik Th. I, S. 287—324.

Das zwischen Fischmarkt, Marktstrasse und Rathhausgasse belegene Rathhaus, das nach einer jedoch sicher unbegründeten Nachricht bereits 954, nach anderer Angabe 1258 gebaut sein sein soll, urkundlich zwar erst 1275 erwähnt wird, aber schon 1175 existirt haben muss, da nach einer chronikalen Nachricht, deren Richtigkeit zu bezweifeln kein Grund vorliegt, in dem genannten Jahre (nach anderer Angabe sogar schon 1117) ein Brand, der sich bis zum Rathhause erstreckte, stattgefunden hat, war in seinem 1544 begonnenen, 1584 vollendeten Theile wohl das schönste Denkmal, das die Renaissance in Erfurt hervorgebracht (Nr. 69, 70 und 71 [Nr. 71, Wetterfahne, siehe auf Seite 259]). Es musste jedoch wegen seines gefahrdrohenden Zustandes abgebrochen werden, was 1830—1869 geschah, und machte dem stattlichen Neubau Platz, der 1870—1875 sich erhob und durch seinen monumentalen Schmuck, insbesondere durch die unvergleichlichen Freskogemälde Pet. Janssens in seinem grossen Saale jetzt eine der grössten Zierden Erfurts bildet.

Von dem früheren Bau sind gegenwärtig nur noch einige, obenein zum Theil nicht unbeschädigte Gegenstände seines Schmuckes übrig, die beim Abbruche aufbewahrt wurden.

Dahin gehört insbesondere das 1544—1584 theils errichtete, theils erneuerte Portal. Dasselbe bestand aus der eigentlichen Pforte und einer darüber ange-

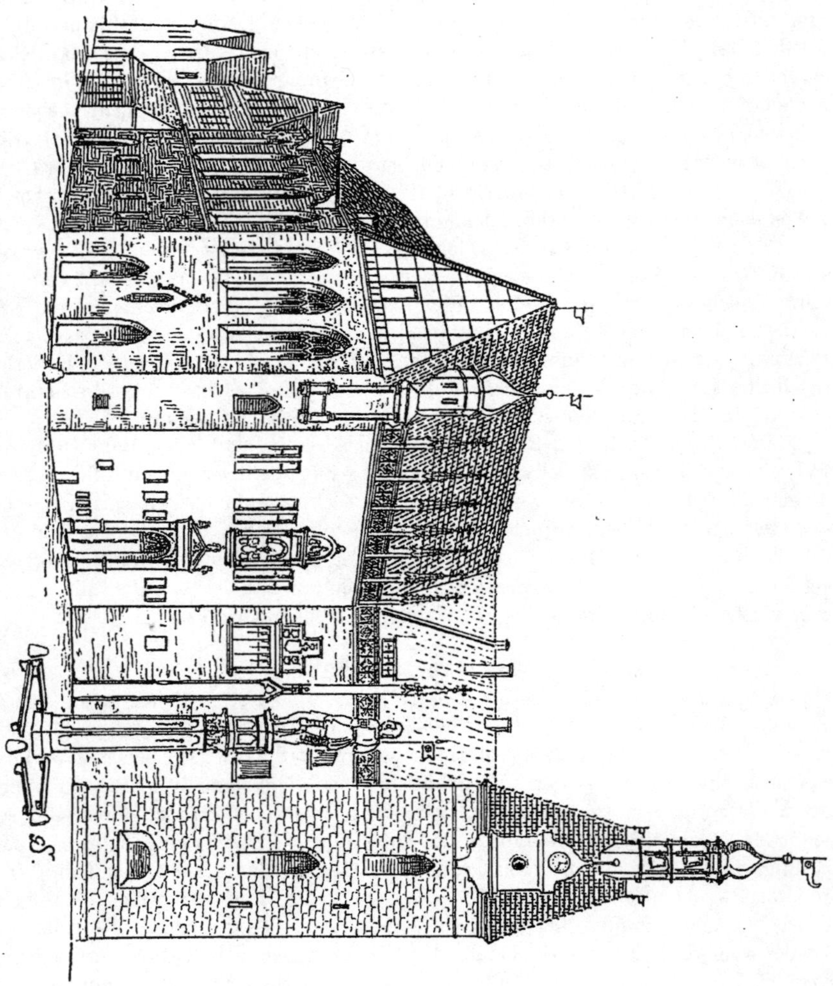

Nr. 69. Mittelaltrige Form des Rathhauses.

brachten grossen Wappentafel. Beide Bestandtheile waren durch über dem Frontispiece der Thüre stehende Figuren in Verbindung gebracht; die Thüre, obwohl an sich durchaus nicht klein, erschien doch so im Verhältniss zur Façade des Gebäudes. Sie war von einem Rundbogen, welcher die Inschrift trug:

Der Herr bewahre deinen Eingang von nun an bis in Ewigkeit. Ps. CXXI.

und dessen Schlussstein ein Tartarkopf bildete, überwölbt und an den Seiten von reichen Ornamenten eingefasst. In den Eckfeldern befanden sich die sitzenden Relieffiguren der Tapferkeit und Mässigung. Das auf zwei korinthischen Halbsäulen ruhende Kämpfergesims war fast überreich ornamentirt. Die stylisirten Blätter und Ranken des Frieses hatten in ihrer Mitte einen Kopf. Das darüber sich erhebende Giebelfeld umschloss die Reliefhalbfigur des Friedens mit einem Kranze in der Rechten; auf seiner Spitze trohnte auf niedrigem Piedestal die Bildsäule der Gerechtigkeit mit Schwert und Waage, deren Haupt bis in die Wappentafel hineinreichte. Diese selbst bildete ein hohes Rechteck mit verzierter erhabener Einrahmung. Sie wurde oben durch eine halbkreisförmige Platte gekrönt, auf der zwischen zwei Engeln Gott der Vater, die Rechte zum Segen erhoben, mit der Linken die Weltkugel haltend, sich befand. Die Randeinfassung enthielt den Spruch:

Wo der Her nicht behyt die Stad so ist umbsonst der Weisen Rat.

Ueber dem Bogen des Kranzgesimses war ein Seraphköpfchen. Die Wappentafel mit dem wilden Manne und der wilden Frau als Schildhalter enthielt unter einem verzierten Rundbogen ein Mittelschild und vier Eckschilder alle in reichem heraldischen Schmucke. Säulen und Laubbogen zum Theil von Kindern gehalten, füllten den Raum zwischen den Wappen und der reich gegliederten äusseren Umrahmung. Im Unterrande findet sich die Inschrift;

Anno post natalem Christ 1544;

dagegen oben unter dem Architrav die Jahreszahl 1584. Die abweichenden Jahresangaben rühren wohl daher, dass das Wappen bereits 1544 angefertigt, aber 1584 renovirt und an seine letzte Stelle gebracht ist (Hogel, l. c. S. 1016 vergl. mit S. 1053). Leider sind bei dem Abbruche einige Theile des Portals abhanden gekommen. Die noch vorhandenen werden in dem städtischen Museum im Steinhause des grossen Hospitals aufbewahrt. (Eine Abbildung des Wappens in: Herrmann, das Wappen etc. der St. Erf., Taf. III. Vergl. ibid S. 68, 69.)

Ferner gehören zu den noch vorhandenen Ueberresten des Rathhauses eine Anzahl von Gegenständen der inneren Ausschmückung, Prospekte der Stadt, Porträts, desgleichen die sehr interessanten aus einem gekrümmten, mit starkem Schweinsleder überzogenen mit Wappen, meist auch dem Bilde des h. Christoph auf einer dicken Tünchschicht bemalten Brettern bestehenden Setzschilde, von denen noch 20 Stück vorhanden sind und welche dem 13. und 14. Jahrh. entstammen (Herrmann, l. c. S. 59—63, Abbildung von zwei derselben, Taf. III), sowie die bemalten runden Holztafeln mit allegorischen Figuren und Sinnsprüchen aus Freidanks Bescheidenheit, die einst eine Zierde des grossen Rathssaales bildeten, dessen Decke sie bekleideten, und nach Hermann, l. c. S. 27 dem Schlusse des 13. nach Cassel l. c. S. 17 ff., wohl richtiger, der Mitte des 14. Jahrh. ihre Entstehung verdanken. (Beschreibung bei Cassel l. c. S. 17—49. Abbild. von 24 derselben auf 2 Taf. ibid. Vergl. Ledebur, Allg. Archiv f. Geschichtsk. d. preuss. Staates, Bd. XIV Heft I, S. 166.) Sowohl diese Tafeln wie die vorerwähnten Schilde befanden sich bisher auf dem Dachboden des ehemaligen Kreisgerichts in einem leider etwas verwahrlosten Zustande, sind aber gegenwärtig in das städtische Museum im grossen Hospital aufgenommen.

Eins der werthvollsten Ueberbleibsel des alten Rathhauses ist die schöne Intarsiathüre der ehemaligen Registratur, die jetzt eine Zierde des städtischen Museums im Packhofe bildet, ein Meisterwerk der Kunsttischlerei, mit der Jahreszahl 1581, vielleicht eine Arbeit des Hans Schifferstein zu Dresden (Abbild. bei Kruspe, Beitr. Tafel III, 16).

C. Das ehemalige Universitätsgebäude.

Hartung, Häuserchronik, Th. I, S. 107—113.

Das Collegium majus oder Collegium Anselminum, gewöhnlich die Universität genannt, obwohl es nur eins der Gebäude war, welche den Universitätsstudien dienten und es eigentlich nur das Collegium der philosophischen Facultät bildete, liegt in der Michaelisstrasse, der Michaeliskirche gegenüber, zwischen der Studenten- und der Furthmühlgasse. Es war ursprünglich nicht nur zu Hörsälen sondern auch zu Wohnungen von Professoren und Studenten bestimmt.

Mit der Erbauung desselben oder wenigstens mit der Einrichtung zu diesem Zwecke eines bereits 1369[1] in dem Besitze des Raths befindlich gewesenen Hauses muss sehr bald nachdem die Stadt 1378 das erste päpstliche Privilegium zur Errichtung einer Universität erhalten, der Anfang gemacht sein, denn es konnte schon 1393 die Inauguration desselben durch einen Festakt, in welchem die päpstliche Gnadenbulle verlesen ward, darin vorgenommen werden. 1405 erfolgte ein weiterer Ausbau (Falkenstein, Hist. S. 290). Nachdem es 1510 bei dem sogenannten Studentenlärm vollständig verwüstet worden, war es bis 1525 geschlossen und ward erst nach einer 1525 — 1547 vorgenommenen Wiederherstellung neu eröffnet. 1544 und 1550[2] erfolgte der Bau der der Michaeliskirche zugekehrten Front mit dem Hauptportale (Hogel, l. c. S. 1053, Friese, l. c. II, S. 507), die noch gegenwärtig in der ursprünglichen Gestalt vorhanden und von dem 1681 — 1692 vorgenommenen Retablissementsbau unberührt geblieben ist, wie letzteres auch inbetreff der Giebel und der dem Hofe zugekehrten Seite des Vorderhauses der Fall gewesen ist (Friese l. c. II, S. 1387). Da zu jenem Retablissement ein Theil der Kosten von dem Kurfürsten Anselm Franz hergegeben worden war, so ward damals dem Gebäude der Name Collegium Anselminum beigelegt. Bei dieser Gelegenheit wurden in demselben drei Promotionssäle — für die juristische, die medicinische und philosophische Fakultät — der für die theologische war das Coelicum im Domkreuzgangsgebäude — eingerichtet.

Nach einer aus Anlass der vierhundertjährigen Jubelfeir der Universität 1792 erfolgten Erneuerung und nachdem schon 1793 der grosse Promotionssaal, wenn auch nur vorübergehend, zur Unterbringung der in der Schlacht von Kaiserslautern gefangenen Franzosen gedient, ward 1805 der Universität das Gebäude

[1] Wilhelms von Allenblumen, Bürgers zu Erfurt, Kaufbrief für den Rath daselbst über seine Zinsen an Eckarts von Kranichborn gewesenen grossen Hofe und Backhause bei St. Michael, daraus nachher das grosse Collegium gebaut worden. 1369, Mittwochs nach Margarethen (19. Juli) (M. A.).

[2] 1548 quarta pentecostes structura edificii novi — collegii majoris vulgo Michaelitani — incepta et anno 1550 sexta post Catharinae absoluta fuit. Hundorph Enconn. Erf. contin. f. n. iiij. v.

Nr. 72. Das ehemalige Universitätsgebäude.

behufs Verwendung für militärische Zwecke gänzlich entzogen. Während der französischen Herrschaft diente es als Heu- und Strohmagazin, später zur Aufbewahrung von Artilleriegeräthen.

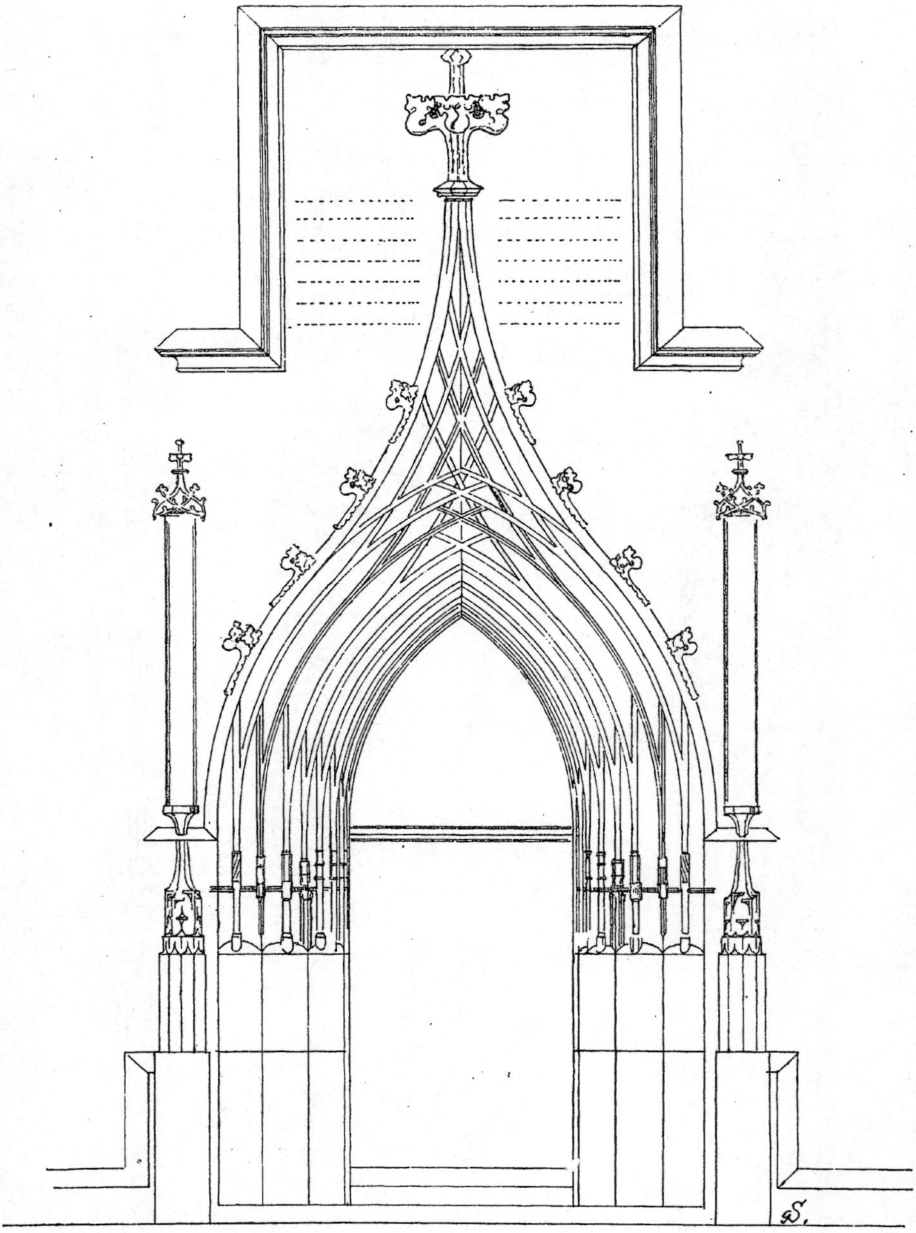

Nr. 73. Portal der ehemaligen Universität.

Nachdem 1816 die Universität aufgehoben war, wurde das Gebäude von dem Fiskus mittelst Tauschvertrages vom 9./14. Mai 1826 an die Stadt abgetreten,

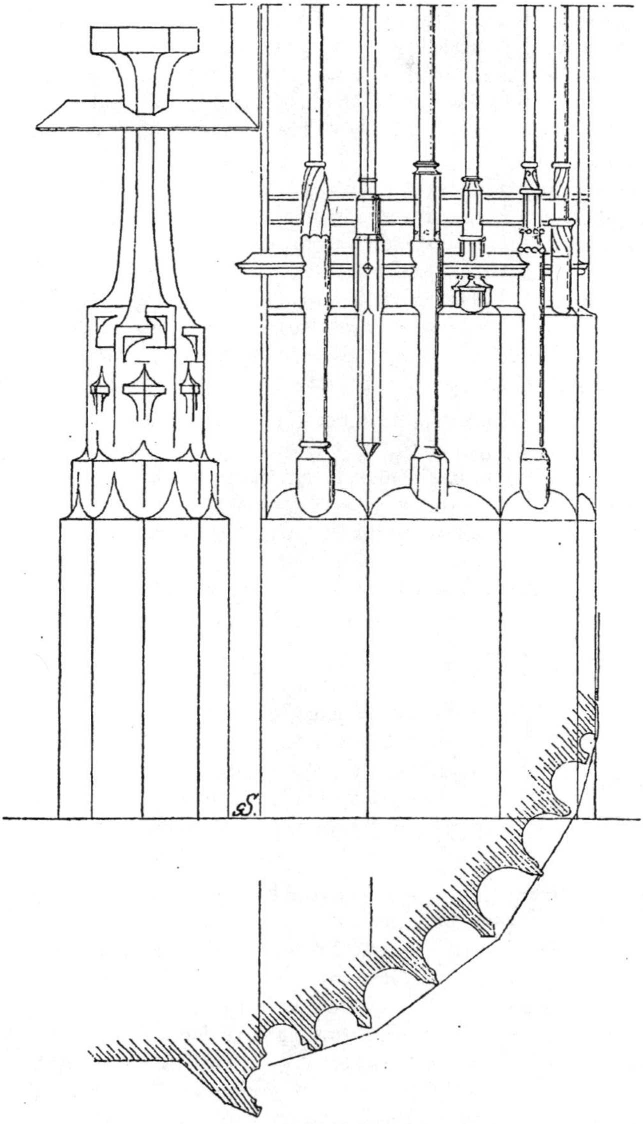

Nr. 74. Portal der ehemaligen Universität, Details.

die zunächst eine Straf- und Arbeitsanstalt darin einrichtete, jetzt aber mit Ausnahme des Erdgeschosses des Vorderhauses, worin sich die Geschäftsräume der städtischen Pfand- und Leihanstalt befinden, die höhere Knabenschule darin untergebracht hat.

Dieses Vordergebäude (Nr. 72) ist in spätgothischem Styl, aber reich und geschmackvoll, gebaut. Seine Mitte nimmt ein grosses Portal (Nr. 73, 74) ein, dessen aus einem gestreckten Eselsrückenbogen gebildete, mit Krabben verzierte Spitze sich bis zum Dach erhebt und in eine zierliche Kreuzblume ausläuft. Seine Einfassung bildet eine tiefe Nische in deren Wänden Stabwerk und Hohlkehlen wechseln und sich durchschlingen. (Abbildung und Profil bei Kallenbach, l. c., Taf. LXXV, 1, a und b.)

Auf den beiden Seiten des Portals befinden sich achteckige Säulen, die weiter hinauf über einem mit Facettenverzierungen versehenen Verbindungsstück gerieft sind und weitausladende Kragsteine tragen. Die Bildsäulen, welche darauf gestanden, sind zwar nicht mehr da, wohl aber noch die zierlichen Baldachine.

Die Fenster sind durchgängig gekuppelt; in der unteren Reihe wechseln solche, die mit einem Eselsrückenbogen abschliessen (Kallenbach, l. c. S. 2) mit durchaus viereckigen; die obere Reihe enthält nur solche.

Auf beiden Seiten der Spitze des Portals finden sich nachstehende Inschriften:

1. Oculis, viator, quam vides stupentibus,
Res mira dictu, fecit haec se ipsam domus
Titulum perennem vera scripsit gloria.
Aeternitas ditavit. Omnes Gratiae
Famulantur intus et novem Pedisequae.
Regina rerum possidet Sapientia,
Fortuna nescit his bonis auctam domum.
J nunc, viator, ista mirare ut lubet.

2. Heus tu quo properas, viator? audi:
Auctor sum domus artium bonarum,
Morum fida parens, Magistra vitae,
Virtutum via, gloriosa magni
Sectatrix Academiae Platonis.
Felices facio, bonis rependo
Coelum pro meritis. An hoc viator
Tanti non erat, ut rogare velles.

Der Saal, welcher früher das grosse Auditorium enthielt und durch seine prachtvolle Ausschmückung berühmt war, ist neuerdings, möglichst in Anschluss an die frühere Form, wieder hergestellt und wird jetzt als Aula benutzt. Er nimmt die grössere nördliche Hälfte des Oberstocks des Gebäudes ein. Obwohl an sich nicht gerade niedrig, erscheint er doch so in Verhältniss zu seiner Länge und Breite. Seine flache Decke wird von einem mächtigen viereckigen Pfeiler gestützt, dessen Kanten runde Halbsäulen bilden. Seine Beleuchtung erfolgt von drei Seiten. Nach der Furthmühlgasse zu gehen drei grössere viereckige viergekuppelte Fenster mit reichem Masswerke, in welchem der Eselsrückenbogen vorherrscht. Zwischen denselben befinden sich starke vorspringende dreikantige Pfeiler mit Konsolen, Nischen und im unteren Theile gewundenen Säulchen. Ueber dem Ganzen ist ein weit ausladendes ornamentirtes Gesimse. Auf der nach der

Michaelisstrasse zu gerichteten Seite sind durch gedrückte Bogen überdeckte gekuppelte viereckige Fensterpaare ohne Masswerk, welche durch Rundsäulen getrennt werden, die auf einer viereckigen Basis einen blumenkelchähnlichen unteren Theil haben, weiter hinauf mit Bändern und Perlenschnuren umwunden, ganz oben aber glatt sind. Ueber der Stelle, wo sich von aussen das Hauptportal befindet, ist ein breites aber niedriges aus vier schmalen Abtheilungen bestehendes Fenster ohne Masswerk in einer tiefen Nische, deren Seitenwände Halbrundsäulen und Einziehungen zeigen.

Eine zweite nicht minder wichtige Erinnerung an die ehemalige Universität bilden die noch jezt, und zwar zum wesentlichsten Theile in der hiesigen Kgl. Bibliothek vorhandenen Stüdentenmatrikeln. Ihre grosse Bedeutung für die Geschichte des wissenschaftlichen Lebens in Norddeutschland vom Ende des 14. bis zum Beginn des 16. Jahrh. ist allgemein anerkannt, nicht geringer aber ist sie für die Kunstgeschichte von Erfurt wegen der zahlreich darin enthaltenden Miniaturgemälde, die theilweise von nahmhaften Künstlern, wie Hans Brosamer herrühren und von denen Nachbildungen in erheblicher Zahl den Akten der Universität Erfurt herausgegeben von Weissenborn, Th. I und II. Halle 1881, 1884 beigefügt sind.

D. Das Collegium Saxonicum.

Zu den Gebäuden, die in Beziehung zur Universität standen, gehörte auch das unfern derselben in der Allerheiligenstrasse (Nr. 10) belegene Collegium Saxonicum. Es war 1521 von Dr. Tilemann Brandis, Domherrn und Propst zu Hildesheim, zur Aufnahme von acht Studierenden gegründet und 1524 die Bestätigung dieser Stiftung erfolgt, wobei die Universität aus ihren Mitteln behufs Erweiterung der Räume das Nebenhaus dazukaufte (Hogel, l. c. S. 923). Das Gebäude, in welchem es seine Unterkunft hatte, ward 1542 neugebaut als dreistöckig; im mittleren Geschoss war das Auditorium und die Stuba communitatis, in dem oberen wohnten die Stipendiaten.

Ein über das Verleihungsrecht der Stellen zwischen der Brandisschen Familie in Hildesheim und der Universität 1714 entstandener Rechtsstreit, während dessen der Anstalt die Einkünfte vorenthalten wurden, ward zwar schliesslich 1781 zu gunsten der letzteren entschieden, es war aber inzwischen das Gebäude gänzlich in Verfall gerathen, so dass die Stipendiaten nicht mehr darin untergebracht werden konnten (Beyer, N. Chron. S. 188—190), und es ward daher 1782 an einen Privatmann verkauft. Doch ist es in seinen Umfassungsmauern, namentlich in seiner Strassenfront, wenigstens in betreff seiner unteren beiden Stockwerke, noch in seinem ursprünglichen Zustande befindlich.

„Im oberen Geschosse sind gekuppelte Fenster in sehr wunderlicher unbeholfener Frührenaissance von Säulen eingefasst, mit kräftigem Gesimse abgeschlossen und darüber Flachbogen mit Muschelfüllung, in den Ecken aufgesetzte Kugeln.“ (Lübke, Gesch. d. Renaiss. in Deutschl. I, S. 365.) Das Haus trägt die Inschrift:

> Collegium novum Saxonum fundatum per clarissimum virum D. Tilemannum Brandis. J. U. Doctorem anno salutis 1521,

darüber ein Wappen mit der Jahreszahl 1542.

Das angrenzende Haus (Allerheiligenstrasse Nr. 9) war die Dekanatswohnung des Collegiums und zu diesem Behufe 1548 neu erbaut. Es ward gleichzeitig mit diesem verkauft, ist seitdem aber vollständig modernisirt.

E. Die St. Georgen-Bursa.

An der Stelle der gegenwärtig die Nummer Augustinerstrasse 25 führenden zum Hause Michaelisstrasse Nr. 33 gehörenden Scheune, stand einst die Bursa St. Georgii, ein Gebäude in welchem, so wie in den übrigen Bursen, Studenten unter Aufsicht eines Professors oder Magisters, des rector bursae, Wohnung hatten. Es war 1465 zu diesem Zwecke seitens des Rathes von dem bekannten Erfurter Geschichtsschreiber Hartung Kammermeister erkauft (Hogel, l. c. S. 475. Friese, l. c. I, S. 221, II, S. 39), aber ein viel älterer Bau, nach der Meinung B. Hartungs (Häuserchronik I, S. 157—164) vielleicht das älteste aller noch in Erfurt vorhandenen Wohnhäuser, das, wo einst der Judenzoll erhoben worden ist. Wann dasselbe aufgehört hat, jenem Zwecke zu dienen, ist nicht bekannt, in dem Freizinsregister von 1539 ist es noch als Georgiibur sche aufgeführt.

Noch existiren die ursprünglichen zwei Fuss dicken Mauern, wenn auch im übrigen das Aeussere sich vollständig verändert hat, namentlich an die Stelle der früheren spitzbogigen Thüre ein Scheunenthor getreten ist. Aber im Innern findet sich noch eine wohlerhaltene Säule romanischen Styls von 2—3 ^{m} Höhe und $1/2$ ^{m} Durchmesser, ein Monolith mit glattem Schaft, die sich nach oben verjüngt, mit würfelförmigem Kapitäl mit halbkreisförmiger Verzierung, wie sie seit der Mitte des 11. Jahrh. üblich ward, und attischer Basis. In der Mitte der hinteren Wand ist eine spitzbogige Thüre. Eine ähnliche, jetzt vermauerte, hat nach dem Nebenhause geführt. Auch die grossen und schönen Keller sind noch in gutem Zustande vorhanden. Sie haben Kreuzgewölbe, die von zwei starken Pfeilern getragen werden.

F. Das Kornhaus.

Das ehemalige städtische oder grosse Kornhaus, auch der Kornhof genannt, liegt zwischen der Glocken- und grossen Ackerhofsgasse mit seiner Giebelfront an der Moritzstrasse. Es wurde 1466 und 1467 gebaut, welches letztere Jahr die an der Ostmauer befindliche Inschrift:

Anno Dm MCCCCLXVII completa est haec domus

angiebt, doch hat ausweislich der Stadtrechnungen, nach denen der Bau 5494 Schock 37 gr. 1 Pf., nach jetziger Währung 288477 Mk. 30 Pf. gekostet hat, dieser sich bis zum Jahre 1472 hingezogen (Hartung, l. c. II, S. 156).

Es ist ein grosses 90 ^{m} langes und 25 ^{m} tiefes Gebäude, aber ganz roh und ohne allen künstlerischen Werth. Nach der sog. Reduction von 1664 ging es in den Besitz der kurmainzischen, nach der preussischen Besitznahme in den des Militärfiskus über und bildet gegenwärtig das zum Proviantamte gehörige Mehlmagazin.

G. Der Comthurhof.

Der Comthurhof liegt in der Comthurgasse (Nr. 4) zwischen der ehemaligen Nicolaikirche und dem Martinstifte. Er gehörte ursprünglich dem Deutschen Orden und war nach kurzer Selbständigkeit von der Commende Griefstedt abhängig.

Er ward auf einem Grundstücke erbaut, welches 1251 oder 1281 (Andersen, Gesch. d. Comm. Griefstedt S. 22) dem Orden von dem Kloster Reinhardsbrunn verkauft oder geschenkt war. Der damalige Bau ist im wesentlichen der noch jetzt vorhandene. Das Gebäude hat sich bis 1790 im Besitze des Ordens befunden, wurde damals aber von diesem um der Verpflichtung die ganz verfallene Nicolaikirche wiederherstellen zu müssen, enthoben zu sein, an die kurfürstlich mainzische Regierung abgetreten. Nachdem es hierauf bis 1855 dem Pfarrer der Schottenkirche, der die Nicolaigemeinde zugewiesen war, als Dienstwohnung gedient, ging es in Privatbesitz über.

Das Gebäude, dessen Front an der Strassenecke etwas gebrochen ist, enthält drei Stochwerke, die durch scharf profilirte Gesimse getrennt sind. Die Fenster sind viereckig, im Mittelgeschoss meist gekuppelt. Nur auf der Westseite des Thorwegs sind zwei rundbogige gekuppelte Fenster, die durch ein canellirtes korinthisches Säulchen getrennt werden. Die Thorfahrt ist rundbogig; über dem Eingange von der Strasse sind drei Wappen angebracht. Auf der Hofseite tritt ein mächtiges fünfseitiges Treppenhaus weit heraus. Es hat einen gleichfalls rundbogigen Eingang, dessen Rundung von hübschen Ornamenten eingefasst ist. In seinem Innern führt eine steinerne Spindeltreppe durch alle Geschosse.

H. Befestigungen, Thore, Wallthürme und Brücken.

Die Befestigung von Erfurt war früher eine zwiefache, eine, welche die eigentliche Stadt umgab, eine andere, welche die Vorstädte umschloss.

Erzbischof Siegfried von Mainz soll zuerst gegen 1070 Erfurt mit einer steinernen Mauer umgeben haben, die von dem Landgrafen Ludwig dem Eisernen von Thüringen zwischen 1160 und 1165 zerstört, aber entweder 1168 von dem Erzbischof Christian oder 1184 vom Erzbischof Konrad wieder hergestellt ward. In der zweiten Hälfte des 14. Jahrh. wurde dieselbe vervollständigt und durch Thürme, Gräben und Basteien verstärkt. Sie umfasste seit 1374 auch den Petersberg, dagegen nicht die Vorstädte, welche im Laufe der Zeit entstanden waren. Diese wurden erst 1432—1483 mit Thoren, Thürmen, Mauern, Wällen und Gräben versehen, welche nun die eigentliche Befestigung bildeten, während die der inneren Stadt dem Verfall überlassen wurde. Nur deren Thore erhielt man in baulichem Stande. Dagegen wurden 1478 – 1480 die Befestigungen durch die Anlage einer Citadelle auf dem Cyriaxberge verstärkt. Zum Abschluss gelangten die äusseren Befestigungen durch Schutzthürme, Brückenköpfe, Basteien, Verstärkung der Wälle, Erweiterung der Gräben u. s. w. um 1583. Eine wesentliche Umgestaltung und Verbesserung erfuhren dieselben 1632—1647 während der schwedischen Occupation. Was in späterer Zeit geschehen ist, wie: die Verwandlung des Petersberges in eine Citadelle mit einer von der der Stadt getrennten Befestigung durch den Kurfürsten Johann Philipp, die Arbeiten während der französischen Herrschaft 1813 und schliesslich die bei Ausbruch des Krieges von 1866, fällt ausserhalb des

Rahmens der vorliegenden Arbeit, um so mehr als alle diese Werke, seit am 1. Oktober 1873 die Entfestigung Erfurts bestimmt wurde, nicht nur ihren ursprünglichen Zweck verloren haben, sondern auch grossentheils bereits der Zerstörung anheim gefallen sind.

Nachdem die inneren Thore schon meist 1810–1841 beseitigt worden, geschah ein gleiches nunmehr auch mit den Aussenthoren. Wenn die Wälle und einige Mauer- und Erdwerke, wie die Schwedenbastion, die Hohe Batterie noch nicht sämmtlich abgetragen sind, so hat dies darin seinen Grund, dass beabsichtigte bauliche Anlagen, wie ein Umfluthungsgraben, die Anlage eines Centralbahnhofes in Beziehung dazu stehen. Jedenfalls ist die vollständige Beseitigung der Festungswerke nur noch Zeitfrage.

Abgesehen von dem Vorbemerkten beschränkt sich das, was von jenen noch übrig ist, in Betreff der inneren Enceinte auf einen Theil der Mauern, welche den ehemaligen Zwinger eingefasst haben, in betreff der äusseren auf die unbedeutenden Ruinen des einen Thurmes, von dem 1539 erbauten über die Gera führenden Gange am äusseren Moritzthore, die gegenwärtig in der Grossen Petersmühle (der Herrmannschen Lederfabrik) im Sockel der Westseite des Hauptgebäudes eingemauerte Inschriftplatte des ehemaligen Moritzwallthurmes:

Anno dm̄ mccccx primo IIII. Kld. Julii incepta est structura hujus turris —

einige beim Abbruch der Thore, namentlich des Schmidsteter und Brühler Thores aufbewahrte Steinreliefs, die noch nicht ganz zerstörten Theile der 1540 erbauten, am Eintritt der Gera in die Stadt belegenen Schutz- oder Schöpsthürme — ein grosses Hautrelief mit dem Bilde Johannis des Täufers, der das Lamm trägt und in dessen Ecken sich die Wappen Erfurts und der ihm gehörenden Herrschaften befinden von 1448, das ursprünglich am Thurme des inneren Johannisthores eingelassen war, bei dessen Abbruch aber in die anstossende Friedhofsmauer eingefügt ist — und nachdem auch das gewöhnlich Pförtchen genannte Neue Thor in der allerneustsn Zeit abgebrochen ist, auf einige Wallthürme.

Die noch vorhandenen aus älterer Zeit stammenden Wallthürme sind: einer zwischen dem Johannis- und dem Moritzthor, da wo die schmale Gera die Stadt verlässt, mit der Inschrift:

Anno dm̄ MCCCCLVIII do Er Lorentz Schuler und Er Heinrich Grusse bowmeister waren warde dieser thorn vorbracht.

ferner zwischen dem Johannis- und dem Krämpferthore, nachdem einer derselben 1882 vom Feuer beschädigt und dann abgetragen, ein anderer 1861 gleichfalls beseitigt und an seine Stelle eine Caponiere in den Wallgraben gesetzt ist, jetzt noch zwei, der „Hinter dem Spitale" und der „Hinter der Ziegelhütte," deren einer die Inschrift:

Anno MCCCCLXIII da Er Johann Margret undt Er Heinrich Grusze bowmeister woren wurde der thorn vorbracht.

der andere die:

Anno Domini MCCCCLXIIII completa est haec turris.

trägt; endlich zwei zwischen dem Löberthore und dem Pförtchen, beide mit der Jahrzahl 1470.

Zwischen dem Löberthore und der Hohen Batterie befindet sich das sogen. Petz- oder Betzloch (Bärengrube), dessen oberer Theil mit der Spitze bereits 1815 abgetragen ist, wobei der untere mit einer Balkenlage und Erdschüttung versehen wurde. Es hatte seinen Zugang nicht wie die übrigen Wallthürme vom Wallgange, sondern vom Fusse der Wallböschung und früher als Verliess gedient, war aber ein so furchtbarer Aufenthaltsort, dass es nur in ganz ungewöhnlichen Fällen, so im Jahre 1664 nach etwa hundert Jahren zum ersten Male wieder (Tettau, Reduction S. 175), zur Unterbringung eines Gefangenen benutzt wurde. Ein anderer Thurm in derselben Wallstrecke trägt die Jahreszahl MCCCCLXXI. An der Grabenseite des Rondels vor dem Löberthore befindet sich ein gutes Steinrelief von 1447, Thomas Christi Seitenwunde berührend, mit einer darüber stehenden Inschrift in gothischen Minuskeln.

Die Wallthürme sind sämmtlich ohne architektonischen Werth, vierseitig, mit Zeltdach, auf der der Stadt zu gerichteten Seite mit zwei Oeffnungen zum Hineinschaffen der Geschütze, auf den drei anderen mit grösseren und kleineren Schiessscharten versehen.

Auch unter den aus älterer Zeit herrührenden Steinbrücken ist keine die ein besonderes Interesse darbietet. Es gehören dahin insbesondere die Krämerbrücke, die, nachdem die dort bis dahin bestandene hölzerne abgebrannt war, 1324 in Stein aufgeführt, die Johannisbrücke 1359, die Langebrücke 1576, die Krämpferbrücke 1644 (renovirt 1749) und die Brücke vor dem Schmidstedter Thore 1655 neugebaut. Noch mag hier einer am Rosswehr befindlichen auf Ueberschwemmung bezüglichen Inschrift gedacht werden.

---

2. Oeffentliche Denkmäler.

Erfurt besitzt nur zwei öffentliche Denkmäler, die aus früherer Zeit stammen, das sog. Sybillenthürmchen und die Rolandssäule.

A. Das **Sybillenthürmchen** (Nr. 75) ist eine im Brühlerfelde am Fusse des Cyriaxberges unfern der Strasse nach Hochheim belegene Betsäule. Die Zeit und die Veranlassung seiner Entstehung sind nicht bekannt. Nach einer Volkssage soll es eine Gräfin Sybilla von Käfernburg gewesen sein, welche dies Denkmal an der Stelle hat errichten lassen, wo ihr Verlobter ermordet worden und derselben den Namen verdanken (Kruspe, die Sagen d. St. Erfurt I, S. 114). Nach einer anderen, von einer handschriftlichen Chronik von Erfurt im Stadtarchive und von Falkenstein, Hist. S. 273, 274 mitgetheilten Erzählung, soll es zum Andenken an die erfolglose Belagerung Erfurts durch den Markgrafen Friedrich von Meissen und den Kaiser Karl IV. 1375 und den nach deren Aufhebung erfolgten Besuch der Stadt durch die Kaiserin Elisabeth errichtet sein (vergl. Kruspe, l. c. S. 111), was jedoch den Namen unerklärt lässt. Noch andere glauben, dass hierdurch die Stätte hat bezeichnet werden sollen, wo die erste christliche Kapelle in der hiesigen Gegend gestanden hat (Hartung, Häuserchr. II, S. 123); aus kunstgeschichtlichen Gründen scheint es aber unzweifelhaft, dass die Errichtung nicht früher als am Schlusse des 14. oder am Anfange des 15. Jahrh. stattgefunden hat. — Im Jahre 1716 war das Denkmal „vom Alterthum schier verzehrt und

Nr. 75.
Die Betsäule im Brühlerfelde.

von den Vorfahren sehr vernachlässigt," und es wurde daher auf Veranlassung des Kurfürsten Lothar Franz wiederhergestellt, wie die auf der einen Seite in lateinischer auf der andern in deutscher Sprache befindliche Inschrift verkündet. (Mittgetheilt bei Hartung l. c.)

Puttrich, der l. c. Taf. 12 eine Abbildung bringt, sagt: „Die Betsäule hat zwar ein etwas schwerfälliges Verhältniss, allein ihre Verzierungen sind im besten Geschmack des gothischen Baustyls und ist daher ihre Entstehung schwerlich später als in das 14. Jahrhundert zu setzen. Ueber einem viereckigen Untersatze von Mauerwerk erhebt sich an jeder Seite eine Dreiviertelsäule, deren Fuss und Kapitäl höchst einfach sind. Ueber dieser Säule steht ein Pfeiler, welcher in einen gegliederten Spitzbogen übergeht, mittelst dessen ein Pfeiler mit dem andern verbunden ist. So bildet sich auf jeder der vier Seiten eine Nische, deren nördliche mit dem Relief des in den Armen der Mutter Gottes liegenden und von den beiden anderen heiligen Frauen umgebenen Leichnams Christi geschmückt ist." (Die drei anderen Seiten zeigen: Christus am Oelberg, Christus am Kreuze und den Verrath des Judas.) „Ueber jedem Bogen ragt ein durchbrochener und mit Füllungen im reinsten Styl versehener Spitzgiebel empor, welcher mit einer Blume schliesst; an jeder Ecke der Betsäule, aber über dem erwähnten Pfeiler, ist eine kleine Spitzsäule angebracht. Das Ganze ist mit einer alle Theile überragenden steinernen Spitze bedeckt, welche am oberen Ende eine Blume trägt."

B. Die **Rolandssäule**, wie sie gewöhnlich genannt wird, oder der

Römer, wie ihr ursprünglicher Name lautet, steht auf dem Fischmarkte dem Rathhause gegenüber. Als ein Zeichen ihrer Unabhängigkeit und Reichsunmittelbarkeit liess die Stadt 1289 auf dem Platze vor dem Rathhause eine Gerichtssäule errichten, vor welcher das öffentliche Rügegericht abgehalten ward. An deren Stelle trat am 16. November 1591 die jetzt noch vorhandene sog. Rolandssäule (Friese, l. c. II, S. 663).

Sie besteht in einer hohen viereckigen Steele, die auf zwei Stufen ruht und auf welcher die Bildsäule eines Ritters mit wallendem Barte, in der Rüstung eines Römers, mit einem Schilde und einem Fähnchen, das als Windfahne dient und das Erfurter Wappen zeigt, in den Händen, ruht. Sie ist eine nicht unverdienstliche Arbeit des Meisters Israel von der Milla. Nach der Reduction von 1664 drangen die kurmainzischen Behörden auf die Beseitigung, doch kam es hierzu nicht, vielmehr liess 1726 der Landdrost Schulze, der in dem gegenüberliegenden Hause zum Breiten Herde wohnte, die Säule repariren und vergolden (Friese, l. c. V, S. 1789). Im Jahre 1886 wurde sie an eine andere Stelle versetzt, sodass sie jetzt der Mitte des neuen Rathhauses gegenübersteht und bei dieser Gelegenheit die Vergoldung erneuert, eine neue höhere Steele aufgerichtet und diese mit Steinbänken und Pfeilern umgeben (Zöpfl, Alterthümer des deutschen Reichs und Rechts, Band III, S. 248 ff. wo auch eine Abbildung mitgetheilt ist. — Hartung, l. c. II, S. 324, 325. — Die Rolandssäule in Erfurt. Thüring. Zeitung f. 1886 Nr. 265—267.)

Nr. 76.
Das Steinkreuz bei dem Waldschlösschen.

C. Wenn auch das **Gedenkkreuz** (Nr. 76) auf die Ermordung Heinrichs von Siebeleben streng genommen, nicht zu den Denkmälern gezählt werden kann, so darf es doch hier nicht unerwähnt bleiben. Dasselbe stand vor der Verlegung der Strasse von Erfurt nach Arnstadt 1836 mitten in dieser und befindet sich jetzt seitwärts davon diesseits des Waldschlösschens im Steigerwalde.

Es besteht aus einem griechischen Kreuze in Sandstein, das auf einem viereckigen abgeschrägten Sockel steht und mit diesem zusammen gegen 3 ^{m} hoch ist. In dem oberen Arme ist ein Kreuz eingehauen, die drei anderen enthalten in neugothischer Majuskel die Inschrift:

Hic est occisus magister henricus de sybeleben sacerdos.

In dem unteren Theile des Schaftes erblickt man in einfach vertieften Linien einen, auf einem Betschemmel knieenden Geistlichen in langem faltenreichen Gewande unter einem mit Fransen gezierten Spitzbogen.

Das Ereigniss, das zur Errichtung des Denksteins Anlass gegeben, ist nicht näher bekannt, nur kann man aus einer Angabe des in der grossherz. Bibliothek zu Karlsruhe befindlichen Necrologs des hiesigen Domstifts: IV Idus Dec. anno dom. 1313 ob(iit) magister henricus de sebeleybin canonicus ecclesiae S. Severi qui fuit occisus per henricum comitem de Swarzburg, entnehmen: dass die Ermordung des Canonikus zu St. Sever, Heinrich von Siebeleben durch den Grafen Heinrich von Schwarzburg im Jahre 1313 an dieser Stelle, die Veranlassung zur Setzung des Kreuzes gegeben hat. (K. H(errmann), das Kreuz auf der Steigerhöhe an der Arnstädter Chausse. Mittheil. d. Ver. f. d. Gesch. v. Erfurt, Heft. II. S. 183—187. — Mülverstedt, Einige Bemerkungen zu dem Aufsatze über das Kreuz am Steiger. Ibid. Heft III, S. 187—193.)

3. Privathäuser.

Das was oben in Betreff der Profanbauten überhaupt und der baulichen Zustände Erfurts in älterer Zeit bemerkt worden, gilt auch in besonderem Masse von dessen Privathäusern. Sehr reich an dergleichen, die einen künstlerischen Werth besessen, ist die Stadt wohl nie gewesen; noch geringer aber ist das, was die ausgedehnten und häufigen Feuersbrünste bis auf die Gegenwart haben gelangen lassen.

Ein Umstand, welcher dem etwaigen Wunsche grossartige Gebäude aufzuführen grosse Schwierigkeiten entgegenstellte, war die Enge und Unregelmässigkeit der Strassen. Unter denen der inneren Stadt, deren Häuserfluchtlinie noch die ursprüngliche ist, befindet sich auch nicht eine, welche vollkommen gerade und regelmässig wäre; selbst bei den Hauptstrassen, dem Anger, der Regierungs-, der Johannis-, der Marktstrasse u. s. w. findet dies nicht statt; die welche eine grade Linie bilden, wie die Ostseite des Friedrich-Wilhelmsplatzes, die Andreas-, die Ketten-, die Pauls-, die Prediger- und die Neuestrasse verdanken ihre Regelmässigkeit lediglich dem Retablissement nach den grossen Bränden von 1736 und 1813.

In früherer Zeit gefiel sich bürgerliche Laune und erlaubte Willkühr in einem Gewirre unregelmässig gewundener Strassen und kleiner Gässchen, in welchen die Häuser je nach dem anfänglichen Bedürfnisse erbaut, je nach der Zunahme des Wohlstandes und dem Anwachsen des Haustandes allmählich vergrössert und erweitert wurden. Nur wenige Häuser waren ganz von Steinen erbaut und geeignet dem Einfluss des Alters Trotz zu bieten. Etwas häufiger fand jenes bei dem Erdgeschosse statt, während die übrigen Stockwerke nur in Fachwerk errichtet waren. Dabei ragte jedes höhere Geschoss vor dem unteren vor, so dass je höher die Häuser waren, um so mehr die oberen Stockwerke sich einander näherten und Licht und Luft den unteren und dem Strassendamme entzogen.

Eben so wenig wie das Aeussere entsprach auch die innere Einrichtung der Häuser den Anforderungen, die man gegenwärtig an Wohnräume stellt, welche für den besseren Ständen zugehörende Bewohner bestimmt sind. „Der alte Erfurter" sagt Benecke (Erfurt und die Erfurter. Thüring. Erfurt. Gedenkbuch der 4. Säcular-Jubelfeier der Erfindung der Buchdruckerkunst S. 117) „lebte daheim und seinen Geschäften; die dazu bestimmten Räume nahmen den grössten Theil des Hauses ein; sein geselliges Leben fand er an öffentlichen Orten. Später wurden diese Räume leer und die Fremden wunderten sich, dass in den Häusern für alles Raum sei, nur nicht für Menschen wohnlicher Gelass."

Charakteristisch ist bei den ansehnlicheren Wohnhäusern Erfurts aus älterer Zeit ein grosser Vorsaal oder Flur, der dessen ganze Tiefe einnimmt, in allen Geschossen wiederkehrt und an den sich, in der Regel auf beiden Seiten, einige kleine Stuben anschliessen. Eine grössere Reihe zussmmenhängender Zimmer fand sich nirgends. Neuerdings sind zwar diese Vorsäle häufig, wenigstens theilweise, in Stuben umgewandelt, doch erkennnt man noch überall unschwer die ursprüngliche Anlage. Breite Treppen nahmen obenein noch viel Raum ein. Diese Bauweise hat erst in neuerer Zeit einer mehr auf Raumersparniss gerichteten Platz gemacht. Doch hat auch überhaupt in Erfurt die Bauthätigkeit von der Mitte des 17. bis gegen den Schluss des 18. Jahrhunderts kaum ein ansehnliches Privathaus geschaffen.

Was die Stadt noch jetzt aufweist stammt durchgängig aus der Zeit von der Mitte des 15. bis zu der des 17. Jahrh. und gehört überwiegend der Renaissanceperiode an. Lübke (Gesch. d. Rennaiss. in Deutschl. Bd. II, S. 365) bemerkt: „Erfurt, im Mittelalter eine der grössten Städte Deutschlands, bewahrt noch jetzt in seinen Denkmalen bedeutende Zeugnisse ehemaliger Macht Das Bürgerthum, welches durch Handel und regen Austausch zwischen Süden und Norden, sowie durch frühe Verbindung mit der Hansa mächtig geworden war, hat auch an der Bewegung der Renaissance sich kräftig betheiligt."

Als charakteristisch für die Privathäuser in Erfurt kann man die Bogenportale mit Sitznischen in deren innerer Gewandung ansehen. Sie sind allerdings nicht ausschliesslich hier üblich gewesen, vielmehr ein Gemeingut der sächsischen Städte in der Renaissancezeit und man trifft sie daher u. a auch in Dresden, Meissen, Weimar, Gotha u. s. w. (Lübke, l. c. S. 335, 338, 340, 364, 369), aber hier besonders häufig. Seltener findet sich in Erfurt die gleichfalls in den sächsischen Landen beliebte Form, dass die Fenster einen vorhangartigen aus auswärts gekrümmten Segmenten gebildeten Abschluss haben, welche dem Ausgange des Mittelalters angehört. Doch kommen einzelne Beispiele auch hier vor, so bei den Häusern Turniergasse Nr. 16, Grosse Arche Nr. 17, Anger Nr. 24. In der Regel sind die ansehnlicheren Häuser mit ihrer Front der Strasse zugekehrt; Giebelhäuser sind seltener; Erker finden sich nur an den ersteren.

Der ornamentirte Holzbau, der namentlich in einigen Städten Niedersachsens so treffliche Werke geschaffen, ist in Erfurt nie heimisch gewesen. Ebenso hat der Ziegelbau erst in der neusten Zeit daselbst Eingang gefunden. Früher baute man, wenn nicht in Holz und ungebranntem Lehm, lediglich in Bruch- oder behauenen Steinen. Die noch erhaltenen Bauten aus älterer Zeit sind sämmtlich in diesem Material.

Räumlich beschränkt sich die Gegend, wo dergleichen Gebäude sich finden, auf den Kern der Stadt, den Theil derselben auf beiden Seiten des Breitstroms zwischen dem Friedrich-Wilhelmsplatz und dem Anger. Hier war es, wo die Wohnhäuser der Patrizierfamilien lagen. Für die vornehmsten Gegenden der Stadt galten die Markt-, die Allerheiligen-, die Michaelis-, die Schlösser, die Futter-, die obere Johannis-, die Regierungsstrasse und der Anger.

So wie in anderen deutschen Städten, so bestand auch in Erfurt die Sitte, jedem Privathause einen Namen beizulegen. Diese Einrichtung ersetzte die später aufgekommenen Hausnummern. Sie war sehr alt und existirte schon im 11. Jahrh. (Cassel, Erfurter Bilder und Bräuche S. 26), hatte, wie das Zinsbuch des Severistiftes von 1350 und die Verrechtsbücher von 1493 und 1510 ergeben, allgemeine Annahme gefunden, hat sich lange erhalten und ist noch jetzt nicht ganz verschwunden, wie man denn auch noch gegenwärtig an vielen Häusern die in Stein gehauenen bildlichen Darstellungen jener Namen erblickt.

Was sich an interessanten Wohnhäusern aus älterer Zeit in Erfurt noch findet, wird nachstehend aufgeführt werden, und zwar nach alphabetischer Reihenfolge der Strassen und den Hausnummern, da eine andere Anordnung, namentlich die chronologische oder bautechnische, sich nicht consequent durchführen lassen würde.

A. Allerheiligenstrasse.

Nr. 6. Haus zur Windmühle. Im Erdgeschosse sind gekuppelte Fenster angebracht in wunderlicher unbeholfener Frührenaissance, von Säulen eingefasst mit kräftigem Gesimse abgeschlossen und darüber Flachbogen mit Muschelfüllung. Da sich gleiche Fenstereinfassungen an dem unfern belegenen Collegium saxonicum finden, so sind beide Häuser wohl von demselben Meister und etwa gleichzeitig erbaut, das in Rede stehende also um 1540. Die oberen Fenster desselben sind einfach in mittelaltrigem Profile. Dagegen ist die prächtig geschnitzte Hausthüre mit ihren korinthischen Säulen und ornamentalen Flachreliefs von schönem Schwunge der Zeichnung, ein Werk des vollendeten Styls (Lübke, l. c. S. 365). Die Thüreinfassung besteht in einer sich verjüngenden, durch Stäbchen und Einziehungen begrenzten Nische; die Thür selbst ist mit ihren Ornamenten von Figuren und Laubwerk ein Meisterstück der Holzsculptur. Von gleicher Schönheit sind die Thüreinfassungen im Innern des Hauses, insbesondere aber ein grosser dreitheiliger, im reichsten Renaissancestyl ausgeführter Wandschrank.

Nr. 8. Zum güldenen Sternberg. Obwohl das Haus erst 1533 von dem Procurator Johannes Hoffmann gebaut ist, herrscht darin ausschlieslich die Gothik (Lübke l. c.). Gerstenberg erwähnt in seinen Novantiq. Erford. eine Sage, nach welcher alle Bewohner desselben verarmt wären, weil einer der Besitzer das Wort Patientia, das ein Vorgänger auf einem Stein habe einhauen, wieder habe abmeisseln lassen. An dem Sturze des nach dem Hofe gehenden Fensters, welches dem gewölbten Hausflure Licht gab, finden sich die Jahrzahl 1519 und dieselben Wappen wie an dem Solband eines vorderen Parterrefensters, hier aber mit der Jahrzahl 1533. An dem ausgewölbten unteren Theile der Kämpfer, welche gleichzeitig die Bedeckung der an den Thürgewänden angebrachten Sitznische bilden, ist das Erfurter und das Mainzer Wappen angebracht (Herrmann, Das Wappen der Stadt Erfurt S. 107). Nur das untere Stockwerk ist massiv und mit schönen steinernen Fenstereinfassungen versehen. In Entresol ist eine geschnitzte eichene Thür, deren obere Hälfte in Flachrelief ein Meerweib mit doppeltem Fischschwanze in ein Ornament mit traubenartigen Früchten endend, in jeder Hand eine Hälfte der gekrümmten Schwanzflosse haltend mit Krone und reicher nach hinten und oben aufgenommener Haarflechte darstellt. Auf dem Unterleibe die Jahrzahl 1539, in jeder oberen Ecke ein Wappen.

Nr. 11. Zum rothen Stern. Das Haus enthält einen Erker in spätgothischem Styl, der sich aber nicht in der Mitte von jenem, sondern seitwärts über der spitzbogigen Eingangsthüre befindet. Der abgetreppte Kragstein, auf dem er ruht, trägt die Jahrzahl 1479 und ein Steinmetzzeichen, unter dem gekuppelten Fenster ein Vierblattornament; die Krönung besteht in abgestuften Zinnen (Abgebildet bei Kallenbach, l. c. Taf. 2, LXXV, Nr. 3 vergl. S. 75). Auf der andern Seite des Hauses ein Stern in Relief. Ueber dem Erkerfenster die Inschrift:

Nisi dominus aedificavit domum frustra laborant qui aedificant eam. Ps. CXXVII.

B. Anger.

Nr. 8. Zu den rothen Köpfen. Es befand sich dies Haus fast drei Jahrhunderte hindurch im Besitz der Patrizierfamilie Denstedt (Hartung, l. c. I, S. 205 bis 207). Das den Hof abschliessende Quergebäude besteht aus einem massiven unteren Stockwerke, in dessen Mauer die gegenwärtig vorhandenen Thüren und Fenster wohl erst später eingebrochen sind. Eine auf der Hofseite eingemauerte Tafel enthält unter einer kleinen gesimsartigen Bedachung das Denstedtische und das Schwengefeldsche Wappen und in erhabenen römischen Kapitalbuchstaben die Inschrift:

Melchior de Denstad Melchioris filius et Martha ejus uxor Matthiae Schwengefeldii consulis primarii piae memoriae filia hanc structuram fieri fecerunt.

Nr. 10. Zum weissen Löwen und Heidelberge. Während der ersten schwedischen Occupation 1632—1635 hatte hier der schwedische Resident seine Wohnung, was dazu Veranlassung gab, dass die Königin Maria Eleonora von Schweden in dem anstossenden Hause die ihre nahm. Das erstere ist dadurch von Wichtigkeit, dass es, so viel bekannt, das einzige Gebäude in Erfurt ist, welches Sgrafittomalereien aufweisst. Dieselben bedecken die ganze der Strasse zugekehrte Front und enthalten Darstellungen aus der biblischen Geschichte. Sie sind tüchtige Arbeiten und auch leidlich erhalten, aber leider zur Zeit übertüncht und daher nicht sichtbar.

Nr. 11. Zum schwarzen Löwen. Dieses Haus, das Stammhaus der Patrizierfamilie von Wurmb, wurde während der Schlacht von Lützen von der

Gemahlin Gustav Adolfs, der Königin Maria Eleonora bewohnt, die darin eine auf den Tod ihres Gemahls bezügliche Geistererscheinung gehabt haben soll (Hartung, l. c. I, S. 241). Das Haus ist 1577 gebaut und besitzt ein schönes, reichverziertes rundbogiges Portal und hübsche aus der Mitte des 17. Jahrhunderts herrührende Stuckaturarbeiten in seinem Innern. Das den Hof abschliessende steinerne Hinterhaus besass bis zu einem kürzlich stattgefundenen Neubau ein grosses rundbogiges, an den äusseren Kanten abgeschrägtes Thor und daneben links ein Fenster, rechts eine mit geradem Sturz versehene Thür. Seitwärts über dieser war eine, jetzt der dem Garten zugekehrten Mauer eingefügte Steintafel, die in einem Spätrenaissancerahmen das Wappen des Erbauers und in erhabenen römischen Capitalen die Inschrift:

Anno Dm̄ 1566 incepta est haec structura per Mgrm Hermannum Worm Medicinae baccalaureum

enthält. Das zweite Portal der Vorderfront, das in seiner Anlage völlig dem ersten entspricht, ist erst neuerdings hinzugekommen.

Nr. 37. Zum güldenen Hecht und grossen und neuen Schiff. Es gehörte früher dem Präsidenten von Dachroeden, dem Vater der Gemahlin Wilhelms von Humboldt, Karoline, und war damals der Mittelpunkt des literarischen Lebens in Erfurt, wo unter andern auch Schiller seine nachherige Gattin Charlotte von Lengefeld kennen lernte. Das Haus ist in seiner gegenwärtigen Gestalt 1557 erbaut und in Renaissancestyl „Das Portal vertritt in anziehender Weise die hier übliche Form der Seitennischen, deren Ausbildung beachtenswerth ist. Die Pilaster, welche das Portal einfassen, sind wie der Fries mit hübschen Ranken geschmückt; die Zwickelfelder enthalten die Köpfe von Christus und Paulus in Medaillons. Die übrigens einfache Façade erhält durch einen polygonen im ersten Stock ausgebauten Erker,“ der mit Steinreliefs versehen ist und in einem Thürmchen endigt, „einige Belebung. Ein schönes Eisengitter füllt das Oberlicht über der Thüre. Im Flur sieht man zwei prachtvoll gearbeitete Säulen aus späterer Zeit.“ Lübke, l. c. S. 366, wo sich eine Abbildung des Portals findet.

Nr. 55/56. Zum Steinsee. An dieser Stelle stand früher der Hof der Grafen von Gleichen. Das Gebäude, das schon um 900 existirt haben soll und urkundlich 1293 erwähnt wird (Hartung, l. c. S. 59), war durch einen die Grafengasse überspannenden Gang mit der Bartholomäuskirche, der gräflichen Hofkirche, verbunden. Bei der grossen Feuersbrunst von 1660 brannte es ab und lag bis 1832 in Ruinen, wo der Platz mit den jetzigen Häusern bebaut ward. Von dem ursprünglichen Bau sind nur noch die prächtigen Keller vorhanden, die weit in die gegenwärtigen Höfe reichen.

Nr. 65. Zum Helm. (Nr. 77.) Die Stelle die dies Haus einnimmt, gehörte einst zur Area des Stotternheimschen Palastes, wohl des grössten Profan- jedenfalls des bedeutendsten Privatbaus in Erfurt, der die Ecke des Angers (die Häuser Nr. 63 – 65) und der Schlösserstrasse (Nr. 1—8) einnahm, also jetzt mit nicht weniger als elf ansehnlichen Gebäuden besetzt ist. An der Stelle, wo die beiden Strassen zusammenstossen, befand sich ein stattlicher runder Thurm, mit einem Zwiebeldache, das über einer Laterne in eine achtseitige Spitze auslief. Zwischen den Fenstern des Thurmes waren Halbpilaster, die in der untersten Reihe der dorischen Ordnung angehörten, aber je weiter nach oben um so reicher und zierlicher

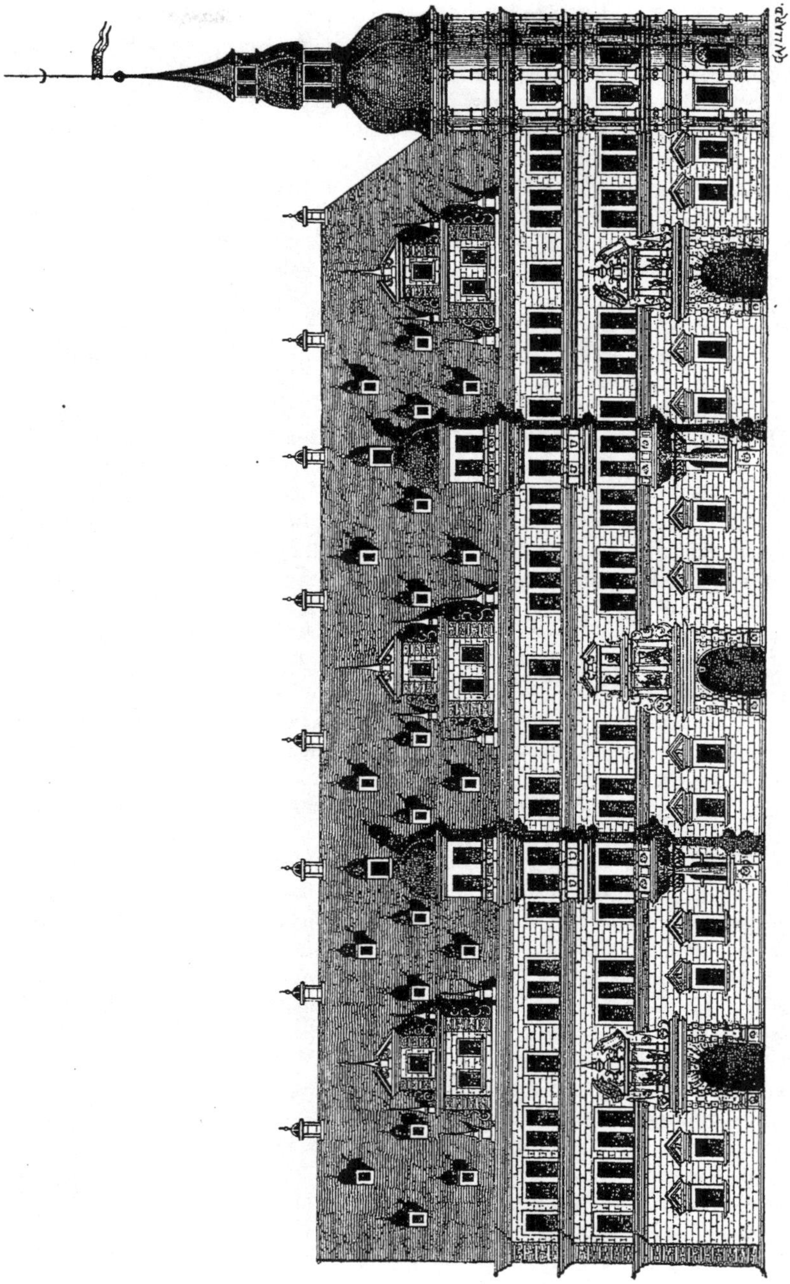

Nr. 77. Das Stotternheimsche Gebäude.

wurden. — Die Front des in Renaissancestyl ganz in Quadern aufgeführten Gebäudes wurde durch eine Reihe aneinander stossender Giebelhäuser gebildet, die im Corps de logis drei Stockwerke, eben so viele im Dache und vor dem letzteren je einen schmalen zweistöckigen Giebel, der reich mit Pyramiden und schlangenförmig gewundenen Stäben verziert war, enthielten. Die Fenster waren viereckig, im Untergeschoss mit kleinen Frontispiecen, im zweiten und dritten gekuppelt und dreigekuppelt. Getrennt wurden die Hauptgiebelfronten durch vorspringende viereckige Erker, die eine korinthische Säule stützte, die reich ornamentirte Geschosse enthielten und in ein Thürmchen mit Glockendach endigten. Selbst die Schornsteine waren nicht ohne Schmuck und mit zierlichen Kuppelchen bedeckt. — Den Hauptschmuck der Façade bildeten die rundbogigen Portale mit Rusticaeinfassung, deren Gesimse einen durch drei Säulen getheilten, von einem gebrochenen Giebel bedeckten, gleichfalls mit Pyramiden und schlangenartigen Stäben gezierten Ueberbau trugen. In den durch die Säulen gebildeten Feldern befanden sich Basreliefs.

Das Gebäude war 1612 von dem Rathsmeister Hiob von Stotternheim erbaut. Ausgeführt ward der Bau durch den Bau- und Schreinermeister Dietrich Friedemann, während die plastischen Arbeiten von dessen Neffen dem Bildhauer Hans Friedemann herrührten. Leider wurde das ganze Gebäude bei dem grossen Brande von 1660 zerstört. An eine Wiederherstellung war nicht zu denken, weil die Familie des Erbauers während des dreissigjährigen Krieges gänzlich verarmt war. Die wüste Baustätte erkaufte 1664 der Kurfürst Johann Philipp und schenkte solche den Jesuiten, die sich auf einem Theile derselben ein Collegium — das jetzige Gymnasium — bauten; der übrige Theil des Platzes blieb wüst liegen und wurde erst 1792 mit den jetzt daraufstehenden Häusern bebaut. In dem Eckgebäude wurde ein Wachlokal für die damals noch einen Theil der Garnison von Erfurt bildenden österreichischen Truppen eingerichtet. Dieses Gebäude ist, abgesehen von den schönen Kellern, die sich auch noch jetzt unter allen übrigen befinden, so ziemlich der einzige Ueberrest von dem ehemaligen Prachtbau, der noch gegenwärtig wenigstens einige Spuren der einstigen Herrlichkeit aufweist.

Es sind dies: das jetzt zur Eingangsthür eines Ladens eingerichtete Portal, das aber nur den unteren bis zum Gesimse reichenden Theil des ursprünglichen aufweist, sowie die beiden in das Mauerwerk eingefügten Steinreliefs mit kriegerischen Scenen, ein zweites derartiges Portal bildet jetzt die überbaute Thorfahrt zwischen den Häusern Schlösserstrasse Nr. 5 und 6, zwei niedliche dorische Säulchen von Sandstein, die dem Oberbau eines Portals angehören, in dem Hofe des Hauses Schlösserstrasse Nr. 3, die in dessen Kellern gefunden sind, sowie einige neuerdings in dem Hofe des Hauses Schlösserstrasse Nr. 8 aufgedeckten Steinplatten mit Basreliefs, gegenwärtig in der Sammlung des hiesigen Alterthumsvereins befindlich. (Ueber die Stotternheimschen Häuser vergl. Hartung l. c. I, S. 125—132, wo sich eine Abbildung der dem Anger zugekehrten Façade des Gebäudes befindet. — Tettau, Beiträge zur Kunstgesch. v. Erf. I, Die Künstlerfamilie Friedemann. Thür. Zeit. 1887, Beil. 247—252 und Mitth. des Ver. für die Gesch. von Erfurt, XIV, S. 41—63.)

C. Arche, Grosse.

Nr. 6. Zum Sonnenborn. Dieses in der Ecke der Grossen und Kleinen Arche belegene Gebäude aus der Zeit der Renaissance zeichnet sich durch ein schönes Portal aus. Den Abschluss desselben bildet ein facettirter Rundbogen. Auf den Seiten befinden sich Nischen zwischen canellirten toskanischen Säulen; darüber ein Frontispiece. In den Zwickeln sind zwei Wappen und die Jahrzahl 1558.

Nr. 14. Zum rothen Hause, gegenwärtig Kirche, Pfarr- und Kirchnerwohnung der altlutherischen Gemeinde. Das Vorderhaus ist 1578, das hintere Querhaus 1577 gebaut. Das erstere hat ein reich verziertes Rundbogenportal. Bei dem Hinterhause ruht der Rundbogen der Eingangsthüre auf zwei Seraphsköpfchen.

Nr. 16. Zum goldnen Flügel. Gebaut 1557. Die Fassung der Thüre enthält von Muscheln überdeckte Sitznischen; die Bogeneinfassung ist reich ornamentirt und mit Zahnschnittbogenfries.

D. Der Fischmarkt.

Nr. 5. Zum Lauenstein. Dies Haus wurde 1477 von dem Rathe erkauft und zum Rathskeller gemacht. Es ist so vielfach umgebaut,[1] dass nur wenig von seinem früheren Zustande übrig geblieben ist. Doch sind die Umfassungsmauern grösstentheils die ursprünglichen, namentlich bei dem hinteren Quergebäude, wo noch jetzt rundbogige Fenster, wenn auch vermauert und mit Putz bedeckt, vorhanden sind. In dem sog. Tunnel befindet sich ein Steinrelief mit Christus am Kreuze und einer Unterschrift; doch ist dasselbe bei dem Umbau von 1865, um es mit der umgebenden Wand auszugleichen, theilweise abgemeisselt und übertüncht.

Nr. 6. Zur güldenen Krone. Nach Hartung, l. c. I, S. XXXXII, ist dies Haus 1564 erbaut, doch muss es, wenigstens in seinem Untergeschoss älter sein, denn es findet sich im Sturze eines alten viereckigen Fensters die Jahrzahl 1488. Es ist ein Giebelhaus. Das Erdgeschoss ist von dem höher liegenden durch ein kräftiges Kaffgesimse geschieden, das über dem auf der Nordseite der rundbogigen Thoreinfahrt liegenden Fenster giebelartig gebrochen ist. Auf der Südseite derselben sind zwei gekuppelte Fenster mit scharf profilirter gothischer Einfassung.

Nr. 7. Zum rothen Ochsen. Dieses stattliche Giebelhaus ist 1562 von Jacob Nafzer erbaut (Wilands Chron. bei Friese, l. c. II. S. 539. Fritz, Chron. S. 307). Das Portal ist von facettirten Quadern eingefasst und hat Seitennischen, die statt der sonst meist üblichen Muschelwölbung oben durch Voluten abgeschlossen sind, eine in Erfurt mehrfach wiederkehrende Form. Ueber dem Erdgeschosse läuft ein Fries mit spielenden Kindern. Der erste Stock wird durch kanellirte ionische Pilaster angemessen gegliedert; die Fenster haben Giebel mit plastischen Köpfen; der zweite Stock ist einfacher behandelt, ohne Gliederung,

---

[1] Einer dieser Umbauten muss in der zweiten Hälfte des 16. Jahrhunderts stattgefunden haben, da sich am Gebäude dasselbe Steinmetzzeichen, wie an dem 1584 erbauten Hause Zum breiten Herde findet.

die Fenster mittelaltrig profilirt. Feine Zahnschnittfriese trennen die Geschosse. Am originellsten ist der das Satteldach verdeckende Giebel mit seinen Pilasterstellungen und kräftigen Fensterrahmen, namentlich aber den phantastischen Figurengruppen, welche die Absätze an den Fenstern verbinden (Lübke, l. c. II, S. 365, wo sich eine Abbildung des Giebels findet).

Nr. 13. Zum breiten Herde. Dies 1584 von Heinrich von Denstedt errichtete Haus soll von demselben Meister wie der Rothe Ochse ausgeführt, der Entwurf dazu aber von einem Gesellen desselben angefertigt sein, den, da er den Meister übertroffen, dieser einer Sage nach aus Neid hat blenden lassen (Kruspe, Die Sagen der St. Erf. I, S. 111). Dass beide Gebäude eine gewisse Uebereinstimmung darbieten, ist allerdings nicht zu verkennen, doch ist solche nur eine entfernte. Lübke sagt l. c.: „Aehnliche Composition wie das Haus Nr. 7 am Fischmarkt, aber in reicherer Ausführung mit stärkerer Anwendung von plastischem Schmuck und entschiedener Hinneigung zum Barocko zeigt an demselben Platze die prachtvolle Façade Nr. 13 vom Jahre 1584. Ueber dem Erdgeschoss ziehen sich malerisch behandelte Flachreliefs hin" — sie stellen die fünf Sinne in weiblichen Figuren mit Thierattributen dar — „durch reiche Konsolen getrennt. Phantastische Hermen gliedern das Hauptgeschoss, korinthische Pilaster auf kräftigen Konsolen den zweiten Stock. Fein ornamentirte Friese bilden den Abschluss der Stockwerke und ein elegantes Zahnschnittgesims trennt das obere Geschoss von dem Giebelaufsatz. Die Fenster des ersten Geschosses haben reiche, barock verschlungene Krönungen; alle übrigen, auch am Dacherker, haben Giebelaufsätze mit stark vortretenden Köpfen." — Abbild. b. Kruspe, Beitr. Taf. III, 13, 14. — „Die Silhuette des abgetreppten Oberbaus wird wieder durch figürliche Gruppen belebt. Es ist eine der durchgebildetesten Façaden unserer Renaissance, durch treffliche Verhältnisse ausgezeichnet. Im Innern ein Flur mit schönen gothischen Netzgewölben, der zu einer stattlichen Wendeltreppe führt. Die Spindel ruht auf schlanken Säulen und die untere Seite der Stufen ist aufs reichste mit ornamentalen Reliefs verziert." — Auf der Spitze des Giebels befindet sich eine Rolandsstatue, welche eine Windfahne hält. Am Sockel ist das Steinmetzzeichen, ein griechisches Kreuz, dessen unterer Schenkel von zwei Hauen durchkreuzt wird, das mehrfach bei gleichzeitigen Bauwerken in Erfurt vorkommt. Im wesentlichen ist das Gebäude noch jetzt in seiner ursprünglichen Gestalt, da sowohl eine 1721 von dem damaligen Besitzer, dem kurbraunschweigischen Rath und Drosten Schulze vorgenommenen Restauration, wie die, welche der gegenwärtige, der Kaufmann Karl Walther, 1879 – 1884 hat bewirken lassen, mit grosser Schonung des Vorhandenen erfolgt sind. Der letztere liess sogar das zugekaufte Nachbarhaus Zur steinernen Kemenate, das er mit dem Breiten Herde vereinigte, in Uebereinstimmung mit diesem durch den Baurath Frühling und den Bildhauer Deutschmann neu aufführen, sodass beide Häuser jetzt eine gemeinsame und einheitliche höchst imposante Façade bilden. Zu dem Grundstück gehört auch der noch vorhandene Theil des Hauses Zum Stötzel, das in der Geschichte von Erfurt eine nicht unwichtige Rolle gespielt, da es nicht nur oft erlauchten Personen zur Unterkunft gedient hat, sondern vor demselben auch Kaiser Rudolf I. 1289 die Führer des damaligen Aufstandes hinrichten liess und 1474 der Cisterziensermönch Dietrich Burkart (Becker), welcher den grossen Brand von 1472 angelegt hatte, bevor er den Feuertod erlitt, hier entweiht wurde (Schauerte, Fr., Das Haus zum breiten Herd, Erf. (1884), wo sich eine Abbildung des Hauses und die Erklärung der daran angebrachten allegorischen Figuren finden, — Hartung, l. c. I, S. 50, 51, 207, 208, — P. Cassel, Sunem. Jahrg. 1881 S. 366).

Nr. 17. Zu den grossen Wölfen. Dies Haus bestand bereits 1496, da es bei dem grossen Turniere, welches damals der Rath zu Ehren des Kurfürsten Friedrich von Sachsen veranstaltet hatte, als Tanzraum benutzt und zu diesem Zweck durch einen die Strasse überspannenden Gang mit dem Rathhause verbunden wurde. Doch hat es mehrfach Umbauten erlitten, wie die an den Fensterrahmen befindlichen Jahrzahlen 1560 und 1574 darthun. Von dem ursprünglichen Bau ist zur Zeit nur noch das Untergeschoss erhalten, und vor kurzem die ganze Strassenfront erneuert, wobei sie mit Portraitmedaillons versehen wurde. Vor diesem Umbau hatte das Haus eine schöne spitzbogige Thüre, über dieser die Aufschrift: Zu den Wölfen, und darunter auf beiden Seiten Steinreliefs mit aufrecht stehenden Wölfen. Die Fenstereinfassungen sind noch die ursprünglichen, namentlich die des Entresols mit ihren gewundenen Wandungen. Von den zwei steinernen Pfeilern, die einst die Hinterseite des Vorderhauses einfassten, ist jetzt nur noch einer vorhanden. Eine schöne Rundsäule ist gegenwärtig im Innern des Hauses verwendet. Der älteste Theil des Baus ist wohl das grosse massive Hinterhaus, dessen Mauern eine Dicke von 1 ^{m} und darüber haben (Hartung, l. c. I, S. 269).

Nr. 22. Zum Kaffenberge. Dies Haus ist deshalb merkwürdig, weil sein noch ziemlich in ursprünglichem Zustande befindliches Seitengebäude bis 1349 dem Zeitpunkte ihrer Vertreibung, die Synagoge der Judengemeinde war. Es ist ein mächtiges, beinahe quadratisches drei Geschosse hohes Bauwerk, in dessen oberen Stockwerke an der Ost- und der Nordseite sich grössere rundbogige Fenster, am westlichen Giebel in der oberen Reihe zwei kleine gleichfalls rundbogige befinden. Die viereckigen Fenster der unteren Reihe sind wohl erst später durchgebrochen. Vom Hofe aus führt in das Gebäude eine grosse rundbogige abgefasete Thüre.

Nr. 27. Zum grossen Paradiese und Esel. Nur das Seiten- und das Hintergebäude sind alt und von dem letzteren ist blos das Untergeschoss massiv. Es hat eine grosse Thorfahrt und eine Seitenthüre, beide spitzbogig. Ueber der letzteren befindet sich ein Steinrelief mit einem Wappen und der Inschrift in gothischer Minuskel:

Anno dm̄ mccccxxix aedificata est haec structura.

Das weit vorspringende Obergeschoss ruht auf schrägen Trägern.

E. Friedrich-Wilhelmsplatz.

Nr 31. Zur hohen Lilie. Die Anlage dieses Hauses und dessen Benutzung zur Beherbergung hochstehender Fremder hat schon in einer sehr frühen Zeit stattgefunden. Bereits 1341 hat Herzog Christoph von Braunschweig, Erzbischof von Bremen, darin geherbergt. Später hat es unter andern dem Dr. Mart. Luther, dem Kurfürsten Moritz von Sachsen, dem Landgrafen Philipp von Hessen, dem Könige Gustav Adolf von Schweden und dem Könige Friedrich Wilhelm III.

zum Aufenthalte gedient. 1817—1823 war es im Besitze des Staats, der es als Commandantur verwendetete. Demnächst ist es aber seiner ursprünglichen Benutzung zurückgegeben. Nachdem es bei dem grossen Brande 1472 zerstört war, erhielt es 1538 die Gestalt, die es im wesentlichen noch jetzt hat. Es ist ein Giebelhaus in Frührenaissancestyl. Der obere Theil des Giebels sieht einem Kuppeldome ähnlich. Sehr schön ist das rundbogige Portal mit Sitznischen und Wappen in den Zwickelfeldern. Auch über dem Portalbogen zeigt sich ein Wappen mit dem Spruche:

Nisi dominus aedificavit domum, frustra laborat qui aedificavit eam. Ps. CXXVII.

Die Fenster des zweiten Geschosses sind gekuppelt.

F. Futterstrasse.

Nr. 2. Zum Rebenstock. Dieses Haus ist ausweisslich des rechts von der Hausthüre befindlichen Gedenksteines mit der Inschrift:

A. D. MCCCCLI. incept. est. hec. structura p. Ottonem Zigeler

im Jahre 1451 von Otto von Ziegler gebaut. Seinen Namen erhielt dasselbe von einer ungewöhnlich starken Rebe, die der Erbauer von seiner Wallfahrt nach Jerusalem 1447 mitgebracht hatte und die noch jetzt von den Nachkommen aufbewahrt wird. Das Gebäude ist noch in ursprünglicher Gestalt und zeigt vollständig das Gepräge eines Patrizierhauses des 15. Jahrh. — Auf der linken Seite der Front erblickt man den Hirschkopf, das Zieglersche Wappen. Die Thorfahrt ist spitzbogig; die Strassenfront mit hohen Zinnen gekrönt; in der Mitte befindet sich ein Dacherker, der mit einem Kreissegment abschliesst. Das Bogenfeld desselben ist plastisch geziert. Darunter befinden sich zwei allegorische Statuen in Nischen (Hartung, l. c. I, S. 247—261).

G. Die Johannisstrasse.

Nr. 164. Zum Lilienfass. Ursprünglich ein Privathaus ausweisslich eines 1585 abgeschlossenen Wiederkaufsvertrages (M. K. A.), demnächst in den Besitz des Staates gelangt und Sitz des Domainenamtes, jetzt des Katasterbureaus und der Kreiskasse. Das Hintergebäude an der Johannismauer ist 1445 von Johannes Hüttner erbaut, wie die daran unter einem grossen Steinrelief mit Wappen befindliche Inschrift:

Anno Domini MCCCCXLV incepta est hec stuctura p. Johanem Hüttener,

ergiebt, dasselbe ist aber neuerdings sehr wesentlich umgebaut. Die Front des Vorderhauses ist sehr einfach, doch ist der Haupteingang mit reicher Holzsculptur, darunter ein Fass, aus dem eine Lilie emporwächst, versehen. Der grosse Hausflur mit gewaltiger Doppeltreppe und zwei kleinen Treppen, sowie die breiten Corridore zeigen recht deutlich die grosse Raumverschwendung in den alten Erfurter Häusern.

Nr. 168. Zum Mohrenkopfe, gebaut um 1610. Schönes rundbogiges Rusticaportal, in welchem Facetten und Bandornamente mit Buckeln in der Mitte abwechseln. Ueber jenem auf beiden Seiten Mohrenköpfe mit aufgesperrtem Munde, welche die Oeffnung für den Draht der Hausglocke bilden, oder zur Aufnahme der Stangen mit den Bierzeichen gedient haben, eine in Erfurt sich öfters findende

Einrichtung. Das zweite und dritte Geschoss mit viereckigem einfach behandelten Erker. Sehr schön sind die Fenstereinfassungen mit ihren flach gearbeiteten Reliefs.

Nr. 169. Zum Stockfisch. Dies im Jahre 1608 von Georg Ziegler erbaute Haus ist eins der reichsten und geschmackvollsten Gebäude Erfurts im Spätrenaissancestyl. „Zwei stattliche Portale in kräftig barocken Formen und ein Erker schmücken die ziemlich breite Façade. Die Hausthür zeigt treffliches Schnitzwerk, die Einfassung zu beiden Seiten wieder die beliebten Nischen. Ganz prachtvoll ist aber die Belebung der Flächen durch eine Rustica, deren Quadern abwechselnd flach und mit flachbehandelten Bandornamenten geschmückt sind. Im Hausflur ein kräftiges von ionischen Säulen eingefasstes Portal.“ (Lübke, l. c. II, S. 368, wo eine Abbildung. Desselben Gesch. d. Architektur S. 801.) — Im Giebelfelde des kleineren mit kanellirten toskanischen Säulen geschmückten Eingangs ein Steinrelief mit einem Fische und der Inschrift:

Dies Haus steht in Gottes Hand. zum Stockfisch ist genannt.

In den Zwickelfeldern Wappen, darunter das Zieglersche (Abbild. b. Kruspe, Beitr. Taf. III, 15). Besonders schön ist der durch die beiden oberen Geschosse durchgehende, aufs reichste mit Säulchen und Sculpturen geschmückte, auf einer Halbfigur ruhende Erker.

H. Junkersand.

Nr. 8/9. Zum Junkerhofe. Dieses einst der reichen Patrizierfamilie von der Sachsen zugehörig gewesene Gebäude ist zwar jetzt in seinem Aeusseren grossentheils modernisirt, zeigt jedoch wenigstens in Nr. 8 in seinen gekuppelten gothisch abgefaseten und mit ornamentirten Trennungsstäben versehenen Fenstern die Zeit seiner Entstehung und bietet in seinem Innern noch zahlreiche Ueberreste seiner ehemaligen Herrlichkeit, namentlich in dem prachtvollen an den Wänden umherlaufenden Tafelwerke in dem grossen Zimmer über dem Hausflure mit der Jahrzahl 1616 und den Initialen R. B., sowie in den schönen Stuckaturdecken, besonders der in dem unteren Zimmer des langen Seitengebäudes mit den Wappen der Brückner, der damaligen Besitzer des Hauses und der Familie von Jungen, sowie der Jahrzahl 1688 (Hartung, l. c. I, S. 152—157).

I. Marktstrasse.

Nr. 21. Zum grossen Pfluge, erbaut 1584, welche Jahreszahl sich zweimal daran findet. Nur das Untergeschoss ist in Steinbau. Es enthält ein grosses rundbogiges Rusticaportal, darüber einen grossen Kopf mit weit geöffnetem Munde; daneben auf der einen Seite zwei viereckige gekuppelte, auf der anderen rundbogige Fenster. Auch die Fenster des zweiten und dritten Geschosses sind gekuppelt.

Nr. 34/35. Die Häuser zum grossen uud kleinen Stöhr und zur goldenen Gans und zum Leoparden, gegenwärtig die Treitschkesche Brauerei. Rundbogiger Haupteingang und pilasterartige Vorsprünge, die die einzelnen Abtheilungen des Gebäudes von einander trennen, mit tiefen Bossangen. Ueber jenem eine Maske und weiter hinauf eine auf die Benennung des Hauses bezügliche Sculptur.

Nr. 38. Zum goldenen Schwanringe. Dies Haus, das 1450 als dem sächsischen Geleitsmann Claus Hildebrand gehörig, vorkommt, aber in seiner letzten Gestalt erst um 1580 von Christian Therner erbaut ist, hat ein schönes rundbogiges Rusticaportal mit reich verzierten Zwickelfeldern und im Scheitel eine Maske mit offenem Munde. Am Dache sind drei Erker (Hartung, l. c. I, S. 326—336).

Nr. 50. Zum goldenen Rade. Dies Haus befand sich zur Zeit des sog. tollen Jahres in dem Besitze des Kurt Kellner, des Bruders des unglücklichen Vierherrn Heinrich Kellner, wurde aber 1551 von dem Patrizier Philipp Hugolt in seiner gegenwärtigen Gestalt neu gebaut. Jetzt befindet sich darin die Hoffmannsche Tabaksfabrik. Es gehört dazu als Seitengebäude das Haus zum rothen Hirsche, das an dem Kirchgässchen, dem früheren Allerheiligenkirchhofe gegenüber, belegen ist, und als Hintergebäude das Haus zur Engelsburg (Allerheiligenstrasse Nr. 20), einst das Allerheiligenkloster oder Augustinerhospital, das 1125 eingeweiht wurde, später aber einging und sich urkundlich 1493 in Privatbesitz befand. Auch das gegenwärtige Gebäude ist sehr alt, doch rühren von dem ursprünglichen Klosterbau wohl nur die prächtigen Keller her. Das Vordergebäude zeigt das goldene Rad und die Jahreszahl 1551 über dem Mittelfenster. Es hat einen ziemlich steilen geradlinigen Giebel, ein rundbogiges Portal mit Sitznischen und gothische Fenstereinfassungen (Hartung, l. c. II, S. 319—321).

K. Marstallgasse.

Nr. 6. Zum grünen Schilde. Einst eines der vornehmsten Gasthäuser Erfurts, in welchem u. a. Herzog Bernhard von Weimar und Erzbischof Christoph von Bremen gewohnt haben. Es ist 1560 erbaut, aber nicht mehr in seiner ganzen früheren Ausdehnung vorhanden, da ein Theil davon zur kurfürstlichen Reitbahn umgebaut wurde. — Es hat ein rundbogiges Portal mit abgeschrägten Seitenflächen, auf dessen Seiten sich zwei Steinreliefs mit Figuren und Wappen befinden. Die Fenster sind mit ornamentirter Einfassung. Ueber einem derselben findet sich die Inschrift in römischer Majuskel:

> Anno 1560 die den 5. Juni ist dieser gebave ihm grunde angelegt und angefangen.

(Hartung, l. c. I, S. 210).

L. Michaelisstrasse.

Nr. 10. Zum güldenen Krönbacken, neben der Michaeliskirche belegen, 1552 im Bau begonnen, 1561 beendigt. „Es ... besitzt ein stattliches Portal ... mit Seitennischen und fein gegliederter Archivolte, eingefasst von korinthischen Säulen. Am Fries die Inschrift: Gott spricht es, so geschieht es. — Ilgen Milwicz. Anna Schwengvogelin. Dabei in den zwei Zwickelfeldern trefflich behandelte Wappen. Die Fenster des Erdgeschosses haben ebenfalls korinthische Säulchen als Einfassung, derb facettirte Quadern am Fries und kleine Giebel als Krönung“ Lübke, Gesch. d. Renaiss. II, S. 367.

Nr. 14. Zum grossen und kleinen Einsiedel, gegenwärtig Geschäftslokal des Aichungsamtes und Kinderhospital, an der Ecke der Michaelisstrasse und der Pergamentergasse belegen. Bei der der ersteren zugekehrten Front rühren von dem ursprünglichen Bau nur noch die viereckigen Fenster des Souterrains mit gothischer Einfassung, von der nach der Pergamentergasse gerichteten Seite eine hübsche rundbogige Thüre mit Sitznischen, die eine fächerartige Krönung haben, die gothischen Fenstereinfassungen und das, jedoch nur noch theilweise erhaltene, Kaffgesimse her.

Nr. 30. Zum grossen Rosenbaum. Hier stand früher der Kloster Pfortaische Hof, dann ein stattliches Gebäude mit schönem ornamentirten Portal, das zuletzt zum Geschäftslokale des Inquisitoriats diente. Nachdem es in Privatbesitz gelangt war, wurde es seiner Baufälligkeit wegen abgetragen und der Platz mit Wohnhäusern bebaut. Nur die sculpturellen Theile wurden hierbei aufbewahrt und befinden sich noch in der städtischen Sammlung. Auch ist das an der Gera belegene Hintergebäude, das die Gefängnisse enthielt im wesentlichen noch erhalten bietet aber kein architektonisches Interresse dar.

Nr. 38. Zur grossen Arche und zur Engelsburg. Es ist 1565 von dem damaligen Rathsherrn, späteren Rathsmeister Melchior v. d. Sachsen gebaut. „Ein Portal mit Ecknischen von ionischen Halbsäulen eingefasst, die Archivolte mit facettirten Quadern gegliedert, in den Zwickelfeldern zwei Medaillonköpfe — im Fries der Spruch: Was Gott beschert bleibt unversehrt 1565; darüber ein Aufsatz in Form einer Aedicula, von korinthischen Säulchen eingefasst und mit Giebeln geschlossen, darin die Wappen von Melchior Sachsen und Elisabeth Langen. Zwei riesige geflügelte Delphine bilden auf beiden Seiten eine barocke Einrahmung. Die Ecke des Hauses ist originell als kräftige Rusticasäule mit toskanischem Kapitäl behandelt“ (Abbildung bei Kruspe, Beitr. Taf. III, 11). „Die Fenster haben noch durchweg das mittelaltrige Kehlenprofil.“ Lübke, l. c. S. 366. — Das Hintergebäude hat ein schönes, rundbogiges Portal mit fliegenden Engeln in den Zwickelfeldern und der zweimaligen Inschrift: Zum goldenen Engel. Als Seitengebäude gehört gegenwärtig dazu das Haus zur kleinen Arche, früher zum Drachen genannt (ex dracone) in welchem 1516 der erste, und 1517 der zweite Theil der Epistolae obscurorum virorum gedruckt wurde (Hartung, l. c. I, S. 69—71). Eine Stufe der vom Garten zum Wasser hinabführenden Treppe zeigt die Inschrift: Anno dom. 1547.

Nr. 48. Zum Greifenstein. Dies Haus ist durch ein sehr trauriges Ereingniss bekannt geworden, indem sein Seitengebäude am 6. Febr. 1609 während eines Hochzeitmahles eingestürzt ist, wobei 20 Personen, darunter die Neuvermählte, Anna, die Tochter des damaligen Besitzers des Grundstücks, des Weissgerbers Ludwig Nickel, das Leben verloren, und 34 schwer beschädigt wurden. — Das Vordergebäude ist 1549 von Dr. Pancratius Helwigk in Renaissancestyl erbaut, das kleine Portal mit eigenthümlich entwickelten Ecknischen (Lübke, l. c. S. 365). Darüber befindet sich ein Steinrelief mit einem Greifen, der ein Spruchband mit den Worten: Gottes Wort bleibt ewig. Ps. 118, Matth. 25, hält. Die Fenster haben gothische Einfassungen mit Kehlungen, die beiden gegen Norden über einem auf stark vortretenden auf Consolen ruhenden Friese mit gezierten Pilastern und geschweiften Fronten; auf demselben die Inschrift:

Fraudis et invidiae tandem patientia victrix,
Virtutisque opus est tristia posse pati.

und in der unteren Fenstereinfassung die:

Sint magni quicunque nihil nisi magna loquentur
Nos juvat ex anima quod jubet esse Deus.

M. Neue Strasse.

Zwischen Nr. 21 und 22 befand sich bisher das Hinterhaus von Schuhgasse Nr. 2. Im Untergeschoss war ein viereckiges und ein rundbogiges Fenster mit tiefer Leibung, ersteres mit der Jahrzahl 1541 zwischen den Initialen H. und L. und dem Bilde einer Bretzel. Das Dach ungewöhnlich hoch und steil. Auch das Vorderhaus stammt im wesentlichen noch aus alter Zeit, ist aber infolge von Beschädigung bei dem grossen Brande von 1736 erneuert. Das Hinterhaus ist gegenwärtig im Abbruch begriffen, doch sind die sculpturellen Theile aufbewahrt und in das städtische Museum aufgenommen.

N. Pilse.

Nr. 12. Zu den schwarzen Bären. Gebaut 1553. Rundbogiges Portal mit Nischen die mit Muscheln abschliessen. In jedem der Zwickelfelder ein Steinrelief mit einem Bären. Die Fenster des Untergeschosses haben eine der von Lübke l. c. S. 365 beschriebenen, der des Collegium Saxonicum ähnliche Einfassung; die mittleren sind theils gekuppelt, theils dreigekuppelt mit einfacher mittelaltriger Einfassung, die oberen rund.

Nr. 13. Zum Christoph, gebaut 1584. Ueber den Nischen des rundbogigen Portals Kragsteine, die auf kräftigen Blätterkapitälen ruhn und die den aus mit Hohlkehlen wechselnden Stäben bestehenden Architrav tragen, an dessen Fusse sich auf der einen Seite ein Wappen auf der andern ein Steinmetzzeichen befindet.

O. Regierungsstrasse.

Nr. 62. Zum grossen Christoph, eines der ältesten und einst der besuchtesten Gasthäuser Erfurts, in welchem u. a. 1613 Markgraf Christian von Brandenburg-Culmbach, 1629 Herzog Bernhard von Weimar wohnte, der hier eine Zusammenkunft mit seinen Brüdern, den Herzögen Wilhelm, Albrecht und Ernst abhielt, 1660 die Königin Christine von Schweden Unterkunft nahm. Nach einer über dem Eingange des Hauses befindlichen Inschrift (mitgetheilt von Hartung, l. c. I, S. 105 und II, S. 370) wurde der Bau am 30. Juni 1605 von Antonie Hohndorf begonnen. — Die Thorfahrt hat einen grossen Rusticarundbogen, der auf weit auslegenden Kragsteinen ruht, die unten halbkreisförmig verziert sind, aus abwechselnd facettirten und glatten Quadern besteht und mit einer Maske schliesst. Im Erdgeschosse gekuppelte Fenster; vor die beiden anderen Geschosse und das Dach springt ein einfacher viereckiger Erker vor, der in einen Spitzgiebel endigt. Die Schieferbekleidung desselben ist neu.

Nr. 64. Zum bunten und neuen Schiffe. Das Haus war ursprünglich ein Hof der Grafen von Schwarzburg, die dasselbe 1445 an den Erfurter Rath verkauften, von dem es 1470 an den durch seinen tragischen Tod in dem sog. tollen Jahre 1509 bekannten Obervierherrn Heinrich Kellner gelangte (Hartung, l. c. I, S. 13—19), der 1476 ausweislich der daran befindlichen Inschrift:

Anno Domini M. CCCCLXXVI aedif. h. dom. p. Johann Heinrich Kellner.

das Hinterhaus errichtet und, wie die an der der Langenbrücke zugewendeten Mauer befindliche Jahrzahl darthut, im Jahre 1484 auch das in einem stumpfen Winkel gebrochene Vorderhaus umgebaut hat; doch ist das letztere bei einer neuerdings stattgefundenen Restauration in seinem Aeusseren erheblich umgestaltet und reicher ornamentirt worden. Bei der grossen spitzbogigen Thorfahrt mit abgestumpften Ecken ist der Architrav mit Arabeskenfeldern, die mit Köpfen und ähnlichen Ornamenten wechseln, verziert, während sich in den Zwickelfeldern Portraitmedaillons befinden, die durch von einem Kopfe ausgehende Fruchtgehänge verbunden werden. Die kleine rundbogige Thüre ist mit Freitreppe und Sitznischen, in denen die Sitze auf vasenartigen Consolen ruhen und die mit Muscheln abschliessen, und deren Archivolte mit einem Zahnschnittfries, im übrigen ähnlich wie bei der Thorfahrt verziert. Sehr reich sind die Einfassungen der meist gekuppelten Fenster des unteren Geschosses, sowie die Solbänder welche die Stockwerke trennen. Der Dachgiebel ist ungewöhnlich spitz.

Nr. 72. Eckhaus der Regierungsstrasse und der Marstallgasse. Zum güldenen Stern. Es befand sich hier vom Anfange des 16. Jahrh. bis 1815 die Hebestelle für eine Abgabe, die unter dem Namen Geleite, von allen Durchpassirenden seitens der sächsischen Fürsten erhoben ward und das Gebäude führte daher den Namen der Geleitshof oder das Geleitshaus auch blos das Geleite. Das Vorderhaus mit der Front nach der Regierungsstrasse hat ein rundbogiges Thor mit Sitznischen und Voluten, über dem sich ein Steinrelief mit einem vergoldeten sechsspitzigen Sterne befindet, und gekuppelte Fenster mit gothischer Einfassung. In dem Seitengebäude an der Marstallgasse, das zwei grosse rundbogige Thorfahrten hat, deren eine aber jetzt vermauert ist, befindet sich ein viereckiges Schnörkelschild mit einem Todtengerippe und einer Inschrift von 1577 (mitgetheilt von Hartung, l. c. I, S. 337 und II, S. 369), das ursprünglich dem Hause zum Lauenstein (Marstallgasse Nr. 3) angehört hat und erst später hier eingesetzt ist.

P. Schlösserstrasse.

Nr. 20. Zum goldenen Schiffchen. Dies sehr alte Gebäude — es kommt schon 1510 vor — das zwar in seinem Aeusseren mit der spitzbogigen Thorfahrt, theilweise gekuppelten Fenstern mit mittelaltriger Einfassung, Treppengiebel (sog. Katzentreppe) am Dache und einem gewaltigen Strebepfeiler seinen alten Ursprung kund thut, aber im übrigen sehr einfach erscheint, ist dadurch interessant, dass es viele Jahre hindurch die Wohnung der unglücklichen Prinzessin Charlotte Wilhelmine von Sachsen-Eisenach bildete, einer der schönsten und liebenswürdigsten Fürstentöchter Deutschlands ihrer Zeit, die zu den drei Prinzessinnen, aus denen König Ludwig XV. von Frankreich sich eine Gattin wählen sollte, gehört hatte, aber weil sie sich einen Fehltritt hatte zuschulden kommen lassen, um dem Zorne ihres Vaters des Herzogs Johann Wilhelm zu entgehen mit ihrem Geliebten, einem Herrn von Mandelsloh, nach Erfurt geflüchtet war und die 1738 dies Haus erwarb und 1774 darin verstorben ist (Beyer, N. Chron., S. 174—176. Hartung, l. c. I, S. 192, 193).

Q. Turniergasse.

Nr. 17. Zum Turniere. Ein altes schon zu Anfange des 14. Jahrh. wo es dem Landgrafen Albert von Thüringen, während seiner letzten Lebensjahre, die er in Erfurt zubrachte, zur Residenz diente, berühmtes Haus und später nicht selten die Herberge fürstlicher und anderer vornehmer Personen, trug es bis vor kurzen in seiner Bauart und anderen Merkmalen noch unverkennbare Spuren seines Alters und seiner ehemaligen Einrichtung zur Bewirthung hoher Gäste (Erhard, l. c. S. 229). Hartung l. c. I, S. 195 glaubt, dass auf dieser Stelle ursprünglich eine Königsburg gestanden und sich später ein Comthurhof der Tempelherrn befunden, doch sind die von ihm angeführten Gründe nicht überzeugend. Seit dem Schlusse des 14. Jahrh. gehörte das Haus der angesehenen Patrizierfamilie von der Marthen oder von der Margarethen, die sich danach zum Turnier nannte. Seit 1838 befindet es sich im Besitze der Freimaurerloge Karl zu den drei Rädern. — Das Gebäude ist nicht mehr in seinem ursprünglichen Zustande. Schon 1528 wurde ein Neubau vorgenommen, welche Jahreszahl das prächtige Wappen angiebt, das gegenwärtig über dem Haupteingange angebracht ist. Welchen Einfluss ein 1554 hier stattgefundener Brand gehabt habe, ist nicht näher bekannt; dagegen hat ein neuerdings seitens der Freimaurerloge vorgenommener Umbau eine sehr wesentliche Umgestaltung bewirkt. Von dem ursprünglichen Bau sind gegenwärtig nur noch ein rundbogiges Portal, zwei spitzbogige Thore, eine Wendeltreppe, das gedachte Wappen und die schönen Keller übrig. Doch sind die starken Umfassungsmauern bei dem Neubau wieder benutzt.

Kunststatistische Uebersicht.

Unter den aus früherer Zeit bis auf die Gegenwart gelangten Bauwerken stammen die ältesten aus der romanischen Periode, doch ist unter denselben kein einziges, welches in seiner ursprünglichen Gestalt auf uns gekommen wäre. Am meisten ist dies noch der Fall bei der ehemaligen Kirche des Petersklosters und bei der Schottenkirche. Bei anderen Gebäuden sind es nur einzelne Theile, die noch das Gepräge des romanischen Styls tragen, so der Mittelbau des Doms und der Ostflügel des Kreuzganges desselben, die unteren Geschosse des Thurms der Lorenzkirche, die Reglerkirche, so viel bei ihr von der ersten Anlage noch übrig ist, namentlich ihr östlicher Thurm, einzelne Theile der Umfassungsmauer der Kaufmannskirche, die vom Valentinerhofe herstammenden Fenstereinfassungen im ehemaligen Wigbertikloster und die untersten Geschosse der Bonifaciuskapelle. Von Profanbauten gehört nur das Innere der ehemaligen St. Georgenbursche der romanischen Zeit an.

Aus der Periode des Uebergangsstyls entstammen: der Westflügel des Domkreuzganges und der Thurm der Barfüsserkirche.

Bedeutend grösser ist die Zahl der Bauwerke aus der Zeit der Gothik. Frühgothisch sind der Chor und das untere Geschoss des Mittelbaus der Severikirche, die Allerheiligenkirche, die des Ursulinerinnenklosters, die Prediger-, Barfüsser-, Augustiner- und Michaeliskirche, die Marien-Magdalenenkapelle, der südliche Flügel des Domkreuzganges, von Profangebäuden der Comthurhof; aus der Zeit des ausgebildeten gothischen Styls: der Chor und das Hauptportal des Doms, die Kaufmannskirche, die nicht romanischen Theile der Reglerkirche, die Thomas- und die Egidienkirche, die noch vorhandenen Theile der Benedictskirche, der Nicolaus- und der Georgenthurm, von Denkmälern das Sybillenthürmchen, von Profanbauten das Hintergebäude des Hauses zum Kaffenberge (die ehemalige Judensynagoge). Spätgothisch sind die Langhäuser des Doms und der Severikirche, die Wigberti-, die Martini-, die Lorenz-, die Neuwerks-, die Andreas-, die Leonhards- und die Hospitalkirche, die Kapelle des heil. Clemens am Domkreuzgange, die v. d. Sachsensche Kapelle an der Barfüsserkirche, die Dreifaltigkeitskapelle an der Michaeliskirche, die heil. Brunnenkapelle, das Kapitelhaus und der Thurm der Augustinerkirche, der Johannis-, der Bartholomäus- und der Paulsthurm, die Front der Mainzerhofkapelle; von Profangebäuden die Universität; von Privathäusern die Häuser zum goldenen Sternberg, zum rothen Stern, zum grossen Paradiese, zum Rebenstock, zum güldenen Stern und das Turnier.

Aus der Periode der Renaissance existiren nur Profanbauten. Aus der Frührenaissance das Collegium Saxonicum und die Häuser zum stolzen Knecht (die Regierung), zur Windmühle, zur hohen Lilie und zum bunten und neuen Schiffe, aus der Hochrenaissance die noch vorhandenen Reste des Rathhauses, und die

Häuser zum schwarzen Löwen, Sonnenberg, güldenen Krone, rothen Ochsen, zum grossen Pfluge, goldenen Rade, zu den güldenen Krönbacken, zur grossen Arche (mit gothischen Bestandtheilen) und zum Greifenstein, aus der Spätrenaissance die Häuser zum Helm, zum breiten Herde (mit Hinneigung zum Barock), zum Mohrenkopf, zum Stockfisch und zum grossen Christoph.

Aus der Periode des Barockstyls sind nur einzelne Theile von Gebäuden, deren ursprüngliche Anlage einer früheren Zeit angehört, so die Neuwerkskirche, die Giebel der Schottenkirche und der Kirche des Karthäuserklosters, sowie einige innere Bestandtheile, wie die Kanzel der Severi- und der Kaufmannskirche.

Unter den Kirchen Erfurts befinden sich nur zwei Hallenkirchen, der dreischiffige Dom und die fünfschiffige Severikirche. Die Kirchen des Peters-, des Augustiner- und Reglerklosters, sowie die Kaufmanns-, die Prediger- und die Barfüsserkirche sind dreischiffige Pfeilerbasiliken, doch halten die beiden letzteren infolge des grossen Aufschwungs der weiten Schildbögen, die den Seitenschiffen eine mehr als gewöhnliche Höhe geben, gewissermassen die Mitte zwischen der hergebrachten Basilikenform und der Hallenkirche. Zweischiffig, mit dem ursprünglich einschiffigen Bau später hinzugefügten Seitenschiffen, sind die Kirche des Ursulinerklosters, die Lorenz-, die Allerheiligen- und die Michaeliskirche, einschiffig die Wigberti-, Andreas-, Thomas-, Hospital- und Egidienkirche, so wie die Marien-Magdalenen- und die h. Brunnenkapelle.

Das Baumaterial besteht ohne Ausnahme aus Kalk- oder Sandstein, meist dem letzteren — gebrannte Steine sind nirgends angewendet —, doch sind nur der Dom, die Severi-, die Prediger- sowie die Kirchen des Peters- und des Ursulinerklosters und der Bartholomäusthurm durchgängig von behauenen Quadersteinen aufgeführt, wogegen die übrigen Kirchen dergleichen nur an den Fenster- und Thüreinfassungen, den Ecken und den Plinthen enthalten, die Füllmauern aber blos aus Bruchsteinen bestehen. Mit einem Kalkbewurf ist, ausser der nicht mehr zum Gottesdienst benutzten Egidienkirche und den im wesentlichen neuerdings umgebauten Kirchen, der Neuwerks- und der Martinikirche, nur die Michaeliskirche versehen.

Die Umfassungsmauern der Kirchen laufen fast durchgängig parallel. Eine Ausnahme bilden der Dom, die Allerheiligenkirche, die nicht nur eine gebrochene Linie zeigt, sondern bei der auch die Mauern ungleiche Höhe haben, die Kaufmannskirche, bei welcher der Giebel abgeschrägt, und die Michaeliskirche, bei welcher die Langseite stumpfwinklig gebrochen ist. Der Dom hat ausserdem die Eigenthümlichkeit, dass seine Achse eine gebrochene Linie bildet, und dass seine Fundamente theilweise nicht in dem natürlichen Boden ruhn, sondern durch einen künstlichen Unterbau, die Cavate, gebildet werden.

Kreuzesform haben nur die drei grossen Kirchen, der Dom, die Severikirche und die Kirche des Petersklosters, alle übrigen bestehen nur aus Chor und Langhaus.

Der Chorschluss ist etwas häufiger polygon als rechtwinklig. Das erstere findet statt: bei dem Dom mit fünf Seiten eines Zehnecks, bei der Severikirche mit fünf Seiten eines Achtecks, bei der Wigberti-, Martini-, Neuwerks-, Prediger-, Barfüsser-, Kaufmanns- und Hospitalkirche sowie der Marien-Magdalenen- und heil. Brunnenkapelle, mit drei Seiten eines Achtecks. Graden Chorabschluss haben die Ursuliner-, die Regler-, die Augustiner-, die Michaelis-, die Andreas-, die Thomas-, die Leonhards-, die Allerheiligenkirche, wo solcher abgeschrägt ist, und die Kirche des Petersklosters. Bei der Egidienkirche und der Dreifaltigkeitskapelle besteht der Chor in erkerartigen Vorbauten, also Chornischen.

Nicht nur die Kirchen aus der romanischen Periode, wie die Schotten-, Regler- und Peterskirche, bei welcher letzteren aber die Mauerfläche durch vorspringende Pilaster eine Profilirung erhalten hat, sind, wie selbstverständlich, ohne Strebepfeiler, sondern ebendasselbe findet auch bei einer Anzahl von Kirchen aus der gothischen Periode statt, namentlich den kleineren, wie der Allerheiligen-, Michaelis-, Thomas-, Leonhards-, Egidien- und Hospitalkirche, der des Ursulinerklosters, der Marien-Magdalenen- und heil. Brunnenkapelle. Die übrigen Kirchen sind dagegen mit Strebepfeilern versehen; die Predigerkirche jedoch nur bei den Seitenschiffen, während das Mittelschiff ohne dergleichen ist. Von anderen Bauwerken haben die Kapitelhäuser des Doms, des Prediger- und des Augustinerklosters solche. Beinahe durchgängig sind diese Pfeiler oben blos mit einem einfachen Wasserschlage bedeckt, nur die des Doms tragen Fialen, die des Chors der Severikirche Spitzgiebel und Fialen. Bei dem Domkreuzgange endigt einer der Strebepfeiler in eine Todtenleuchte.

Die Fenster der gothischen Kirchen sind überwiegend spitzbogig und mit Masswerk, was besonders bei dem Dome sehr reich ist; bei den übrigen herrschen Drei-, Vierpass und Fischblase vor, doch findet sich auch Sechspass und andere Muster. Ohne Masswerk sind die Fenster der Andreaskirche, aber nur infolge späterer Restauration. Bei der Severikirche hat eins der Fenster eine Rosette und eins des Seitenschiffs die Form eines grossen Rades oder einer Rose. Auch die Marien-Magdalenenkapelle hat ein rundes Fenster in Gestalt einer sechsblättrigen Rose. — Die Aula des ehemaligen Universitätsgebäudes hat viergekuppelte viereckige Fenster; gekuppelte und dreigekuppelte viereckige kommen sehr häufig bei Privathäusern vor. Die Allerheiligenkirche ist wegen der grossen Verschiedenheit ihrer Fenster merkwürdig. Fenster mit aus älterer Zeit herrührenden Glasmalereien finden sich im Chore des Doms, der Lorenz-, Prediger-, Barfüsserkirche und in dem Kapitelhause des Augustinerklosters; die zum Theil sehr schönen Glasgemälde des Langhauses des Doms, der Severi- und Thomaskirche u. s. w. stammen aus neuer Zeit. Einst war beim Peterskloster sogar der Kreuzgang mit trefflichen Glasgemälden versehen.

Einen Lettner besitzt gegenwärtig nur die Predigerkirche und auch dieser ist so verbaut, dass er kaum wahrzunehmen ist.

Was die Bogen betrifft, so herrscht selbstverständlich bei den Bauwerken aus romanischer Zeit der Rundbogen vor, bei denen aus der gothischen der Spitzbogen. Der Eselsrückenbogen findet sich zuerst bei dem Frimarschen Denksteine in der Reglerkirche von 1417, sodann bei dem Taufsteine in der Severikirche von 1465, der heil. Brunnenkirche aus dem Schlusse des 15. Jahrh., der Dreifaltigkeitskapelle von 1501 und der Universität von 1544.

Schöne oder wenigstens bemerkenswerthe Portale finden sich am Dom, dessen Hauptportal, der sog. Triangel, eins der schönsten gothischen Bauwerke Thüringens ist, bei der Prediger- und der Kaufmannskirche; einen Vorbau (Paradies) besitzen die Kirche des Petersklosters und die Reglerkirche, sowie die Allerheiligenkirche, bei welcher derselbe sich im Thurme befindet. Bei der Martini- und bei der Neuwerkskirche sind Haupteingänge im Barockstyl.

Unter der ehemaligen Egidienkirche führt eine Fahrstrasse hin, wie dies früher auch bei der Benedicts-, der Viti- und der Nicolauskirche der Fall war. Bei der Martinikirche befindet sich diese Durchfahrt nicht unter der Kirche selbst, sondern unter einem Ueberbau, der dieselbe mit dem ehemaligen Kloster verbindet. Aehnliches kommt bei der Kirche des Ursulinerklosters vor; einst war auch die Andreaskirche in dieser Weise mit dem Cyriaxkloster verbunden. Von Profangebäuden zeichnen sich durch schöne Portale aus: die Häuser zum schwarzen Löwen, zum goldenen Hecht, zum Helm, zum Sonnenborn, zur hohen Lilie, zum Mohrenkopfe, zum Stockfisch und zu den güldenen Krönbacken, die sämmtlich der Renaissanceperiode angehören. Das schönste Portal aus dieser Zeit, das des Rathhauses, ist jetzt nur noch theilweise vorhanden.

Die Gewölbe, mit denen die Kirchen bedeckt sind, bestehen bei denen aus der gothischen Periode häufig in Kreuzgewölben, so bei dem Chore des Doms, der Severi-, der Prediger- und der Barfüsserkirche; das Langhaus des Doms hat ein Stern-, die Wigbertikirche ein Netzgewölbe. Die Martini- und die Michaeliskirche haben Tonnengewölbe, die Lorenzkirche über dem Hauptschiff ein ebensolches; mit Brettern verschaalte schräge, theilweise etwas spitzbogige Holzdecken haben die Augustiner-, die Regler- und die Thomaskirche, flache Decken die Allerheiligen- und die Hospitalkirche, die Marien-Magdalenen- und die h. Brunnenkapelle. In der Ursuliner- und der Neuwerkskirche sind die flachen Decken mit reicher Stuckverzierung in Rococcogeschmack versehen. Die Kaufmannskirche war früher eingewölbt, hat gegenwärtig eine flache casettirte Holzdecke. — Schlusssteine mit figürlichen Darstellungen finden sich in der Prediger- und der Barfüsserkirche, der Kreuzgangshalle des Doms und dem Augustiner Kapitelhause.

Eine Krypta hat nur der Dom unter seinem Chore; einen unterirdischen Büsserraum unter der Mensa, eine sehr selten vorkommende Einrichtung, die Marien-Magdalenenkapelle. Möglicherweise hat sich ein solcher auch in der Michaeliskirche früher befunden. Eine Unterkirche unter dem Nonnenchor besitzt die Kirche des Ursulinerklosters.

Kreuzgänge finden sich beim Dom, dem Severistifte und dem Augustinerkloster, wo der eine Arm in die Kirche eingebaut ist und eine Empore derselben trägt. Auch bei der Reglerkirche findet sich diese Einrichtung.

Von aussen, aber unmittelbar an die Kirchen stossende Kapellen besitzen die Severikirche (die Blasius-, die heil. Grabes- und die Marienkapelle), die Barfüsserkirche (die jetzt als Sakristei benutzte v. d. Sachsensche Kapelle). Die beiden Kapellen, die zur Kirche des Petersklosters gehörten, die St. Annen- und die Corporis Christi Kapelle, haben zwar ganz in der Nähe der ersteren gelegen, aber in keinem unmittelbaren Zusammenhang mit ihr gestanden.

Bei keiner einzigen der Kirchen Erfurts ruht das Gewölbe blos auf runden Säulen, vielmehr wird solches, soweit jene mehrschiffig sind, von Pfeilern getragen; nur bei der Schottenkirche wechseln solche mit Säulen ab. Meistens sind die Pfeiler glatt und achteckig, so im Domkreuzgange, in der Allerheiligen-, Lorenz-, Kaufmanns-, Ursuliner-, Augustiner- und Predigerkirche. Im Dom und in der Reglerkirche liegen den achteckigen Pfeilern runde Dreiviertelsäulen vor;

in der Barfüsserkirche sind die Pfeiler kreuzförmig und von acht Säulchen umgeben; in der Severikirche haben die viereckigen Pfeiler durch vorgelegte Hohlkehlen und abgerundete Ecken eine cylindrische Form erhalten. Sehr untereinander abweichend sind die meist kreuzförmigen Pfeiler mit vorgelegten Säulen in der Peterskirche. Die Aula der Universität hat starke viereckige Pfeiler mit Säulen in den Ecken.

Emporen finden sich und zwar in zwei Reihen, eine über der andern, in der Prediger-, Michaelis- und Andreaskirche; die Thomaskirche enthält solche nur an der Querseite, auf jeder der beiden Langseiten dagegen nur eine Empore, die Allerheiligenkirche solche auf zwei, der westlichen und der südlichen Seite; die Kaufmanns- und die Lorenzkirche haben nur eine Empore; bei der Ursulinerkirche bildet der über einer Unterkirche belegene Nonnenchor eine Art Empore. Bei der Reglerkirche befindet sich nur über dem ehemaligen Kreuzgange eine solche. Die einzige evangelische Kirche in Erfurt, welche ausser dem Orgelchore gar keine Empore besitzt, ist die Barfüsserkirche.

Unter den in den Kirchen vorhandenen Altären sind die wichtigsten die Flügelaltäre oder Altarschreine mit Holzschnitzerei und Gemälden. Dergleichen finden sich in der Prediger-, Regler-, Thomas- und Ursulinerkirche. Der der Barfüsserkirche ist zwar noch vollständig vorhanden, jezt aber anders disponirt. Zwar keinen Flügelaltar, aber doch eine in ihrer Art treffliche Holzschnitzarbeit enthält der Hochaltar der Kaufmannskirche; die des Doms, der Wigberti-, der Martini- und der Andreaskirche sind im Barockstyl. Unter den Seitenaltären ist am interessantesten der Marmoraltar des h. Severus in der Severikirche. Der Hochaltar derselben stammt erst aus der neuesten Zeit. Predellas finden sich unter den Hauptaltarstafeln der Prediger- und Barfüsserkirche.

Tabernakel finden sich im Dome und in der Predigerkirche, kleinere Sakramentshäuschen in der Severi-, der Thomas- und der Egidienkirche.

Unter den Taufsteinen sind die bedeutendsten der in der Severikirche und der im Dome, letzterer eine Arbeit des Hans Friedemann. Von dem nicht minder grossartigen in der Predigerkirche ist nur noch ein Theil vorhanden. Auch die Barfüsser-, die Kaufmanns- und die Reglerkirche besitzen interessante Taufsteine.

Schöne Chorstühle finden sich im Dome, in der Barfüsser- und in der Ursulinerkirche, Bet- und Beichtstühle in der Prediger- und der Wigbertikirche. Die wegen ihrer Schönheit einst berühmten Chorstühle der Peterskirche sind nicht mehr vorhanden.

Unter den Kanzeln verdienen vorzugsweise Beachtung die in der Sever- und in der Kaufmannskirche, beide Friedemannsche Arbeiten, sodann die in der Predigerkirche. Die in der Martinikirche ist im Barockstyl und reich vergoldet. Die Peterskirche enthielt früher der Symmetrie halber zwei correspondirende Kanzeln. Aussenkanzeln, die dem Prediger dienten, wenn der Andrang der Zuhörer so gross war, dass das Innere sie nicht zu fassen vermochte, die aber auch dazu benutzt wurden von ihnen aus den Gläubigen Heiligthümer zu zeigen, befanden sich beim Dom und bei der Augustinerkirche.

Von Kirchengeräthen sind erwähnenswerth: die eherne sternförmige Ampel und die beiden Kronleuchter im Dome, der eine von Eisen und Elensgehörn, der andere von Pappmasse, angefertigt von Schropp, von welchem Künstler auch die Severi- und die Neuwerkskirche dergleichen besitzen; der grosse in Metall gegossene Kronleuchter in der Predigerkirche, ein Reliquarium in der Severikirche, eine Schale in der Predigerkirche, ein Kelch in der Reglerkirche und der angeblich von der h. Elisabeth, herrührende Becher in der Ursulinerkirche, eine Monstranz und ein Kelch in der Wigbertikirche. Das Peristerium, welches sich früher im Dome befunden, ist jetzt nicht mehr vorhanden.

Von Teppichen ist der interessanteste der Tristanteppich im Dome; nicht minder bedeutend sind die im Besitz des Ursulinerklosters befindlichen Teppiche und die Processionsfahne des Domes, auch die diesem gehörigen Gobelins. Ebenderselbe besitzt auch eine Anzahl schöner reichgestickter Messgewänder, die theilweise Arbeiten der heil. Elisabeth sein sollen, der auch ein Messgewand im Ursulinerkloster zugeschrieben wird. Auch die Schottenkirche besitzt ein schönes dem 15. Jahrh. entstammendes Messgewand.

Schöne Orgeln befinden sich in vielen Kirchen Erfurts; für die vorzüglichsten gelten die im Dom, in der Neuwerks-, der Prediger- und der Andreaskirche.

Die Zahl der Thürme beträgt beim Dom und bei der Severikirche drei, doch hat die letztere noch ein kleines Seitenthürmchen. Zwei Thürme besitzen die Reglerkirche, davon einen aus romanischer Zeit mit Arcaden, und die Kaufmannskirche. Die übrigen Kirchen haben nur je einen Thurm, die Ursulinerkirche, die Magdalenen- und die Bonifaciuskapelle sogar nur einen Dachreiter. Die Thürme sind meist viereckig und enthalten oben eine Steinbalustrade, von deren Ecken Wasserableitungsröhren weit hinausragen; innerhalb jener befindet sich dann eine sechseckige oder achteckige — und dies ist die Regel — Spitze. In dieser Weise sind namentlich die Thürme der Allerheiligenkirche, einer der schönsten und höchsten Erfurts, der Martini-, Andreas-, Thomas- und Egidienkirche, sowie der Johannis-, der Nicolaus- und der Bartholomäusthurm. Bei der Lorenzkirche schmiegt sich die achtseitige Spitze unmittelbar an die vier Seiten der Thurmmauer. Diese letztere ist mit einem niedrigen Zeltdach bei der Michaeliskirche, der heiligen Brunnenkapelle und dem Georgenthurme versehen. Der Thurm der Benedictskirche endigt zur Zeit in eine Plattform und enthält unten eine Durchfahrt; bei dem Paulsthurme sind die beiden unteren Geschosse viereckig, die drei oberen achteckig; die Spitze besteht in einem niedrigen Zeltdache. In ein Glockendach endigt der Thurm der Wigbertikirche, in einen Tambour mit einer italienischen Haube die der Schotten-, Neuwerks- und Hospitalkirche, sowie der westliche der Reglerkirche. Lediglich kleine, aus dem Viereck in das Achteck übergehende Thürme haben die beiden ehemaligen Klosterkirchen, die des Prediger- und die des Barfüsserklosters; die letztere endigt in eine Gallerie mit Kreuzblumen und Spitzsäulen. Bei der Augustinerkirche erhebt sich der Thurm erst vom Kirchendach aus; er ist achteckig und ohne Spitze. Dachreiter finden sich, abgesehen von den oben angegebenen Fällen, auch bei der Wigberti-, der Martini- und der Allerheiligenkirche. Der Dom und die Severikirche haben auf dem Chor kleine Thürmchen für die Messglocke. — Die Kirche des Petersklosters sollte dem ursprünglichen Plane nach vier Thürme erhalten und für so viele existirt auch der Unterbau, in die Höhe geführt wurden aber nur zwei. Die Leonhardskirche hat weder einen Thurm noch einen Dachreiter. — Was die Stellung der Thürme zu den Kirchen betrifft, so ist solche bei denen, die mehrere von jenen besitzen, wie der Dom, die Severi- und die Kaufmannskirche zwischen dem Chore und dem Langhause; nur die beiden Thürme der Reglerkirche liegen dieser vor. Wo nur ein einziger Thurm ist, befindet solcher sich meist an der Stelle, wo Chor und Langhaus sich berühren, zuweilen aber auch an der Giebelfront. Einige sind sogar in das Schiff der Kirche hineingebaut, wie bei der Thomas-, Lorenz-, Schotten-Andreas- und Allerheiligenkirche, bei welcher letzteren der Haupteingang in die Kirche durch den Thurm führt. Bei der Neuwerkskirche stösst der Thurm ungewöhnlicherweise an eine der Seiten des Chorabschlusses. — Die noch vorhandenen Thor- und Wallthürme sind durchaus einfach, mit quadratischem Durchschnitt und Zeltdach.

Unter den kirchlichen Gebäuden sind nur zwei, welche Erker enthalten, die Chornischen der Egidienkirche und der Dreifaltigkeitskapelle. Dagegen kommen bei Privathäusern dergleichen mehrfach vor, so in runder Form bei dem Hause zum stolzen Knecht (der Regierung), viereckig bei denen zum rothen Stern, zum Stockfisch und zum Mohrenkopf, polygon bei dem zum goldenen Hecht. Dacherker haben die zum Rebstock und zum grossen Christoph, drei dergleichen finden sich an dem Hause zum goldenen Schwanringe.

Von kunstvollen Treppen sind zu erwähnen: die gedeckte Wendeltreppe im Querschiff der Severikirche, sowie die schönen Spindeltreppen im Hause zum breiten Herde und im Comthurhofe.

Die Bedachungen bestehen fast durchgängig in Satteldächern; bei den mehrschiffigen Kirchen ist in der Regel das Mittelschiff mit einem Satteldache, jedes Seitenschiff mit einem Pultdache bedeckt, so bei der Prediger-, Barfüsser-, Regler-, Andreas- und Thomaskirche. Zuweilen ist das erstere über dem Chorabschluss gewalmt, so bei der Martini-, Barfüsser- und Kaufmannskirche; vollständige Walmdächer haben die Severikirche und die Bonifaciuskapelle. Beim Dome und bei der Lorenzkirche finden sich neben einem Längendach niedrigere Querdächer. Das Dach der Michaeliskirche ist abgeschrägt, das der Allerheiligenkirche ganz unregelmässig gekrümmt.

Sehr bedeutend ist die Zahl der an und in den Kirchen vorhandenen Sculpturen aus älterer Zeit. Von solchen die nicht Grabdenkmäler sind gehören hierhin an Erzgüssen: der sog. Wolfram und die Krönung Marias von Peter Vischer, beide im Dom; von Steinarbeiten: die Marienstatuen im Dome, die noch der romanischen Zeit angehört, in der Wigberti-, Prediger-, Neuwerks- und der Severikirche, auf der sich der Verfertiger, Johann Gerhart, genannt hat, die Statue des h. Michael in ebenderselben, die Bildsäulen von Heiligen an den Aussenwänden der Lorenz-, Andreas-, Barfüsser- und Augustinerkirche, sowie die des h. Johannes an der Friedhofsmauer (früher am Johannisthore), der Oelberg von Joh. Wydemann an der Predigerkirche, der Christus am Kreuze an der Peterskirche, der für die älteste in Erfurt vorhandene Sculptur gilt, ähnliche Darstellungen an der Benedictskirche und dem Nicolausthurme, der Sarcophag des h. Severus, seiner Frau und seiner Tochter in der Severikirche, das Denkmal des Joh. v. Allenblumen im Dome, die Rolandssäule auf dem Fischmarkte, die Reliefs an der Lorenzkirche und dem Sybillenthürmchen, die kriegerischen Scenen von Hans Friedemann an dem ehemaligen Stotternheimschen Hause. Von Holzsculpturen verdienen Erwähnung: die Grablegung im Dom, die Anbetung der Weisen in der Predigerkirche, eine Schrankthüre in dem Hause zur Windmühle, und an Holzintarsien, die Thüre aus dem Rathhause, jetzt im Stadtmuseum.

Noch grösser ist die Zahl der dem Gebiete der Bildhauerkunst angehörenden Grabdenkmäler. Dahin gehört zuvörderst eine Reihe solcher mit Metallguss im Dome und in der Clementerie, sodann von Steinreliefs: das eines Grafen von Gleichen mit zwei Frauen und das des Wilh. von Harstall von H. Friedemann, beide im Dom, das des Walter v. Glitzberg und seiner Gemahlin in der Schottenkirche, das Salfeldsche und das Buseleybensche in der Lorenzkirche, das Hugoldsche, von H. Friedemann, das des Herm. v. Schmira und das des Apel Eichenfeld in der Allerheiligenkirche, die des Joh. Hochdorf und des Friedr. Gnarre in der Ursulinerkirche, die des Hugo Longus, Günther von Schwarzburg, Theodor von Lichtenhain, sowie das Vitzthum-Schwanringsche, das Legatsche, das Rosenzweigsche, das Nafzersche, das Muessche, die beiden letzteren von H. Friedemann, in der Predigerkirche, das der Cinna Ziegler, des Bischofs Albert von Beichlingen, der Margaretha von Vitzthum, des Berld von Vitzthum, das Denstedtsche, das Schwengfeldsche und das Hirschbachsche (von H. Friedemann) in der Barfüsserkirche, das Sachsen-Schwengfeldische, das des Wolfgang von Tettau und des Hans von Ziegler, alle drei Arbeiten von H. Friedemann, das des Hans Stoffel, des Joh. v. Grussen, sowie das Friederaunsche in der Kaufmannskirche, das des Heinr. v. Kreyenburg, der Adelheid von Amera, der Bischöfe Johann von Lavant und Ludwig von Marronia, des Heinr. v. Dornburg, Heinr. v. Meiningen, Dietrich Brunn, Joh. v. Kreyenburg und der Gräfin Elisabeth von Rabenswald in der Augustinerkirche, die beiden von der Sachsenschen an der Michaeliskirche, das des Siegfried Ziegler an der Hospitalkirche u. a. m. Viele der älteren unter ihnen sind polychromirt.

Bei den älteren Grabsteinen bildet die Beischrift den Rand der Darstellung, später wurde es üblich, die Inschrift auf der Platte oder unter oder über derselben anzubringen.

Spruchbänder den dargestellten Figuren beizufügen, war vorzüglich im Anfange des 15. Jahrh. üblich; so finden sich namentlich solche in dem Salfeldschen Epitaph von 1405 und dem Buseleybenschen von 1415, beide in der Lorenzkirche und an der Gedenktafel auf die Stifter in der Kapelle des kleinen Hospitals von 1410. Später kam dieser Gebrauch nur sehr selten in Anwendung; das jüngste Beispiel ist wohl das an der Vorderfront des Hauses zum Greifenstein von 1549.

Die zu den Beischriften verwendeten Buchstaben waren in der ältesten Zeit gothische Majuskeln. Diese Schrift findet sich ausschliesslich in denen des 13. und überwiegend in denen aus der ersten Hälfte des 14. Jahrh., so auf dem Grabsteine der Adelheid von Amera von 1298, dem Denkkreuze des Heinr. v. Siebeleben im Steigerwalde und dem Epitaph des J. Hochdorf in der Ursulinerkirche. beide von 1313, dem des Bischofs Johannes von Lavant von 1316 und des Bischofs von Marronia von 1328, beide in der Augustinerkirche, dem des Grafen Günther von Schwarzburg von 1345 in der Predigerkirche. Auch in der zweiten Hälfte des 14. Jahrh. kommt die gothische Majuskel noch zuweilen vor, wenn sie auch mehr und mehr von der Minuskel verdrängt wird, so auf dem Grabstein des Heinrich Dornburg von 1354 in der Augustinerkirche, des Theodorich von Lichtenhain von 1366 in der Predigerkirche, des Hermann von Schmira von 1382 in der

Allerheiligenkirche. Auch die Pestinschrift an der Peterskirche von 1372 ist in gothischer Majuskel. Seit dem Schlusse des 14. Jahrh. kam jedoch diese Schrift bei Grabsteinen völlig ausser Gebrauch. Nur auf einer Glocke des Johannisthurms von 1403 findet sich noch später ihre Verwendung.

Der Gebrauch der gothischen Minuskel begann in der zweiten Hälfte des 14. Jahrhunderts. Ihre älteste Anwendung findet sich in der Inschrift des Heinrich v. Kreyenbergischen Denksteins von 1356 in der Augustinerkirche, denn der des Heinrich Longus in der Predigerkirche mit der Jahreszahl 1279 ist nur eine Erneuerung aus dem Ende des 14. Jahrhunderts. Der Kampf zwischen beiden Arten von Buchstaben zeigt sich recht prägnant in der Inschrift des Dornhartschen Grabsteins in der Kaufmannskirche von 1393, wo alle beide nebeneinander verwendet sind. Im 15. Jahrhundert war die Minuskel die allein übliche Schrift. Seit dem Anfange des 16. Jahrhunderts wird sie aber durch die römische Schrift verdrängt, die zuerst in Capitalbuchstabeu angewendet wird. Inschriften mit Cursivschrift kommen nicht vor dem Ende des 17. Jahrh. vor. Die späteste Anwendung der gothischen Minuskel findet sich in dem Utensbergerschen Grabstein in der Hospitalkirche von 1511; gemischt mit Frakturbuchstaben kommt sie aber auch noch etwas später vor, so auf dem Grabstein des Heinrich Ziegler in der Kaufmannskirche von 1514 und in der des Hans Rintfleisch in der Ursulinerkirche von 1540.

Die figürlichen Darstellungen auf Sculpturen, insbesondere Grabsteinen, wurden zuerst nur in vertieften Linien zur Anschauung gebracht. Dies geschah namentlich im 13. und 14. Jahrh., so auf dem Christus am Kreuze neben dem Ostportal der Peterskirche, der für das älteste aller in Erfurt vorhandenen Bildhauerarbeiten gilt, auf dem Grabsteine der Adelheid von Amera in der Augustinerkirche von 1298, dem Denkstein des Heinr. v. Siebeleben im Steigerwalde und dem des Joh. Hochdorf in der Ursulinerkirche, beide von 1313, dem Grabsteine des Grafen Günther von Schwarzburg in der Predigerkirche von 1345, dem des Herm. v. Schmira in der Allerheiligenkirche von 1382, des Friedr. Gnarre in der Ursulinerkirche von 1393 u. a. m. Seit dem Anfange des 15. Jahrh. wurdeu aber die Reliefdarstellungen fast durchgängig üblich. Zuerst behielt man jedoch neben dem flachen Relief noch für das Detail die vertieften Linien bei, wie in dem Denkmal des Joh. v. Kreyenburg in der Augustinerkirche von 1408 und dem des Günther von Retenbach in der Allerheiligenkirche von 1418. Seit der Mitte des 15. Jahrh. verdrängte die Reliefdarstellung die lineare gänzlich, nur noch einzelne wenige Beispiele der letzteren, wie in dem Grabsteine des Berld Vitzthum von Apolda in der Barfüsserkirche von 1478 kommen seitdem vor. Recht deutlich zeigt sich dieser Uebergang in den beiden Pfaffschen Grabsteinen in der Ursulinerkirche; denn der der Ehefrau Margaretha von 1443 hat noch lineare Darstellung, während der ihres Gatten Nicolaus von 1451 in Relief ist.

Die in den Inschriften gebrauchte Sprache ist während des ganzen hier besprochenen Zeitraums überwiegend die lateinische. Seltener wurde in früheren Jahrhunderten die deutsche verwendet, doch kommen einzelne Beispiele davon schon sehr zeitig vor, wie an der Sculptur mit Christus am Kreuze am Ostportale der Peterskirche, die, wie schon bemerkt, sogar für die älteste in Erfurt vorhandene Bildhauerarbeit gilt. Minder selten wird im 15. Jahrh. die deutsche Sprache angewendet, wie dies z. B. in den Denkmälern des Heinr. Brunn in der Peterskirche von 1406, des Joh. v. Allenblumen im Dome von 1429 und in dem Starkeschen Epitaphium in der Lorenzkirche von 1480 geschehen ist. Zuweilen werden auch wohl beide Sprachen untereinander gemischt, wie in der Umschrift der Glocke im Johannisthurme von 1403.

Von geringerer Zahl und Bedeutung sind die aus älterer Zeit herrührenden Werke der Malerei in Erfurt. Die bedeutendsten finden sich in den zugleich Gemälde und Holzschnitzereien enthaltenden Altarschreinen der Prediger-, Barfüsser-, Regler-, Thomas- und Ursulinerkirche. Als Meisterwerk eines berühmten Malers kann nur die Vermählung der h. Katharina von Lucas Cranach im Dome genannt werden. Einige andere Gemälde, welche den Namen dieses Meisters führen, sämmtlich Bildnisse Luthers, sind apokryph. Beachtung verdienen noch die Darstellung der Empfängniss Mariä und die gekrümmten Pfeilerbilder im Dome, die Enthauptung des h. Johannes von George Busch in der Severikirche, der Stammbaum Christi in der Lorenzkirche, vier der fränkischen Schule entstammende Gemälde in der Ursulinerkirche, die auf Goldgrund mit Temperafarben gemalte Kreuzigung Christi in der Predigerkirche. — Einige interessante Gemälde befinden sich auch in dem vom Brande verschont gebliebenen Theile des Waisenhausmuseums. — Von Wandmalereien kann ausser den unbedeutenden Ueberresten am Dom, der Peters- und der Reglerkirche nur das grosse Bild mit dem heiligen Christoph in ersterem erwähnt werden. — Wenn auch nicht wegen ihres Kunstwerthes, doch wegen ihres Alterthums und ihrer Seltenheit höchst interessant sind die bemalten Setzschilde und die runden Tafeln mit allegorischen Figuren und dem Freidank entnommenen Sprüchen, die sich in dem alten Rathhause befunden haben. Privathäuser von aussen mit Malerei zu versehen ist hier niemals üblich gewesen. In Sgrafitto ausgeführte, zur Zeit aber durch Tünche verdeckte, figürliche Darstellungen der Art finden sich an dem Hause zum weissen Löwen. Einen reichen Schatz von Miniaturgemälden enthält die Universitäts Matrikel.

Glockenschau.

Das Gewerbe der Glockengiesser hat schon in einer sehr frühen Zeit in Erfurt eine Stätte gefunden. Die Nicolauskirche soll eine Glocke welche die Umchrift trug: Anno Dom. 1013 goss Tzegler i. h. S., besessen haben. Dass dieselbe in Erfurt selbst gegossen sei, kann kaum einem Zweifel unterliegen, da die Familie Ziegeler daselbst heimisch war und in jener Zeit häufig erwähnt wird, selbst ein Glockengiesser, der ihr angehörte, Heinrich Ziegler, im Anfange des 16. Jahrh. vorkommt. Im 13. Jahrh. war das gedachte Gewerbe hier ein sehr blühendes, es wurde sogar ein förmlicher Glockenmarkt in Erfurt abgehalten (Kirchhoff, Erfurt im 13. Jahrh. S. 59). In diese Periode (1250) fällt der erste Guss einer grossen, mehr als 270 Ctnr. schweren Glocke für den Dom, welche den Namen Gloriosa erhielt, der ihren Nachfolgerinnen geblieben ist. Nicht lange vorher hatte das Peterskloster durch Meister Heidenreich oder Heinrich aus Aachen drei Glocken, den grossen Andreas, den Paulus und den silberklar tönenden Petrus giessen lassen. Als diese letztere im nächsten Jahre sprang, versuchten die Mönche sich selbst mit dem Gusse und es gelang ihnen auch, nachdem das erste Mal die Glockenspeise in den Boden geflossen war, 1247 einen befriedigenden Guss zustande zu bringen (ibid S. 99. Böckner, Peterskloster, I, S. 94).

Im 14. Jahrh. gehörte zu den bekanntesten Erfurter Glockengiessern Johannes de Usleve civis Erfordie, der 1367 für die Oberkirche in Duderstadt den bei dem Brande von 1852 vernichteten St. Cyriacus goss. (Jäger, Urkundenbuch von Duderstadt, S. 89. Desselb. Duderstadt gegen das Ende des Mittelalters, S. 31, 32. Mithoff, Kunstdenkmale im Hannöverschen, II, S. 27). Für das Peterskloster goss 1354 Theodoricus dictus de Jhoniz den Andreas (Böckner, l. c. S. 95), für das nämliche Gunterus de Erfurt die (jezt in Nottleben befindliche) Agathe. Da derselbe 1351 eine Glocke für Görmar bei Mühlhausen gegossen hat, so lebte er in der Mitte des 14. Jahrunderts.

In hoher Blüte war in Erfurt das Glockengiessergewerbe im 15. 16. und 17. Jahrhundert, wo insbesondere die Glockengiesserfamilien Möhring, König und Geyer eine grosse Thätigkeit entfalteten und nicht nur Erfurt selbst, sondern auch viele benachbarte Orte, ja fast ganz Thüringen, mit Glocken versorgten.

Die Zahl der in Erfurt vorhandenen Kirchenglocken war früher sehr bedeutend. Am Schlusse des 17. Jahrh. betrug sie noch 120, gegenwärtig ist sie auf 80 zurückgegangen; davon kommen 9 auf den Dom, 6 auf die Severikirche, je 5 auf die Allerheiligen- und die Neuwerkskirche, je 4 auf die Schotten-, Kaufmanns- und Reglerkirche, den Johannis- und den Bartholomäusthurm, je 3 auf die Wigberti-, die Martini-, die Lorenz-, die Michaelis-, die Andreas-, die Thomas-, die Hospitalkirche, den Pauls- und den Georgenthurm, je 2 auf die h. Brunnenkapelle, den Egidien- und den Nicolausthurm. Ganz ohne Glocken sind die kleinen Thürme der Prediger-, Barfüsser- und Augustinerkirche.

Was Grösse und Gewicht betrifft, so nimmt die grosse Domglocke Gloriosa die erste Stelle ein. Ihr Gewicht beträgt 275 Ctnr., ohne den 11 Ctnr. schweren Klöpfel, ihr Durchmesser am Unterrande 8′ 2″ 6‴ Rhl., ihre Höhe von dem letzteren bis zur Platte 6′ 6″ 6‴; die Länge des Klöpfels 7′ 11″. Ihr zunächst kommt die Osanna der Severikircke mit einem Gewicht von 90 Ctnr., einem Durchmesser von 5′ 10″ 6‴, einem Umfange von 16′ 3″ und einer Höhe von 4′ 6″. — Es folgen sodann die Dreieinigkeit im Dom mit 82 Ctnr., die Vincentia in der Severikirche mit 65 Ctr., 5′ 2″ 9‴ im Durchmesser, 16′ 6″ im Umfange, 4′ 3‴ Höhe; der h. Joseph im Dom 62½ Ctnr., die grosse Glocke der Kaufmannskirche 39 Ctnr., der Andreas im Dom 37 Ctnr. 71 Pfund, die grösste Glocke der Andreaskirche 37 Ctnr, die grosse Glocke der Reglerkirche 36 Ctnr., die Martha in der Severikirche sowie die grösste Glocke des Johannisthurms je 34 Ctnr., der Christoph im Dom 27½ Ctnr., die grösste Glocke des Paulsthurms 26 Ctnr. 40 Pfund, die mittlere Glocke der Reglerkirche 23 Ctnr. Bei allen übrigen Glocken bleibt das Gewicht, so weit solches bekannt ist, unter 20 Ctnr.

Die Namen von Glockengiessern, die auf den Glocken genannt werden, sind abgesehen von dem erwähnten Tzegeler, dessen angeblich 1013 gegossene Glocke zur Zeit nicht mehr existirt, in chronologischer Folge nachstehende:

1342 Bouttebon, von dem eine der Silberglocken des Doms herrührt.
c. 1350 Günther von Erfurt (Glocke Agathe des Petersklosters, jetzt in Nottleben).
1419 Konrad von Varila (Martinskirche).
1465 Johannes Walter (Allerheiligenkirche).
1474. 1475 Claus von Mühlhausen (Osanna — Martha und zwei Silberglocken der Severikirche).
1497 Gerhard Wou von Kampen (Gloriosa im Dom, Vincentia in der Severkirche).
1509 Ziegler, Heinrich (Kaufmannskirche).
1564—1590 Kuchen oder Kughen, Eckart (Wigberti- und Martinikirche).
1584—1599 Möring, Melchior (Lorenz-, Allerheiligen- und Andreaskirche).
1602 Königk, Hermann (zwei Glocken in der Reglerkirche).
1632 Rausch, Michael Hans Heinrich und Geyer, Hans Wolf (Thomaskirche).
1667—1676 Pappe, Jacob (Regler-, Hospital-, Neuwerkskirche, Joseph im Dom).
1720—1737 Sorber, Nicol. Jonas (5 Glocken im Dom und 3 Glocken auf dem Paulsthurm).
1739 Brunner, Christian (Egidienkirche).
1743 Sorber, Michael (Nicolausthurm; 3 Glocken auf dem Johannisthurm).
1839—1862 Sorge, Benjamin (Michaelis- und Andreaskirche [2 Glocken], Hospital-, Kaufmannskirche, [2 Glocken] auf dem Bartholomäus-, 3 auf dem Georgenthurme).
1878 Wedel, Georg Adam (Reglerkirche).
1887 Ulrich, Gebrüder, zu Apolda (Kaufmannskirche).

Datirte Glocken finden sich:

im Dome von 1342. 1379. 1497. 1628. 1720 und 1721.
in der Severikirche von 1474. 1475 und 1497).
„ „ Schottenkirche von 1418.
„ „ Wigbertikirche von 1564.

in der Martinskirche von 1419 und 1590.
„ „ Lorenzkirche 1445.
„ „ Allerheiligenkirche 1465 und 1492.
„ „ Neuwerkskirche 1475 und 1595.
„ „ Kaufmannskirche 1509. 1520. 1862. 1887.
„ „ Reglerkirche 1489. 1602. 1667. 1878.
„ „ Michaeliskirche 1380. 1554. 1849.
„ „ Andreaskirche 1599. 1849 (2 Glocken).
„ „ Thomaskirche 1448 und 1623.
auf dem Egidienthurme 1482 und 1739.
„ „ Johannisthurme 1403. 1473 (3 Glocken).
„ „ Bartholomäusthurme 1442. 1481. 1840 (2 Glocken).
„ „ Paulsthurme 1737 (3 Glocken).

Die Sitte, den Glocken Namen zu geben, war in der früheren Zeit sehr verbreitet, während solches in späterer Zeit nur selten geschah. Sehr häufig wurden dazu die Namen der Heiligen gewählt, denen die Kirche selbst gewidmet war. So finden sich in der Michaeliskirche ein h. Michael, in der Andreaskirche ein h. Andreas, auf dem Egidienthurm ein h. Egidius, auf dem Johannisthurm ein h. Johannes, auf dem Bartholomäusthurm ein h. Bartholomäus; die Thomaskirche hat sogar zwei h. Thomas, einen grösseren und einen kleineren; auf der Schottenkirche ein heil. Jacobus, Patron der Kirche und ein h. Nicolaus, da die Kirche der Nicolaigemeinde als Gotteshaus dient. Sehr oft wurde auch der Name „Maria“ Glocken beigelegt, so bei der Lorenz-, der Allerheiligen- und der Schottenkirche, nicht viel seltener der des h. Johannes, wie dies in der Lorenz-, der Allerheiligen- und der Neuwerkskirche geschehen ist. Auch die Namen solcher Heiligen benutzte man, die, ohne Patrone der Kirche zu sein, doch in Beziehung zu ihnen standen, wie bei der Vincentia und der Martha der Severikirche. Andere Glocken erhielten Namen, die der kirchlichen Liturgie entnommen waren, wie die Ave Maria der Thomaskirche, die Osanna der Severikirche, die Messe des Paulsthurms, die Dreifaltigkeit der Kaufmannskirche. Von ihrer Beschaffenheit ist der Name der grossen Domglocke Gloriosa hergenommen, was, da dies ungewöhnlich war, wohl Veranlassung dazu gegeben hat, dass sie im Volksmunde in der Regel Maria gloriosa heisst, der auch ihrer Beschaffenheit halber der Vincentia den Namen „Schreier“, der Osanna den „Wecker“ beigelegt hat. — Die grosse Zahl der auf dem Dome befindlichen Glocken machte es nöthig, bei deren Benennung etwas weiter in den Kreis der Heiligen zu greifen, so traten neben die Gloriosa noch ein Joseph, ein Christoph, ein Johannes, eine Dreifaltigkeit u. s. w.

In älterer Zeit war es sehr gewöhnlich, die Glocken mit Inschriften oder Umschriften zu versehsn. Oft beschränkten diese sich auf die Jahrzahl, den Namen der Glocke und allenfalls den des Giessers. Vielfach enthielten sie aber auch mehr, biblische Sprüche oder Mahnungen an die Gemeinde. In späterer Zeit ward es üblich, die Namen aller Kirchenbeamten, die zur Zeit des Gusses fungirt hatten, mit anzubringen. Neuerdings ist die Sitte der Glockeninschriften überhaupt etwas in Abnahme gekommen, nur die 1887 für die Kaufmannskirche gegossene Dreifaltigkeit macht eine Ausnahme. Bis zu Anfang des 16. Jahrh. bediente man sich bei den Inschriften der gothischen Minuskel, seltener, wie bei der Glocke des

Johannisthurms von 1403, auch bei einer im Thurme der Neuwerkskirche, der Majuskel, später der römischen Capitalschrift. — Glocken, welche grössere Inschriften enthalten, d. h. solche, die sich nicht auf Namen und Jahrzahl beschränken, finden sich im Dome (sämmtliche, einschliesslich zwei sog. Silberglocken), in Sever (Osanna, Vincentia, Martha und zwei Silberglocken), der Schotten-, Wigberti-, Martinikirche (der heilige Martin und die mittlere Glocke), Lorenzkirche (die mittlere Glocke), der Allerheiligenkirche (Maria, Johannes und die kleinere Glocke von 1465), Neuwerkskirche (die grosse Glocke und die von 1670), der Kaufmannskirche (die Dreifaltigkeitsglocke und die von 1570), der Reglerkirche (vier Glocken), auf dem Bartholomäusthurm (zwei Glocken) und dem Paulsthurm (3 Glocken); überhaupt also 46 Glocken mit Inschriften, mehr als die Hälfte aller Glocken.

Wo bildliche Darstellungen auf Glocken vorkommen, bestehen dieselben fast durchgängig in Relieffiguren oder Brustbildern von Heiligen. Es finden sich dergleichen auf der Gloriosa im Dome (auch der 1717 geschmolzene Joseph enthielt eine solche), der Osanna und der Vincentia in der Severikirche, der Maria und dem Johannes der Allerheiligenkirche, den Glocken von 1509 und 1520 der Kaufmannskirche, zwei Glocken der Reglerkirche, einer der Michaelis-, dem heil. Andreas der Andreas-, dem grösseren Thomas der Thomaskirche, dem Egidius des Egidien- und einer des Bartholomäusthurms.

Nachstehend sind in alphabetischer Ordnung unter Angabe der Zeit ihrer Thätigkeit und der Lokalität,[1] in welcher noch Glocken von ihnen vorhanden sind, diejenigen aufgeführt, welche in Erfurt das Gockengiessergewerbe ausgeübt haben:

Barth, Fr. W. 1762—1769. Wss. (2), E. L. (2).
Bouttebon 1342. Erf.
Brunner, Christoph 1439. Erf.
Ebers, Martin (gemeinschaftlich mit Joh. Heinr. Rausch) 1696—1714. Wss.
Geyer, Adolf 1683. E. L.
Geyer, Andreas 1587. Mhn.
Geyer, J. Christoph 1561. Wss.
Geyer, Joh. Christoph 1703—1715. Eck., Lang., E. L.
Geyer, J. Wolfg. 1682—1687. Erf., Eck., Lang., Sang., Wss.
Geyer, Wolfgang 1551. Sang., E. L.
Kohler, Alex. 1616. Eck.
König, Herm. 1602—1606. Erf., Eck., Mrsbg. (2).
König, Jacob 1606—1648. Lang., Saalkr., Sang., Wss. (2), Z., Jena, Leipzig, die Glocke auf dem Michaelisthurm und die grösste, 114 Ctnr. schwere Glocke der Nicolaikirche. (Bierstädt, Dissert. hist. de campanarum materia et forma (Jenae) 1685, p. 31—33.)

[1] Es bedeuten die Buchstaben: Erf. Stadt Erfurt, Eck. Kreis Eckartsberga, Lang. Kr. Langensalza, L. E. Landkreis Erfurt, Mhn. Kr. Mühlhausen, Mrsb. Kr. Merseburg, Saalkr. Saalkreis, Sang. Kr. Sangerhausen, Wsf. Kr. Weissenfels, Wss. Kreis Weissensee, Z. Kr. Zeitz. Quellen für die bezüglichen Angaben sind, wo keine anderen angegeben worden, die Bau- und Kunstdenkmäler der Provinz Sachsen und des Grossherzogthums Weimar gewesen.

Kuchen oder Kughen, Eckart 1557—1592. Erf., Lang. (6 Glocken), Mhn., E. L., Saalkr., Sang., Wss., Z., Golmsdorf und Thalbürgel im Grossherzogth. Weimar, Magdeburg 1575, Domglocke Dominica von 100 Ctnr. Gewicht.

Lange, Carl 1848. Lang. (2).

Lange, C. H. E. L. (2).

Lange, Gebrüder (G. H. u. C. H.) 1810—1871. Lang., E. L.

Lange, G. W. 1799. Wss. (2), E. L.

Lange, H. (und G. C. Surber) 1804. Sömmerda (Hagke, Urkundl. Nachr. S. 198).

Lange, J. G. 1877. E. L. (2).

Lange, Mich. C. 1825. Wss.

Meyer, Christ. Aug. 1826. E. L.

Möring, Hans 1570. 1571. Mrsbg., Sang., Wss.

Möring, Hieronymus, der ältere 1589—1625. Eck., Lang. (3), Mhn., Sang., Wsf.

Möring, Hieronymus, der jüngere 1667—1681. Mrsbg. Sang.

Möring, Melchior 1584—1636. Erf. (3), Lang. (8), Eck., Freiburg a. U., Mrsbg. (5), Sang., Wsf., Wss. (4), Müncherode und Zwätzen im Grossherz. Weimar, Z. (4), Eisleben (Chronic. Islebiens., herausgeg. von Grössler und Sommer, S. 80).

Möring, Melchior und Hieronymus 1597—1633. Lang., Mhn., Mrsbg. (3), Gross-Neuhausen und Leutra im Grossherzogthum Weimar, E. L. (3).

Pape oder Pappenius, Jacob 1667—1704. Erf. (4), Eck., Lang., Sang., E. L.

Platzert, Joh. Georg 1685. Eck.

Rausch, Joh. Heinr. 1670—1710. Eck., Lang. (2), Sang., Wss. (3), Z. Zusammen mit Mart. Ebers 1697. 1710. Sang.

Rausch, Mich. Hans Heinr. und Hans Wolf Geyer 1632. Erf.

Sorber oder Surber, G. C. und H. Lange 1791—1804. Sömmerda (Hagke, l. c. S. 198), E. L. (2).

Sorber, J. C. 1797—1804. Wss. (3), L. E.

Sorber, Michael 1743. Erf. (4).

Sorber, Nicol. Jonas 1715—1760. Erf. (8), Eck., Mhn., Sang., Wss. (3), E. L. (9), Dornburg, Jena und Lobeda im Grossherzogthum Weimar.

Sorge, Benjamin 1835—1874. Erf. (10), Eck., Lang., Wss. (9), E. L. (17).

Tzegeler (Ziegler) 1013. Erf.

Usleve, Joh. v. 1367. Duderstadt.

Varila, Konrad v. 1419. Erf.

Walter, Joh. 1465. Erf.

Wedel, Georg Adam 1877. 1878. Erf., Eck.

Wettig, Joh. 1843—1856. Eck., Wss. (2).

Zechbauer, Jos. 1787. Lang.

Ziegler, Heinrich 1502—1556. Erf., Eck.

Register.

A. Der Bauwerke.

B. Der Künstler.[1]

A. = Architekten. B. = Bildhauer. M. = Maler. G. = Glasmaler.

[1] Es sind hier nur die Künstler aufgenommen, die bis zur Mitte des 17. Jahrh. gelebt haben.

C. Der Grab- und Denksteine.

Der Erfurter Landkreis.

Einleitung.

Der Landkreis Erfurt, der dadurch entstanden ist, dass vom 1. Januar 1872 ab der bisherige Kreis Erfurt in einen Stadtkreis und einen Landkreis, welcher letztere die zu jenem gehörig gewesenen ländlichen Ortschaften umfasste, getheilt wurde und der den südlichsten Theil des Regierungsbezirks Erfurt, abgesehen von den beiden vom Auslande enclavirten Kreisen Schleusingen und Ziegenrück, bildet, ist zwischen 50° 50′ 57″ und 51° 8′ 40″ nördlicher Breite, sowie 28° 26′ 11″ und 28° 48′ 29‴ östlicher Länge belegen.

Die Zahl seiner Bewohner beträgt nach der letzten statistischen Aufnahme 26079.

Es ist streitig, ob zur Zeit der Kämpfe zwischen den Römern und den Germanen in der hiesigen Gegend Cherusker oder Hermunduren gesessen; dagegen waltet kein Zweifel darüber ob, dass jene seit dem Beginne der Völkerwanderung dem grossen Thüringischen Reiche angehört habe und nach dessen Vernichtung durch die Franken und Sachsen an die ersteren gelangt sei.

Sie gehörte zum Gau Südthüringen, überwiegend zu dem Untergau: Altgau, nur der westliche Theil mit Zimmern, Rettbach und Ermstedt zum Westgau und der südliche mit Werningsleben zum pagus Languizza (Stechele, Zur Geographie Thüringens. Zeitschrift des Ver. für Thüring. Gesch. N. F. I, S. 295 ff.). Die fränkischen Könige liessen sie durch Beamte, die bald Herzöge, bald Grafen, auch wohl Markgrafen genannt werden, verwalten. Während dieser Zeit wurden die dem slavischen Volksstamme zugehörenden Sorben, welche die durch die Völkerwanderung entvölkerte Gegend links der Saale eingenommen und die darin zurückgebliebenen Deutschen sich unterworfen hatten, wieder zurückgedrängt oder vernichtet, jedoch nicht ohne dass Reste von ihnen zurückblieben. Es hat sogar noch in späterer Zeit eine Verpflanzung slavischer Kolonisten in die hiesige Gegend stattgefunden, wie solche unter andern 1136 zu Bechstedt auf den Grundstücken des Erfurter Petersklosters angesiedelt worden sind (Chronic. San Petrin. p. 102) und in ähnlicher Weise die Slavenkolonien zu Ermstedt, (ibid.) Dittelstedt, Melchendorf und Daberstedt (Stumpf, Acta Mogunt. p. 188) ihren Ursprung erhielten.

Seit dem Schlusse der Karolingischen Zeit hatten die Sächsischen Herzoge auch Südthüringen in ihre Gewalt gebracht. Unter König Otto I. wurde der Altgau von Wilhelm II. († 963), dem Stammvater der Grafen von Weimar, verwaltet.

Einer allerdings nicht unbestrittenen Annahme nach, hat Otto I. die Erzbischöfe von Mainz mit den landesherrlichen Rechten über Erfurt belehnt. Jedenfalls hat sich dies jedoch auf diese Stadt und einige in deren Nähe belegene ländliche Orte, welche zur Dotation des zur Zeit des h. Bonifacius projektirten Bisthums Erfurt bestimmt gewesen waren, beschränkt, nicht aber auf das ganze demnächstige Erfurter Gebiet bezogen. Vielmehr erscheint es unzweifelhaft, dass dies vor der sog. Reduction von 1664 nicht das mindeste mit dem genannten Erzbisthum zu thun gehabt, vielmehr die verschiedenen dazu gehörigen Orte den Landgrafen von Thüringen, den Grafen von Gleichen, Henneberg und Schwarzburg, den Abteien Fulda und Hersfeld u. s. w. gehört haben oder ihnen doch lehnspflichtig gewesen und allmählich meist durch Kauf in den Besitz der Stadt Erfurt gelangt sind (v. Tettau, Ueber d. staatsr. Verhältn. v. Erf. z. Erzst. Mainz. Erf. 1860). Erst infolge jenes Ereignisses erlangte Kurmainz die Landeshoheit über diese Orte, die dann 1803 infolge des Reichsdeputationsrecesses auf Preussen überging und seitdem, abgesehen von der französischen Zwischenherrschaft 1807—1814, bei diesem verblieben ist.

Die meisten der Orte, die jetzt den Landkreis Erfurt bilden, haben dem vorgedachten Erfurter Gebiete angehört, von welchem letzteren aber durch den Wiener Vertrag von 1815 der östliche Theil, die Aemter Schloss-Vippach, Atzmannsdorf und Tondorf, nebst einigen anderen Orten dem Grossherzogthum Sachsen-Weimar zugetheilt, gleichzeitig die Stadt Sömmerda mit den Dörfern Rohrborn und Schallenburg zum Kreise Weissensee, Gross-Vargula zum Kreise Langensalza geschlagen wurden. Nicht zum Erfurter Gebiete oder, wie es zuletzt hiess, dem Fürstenthume Erfurt, hat von dem gegenwärtigen Landkreise Erfurt nur gehört: der Flecken Wandersleben mit dem Schlosse Gleichen und dem Vorwerke Freudenthal, die ursprünglich einen Theil der Grafschaft Gleichen gebildet haben, und das Dorf Ringleben, das 1815 durch Tausch gegen das Dorf Nöda vom Grossherzogthum Sachsen-Weimar an Preussen gelangt ist.

Die Orte, welche früher zum Gebiete der Stadt Erfurt gehört haben, sind nur allmählig an diese gelangt; unter denen, welche gegenwärtig Bestandtheile des Landkreises Erfurt bilden, war das Gut Willrode (1282) das erste, das Gut Schaderode (1605) das letzte. Nie im Besitze der Stadt befindlich und daher auch nicht zu deren Gebiete gehörig, waren die kurmainzischen sog. Küchendörfer Hochheim, Melchendorf, Dittelstedt und Witterda mit Friedrichsdorf, welche ein unmittelbares Eigenthum des Kurfürsten von Mainz bildeten, daher von der Reformation unberührt blieben und noch jetzt katholische Kirchen haben und meist von Katholiken bewohnt sind, während die Einwohner der übrigen Orte seit der Reformation fast durchgehend der evangelischen Kirche angehören.

Der Kreis hat einen Flächeninhalt von 282 □^{km} oder 28165 Hektaren und 92 Ar und besteht aus einem Haupttheile der eine Länge von 28^{km} hat, während die Breite von 2 bis 22^{km} wechselt und von dem Stadtkreise Erfurt, dem Kreise Weissensee, dem Grossherzogthum Sachsen-Weimar, den Herzogthümern Sachsen-Coburg-Gotha und Meiningen sowie den Fürstenthümern Schwarzburg-Sondershausen und Schwarzburg-Rudolstadt begrenzt wird. Der kleinere 9^{km} südwestlich vom Hauptcomplex entfernte Theil bildet eine ganz von dem Herzogthum Gotha umschlossene Enclave.

Der Kreis gehört grossentheils dem Gebiete der Elbe an, welcher der Hauptfluss, die Gera, mit deren Nebenfluss, die Apfelstedt, mittelst Unstrut und Saale zufliesst. Nur der westlichste Theil den die Nesse, ein Nebenfluss der Werra, durchfliesst gehört zum Wesergebiete. Die Alacher Höhe bildet die Wasserscheide.

Der Kreis bildet einen Theil des Thüringischen Centralbeckens, doch ist er nur so weit, als er vom Thale der Gera eingenommen ist, eben, im übrigen wird er von einigen Höhenzügen, Vorbergen des Thüringer Waldes, durchsetzt. Abgesehen von dem, welcher die gedachte Enclave gegen Südwesten begrenzt und der den Namen: „der Horst" führt, ist es namentlich der Höhenzug der bei Willrode in den Kreis tritt, in der Wagd sowie in dem zum Stadtkreis Erfurt gehörenden Steiger sich fortsetzt und nachdem er bei Hochheim vom Gerathale durchbrochen worden und die erwähnte Alacher Höhe gebildet hat, in der Gegend von Witterda an die Fahnernschen Berge sich anschliesst. Der höchste Punkt liegt bei der sog. grossen Buche unfern Werningsleben mit 469 m absoluter Höhe (nach Fils Höhenmessungen im Kreise Erfurt, Ilmenau 1865, 1443 Par. Fuss), der niedrigste bei Ringleben, wo die Gera den Kreis verlässt mit 154 m Höhe.

Die Grundlage der oberen Bodenschichten bildet Muschelkalk, aus welchem die beiden vorgedachten Höhenzüge bestehen und der an höheren Stellen auch zu Tage tritt, dem aber an den Abhängen überall die Keuperformation (bunter Mergel) besonders deren untere oder Lettenkohlengruppe vorgelagert ist. Dieser Formation gehören auch die wellenförmigen Erhöhungen des Thalbodens — der Stollberg, Rotheberg, die Schwellenburg, der Walschberg, die Gleichen u. s. w. an. Der Keuper schliesst meist mehr oder minder mächtige Bänke eines gelblich oder grünlich grauen, äusserst feinkörnigen Sandsteins ein, der jüngsten Flötzformation täuschend ähnlich sehend, der namentlich in der Enclave Wandersleben vorkommt, und seine ausgedehnteste Entwickelung in den dieselbe berührenden Seebergen hat und ein treffliches Baumaterial liefert.

Ansehnliche Kies- und Lehmlager finden sich im Thale und an den Abhängen der Gera und Apfelstedt, Tufsteinlager bei Mühlberg.

In kirchlicher Beziehung gehörte der Kreis bis zur Einführung der Reformation zum Erzbisthum Mainz und zwar zu dem Archidecanate des Propstes des Marienstiftes zu Erfurt und dessen Decanate Zimmern infra, die Pfarreien Büssleben, Urbich, Nieder-Nissa und Windisch-Holzhausen, dem Decanat Ilversgehofen die Pfarreien Alach, Bindersleben, Frienstedt, Gispersleben Kiliani und Viti, Gottstedt, Hochheim, Ilversgehofen, Möbisburg, Melchendorf und Schmira, dem Decanate Kirchheim, die Parochien Bechstedt, Egstedt, Werningsleben und Waltersleben; ferner zum Archidecanate des Propstes des Severistiftes, in dessen Decanaten Münstergehofen die Pfarreien Münstergehofen (jetzt wüst), Witterda, Walschleben, Elxleben, Ringleben, Andisleben und Kühnhausen, im Decanate Molschleben die Pfarreien Tröchtelborn und Oberzimmern, im Decanate Wandersleben die Pfarreien Ermstedt, Klein Rettbach, Mühlberg und Wandersleben, in dem Decanate Herbsleben die Pfarrei Dachwig (Würdtwein, Thuringia et Eichsfeldia medii aevi ecclesiastica in archidiaconatus distincta. Commentat I. De archidiaconatu praepositi eccles. colleg. B. Mariae virg. Erford. Manhem. 1790. — Stechele, Registrum subsidii clero Thuringiae anno 1506 impositi. Zeitschr. d. Ver. f. thüring. Gesch. N. F., Bd. VI, Heft 1).

Nachdem die Bewohner sämmtlicher Orte mit Ausnahme der kurmainzischen sog. Küchendörfer zur evangelischen Kirche übergetreten waren, hörte selbstredend jenes Verhältniss auf. Die Pfarreien in den Küchendörfern haben nunmehr ihre Aufsichtsbehörde in dem von dem Bisthume Paderborn ressortirenden bischöflich-geistlichen Gerichte zu Erfurt, während für die evangelischen Parochien das 1615 eingeführte evangelische Ministerium zu Erfurt die Aufsichtsbehörde bildet, das gleichzeitig für die Pfarreien Wandersleben und Ringleben die Superintendentengeschäfte zu versehen hat.

Die politische Eintheilung des Erfurter Gebietes war die in drei Vogteien, an deren Stelle 1706 die in 9 Ämter trat, von denen aber nur vier: Mühlberg, Alach, Gispersleben und das Stadtamt dem gegenwärtigen Landkreis Erfurt entsprechen.

Dieser enthält vierzig Dörfer, zwei selbständige Gutsbezirke und einen Forstbezirk, sowie sechs Etablissements, die einen eigenen Ortsnamen führen ohne communale Selbständigkeit zu besitzen.

Alle diese Orte bilden 13 Amtsbezirke, doch hat diese Einrichtung nur eine polizeiliche Bedeutung, in betreff der Communalverwaltung stehen die aufgeführten Orte unmittelbar unter dem Landrathe bezw. dem Kreisausschusse.

Dass die erste Anlage von jenen fast durchgängig einer sehr frühen Zeit angehöre, ergeben schon die Endsilben ihrer Namen. Denn es kommt unter diesen die: leben, nicht weniger als zwölfmal und: stedt, sechsmal vor, so dass also beinahe die Hälfte aller Ortsnamen sich auf eine dieser Silben endigt.

Es wird nun jetzt nicht mehr in Zweifel gezogen, dass die Endsilbe: leben, (leiba, leba, leuben), die mit dem heutigen: bleiben im Zusammenhange steht, und soviel als Niederlassung, Wohnort, bedeutet, eine spezifisch Thüringische ist und auf eine Gründung durch den Volksstamm der Thüringer hinweist. Einundzwanzig Orte mit dieser Wortbildung sind bereits aus den Jahren 700 bis 900, also aus der frühesten Zeit, in Thüringen aus den noch vorhandenen Urkunden nachweisbar, und zwar grossentheils in dem Landstriche zwischen Gotha, Erfurt, der Unstrut und der Helme. Ebenso kommt die Endung: stedt (stet, stedi, stede, stadt), deren Bedeutung: Stätte, fast die nämliche ist, in Thüringen, in den ursprünglich von Thüringern bewohnten oder später bei dem Vordringen des Germanenthums von solchen in Besitz genommenen Landstrichen häufiger als in jedem anderen Theile Deutschlands vor. So finden sich allein in dem vorangegebenen Zeitraume urkundlich achtundvierzig Orte in Thüringen erwähnt, deren Namen mit dieser Sylbe gebildet sind. (Stechele, Zur Geographie Thüringens 700—900. Zeitschr. d. Ver. f. Thüring. Gesch. N. F. Bd. I, S. 335. Cassel, P., Ueber Thüringische Ortsnamen 1. und 2. Abhandl. Erf. 1854, 1858. Werneburg, Die Namen der Ortschaften Thüringens. Jahrb. d. Academ. d. Wissensch. zu Erf. N. F. Heft XII, S. 1 ff.) Nach Werneburg (l. c. S. 41) fällt die Entstehung der Orte mit den gedachten Endungen in ihrem Namen in die Zeit vom vierten bis zum achten Jahrhundert, wenn nicht in eine frühere. Nach ebendemselben gehören dieser Periode auch die Orte an, deren Namen sich auf: bach, born, berg und burg, hofen, dorf, heim und hausen endigen, deren jeder zweimal im hiesigen Kreise vorkommt, sowie auf: sen, das sich einmal findet. Einer späteren Zeit gehören die Ortsnamen mit den Endsilben: rode und thal (je dreimal) an.

Die Endungen „hausen und dorf“ will man auf eine hessische Kolonisation zurückführen. Der slavische Volksstamm, wenn er auch eine Zeit lang in der hiesigen Gegend gehaust haben mag, hat doch in den Ortsnamen keine Spur davon zurückgelassen. Der Zusatz zu dem Namen Holzhausen, „Windisch-“ entstammt einer später stattgefundenen Niederlassung slavischer Kolonisten.

Die Dörfer des Kreises sind durchgängig zusammenhängend gebaut. Abgesondert vom Hauptkomplex gelegene Gehöfte (Ausbauten) verdanken meist der neueren Zeit und der Gemeinheitstheilung ihre Entstehung. Einige grössere Dörfer, wie Ilversgehofen, Walschleben, Wandersleben und Mühlberg, haben ein stadtähnliches Ansehen.

Die Gebäude sind überwiegend in Fachwerk, die Fächer mit Lehm ausgestackt oder mit Bruchsteinen ausgemauert; doch fehlt es auch nicht an massiven, mit gebrannten Steinen aufgeführten Häusern. Die Strohbedachung, welche früher die Regel bildete, ist mehr und mehr der mit Dachziegeln gewichen.

Literatur.

(Dietrich) Kurze historische Topographie des Erfurtischen Gebietes. Erf. 1777.

Dominikus, Erfurt und das Erfurtische Gebiet. Th. II. Gotha 1793.

(Freiherr v. Müffling) Statistik des Landkreises Erfurt nebst einem Anhange: Historisches von den Ortschaften des jetzigen Landkreises Erfurt. Erf. 1874.

v. Tettau, Geschichtliche Darstellung des Gebietes der Stadt Erfurt. Erf. 1886.

(Clemens-Milwitz) Individual-Beschreibung aller zu den Erzstiftisch- und Churfürstlich Maynzischen Etat in Thüringen unter dem Erzstiftischen Gouvernement in Erfurt gehörigen Aemter und darunter gewiesenen Orten und Dorfschaften. Tom. II, Pars III. (Handschr. d. städtischen Archivs zu Erfurt.)

Fils, Höhen-Messungen von dem Kreise Erfurt. Ilmenau 1865.

v. Tettau, Uebersichtliche Zusammenstellung der in Erfurt und dessen Umgegend gefundenen vorgeschichtlichen Gegenstände. Erf. 1883.

Noback, Ausführliche geograph.-statist.-topograph. Beschreibung des Regier.-Bez. Erfurt. 1840. Th. I, S. 143—152; Th. II, S. 5—28.

Alach.

Evangelisches Pfarrdorf mit 663 Einwohnern, 7 ^{km} westlich von Erfurt. Es liegt mit seiner Flur auf der aus Muschelkalk bestehenden Alacher Höhe, einem Plateau, welches die Wasserscheide zwischen den Flussgebieten der Elbe und der Weser bildet, und bei Alach selbst eine Höhe von 898, weiter westlich an der Gothaschen Grenze von 1253 Par. Fuss erreicht.

Der Ort ist sehr alt, vielleicht hat sogar schon in prähistorischer Zeit hier eine Niederlassung bestanden, wie die in der Feldmark vorgefundenen alterthümlichen Gegenstände vermuthen lassen (Tettau, Uebersichtl. Darstellungen S. 233). Die Angabe, dass Alach im 8. Jahrhundert von dem Erfurter Benedictinerkloster St. Peter gegründet sei, ist aber offenbar unrichtig, da die Entstehung dieses Klosters selbst bewiesenermassen einer späteren Zeit angehört.

Alach kommt 1101 unter dem Namen Alch, 1143 Alich auch Alarici, in alten Gemeinderechnungen aber unter dem Namen Au an der Lache vor, und es ist die Endsilbe **ach** sicher das vielfach Wasserlauf bedeutende Wort: Ache, altdeutsch aha; das lateinische aqua (Grimm, Wörterbuch I, 162).

Der Ort hatte wohl ursprünglich zu denen gehört, mit denen das Bisthum Erfurt dotirt werden sollte, gelangte dann an die Erzbischöfe von Mainz, die es zur Ausstattung des vorgedachten Petersklosters verwendeten, unter dessen Besitzungen es schon 1104 genannt wird. Das Kloster trat 1361 die eine Hälfte des Gerichtes zu Alach dem Rathe zu Erfurt ab, die zweite Hälfte aber an die Familie von der Sachsen, die 1503 und 1535 wiederholt damit belehnt wurde, aber 1559 und 1565 auch ihren Antheil dem Rathe verkaufte, der nun seinerseits einen Lehnbrief über die Vogteilichkeit und das Halsgericht über den ganzen Ort vom Kloster erhielt. Doch verzichtete das letztere auf die Lehnsherrlichkeit und behielt sich nur seine Rechte auf Pfarre und Kirche und die ihm zustehenden Zinsen vor. Auch besass noch in späterer Zeit das Kloster dort ein Freigut mit einer dem katholischen Gottesdienste dienenden Kapelle.

Die Einführung des evangelischen Glaubensbekenntnisses begann bereits 1523 durch Nicol. Storch, wurde aber erst 1546 vollständig durchgeführt und 1604 der erste evangelische Prediger angestellt.

Während der kurmainzischen Zeit war Alach Hauptort eines Amtes, das von ihm den Namen führte.

Wann der Ort zuerst eine eigne Pfarrei zu bilden angefangen hat, ist nicht bekannt, doch ist mit Bestimmtheit anzunehmen, dass er zunächst vom Peterskloster aus administrirt ist. Noch in einer 1457 ausgefertigten Vocation bezeichnet der Abt jene als „uns und unserem Kloster incorporirt.“ Das Präsentationsrecht des Pfarrers, sowie das Recht der Kirchenvisitation blieb auch später, selbst noch nachdem die Gemeinde evangelisch geworden war, dem Peterskloster bis zu dessen Säcularisation und wurde in dem Executionsrecess vom 6./15. Juli 1650 ausdrücklich anerkannt und in einem am 14. Juli 1753 abgeschlossenen Vergleiche bestätigt. Doch hatte der Abt aus vier ihm präsentirten Kandidaten einen auszuwählen.

Die Kirche ist dem h. Ulrich gewidmet. Zu einem Neubau derselben wurde am 30. Juni 1405 der Grundstein gelegt; am 30. Juli 1410 fand die Einweihung statt. Doch brannte sie im Jahre 1864 ab, der Neubau lässt aber die ursprüngliche gothische Anlage noch erkennen in den Spitzbogen der Fenster uud der Thüreinfassungen, sowie dem Chorabschluss mit drei Seiten eines Achtecks. Auch der Thurm ist bis zur Spitze der ursprüngliche. In dessen Vorderfront erblickt man eine kleine wohl ursprünglich zur Aufnahme einer jetzt nicht mehr vorhandenen Statuette bestimmt gewesenen Nische, die durch ihren Eselsrückenbogen auf Entstehung in der zweiten Hälfte des 15. Jahrh. hinweist.

Die drei Glocken sind neu und von den Gebrüdern Ulrich in Apolda gegossen.

Andisleben.

Evangelisches Pfarrdorf mit 662 Einwohnern im Gerathale, links dem Flusse 13 km nordwestlich von Erfurt belegen.

Auch abgesehen davon, dass hier jedenfalls schon in prähistorischer Zeit sich eine Niederlassung befunden haben muss, wie die vielen in der Nähe des Dorfes gefundenen Alterthümer darthun (Tettau, Uebersichtl. Darstell. S. 235—239), ist der Ort sehr alt, denn er kommt urkundlich schon 796 unter dem Namen Ansoldisleben, und c. 874 als Ansottisleben vor, sodann unter dem Ansoldesleben, Ansoltesleben, Ansoldisleybin (1300), Annisleibin, Andersleben Zur Zeit der Gauverfassung hatte er zum Altgau, einer Unterabtheilung des Südthüringgaus gehört (Stechele, l. c. S. 308).

Späteren Nachrichten zufolge befand Andisleben sich im Besitz der Grafen von Gleichen, da Graf Erwin II. das Peterskloster zu Erfurt mit 6 Hufen zu Andisleben dotirt hat (Sagittarius, Historie d. Grafsch. Gleichen S. 36). Demnächst muss der Ort aber an die Landgrafen von Thüringen gelangt sein, da diese hier ein festes Schloss besassen, in das sie sich zurückzuziehen pflegten und das 1309 von den Erfurtern erobert und zerstört wurde (Chron. Sampetrin. p. 152). Spuren dieses Schlosses waren noch am Ende des 18. Jahrh. vorhanden. Im übrigen gehörte der Ort unter thüringischer Lehnsobrigkeit den Edlen von Andisleben. Dietrich und Bruno von Andisleben verkauften dem Kloster Volkerode 1301 5 Hufen, 11 Höfe und einen Antheil an der Oberkemnate, 24 Acker Weidig und ebensoviel Wiesen zu Andisleben, überliessen demselben auch das Pfarrlehn und die Gerichte, soweit ihnen solche zustanden. Die andere Hälfte des Ortes wurde am 19. Juni 1319 von den Grafen Heinrich und Dietrich von Hohenstein dem Severistifte zu Erfurt und dem Arzte Conrad, genannt de Turribus (Thurm), verkauft, deren ersteres 1341 seinerseits seinen Antheil weiter dem Rathe zu Erfurt käuflich überliess resp. vertauschte, welcher letztere auch von der Wittwe des Conrad Thurm in demselben Jahre deren Besitzungen in Andisleben, bestehend in 9 Hufen Landes, 10 Pfund Renten und 60 Acker Wiesen an sich brachte, jedoch 1351 9 Hufen Artland an Heinrich Schetzel und Genossen wieder verkaufte. Doch gehörte ein Theil des Ortes noch der Familie Paradies zu Erfurt, die 1501 Erbzinsen daselbst wiederkäuflich verkaufte.

Die dortige Kirche, welche den hh. Petrus und Paulus geweiht ist, entstammt in ihrem gegenwärtigen Zustande verschiedenen Zeiträumen. Der untere Theil des Thurmes mit dem darin befindlichen Gewölbe, sowie die ehemalige Absis mit ihrem Triumphbogen, der sich ohne Kämpfer erhebt, dürften noch dem 13. Jahrh. zugeschrieben werden müssen. Wegen Baufälligkeit der Absis hat man drei Strebepfeiler vorgesetzt und die etwas gedrückten Bogen der Fenster vermauert.

In der Kirche befinden sich zwei alte Taufsteine. Der ältere kleinere mit Hackenfries entstammt dem 13. Jahrh., ist also der Absis gleichzeitig; der jüngere achteckige, sehr grosse, auf das Eintauchen des Kindes berechnet, besitzt keinen Fuss mehr und wird deshalb zur Zeit als Brunnentrog benutzt.

Auch die drei Glocken gehören verschiedenen Perioden, jedoch sämmtlich der neueren Zeit an; die kleinste von 0,47 m Weite mit dem Chronogramm:

Gott wenDe Von Vns ab
FeVer VnD wassersnoth
Gefahr KrIeg HVnger Pest
Ia bösen sChneLLen ToD

und die mittlere von 0,95 m Weite, sind beide, jene 1717, wie die Inschrift ergiebt, letztere 1747 von dem Glockengiesser Nicol. Jonas Surber zu Erfurt, die grösste von 1,20 m Weite ist 1884 von den Gebrüdern Ulrich zu Apolda gegossen.

Bechstedtwagd.

Evangelisches Filialkirchdorf mit 201 Einwohnern, 8 km südlich von Erfurt belegen. Das Dorf liegt auf der Wagd, die ihm die Namensendung gegeben, durch den es von dem jetzt zum Grossherzogthum Weimar gehörenden Dorfe Bechstedtstrass unterschieden werden soll, einer Kalksteingebirgshöhe.

Bechstedt, das in älterer Zeit unter den Namen: Bechstede, Bechenstete, Bachstete, Bachastedt vorkommt, der durch Stätte am Bache erklärt wird, ist jedenfalls ein alter Ort; ob aber das Becstät oder Berstät was 876 als im Altgau belegen vorkommt (Stechele, l. c. S. 309) auf Bechstedtwagd zu beziehen sei, bleibt doch sehr zweifelhaft.

Dieses war ursprünglich ein Lehn der Grafen von Henneberg gewesen. Der Rath von Erfurt erkaufte den Ort 1355 wiederkäuflich an den Grafen Johann von Henneberg, er ward von diesem aber 1357 wieder eingelöst. Von neuem ward er 1414 von dem Grafen Wilhelm von Henneberg, anfangs gleichfalls wiederkäuflich, demnächst aber erbeigenthümlich dem Rathe überlassen. Doch blieb die Lehnsoberherrlichkeit den Grafen von Henneberg, welche erstere dann nach dem Erlöschen dieses Hauses auf Sachsen überging, das durch den Leipziger Recess von 1665 sein Recht an Kurmainz abtrat.

Die Kirche, eine Tochterkirche von Egstedt, der h. Dreifaltigkeit geweihet, stammt aus sehr früher Zeit, denn man kann noch erkennen, dass die Absis ursprünglich in romanischem Style erbaut war und die Bogen zugemauert sind. Eben so alt ist der Thurm, aber 1862 mit einer modernen Spitze versehen. Das Schiff ist 1724 erweitert. Die Glockenstube des Thurmes zeigt spätromanische gekuppelte Fenster mit Kelchkapitälen.

Die drei Glocken stammen aus neuerer Zeit und sind von den Gebrüdern Ulrich in Apolda gegossen.

Bindersleben.

Evangelisches Kirchdorf mit 574 Einwohnern, 5,3 km westlich von Erfurt, liegt auf der Alacher Höhe an der hier entspringenden Nesse.

Bindersleben, das bereits zur Zeit Kaiser Otto I. unter dem Namen Biltersleyben, 1143 als Bindersleibin, 1157 als Biltersleuin, 1269 Billerichesleybin, 1300 Biltirsleybin, 1506 Biltersleben vorkommt und angeblich von Wenden angelegt ist, während nur ein, wie die Endung des Namens darthut, ursprünglich unzweifelhaft deutscher Ort in späterer Zeit slavische Colonisten erhalten hat, gehörte in frühester Zeit, wenigstens theilweise nicht nur dem Erzbischofe von Mainz, sondern sogar zu dessen Küchendörfern, namentlich besass das Erzstift dort 7 Hufen, davon 6 zu seinem Gute. Es trat solche als Entschädigung für ein Gut im Dorfe Prognitz an das Peterskloster zu Erfurt ab, das bereits 1224 durch Ankauf von Heinrich von Biltersleyben den Antheil dieses schon im 9. Jahrh. blühenden Geschlechtes erworben hatte. Am Ende des 15. Jahrh. befand sich der Ort noch im Besitze des Klosters. Bei dem damals stattfindenden Vermögensverfall desselben, muss es aber von ihm an den Rath zu Erfurt verkauft sein, der die eine Hälfte des Gerichtes schon 1350 von Dietrich von Weissensee käuflich erworben hatte. 1516 wird Bindersleben unter den städtischen Besitzungen mitgenannt, doch war die dortige Pfarrei, auch nachdem die Gemeinde sich der evangelischen Kirche zugewendet hatte, dem Severistifte zu Erfurt bis zu dessen Säcularisation lehnpflichtig.

Das Schiff der dem h. Lucas geweihten Kirche hat seine gegenwärtige Gestalt im Jahre 1737 erhalten und ist neuerdings restaurirt. Doch lässt der Chorabschluss mit den drei Seiten eines Achtecks erkennen, dass bei dem Neubau einzelne Bautheile der älteren Kirche Verwendung gefunden haben. Anch ist bei jenem der bisherige Thurm erhalten. Derselbe ist spätgothisch und deutet durch grosse Uebereinstimmung mit dem Bartholomäusthurm zu Erfurt, namentlich durch seine achtseitige Spitze und die dieselbe einschliessende durchbrochene Steingallerie auf die erste Hälfte des 15. Jahrh. als Bauzeit. In der Vorderfront befindet sich eine kleine spitzbogige Nische, die wohl einst zur Aufnahme einer jetzt fehlenden Statuette bestimmt war.

Die drei Glocken im Thurme gehören anscheinend dem Anfange des 18. Jahrhunderts an.

Büssleben.

Evangelisches Kirchdorf mit 487 Einwohnern, 6 km östlich von Erfurt.

Der Ort ist sehr alt und kommt urkundlich unter den Namen: Busileben (874), Buselyben (1143), Buseleybin (1192), Buseleiben (1216), Busseleyben (1343), Buseleiba, Buselebe, Busileben, Bissleibe, Biseleibe vor.

Nach den mancherlei Alterthümern, die auf der Feldmark, theilweise in einem Grabhügel gefunden worden sind (Tettau, Uebersichtliche Zusammenstellung S. 207), möchte man annehmen, dass schon in vorgeschichtlicher Zeit sich hier ein bewohnter Ort befunden; zur Zeit der Karolinger gehörte Büssleben zum Altgau des Südthüringaus. Es hat sich demnächst im Besitze des schon 1192 vorkommenden Geschlechtes von Büssleben befunden; Ritter Friedrich von Buseleyben vermachte 1235 dem Peterskloster zu Erfurt eine Hufe zu Busileibin. Doch war der Ort ein gräflich Gleichensches Lehn, denn 1313 ertheilten die Grafen Ernst und Heinrich von Gleichen ihre Genehmigung zu dieser Schenkung, sowie 1333 Graf Hermann von Gleichen seinen Consens zu dem seitens des Ritters Hermann von Cölleda stattgefundenen Verkaufe von $10\frac{1}{2}$ Hufen Landes und dem dazu gehörigen Hofe im Felde und Dorfe Bussleben, welche vormals Heinrich Schade als gräfliches Burglehn besessen, und in dem nämlichen Jahre eignete ebenderselbe dem Peterskloster $1\frac{1}{2}$ Hufen im Felde von Buseleiben, die Rodolff von Nordhausen lehnsweise besessen und in seine Hände resignirt hatte. Ebenderselbe bekundete 1334, dass er eine Hufe zu Busseleyben, die Conrad von Gotha von ihm zu Lehn getragen, dem Peterskloster übereignet habe, und 1335 gab der nämliche seinen Consens dazu, dass das Stift St. Severi zu Erfurt den halben Theil der Gerichte zu Büssleben an den Rath zu Erfurt verkaufe. Wie Dominikus, l. c. S. 228 angiebt, ist Büssleben zugleich mit dem Dorfe Rohda an der Wagd 1403 von den Grafen von Gleichen wiederkäuflich der Stadt Erfurt überlassen.

Doch war ein Theil des Ortes den Erzbischöfen von Mainz lehnspflichtig, denn 1318 genehmigte Erzbischof Peter die Uebertragung von 3 Hufen Artland und einem Hofe im Dorfe Busseleiben, auf die Hermann Schade, der solche von ihm zu Lehn getragen, verzichtet, in den Besitz des Heinrich von Biltersleibin und Genossen. Später befand sich der ganze Ort im Besitz der Stadt Erfurt.

Derselbe hatte früher zwei Kirchen, von denen die eine, dem h. Michael gewidmete, aber sehr alte, düstere, unbequeme und enge in der ersten Hälfte dieses Jahrhunderts abgebrochen ist, nachdem sie bereits längere Zeit nicht mehr zum Gottesdienst benutzt war. Doch steht noch ihr sehr massiver viereckiger Thurm, bei dem nur das oberste Geschoss und das Zeltdach modern sind. Ein Stein in der Umfassungsmauer zeigt die Jahreszahl 1348 und dieser Zeit entspricht auch der Bau mit seinen spitzbogigen Fenstern und den schlitzartigen Lichtöffnungen.

Die andere, die Peterskirche, ist 1770 neu gebaut, doch ist der Thurm des früheren Bauwerks beibehalten. Derselbe ist frühgothisch und enthält drei schlanke spitzbogige Fenster hinter dem Altare.

Der Kirchplatz wird von einer Mauer umschlossen.

Die drei Glocken sind neu und von den Gebrüdern Ulrich in Apolda gegossen.

Zu dem Orte gehört das $1\frac{1}{2}$ km nördlich an der Erfurt-Weimarschen Chaussee gelegene Hospital St. Georgii mit einer Kapelle, das angeblich zur Zeit der Kreuzzüge zur Aufnahme von Aussätzigen (domus leprosorum) gegründet und gegenwärtig zur Unterbringung von 10 Hospitaliten eingerichtet ist, dessen jetzige Gebäude aber einer späteren Zeit angehören. Nur die Kapelle ist noch die ursprüngliche, bereits 1345 restaurirte, mit spitzbogiger Thüreinfassung, kleinen viereckigen Fenstern und einem mit Brettern verschalten Tonnengewölbe. Auf dem Dache ein dicker Dachreiter.

Dachwig.

Evangelisches Kirchdorf mit 1031 Einwohnern, 16 km nördöstlich von Erfurt, umgeben von Keuperhöhen, an dem von den Fahnernschen Bergen herabkommenden bei Ringleben in die Gera fallenden Jordanbache belegen.

Dieser sehr alte Ort, der in älteren Urkunden unter dem Namen: Tachebah (c. 874), Talobach (? Tachabach), Tachbeche, Tachenbach, Tachenbeche, Dachebeche, Dachebegi, Dachebechi, Dahbiche, Dachebiech', Tagwich und Dachbich vorkommt, hat zur Zeit der Karolinger dem Altgau des Südthüringgaus zugehört.

Er hatte einen Theil der Dotation des Erzbisthums Magdeburg durch Kaiser Otto I. gebildet, war sodann aber an das Stift Fulda gekommen und zuletzt in den Besitz der Landgrafen von Thüringen gelangt. Landgraf Albert verkaufte 1293 das Blutgericht sowie Renten zu Dachwig an Heinrich Vitzdom, Bürger zu Erfurt, der 1305 auch von den Herren von Heldrungen die diesen daselbst zustehenden Gerechtigkeiten erwarb.

Später befand sich der Ort im Besitze der Stadt Erfurt, doch weichen die Angaben darüber, wie er in diesen gelangt sei, von einander ab. Dominicus (l. c. S. 111) berichtet, dass die Vitzthumschen Güter auf nicht näher bekannte Weise wieder an die Herren von Heldrungen gelangt wären und Friedrich von Heldrungen solche 1327 an den Rath zu Erfurt abgetreten habe. Hogel (handschr. Chron. von Erfurt S. 336) giebt an, dass der Rath 1339 Güter zu Dachwig von „den Junkern, denen sie zustanden," gekauft habe, und ähnliches berichtet Friese (handschr. Chron. von Erfurt I, S. 117[b]). Dagegen erzählen eben dieselben an anderen Stellen (Hogel, l. c. S 357; Friese, l. c. S. 127[e]), dass der Rath 1348 oder 1349 Güter zu Dachwig von dem von Herbsleben und dem Kloster Ichtershausen angekauft habe. Nach den noch vorhandenen Urkunden hat aber Friedrich Harras zu Heldrungen 1327 dem Rathe zu Erfurt einen Lehnbrief über die Vitzthumschen Güter zu Dachwig ertheilt und 1349 Günther, Herr von Herwensleben, dem Rathe 5 Höfe ebendaselbst käuflich überlassen.

Man wird hiernach annehmen müssen, dass Dachwig ursprünglich aus mehreren Antheilen bestanden habe, die der Rath allmählich durch Ankauf an sich gebracht hat, die aber, wie ein 1487 von dem Kurfürsten Friedrich und Herzoge Johann von Sachsen dem Rathe ertheilter Lehnsbrief über Dachwig darthut, den Landgrafen von Thüringen sämmtlich lehnspflichtig gewesen sind. Eine Folge hiervon ist, dass das Patronat über die dortige Kirche noch gegenwärtig dem Herzoge von Sachsen-Koburg-Gotha zusteht.

Ausserordentlich viel zu leiden hatte der Ort während des dreissigjährigen Krieges ([J. D. Ludwig] Chronik des Erfurtischen Dorfes Dachwig aus dem XVII. Jahrhundert, herausgegeben von W. Schum. Mittheil. d. Ver. f. d. Gesch. von Erfurt Heft IV, S. 83—190).

Die dem h. Petrus geweihte Kirche ist 1862 nach dem Entwurfe des Bauraths Vehsemeyer neu gebaut. Leider ist hierbei der Thurm derselben so schlank ausgefallen, dass die vorhandene ältere Glocke in ihm kaum untergebracht werden konnte und nicht geschwungen, sondern nur angeschlagen werden kann. Die Kirche ist an die Stelle einer i. J. 1539 erbauten getreten, dem Jahre nämlich, in welchem die Reformation in Dachwig Eingang fand.

Die drei Glocken haben eine Weite von resp. 1,14, 0,84 und 0,64 ^{m}. Die grösste hat in Minuskeln die Inschrift:

Anno dm̄ m° cccc° xcıııı° non me si⁹ susanna cv̄ sit michi nomē ossanna,

die nicht recht verständlich ist.

Die kleinere mit dem nebenstehenden Zeichen des Meisters in einem schräg rechts geneigten Schilde und der Bemerkung: fusit me Sorber, stammt wie das Chronogramm:

aLs geMeInDe hIer hat aLLe gIess kosten hIerbeI getragen so kIrChe

ergiebt, aus dem Jahre 1756.

Die mittlere ohne Jahresangabe scheint, wie der darauf befindliche Vers:

durch hohen Fall verletzet, sonst ohn Accord geklungen wird nun von unser Drei fis, b und cis gesungen

(was wohl fis, ais, cis oder ges, b und des heissen müsste) vermuthen lässt, der neueren Zeit seine Entstehung zu verdanken.

Dittelstedt.

Katholisches Filialkirchdorf, $3\frac{1}{2}$ km westlich von Erfurt mit 285 Einwohnern.

Das Dorf liegt am nördlichen Abhange des Hernzig- oder Herrenberges, eines Muschelkalkrückens.

Der Ort, der nach Dietrich (l. c. S. 8) von den Slaven gegründet sein soll, aber sicher nur slavische Kolonisten erhalten hat, und 1104 als Tulinstete, 1143 als Tutestete, 1291 als Thutelesstede vorkommt, gehörte zu den kurmainzischen sog. Küchendörfern und ist daher auch von der Reformation unberührt geblieben. Doch stand die Vogtei daselbst noch 1275 den Grafen von Gleichen zu.

Unfern vom Dorfe an der Chaussee nach Erfurt befindet sich eine grosse Linde auf einer rasenbedeckten viereckigen Erhöhung, die den Namen der Königstuhl führt, weil einer jedoch unverbürgten Sage nach unter dem Baume der Frankenkönig Dagobert Gericht gehalten, oder, wie andere erzählen, eine Königin, während sie Erfurt befehdete, hier ihr Zelt gehabt hat. Verbürgter ist, dass Friedrich der Grosse im siebenjährigen Kriege hier verweilt und die Umgegend besichtigt hat.

Die dem h. Martinus gewidmete Kirche, eine Tochterkirche von Melchendorf, stammt in ihrer gegenwärtigen Gestalt aus dem 18. Jahrh., doch sind dabei ältere Bautheile benutzt, namentlich der aus drei Seiten eines Achtecks, deren jede 1,12 m breit ist, gebildete Chorschluss. Die rundbogigen Fenster rühren aber von jenem Neubau her. Ueber der Eingangsthüre befindet sich ein Steinrelief mit Maria und Johannes; unfern davon ein zierlicher altdeutscher Baldachin, unter welchem wohl früher eine, jetzt nicht mehr vorhandene, Bildsäule gestanden haben wird. Vor dem Kirchengiebel befindet sich ein Grabstein, auf dem in Relief ein Geistlicher mit Bischofsmütze und Krummstab und einem Buche in der Hand und einer Umschrift in spätgothischer Minuskel, die jedoch schon etwas verwittert und unlesbar ist, dargestellt ist.

Die Kirche hat früher keinen Thurm gehabt, der gegenwärtige, an die mittlere Seite des Chorabschlusses stossende rührt von der auf dem Petersberge zu Erfurt befindlichen St. Leonhardskirche und wurde, nachdem er 1810 aus fortificatorischen Rücksichten dort abgebrochen und von der damaligen französischen Regierung der Gemeinde Dittelstedt geschenkt war, hier wieder aufgerichtet, doch hat er erst damals sein Zwiebeldach erhalten.

Im Innern der Kirche befindet sich ein unbedeutender Rest eines Schnitzaltars, der wahrscheinlich auch aus der St. Leonhardskirche stammt, mit den Figuren der h. Nothburga und des h. Isidorus, Patrons der Ackerbauer.

Die beiden Glocken von 0,68 und 0,57 ^{m} Durchmesser sind 1877 von J. G. Lange zu Erfurt gegossen.

Egstedt.

Evangelisches Kirchdorf, 7 ^{km} südlich von Erfurt, auf dem Muschelkalkplateau der Wagd belegen, mit 353 Einwohnern.

Aeltere Formen des Namens sind: Eggestat, Egenstete (1148), Eginstethe (1297), Engestad, Eckestete, Eckstete, Eckstädt.

Es hat wohl ursprünglich der noch 1308 vorkommenden Familie von Egstedt gehört, nach den ältesten beglaubigten Nachrichten sich jedoch im Besitze der Grafen von Kefernburg befunden. 1297 verkaufte Graf Günther von Kefernburg alle seine Rechte an Egstedt an das Kloster Ichtershausen, wozu König Albert 1303 seine Genehmigung ertheilte. Es gelangte demnächst — auf welche Weise und wann ist nicht bekannt — in den Besitz der Stadt Erfurt. 1342 schlug hier Landgraf Friedrich der Ernsthafte im Bunde mit den Erfurtern die Grafen von Weimar und Schwarzburg. Ein noch vorhandenes Steinkreuz an der Strasse nach Erfurt soll das Andenken an diesen Sieg erhalten. Das Karthäuserkloster zu Erfurt erwarb hier 1591 20 Acker, die es bis zu seiner Säcularisation besass.

Die Kirche, die der heiligen Dreifaltigkeit geweihet ist und deren Patronat ursprünglich der Aebtissin des Cyriaxkloster zu Erfurt zustand, ist 1711 neu gebaut, dabei jedoch der aus früherer Zeit stammende Thurm beibehalten. Er enthält zwei von den Gebrüdern Ulrich in Apolda gegossenen Glocken.

Der Kirchhof ist ummauert und mit Schiessscharten versehen, um nöthigenfalls vertheidigt werden zu können, eine Einrichtung, die sich nicht selten in thüringischen Dörfern findet.

Elxleben.

Evangelisches Kirchdorf, $9^1/_2$ ^{km} nordnordwestlich von Erfurt, am linken Ufer der Gera im breiten Thale derselben belegen, mit 1257 Einwohnern.

Der Ort kommt in älteren Urkunden unter den Namen: Albgozeslebe, Algozleiben (1176), Elkesleiben (1190), Elkesleybin (1192), Elkisleybin (1300), Elckleyben, Elchesleiben, Eilchesleibin, Elchelebe, Elixlebe vor.

Er wurde von Kaiser Otto I. mit Walschleben, Münstergehofen und Dachwig dem Domstifte Magdeburg verliehen, gehörte demnächst aber grösserentheils den Grafen von Gleichen und von Beichlingen, zum kleineren Theile dem Kloster Oldisleben und den Herren von Heldrungen. Auch das Marienstift zu Erfurt besass hier Güter aus einer ihm 1120 vom Erzbischof Adalbert I. von Mainz bestätigten Schenkung Eckeharts und dessen Frau Waldrats. Graf Friedrich von Beichlingen verlieh 1255 dem Kloster Oldisleben die Schutzgerechtigkeit über die Kirchengüter zu Elxleben und Graf Heinrich von Gleichen 1278 demselben seine in vielen Gütern in und um Elxleben und der Gerichtsbarkeit bestehenden früher Beichlingenschen Lehen. Auch das Martinskloster im Brühle vor Erfurt erhielt laut Recognition von 1366 von den Grafen von Gleichen Höfe und Zinsen zu Elxleben.

Das Kloster Oldisleben verkaufte 1352 einen Theil seiner Rechte und Besitzungen an den Rath zu Erfurt, der 1370 auch den Gleichenschen Antheil erwarb. Das Uebrige gelangte nach der Säcularisation des genannten Klosters unter die Lehnsherrlichkeit von Sachsen-Weimar und besteht noch als besonderes Gut.

Die dem heil. Michael geweihte Kirche ist 1576 gebaut und neuerdings restaurirt.

An der Südseite des Thurms ist eine Steinplatte eingemauert, mit einer in ihrem ersten Theile lateinischen, im zweiten deutschen Inschrift, welche lautet:

Tetrasticon
Continēs . tempus . a . nato . Christo .
Condidi . hujus . templi .
lustra . trecenta . decem . sex . atque .
peregerat . annos .
viginti . auricomus . cynthius . orbe . suo
Urbis . hieriflve . toto . admittende . senatv .
cum . domini . domus . haec . aedificata . fuit .

Als man schreib fynfzehen hvndert jar
Neben sechs vnd siebenzig zwar
Nach Christi vnsers herren gbvrt
Die Kirch von new gebawet wvrd
Der Stad Erfvrt ein erbar rhat
Dis new gebew verwilliget hat.

Die Kirche ist in spätgothischem Style gebaut, die Spitzbogen mit verschlungenen Stäben.

In einem Gewölbe des Thurms befindet sich der Rest eines Altarschreins, ein paar gemalte Flügel mit weiblichen Heiligen und 5 bis 6 geschnitzten und vergoldeten Aposteln, wohl dem Beginn des 16. Jahrh. angehörig.

Hinter dem Altare ist in das Fenster eine Glastafel eingefügt mit gemaltem Wappen; silbernes Schild mit schwarzem Querbalken, ein weiss und schwarz carrirter Federbusch als Helmschmuck mit der Umschrift:

Katharina Gebhardin geb. Halbig 1578.

Von den Glocken ist eine 1,27 ᵐ weite von 1625, eine zweite 1,17 ᵐ weite von 1561.

Ermstedt.

Evangelisches Kirchdorf, 10 ᵏᵐ westlich von Erfurt auf der Alacher Höhe am rechten Ufer der Nesse belegen, mit 380 Einwohnern.

Der Ort ist sehr alt und kommt schon 796 unter dem Namen: Ermenstat vor. Er gehörte damals zum Westgau des Südthüringaus. Andere Benennungen früherer Zeit sind: Herminstete, Ermenstede, Hermstet, Hermanstadt.

Nach Dominikus, l. c. S. 147 sind die hohen und niederen Gerichte daselbst 1305 von dem Landgrafen Albert von Thüringen dem Erfurtischen Bürger Conrad Hottermann verkauft worden, von welchem sie an den Rath zu Erfurt gekommen wären. Dagegen berichten Hogel, l. c. S. 417 und Friese, l. c. I, S. 149, dass der Abt von Hersfeld dem Rathe 1366 alle ihm zu Ollendorf, Zimmern, Pferdingsleben und Ermstedt zugestandenen Rechte für 735 M. überlassen habe. Nach Diettrich, l. c. S. 37, ist die Stadt 1357 von Kurmainz mit Ermstedt beliehen und hat 1366 die dasigen Gerichte von dem Stift Hersfeld an sich gebracht. In der That ist 1366 von dem genannten Stifte dem Rathe zu Erfurt ein Kauf- und Lehnbrief über Güter, Zinsen und andere Gefälle zu Ermstedt u. s. w. ertheilt. Doch war dieser Verkauf nur wiederkäuflich und daher stellte 1402 das Stift einen anderweitigen Kaufbrief für die Stadt Erfurt über Ermstedt u. s. w. aus, worin es auf das Recht der Wiedereinlösung verzichtete.

Ein anderer Theil des Dorfes ging jedoch von den Grafen von Gleichen zu Lehn. 1457 ertheilte Graf Sigmund I. von Gleichen dem Claus König einen Lehnbrief über ein Viertel des Gerichts zu Ermstedt und 8 Hufen daselbst, und 1499 wurde Asmus Schade, Bürger zu Erfurt, von dem Grafen Sigmund II. von Gleichen unter andern auch mit 23 Hufen Landes, einem Hofe und einem Viertel der Gerichte über Hals und Hand zu Ermstedt beliehen. 1520 fertigte derselbe einen Lehnbrief aus für Jacob Wackelring über ein Viertel des Gerichts mit 8 Hufen zu Ermstedt. Endlich ertheilten noch 1554 die Grafen Ernst und Sigmund von Gleichen dem Andreas König einen Kauf- und Lehnbrief über 8 Hufen Landes mit Zubehör zu Ermstedt. Später hat sich der ganze Ort im Alleinbesitz des Rathes zu Erfurt befunden.

Die Kirche, welche den Namen von dem h. Andreas hat, ist in betreff ihres Schiffes laut einer an der Aussenmauer befindlichen Inschrift:

Nicolaus Ritter. Berlet Fritzs(c)he
Bauherrn
Adolarius Kreuer. Hans Kranniche
Heimbürger
Hans Köler. Berlet Nickel

1613

darthut, im Anfange des 17. Jahrh. gebaut. Dabei ist aber der aus einer früheren Zeit stammende Thurm, wenigstens in seinem unteren Geschosse beibehalten.

Ein in der Kirche befindlicher Rest eines Altarschreines, die Grablegung darstellend, soll aus der Andreaskirche zu Erfurt stammen.

Die vier Glocken sind 1862 und 1873 von den Gebrüdern Ulrich in Apolda neugegossen.

Frienstedt.

Evangelisches Kirchdorf, 9 km westlich von Erfurt auf der Alacher Höhe belegen mit 445 Einwohnern.

Der Ort kommt schon 796 unter dem Namen Frisenstatt vor. Andere in ältester Zeit vorkommende Benenungen sind: Frinstete (1143), Freyenstete (1186), Frimstet (1283) und Frianstete.

Er gehörte ursprünglich den Landgrafen von Thüringen. Landgraf Albert überliess lehnsweise alle seine Güter in Frienstedt mit dem Halsgerichte an Conrad Hottermann, Bürger zu Erfurt. Von dessen Erben gelangte das Dorf vor 1441 an den Rath zu Erfurt. Doch haben neben dessen Besitz auch in späterer Zeit noch Rechte der sächsischen Fürsten fortbestanden, wie denselben denn auch das Patronat über die Pfarrei noch jetzt zusteht.

Die dem h. Laurentius gewidmete Kirche ist 1836 neu gebaut. An der Mauer des älteren geraden Chorschlusses findet sich in gothischer Minuskel die Inschrift:

 Anno . dm . m°. v^{c}xxi 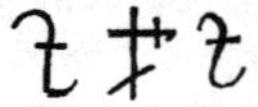

darunter ebenfalls in Minuskeln:

Anno dm̅ m°ccccxciii° do cvrd goetze
vn̄ gūter kolber bumeister worn do wart
deiser kor gemacht

Es muss also wohl früher ein besonderer, wahrscheinlich aus drei Seiten eines Achtecks gebildeter Chorabschluss vorhanden gewesen sein, dessen Inschrift bei dem Neubau wieder eingefügt wurde.

An der Nordseite des Schiffes befindet sich hinter einer Empore gleichfalls in Minuskeln die Inschrift:

(An̄)o dm̅ m° cccc° lxix° do gun
ter Kotvrant v̄nd hans becke
(bo)meist° wo̊n wåt dit volb°°acht.

Die drei Glocken haben 1,13, 0,93, 0,71 m Durchmesser. Die grosse ist 1716, die mittlere 1797 von Ulrich in Apolda, die kleinste 1851 von Benj. Sorge in Erfurt gegossen.

Gispersleben Kiliani.

Evangelisches Kirchdorf, 5 km nordnordwestlich von Erfurt, auf der linken Seite der Gera belegen mit 784 Einwohnern.

Den Fluss entlang ziehen sich hübsche Parkanlagen, die dem früheren Gemeindevorsteher Amtmann Kästner, der die erste Anregung dazu von dem Coadjutor von Dalberg erhalten hatte, ihre Entstehung verdanken, der auch die Umwandlung des Riethes aus einem fast ertraglosen Weidefleck in Obstbaumpflanzungen veranlasst hat.

Der Ort, der wohl schwerlich, wie man hin und wieder angenommen, wendischen Ursprungs ist, aber schon in vorgeschichtlicher Zeit bewohnt gewesen sein muss, wie ein daselbst aufgefundenes Leichenfeld (Tettau, Uebersichtl. Zusammenstell. S. 233, 234) darthut, kommt ebenso wie das auf der rechten Seite des Flusses liegende Gispersleben Viti, in älteren Urkunden unter den Namen: Gerwinesleiben (?), Gispotisleyben (1143), Gispesleuben (1317), Gispotisleben, Kirsperslebe, Gisperslebin vor.

Die Grafen von Gleichen waren über das halbe Dorf Lehnsherren. Graf Albert von Gleichen verkaufte 1291 seine Vogtei zu Gispersleben über 30 1/2 Hufen Landes, wie auch seine Gerichte daselbst über Hals und Hand für 160 Mark löth.

Silb. an Gottschalk Marktmeister und Hugo Langen (Longus), Bürger zu Erfurt. Diese Güter gelangten später, nachdem Graf Siegmund von Gleichen zugestanden hatte, dass sie auch auf weibliche Erben sollten übergehen können, an die Schwiegersöhne des Hans von Milwitz, Jacob von der Sachsen und Christoph Reinboth, deren Erben sie 1563, 1571 und 1588 an den Rath zu Erfurt verkauften, der 1568, 1586 und wiederholt 1604 von den Grafen von Gleichen damit belehnt wurde.

Den anderen Theil des Dorfes trug die Familie von Utzberg von den Grafen von Gleichen zu Lehn, von der er 1532 an den Rath zu Erfurt gelangte, welchem letzteren 1533 die Grafen auch die ihnen selbst noch an Gispersleben Kiliani zugestandenen Rechte abtraten.

Der nicht Gleichensche Theil des Ortes hatte sich ursprünglich im Besitze des Stephansstiftes zu Mainz befunden, das solchen 1519 dem Severistifte zu Erfurt überliess, das ihn 1593 an den dortigen Rath abtrat, der so in den Besitz des ganzen Ortes gelangte.

Die dem h. Kilian gewidmete Kirche, von dem das Dorf seinen Beinamen trägt, brannte mit dem grössten Theil jenes ab und wurde 1790—1792 mit ihrem Thurme neugebaut.

Der letztere enthält drei Glocken von 1,00, 0,79 und 0,63 ^{m} Weite, von denen die beiden ersten 1828 von Ulrich in Laucha, die letzte 1850 von Benj. Sorge in Erfurt gegossen worden.

Gispersleben Viti.

Evangelisches Kirchdorf, Gispersleben Kiliani gegenüber auf dem rechten Ufer der Gera, 5 ^{km} nordnordwestlich von Erfurt gelegen mit 732 Einwohnern.

Gegen Osten erhebt sich die im breiten Gerathale befindliche Flur zu dem aus buntem Keupermergel und Gyps bestehenden Rothenberge, in dem sich Thongruben zur Ziegelfabrikation, sowie ein Steinbruch, wo rother Keupersandstein zu Feuerungen gebrochen wird, befinden.

Der Rothenberg hat sich als eine unerschöpfliche Fundstätte prähistorischer Alterthümer gezeigt. Nicht nur hat man mehrere, verschiedenen Generationen und wohl auch Volksstämmen, angehörende, ausgedehnte Leichenfelder hier aufgedeckt, sondern es hat auch offenbar einst eine Werkstätte zur Anfertigung von Steinwerkzeugen hier bestanden. Die meist ohne Anwendung von Feuer und blos an der Luft getrockneten Thongefässe beweisen, dass man es mit Gegenständen, die der grauesten Vorzeit entstammen zu thun habe (Tettau, Uebersichtl. Zusammenstell. S. 199—204). Es kann hiernach keinen Zweifel unterliegen, dass an dieser Stelle schon in vorgeschichtlicher Zeit eine menschliche Niederlassung existirt habe.

In der geschichtlichen Zeit war der Ort ursprünglich vielherrig, doch gelangten die verschiedenen Antheile allmälig in den Besitz des Rathes zu Erfurt, 1355 der der Herren von Schlotheim, 1495 der des Heinrich Kellner, 1500 der der Familie von Harras, der dem Hause Sachsen lehnspflichtig war, zu einer nicht genau bekannten Zeit der der Familie von der Marthen, sowie der des Stiftes St. Victor zu Mainz. Ueber einen Theil des Ortes stand übrigens den Grafen von Gleichen die Lehnsherrlichkeit zu.

Die St. Vitikirche war vor der Reformation eine Mutterkirche, doch wohnte der Pfarrer, da es an einem eignen Pfarrhause fehlte, meist in Erfurt. Im 17. Jahrhundert trat die Gemeinde mit ihrem damaligen Geistlichen zur evangelischen Konfession über. Gegenwärtig ist die Kirche eine Tochterkirche von Gispersleben Kiliani. Sie ist ihrer gegenwärtigen Gestalt nach im Jahre 1726 erbaut; der darin befindliche Taufstein ist von 1611 und in Barockstyl. Der Thurm ist der der früheren Kirche und stammt aus der gothischen Bauperiode.

Die drei Glocken desselben von 1,20, 1,00 und 0,83 m Durchmesser sind von Ulrich in Apolda gegossen.

Gottstedt.

Evangelisches Filialkirchdorf, 8 km westlich von Erfurt, auf der Alacher Höhe am rechten Ufer der Nesse mit 115 Einwohnern.

Der Ort kommt in älterer Zeit unter den Namen: Gottinstete, Gothenstete (1104), Gotenstete (1143), Gothinstedte (1277), Godtstedt vor.

Er gehörte ursprünglich den Grafen von Gleichen. Graf Albert von Gleichen überliess aber 1277 sein 14 Hufen grosses Lehngut zu Gottstedt mit den Gerichten und allem Zubehör pfandweise der Stadt Erfurt, ohne dass eine Wiedereinlösung erfolgt oder damals eine Lehnsoberherrschaft vorbehalten ist.

Ein Theil des Ortes nebst dem Kirchenpatronate stand jedoch dem Peterskloster zu Erfurt zu, wurde aber gleichfalls 1500 wiederkäuflich an den Rath zu Erfurt verkauft, und blieb bei diesem, später bei der kurmainzischen Regierung, da ein 1696 gemachter Versuch der Wiedereinlösung 1715 gerichtlich zurückgewiesen ward.

Gottstedt war früher Tochterkirche von Alach, wurde 1275 unter Einsetzung eines eignen Pfarrers getrennt (Würdtwein, Thuringia ecclesiastica pag. 72, 221, 222) und ist gegenwärtig Tochterkirche von Ermstedt.

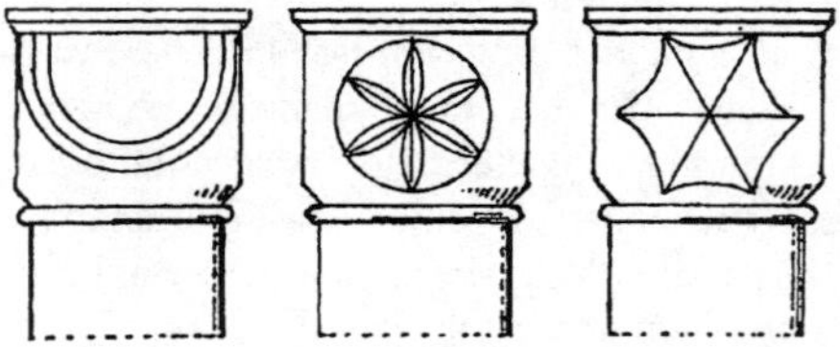

Nr. 1. Würfelkapitälchen.

Von der dem h. Georg gewidmeten Kirche stammt das Schiff aus neuerer Zeit, der Thurm dagegen aus dem 12. Jahrhundert, wie die Würfelkapitälchen (Nr. 1) an den gekuppelten Fenstern desselben und die einfach geformten Eckblätter der Säulchen erkennen lassen.

Die Kirche besitzt noch den Ueberrest eines aus dem Ende des 15. Jahrhunderts stammenden Altarschreins, dessen Mitte die Krönung Marias, die linke Seite die Geisselung Christi, die rechte die h. Barbara einnimmt. In die Innenwand der Sakristei eingefügt ist ein aus einem einzigen Steine gemeisseltes ehemaliges Sakramentshäuschen, eine rundbogige Nische mit quadratischer Einfassung und der Ueberschrift: Ecce ✠ Ho^mo^. Es war früher durch eine Gitterthür verschlossen.

Von den beiden Glocken ist die grössere, 0,73 ^{m} weit, 1826 von Ulrich in Apolda, die kleinere, 0,53 ^{m} weit, von C. H. Lange in Erfurt gegossen.

Hochheim.

Meist katholisches Kirchdorf, 3 ^{km} südwestlich von Erfurt auf dem linken Ufer der Gera, die sich hier zwischen dem Höhenzuge des Steigers und der Alacher Höhe ein Bette gegraben hat, von 1160 Einwohnern. In dem Thalgehänge finden sich Kalksteinbrüche, die ein vorzügliches Material zum Bauen und Kalkbrennen liefern.

Der Ort wurde in früherer Zeit zum Unterschiede von dem Dorfe Kornhochheim bei Dietendorf häufig Veitshochheim genannt.

Er erscheint in Urkunden bereits 796 und 1157, bald unter dem Namen Hocheim, bald unter seinem gegenwärtigen.

Er hat wohl zur Dotation des von dem h. Bonifacius projektirten Bisthums Erfurt, sodann zu den von Kaiser Otto I. dem Erzbischofe Wilhelm von Mainz verliehenen Besitzungen gehört. Er bildete sogar den Hauptort derselben, da sich hier der erzbischöfliche Oekonomiehof befand, bis solcher 1255 und 1266 der grösseren Sicherheit wegen in die Stadt Erfurt in ein zu diesem Behuf erworbenes Grundstück, von da ab der Mainzer Hof genannt, verlegt wurde.

Doch besassen die Grafen von Gleichen unter der erzbischöflichen Lehnsoberherrlichkeit das Halsgericht und Güter, 1403 verkauften aber die Grafen Ernst VII. und Ernst VIII. solche wiederkäuflich an die Stadt Erfurt. Die Wiedereinlösung hat zwar stattgefunden, doch verkauften die Grafen Ernst und Ludwig von Gleichen 1444 ihre Rechte an die Herzöge Friedrich und Wilhelm von Sachsen. Der letztere verkaufte zwar seinerseits 1448 seinen Antheil an die Stadt Erfurt, diese musste ihn aber bei dem Friedenschluss von 1482 zurückgeben. Durch den Leipziger Vertrag von 1665 gelangten auch die Rechte, welche dem Hause Sachsen zugestanden, wieder an den Erzbischof von Mainz. Da Hochheim zu dessen Küchendörfern gehörte, so hat auch die evangelische Lehre darin keinen Eingang gefunden.

Die dortige, dem h. Bonifacius geweihte Kirche ward 1656 einer Reparatur unterworfen und von dem Weihbischof Barthold Nihus neu consecrirt. 1729 war sie aber bereits wieder so schadhaft geworden, dass der gefahrdrohende Thurm, unter welchem sich der Hochaltar befand, abgetragen werden musste, wobei das Schiff nach der Thurmseite zu verlängert, ein neuer Thurm erbaut, die beiden vorhandenen Thüren, wie noch jetzt sichtbar ist, vermauert, zwei neue Thüren angelegt und der Hochaltar nebst zwei Nebenaltären neu errichtet wurden. Am 10. Juni 1731 erfolgte die neue Weihe. Der damals errichtete Thurm war aber schlecht fundamentirt, drohte deshalb einzustürzen und musste infolgedessen 1752 wieder abgetragen werden und es ward 1756 der gegenwärtig vorhandene Thurm mit einem Kostenaufwande von 1084 Rth. 19 ggr, 10½ Pf. gebaut 1887 ist das Innere der Kirche von dem Maler Lambert Stöhr zu Erfurt mit einem Kostenaufwand von 771 M. neu ausgemalt.

Bei dem Neubau von 1729 sind jedoch einzelne Bautheile der alten Kirche wieder benutzt. Hierauf deutet insbesondere der Chorabschluss mit drei Seiten eines Achtecks, neben deren einer der Thurm steht. Ein Erweiterungsbau der jetzigen Kirche wird nicht zu umgehen sein, da dieselbe trotz ihrer zwei Emporen die bis gegen 700 angewachsene Zahl der Eingepfarrten nicht mehr zu fassen vermag. Uebrigens ist das Innere freundlich durch seine bunten Fenster aus der Fabrik in Bingerbrück, seinen Fussboden mit farbigen Fliesen und seine mit Brettern verschalte Decke. Die drei Glocken sind 1871 von Benj. Sorge in Erfurt gegossen.

Die am westlichen Ausgange des Dorfes befindliche, in einer tiefen Nische bestehende Kapelle, welche ein polychromirtes Steinrelief mit der Gottesmutter enthält, das, den Ornamenten nach zu urtheilen, aus dem 15. Jahrh. zu stammen scheint, verdankt einer Sage nach einem Wunder ihre Entstehung, indem ein dort gefundener Stein, so oft man ihn auch fortschaffte, stets von selbst an den ursprünglichen Platz zurückkehrte. Diese Sage entbehrt aber der Begründung, vielmehr ist die Kapelle, erst nachdem das erwähnte 1774 zu Bechstedtwagd gefundene Steinrelief von Willrode hierher gebracht war, durch die kurfürstliche Kammer erbaut worden.

Die sehr hübsch auf der Höhe gelegene, im gothischen Style erbaute evangelische Kirche, eine Tochterkirche von Schmira, entstammt der neusten Zeit.

Unfern der katholischen Kirche sieht man die Ueberreste eines Gebäudes, die jetzt als Mauern eines Gehöftes dienen, bei welchen die Verwendung des Spitzbogens bei dem Eingange auf eine Entstehung in der Zeit des gothischen Styls schliessen lässt.

Ilversgehofen.

Evangelisches Kirchdorf, das unmittelbar an die nördlichen Strassen der Stadt Erfurt anstösst und als eine Vorstadt von dieser angesehen werden kann, auch selbst stadtähnlich gebaut ist. Die Zahl seiner Bewohner betrug nach der Zählung von 1885 4284, übersteigt aber gegenwärtig 5000.

Es liegt am rechten Ufer der Gera im weiten Flussthale.

In älteren Urkunden kommt es unter den Namen Egilbrechofen (1157), Elricheshofen (1224), Elverdesgehofen, Elrisgehofen, Elerchesgehofen, Eilbrechtsgehofen, Hillehofen vor. Wenn aber eine Sage berichtet, der Name habe ursprünglich Eilfhofen gelautet und sei von den elf Hufen, die König Dagobert hier besessen, hergenommen, so entbehrt diese aller Begründung.

Die älteren Besitzverhältnisse sind sehr verwickelt. Mit Bestimmtheit kann man annehmen, dass der Ort ursprünglich einen Theil der Dotation des Bisthums Erfurt gebildet habe und mit dieser an das Erzstift Mainz gelangt sei. Infolgedessen gehörte er auch zu den erzbischöflichen Küchendörfern und stand gleich den übrigen unter einem erzbischöflichen Schultheiss. Im Laufe des 13. oder 14. Jahrhunderts müssen aber die erzbischöflichen Rechte an die Erfurter Stadtgemeinde gelangt sein, da bereits 1307 vom dortigen Rathe in einer Streitsache die Entscheidung erlassen ist, und derselbe 1354 einen Vertrag über die Hälfte des Gerichts von Ilversgehofen abgeschlossen hat. Gewisse Rechte standen daselbst aber auch den Grafen von Gleichen zu, wie sich daraus ergiebt, dass diese 1400 und 1448 Lehnbriefe über einzelne dortige Grundstücke und Gerechtigkeiten ausgestellt haben. Dass aber auch, wie behauptet wird, die Herren von Vippach einen Theil von Ilversgehofen besessen, lässt sich nicht urkundlich nachweisen.

Die Kirche, welche der Mutter Maria und dem h. Nicolaus geweiht ist, wurde mit dem ganzen Dorfe im dreissigjährigen Kriege zerstört. Der jetzige Bau ist modern und, für eine Dorfkirche sehr freundlich. Nur der in Bruchsteinen gebaute Thurm ist bis zur Spitze alt und ein gothischer Bau. An dessen Aussenwand lehnt sich ein gleichfalls von der früheren Kirche herrührendes, oben spitz zulaufendes, dem 15. Jahrh. entstammendes Steinrelief, das einen kleinen Christus am Kreuze darstellt, zu dessen Füssen zwei lebensgrosse Figuren, ein Bischof mit Mitra und Krummstab und ein anderer Geistlicher knieen, eine zwar durch Verwitterung sehr beschädigte, aber anscheinend sehr tüchtige Arbeit.

Das Pfarrhaus stammt aus der neuesten Zeit, da das frühere damals mit dem Dorfe zerstört war und der Pfarrer bis vor kurzem genöthigt gewesen ist, bei Ermangelung eines eignen Pfarrhauses in Erfurt zu wohnen.

Die Kirche besitzt drei 1795 von Ulrich in Laucha gegossene Glocken.

Von der früher in der Nähe des Dorfes bestandenen, einst reich dotirten h. Geistkapelle ist keine Spur mehr vorhanden.

Kirchheim.

Evangelisches Kirchdorf, 11 km südlich von Erfurt mit 667 Einwohnern.

Der Ort liegt an der Wipper oder Wipfra einem Nebenflusse der Gera, in einer Thalmulde, an deren beiden Seiten sich Anhöhen von Keupersandstein und Thonmergel hinziehen, die den südlichen Abhang der Fortsetzung des Steigers bilden.

Der Ort, der 1221 unter dem Namen Kurichheim, 1301 unter dem Kircheim vorkommt, war 1357 von dem Rathe zu Erfurt von dem Grafen Johann von Henneberg wiederkäuflich erworben. Doch ist eine Wiedereinlösung nie erfolgt, vielmehr der Wiederkaufsvertrag nur 1414 von dem Grafen Wilhelm von Henneberg erneuert worden.

Das Pfarrlehn, was ausser den Pfarrgebäuden aus 9 Hufen Land bestand, wurde aber erst 1597 seitens der Stadt von dem Johanniterritterorden erworben. — Die Grundstücke, welche gegenwärtig das Gut Kirchheim bilden, gehörten bis zu dessen Säcularisation dem Karthäuserkloster zu Erfurt.

Die dem h. Laurentius gewidmete Kirche, welche auf einer Anhöhe nördlich vom Dorfe liegt, besitzt einen spätgothischen Thurm, sowie einen gleichaltrigen halbachteckigen Altarraum. Das an diesen stossende Schiff ist dagegen von 1699. Auf dessen Ostseite befindet sich ein kleines Relief mit dem im Gebete knieenden Christus, dem ein Engel den Kelch vorhält und drei schlafenden Jüngern am Oelberge; im Hintergrunde und am Fusse Flechtwerk und zwei Palmen.

Der Kirchplatz ist ummauert.

Auf dem Thurme befinden sich drei Glocken von resp. 1,20, 0,93 und 0,76 m Durchmesser; die erste 1750, die letzte 1753 von N. J. Sorber in Erfurt, die mittelste 1843 von Ulrich in Apolda gegossen.

Kirchheim soll früher zwei Kirchen gehabt haben, deren eine zugleich mit der Schule und dem Pfarrhause der andern Kirche bei einem grossen Brande zerstört und nicht wieder hergestellt ist, woraus es sich erkläre, dass jetzt Kirche und Pfarrhaus so weit entfernt von einander liegen.

Klein Rettbach.

Evangelisches Filialdorf, 11 km westsüdwestlich von Erfurt mit 284 Einwohnern auf der Fortsetzung der Alacher Höhe belegen.

Ein in der hiesigen Gegend belegener Ort Rutibach kommt urkundlich schon 796 vor; es ist aber nicht zu entscheiden, ob damit Gross- oder Klein Rettbach gemeint sei. Andere alte Namen sind: Rettibeche, Rettebach, Wenigen-Rettbach.

Dass sich die Stadt Erfurt 1498 im Besitze dieses Ortes befunden habe, steht urkundlich fest, es ist aber nicht genau bekannt, wann und auf welche Weise sie dazu gelangt sei, doch lässt sich kaum bezweifeln, dass dies gegen Ende des 13. Jahrhunderts durch Ankauf von dem Landgrafen Albert von Thüringen geschehen sei (Tettau, Geschichtl. Darstell. des Gebietes d. Stadt Erfurt, S. 85—87).

Die Kirche, welche eine Tochterkirche von dem im Herzogthum Gotha belegenen Dorfe Gamstedt ist, und deren Patronat daher auch der dortigen Regierung zusteht, und die dem heil. Gotthard geweiht ist, erlitt 1601 und wiederholt 1722 infolge Einschlagen des Blitzes Brandschaden, und erhielt ihre gegenwärtige Gestalt durch einen Neubau 1733—1736.

Die drei Glocken derselben sind von Benjamin Sorge in Erfurt gegossen.

Die St. Galluskapelle, die angeblich aus dem 8. Jahrh. stammte, ist 1737 abgebrochen.

Kühnhausen.

Evangelisches Kirchdorf $7\frac{1}{2}$ km nordnordwestlich von Erfurt mit 370 Einwohnern.

Es liegt am linken Ufer der Gera in einer Ebene, die westlich von dem Kreynberg und der Schwellenburg, zwei Höhenrücken, die der Keuperformation angehören, begrenzt wird. Die Schwellenburg enthält bedeutende Gypsbrüche, deren Produkt zum Gypsbrennen verwendet wird.

In früherer Zeit hiess der Ort Kindehausen (1164), Kühenhausen, Kinhausen, Kindelhausen, auch Kühne.

Die Gegend ist schon in vorgeschichtlicher Zeit bewohnt gewesen. Auf dem Kreyenberg ist ein aus dieser herrührendes Leichenfeld aufgedeckt worden, mit menschlichen Gerippen und Knochengeräthen, und auch auf der Schwellenburg ist das Skelett eines Menschen von ungewöhnlicher Grösse mit dolichocephalem Schädel neben Topfscherben, Thierknochen, Knochenwerkzeugen und Feuersteinmessern gefunden.

Der Ort hat in früherer Zeit zum Theil dem St. Johannisstifte zu Mainz und der Familie von Vippach, im übrigen der Familie von Kindehausen gehört. Zwei von dieser, die Brüder Ludwig und Friedrich, verkauften in eigenem und ihrer Mitbesitzer Namen das Gut dem Neuwerkskloster zu Erfurt, das solches auch bis zu seiner Säcularisation besessen hat und dessen Besitznachfolger der Kirchen- und Schulfonds geworden ist. Im übrigen gehörte das Dorf der Stadt Erfurt, die dasselbe theilweise von den Balthas. Schwarzschen Erben erkauft hatte, und damit von den Grafen von Gleichen beliehen war. Wie der andere, den Familien Kellner und Ziegler gehörige Theil des Dorfes an die Stadt Erfurt gelangt sei, ist nicht bekannt. Jedenfalls hat er derselben 1516 gehört.

Die dortige Kirche, zur Himmelspforte genannt, hat, wie die daran befindliche Jahrzahl darthut, 1713 ihre gegenwärtige Gestalt bekommen. Es sind dabei aber Theile der früheren, in gothischem Styl gebauten benutzt, worauf namentlich der Chorabschluss mit drei Seiten eines Achtecks hinweist. Dass jener Neubau auf den Fundamenten seiner Vorgängerin errichtet worden sei, ergiebt die Verschiedenheit des Mauerwerkes, und die viel weiter vorgeschrittene Verwitterung jener im Vergleich zum Oberbau.

Von den drei Glocken ist die grösste, 1,01 ^{m} weit, 1677 von Jacob Pape in Erfurt, die mittlere, 0,85 ^{m} weit, 1868 von Ulrich in Laucha, die kleinste, 0,65 ^{m} im Durchmesser, von Benjamin Sorge in Erfurt gegossen.

Marbach.

Evangelisches Kirchdorf, 4 ^{km} nordwestlich von Erfurt mit 389 Einwohnern am östlichen Abhange der Alacher Höhe belegen.

In älteren Urkunden lautet der Name des Ortes Martbach (1230), Marbeche, Marbich. Im Volksmunde hiess er zur Unterscheidung von den jetzt eingegangenen Dörfern Ober- und Nieder Marpach bei Schloss Vippach: Marbach unter dem Kirschfeste, welchen Namen er seiner ungewöhnlich grossen Zahl von Kirschbäumen verdankt.

In älteren Zeiten hatten die Grafen von Gleichen die Lehnsoberherrlichkeit über Marbach; mit fünf Achttheilen davon hatten sie die Stadt Erfurt beliehen; die übrigen drei Achttheile besass die Familie von Dennstedt. Emilie von Dennstedt verkaufte solche 1525 wiederkäuflich an den Rath zu Erfurt. Es fand zwar die Wiedereinlösung statt, der Besitz ging dann aber an die Familie Kellner über, von welcher derselbe 1535 durch Kauf wieder an den Rath gelangte. Die hierbei nicht mit inbegriffenen 7 Acker Weinland hat der Rath 1532 von den Grafen von Gleichen gekauft.

Die dem heil. Gotthard geweihte Kirche war in früherer Zeit Tochterkirche von Ilversgehofen. Die in Folge der zwischen beiden Orten fliessenden Gera schwierige Verbindung beider Orte führte aber dazu, einen besonderen Geistlichen für Marbach anzustellen, der jedoch beim Mangel eines eigenen Pfarrhauses bis in das 19. Jahrh. in Erfurt seine Wohnung hatte.

Bei der Belagerung von Erfurt 1664 wurde das ganze Dorf zerstört, nur der Thurm der Kirche blieb stehen. Die letztere ist daher auch modern, während der dicke Thurm über dem Altarraum achteckig aufgeführt ist und das halbrunde Fundament der ehemaligen romanischen Absis überbaut hat. (Nr. 2.)

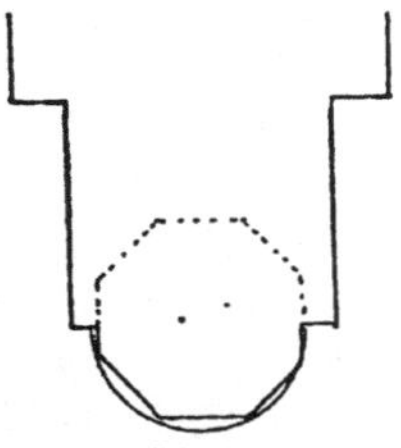
Nr. 2.

Nur die Spitze mit der unter ihr befindlichen offenen Halle ist neu.

Das Schiff der Kirche hat, wie die über der Eingangsthüre eingehauene Jahrzahl darthut, 1841 seine gegenwärtige Gestalt erhalten.

Die drei Glocken haben 0,87, 0,68 und 0,56 ^{m} Durchmesser. Die grössere ist 1762 von F. W. Barth in Erfurt, die mittlere von Benj. Sorge daselbst gegossen. Die kleinste, ebenfalls nicht alte, hängt in einem so dunklen Raume, dass deren Inschrift nicht zu erkennen ist.

Melchendorf.

Katholisches Kirchdorf, 4 km südöstlich von Erfurt mit 547 Einwohnern.

Es liegt am Schwemmbach zwischen dem Nordabhange des alten Steigers und dem Herrenberge, einer Muschelkalkanhöhe mit aufgelagertem Keuper.

Der Ort, der in älterer Zeit unter dem Namen Merchendorf (1157), Milchendorf, Mirkendorf und Mirchendorf vorkommt, ist, wenn auch nicht als slavische Kolonie von den Erzbischöfen von Mainz neu angelegt, doch sicher mit slavischen Kolonisten besetzt, so dass er auch noch später den Wendendörfern zugerechnet wurde. Dagegen ist die Angabe, dass er von dem Frankenkönige Dagobert dem Peterskloster in Erfurt geschenkt worden sei, unzweifelhaft unrichtig, da dieses Kloster nachweislich erst viel später entstanden ist.

Melchendorf war von je ein Besitzthum der Erzbischöfe von Mainz und gehörte zu den sog. Küchendörfern derselben. Doch stand ein Drittheil der Gerichte der Familie von Schelmerode zu, von der es im 14. Jahrh. an die Familie Longus, und von der letzteren an den Rath zu Erfurt gelangte, der sich darüber 1341 mit den kurmainzischen Beamten vertrug.

Die dem heil. Nicolaus geweihte Kirche verdankt ihre gegenwärtige Gestalt einem 1715 stattgefundenen Umbau, bei welchem jedoch Mauertheile des früheren Baus benutzt sind, worauf der Chorabschluss mit seinen drei Seiten eines Achtecks deutet. An die mittelste derselben stösst der mehr breite als tiefe Thurm, bei dem jedoch die baldachinartige Spitze ebenfalls modern ist.

Von einem ehemaligen Schnitzaltare sind nur noch Reste vorhanden, ein Oelberg und eine Rückwand ohne Figuren.

Die drei Glocken stammen aus dem laufenden Jahrhundert.

Möbisburg.

Evangelisches Filialkirchdorf mit 639 Einwohnern, $6^1/_2$ km südwestlich von Erfurt, am rechten Ufer der Gera und am Fusse von Muschelkalkbergen, an welche sich theilweise Keuper angelagert hat.

Der Ort kommt 1130 unter dem Namen Meginwerdesburc, 1157 dem Meinwardesburc, 1301 dem Meversburg, auch den Mehnwesporigk, Mörbisburg, Mowinsberg vor.

Wenn auch die angebliche Gründung des Ortes durch den Frankenkönig Merowäus lediglich in das Gebiet der Sage gehört, so ist derselbe doch jedenfalls sehr alt. Man muss sogar annehmen, dass schon in prähistorischer Zeit hier ein bewohnter Ort bestanden hat. Darauf deuten die hier gefundenen Alterthümer insbesondere die Bronzeschale, die anscheinend der Umbrischen Kunstthätigkeit entstammt, der ältesten, die ihren Weg nach Deutschland fand und der Gründung Roms vorausging (Tettau, Uebersichtl. Zusammenstellung S. 218). Eine auf dem Kirchenhügel, wo angeblich die Merwigsburg gestanden haben soll, vorgenommene Nachgrabung hat Scherben von Urnen zu Tage gefördert, die die roheste Technik, das Trocknen an der Luft ohne Anwendung des Feuers, zeigen, also unzweifelhaft nicht auf eine mittelaltrige Burg, sondern auf eine vorgeschichtliche Zeit deuten. Doch mögen die noch im 18. Jahrh. vorhanden gewesenen ([Diettrich] Historische Topographie des Erfurt. Gebiets S. 9) Ueberreste eines Bauwerks, von denen auch noch jetzt Spuren sichtbar sind, wohl einer solchen Burg angehört haben, von der noch gegenwärtig mancherlei Sagen im Volksmunde leben (Kruspe, Die Sagen der Stadt Erfurt II, S. 75—81).

Aller Wahrscheinlichkeit nach hat der Ort zu der dem projektirten Bisthum Erfurt ausgesetzten Dotation gehört. Die Erzbischöfe von Mainz, die demnächst in den Besitz gelangten, beliehen mit dem dortigen Gute die Grafen von Gleichen, denen dies bereits 1301 gehörte und von denen es an die Zieglersche Familie kam, die jedoch nur die Afterlehnsträgerin von jenen war. Nach dem Aussterben der Grafen von Gleichen wurde Möbisburg als eröffnetes Lehn von Kurmainz eingezogen und den Grafen von Hatzfeld als solches verliehen, nach deren Aussterben 1797 es an den Oberlehnsherrn zurückfiel und schliesslich in den Besitz der Grafen von Keller gelangte.

Das Dorf Möbisburg wurde 1348 seitens des Raths zu Erfurt von den Grafen von Kefernburg erkauft.

Eine eigene Pfarrei hat der Ort nie gebildet, obwohl bereits in frühester Zeit dort eine Kirche bestanden hat, wie denn am 1. Sept. 1318 Erzbischof Peter von Mainz seine Genehmigung zu der Vicarei, welche Heinrich von Mewersburg bei der dortigen Kirche gestiftet, ertheilt hat (Staatsarch. in Magdeburg). In Würdtweins Thuringia et Eichsfeldia ecclesiastica medii aevi ist es gar nicht erwähnt, wogegen in dem Registrum subsidii clero Thuringiae anno 1506 impositi (Zeitschr. d. Ver. für Thür. Gesch. N. F., Bd. II, S. 37) nur ein Vicaria in capella Mehewesporgk aufgeführt ist.

Es bildete also auch damals, so wie jetzt, eine Tochterkirche und zwar von dem zu Sachsen-Gotha gehörigen Dorfe Bischleben.

Die dem heil. Dionysius geweihte Kirche, die der Sage nach auf dem Hügel steht, der einst die Merwigsburg getragen, hat eine moderne Erweiterung und Verlängerung einer 1318 in spätgothischem Style erbauten, von der noch ein Spitzbogenfenster mit einfachem Masswerk zu sehen ist, erfahren, wodurch das gegenwärtige Kirchenschiff entstanden ist.

Im Innern, wohl noch an der ursprünglichen Stelle, befindet sich eine Sakramentsnische, eingefasst von zweimal fünf Blättern und einer Kreuzblume. Auf der Mensa befinden sich die Weihekreuze eingegraben; die Steinplatte ist also noch die alte. Von den ursprünglichen Kirchenstühlen des Altarraums sieht man noch zwei Seitenwangen, die aber an die Seite gesetzt sind. Aussen am Hohlkehlensims des Altarraums sind ein paar Köpfchen romanischen oder frühgothischen Styls eingemauert (Nr. 3).

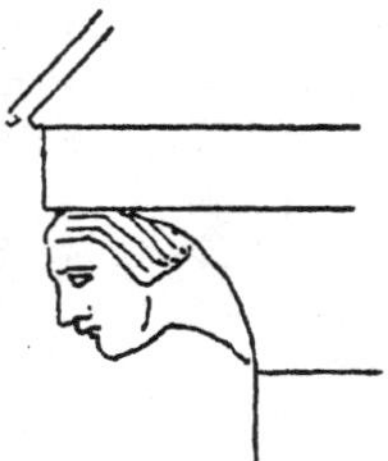
Nr. 3.

Die drei Glocken von 1,03, 0,78 und $0{,}63^{m}$ Durchmesser stammen aus dem 18. und 19. Jahrh.

Mühlberg.

Mühlberg, früher Marktflecken, jetzt evangelisches Kirchdorf mit 1340 Einwohnern liegt $18\frac{1}{2}$ km südwestlich von Erfurt. Es bildet mit Wandersleben und Röhrensee eine ganz vom Herzogthum Gotha umschlossene Enclave, die von dem

25*

Hauptheile des Kreises auf der nördlichen Seite etwa 2, auf der südwestlichen c. 9 km entfernt ist, eine Länge von 8,5 und in ihrem nördlichen Theile eine Breite von 3, im südlichen von 7 km hat.

Ein Ausläufer des Thüringer Waldes, der Horst, durchzieht sie in der Nähe ihrer südlichen Grenze. Ihr höchster, zwischen Hasserode und Hundsborn belegener Punkt, der faule Flegel, erreicht eine absolute Höhe von 456 m, während diese an dem niedrigsten, in der Nähe von Wandersleben nur 254 m beträgt. In der Mitte liegen die Höhen, auf denen sich die Schlösser Mühlberg (376 m) und Gleichen (366 m) befinden. Der nördliche Theil wird von einem Ausläufer des Seeberger Sandsteingebirges eingenommen.

Mühlberg selbst liegt am Wiedbache, einem Nebenflüsschen der Apfelstedt und steht grossentheils auf einem Lager von Tuff, welcher auch gebrochen und sowohl zum Bauen wie zum Kalkbrennen benutzt wird und in welchen im Dorfe selbst viele Keller hineingehauen sind. Es ist sehr wahrscheinlich, dass sich dort einst ein Seeboden befunden, dessen Wasser doppeltkohlensaure Bestandtheile enthielt, die sich als Gesteine niedergeschlagen haben.

Der südliche Bergrücken besteht aus Buntmergelschiefer der Keuperformation, ist in seiner Höhe aber mit gelblichweissem (Seeberger) Liassandstein bedeckt. Südwestlich zieht sich ein hoher Muschelkalkbergrücken hin, an dessen Abhang sich Keupersandstein mit gelben und grauen Mergelschichten vorgelagert hat.

Die gegen Nordost sich erstreckende Fläche enthält ansehnliche Torflager, die dort bis in die Mitte dieses Jahrhunderts bestandene Torfgräberei Gleichenthal ist aber jetzt eingegangen.

Mühlberg ist ein sehr alter Ort, der bereits 704 unter dem Namen Mullenberge erwähnt wird. 1111 kommt er als Muliberc, 1114 als Molburg, 1144, 1145, 1160 als Muleburc, 1182 als Mulinberg, 1231 als Mulinburc, 1249 als Mulburg, 1342 als Mülburg, 1346 als Muelburg, ferner als Mühlburg, Mollberg, Moliberc, Möllburc, Mülburg, Molborgk, Mollisberg, Mölisberg, Moelburg, Melenburg, Mülenburg, Mülenberg vor.

Wie es scheint, ist schon in prähistorischen Zeiten hier eine menschliche Wohnstätte gewesen. Hierauf deuten die dort gemachten Funde aus grauer Vorzeit, insbesondere der eines versteinerten Menschen, der in einer Tiefe von 5 m unter der Bodenoberfläche, in Tuffstein eingebettet, und durch die Inprägnirung mit Kalksinter steinhart geworden, gefunden ist (Tettau, Uebersichtl. Zusammenstell. S. 227, 228).

Während der historischen Zeit erscheint Mühlberg zuerst als Besitzung des Herzogs Heden, der es in einer Urkunde, deren Echtheit allerdings angezweifelt wird, dem Bischofe Willibrod von Utrecht schenkt, welcher sich um die Christianisirung dieser Gegend verdient gemacht. Später befand es sich unter der Lehnsoberherrlichkeit der Erzbischöfe von Mainz im Besitze der Grafen von Orlamünde,[1] von denen ein Zweig seinen Wohnsitz in Mühlberg aufschlug und sich danach

[1] Hesse, Gesch. des Schlosses Mühlberg S. 9 ff. Doch wird die Richtigkeit dieser Annahme von Reizenstein (Zur Gesch. d. Schlosses Mühlberg in Thüringen. Mittheil. d. Ver. f. d. Gesch. v. Erf. IX, S. 183 ff.) und Werneburg (Ueber die sog. drei Gleichen insbesondere die Mühlburg (ibid. S. 193 ff.) aus nicht unwesentlichen Gründen bestritten.

Herren, später Grafen von Mühlberg nannte. Nachdem diese 1242 mit dem Grafen Meinhard IV. (V.), der nur eine Tochter, Agnes, hinterliess, im Mannsstamm erloschen, fiel Mühlberg als eröffnetes Lehn an das Erzstift Mainz zurück, das es längere Zeit ungetheilt besass, schliesslich aber nur zur Hälfte für sich behielt, während es ein Viertheil den Grafen von Henneberg, das andere denen von Schwarzburg abtrat. Demnächst gelangte es durch Ankauf von den verschiedenen Besitzern 1348—1362 an die Stadt Erfurt, die damit nun von dem Erzbischofe von Mainz belehnt wurde, daraus ein Amt machte und es bis 1592 besass, wo der Herzog Friedrich Wilhelm von Sachsen-Weimar, dem Kurmainz sein Wiederkaufsrecht cedirt hatte, sich gewaltsam dessen bemächtigte. Erst durch den Leipziger Recess von 1665 kam Mühlberg wieder an Mainz, das infolge der Reduction von 1664 in die Stelle der Erfurter Gemeinde getreten war.

Die Pfarrei Mühlberg hatte bis zu der 1526 durch Justus Menius bewirkten Einführung der Reformation (Bericht des Ulrich Baer über seine Anstellung als Pfarrer in Mühlberg. Mittheil. d. Ver. f. d. Gesch. v. Erf. VIII, S. 69 fl.) zum Decanate Wandersleben und Archidecanate des Severistiftes gehört. In weltlicher Beziehung bildete Mühlberg zur Zeit der kurmainzischen Regierung mit dem Dorfe Röhrensee, dem Gute Ringhofen, der Torfstecherei Gleichenthal, dem Alaunschieferwerk Nonnenglück und dem Vorwerke Hesserode ein besonderes Amt, das aber 1777 mit dem Amte Alach vereinigt wurde.

Die dem h. Lucas gewidmete Kirche stammt zwar aus neuerer Zeit, doch sind dabei Bautheile eines älteren Baus aus dem Anfange des 16. Jahrhunderts verwendet.

Der Thurm derselben stammt gleichfalls von diesem, zeigt Formen der Renaissance und ist wohl gleichzeitig mit den beiden grösseren Glocken. Diese haben resp. 1,30 und 1,18 ^{m} Durchmesser und gleichmässig die Inschrift:

Consolor viva, fleo mortua, pello nociva. Anno 1504.

Die dritte Glocke von 0,90 ^{m} Durchmesser stammt aus dem laufenden Jahrhunderte.

Der Platz, auf dem die Kirche steht, war früher von einer hohen Mauer umgeben, zu dem ein Thor mit gedrückten Spitzbogen, neben dem ein Wächterhaus stand, den Eingang bildete.

Wie Nicol. von Siegen (Chronic. ecclesiastic. herausgeg. v. Wegele S. 13 u. 30) erzählt, hatte bereits die h. Radegundis, die Nichte des letzten Königs der Thüringer Hermanfried, hier eine Kapelle, die dem Anscheine nach bald nach deren Heiligsprechung, also wohl noch im 7. Jahrh. errichtet ist. Sie bestand noch 1528, da zu dieser Zeit dem Pfarrer zu Mühlberg die Verpflichtung oblag, darin Gottesdienst zu halten (Erbbuch des Amtes Mühlberg von 1519. Handschr. der Bibliothek zu Göttingen), doch ist gegenwärtig jede Spur davon verschwunden.

Fast ein gleiches gilt von der etwa 2 ^{km} südlich vom Dorfe belegenen Kapelle zum h. Kreuz, einst einem sehr besuchten Wallfahrtsorte, von der jedoch noch Mauerreste sichtbar sind (Hellbach, Histor. Nachrichten von den Thüring. Bergschlössern Gleichen, Mühlberg und Wachsenburg S. 136. Müffling, l. c. S. XXXVII). Auch die Kapelle des unfern davon belegenen Vorwerks Hesserode, das einst eine klösterliche Niederlassung gewesen sein soll, wies am Anfange dieses Jahrhunderts noch Ruinen, insbesondere einen hohen viereckigen Thurm auf (Hellbach a. a. O. Dominicus, l. c. S. 56).

Viel bedeutender sind noch gegenwärtig die Trümmer von dem Schlosse Mühlberg, das sich auf steilem Berge östlich vom Dorfe erhebt, und die südlichste der drei Burgen ist, die wegen einer gewissen Gleichartigkeit, die sie aus der Ferne gesehen darbieten, und weil eine derselben lange der Sitz der Grafen von Gleichen gewesen war, die drei Gleichen genannt werden.

Die Zeit, in welcher Schloss Mühlberg entstanden, ist ebensowenig wie die, wo es seine letzte Gestalt erhielt, bekannt; doch fällt die letztere jedenfalls in die

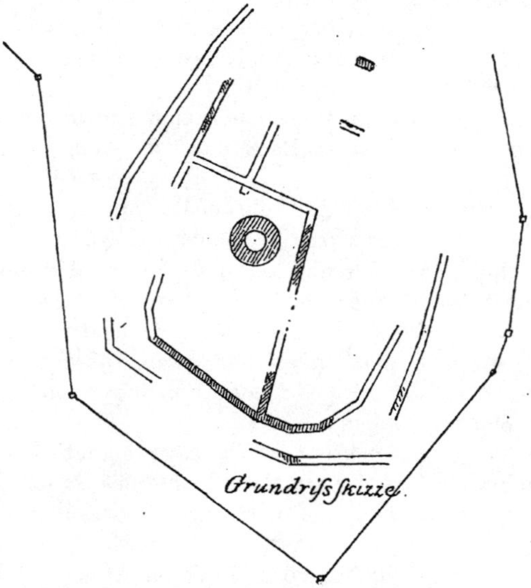

Nr. 4. Burg Mühlberg. — Nr. 5. Grundriss.

vor Aussterben des Mühlberger Grafenhauses, die Mitte des 13. Jahrh., obschon noch im 14. und 15. Jahrh. nicht unerhebliche Wiederherstellungs- und Erweiterungsbauten vorgenommen sind. (J. Jäger, Baurechnungen von Tondorf und Mühlberg 1358—1417 in Mittheil. d. Ver. f d. Gesch. v. Erf. XII, S. 231—242.)

Nach der Abbildung, die Hellbach l. c. S. 188 mittheilt und die einem Gemälde entnommen ist, das sich auf der Cyriaxburg bei Erfurt befunden haben soll, von der es aber sehr zweifelhaft ist, wie weit man sie als authentisch ansehen kann, ist das Schloss ein grosses Bauwerk mit hohem Bergfried, Thor- und Mauerthürmen gewesen. Beschreibungen der Baulichkeiten existiren von 1528, dem Ende des 16. und Anfange des 17. Jahrhunderts sowie von 1718 (Müffling, l. c. S. XL – VIL). Das am Anfange dieses Jahrhunderts noch Vorhandene wird von Hellbach, l. c. S. 190—198 sehr eingehend beschrieben, doch hat der Verfall seit dieser Zeit sehr erhebliche Fortschritte gemacht. Gegenwärtig ist das Schloss in einer Weise zerstört, dass man ohne Aufgrabungen nicht im Stande ist, die Lage und Ausdehnung der einzelnen Baulichkeiten festzustellen, obschon noch hier und da grosse Mauerstücke aufrecht stehen. Sehr ausgedehnt mag die von der Burg eingenommene Grundfläche nicht gewesen sein, auch hat der noch vorhandene Bergfried offenbar nur einer geringen Zahl von Personen einen Zufluchtsort gewähren können. Derselbe ist kreisrund, hat 6,6 ^{m} äuseren und 2,1 ^{m} inneren Durchmesser, bei einer Mauerstärke von 2,25 ^{m}. Seine Höhe beträgt gegenwärtig noch 21 ^{m}.

Bei dem jetzigen Zustande der Ruine (Nr. 4) ist es ungemein schwer, einen Grundriss aufzunehmen, weshalb die hier beigefügte Skizze (Nr. 5) nur ein ungefähres Bild darzubieten vermag.

Das jüngste Mauerwerk stammt den Fenstereinfassungen nach aus dem 14. oder 15. Jahrhundert, rührt also wohl von den obenerwähnten Restaurations- und Erweiterungsbauten her.

Nieder-Nissa.

Evangelisehes Filialkirchdorf, 6 ^{km} ostsüdöstlich von Erfurt, am Nordabhange einer die Flussgebiete der Gera und der Ilm scheidenden Höhe, mit 230 Einwohnern.

Der Ort kommt in älteren Urkunden unter den Namen Nieder-Nusesse (1343), Nieder-Neuses (1506), Neuses, Nuselzen vor und führt das Vorsatzwort zur Unterscheidung von dem unfern im Grossherzogthum Weimar belegenen Dorfe Ober-Nissa.

Er wurde 1303 mit Urbich von dem Grafen Heinrich dem jüngeren von Gleichen an Dietrich von Sachsen und dessen Schwesterkinder Dietrich und Albert von Newselzen wiederkäuflich verschrieben. 1339 erkaufte der Rath zu Erfurt die Hälfte der Gerichte der beiden Dörfer von „den Junkern welchen sie zustanden“, die andere Hälfte aber 1343.

Die Kirche von Nieder-Nissa, zur Himmelspforte genannt, deren Patronat ursprünglich dem Nonnenkloster zu Berka an der Ilm zustand, ist gegenwärtig eine Tochterkirche von Windisch-Holzhausen. Sie stammt aus frühromanischer Zeit, wie der Thurm und die abgebrochene Absis, deren Bogen jetzt zugemauert ist, bezeugen. Das Schiff ist 1729 erneuert.

Von den drei Glocken sind die beiden grösseren, von 1,06 und 0,76 ^{m} Durchmesser 1633 von Hieronymus und Melchior Möhring in Erfurt gegossen, während die dritte 0,64 ^{m} weite der neueren Zeit entstammt.

Nottleben.

Evangelisches Kirchdorf, 13 ^{km} westlich von Erfurt an der Nesse, auf der Alacher Höhe belegen mit 561 Einwohnern.

Namen, unter denen es in älterer Zeit vorkommt sind: Notteleibin (1168), Notteleuben (1297), Nottleibin, Nodleiben, Nottlebin.

Es hatte ursprünglich unmittelbar den Landgrafen von Thüringen gehört, die es theilweise 1221 an das Kloster Georgenthal verkauften. Einen andern Theil besass das Kloster Zella. Beide Güter gelangten demnächst in den Besitz der Grafen von Schwarzburg-Arnstadt, von welchen sie 1562 der Rath zu Erfurt erkaufte, der bereits 1346 von dem Junker Thilo von Mühlhausen die Gerichte zu Nottleben und 1350 von dem Rathe zu Gotha die demselben zustehenden Erbzinsen käuflich erworben hatte, sodass er sich nunmehr im Besitze des ganzen Ortes befand.

Die den hh. Petrus und Paulus geweihte Kirche ist 1521 in einer etwas manirirten Gothik erbaut, mit geschmacklosem Masswerk in den Fenstern. An drei beliebigen Stellen des Thurmes findet sich ein älterer Kopf von Stein angebracht.

Verdeckt durch eine nach der Empore führende Aussentreppe ist eine Inschrift in sehr später Majuskel eingemauert:

✠ A.D.M.✠ C°C°C°C°X.XIII ° DOMA ° MI
SERICORDIA ° DNI ° FUNDATA ° EST

Es muss also schon vorher ein Schiff existirt haben, zu dem 1423 am Sonntage Misericordia domini (18. April) der Grund gelegt worden ist.

Im Innern befindet sich ein gut erhaltener Altarschrein mit Baldachin. In der Mitte Maria auf der Mondsichel, links und rechts je zwei männliche und weibliche Heilige. Ein Petrus in grösserem Massstabe steht auf der rechten Seite.

Von den drei Glocken ist die grösste, unten 1,15 ^{m} weite 17 Ctnr. schwere, mit dem Tone fis und der Inschrift: In honorem S. Agatae anno domini 1563 fusa est haec campana sub abbate Johanne Reutero goss mich Eckhard von Brunswick, durch Eckhard von Braunschweig gegossen. Sie hat früher dem Peterskloster zu Erfurt gehört und ward als 1810 die französische Regierung dessen Glocken versteigerte von der Gemeinde Nottleben erstanden. Die mittlere, 0,96 ^{m} weite Glocke ist zwar undatirt, da sie aber auf der Wandung die Inschrift enthält und zwar in Majuskeln: O . VOX . VOX . VITE . VOCO . VOS . ADORARE . VENITE, und darunter in Currentschrift mit kleinen Lettern die Worte: fusit me Gütherus de Erfurt in honorem S. Petri, und eine Glocke desselben Giessers in der Kirche zu Goermar bei Mühlhausen die Jahreszahl 1351 trägt, so muss sie der Mitte des 14. Jahrh. entstammen. — Die kleinste Glocke, 0,66 ^{m} weit, ist 1789 von G. W. Lange in Erfurt gegossen.

Ringleben.

Evangelisches Kirchdorf am rechten Ufer der Gera in dem weiten Thale derselben, 15 ^{km} nördlich von Erfurt, mit 721 Einwohnern.

In älteren Urkunden kommt es unter den Namen: Richenlebe, Rynkleben (1509) vor.

Ringleben hat, obwohl einige Erfurter geistliche Anstalten darin Besitzungen gehabt haben, doch nie der dortigen Stadtgemeinde, also auch nicht zu deren Territorium, vielmehr zu Sachsen-Weimar gehört, und ist erst 1815 durch Tausch gegen das Dorf Nöda an Preussen gekommen. Ein dort bestandenes Rittergut, das in älterer Zeit der Familie Herwisleben unter Schwarzburgischer Lehnsoberherrlichkeit gehörte, hat, nachdem es von den bäuerlichen Wirthen erworben und zerschlagen ist, diese Eigenschaft verloren.

Die Annahme des evangelischen Bekenntnisses seitens der Gemeinde kann erst nach 1539 erfolgt sein, da in diesem Jahre noch die Anstellung eines Vicars am Marienaltar in der dortigen Kirche erfolgt ist.

Das Schiff der dem h. Bartholomäus geweihten Kirche ist laut einer daran befindlichen Inschrift 1682 erbaut worden. Der sehr alte Thurm hat wegen grosser Baufälligkeit neuerdings abgetragen werden müssen und ist noch nicht neugebaut.

Die drei Glocken, von 1,03, 0,83 und 0,66 m Durchmesser, hängen jetzt in einem in der Nähe der Kirche belegenen besonderen Gebäude. Die grössere ist 1645 von Wolf Geyer, die mittlere 1870 und die kleinste 1860 von Ulrich in Apolda gegossen.

Röhrensee.

Evangelisches Filialkirchdorf in der Enclave Mühlberg, 18 km südwestlich von Erfurt, am Nordabhange des Muschelkalkrückens der Harst mit 178 Einwohnern.

Es kommt 1186 unter dem Namen Rorinse vor, hat von je zu Mühlberg gehört und daher auch dessen Geschicke getheilt.

Die Nicolauskirche, eine Tochterkirche von Mühlberg, ist modern und ebenso wie die beiden Glocken ohne alles künstlerische Interesse.

Salomonsborn.

Evangelisches Filialkirchdorf, am nördlichen Abhange des Alacher Plateaus, 6 km westnordwestlich von Erfurt belegen mit 206 Einwohnern.

In sehr alten Urkunden kommt der Ort nicht vor, sodass er wohl einer späteren Zeit seinen Ursprung verdankt. Im 13. Jahrhundert befand er sich im Besitze der Truchsesse von Schlotheim. Günther von Schlotheim verkaufte 1293 16 Hufen daselbst an Albert und Dietrich Lubbelin, Bürger zu Erfurt, Johann von Schlotheim und Heinemann von Hain aber 1294 12 Hufen zu Salomonsborn und Tiefthal nebst dem Blut- und Vogteigerichte in ersterem Orte an ebendieselben. Die Lehnsherrlichkeit stand 1433 Gebhard Sturm von Wolbrechtsrode zu, ging dann aber noch in der ersten Hälfte des 15. Jahrh. auf die Freiherrn von Bibra, Herrn von Irmelshausen, eine Reichsritterschaftliche Familie in Franken, über, von welcher der Rath zu Erfurt 1618 mit dem Dorfe belehnt wurde, nachdem er dies 1604 von der Familie von Utzberg käuflich erworben hatte. Die Bibrasche Familie blieb auch später im Besitze der Lehnsherrlichkeit und stellte noch 1793 einen Lehnbrief für den Rath aus.

Auch die dem h. Dionysius gewidmete Kirche, eine Tochterkirche jetzt von Marbach, früher von Alach, scheint erst in einer späteren Zeit gegründet zu sein, da der Ort in den um 1500 aufgestellten Verzeichnissen der in Thüringen vorhandenen Pfarreien nicht erwähnt wird.

Das gegenwärtige Kirchengebäude ist, laut der über der Eingangsthüre neben dem Erfurter Wappen eingemeisselten Jahreszahl 1738 erbaut, und trägt trotz des aus drei Seiten eines Achtecks gebildeten Chorschlusses einen durchaus modernen Charakter.

Der ziemlich hübsche aus Bruchsteinen mit Ecken, sowie Thür- und Fensterumrahmungen von Quadern erbaute Thurm hat eine Spitze mit einem Zwiebeldach. Er ist in die Stelle eines früheren baufällig gewordenen getreten.

Die beiden vorhandenen Glocken sind unansehnlich.

Schmira.

Evangelisches Kirchdorf am Abhange des Alacher Muschelkalkplateaus, 5 km südwestlich von Erfurt belegen, mit 646 Einwohnern.

Es kommt 1291 unter dem Namen Smyre, 1300 als Smire vor und war ursprünglich ein Schwarzburgisches Afterlehn unter thüringisch-sächsischer Lehnsoberherrlichkeit und wurde als solches 1665 durch den Leipziger Recess von Sachsen an Kurmainz abgetreten. Graf Günther von Schwarzburg und dessen Söhne Günther und Heinrich verkauften lehnsweise 1265 ihre Besitzungen daselbst an die Brüder Gottschalk und Konrad Kerlinger, Bürger zu Erfurt. Die Grafen Günther der jüngere und Heinrich schenkten 1315 ihren Antheil an dem dortigen Vorwerke sowie zwei Hufen der Kirche zu Schmira. 1455 wurden die Gebrüder Hermann und Heinrich Hüttner von Heinrich Grafen zu Schwarzburg, Herrn zu Arnstadt und Heinrich, Herrn zu Leutenberg, damit beliehen, verkauften 1463 die eine und 1464 die andere Hälfte an Konrad Kellner, Bürger zu Erfurt. Doch gelangten die Gebrüder Hüttner wieder in den Besitz, verkauften nun aber 1477 und 1486 den Ort an den Rath zu Erfurt, worauf diesem von den Grafen Heinrich und Balthasar von Schwarzburg die Belehnung ertheilt ward. Ein Theil von Schmira war übrigens ursprünglich gräflich Beichlingisches Lehn gewesen und 1320 von Heinrich dem jüngeren, Grafen von Bichelingen, dem Marienstifte zu Erfurt geschenkt. In späterer Zeit besass sowohl das Cyriaxkloster wie das Martinskloster daselbst in Schmira einen Freihof, dessen Eigenthum nach der Säcularisirung der Klöster auf das Rentamt des Kirchen- und Schulfonds übergegangen ist.

Die dem h. Nicolaus gewidmete Kirche ist 1842 und deren Thurm 1868 neu aufgeführt. Dass sie bereits 1315 bestanden habe, ergiebt die schon erwähnte Schenkung.

Die drei Glocken sind von Ulrich in Apolda gegossen.

Bei dem Chausseesteine 9,9 befindet sich ein steinernes sog. Modkreuz.

Tiefthal.

Evangelisches Filialkirchdorf, 7 km nordwestlich von Erfurt am östlichen Abhange des Fahnernschen Muschelkalkrückens, auf dessen unteren Theil sich Keupersandstein angelegt hat, auf welchem ein Steinbruch im Betriebe ist, mit 349 Einwohnern.

Der Name erscheint in älteren Urkunden als Diffentale (1104), Tifental (1143), Tyffentayl (1437), Diefenthale, Diefetal, Diefedal.

Der Ort ist allem Anscheine nach von dem Peterskloster zu Erfurt gegründet, von welchem 1367 die Hälfte der Gerichte gleichzeitig, mit denen von Alach, an den Rath zu Erfurt abgetreten wurde. Wie dieser in den Besitz der anderen Hälfte gelangt sei, ist nicht bekannt. Ein Theil der Flur von Tiefthal, der die dortigen Weinberge umfasste, und wohl vorbehalten worden war, als mit der übrigen Flur das Peterskloster dotirt wurde, war dem Erzbischofe von Mainz zinspflichtig und lehnbar geblieben.

Die dortige Kirche, deren Name: Peter- und Paulskirche auf die früheren Beziehungen zum Peterskloster deutet, eine Tochterkirche von Kühnhausen, ist spätgothisch, mit spitzbogigen Fenstern und Thüren, einem durch drei Seiten eines Achtecks geschlossenen Chore, ohne Strebepfeiler. Der Bau ist 1510 begonnen, wie aus der am Schiffe befindlichen, nicht ganz verständlichen Inschrift:

Anno . dm .. ccccc|x domīca post mēcō | nis cotecaus prs tectī maria inchoata

sich ergiebt. Doch ist der damalige Bau nur an die Stelle eines früheren getreten, an welchen 1469 der noch vorhandene Thurm angebaut wurde. Denn dieser trägt die Inschrift:

Anno dm̄ m° cccc° lxix do hans | mist (? mese) vnd thomas rose (? rost) bvwe | meister worn d wart ange | haben disser thorm.

Eine flache Holzdecke bedeckt das Schiff, die so wie die Empore, die zu dieser führende, bedeckte Aussentreppe und die italienische Haube, welche die Spitze des Thurmes bildet, neu sind. Im übrigen hat dieser mit seinen schmalen viereckigen Lichtöffnungen und Kaffgesims noch seine ursprüngliche Gestalt.

Die drei Glocken haben 1,07, 0,80 und 0,63 ^{m} Durchmesser. Die grösste ist 1810 von den Gebrüdern Lange in Erfurt, die mittlere 1728 von J. N. Sorber, die kleinste 1853 von Benj. Sorge gegossen.

Tröchtelborn.

Evangelisches Kirchdorf, 15 ^{km} westlich von Erfurt, an der äussersten Westgrenze des Kreises, auf dem Südabhange der Alacher Höhe belegen, mit 414 Einwohnern.

Aeltere Namen sind Truhtitibrunno, Truchelborn, Tröckelburn, Truchtelborn Trechtelburno.

Der Ort war ursprünglich ein Witzlebensches Afterlehn der Grafen von Schwarzburg. Von der Witzlebenschen Familie gelangte er an den Ritter Dietrich von Molsleben, der ihn 1351 mit dem Blutgerichte, Lehen, Gerechtigkeiten und Freiheiten nebst dem Kirchenlehen an den Rath zu Erfurt verkaufte, welcher Kauf von Friedrich und Tizel von Witzleben unter Verzicht auf alle ihre Rechte bestätigt wurde, worauf 1357 die Grafen von Schwarzburg und der Graf Heinrich von Hohnstein dem Rath einen Lehnbrief ertheilten.

Die dem heil. Bonifazius geweihte Kirche ist, was ihr Schiff betrifft, in den Jahren 1604 und 1605 mit einem Kostenaufwande von 3200 Gulden, ausschlisslich der Orgel und der Kanzeldecke, neu gebaut; der Chorschluss wird durch drei Seiten eines Achtecks gebildet. Der Taufstein ist gleichfalls aus dem 17. Jahrh. Sonstiges architektonisch Intereressantes besitzt die Kirche nicht.

Der Thurm wurde durch den erwähnten Umbau nicht berührt und stammt aus erheblich älterer Zeit.

Von den drei resp. 1,15, 0,95 und 0,68 ^{m} weiten Glocken, ist die grössere von J. N. Sorber 1729, mit dem Spruche: Spes mea in Christo, die mittlere 1822, die kleine 1888 von Ulrich in Apolda gegossen.

Urbich.

Evangelisches Filialkirchdorf, 5 ^{km} ostsüdöstlich von Erfurt gelegen mit 135 Einwohnern.

Es kommt 1343 unter dem Namen Urbeche, auch unter den: Urbech, Uribechi, Urbeche vor.

Es ward, wie schon früher erwähnt ist, 1304 zusammen mit Nieder-Nissa von dem Grafen Heinrich dem jüngeren von Gleichen an Dietrich von Sachsen und dessen Schwesterkinder Dietrich und Albert von Newselzen wiederkäuflich verschrieben. 1339 erkaufte der Rath zu Erfurt die Hälfte der Gerichte der beiden Orte „von den Junkern, welchen sie zustanden". In den Besitz der andern Hälfte gelangte derselbe 1343. Er wurde sächsischer Seits 1346 mit Urbich belehnt. Einen Hof in diesem Orte schenkte Katharina von Urbach, genannt die Wölfin (Lupa) 1248 dem Marien-Magdalenenkloster zu Erfurt.

Die dortige St. Ulrichskirche, deren Patronat in früherer Zeit dem Kloster zu Berka a/I. zustand, ist gegenwärtig eine Tochterkirche von Büssleben.

Sie ist 1721 erbaut und ohne jedes Kunstinteresse Der höchst ungeschlachte Thurm derselben hat in seinem Querdurchschnitt fast dieselbe Breite wie das Schiff.

Die beiden Glocken haben 0,96 und 0,78 ^{m} Weite; die grössere ist 1757 von Sorber in Erfurt, die kleinere 1863 von Ulrich in Apolda gegossen.

Walschleben.

Evangelisches Kirchdorf, 11,5 ^{km} nordnordwestlich von Erfurt, zwischen dem linken Geraufer und dem Walschberge belegen mit 1614 Einwohnern.

Aeltere Namen des Ortes sind: Wahochleben, Walhesleben, Walochesleben, Ualichsleben, Walcheslebe, Uachesleben, Walslebe, Walcheslebin, Walahesleba, Walesleubi.

Der Ort ist sehr alt und gehörte einst zum Altgau des Südthüringgaus und befand sich unter denen, mit welchen Kaiser Otto I. das Erzstift Magdeburg dotirte, kam dann wie die übrigen an die Abtei Fulda und von dieser an die Grafen von Gleichen. Graf Erwin VI. von Gleichen beschenkte 1050 das Peterskloster zu Erfurt mit 12 Hufen in der Flur von Walschleben. 1336 übertrug Graf Hermann von Gleichen einen grossen Theil der Gerichte an den Rath von Erfurt und 1320 verkauften die Grafen demselben Walschleben, Elxleben und Münstergehofen. Mit dem Theile der Gleichenschen Besitzungen, der in diesem Verkauf nicht begriffen gewesen war, wurde 1497 Asmus Schade, Bürger zu Erfurt, vom Grafen Sigmund II. belehnt. Andere Theile des Ortes waren den Grafen von Henneberg, den Schenken von Varila, später den Schenken von Saleck und von Dornburg, sowie den Herrn von Harversleben lehnpflichtig, von denen dieselben meist an die Familie von der Sachsen zu Erfurt und schliesslich an den dortigen Rath gelangten.

Die St. Cruciskirche ist laut eines Steines, der die Inschrift trägt:

Anno dm̄ m° cccc°
xcv° feria tēcia
pentecostes ıcep
ta ē hec structura

im Jahre 1495 erbaut, doch hat sie einen neuen inneren Ausbau und auf der Nordseite ein neues Treppenhaus erhalten.

Die drei Glocken haben resp. 1,36, 1,23 und 0,84 ^{m} im unteren Durchmesser. Die grösste derselben ist 1777 von F. W. Barth, die mittlere 1691 von Hans Heinrich Rausch, die kleinere 1797 von G. C. Sorber, sämmtlich in Erfurt, gegossen.

Waltersleben.

Evangelisches Filialkirchdorf, 7 km südlich von Erfurt auf dem Südabhange des Steigers belegen mit 320 Einwohnern.

Aeltere Namen, unter denen es vorkommt, sind: Wideroltisleben, Walthyrsleyben (1308).

Darauf, dass schon in vorgeschichtlicher Zeit sich hier eine Niederlassung befunden, deutet ein in der Flur unfern der Möbisburger Grenze aufgedecktes Leichenfeld mit den daselbst gefundenen Alterthümern (Tettau, Uebersichtliche Zusammenstellung S. 219, 220).

Als Schwarzburgisches Afterlehn besassen die Grafen von Beichlingen den Ort. Graf Heinrich von Beichlingen ertheilte 1296 dem Heinrich Vicedom zu Erfurt Lehenbriefe über die Vogtei und über Güter zu Waltersleben, und Friedrich der ältere Graf von Beichlingen 1297 einen solchen über die Hälfte von 16 Hufen Land und 1303 desgleichen über 3 Hufen daselbst Heinrich dem jüngeren Vicedom, belehnte auch 1308 Thilo von der Sachsen und die Familie Brun, Bürger zu Erfurt, mit dem Schutzrechte, dem Rechte über Hals und Hand und 8 Hufen daselbst, sowie im gleichen Jahre Thilo von der Sachsen mit der Vogtei und dem Halsgerichte über die Hälfte von 16 Hufen und ertheilte 1320 Heinrich und Rudolf Vitzthum und Heinrich Kezelborn, Bürgern zu Erfurt, einen Lehnbrief über Vogteirecht, Gericht und Güter zu Waltersleben. Von der Familie Brun gingen deren Rechte 1460 auf Johann von Allenblumen über, dessen Besitznachfolger Wilhelm von Allenblumen 1465 damit von dem Grafen Heinrich von Schwarzburg belehnt wurde. Nachdem der Rath zu Erfurt bereits von Hugo Langen (Longus) dessen Gerichte zu Waltersleben erkauft hatte, erwarb er noch 1468 von dem Grafen von Beichlingen die diesem noch verbliebenen Rechte, von Hugo Brun die seinigen und von Wilhelm von Allenblumen die diesem zustehenden und brachte auf diese Weise das ganze Dorf an die Stadt, die darüber 1486 und 1488 Lehnbriefe von den Grafen von Schwarzburg empfing. Das den letzteren zustehende Lehnrecht sowie die Lehnsoberherrlichkeit des Hauses Sachsen gingen infolge des Leipziger Recesses von 1665 auf Kurmainz über.

Die St. Nicolaikirche, Tochterkirche von Werningsleben, ist am Ende des 18. Jahrh. neugebaut und bietet kein künstlerisches Interesse dar.

Auch die drei Glocken sind in neuerer Zeit, sämmtlich von Benj. Sorge in Erfurt gegossen.

Wandersleben.

Früher Marktflecken, jetzt evangelisches Kirchdorf, 15 km südwestlich von Erfurt mit 1287 Einwohnern.

Der Ort liegt in der bereits bei Mühlberg ausführlich besprochenen Enclave am rechten Ufer der Apfelstedt, in einem ziemlich weiten Thale, das auf der Südseite von Keuperhöhen begrenzt wird; gegen Westen erhebt sich ein Sandsteingebirgsrücken, auf dem mehrere Brüche im Betriebe sind, die Quadern und Platten Seeberger Sandsteins liefern.

Wandersleben, ein sehr alter Ort, kommt in früherer Zeit unter den Namen: Wandersleibo, Wandersleibin (1143), Wandisleybin (1301), Wandesleben, Wandesloban vor.

Wann er entstanden ist, ist zwar nicht bekannt, doch ist es wahrscheinlich, dass sich neben der Burg Gleichen, die schon beim Jahre 1034 erwähnt wird, stets ein Dorf befunden haben wird, und dies eben Wandersleben gewesen sei. Urkundlich in Verbindung mit der gräflich Gleichenschen Familie erscheint es jedoch erst 1328 in einem Schenkungsbriefe des Grafen Hermann von Gleichen über 3 Acker Artland zu Wandersleybin, ferner 9 Acker und einem Hofe mit $1^1/_2$ Hufen daselbst an das St. Severistift zu Erfurt, sowie 1333 in dem Consense des nämlichen zu dem Vermächtniss einer Hufe daselbst an das Kloster Georgenthal, auch ist es in dem den Grafen von Gleichen 1398 von dem Kurfürsten von Mainz ertheilten Lehnbriefe mit aufgeführt. Gewiss ist, dass es von der Zeit ab, wo es in der Geschichte erscheint, ein Pertinenz der Burg Gleichen gebildet habe. Es hat denn auch deren Geschicke getheilt und ist nach dem Aussterben des Grafengeschlechtes 1631 als eröffnetes Lehn von Kurmainz eingezogen und den Grafen von Hatzfeld verliehen, nachdem aber auch diese 1797 ausgestorben waren, als eine besondere kurmainzische Besitzung verwaltet worden und als solche 1802 an Preussen gelangt, ohne je zum Erfurter Gebiete gehört zu haben.

Die dortige St. Peterskirche[1] war ursprünglich ein romanischer Bau, worauf schon ihr Name deutet, da dieser in der ersten Zeit nach Einführung des Christenthums in Thüringen mit Vorliebe den neuentstandenen Kirchen gegeben worden ist (Otte, Katechismus S. 5). — Einer noch lebendigen Tradition zufolge ist die Kirche durch die Erweiterung einer älteren Kapelle entstanden und man hat auch bei einer neuerdings vorgenommenen baulichen Veränderung an der südlichen Kirchenmauer die Stelle gefunden, wo die Erweiterung ihren Anfang genommen hat, namentlich ein unzweifelhaft von dem ersten romanischen Bau herrührendes Rundbogenfenster. Auch soll sich unter der Kirche eine Krypta befunden haben, was gleichfalls für einen Bau in der romanischen Periode, da nur in dieser derartige Anlagen üblich waren, spricht.

Der erwähnte Erweiterungsbau, der insbesondere den jetzigen Altarraum in sich fasste, entstammt, wie man annehmen kann, dem 13., der Thurm dem 14. Jahrh.

Neben der Kirche soll sich früher ein Kloster befunden haben, das wahrscheinlich bei Gelegenheit der Belagerung der Wachsenburg durch König Philipp 1208, wie viele andere in dieser Gegend belegene Klöster, zerstört und nicht wieder hergestellt ist. Vier in der Nähe der Kirche stehende Gebäude, darunter eins mit gothischer Fenstereinfassung und dicken Mauern, sowie die Spuren unterirdischer Gänge werden damit in Verbindung gebracht.

Das zum Kirchhofe führende Thor mit seinem Rundbogen stammt wohl noch aus der romanischen Periode, wogegen der Chorabschluss der Kirche mit drei Seiten eines Achtecks der frühgothischen, die unteren Geschosse des Thurmes mit ihren schmalen schlitzartigen Lichtöffnungen der Periode der ausgebildeten Gothik angehören. Die Spitze desselben ist aber nach einer in dessen Knopfe befindlichen Nachricht im Jahre 1593 aufgebracht. Doch brannte der Thurm 1655 bis zum Glockenstuhl ab. Er wurde aber 1671 und zwar „14 Werkschuh höher“ als er gewesen, wieder hergestellt und mit einer Uhr versehen.

[1] Es ist hierbei ein handschriftlicher Aufsatz: die St. Peterskirche in Wandersleben, von dem dortigen Pfarrer Müller benutzt.

Etwas später als der Thurm, wohl im 17. Jahrh., wird das Schiff der Kirche seine jetzige Gestalt erhalten haben; denn dass sie nach der Inschrift auf einer in ihr befindlichen Platte 1745 neu berappt worden ist, lässt darauf schliessen, dass ihre Mauern damals bereits längere Zeit gestanden haben.

Im Innern ist die Kirche 1728, 1729 im Zopfstyl erneuert, wobei die Rundbogen der Thüren und die in den Fenstern stehenden Steinfiguren beseitigt wurden, Eine weitere Reparatur fand in den Achtzigern des vorigen Jahrhunderts statt. wobei ein Mansardendach mit 10 Fenstern zur Beleuchtung der Empore dem Gebäude aufgelegt ward.

Die erste Orgel erhielt die Kirche um 1650, die gegenwärtige ward 1723/24 von Schreiber in Erfurt gebaut.

Neben dem Thurme befindet sich ein alter sehr verwitterter Grabstein, anscheinend mit einem vor dem Gekreuzigten knieenden Ritter und der Jahreszahl 15.. Von anderen in der Umfassungsmauer befestigten Grabsteinen, trägt ein kleiner Minuskelschrift, zwei Schilder ohne Bild und die Jahreszahl 1502, ein grösserer die 1589, der „eines Pappenheimers" die 1653. Am Kirchhofsthore sieht man ein räthselhaftes Relief (Nr. 6), das aus dem 16. oder 17. Jahrhundert zu stammen scheint.

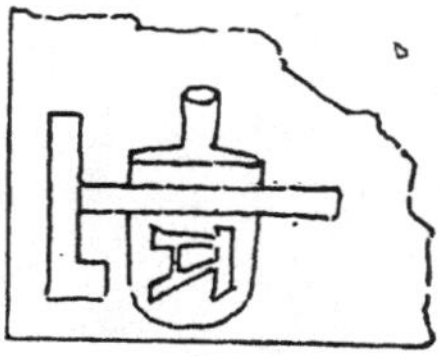

Nr. 6.

Dem Innern der Kirche gehört ein Schnitzaltar an, mit Holzsculptur und Malerei, der sicher der in Erfurt in der zweiten Hälfte des 15. Jahrh. für die Anfertigung von Altarschreinen bestandenen Kunststätte seine Entstehung verdankt. Er war seit Einführung der Reformation eingemauert, ist erst neuerdings wieder entdeckt worden und in Folge dessen im Allgemeinen noch gut erhalten, zur Zeit aber behufs vollständiger Wiederinstandsetzung entfernt. Er stellt die Sippe Christi — die Stammbäume Marias und Johannes des Täufers — dar, mit reich vergoldeten und polychromirten geschnitzten Figuren im Innern, mit Gemälden auf den Aussenseiten, dort vier grosse Gestalten, darunter Maria mit dem Christkinde auf dem Schosse und der neben ihr sitzenden h. Anna, hier Zebedäus und Alpheus mit ihren Frauen und Kindern. Das Werk zeigt gut charakterisirte Köpfe, natürliche Haltung, freien und flüssigen Faltenwurf; doch sind die Figuren vielleicht etwas zu gedrängt und nicht hinreichend schlank.

Andere Gegenstände von Kunstinteresse, etwa ausser einem $1^1/_2$ ^{m} hohen spätgothischem Crucifixe, das jetzt hinter der Kanzel seinen Standort hat und einigen kleineren, aus dem 17. Jahrh. stammenden Apostelbildern, finden sich in der Kirche nicht. An Grabsteinen verdienen Erwähnung der der 1556 verstorbenen Gräfin Elisabeth von Gleichen geb. Fr. von Plesse, Gemahlin des Grafen Georg, und der der Tochter desselben, der Gräfin Elisabeth von Isenburg († 1616), beide mit gut erhaltenen Relieffiguren.

Die drei Glocken stammen aus dem 18. Jahrhundert und sind sämmtlich in Erfurt gegossen. Die grösste 1,35 ^{m} weite und 26 Ctnr. schwere von 1726 sprang 1886, wurde aber 1887 von dem Glockengiesser O. Ohlssohn in Lübeck vorzüglich wieder hergestellt. Die beiden andern sind resp. 1,20 und 0,90 ^{m} weit.

In dem stadtähnlichen Dorfe sieht man mehrere alte Gebäude, die zwar nicht durchgehends Jahrzahlen tragen, aber dem Ende des 16. oder Anfang des 17. Jahrh.

angehören dürften. Namentlich macht sich ein altes Gasthaus (Nr. 7) am Ausgange des Ortes bemerklich, dessen Erdgeschoss massiv von Bruchsteinen ohne alle Architektur ausgeführt ist und das im oberen Stock zierliches Fachwerk zeigt und an dem insbesondere die Eckausfüllungen an den wichtigsten Säulen des Fachwerks zur Sicherung gegen Verschiebung bemerkbar sind.

Nr. 7. Gasthaus.

An einem anderen grossen Gehöfte, dessen Vorderhaus ebenfalls im Erdgeschosse massiv und im oberen Stockwerke von Fachwerk ist, befinden sich die drei Jahrzahlen 1541—1605 und 1711 (Nr. 8), welche sich auf drei Bauveränderungen

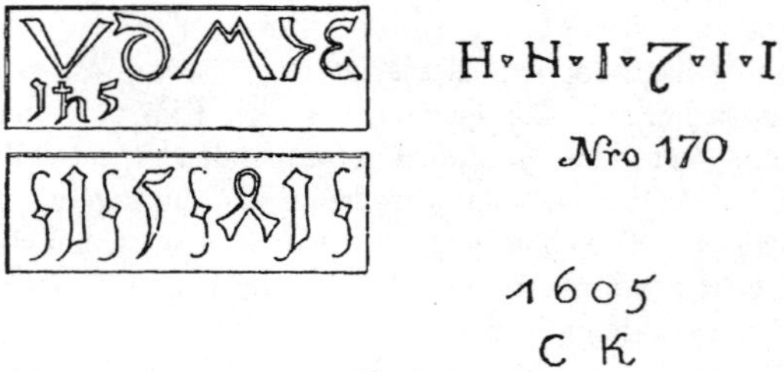

Nr. 8.

beziehen, ohne jedoch diese Veränderungen selbst kennbar zu machen. Die älteste Jahrzahl ist von dem in jener Zeit sehr oft vorkomenden Spruche: Verbum domini manet in aeternum und einem IhS begleitet. Die Buchstaben über den Jahrzahlen dürften die Anfangsbuchstaben der Namen der jedesmaligen Besitzer sein.

Am Wege nach Schloss Gleichen, 1 km vom Dorfe entfert, steht ein steinernes Kreuz (Nr. 9) mit schmalem vertieft eingehauenem Felde für eine, jedoch nicht mehr erkennbare Inschrift. Auf der Rückseite ist mit einer Schrift, die offenbar jünger ist als das Kreuz in den Stein geritzt: Weg nach Wandersleben. — Noch hundert Schritte weiter ist am Wege ein kleineres Kreuz, dessen Zweck und Veranlassung gleichfalls unbekannt sind, doch werden beide Kreuze im Volksmunde als Mordkreuze bezeichnet.

Nr. 9. Steinkreuz.

Zwei km südlich von Wandersleben liegt das Schloss Gleichen.[1] Wann dieses zuerst erbaut sei, ist nicht bekannt Man weiss nur, dass es bereits im 11. Jahrh. — es kommt damals unter dem Namen Glico, Gligen, Geligen, Glichen auch Glychin vor — eine sehr feste Burg — castrum valde munitum wie Dodechinus bei Marianus Scotus es nennt — gewesen ist. In den Reinhardsbrunner Annalen wird es schon unter dem Jahre 1034 genannt. 1089 wurde darin Marggraf Egbert II. erfolglos von König Heinrich VI. belagert.

Im 12. Jahrh. gelangte es in den Besitz der Grafen von Tonna. Urkundlich erscheint zuerst 1162 ein Mitglied dieser Familie, Erwin, mit der Bezeichnung eines Grafen von Gleychen; in einer chronikalen Nachricht der Reinhardsbrunner Annalen wird jedoch schon beim Jahre 1116 ein Graf Erwin von Gleichen genannt. Diese Familie ist es denn wohl, die man als die Erbauer des Schlosses, wie es auf die spätere Zeit gelangt und in seinen Trümmern noch jetzt vorhanden ist, ansehen muss.

Anscheinend hat jene, wenn sie auch den Namen davon annahm, doch dasselbe anfangs nicht selbst bewohnt, sondern es durch Burgmänner verwalten lassen; denn sonst würde es sich schwerlich in einem so schmählichen Zustande befunden haben, wie Erzbischof Conrad I. von Mainz es (1187—1190) schildert: castrum — in Glichen comiti Ernesto infeodatum prorsus destructum invenimus (Stumpf, Acta Mogunt. p 114). Erst von der Zeit an, wo Tonna und Gleichen verschiedene Besitzer hatten, wurde das letztere die ständige Residenz einer Linie. Werneburg glaubt (l. c. S. 32), dass Graf Lamprecht († 1228) es gewesen sei, der zuerst seinen festen Wohnsitz in Gleichen genommen.

[1] Von der sehr reichhaltigen diesen Gegenstand betreffenden Literatur mögen hier nur erwähnt werden:

1. Sagittarii Historia der Grafsch. Gleichen ans Licht gestellt von Cyprian. Frankf. a. M. 1732.
2. Hellbachs Histor. Nachr. von den Thüring. Bergschlössern Gleichen, Mühlberg und Wachsenburg. Erfurt 1802.
3. Desselben Archiv für die Geographie, Geschichte und Statistik der Grafschaft Gleichen, II. Bändchen. Altenburg 1805.
4. (Adloff, J. A.) Historische Beschreibung der drei thüring. Bergschlösser Gleichen, Mühlberg und Wachsenburg. Gotha 1824.
5. Polack, C., Wachsenburg, Mühlberg und Gleichen, die thüring. drei Gleichen. Gotha 1859.
6. Werneburg, H., Burg Gleichen und deren älteste Besitzer (Mittheil. des Vereins für die Geschichte und Alterthumskunde von Erfurt. Heft VI).
7. Derselbe Ueber die sog. drei Gleichen, die Burg Gleichen u s. w. (ibid. IX, S. 193 ff.).

Die romanischen Theile der Burg werden, wenn die Angaben, dass dieselben 1230 oder 1231 infolge Entzündung durch einen Blitzstrahl niedergebrannt sei, als richtig angesehen werden können, bald nach dieser Zeit entstanden sein; denn die Angabe, dass das Schloss 1309 von den Erfurtern erobert und zerstört sei, ist so wenig beglaubigt, dass man ihr kein Gewicht beilegen kann.

Aus späterer Zeit stammen die übrigen Theile der Burg wie schon ihr Baustyl erkennen lässt. Die daran befindlichen Jahresangaben ergeben, dass ihre Erbauung 1543 und 1588, also in der Periode der Frührenaissance erfolgt ist. Nicht lange nachher hörte das Schloss jedoch, wegen der mancherlei Unbequemlichkeiten, die es darbot, namentlich, dass alle Bemühungen es mit Wasser zu versorgen, erfolglos blieben, auf: Wohnsitz der Grafen zu sein, die solchen in das unfern belegene Ohrdruf verlegten. Doch lag noch den Besitznachfolgern der ausgestorbenen Gleichenschen Familie, den Grafen von Hatzfeld, die Verbindlichkeit ob, die Gebäude in baulichem Zustande zu erhalten, und diese haben sich daher auch noch im Anfang des 19. Jahrh. in leidlichem Zustande befunden, sind namentlich noch mit Dachungen versehen gewesen. Erst seit dem Aussterben der Grafen von Hatzfeld geschah nichts mehr für ihre Erhaltung. Sie verfielen daher immer mehr und mehr; besonders geschah dies seit das Schloss in den Besitz der Müfflingschen Familie gelangt war.

Nr. 10. Vorwerk Freudenthal.

Auf dem Berge, auf welchem das Schloss liegt, das sich am vortheilhaftesten von Norden her darstellt, und an dessen Fusse das Vorwerk Freudenthal (Nr. 10) sich befindet, dessen Name darauf zurückgeführt wird, dass der sagenhafte zweibeweibte Graf von Gleichen mit seiner zweiten, der morgenländischen Gemahlin hier von der rechtmässigen ersten Gattin empfangen sein soll, führt ein ziemlich breiter, allenfalls befahrbarer Weg, aus jenem Anlasse der Türkenweg genannt, der an der Westseite beginnt, sich um den Berg windet und, nachdem er auf einer zweibogigen Brücke den jetzt verschütteten Wallgraben überschritten in die Burg auf ihrer Nordseite eintritt (Nr. 11). Der ganze Umfang von dieser beträgt 220 ^{m}. (Plan des Burghofes in Hellbachs Nachrichten S. 47.)

Das Thor, vor dem sich noch eine 24 ^{m} lange, früher wohl höher gewesene

Schutzmauer befindet, ist rundbogig überwölbt und mit einer attischen Base profilirt, stammt also wohl noch aus der romanischen Bauperiode. Neben ihm befand sich früher in der Mauer ein Steinrelief mit dem Gleichenschen Wappen, dem ge-

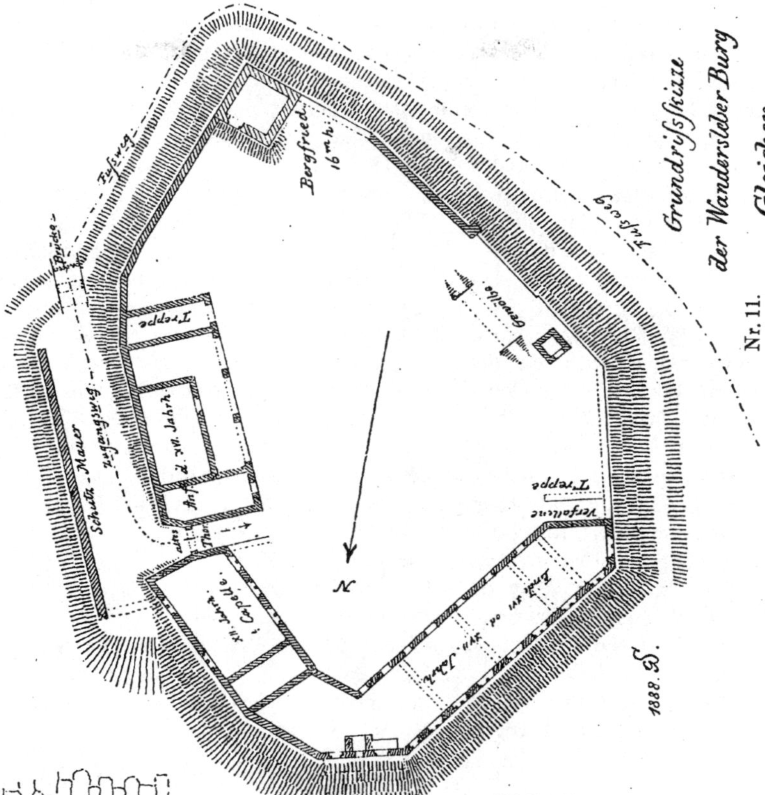

Grundrißskizze der Wandersleber Burg Gleichen.

Nr. 11.

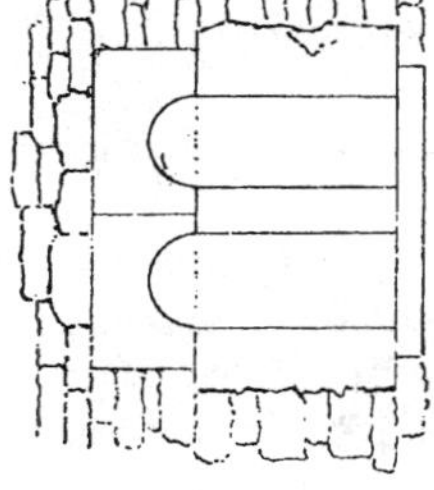

Nr. 12. Capellenfenster.

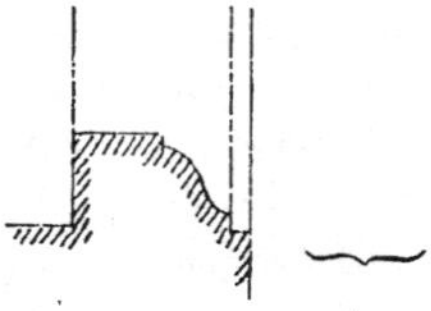

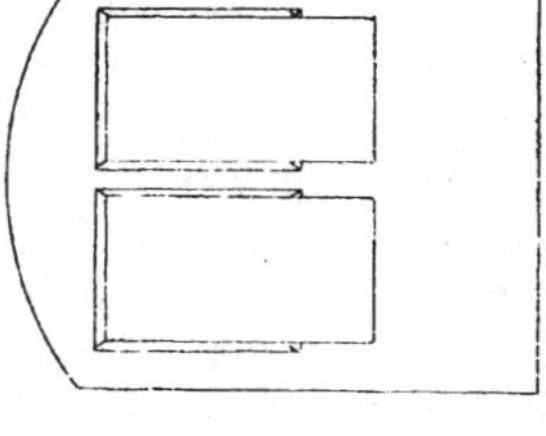

Nr. 13. Schloßfenster.

löwten Leoparden, der hier aber nicht wie sonst üblich stehend, sondern liegend dargestellt war.

Das Thor liegt zwischen zwei ehemaligen Gebäuden, die offenbar aus sehr verschiedenen Perioden herstammen. Das rechts mehr westliche, besitzt kleine rohe, gekuppelte Rundbogenfenster (Nr. 12), wird für eine ehemalige Kapelle gehalten und erscheint spätromanisch; das andere Gebäude besitzt Fenster mit Gardinenbogen in der am Ende des 15. Jahrh. an Profanbauten üblichen einfachen Form. Wie man behauptet, haben sich hier die Thorwärterwohnung, die Küche, die Kellerei und die Pferdeställe befunden. Ein in der Mauer befindlich gewesener Stein trug die Jahreszahl 1543 und das Zeichen I. H. S.

Wenn man in den etwas unebenen oberen Hof tritt, bemerkt man an der südlichen Mauerecke den sehr beschädigten quadratischen Bergfried, welcher eine Mauerstärke von 1,5 m, eine Breite von 9 m besitzt und gegenwärtig 16 m hoch ist, früher aber höher gewesen sein muss, da er oben keinen Abschluss, wohl aber zerrissenes Mauerwerk zeigt. Seine Tiefe unter dem Erdboden soll angeblich seiner Höhe über derselben gleichkommen. Seine Lage ist so gewählt, dass er mit den Schlössern Mühlberg und Wachsenburg zu correspondiren vermochte.

An die sog. alte Kapelle schliesst sich eine zweistöckige Ruine, deren Architektur auf die Frührenaissance des 16. Jahrh. hinweist (Nr. 13) und die einst unstreitig der eigentliche herrschaftliche Palast war. Die Innenwände scheinen in Fachwerk bestanden zu haben, weil sie infolge eines Brandes nebst der Balkendecke spurlos verschwunden sind. Ueber der Eingangsthüre befand sich noch im Anfange dieses Jahrh. ein Steinrelief mit dem Gleichenschen Wappen und der Jahreszahl 1588.

Dem nördlichen Theile der Burg ist ein regelmässiges Bauwerk angefügt, das Anzeichen eines grossen Altans aufweist. Das Innere ist dergestalt mit Schutt und Gestrüpp angefüllt, dass das Betreten theilweise gefährlich ist, da an einigen Stellen das Kellergewölbe eingestürzt ist. Am Westrande dieser Ruine seht noch ein mächtiger Giebel, an dessen Aussenseite sich ein Treppenhaus befunden haben muss, wie noch vorhandene Reste darthun,

Was sich einst längs der südlichen Umfassungsmauer befunden, ist nicht mehr zu erkennen, aber einige verfallene Gewölbe und der Rest eines Thürmchens von gegen 4 m Quadratseite lassen auf ein grosses Wirthschafts- oder Wohngebäude schliessen.

Die historisch so wichtige und so malerische Ruine verdiente sicher eine Aufräumung und Klarlegung.

Werningsleben.

Evangelisches Kirchdorf, 10 km südlich von Erfurt am südlichen Abhange des Steigers belegen mit 214 Einwohnern.

In älteren Urkunden kommt es unter den Namen: Werinzogeslebo, Werinzogesleiban (1195), Weringsleyben (1389), Wernizogegesleben vor.

Es ist ein sehr alter Ort, der urkundlich schon 796 erwähnt wird und zum Gau Languizza des Südthüringgaus gehörte. Er war ursprünglich ein Lehn der Grafen von Henneberg, ist nach deren Aussterben in die Lehnsoberherrlichkeit von Sachsen übergegangen und durch den Leipziger Recess von 1665 in die von Kurmainz gelangt.

Der Rath zu Erfurt kaufte 1355 von dem Grafen Johann von Henneberg die Dörfer Bechstedtwagd und Werningsleben wiederkäuflich, und nachdem von dem Rechte des Wiederkaufs Gebraueh gemacht war, 1414 anderweit, zunächst ebenfalls wiederkäuflich, gleich nachher aber erblich von dem Grafen Wilhelm von Henneberg. Doch waren gewisse Grundstücke und Gerechtigkeiten bei diesem Verkaufe ausgeschlossen geblieben, mit denen die Familie Bodewitz 1583 von dem Grafen Georg Ernst von Henneberg und 1624 von dem Kurfürsten von Sachsen belehnt wurde.

Die hiesige Allerheiligenkirche, die Mutterkirche von Waltersleben, stammt aus sehr verschiedenen Zeiten. Das Schiff derselben ist meist modern, im älteren Thurme befindet sich ein Kreuzgewölbe mit Malerei von sehr roher Arbeit. Den gedrückten Spitzbogen auf Kämpfergesimsen nach zu urtheilen ist der Thurm frühgothisch.

Der Rest eines Altarschreins besteht in zwei mit Gemälden versehenen Flügeln, welche die Geburt Christi und die Anbetung der Weisen darstellen. Interessant ist ein alter Holzschnitt in ziemlicher Grösse, der Scenen aus dem Leben Christi zum Gegenstande hat, aber da er als Lehne eines Sitzes dient, stark abgescheuert ist. Er trägt die Angabe: Gedruckt zu Augsburg bei Johann Wellenhofen, 1657 von Heinrich Syring und Regina Syring gestiftet.

Die drei Glocken haben resp. 1,00, 0,80 und 0,70 m Weite. Die grösste hat in Minuskeln die Inschrift:

anno dm XVC° XXI consolor viva fleo mortua pello noci(va),

stammt also aus dem Jahre 1521. Sie erinnert auch durch den Duktus der Schrift an die beiden denselben Spruch tragenden Mühlberger Glocken. Die mittlere Glocke ist 1745 von Nic. Jonas Sorber, die kleinste 1826 von Christian August Mayer zu Erfurt gegossen.

Am Eingange des ummauerten Kirchhofes befindet sich ein eingemauerter Stein mit dem Erfurter Wappen, der Jahreszahl 1564 und den Initialen P und S.

Willrode.

Das Gut mit dem ehemaligen Jagdschlosse Willrode, jetzt eine Oberförsterei und besonderer Gutsbezirk, gehörte bis zur Einführung der gegenwärtigen Kreisverfassung in kommunaler Beziehung zu Bechstedtwagd, von welchem es 2 km nordöstlich, sehr romantisch mitten in einem grossea Walde, liegt.

Es besteht aus einem geräumigen Wohnhause, Wirthschaftsgebäuden und einer Kapelle, deren Entstehung jedoch mit Unrecht in die Zeit des Bonifazius gesetzt wird, dies alles umgeben von einem tiefen Graben, so dass es das Ansehen eines festen Schlosses hat.

Das Gut, das 1223 unter dem Namen: Willenrode, anderweit auch unter dem: Wildenrode vorkommt, gehörte mit dem es umgebenden Forste in den ältesten Zeiten den Erzbischöfen von Mainz, von denen es die Grafen von Gleichen zu rechtem Mannes lehn erhielten, die es 1296 mit lehnsherrlichen Consense an das Neuwerkskloster zu Erfurt verkauften. Dieses belieh 1450 Klaus Hildebrand und 1471 Freidank Hildebrand unter Vorbehalt eines Freizinses damit. Deren Besitznachfolger Heinrich und George Reisse verkauften 1572 das Gut nebst Zinsen, Zubehörungen, Freiheiten und Gerechtigkeiten an den Rath zu Erfurt für 9000 fl. mit der Massgabe, dass dies Geld niemals baar abgezahlt, vielmehr nur die Zinsen davon dem Aeltesten der Familie gewährt werden sollten. In Folge entstandener Streitigkeiten wurde aber erst 1624 der Rath mit dem Gute von dem Kurfürsten von Mainz beliehen. Vermöge der sog. Reduction von 1664 gelangte dasselbe aber wieder an Kurmainz, das die Einkünfte von demselben dem jedesmaligen Statthalter als einen Theil seiner Emolumente zuwies, wogegen die Jagdgerechtigkeit durch den Leipziger Recess von 1665 und den Erfurter Executionsrecess von 1667 an den Herzog von Sachsen-Weimar abgetreten ward, der das Wohngebäude zum Jagdschlosse einrichten liess und als solches benutzte, worauf sich noch jetzt ein grosses Jagdgemälde bezieht, das den Herzog Carl August mit seinem Jagdgefolge darstellt. Durch den Wiener Frieden von 1815 gelangte jene Gerechtigkeit an Preussen.

Die gänzlich verfallenen Gebäude waren c. 1495 von Freidank Hildebrand wieder hergestellt, der auch die Kapelle erbaute und dotirte. Die letztere befindet sich, wenn sie auch seit Einführung der Reformation nicht mehr zum Gottesdienste benutzt wird, wenigstens äusserlich noch in dem ursprünglichen Zustande, wie auch die ganze Anlage noch gegenwärtig die eines befestigten Schlosses zeigt, während das Wohngebäude modernisirt ist. ([Pohle] Historische Nachricht von einem Freigute Willrode genannt. Erf. 1784).

Windisch-Holzhausen.

Evangelisches Kirchdorf, 6 km südöstlich von Erfurt, in einer Ebene nahe am nördlichen Abhange des alten Steigers belegen, mit 289 Einwohnern. Oestlich vom Dorfe zieht sich ein schmaler Muschelkalkrücken mit steilen Abhängen hin,

Nr. 14. Kirchthurm.

auf dessen Gipfel sich die Ruinen einer Warte, wie solche einst das ganze Gebiet von Erfurt umgaben und theilweise noch vorhanden sind, befinden. In den Niederungen und besonders auf den Wiesen brechen eisenhaltige Quellen hervor, deren bedeutendste der sog, Königsbrunnen ist.

Der Name, der in älteren Urkunden auch als Windischen Holzhusen (1343), Winzholzen, Windeholzen, Holzhusen vorkommt, und desson Vorsetzwort ihn von dem unfern belegenen München-Holzhausen unterscheiden soll, deutet anscheinend zwar darauf, dass der Ort einer wendischen Kolonie seinen Ursprung verdankt, und dahin geht auch die gewöhnliche Annahme, nach Dieterich (l. c. S. 11) soll jedoch der Beisatz: Wendisch, hier nur so viel als: Wenigen d. i. Klein, bedeuten. Wenn nun auch diese Annahme nicht auf allgemeine Zustimmung rechnen kann, so ist doch der Name Holzhausen jedenfalls ein deutscher, was freilich nicht ausschliesst, dass der Ort später mit slavischen Kolonisten besetzt ist.

Derselbe gehörte ursprünglich zur Herrschaft Vieselbach und gelangte mit dieser 1286 durch Ankauf von Hermann von Hirsingerode wiederkäuflich, 1343 aber endgültig von dem Lehnsherrn, dem Grafen Hermann von Gleichen, an den Rath von Erfurt, der damit 1343 und 1487 von den Oberlehnsherrn, den sächsischen Fürsten, belehnt wurde. Doch befand sich im Dorfe ein Hof, der in diesem Kaufgeschäft nicht einbegriffen war und noch in späterer Zeit unmittelbar von den Herzogen von Sachsen zu Lehn ging.

Die hiesige St. Michaeliskirche, Mutterkirche von Nieder-Nissa, im übrigen modern umgebaut, besitzt noch den ursprünglich frühromanischen Thurm (Nr. 14) mit gekuppelten Schallöchern mit Säulchen ohne Eckblatt und Würfelkapitälen von starker Einziehung in den oberen Stockwerken. Da der Thurm auf dem Altarraum steht, so schliesst sich die noch vorhandene Absis ihm an und das Schiff steht westlich von dem ersteren. Das Hohlkehlgesims der Absis ist abgebrochen.

Die drei Glocken haben 0,97, 0,81 und 0,58 ^{m} Durchmesser. Die beiden ersteren sind durch Hironymus und Melchior Möringk bezw. 1624 und 1616, die kleinere ist 1731 von J. N. Sorber gegossen.

Witterda.

Katholisches Kirchdorf, 12 ^{km} nordwestlich von Erfurt am westlichen Saume des Muschelkalkbergzuges der Fahnernschen Höhe belegen mit 950 Einwohnern.

Aeltere Namen sind Weytere (1143), Witerde (1145), Widerthe (1148), Witherte (1196), Witirde (1301), Wittern, Witere, Witteri, Witerda, Weytern.

Der Ort war später zwar eins der kurmainzischen Küchendörfer, hatte ursprünglich jedoch nicht zu diesen gehört. Wenn auch urkundlich nicht nachweisbar, so ist es doch höchst wahrscheinlich, dass er der Stammsitz der im 12. und 13. Jahrh. vielfach vorkommenden Familie von Wittern gewesen ist. Nach den ältesten auf uns gekommenen sicheren Nachrichten gehörte Witterda, wenigstens theilweise den Grafen von Gleichen als Lehnsträgern des Erzstifts Mainz. Das dortige Vogteigeding verlieh Graf Ernst II. als Afterlehn den Schenken von Apolda. Heinrich Schenk von Apolda und sein Mitbelehnter Heinrich von Meldingen und dessen Bruder verkauften solches jedoch nebst der Schutzvogteigerechtigkeit über Rassdorf und Tiefthal wieder an den Erzbischof Siegfried von Mainz. Auch Berthold von Eckestädt und Heinrich von Biltersleiben verkauften 1308 22 Hufen zu Witterda und Rassdorf zum erzbischöflichen Allodium. Ebenso gelangten 12 Hufen und ein Gehöft, die der Ritter Heinrich der jüngere von Vitzthum an das Augustiner Eremitenkloster zu Erfurt verkauft hatte, an das Erzstift, das sich nunmehr im Alleinbesitze des Ortes befand und denselben mit den übrigen Küchendörfern vereinigte.

Das vorstehend erwähnte Dorf Rassdorf (Rastorf, Rusdorf, Ruppratesdorf) ist schon frühzeitig, wahrscheinlich in der Mitte des 15. Jahrh. in dem thüringischen Bruderkriege eingegangen, und es sind von ihm nur wenige Spuren, die Fundamente der Kirche, der Kirchhof und ein ehemaliger Bildstock noch vorhanden. An seiner Stelle wurde 1780 die Kolonie Friedrichsdorf, die in kirchlicher, früher auch in kommunaler Beziehung zu Witterda gehörte, gegenwärtig aber eine selbständige Gemeinde mit 113 Einwohnern bildet, gegründet.

Von der Witterdaer, dem heil. Martinus gewidmeten Kirche ist das Schiff 1710, der Thurm bereits 1435 gebaut, doch bietet so wenig jenes wie dieser künstlerisches Interesse.

Die drei Glocken haben 1,19, 1,09 und 0,52 ^{m} Weite, von denen die grösste 1856 von Benj. Sorge zu Ehren der unbefleckten Empfängniss der Jungfrau Maria, die kleinste 1682 durch Adolf Geyer in Erfurt gegossen, die mittlere aber ganz ohne Schrift und Verzierung ist.

Zimmern supra

(Oberzimmern, Zimmern auf dem Berge).

Evangelisches Kirchdorf, 11 ^{km} westlich von Erfurt auf einem höheren Punkte der Alacher Höhe, in einer absoluten Höhe von 969 pariser Fuss belegen mit 418 Einwohnern.

Aeltere Namen des Ortes sind: Cimbren, Cimmeren, Simern, Kimern, Zimber, Zimbera, Zimbria. Ein Ort dieses Namens kommt bereits 770, 796, 837 und 874 vor, als im Westgau des Südthüringgaus belegen, es steht aber nicht genau fest ob dies das hier zu besprechende oder eines der anderen Dörfer ist, die den Namen Zimmern führen, namentlich das im Kreise Langensalza, was gleichfalls im Westgau gelegen haben würde.

Zimmern supra gehörte von altersher zu den zweiherrigen Orten, indem ausser den Grafen von Gleichen auch die Abtei Hersfeld darin Besitzungen hatte. Von dem Antheil der letzteren gelangten einige Zinsgüter 1358 an den Rath zu Erfurt. Den Gleichenschen Antheil besassen als Afterlehn die Herrn von Trebiss, Bodewitz und Utzberg. Heinrich von Trebiss verkaufte die ihm zustehenden Zinsen und den neunten Theil des Gerichts 1495 an den Rath. Ein gleiches thaten 1604 Bonaventura und Rudolf von Bodewitz. Auch ein Antheil an Zimmern, welcher der Familie Brun zustand, ward 1492 von dem Rathe gekauft, der schliesslich Alleinbesitzer des Ortes war.

Wann die dortige Kirche St. Jacobi gegründet worden, ist nicht bekannt. Eine Anzahl noch vorhandener, auf dieselben bezüglicher Urkunden aus dem Jahre 1494 ergiebt nur, dass sie damals bestanden hat. Die gegenwärtige ist 1726 neu gebaut. Es befindet sich in derselben ein alter, roh gearbeiteter Taufstein in achteckiger Form.

Die drei Glocken haben 0,94, 0,73 und 0,60 ^{m} Weite. Die grösste derselben ist 1834 durch Benj. Sorge, die mittlere 1769 durch Friedr. Wilhelm Barth in Erfurt, die kleinste 1791 durch G. C. Sorber daselbst gegossen werden.

Kunststatistische Uebersicht.

Der Landkreis Erfurt ist arm an einer früheren Kunstperiode angehörenden Werken der Baukunst, weniger weil die Zahl der bezüglichen Bauwerke eine geringe wäre, wie weil diese beinahe sämmtlich sich nicht mehr in ihrem ursprünglichen Zustande befinden und im 17., 18., und 19. Jahrh. meist styllos oder doch ohne charakteristisches Gepräge modernisirt und dabei nur einzelne Theile des ursprünglichen Baues wieder benutzt sind. Noch in ihrer ersten Form erhalten sind lediglich die Kirchen zu Nottleben und zu Walschleben und, wenigstens äusserlich, die ehemalige Kapelle zu Willrode; bei allen übrigen Kirchen gehören, wenn sie nicht vollständig der neueren Zeit entstammen, doch nur einzelne Theile, namentlich der Chorabschluss (die Absis) und der Thurm, älteren Bauperioden an.

Noch minder bedeutend wie bei den kirchlichen sind bei den Profanbauten die durch ihre Geschichte oder Architektur bedeutenden Bauwerke. Es sind dies eigentlich nur die beiden Schlösser Mühlberg und Gleichen, beide jetzt nicht viel mehr wie Trümmerhaufen. Ausserdem zeigen nur noch einige Bauernhäuser zu Hochheim und Wandersleben Reminiscenzen an die Vorzeit.

Unterscheidet man nach baugeschichtlichen Zeitabschnitten, so gehören von jenen Ueberresten in den frühromanischen die Kirchen zu Gottstedt (der Thurm), Nieder-Nissa (die Absis und der Thurm), Wandersleben (der erste Kapellenbau), Windisch-Holzhausen (Thurm und Absis).

In den spätromanischen: Bechstedtwagd (1724 erweitert), Wandersleben (Erweiterungsbau bei der Kirche und die ehemalige Kapelle des Schlosses Gleichen).

In den frühgothischen: Andisleben, Büssleben (Thurm der ehemaligen Peterskirche und Kapelle des ehemaligen Hospitals), Wandersleben (Absis) und Werningsleben (Thurm).

In die Zeit der ausgebildeten Gothik: Alach (1410, modernisirt 1864), Büssleben (Thurm der Michaeliskirche), Marbach (Thurm), Wandersleben (Thurm).

In die spätgothische Periode: Bindersleben (Thurm aus dem 16. Jahrh., Kirche 1737 modernisirt), Dittelstedt (im 18. Jahrh. erneuert: Thurm ursprünglich alt), Egstedt (Thurm), Elxleben (1576 restaurirt), Frienstedt (desgleichen 1493), Gispersleben Viti (Thurm), Ilversgehofen (Thurm), Kirchheim (Thurm und Absis), Kühnhausen (1713 umgebaut), Möbisburg (von 1318, aber modernisirt), Mühlberg, Nottleben (von 1521), Tiefthal (Thurm von 1469, Kirche von 1510), Tröchtelborn, Walschleben (von 1495), Wandersleben (ehemalige Thorwärterwohnung im Schlosse Gleichen), Willrode (ehemalige Kapelle), Witterda (Thurm).

In die Renaissancezeit: Mühlberg (Thurm), Wandersleben (einige Bauernhäuser im Dorfe und die Hauptgebäude des Schlosses Gleichen 1543 und 1588).

Eben so wenig bedeutend sind die bis auf die Gegenwart gelangten plastischen Arbeiten. Es bestehen solche bloss in:

den Steinreliefs in der Hochheimer Kapelle (15. Jahrh.), an den Kirchen zu Ilversgehofen (desgl.), Kirchheim, Möbisburg (Engelsköpfchen), Wandersleben (neben der Kirchhofthüre);

den Taufsteinen zu Andisleben (der eine aus dem 13. Jahrh., der andere nicht mehr als solcher benutzt, sehr gross), Gispersleben Viti (von 1611, barock) und Zimmern supra;

den Sakramentshäuschen zu Gottstedt und Möbisburg;

den Grabdenkmälern mit Reliefiguren zu Dittelstedt und Wandersleben.

Theils der Holzsculptur theils der Malerei gehören an die Altarschreine oder Schnitzaltäre. Von diesen sind aber nur der sehr schöne von Wandersleben und der zu Nottleben noch vollkommen erhalten. Von den übrigen — zu Dittelstedt, Elxleben, Gottstedt, Melchendorf und Werningsleben — sind dagegen nur noch einzelne Bestandtheile vorhanden.

Ganz unbedeutend ist das, was sich sonst noch an Malereien findet. Es können hierhin nur höchstens die Apostelbilder in der Wanderslebener Kirche gerechnet werden.

Reste alter Glasmalereien finden sich nur in der Kirche zu Elxleben.

Von für den Gottesdienst bestimmten Geräthen ist nur das in der Kirche zu Wandersleben befindliche metallene Crucifix zu erwähnen.

Glockenschau.

Die Anzahl der im Kreise vorhandenen Kirchenglocken beträgt 110.

Von diesen sind:

2 nicht datirte, also jedenfalls aus älterer Zeit,
15 datirte aus der Zeit vor dem Jahre 1700,
93 datirte aus der Zeit seit 1700,

im ganzen also 17 ältere und 93 moderne.

Von den undatirten Glocken hat 1 gar keine Schrift, von denen mit Schrift versehenen hat 1 Majuskeln, 6 Minuskeln.

Von den datirten gehören:

1 in das 15. Jahrhundert, } diese 6 mit Minuskelschrift,
5 in das 16. Jahrhundert, }
9 in das 17. Jahrhundert,
34 in das 18. Jahrhundert,
59 in das 19. Jahrhundert.

Die eine der Glocken in Nottleben kann ohne Bedenken in das 14. Jahrh. gesetzt werden, da eine von dem nämlichen Giesser: Guntherus de Erfurt, zu Görmar bei Mühlhausen gegossene Glocke von 1351 datirt ist.

Nach dem Alter bildet sich folgende Reihe der datirten Glocken aus der Zeit bis 1700:

1494 Dachwig,
1502 (2) Mühlberg,
1521 Werningsleben,
1561 Elxleben,
1563 Nottleben,
1610 und 1624 Windisch-Holzhausen,
1625 Elxleben,
1633 (2) Nieder-Nissa,
1645 Ringleben,
1677 Kühnhausen,
1683 Witterda,
1691 Walschleben.

Nach der Grösse bezw. der unteren Weite bilden die mehr als 0,80 m weiten Glocken, die zu den älteren als 1700 gehören, nachstehende Reihe:

1,30	Meter Durchmesser,	Mühlberg (1504),
1,27	„ „	Elxleben (1625),
1,23	„ „	Walschleben (1691),
1,18	„ „	Mühlberg (1504),
1,17	„ „	Elxleben (1561),
1,15	„ „	Nottleben (1563),
1,14	„ „	Dachwig (1494),
1,09	„ „	Witterda (?),
1,06	„ „	Nieder-Nissa (1633),
1,03	„ „	Ringleben (1645),
1,01	„ „	Kühnhausen (1677),
1,00	„ „	Werningsleben (1521),
0,97	„ „	Windisch-Holzhausen (1624),
0,96	„ „	Nottleben (c. 1350),
0,81	„ „	Windisch-Holzhausen (1624),

Unter den neueren Glocken, denen von 1700 ab, finden sich etwa folgende, die eine Weite von mehr als 1,00 m haben:

1,36	Meter Durchmesser,	Walschleben (1797),
1,35	„ „	Wandersleben (1760),
1,20	„ „	Andisleben, Wandersleben (1760), Kirchheim (1750), Gispersleben Viti,
1,19	„ „	Witterda,
1,15	„ „	Tröchtelborn (1729),
1,13	„ „	Frienstedt (1716),
1,07	„ „	Tiefthal,
1,03	„ „	Möbisburg (1792),
1,00	„ „	Gispersleben Kilian.

Die grösste Glocke des Landkreises Erfurt ist also mit 1,36 m Durchmesser in Walschleben.

Nach dem Vorstehenden ist die Zahl der älteren Glocken im Kreise eine nicht erhebliche; es sind daher auch nur wenige, welche ältere Sprüche aufweisen. Es sind dies folgende:

Consolor viva, fleo mortua, pello nociva kommt dreimal und zwar mit demselben Ductus der Schrift und gleicher Grösse derselben vor, von 1504 und 1521. Es ist daher nicht zu bezweifeln, dass sie von dem nämlichen Giesser herrühren.

O vox, vox vite, voco vos, adorare venite, trägt die, wie oben dargethan, in die Mitte des 14. Jahrh. zu setzende Glocke in Nottleben.

Deutsche Chronogramme finden sich zwei, das eine auf einer Glocke zu Dachwig (1750), das andere auf einer solchen zu Andisleben (1727).

Die auf den Glocken genannten Namen von Glockengiessern sind nachstehende:

Guntherus de Erfurt (c. 1350),
Kuchen, Eckart aus Erfurt (1561),
Eckardt aus Braunschweig (1563),
Möhring, Hieronymus und Melchior aus Erfurt (1625. 1633),
Geyer, Wolfgang daselbst (1645. 1683),
Pape, Jacob zu Erfurt (1677),
Geyer, J. Chr. (1705),
Sorber (Surber), Nicol. Jonas (1717—1760),
Sorber, G. C. (1797),
Barth, Fr. W. (1762—1797),
Nahn, E. G. in Gotha (1749. 1789),
Meyer, Christ. Aug. in Erfurt (1826),
Meyer in Ohrdruf,
Sorge, Benjamin in Erfurt (1851—1872), mit 17 Glocken,
Lange, J. G. und C. H. in Erfurt (1810—1827),
Ulrich, Gebrüder, in Laucha und Apolda (1795. 1870), mit 37 Procent aller vorhandenen Glocken.

Bau- und Kunst-Denkmäler Thüringens 1888–1928

im Auftrag der Regierungen von Sachsen-Weimar Eisenach, Sachsen-Meiningen und Hildburghausen, Sachsen-Altenburg, Sachsen-Coburg und Gotha, Schwarzburg-Rudolstadt, Reuss älterer Linie und Reuss jüngerer Linie bearb. von P. Lehfeldt

Grossherzogthum Sachsen-Weimar-Eisenach

Verwaltungsbezirk Apolda:

Amtsgerichtsbezirk **Jena**. 1888. Heft 1
ISBN 978-3-86777-350-8

Amtsgerichtsbezirk **Allstedt**. 1891. Heft 13
ISBN 978-3-86777-361-4

Amtsgerichtsbezirke **Apolda und Buttstädt.** 1892. Heft 14
ISBN 978-3-86777-362-1

Verwaltungsbezirk Weimar:

Amtsgerichtsbezirke **Grossrudestedt, Vieselbach.** 1892. Heft 16
ISBN 978-3-86777-364-5

Amtsgerichtsbezirke **Blankenhain, Ilmenau.** 1892. Heft 17
ISBN 978-3-86777-365-2

Amtsgerichtsbezirk **Weimar.** 1892. Heft 18
ISBN 978-3-86777-366-9

Die Schloßanlagen bei Weimar. 1928 (Sonderheft)

Verwaltungsbezirk Neustadt:

Amtsgerichtsbezirke **Neustadt a. Orla, Auma**. 1897. Heft 24
ISBN 978-3-86777-372-0

Amtsgerichtsbezirk **Weida.** 1897. Heft 25
ISBN 978-3-86777-373-7

Verwaltungsbezirk Dermbach:

Amtsgerichtsbezirke **Vacha, Geisa, Stadtlengsfeld, Kaltennordheim.** 1911. Heft 37. ISBN 978-3-86777-384-3

Verwaltungsbezirk Eisenach:

Amtsgerichtsbezirk **Gerstungen.** 1913. Heft 38
ISBN 978-3-86777-385-0

Amtsgerichtsbezirk **Eisenach Stadt.** 1915. Heft 39
ISBN 978-3-86777-386-7

Amtsgerichtsbezirk **Eisenach – Die Landorte.** 1915. Heft 40
ISBN 978-3-86777-387-4

Die Wartburg. 1917. Heft 41
ISBN 978-3-86777-388-1

Herzogthum Sachsen-Altenburg

Amtsgerichtsbezirk (Westkreis) **Roda.** 1899. Heft 2
ISBN 978-3-86777-351-5
Amtsgerichtsbezirk (Westkreis) **Kahla.** 1899. Heft 3
ISBN 978-3-86777-352-2
Amtsgerichtsbezirk (Westkreis) **Eisenberg.** 1899. Heft 4
ISBN 978-3-86777-353-9
Amtsgerichtsbezirke (Ostkreis) **Altenburg.** 1895. Heft 21
ISBN 978-3-86777-369-0
Amtsgerichtsbezirke (Ostkreis) **Ronneburg und Schmölln**. 1895. Heft 22
ISBN 978-3-86777-370-6

Fürstenthum Schwarzburg-Rudolstadt

Amtsgerichtsbezirke (Unterherrschaft) **Frankenhausen, Schlotheim**.
1889. Heft 5. ISBN 978-3-86777-161-0
Amtsgerichtsbezirke (Oberherrschaft) **Rudolstadt, Stadtilm**
1894. Heft 19. ISBN 978-3-86777-367-6
Amtsgerichtsbezirke (Oberherrschaft) **Königsee, Oberweissbach, Leutenberg.** 1895. Heft 20. ISBN 978-3-86777-368-3

Herzogthum Sachsen-Meiningen

Kreis Saalfeld:

Amtsgerichtsbezirk **Saalfeld.** 1889. Heft 6
ISBN 978-3-86777-354-6
Amtsgerichtsbezirke **Kranichfeld, Camburg.** 1890. Heft 7
ISBN 978-3-86777-355-3
Amtsgerichtsbezirke **Gräfenthal, Pössneck.** 1890. Heft 15
ISBN 978-3-86777-363-8

Kreis Sonneberg

Amtsgerichtsbezirke **Sonneberg, Steinach, Schalkau.** 1899. Heft 27
ISBN 978-3-929000-60-3

Kreis Hildburghausen:

Amtsgerichtsbezirk **Hildburghausen**. 1903. Heft 29
ISBN 978-3-86777-376-8
Amtsgerichtsbezirke **Eisfeld, Themar.** 1903. Heft 30
ISBN 978-3-86777-377-5
Amtsgerichtsbezirke **Heldburg, Römhild.** 1904. Heft 31
ISBN 978-3-86777-378-2

Kreis Meiningen

Abt. 1. Amtsgerichtsbezirke Meiningen
Stadt Meiningen und die Landorte. 1909. Heft 34
ISBN 978-3-86777-381-2
Abt. 2a. Amtsgerichtsbezirk **Salzungen.** 1909. Heft 35
ISBN 978-3-86777-382-9
Abt. 2b. Amtsgerichtsbezirk **Wasungen.** 1910. Heft 36
ISBN 978-3-86777-383-6

Herzogthum Sachsen-Coburg und Gotha

Landrathsamtsbezirk Gotha:

Amtsgerichtsbezirk **Gotha.** 1891. Heft 8
ISBN 978-3-86777-356-0

Amtsgerichtsbezirk **Tonna.** 1891. Heft 10
ISBN 978-3-86777-358-4

Landrathsamtsbezirk Waltershausen:

Amtsgerichtsbezirke **Tenneberg, Thal und Wangenheim.**
1891. Heft 11. ISBN 978-3-86777-359-1

Landrathsamtsbezirk Ohrdruf:

Amtsgerichtsbezirke **Ohrdruf, Liebenstein, Zella.** 1898. Heft 26
ISBN 978-3-86777-374-4

Landrathsamtsbezirk Coburg. 1907

Amtgerichtsbezirke **Neustadt, Rodach, Sonnefeld, Königsberg in Franken.** 1902. Heft 28
ISBN 978-3-86777-375-1

Stadt Coburg und Landorte. 1906. Heft 32
ISBN 978-3-86777-379-9

Veste Coburg. 1907. Heft 33
ISBN 978-3-86777-380-5

Fürstenthum Reuss Älterer Linie

Landrathsamtsbezirk Greiz:

Amtgerichtsbezirke **Greiz, Burgk, Zeulenroda.** 1891. Heft 9
ISBN 978-3-86777-357-7

Fürstenthum Reuss Jüngerer Linie

Verwaltungsbezirk Gera:

Landrathsamtsbezirk **Schleiz, Hirschberg.** 1891. Heft 12
ISBN 978-3-86777-360-7

Amtsgerichtsbezirke **Gera und Hohenleuben.** 1896. Heft 23
ISBN 978-3-86777-371-3

Bau- und Kunst-Denkmäler Thüringens erschien von 1888–1928
Übersicht von Heft 1–41

Heft 1. **Jena**. 1888. ISBN 978-3-86777-350-8
Heft 2. **Roda.** 1899. ISBN 978-3-86777-351-5
Heft 3. **Kahla.** 1899. ISBN 978-3-86777-352-2
Heft 4. **Eisenberg.** 1899. ISBN 978-3-86777-353-9
Heft 5. **Frankenhausen, Schlotheim**. 1889. ISBN 978-3-86777-161-0
Heft 6. **Saalfeld.** 1889. ISBN 978-3-86777-354-6
Heft 7. **Kranichfeld, Camburg.** 1890. ISBN 978-3-86777-355-3
Heft 8. **Gotha.** 1891. ISBN 978-3-86777-356-0
Heft 9. **Greiz, Burgk, Zeulenroda.** 1891. ISBN 978-3-86777-357-7
Heft 10. **Tonna.** 1891. ISBN 978-3-86777-358-4
Heft 11. **Tenneberg, Thal, Wangenheim.** 1891. ISBN 978-3-86777-359-1
Heft 12. **Schleiz, Hirschberg.** 1891. ISBN 978-3-86777-360-7
Heft 13. **Allstedt**. 1891. ISBN 978-3-86777-361-4
Heft 14. **Apolda und Buttstädt.** 1892. ISBN 978-3-86777-362-1
Heft 15. **Gräfenthal, Pössneck.** 1890. ISBN 978-3-86777-363-8
Heft 16. **Grossrudestedt, Vieselbach.** 1892. ISBN 978-3-86777-364-5
Heft 17. **Blankenhain, Ilmenau.** 1892. ISBN 978-3-86777-365-2
Heft 18. **Weimar.** 1892. ISBN 978-3-86777-366-9
Heft 19. **Rudolstadt, Stadtilm** 1894. ISBN 978-3-86777-367-6
Heft 20. **Königsee, Oberweissbach.** 1895. ISBN 978-3-86777-368-3
Heft 21. **Altenburg.** 1895. ISBN 978-3-86777-369-0
Heft 22. **Ronneburg und Schmölln**. 1895. ISBN 978-3-86777-370-6
Heft 23. **Gera und Hohenleuben.** 1896. Heft 23. ISBN 978-3-86777-371-3
Heft 24. **Neustadt a. Orla, Auma**. 1897. ISBN 978-3-86777-372-0
Heft 25. **Weida.** 1897. ISBN 978-3-86777-373-7
Heft 26. **Ohrdruf, Liebenstein, Zella.** 1898. ISBN 978-3-86777-374-4
Heft 27. **Sonneberg, Steinach, Schalkau.** 1899. ISBN 978-3-929000-60-3
Heft 28. **Neustadt, Rodach, Königsberg F..**1907. ISBN 978-3-86777-374-4
Heft 29. **Hildburghausen**. 1903. ISBN 978-3-86777-376-8
Heft 30. **Eisfeld, Themar.** 1903. ISBN 978-3-86777-377-5
Heft 31. **Heldburg, Römhild.** 1904. ISBN 978-3-86777-378-2
Heft 32. **Stadt Coburg und Landorte**. ISBN 978-3-86777-379-9
Heft 33. **Veste Coburg.** 1907. ISBN 978-3-86777-380-5
Heft 34. **Stadt Meiningen - die Landorte**. 1909. ISBN 978-3-86777-381-2
Heft 35. **Salzungen.** 1909. ISBN 978-3-86777-382-9
Heft 36. **Wasungen.** 1910. ISBN 978-3-86777-383-6
Heft 37. **Vacha, Geisa, Stadtlengsfeld,
Kaltennordheim.** 1911. ISBN 978-3-86777-384-3
Heft 38. **Gerstungen.** 1913. ISBN 978-3-86777-385-0
Heft 39. **Eisenach Stadt.** 1915. ISBN 978-3-86777-386-7
Heft 40. **Eisenach – Die Landorte.** 1915. ISBN 978-3-86777-387-4
Heft 41. **Die Wartburg.** 1917. ISBN 978-3-86777-388-1

Provinz Sachsen und angrenzende Gebiete
1879–1923

Beschreibende Darstellung der älteren Bau- und Kunstdenkmäler der Provinz Sachsen und angrenzender Gebiete. Herausgegeben von der Historischen Kommission für die Provinz Sachsen und das Herzogtum Anhalt.

1. Heft. Kreis **Zeitz** 1879. Otte/Sommer
2. Heft. Kreis **Langensalza** 1879. Otte/Sommer, ISBN 978-3-929000-53-5
3. Heft. Kreis **Weissenfels** 1880. Otte/Sommer, ISBN 978-3-929000-52-8
4. Heft. Kreis **Mühlhausen** 1881. Otte/Sommer, ISBN 978-3-86777-390-4
5. Heft. Kreis **Sangerhausen** 1882. Schmidt/Sommer
6. Heft. Kreis **Weissensee** 1882. Otte/Sommer, ISBN 978-3-929000-54-2
7. Heft. Grafschaft **Wernigerode** 1883. Sommer
8. Heft. Kreis **Merseburg** 1883. Otte/Burkhardt/Küstermann
9. Heft. Kreis **Eckartsberga** 1883. Otte/Sommer, ISBN 978-3-86777-392-8
10. Heft. Kreis **Calbe** 1885. Hertel/Sommer
11. Heft. Stadt **Nordhausen** 1888. Schmidt, ISBN 978-3-86777-393-5
12. Heft. Kreis Grafschaft **Hohenstein** 1889. Schmidt, ISBN 978-3-86777-394-2
13. Heft. Stadt und Landkreis **Erfurt** 1890. v.Tettau, ISBN 978-3-86777-395-9
14. Heft. Kreis **Oschersleben** 1891. Schmidt
15. Heft. Kreis **Schweinitz** 1891. Heft. Schönermark
16. Heft. Kreis **Delitzsch** 1892. Schönermark
17. Heft. Kreis **Bitterfeld** 1893. Schönermark
18. Heft. **Mansfelder Gebirgskreis** 1893. Größler/Brinkmann
19. Heft. **Mansfelder Seekreis** 1895. Größler/Brinkmann/Sommer
20. Heft. Kreis **Gardelegen** 1897. Parisius/Brinkmann/Sommer
21. Heft. Kreis **Jerichow** 1898. Wernicke
22. Heft. Kreise **Ziegenrück und Schleusingen** 1901. Bergner
23. Heft. Kreis **Halberstadt Land und Stadt** 1902. Doering
24. Heft. Stadt **Naumburg** 1903. Bergner
25. Heft. Stadt **Aschersleben** 1904. Brinkmann
26. Heft. Kreis **Naumburg (Land)** 1905. Bergner
27. Heft. Kreis **Querfurt** 1905. Bergner
28. Heft. Kreis **Heiligenstadt** 1909. Rassow, ISBN 978-3-86777-397-3
29. Heft. Kreis **Liebenwerda** 1910. Bergner/Nebelsieg
30. Heft. Kreis **Wolmirstedt** 1911. Bergner
31. Heft. Kreis **Wanzleben** 1912. Bergner
32. Heft. **Grafschaft Wernigerode** 1913. Bergner/Jacobs
33. Heft. Stadt **Quedlinburg** 1922–23. Brinkmann